BARBARLAR KAPIDA

© HarperCollins Publishers Inc.
© Scala Yayıncılık ve Tanıtım A.Ş.
ISBN: 975-8535-07-2

Tanıtım için yapılacak kısa alıntılar dışında
yayıncının izni olmaksızın hiçbir yolla çoğaltılamaz.

BARABARLAR KAPIDA
Bryan Burrough & John Helyar

Birinci baskı: Scala Yayıncılık Temmuz 2001

Dizi editörü: Hakan Feyyat
Çeviren: Hasan Uzma & Levent Cinemre
Yayına Hazırlayan: Canan Feyyat
Kapak: Sibel İlkin Uçuran
Dizgi: Fatoş Doğan
Ofset Hazırlık: Scala Yayıncılık ve Tanıtım A.Ş.
Film: Elma Prepress
Baskı & Cilt: Berdan Matbaacılık

Scala Yayıncılık ve Tanıtım A.Ş.
İstiklal Caddesi Mis Sk. Tan Apt. 6/7-8   Beyoğlu - 80050 İstanbul
Tel: (0212) 251 51 26 - 245 43 89 - 251 22 42 - 251 22 79   Faks: (0212) 245 28 43
E-Mail: scala@escortnet.com   Web: www.scala.com
internet satış www.ideefixe.com & www.estore.com.tr

BARBARLAR KAPIDA

RJR Nabisco'nun nefes kesen öyküsü

Bryan Burrough & John Helyar

çeviren
Hasan Uzma & Levent Cinemre

yayına hazırlayan
Canan Feyyat

AK YATIRIM ORTAKLIĞI A.Ş.'nin

katkılarıyla

AK YATIRIM MENKUL DEĞERLER A.Ş.
İnönü Caddesi 80 Kat 1
Gümüşsuyu 80090 Taksim / İstanbul
Tel: 0 212 252 89 89 - 249 56 56

AK YATIRIM ORTAKLIĞI A.Ş.
İnönü Caddesi 80 Kat 6
Gümüşsuyu 80090 Taksim / İstanbul
Tel: 0 212 252 89 89

Ak Yatırım bir Akbank kuruluşudur.

*Karım Marla Dorfman Burrough'a ve
Texas, Temple'daki annemle babam,
John ve Mary Burrough'a*
—JBB—

*Karım Betsy Morris'e ve
Vermont, Brattleboro'daki annemle babam,
Richard ve Margaret Helyar'a*
—JSH—

Her şirket görevlisi, sadece kendi çalıştığı kuruluştaki hissedarların kâr etmesini sağlamakla değil, Birleşik Devletler'de genel refah ve maneviyatın yükselmesine de katkıda bulunmakla yükümlü olduğunu kalbinin derinliklerinde —ta ruhunda— hissetmelidir.
—ADOLPHUS GREEN, Nabisco kurucusu

Bir dâhi çıkıp Oreo'yu icat etmişti. Bizim yaptığımızsa bu mirası tüketmekten ibaret.ʃ
—F. ROSS JOHNSON, RJR Nabisco Yönetim Kurulu Başkanı

Meşruiyet zemininde düşünecek olursak bu iş, bir sahtekârlıktır. Mesele sahtekârlık olması değil. Bu işi sürdürebilmek için para lazım. Çok da değil gerçi. Dürüst olalım, 2 milyar dolarlık bir şirket satın almak için gereken para, bir lostra dükkânı açmak için gerekenden daha azdır. Yalnız, bir lostra dükkânı alacaksanız ve maliyeti 3 bin dolarsa, cebinizde 3 bin dolar bulunması lazım. Üstünüzde o kadar nakit yoksa, Perşembe'ye kadar hazır etmek durumundasınızdır.

Ancak kaldıraçlı alım (LBO) söz konusu olduğunda, bu parayı bulup getirmek zorunda olmadığınız gibi, gözünüzle görmeniz, nereden bulacağınızı düşünmeniz falan da gerekmez, kimse bilemez zaten bu parayı nereden bulacağını. Bütün iş, gökten zembille inmiş gibi gerçekleşir.

Ama tabii ne kadar büyük oynayacaksanız o kadar az paraya ihtiyaç duyarsınız. Bir başka deyişle, işin içinde para varsa, sizin işin içine girmeniz gerekmez. Cebinde para olmayan insanlar içindir bu iş, ama tabii cebinde para olan birilerini tanıyanlar için, gerçi onlar da parayı çıkartmazlar ya...
—JACKIE MASON, *"What the Hell is an LBO?" (Ne İştir Bu LBO Dedikleri?)*

GİRİŞ

Bu kitap 1998 yılının Ekim ve Kasım aylarında RJR Nabisco'nun denetimini ele geçirmek üzere patlak veren çekişmeyle ilgili olarak yazarların *The Wall Street Journal* için kaleme aldıkları bir yazıdan doğdu. Kamuya mal olan olayların ötesindeki hikâyeyi açığa çıkarmaya uğraşırken gözettiğimiz hedef, *Journal*'ın her yerdeki gazeteciler için belirlemiş olduğu doğruluk ve genel kalite standartlarını koruyabilmekti.

Bu sayfalarda karşılaşacağınız malzemenin yüzde 95'i, 1989'un Ocak ve Ekim ayları arasında New York, Atlanta, Washington, Winston-Salem, Connecticut ve Florida'da gerçekleştirilen 100'ü aşkın görüşmeden elde edildi. Büyük ölçüde *Journal*'a çalışırken kurmuş olduğumuz ilişkiler sayesinde, bu hikâyede önemli şahısların hepsiyle uzun uzadıya görüşme olanağı bulduğumuz gibi, rolleri nispeten daha az ağırlıklı olanlarla da konuşabildik. Kitapta adı geçen kişiler arasında görüşme isteğimizi reddedenlerin sayısı ise bir elin parmaklarını geçmedi.

İlk görüştüklerimiz arasında, First Boston'dan Jim Maher ile Forstmann Little & Co.'dan Ted Forstmann da vardı ki her ikisi de uzun zamandır şirkete talip olan isimlerdi. Ted Forstmann ile hem New York'taki ofisinde hem özel jetinde konuşma olanağı bulduk. Kohlberg Kravis'den Henry Kravis, George Roberts ve Paul Raether'la toplamı yirmi saatten fazla olmak üzere hem birarada hem ayrı ayrı görüşmeler yaptık. Bu görüşmelerin büyük bölümü RJR Nabisco'nun New York'taki ofislerinde gerçekleştirildi; çıkan bir yangının ardından Kohlberg Kravis kısa bir süre için oraya taşınmıştı. Kravis'in kendisiyle yaklaşık yarım düzine bandı dolduran görüşmeler yaptık ve bunların biri dışında hepsi Johnson'ın eski misafir salonunda gerçekleşti.

Görüşmeye ikna etmemiz gereken son kişi de Ross Johnson'dı. Kendisi, anlaşılabilir nedenlerle biraz çekingen yaklaşıyordu, basında çok üzerine gidilmişti ve daha fazla yıpratılmaya da hiç niyeti yoktu. Ama sonunda birebir görüşmelere tam 36 saatini verdi. Atlanta'daki ofisinde yaptığımız tam günlük birkaç görüşmeye Johnson kravat takmadan, spor ceketle geldi ve bol bol sigarillo içti. New York'taki dairesinde yaptığımız maraton görüşmeye ise RJR Nabisco baskılı eşofmanla katıldı, bizlerle biberli pizza yedi, bira içti.

Katılımcıların işbirliği sayesinde diyalogları geniş ölçüde yeniden kurgulamamız mümkün oldu. Bu iş de kaçınılmaz olarak bazen belleği kullanırken seçici olmayı gerektiriyor. Ken Auletta'nın o çok önemli eseri *The Greed and Glory on Wall Street*' te (Wall Street'te İhtişam ve Açgözlülük) yazdıklarını akılda tutmak çok önemli: "Hiçbir gazeteci, bir süre önce meydana gelmiş olayları yüzde 100 doğru ve kesin biçimde aktaramaz. Hafıza, insana oyunlar oynar, üstelik olayın sonuçları netleştikçe bu daha da fazla olur. Gazetecinin yapacağı, çeşitli kaynaklardan kontrol ederek tahrifata karşı önlem almaktır, fakat okurun —ve tabii yazarın— gazetecilikteki imkânların kısıtlılığını hesaba katmasında fayda var."

Bu sözlere katılmamak elde değil. Fakat şunu da unutmamak gerekir ki yaptığımız kritik toplantıların her birini yeniden kurgularken, o sırada odada bulunanların hepsiyle birden görüşme olanağını çoğu durumda yakaladık. Birçok durumda sekiz, hatta dokuz kişiyi biraraya getirmeyi başardık. Bu kişilerin hatırladıkları arasında kayda değer tutarsızlıklar ortaya çıktığında bunu metinde ya da bir dipnotla belirttik. Bir düşünce ya da izlenim italik karakterlerle verilmişse, bilin ki söz konusu kişi tarafından ortaya atılmıştır.

Kesinlik üzerine bir söz: Bu sayfalarda, kaldıraçlı alımların (*Leveraged Buy Out* - LBO: Bir işletmenin kredi kullanarak diğer bir şirketi satın alması. Büyük miktarlarda krediler söz konusu olduğundan 'kaldıraç' terimi kullanılarak kaldıraçlı alım olarak tanımlanmıştır. Kitap boyunca cümlenin yapısına göre kimi zaman kaldıraçlı alım kimi zaman da LBO olarak ifade edilecektir. çn.) Amerikan ekonomisi üzerindeki etkisine ilişkin kesin yargılar bulmayı umanlar, hiç şüphesiz hayal kırıklığına uğrayacaktır. Yazarların bu konudaki görüşü, bazı şirketlerin LBO'nun güçlüklerini kaldırmaya uygun olup bazılarının da olmadığı yönündedir. RJR Nabisco söz konusu olduğunda ise LBO'nun zamanla ortaya çıkmış bir koşul olduğunu unutmamak gerekir. Çoğu örnekte bu yöntemin başarılı olup olmadığını anlamak için üç, dört, beş, hatta yedi yıl geçmesi bile yeterli olmayabilir. Bu kitapta anlatılan olaylar bir LBO'nun ortaya çıkış öyküsüdür; bu giriş yazısını kaleme aldığımız şu anda, yeniden doğmuş olan RJR Nabisco henüz bir yaşında. Bebek sağlıklı görünüyor, ama nasıl büyüyeceği yolunda fikir yürütmek için daha çok erken.

The Wall Street Journal'ın Yazıişleri Müdürü Norman Pearlstine'a teşekkürlerimizi sunmak istiyoruz; kendisi bize büyük bir iyilik yaparak bu kitabı hazırlamamız için gerekli ücretsiz izni sağladı. Ayrıca birçok kişiye minnet duygumuzu ifade ediyoruz: Keskin gözlemleri ve yayıncılıktaki ilk yolculuğumuzla ilgili görüşmeleri gerçekleştirmemizde bize cesaret verdiği için Harper & Row'daki editörümüz Richard Kot; asistanı Scott Terranella; projemizi Harper & Row'a sunan Lorraine Shanley; aslında hiç de herkesin sandığı kadar eli maşalı olmayan temsilcimiz Andrew Wylie; telefon başında tükettiği saatler için meslektaşı Deborah Karl; ayrıca anlatıyı şekillendirmede bize verdiği paha biçilmez öğütlerden ötürü, *The Wall Street Journal*'dan Steve Swartz. RJR Nabisco ve RJR oyununda rol alan sayısız oyuncu, fotoğrafları sağlamamıza yardımcı oldu. 1988'de *The Wall Street Journal*'ın Atlanta büro şefiyken John Helyar'ı RJR'yi araştırmaya yönlendiren John Huey'ye de bir teşekkür borcumuz var. 1989'da *Southpoint Dergisi*'nin yayın yönetmeni olarak da Huey, dergideki işlerini tamamlamadan

önce onun bu kitabı bitirmesine izin vermişti.
Böyle bir projenin isimsiz kahramanları ise eşlerimiz elbette.
Betsy Morris ikili bir görevi yerine getirdi. *Wall Street Journal*'dan bir meslektaş olarak Ross Johnson'ı "keşfeden" ve gelişme aşamasındaki RJR Nabisco hikâyesinin günlüğünü tutan, o olmuştu. Ayrıca John Helyar'ın karısı olarak da uzun haftalar boyunca kocasından uzak kalmaya ve günler boyu oturup yazı yazmaya tahammül etti. Aynı şekilde Marla Burrough kitabın müsveddesini okuyan ilk kişi, metnin ilk düzeltmeni ve redaktörüydü, ayrıca sınırsız destek ve sabır kaynağı. Onların getirdiği öneriler ve önümüzde açtıkları yollar, bu kitabın her sayfasında kendini gösteriyor.

Bryan Burrough & John Helyar – *Ekim 1989*

OYUNCULAR

ŞİRKET YÖNETİMİ

RJR Nabisco

F. Ross Johnson, Yönetim Kurulu Başkanı ve İcra Müdürü
Edward A. Horrigan, Jr., başkan, RJR Tobacco
Edward J. Robinson, Mali İşler Müdürü
Harold Henderson, Genel Danışman
James Welch, Başkan, Nabisco Brands
John Martin, İcra Müdür Yardımcısı
Andrew G. C. Sage II, Danışman ve Yönetim Kurulu üyesi
Frank A. Benevento II, Danışman
Steven Goldstone, Danışma Kurulu üyesi
George R. ("Gar") Bason, Jr., Danışma Kurulu üyesi

American Express

James D. Robinson III, Başkan ve İcra Müdürü

Shearson Lehman Hutton

Peter A. Cohen, Başkan ve İcra Müdürü
J. Tomilson Hill III, Birleşme Sorumlusu
James Stern, Yatırım Bankacısı
Robert Millard, Risk Tahkim Ticaret Sorumlusu
Jack Nusbaum, Danışma Kurulu üyesi

Salomon Brothers

John Gutfreund, Başkan
Thomas Strauss, Yönetim Kurulu Başkanı
Michael Zimmerman, Yatırım Bankacısı
Charles ("Chaz") Phillips, Yatırım Bankacısı
William Strong, Yatırım Bankacısı
Peter Darrow, Danışma Kurulu üyesi

Robinson, Lake, Lerer & Montgomery, halkla ilişkiler danışmanı

Linda Robinson

KOHLBERG KRAVIS ROBERTS & CO.

Kohlberg Kravis

Henry Kravis, genel ortak
George Roberts, genel ortak
Paul Raether, genel ortak
Theodore Ammon, üye
Clifton S. Robbins, üye
Scott Stuart, üye
Richard I. Beattie, Danışma Kurulu üyesi
Charles ("Casey") Cogut, Danışma Kurulu üyesi

Drexel Burnham Lambert

Jeffrey Beck, "The Mad Dog"

Morgan Stanley & Co.

Eric Gleacher, Birleşme Sorumlusu
Steven Walters

Wasserstein Perella & Co.

Bruce Wasserstein

ÜÇÜNCÜ ŞAHISLAR

Forstmann Little & Co.

Theodore J. Forstmann, büyük ortak
Brian D. Little, genel ortak
Nick Forstmann, genel ortak
Stephen Fraidin, Danışma Kurulu üyesi

*Goldman Sachs & Co.,
Forstmann yatırım bankacısı*

Geoff Boisi, Yatırım Bankacılığı Sorumlusu

First Boston Grubu

James Maher, Birleşme Sorumlusu
Kim Fennebresque, Yatırım Bankacısı
Brian Finn, Yatırım Bankacısı
Jerry Seslowe, Resource Holdings
Jay Pritzker, yatırımcı
Thomas Pritzker, yatırımcı
Harold Handelsman, Danışma Kurulu üyesi
Melvyn N. Klein, yatırımcı

ÖZEL KOMİTE

Müdürler

Charles E. Hugel, Combustion Engineering Başkanı
Martin S. Davis, Gulf + Western Yönetim Kurulu Başkanı
Albert L. Butler, Jr., Winston-Salem temsilcisi
William S. Anderson, NCR Corp. eski Başkanı
John Macomber, Celanese eski Başkanı

Danışmanlar

Peter A. Atkins, Skadden, Arps, Slate, Meagher & Flom
Michael Mitchell, Skadden, Arps, Slate, Meagher & Flom
Matthew Rosen, Skadden, Arps, Slate, Meagher & Flom
John Mullin, Dillon Read & Co.
Franklin W. ("Fritz") Hobbs IV, Dillon Read & Co.
Felix Rohatyn, Lazard Freres & Co.
J. Ira Harris, Lazard Freres & Co.
Robert Lovejoy, Lazard Freres & Co.
Luis Rinaldini, Lazard Freres & Co.
Joshua Gotbaum, Lazard Freres & Co.

Diğerleri

Smith Bagley, RJ Reynold veliahtı
J. Paul Sticht, eski RJ Reynolds Başkanı
J. Tylee Wilson, eski RJ Reynolds Başkanı
H. John Greeniaus, Yönetim Kurulu Başkanı, Nabisco Brands

GİRİŞ

İki adam saatlerce arka verandada oturup konuştular. Daha genç olanı, New York'tan yeni gelmiş avukat, böylesine huzur dolu bir öğleden sonrayı hiç yaşamamıştı. Güneş ufukta kırmızı bir top haline gelmiş, batıyordu. Daha aşağıda Kıyılararası Suyolu'nun sazlıkları üzerinde güzel küçük beyaz balıkçıllar oynaşıyordu.

Ancak kartpostallarda görülebilecek böylesi bir manzaranın üzerinde kara bulutları toplayan ılık Florida rüzgârı, ince kahverengi saçlarını karıştırırken çok yazık diye düşünüyordu Steve Goldstone. Birazdan dile getireceği öngörülerden hiç hoşlanmıyordu. Ama onun işi, şeytanın avukatını oynamaktı. Başka kimse, bu işi yapmak ister gibi görünmüyordu.

Birinin ona anlatması lazımdı.

Birkaç dakika sessizce oturdular. Goldstone cin toniğinden bir yudum daha alarak, karşısındaki sandalyede oturan kendisinden yaşlı adama baktı. Ross Johnson'ı daha iyi tanımak istediği anlar olduğunu düşünüyordu. Oysa, yalnızca üç ay önce tanışmışlardı. Johnson çok açık, güvenilir ve -nasıl ifade etmeli?- evet, naif görünüyordu. Acaba elinden bırakmak üzere olduğu güçlerin farkında mıydı?

Johnson'ın üzerinde, öylesine giydiği bir pantalon ve RJR Nabisco şirket logosu işlenmiş mavi bir golf gömleği vardı. Gümüş rengi saçları gelişigüzel uzamıştı, sol bileğinde altın bir künye sallanıyordu. Johnson'ın, hayatını, belki de hepsinin hayatını tamamen değiştirebilecek bir hamleyi kafasında evirip çevirdiğini biliyordu Goldstone.

"Neden bunu yapıyorsun?" diye sormuştu. Amerika'nın en büyük şirketlerinden birinin başındasın ve daha fazla paraya ihtiyacın yok. Ama hepsini kaybedebileceğin bir işe girmek üzeresin. Sebep olacağın sıkıntı ve acıları görmüyor musun?

O zamana dek söyledikleri müvekkilini etkilememişti. Daha çok diretmesi gerektiğini biliyordu. "Her şeyini kaybedebilirsin," diye tekrarladı. Uçaklar. Manhattan'daki daire. Palm Beach'teki kompleks. Castle Pines'daki villa. Söylediklerinin anlaşılması için biraz bekledi.

Anlamıyor musun? Her şeyi kaybedebilirsin.

"Bunlar yapacağımız işlemin avantajlarını ortadan kaldırmıyor" diye cevap verdi Johnson. Asıl durumu değiştirmiyordu. "Gerçekten başka seçeneğim yok," dedi.

Goldstone bir kez daha denedi. "Bunu yaptığın an şirketin kontrolünü kaybedeceksin. Süreci başlattığın andan itibaren artık CEO olmayacaksın. İpleri, yönetim kuruluna veriyorsun. Oradakilerin arkadaşın olduğunu düşündüğünü biliyorum," dedi.

Johnson başıyla onayladı. Netice itibarıyla şirketin uçaklarıyla onlara bütün dünyayı dolaştıran kendisi değil miydi? Onlara cömert danışmanlık ücretleri veren kendisi değil miydi?

"Ama bu işe başladığın an..." diye devam etti Goldstone, "artık hiçbiri arkadaşın olmayacak. Olamazlar. Onlardan iyilik bekleme; yapmayacaklar. Yüzlerini bile görmediğin Wall Street danışmanlarının etkisi altına girecekler. Otuz ayrı kişiyle milyonlarca dolar için mahkemelik olacaklar. Yoğun bir baskı altına girecek ve bundan seni sorumlu tutacaklar," diye ısrar etti.

Sonra sustu ve göğün batı tarafındaki kırmızılı mavili çizgilere baktı. Ne kadar karanlık bir tablo çizmiş olursa olsun, Johnson etkilenmiş görünmüyordu. Anlattıklarından hangisinin onu etkileyeceğini de bilemiyordu. Ancak bildiği bir şey vardı, beş gece içinde sonucu göreceklerdi.

Daha sonra iki adam Golfstream jetiyle Atlanta'ya doğru yola koyulduklarında Goldstone, Johnson'ın kararını vermiş olduğunu hissetti. Ürünleri (Oreo, Ritz krakerleri, Life Saver, Winston ve Salem sigaraları) ülkedeki tüm marketlerin raflarında bulunan, Amerika'nın en büyük on dokuzuncu sanayi şirketi RJR Nabisco'nun, 140.000 elemanın kaderini elinde tutan başkanına dikkatle baktı.

Onun sadece işin iyi yanını gördüğünden, buna inandığından kaygılanıyordu. Tanrım, herkesin iyi arkadaşı olduğunu düşünüyordu.

Yapacak, diye düşündü avukat. *Gerçekten yapacak.*

Siyah Lincoln otomobil Waverly Oteli'nin önüne yanaşırken, Atlanta'da serin ve duru bir Ekim akşamı hüküm sürüyordu. Waverly, Güneş Kuşağı şehirlerinin ortak özelliği olan banliyö usûlü, yeşillikler içinde bir işyeri bölgesinde yer alıyordu. Hemen yakınında çok salonlu sineması; güzel çeşmeleri ve geniş, davetkâr yaya yollarıyla elit bir alışveriş merkezi olan Galleria ile bir dizi yüksek, çarpıcı ofis binası vardı.

RJR Nabisco Yönetim Kurulu üyeleri, birkaç yüz metre ilerideki on bir katlı cam bir bina olan şirket merkezine gitmek için limuzinlerinden iniyorlardı. Hepsi RJR Nabisco'nun ünlü jetlerinden biriyle buraya uçmuştu. Otelin atrium lobisinden giriyor, cam asansörle yukarı çıkıp toplantı odasına geçiyorlardı. İçerdekiler, ellerinde içkileriyle halka oluşturmuş, kaygılı bakışlarla ayakta dikiliyor, toplantının başlamasını bekliyorlardı. Aralarındaki konuşmalar, buraya yaptıkları yolculukla, Dünya Kupası'yla ve üzerinden bir ay bile geçmeyen başkanlık seçimiyle ilgiliydi.

Şirketin olağan Ekim ayı yönetim kurulu toplantısı ertesi gün yapılacaktı. Yönetim kurulu üyeleri böyle toplantı arifelerini normalde, çok özel bir gece olarak yaşarlardı; başkanları Ross Johnson'la biraraya gelir, kendine özgü, rahat tavrı içinde şirketle ilgili verdiği son haberleri dinlerlerdi. Oysa bu akşam, atmosfer tamamen farklıydı. Johnson, yönetim kurulu üyelerini tek tek arayarak, normalde zorunlu olmayan bu yemeğe katılmaları için ısrar etmişti. Aralarından ancak birkaçı önlerine gelecek şeyden haberdardı. Diğerleriyse sadece tahmin yürütebilirdi.

Üyelerden bazıları Steve Goldstone'la tanıştırıldıklarında şaşkın bakışlarla hemen uzaklaşıyorlardı. Kel kafalı bir North Carolina asilzadesi olan Albert Butler merak ediyordu: Bir yabancının burada ne işi vardı? Ticaret bakanlığı yapmış Juanita Kreps, Combustion Engineering'in Başkanı olan, aynı zamanda da RJR Nabisco'da Yönetim Kurulu Başkanlığı sıfatını taşıyan Charles Hugel'ı kenara çekip, "Ross ne yapıyor?" diye sordu. "Neler oluyor?" Hugel cevabı biliyordu ama söylemedi. Bunun yerine dışarı çıkıp bir şeyler atıştırmakta olan diğerlerini acele etmeleri için uyardı. Bu akşam gündem yüklüydü.

Johnson ise elinde votka kolası, yüzünde kocaman tebessümü ve her zamanki içten kahkahasıyla, etrafını saran bir gruptan ötekine dolaşıyordu. Yönetim kurulunda kendisine yönelik darbeleri başarıyla atlatmıştı ve üyeleri istediği gibi yönlendirme yeteneğiyle gurur duyardı. Stratejik bir şakayla ya da tam zamanında yapılmış bir nükteyle gergin ortamları gevşetme konusunda üstüne yoktu. O, gerçekten de yönetim kurulu odasının kavalcısıydı. Her zaman, kendini ve işini fazla ciddiye almayan, hareketli Ross olmuştu. Bu akşam, Wall Street'li yeni ortaklarının isteklerinin aksine kendi bildiğini okumaya kararlıydı.

Ed Horrigan, Johnson'ın formunun zirvesinde olmasını diliyordu. RJR Nabisco'nun en büyük birimi Reynolds Tobacco'nun başındaydı ve Johnson'ın bu akşam açıklayacağı planı büyük bir coşkuyla kabul etmişti. Tıknaz ve savaşçı ruhlu bir adamdı, Kore Savaşı'nda bir makineli tüfek yuvasını tek başına dağıtmasını sağlayan "yıldırım hızıyla davranma" anlayışını işine de taşımıştı. Dünyaya metelik vermez görünen Johnson'ın tersine tutkulu biriydi. Yönetim kurulu üyelerini, Johnson sahneye çıkmadan önce de yıllardır tanır ve hiçbirine güvenmezdi. Onların küçük komplolarının ilk elden tanığıydı. Johnson'ın, üyeleri dolgun danışmanlık ücretleri ve diğer kıyaklarla kazanma düşüncesini biliyordu. Ama kendisi bundan o kadar emin değildi. Üyeler, yine de masaya koyduğu bir iş için Johnson'ı topa tutabilirlerdi.

Horrigan dalmış bunları düşünürken, içeri tanımadığı biri girdi. *Gentleman's Quarterly'* nin sayfalarından fırlamış gibi giyinmişti. Saçının her teli yerli yerindeydi. Durdu ve buz gibi gözlerle etrafa bakmaya başladı. Horrigan'ın aklına, bir yabancının salonun kapısının hemen önünde durup içeriye baktığı o eski western filmleri geldi. Birkaç dakika içinde onunla tanıştırıldı. Adam, Wall Street avukatlarından Peter Atkins idi. Horrigan'a söylendiğine göre Atkins'in orada bulunma nedeni, yönetim kurulu üyelerine haklarını ve sorumluluklarını hatırlatmaktı.

İkisi el sıkışırken, Atkins sakin bir sesle, "Merhaba Bay Horrigan," dedi.

Aman Allahım... diye geçirdi içinden Horrigan.

Saat tam sekiz buçukta Johnson konuşmak üzere ayağa kalktığında, T şeklinde düzenlenmiş uzun masada hiç yemek kalmamıştı. Şirkete ilişkin bazı küçük konuları anlattı Johnson, ertesi gün ilk iş olarak özlük hakları komitesiyle yapacakları toplantıyı hatırlattı ve olağan yönetim kurulu toplantısının gündemindeki şeylerden söz etti. "Hepinizin bildiği gibi bu akşam gündemde bir konu daha var," dedi. "Artık o konuya geçme zamanı geldi, sanırım. Bu mesele, şirketimizin geleceğini belirleyecek."

Çok sevdiği küçük sigarillodan nefesler çekerek RJR Nabisco'nun başında geçirdiği iki yıllık dönemi özetledi: Kâr yüzde 50 artmış, satışlar da yükselmişti. Sorun, herkesin de bildiği gibi, bir yıl öncesine kadar yetmiş doları geçerek doruğa çıkmış olan, ancak son bir yıldır sürekli gerileyen hisse senedi fiyatlarıydı. Borsada bir yıl önce yaşanan çöküşten beri denedikleri hiçbir şey, bu düşüşü durduramamıştı. Kendi hisse senetlerini toplamasına rağmen (Johnson burada bomba efektine benzer keskin ve alçalan bir ıslık çaldı) senetler kırklardaydı şimdi. Hâttâ, tütün sektöründe yıllardır önlerine çıkan yasal engelleri kazasız belasız atlatmaları bile durumu değiştirememişti. Kimse meseleyle Johnson kadar uğraşmamışsa da odadaki herkes, bunları çok iyi biliyordu.

Johnson, "Bu şirketin gerçek değerini bulamadığı, yüzünüzün ortasındaki burun kadar görünür bir şey..." diye devam etti. "Gıda ve tütün işkollarını biraraya getirmeye çalıştık; işe yaramadı. Pazar ve ürün çeşitlendirmesi işe yaramadı. Kazancın yirmi iki, yirmi beş katı değerinde gıda varlığımız var ama biz bunu ancak kazancın dokuz katı fiyatına satabiliyoruz. Çünkü bizi hâlâ bir tütün şirketi olarak görüyorlar. Sonuç olarak, hissedarların elindeki hisselerin değerini artırmak için alternatif yöntemler üzerinde çalıştık." Burada bir an durdu. "İnanıyorum ki bu değerin artmasının tek yolu, kaldıraçlı alımdır."

Ortam buz kesti.

Odadaki herkes, kaldıraçlı alımın ne olduğunu biliyordu. Bir şirkette genellikle Wall Street'ten biriyle beraber çalışan üst kademe yöneticileri, büyük borç altına girerek, şirketin hisse senetlerini sahiplerinden geri almak için bir fiyat teklifinde bulunurlardı. Kaldıraçlı alımlara karşı çıkanlar, bunun, şirketi sahiplerinden çalmak anlamına geldiğini söyüyorlar ve bu yolla şirketlerin giderek daha fazla borç altına girmesinin Amerika'nın rekabet gücünü zayıflatmasından endişe duyuyorlardı. Çünkü kaldıraçlı alımın, şirketin altına girdiği büyük borcu ödemek için araştırma-geliştirme masraflarından ve diğer her türlü bütçeden ciddi kesintiler yapılması anlamına geldiğini herkes biliyordu. Kaldıraçlı alım taraftarları ise büyük borç ödemelerinin şirketleri daha etkin ve güçlü kıldığı konusunda ısrarlıydı. Ancak her iki kesimin de üzerinde uzlaştığı bir şey vardı: Kaldıraçlı alım yapan şirket yöneticileri, pek de temiz olmayan bir biçimde zenginleşiyordu.

Johnson, "Kapıya kurt dadanmış değil..." dedi. Yani onu bu hamleye zorlayan bir şirket baskını söz konusu değildi. "Sadece bu seçeneğin hissedarlarımız için en iyisi olduğunu düşünüyorum. Bunun gerçekleştirilebilir bir iş olduğuna inanıyorum. Üstelik şu andaki hisse senedi fiyatından çok daha yüksek fiyatla yapılabilir. Bu aşamada konuyu tartışıp bir sonuca varma ya da belli bir teklife karar verme noktasına çok uzak değiliz."

Sonra susarak birer birer yönetim kurulu üyelerine baktı: Çoğu, şirketin çeşitli birimlerinin yöneticileri ya da o makamlardan emekli olan bu kişilerin yaş ortalaması 56'yı buluyordu. RJR Nabisco'yu istediği gibi yönetebilmesi için kendisine geniş ölçüde serbestlik tanımışlardı. Şirketi North Carolina'daki asırlık merkezinden yeni zenginlerin gösteriş anıtına benzeyen şimdiki merkezine taşımasına karşı çıkmamışlardı. Ancak kendisinin şu anda yaptığının çok daha küçüğü olan ihlaller nedeniyle Johnson'ın selefini yerinden edenler de yine aynı kişilerdi.

"Bir şeyi anlamanızı istiyorum..." diye devam etti Johnson. "Karar verecek olan sizsiniz. Eğer ihtiyaç duyduğumuz şeyin bu olmadığını ya da daha iyi seçenekler bulunduğunu düşünüyorsanız, kimse üzülmeyecek. Sadece bunu yapmaktan vazgeçeceğim. Yapabileceğim başka şeyler de var. Onları yaparım. Gıda alanından çekiliriz. Hisselerimizin bir kısmını piyasadan toplarız. Hemen odama çıkıp B planı üzerinde çalışmaya başlamak benim için sorun değil."

Sessizlik.

İlk konuşan, vatandaşlık hakları hareketinin liderlerinden, Washington'lı başarılı avukat Vernon Jordan oldu. "Bak Ross, eğer buna devam edersen, büyük olasılıkla şirketin kendisi oyuna dahil olacak. Birisi çıkıp senin verebileceğinden fazlasını vererek şirketi alabilir. Kazanan sen olamayabilirsin. Yani ne olacağını kim bilebilir?"

"Benim demek istediğim de bu, Vernon..." dedi Johnson. "Şirket oyunun içinde olmalı. En yüksek teklif verene gitmeli. Eğer biri çıkıp da hisse başına 58 dolar ya da bizim vereceğimizden fazlasını verirse, hissedarlarımız için yapabileceğimiz en iyi şeyi yapmış oluruz. Bu şirketin yönetimi, hissedarları pahasına işini korumaya çalışmıyor."

Celanese eski Yönetim kurulu Başkanı John Macomber, "Hangi aşamadasın?" diye sordu. Macomber, yıllardır Johnson'ın ayağına batan diken gibiydi.

"Buranın güvenilirliğine zarar vermemek için bankalarla çok ileri gitmedik. Henüz bir kuruş bile borç almadık. Ama kurul önerimizi onaylarsa hızlı hareket edeceğiz."

Bir süre sonra Juanita Kreps konuştu. "Bu tür adımlar atmak, şirketleri bu şekilde satılmak zorunda bırakmak bana pek uygun gelmiyor. Üyesi olduğum başka yönetim kurullarında da hisse fiyatlarının gevşemesi konusunda benzer şikâyetler dile getiriliyor. Ama oralarda başka senaryolar uygulanıyor. Yönetimler hisselerin şu andaki düşüşlerinin ötesine, geleceğe bakıyorlar. Neden burada böyle olmuyor? Yoksa mesele, satışların azalması ve sektördeki sorunların öne çıkması nedeniyle tütün mü?"

Johnson, "Juanita, hisselerinin değerinin altında alınıp satıldığı konusunda birçok CEO'nun şikâyetçi olduğunu duydum, ama kimsenin bir şey yaptığını görmedim," diye cevap verdi. "Bu, sizin yapabileceğiniz bir şey. Diğerleri bir şeyler yapmaya korkuyor."

Bu açıklama çok mantıklı ve anlaşılır görünüyordu: Kimse bir konuyu Ross Johnson gibi açıklayamazdı. Oysa yönetim kurulu üyeleri Johnson'ın şirket için ne planlar kurduğunu, üyelerin arkasından kendine ne tür kıyaklar yapmayı düşündüğünü veya Shearson Lehman Hutton'daki aç Wall Street'lilerin beklediği kaldıraçlı alımın getireceği kârın, şimdiye kadar görülmemiş oranda büyük bir kısmını nasıl kesmeyi amaçladığını bilselerdi, birkaç soru daha sorabilirlerdi. Ancak bunlar ve diğer meseleler, herkes için en uygunsuz zamanda gündeme gelecekti.

Charlie Hugel gözleriyle odayı taradı. Kimse başka soru soracak gibi görünmüyordu. Kurulun kendi arasında bir değerlendirme yapmasını sağlamak için Johnson ile Goldstone'un odadan çıkmasını önerdi. "Yönetimle birlikte bu olaya dahil olan başka kim var?" diye sordu.

Johnson, isimleri açıkladı: Horrigan, Nabisco Yönetim Kurulu Başkanı Jim Welch, Genel Danışman Harold Henderson, şirket dışından bir üye ve Danışman Andrew G. C. ile Sage II. Hugel onların da çıkmasını önerdi.

Johnson dışarı çıktığında, üyeler hemen toplantıya ara verdiler. Albert Butler, Hugel'ın yanına gelerek "Gördün mü, Andy Sage de işin içinde..." dedi.

Hugel başıyla doğruladı.

Butler, "Ross, danışmanlık sözleşmesindeki ücreti ikiye katlayarak 500 bin dolara çıkarmamızı istiyor," dedi. "Konu personel komitesinin gündeminde ama, şu anda bu artışı yapabileceğimizi sanmıyorum."

"Evet..." dedi Hugel, "yapamazlar." Huzursuzdu. Johnson arkadaşıydı ama son üç günde gelişen bazı şeyler yüzünden artık onu çok iyi tanıdığını düşünemiyordu. Ortada ona ters gelen bir şeyler vardı.

Üyeler tuvalete gitmek için sessizce odadan çıktılar. Hepsi de vermek zorunda oldukları kararın ciddiyetinin farkındaydı. Sektörün devleri pisuvarlarda yan yana dizildiklerinde tuvalette bir ses yankılandı: "Bunun anlamlı bir teklif olup olmadığını görmemiz lazım." Ellerini yıkayıp odaya dönerken hepsi bu sözleri düşünerek kafa sallıyordu.

İçeride Hugel, halka açık çoğu büyük şirketin tescil edildiği Delaware eyalet yasalarına[1] göre üyelerin sorumluluklarını anlatan Atkins'i dinliyordu. Atkins bitirince Hugel, Johnson'ın önceki hafta Güney Kore'deyken kendisine telefon edip kaldıraçlı alım fikrini açtığını anlattı. Ancak konuyla ilgili özel bilgilerinden ve Johnson'ın iki gün önce kendisine yaptığı kritik öneriden bahsetmedi.

Üyeler toplantı odasında konuyu tartışırken Johnson da üst kattaki odalardan birinde Horrigan, toplantıdan ayrılan diğer kişiler ve Shearson'dan gelen ekiple, oyalanıyordu. Kurulun kendisini çağırması için fazla beklemesine gerek kalmadı. Yanına Goldstone'u alarak gergin bir şekilde toplantı odasına gitti.

"Ross..." dedi Hugel, "yönetim kurulu, senin devam etmene izin vermeye hazır olduğunu hissediyor." Aslında kuruldaki görüşmeler, öneriye karşı bir zeminde yapılmıştı: Johnson bu kadar ileri gittiyse kurulun, onun görevde kalmasına izin vermekten başka seçeneği yoktu. Eğer Ross, şirket için ciddi bir teklifte bulunmayı düşünüyorsa, Delaware yasalarına göre hissedarların bunu bilme hakkını elinden alamazlardı. "Ama..." diye devam etti

---

[1] Delaware eyaletinin çalışma yasaları diğer eyaletlere göre daha esnek olduğundan birçok şirketin ticari sicili oradadır. -çn.

Hugel, "düşündüğün rakamın anlamlı bir rakam olup olmadığından emin olmak istiyoruz."

"O zaman bu sözü bana tanımlayın."

"Rakam hisselerin şimdiye kadar işlem gördüğü fiyatın üzerinde olmalı."

"Güzel. Bunu yapabilirim."

"O halde kurul devam etmene izin vermeye hazır. Eğer devam etmek istiyorsan, kurul yarın sabah bir basın açıklaması yapacak." Atkins'e dönerek, "Peter, açıklama metnini hazırladın mı?" diye sordu Goldstone. "Okuyabilir misin?"

Atkins okudu ve Goldstone'un isteği üzerine Johnson'la avukatın, üzerinde çalışmak üzere yukarı götürmeleri için metni ona verdi.

Basın açıklaması, Hugel'ın toplantıya Atkins'i de getirdiğini öğrenen Goldstone'un tahmin ettiği, fakat endişe verici bir gelişmeydi. Üzerindeki gizlilik örtüsünü kaldırmak, bir kaldıraçlı alımı henüz beşikteyken yok etmeye yetebilirdi. Satış fikri açıklandığı anda baskıncı şirketler[2] ve diğer istenmeyen aktörler, henüz yönetim kendi teklifini hazırlamaya fırsat bulamadan şirketin başına üşüşmekte serbest kalıyorlardı. Ama basın açıklamasının yapılacak olması yine de Johnson ile ortaklarını telaşlandırmamıştı. RJR Nabisco o kadar büyük bir şirketti ki dünyada kimse onların tekliflerini geçemez gibi görünüyordu. Üstelik diğerlerine yol gösterecek dost bir yönetim ekibi de yoktu.

Yukarıda, Johnson ile Goldstone, Shearson Lehman ekibini bulamıyorlardı. Serinkanlı şef stratejist Tom Hill ile avukatı Jack

---

[2] Baskıncı şirketler (corporate raiders), kaldıraçlı alımlarda hisseleri hissedarlardan satın almak için teklif verebilir. Amerika'da özellikle borca girerek bir şirketin hisselerini ele geçirmek ve şirketi işleterek, bazı birimlerini satarak vs. birkaç yıl içinde borcunu ödeme konusunda uzmanlaşmış şirketler var. Bunu yaparken mevcut yönetimle uzlaşarak teklif verir ve ondan yardım alırsa buna "dostça ele geçirme" (friendly takeover); yönetime rağmen teklif verir ve yönetimle savaşırsa "düşmanca ele geçirme" (hostile takeover) deniyor. -çn.

Nusbaum odada yoktu. Goldstone aceleyle aşağıya koştu ve ikiliyi lobide gördü. Yanlarındakilerle birlikte RJR merkezinde şöyle bir dolaşmışlardı. "Jack!" diye bağırdı Goldstone, "hangi cehennemdeydiniz yahu?"

Onlara bir basın açıklaması hazırlandığını ve bu açıklamada fiyata mutlaka yer verilmesini Johnson'ın da istediğini söyledi. Bir rakam verilmediği takdirde hisse senedi fiyatının kontrolden çıkacağından ve istediklerinden daha yüksek bir teklif vermek zorunda kalabileceğinden korkuyordu. Odaya döndüler. Hill, daha önceki fiyat önerisini tekrarladı: Hisse başına 72 dolar nakit ve 3 dolarlık tercihli hisse. Johnson başını iki yana salladı.

"Öyle olmaz..." dedi. "Beyler, 75 dolar nakit vermek zorundayız. Aksi takdirde ikinci sınıf teklif gibi görünür."

Johnson'ın sinirlerinin gerilmesi için çarpma işlemini yapmaya hiç gerek yoktu. *On yedi milyar dolar.* Tarihin en büyük kaldıraçlı alımı. Bugüne kadar gerçekleştirilememiş, girişim olarak kalmış en büyük kaldıraçlı alımın bile tam üç katı. Bu kadar yüksek bir teklif vermeyi ciddi olarak hiç düşünmemişlerdi. Görünürde rakip olmadığı için bu kadar yükselmelerine de gerek yoktu, çünkü.

Her zaman olduğu gibi tartışmayı yine Johnson kazandı. Saatler tam gece yarısını vururken Goldstone, basın açıklamasının gözden geçirilip üzerinde değişiklikler yapılmış metnini eline alarak aşağı, toplantı odasına indi.

Haftalardır yapılan hazırlıklardan, kulis faaliyetlerinden sonra bir anda her şey gerçek oluyordu. Gerçekten de bu işe girişiyorlardı. "Anasını satayım..." dedi Johnson odadakilere, "artık 17 milyar dolar bulmak zorundayız."

Johnson, tekrar basın açıklaması üzerinde düşünmeye başladı. Bu küçük sırlarının yönetim kurulunda kalacağını ummuşlardı. Oysa basın açıklaması, herkesin duyması ve hemen, ertesi sabah rakip tekliflerin yağması demekti. Johnson daha önce bu konuyu hallederse kendisiyle gurur duyacağını düşünmüştü. Oysa şimdi ortaya çıkan manzara onu sarsıyordu. Gece yarısından sonra aradığı bir yardımcısına, "İşler düşündüğümüzden çok daha hızlı ilerliyor..." diyecekti.

BÖLÜM 1

Ross'un felsefesi şudur: "Bir parti veriyoruz,
son derece incelikli ve ayrıntılı, karmaşık bir parti."
— O.C. ADAMS, *RJR Nabisco psikolojik danışmanı**

Ross Johnson, takip ediliyordu. Tahminine göre kendisini izleyen, o yaşlı, cimri Henry Weigl tarafından tutulmuş bir dedektif olmalıydı. Her gün, Manhattan sokaklarında nereye gitse, gölgesi peşindeydi. Sonunda bundan bıktı. Onun da birçok dostu vardı ve içlerinden biri yeraltı dünyasıyla ilişki içindeydi. Durumu bu arkadaşına anlattı. Kuyruğundan kurtulmak istiyordu. Dostu, sorunu halledeceğini söyledi. Birkaç gün içinde dedektif gözden kayboldu. Arkadaşının söylediğine göre dedektif, artık hangi işle uğraşıyor olursa olsun, biraz komik yürüyor olmalıydı.

1976 baharında Standard Brands adlı ikinci sınıf bir gıda şirketinde acayip şeyler oluyordu. Şirketin yaşlı ve aksi yönetim kurulu başkanı Weigl, kendinden sonraki adam olan kabarık saçlı

---

* Dr. O.C. Adams, Ross Johnson izin verene dek yazarlarla bu konuda görüşmeyi kabul etmedi.

Frank Gifford ve "Dandy" (zibidi) lakaplı Don Meredith gibi arkadaşlarıyla Manhattan'da caka satan genç Kanadalı Johnson'ı tasfiye etmek istiyordu. Weigl, bir yandan Johnson'ın şişkinliğiyle ünlü masraf hesaplarını incelemek için bir denetçiler ekibi görevlendirirken, bir yandan da eskiden himayesi altında olan bu adamın evlilik dışı ilişkileri hakkında bilgi topluyordu.

Johnson'ın sıkı içkici genç ekibiyse şirket yöneticileri arasında lobi yaparak ve şirketin işlerinde dönen dolapları belgeleyerek karşılık verme çabasına girişti. Şirketin Madison Avenue'daki merkezinde bir yönetim darbesi olacağına ilişkin dedikodular yayılıyordu.

Sonunda çatışma açığa çıktı: Johnson ile Weigl birbirine bağırmış, yönetim kurulu da ikisi arasında bölünerek saf tutmuştu. Her şey, Mayıs ortasındaki kurul toplantısında konuşuldu. Toplantıda, önce Johnson'a karşı kendi davasını ortaya koyan Weigl, daha sonra da kurduğu tuzak artık işe yarar hale gelmiş olan Johnson konuştu.

Johnson'ın, "En Adamlar" adı verilen taraftarları, muzaffer arkadaşlarının yanlarına gelmesi için saatler boyunca Central Park'ta dolaşarak beklediler. Kurulda, kan gövdeyi götürmüştü. Ancak şirket içi siyasette henüz Ross Johnson'ı yenebilecek kimse yoktu. Johnson, bu alanda ayakta kalma ustalığına sahip olduğunu göstermişti.

1988 sonbaharına kadar Ross Johnson'ın hayatı bir dizi şirket macerasından ibaretti. Bu maceralar sırasında Johnson hem kişisel olarak iktidarı elde etmiş, hem de eski iş düzenine karşı savaş yürütmüştü.

O eski iş düzenine göre büyük iş, yavaş ve istikrarlı iş demekti. *Fortune 500* şirketleri, "şirket adamları" tarafından yönetilirdi. Bu adamlar, merdivenin üst basamaklarına tırmanırken kendilerini tamamen şirkete veren alt ve orta düzey yöneticiler ile kendilerini, şirketi koruyup kollamak ve dikkatle güçlenmesini sağlamakla görevli kâhyalar olarak gören üst düzey yöneticilerden oluşurdu.

Johnson ise mükemmel bir "şirket dışı adam" oldu. Gelenekleri sarsıyor, gerektiğinde iştirakleri ve yan kuruluşları satıyor, yönetimleri öfkelendiriyordu. O, 1970 ve 80'lerde ortaya çıkan şirket dışı adamlar kuşağındandı. Bunlar iş hayatını anlaşmalar ve başarılar şeklinde algılayan bir göçebe sürüsüydü. Onlara göre asıl görev, şirketin gelenekleri için değil, yatırımcıları için çalışmaktı. Bu arada kendileri için de bol bol çalışmayı ihmal etmiyorlardı.

Ancak tüm bu şirket dışı adamlar arasında en göze çarpanı Johnson'dı. En büyük iş anlaşmalarını yapan, en büyük ağzı olan ve en yüksek primleri kapan, hep oydu. "Kükreyen Seksenler"de iş dünyasının sembolü haline gelmişti. Johnson, asrın anlaşmasını başlattığı takdirde, Amerika'nın en saygın şirketlerinden birini paramparça edip havaya savurarak seksenli yılların gidişatını belirleyebilirdi.

İş dünyasında yeni çağın sembolü olan adam, eski iş dünyasının tam ortasına denk düşen bir zamanda, 1931 yılında doğmuştu. Frederick Ross Johnson, alt orta sınıftan bir ailenin tek çocuğu olarak Büyük Bunalım zamanında Winnipeg'de büyüdü. Kimse ona Fred demezdi. Adı hep Ross'du. Fred, babasının ismiydi. Nalbur olan babası, boş zamanlarında amatör olarak marangozluk yapıyordu; pek konuşkan bir adam değildi. Annesi Caroline ise evin her şeyiydi. Evli kadınların işten uzak durduğu bir dönemde muhasebecilik yapıyor, boş zamanlarında da briç oynuyordu. Küçük Ross, hitabet yeteneğini ve sayılara olan ilgisini annesinden, çocuk yaşlarında ortaya çıkan girişimcilik ruhunu ise o çağdan almıştı. Johnson ailesi yoksul sayılmazdı ama yine de Ross Johnson sekiz yaşına gelene kadar kendilerine ait bir bungalovları olmadı.

Küçük Ross, okuldan sonra çeşitli işlerde çalışmaya başladı. Kazandığı parayla ciddi şeyler yapıyor, mesela giysilerini kendi alıyordu. İş hayatına, mahallesinde gazete ve dergi dağıtmak, sirkte şeker satmak gibi standart çocuk işleriyle başlayıp koleksiyonundaki çizgi romanları isteyenlere kiralamak gibi daha yaratıcı işlere yönelmişti. Biraz daha büyüyünce kapı kapı dolaşarak bebekler için fotoğraf albümü pazarlamaya başladı. Üniversite yıllarında da paraya ihtiyacı olduğunda bu işi tekrar tekrar yapacaktı.

Johnson lisenin en iyi öğrencisi değildi. Bu onuru, sonradan devasa emlak pazarlama şirketi Cadillac Fairview'u kuracak olan arkadaşı Neil Wood'a bırakmıştı. Çok çalışmasına gerek kalmadan (çok çalışmazdı) sınıfının ilk dörtte birlik kesiminde yer alacak bir çocuktu (almıştı da). Liseyi bitirdiğinde 1.87 boyunda, uzun bacaklı bir delikanlı olmasına karşın okulun en iyi sporcusu değildi. İyi bir vuruş yapmak yerine oturup *The Sporting News*'daki beyzbol istatistiklerini ezberlemeyi daha iyi beceriyordu.

Liseyi bitirmemiş olan babasının aksine üniversitede okumak istedi. Winnipeg'deki Manitoba Üniversitesi'ne devam etmek için her gün otobüsle şehrin öbür ucuna gidip gelirdi. Sınıf içinde ortalama bir çocuktu ama sınıf dışında mükemmeldi: Okulda kulüp başkanı, basketbol takımının kaptanı ve eğlence partilerinin popüler simasıydı. (Bazen gösteri arzusu hilafına şeyler de yapardı: Bir gece Johnson ile birkaç arkadaşı, had safhada görgüsüz ve kaba biri olduğunu düşündükleri üst düzey bir okul görevlisini pusuya düşürmüş, sabaha kadar günahlarının muhasebesini yapması için tramplene bağlayıp gitmişlerdi.) Muzip genç Ross Johnson'ı tanımlayacak bir şey varsa, o da yaşları kendinden daha büyük olsa bile arkadaşlarına liderlik etme yeteneğiydi. Sınıfında II. Dünya Savaşı'dan dönüp okula gelen çok sayıda kendinden büyük genç vardı ama organize eden ve yönlendiren, Jonhson'dı.

Mezun olduktan sonra Johnson, 20 yıl boyunca Kanada'da çeşitli şirketlerde alt ve orta düzeyde yöneticilik yaptı. İlk işi Montreal'deki Canadian General Electric'te muhasebecilikti ve bu görevi altı yıl sürdürdü. Sonra sıkıldı ve şansını bir de Toronto'daki pazarlama bölümünde denemek istedi. Arkadaşlarına, "Meğer işin güzel tarafı burasıymış..." diyordu. Alt düzey bir yönetici olarak kendisine elektrik ampulü pazarlama görevi verilen Johnson'ın pazarlamacılık yeteneğini ilk konuşturduğu yer, burasıydı. Diğerlerinden pahalı ve içi boyalı bir ampul tasarlayarak bir de isim buldu: Shadow Ban. Ürün gayet iyi sattı. Johnson ayrıca şirketin Noel ağacı ampullerinde de harikalar yarattı.

Ampuller konusunda ne kadar iyi olursa olsun, yaratıcılığını asıl gösterdiği alan, masraf hesaplarıydı. Emrindeki satış elemanlarının masraflarını keserek paranın çoğunu kendine ayırıyordu. Bu ek fonları da müşterilerini krallar gibi ağırlamak için kullanıyordu. Özel olarak hoşlandığı şey, şehrin en iyi golf sahalarında golf oynadıktan sonra yine en iyi restoranlarda içki ve yemekle devam eden ve kendisinin "100 dolarlık golf partisi" adını verdiği tam günlük bir eğlence tertip etmekti. 1960'ların başında 100 doları böyle bir işe ayırabilmek, müthiş bir çaba gerektirirdi, ama Johnson bunu başarıyordu. Harcama tutkusuyla yaşlı insanlarla iyi ilişkiler kurma yeteneğini biraraya getiren Johnson, iş hayatında sürekli yükseliyordu. Kanadalı bir arkadaşı olan William Blundell, "Para harcamak, Ross için her zaman eğlenceli ve keyifli olmuştu," diyor. "Üst düzey yöneticilerin harcayarak karar verdiklerine inanırdı. Paranın gücünden yararlanmayı düşünürdü."

Baştan beri Johnson tam bir parti adamıydı. Viskisini yudumlayarak gecenin geç saatlerine kadar gevezelik etmek en büyük zevkiydi. Sabah yine hiçbir şey olmamış gibi işinin başında olurdu. GE'deyken iş hayatı konusunda küstah ve nüktedan bir yaklaşım geliştirmişti. Eğer bir şeyi doğrudan söylemek ve nükteyle söylemek gibi iki seçeneği varsa, Johnson her zaman ikincisini tercih ederdi. Muhasebecilik yaptığı günlerde, "Muhasebeci kafasını geçmişe, kıçını geleceğe dönmüş adamdır," diyordu. Aynı şeyi düşünen gençler, etrafına toplanıyor, himayesine giriyorlardı. Johnson, *derinden gelen yankılı sesiyle ve şarkı söylermiş gibi*, hipnotik konuşmasıyla onların üzerinde etki kazanmıştı. Hem yüksek sesle, bağırır gibi hem de alçak sesle, kendi kendine mırıldanır gibi konuşurdu. Tarzı ve görünüşüyle genç müritlerini sanki "Yanımdan ayrılmayın; iyi eğleneceğiz," der gibi kendine çekerdi. Evlendiği zaman sağdıçları, bütün gece smokinleriyle su kayağı âlemi yapmışlardı.

Ama yine de 13 yıl sonra, 32 yaşına geldiği halde Ross Johnson hâlâ önemli biri olamamıştı. Yılda 14.000 dolar kazanıyor, gelirini artırmak için de geceleri Toronto Üniversitesi'nde ders veriyordu. İlk çocuğu yoldaydı. Karizması dışında Toronto'da yükselmek için mücadele eden diğer binlerce genç ve parlak adamdan farkı yoktu. Ancak sabırsızdı. GE'nin ABD şubesine tayin isteği reddedilince gemiden atladı.

Kanadalı büyük mağaza zinciri T. Eaton'da orta kademe yönetici olarak işe başlayan Johnson, orada Tony Peskett adındaki hocasını buldu. Eaton, hantal, uyuklayan ve ağır bir şirketti ama personel bölümünün başındaki Peskett, kendini şirketi 20. yüzyıla hazırlamaya adamıştı. Johnson, 1950'lerin General Electric'inin düzenli ordusundan çıkmıştı. 1960'lara ise "Pesketteer'lar" adıyla anılan gerilla tipi yöneticiler grubunun üyesi olarak giriyordu. Peskett, kendi doğal eğilimlerini kullanarak otoriteye nanik yapması için onu cesaretlendiriyordu. Pesketteer'lar değişimin kendi başına bir değer olduğuna inanıyor ve derbeder yaşlı işverenleri yeniden şekillendirmeye hazırlanıyorlardı. Her şeyin sürekli sarsılması gerektiğini düşünüyor, Sears Canada ile olan rekabeti iyi izleyip anında tepki göstermenin yararına inanıyorlardı. En sevdikleri söz, Bob Dylan'ın bir şarkısında geçen, "Sürekli yeniden doğmayan, ölüyor demektir" sözüydü. Üzerinde hayatı boyunca etkisini sürdürecek olan bir fikri, kaosun yaratıcı şekillerde kullanılabileceği düşüncesini Johnson'a aşılayan Peskett, bu sözü şöyle yorumluyordu: "Bir organizasyon kurduğun anda aşınmaya başlar." Bu sözü gittiği bütün şirketlere taşıyan Johnson ise aynı düşünceyi kendi felsefesine göre "bok karıştırmak" şeklinde ifade ediyordu: Sürekli olarak bir şeyleri yeniden yapılandırma ve yeniden organize etme aşkı.

Peskett şirkette sevilmeyen adam durumuna düştüğünde Johnson bir kez daha gemiden atladı. Bu kez gittiği yer General Steel Works, Ltd (GSW), iktidar (Johnson şirketin iki numaralı adamıydı), para (yılda 50.000 dolar) ve sosyal ilişki beklentilerini karşılamaya daha yakındı. Johnson, şirketin zengin sahibi aracılığıyla Toronto'daki Lambton Country Club'a üye oldu ve ünlü hokeyci Bobby Orr ile Ulusal Hokey Ligi'ndeki oyuncuların sendika başkanı, avukat Alan Eagleson gibi elit kişilerle tanıştı. Bu insanlarla vakit geçirmekten hoşlanmıştı, üstelik bu konuda gayet iyi olduğunu anladı.

Ancak cemiyetteki yükselişine karşın nalburiye, çöp bidonu ve gübre dağıtıcısı üreten GSW'de sefil bir durumdaydı. Ekonomik durgunluk şirketin nalburiye işini yavaşlatınca Johnson'ın tepkisi, yatırılan para miktarını daha da artırarak Eaton ve GE'de geliştirdiği pahalı pazarlama yöntemlerini devreye sokmak oldu. Ancak yeni patronu, eli sıkı Ralph Barford, her seferinde Johnson'ın önerilerini geri çeviriyordu. Johnson'ın öğle yemeklerinde sık sık şirketteki işlerden konuştuğu arkadaşı Jim Westcott, "Ralph'ın felsefesi ucuza almak, pahalıya satmak ve faturalar üzerinde ciddi pazarlık yapmaktı," diye anlatıyor. Johnson sık sık ona gidip "Ralph bugün derimi yüzdü," diye homurdanırmış.

Johnson küçük bir şirkette çalışmaktan rahatsızdı. GSW, büyük borçla ve zararına çalışan bir şirketti. Johnson ise her hafta kızgın bankacılarla toplantılar yapmak zorundaydı. "Çok şaşırmıştım," diye anlatıyor, "bankanın reklamlarını yazan kişinin, parayı veren olmadığını öğreniyorsunuz. Sizi hayallerinizden yakalayıp sıkıyorlar." Johnson, hayatı boyunca nefret ettiği şirket borcu kavramının acı gerçekleriyle tanışmıştı.

Sonunda Johnson ile patronu farklı türde iki insan olarak birarada çalışmayı öğrendiler ve beş yıl daha birlikte çalıştılar. Johnson, Barford'un anında yön değiştirme becerisini takdir ediyordu. "Haklı olduğunuza inandırırsanız, 180 derecelik bir dönüş yapabilirdi. Ancak onu inandırabilmek için de bir panzer bölüğü gerekirdi," diye anlatıyor. Johnson ise çabuk değişme konusunda üstat olmuştu. Bu huyu, sonraki yirmi yıl boyunca emri altındakileri hayretler içinde bırakacaktı.

1970'ler geldiğinde Ross Johnson 40 yaşındaydı ve henüz kendi gösterisine başlayamamıştı. Bir beyin avcısı bu şansı ona tanıdığında üzerine atladı. Artık o, Standard Brands adlı bir Amerikan gıda şirketinin Montreal merkezli Kanada operasyonlarının başındaydı. 1928'de House of Morgan tarafından kurulan Standart Brands, Fleischmann Distilling & Yeast Company, Royal Baking Powder ve Chase & Sanborn Company ile birleşmişti. Sadece bu bile Johnson'a şirketin sorunları hakkında bazı ipuçları vermişti. Chase & Sanborn'un kahvesi eski ve insanların bıktığı bir markaydı.

Maya ve kabartma tozu ise, beyazların Amerika'ya ilk yerleştiği devirlerden kalmış görünüyordu. Hantal ve ikinci sınıf bir organizasyon olan Standard Brands, yıllar içinde uyuşuk bir tamirci yuvasına dönüşmüştü. Bu ekibin ortaya çıkardığı ürünler, früktoz şurubu denen bir şeker ikamesi ile düşük kolesterollü Fleischmann's Margarine idi. Yıllar bu şekilde geçtikçe şirketin "dünyanın meyvelerini kullanarak, hizmet sunduğu insanlara yaşam kalitesi sağlamak" şeklindeki eskimiş düsturu, yıllık raporların kapağında yer almaya devam ediyordu.

Johnson'a göre Standard Brands'in çağı yakalama umudu kalmamıştı. İçinde bulunduğu çağ, pazarlama ve *hareket çağıydı*; insanlar, yağ tulumu halinde koşuşturup duruyorlardı. Şirketin Kanada şubelerinde tam bir kargaşa hakimdi. Eski bir Pesketteer olan Johnson, burayı bir kasırga gibi vurdu. İlk yıl, şirketin 23 üst düzey yöneticisinden 21'ini işten attı ve yerlerine almak için, kariyeri boyunca etrafında toplanmış özgür ruhlu gençleri aramaya başladı. Bir şeker şirketinde çalışan Peter Rogers adlı İngiliz, sıkı kurallara gelemeyen parlak bir vurucu güç olarak ünlenmişti. Johnson kendisine ilk geldiğinde, "Böyle siktirik iş olmaz," cevabını vermişti, "şirketin insanlara çok kötü davranıyor. Üstelik şimdiye kadar yapmaya çalıştığı tüm alımları da eline yüzüne bulaştırdı." Ama sonunda kabul etti ve 14 yıl boyunca Johnson'ın yanından ayrılmadı. Johnson, giderek büyüyen ekibin en Adamlar'ına katılmak için Avustralya'ya transfer teklifini geri çeviren Martin Emmett adlı aristokrat Güney Afrikalı'yı da işe aldı. Sonraki yıllarda bu ikisi birbirlerine o kadar yakın oldular ki "Martini ve Rossi" diye adları çıktı.

Rogers ve Emmett, gündüzleri Standard Brands'i sarsmak, geceleri de şişeleri boşaltmak için yaşayan müdür ekibinin çekirdek elemanları oldular. Johnson onlara birer de lakap takmıştı: Rogers, Kanada Olimpik İçme Takımı'na atfen "Çaylak," Emmett da uzun ince vücut yapısı nedeniyle "Büyük E" idi. Ekibin diğer üyelerinden personel danışmanı Jim Westcott bilgeliği ve beline kuşak sarması yüzünden "Buda" olmuştu. Johnson'ın kendisi ise "Papa" idi.

Toronto'da olduğu gibi Montreal'de de Johnson kısa sürede sosyeteye girme başarısını gösterdi. Büyük bir üretici şirket olan Power Corporation'ın etkili Yönetim Kurulu Başkanı Paul Desmarais, Johnson'ın seçkin Mount Royal Club'a girmesini sağladı ve onu, girilmesi zor bir çevre olan Montreal iş sosyetesiyle tanıştırdı. Johnson'ın yeni arkadaşları arasında, sonradan Kanada Başbakanı olacak genç avukat Brian Mulroney de vardı. Avukatın, 15 yıl sürecek olan güvenilirliğini inşa sürecini Johnson belli bir rutine oturtmuştu. Bu rutinin en önemli parçaları ise vaktinin hepsini arkadaşlarıyla geçirmek, iş konuşmak, viski içmek ve puro tüttürmekti. Johnson, ortodoks olmayan yöntemler kullanıyordu belki ama gerilla ekibiyle birlikte işinde sonuçlar almaya da başlamıştı. Bu durum, dikkatleri üzerine çekmesini sağlıyordu. 1973'te terfi ederek Standard Brands'in uluslararası operasyonlarının başına getirildi.

Böylece New York'a taşındı. Kendinden emin, coşkulu ve neşeli biri olan Johnson, şehrin yaşantısına hemen ayak uydurdu. Sanki o an için doğmuş olduğunu hissediyordu. Oysa Standard Brands genel merkezindeki meslektaşlarına bakılırsa alevi kısa sürede sönecek hızlı bir başlangıç yapmıştı. Tabii ki onlar dişiyle tırnağıyla kazıyarak geçirdiği 21 yıllık "kimsenin tanımadığı adam" dönemini bilmiyorlardı. Gerçekten de Johnson, sonradan açılan ve ancak 42 yaşında hayatının temposunu bulmaya başlayan biriydi.

Connecticut'ın New Canaan adlı banliyösünde bir ev alan Johnson bölgede oturan şirket yöneticilerinin binmesi için 7:30 New Haven treninin arkasına eklenmiş New Canaan Club Car adlı özel vagonda kendine bir koltuk da ayarlamayı başarmıştı. Normal müşteriye sunulmayan lükslere sahip bu özel vagonda Johnson, aralarında Mobil Oil Yönetim Kurulu Başkanı Rawleigh Warner'ın da bulunduğu bir grup güçlü adamla tanışma fırsatı buldu. Her sabah birlikte yolculuk ederken briç oynar, gazeteleri okur, iş konuşurlardı. Johnson'ın uzun kahverengi saçları, kravatları ve domuz derisinden yapılma kırışık ceketlerini gören diğerleri (saçlarının her teli ve giysileri iğneyle tutturulmuş gibi yerli yerinde olan adamlar) ona pek insaflı davranmazlardı. Ancak bu şık ve genç

Kanadalı da hemen neşeyle cevabı yapıştırırdı: "Sizi gidi moruklar, sizi gidi eski topraklar" derdi onlara "dünya yanınızdan geçip gidiyor."

Ancak Johnson'ın yeni patronu Henry Weigl, pek şakaya gelmez bir adamdı. Weigl, sıkı ve güçlü bir şirketi yöneten diktatördü. En büyük gururu, 1950'lerde başkan oluşundan bu yana geçen 21 yıllık dönemde her yıl kârını artırmış olmasıydı. Bu başarısını, her yıl belli sonuçların biraz yükselmesine izin vererek, onun dışında hiçbir şey yapmayarak elde etmişti. Bu şekilde sonraki yıl şirketin performansını iyice yükseltmesi için fazla baskı gelmiyordu. Bu yöntem aynı zamanda Weigl'ın, cebindeki paraların suyu çıkana kadar eli sıkılık yapmasına da olanak veriyordu.

Manhattan'daki lüks şirket merkezlerinin aksine Standard Brands binası sade, hatta çıplak ofislerden oluşuyordu: Muşamba yer döşemesi ve çelik masalar. Sadece en yüksek kademeye halı ve ahşap mobilya verilmişti. Elemanların iş saatleri dışında konuşmalarını önlemek için telefonlar saat 17:00'de kilitlenirdi. Şirket müdürleri seyahat ederken uçakta ekonomik sınıfta uçmaları istenmekle kalmaz, aynı zamanda havaalanından şehre de mümkün olan en ucuz yolla, otobüsle gitmeleri beklenirdi. Seyahatte gece konaklayacakların Howard Johnson motellerine gitmesi gerekirdi çünkü bu motel zincirindeki restoranlar, Chase & Sanborn'un ana müşterileri arasındaydı. Weigl'ın eli sıkılığı, sadece küçük tasarruflarda değil, önemli konularda da kendini gösteriyordu. Şirket müdürlerinden olan yatırım bankacısı Andrew G. C. Sage II bir şirketi satın aldıktan sonra Weigl'dan gelen mektupla şaşkına dönmüştü. Mektupta, "Bu işe vakit ayırdığın için teşekkürler..." kabilinden bir şeyler yazılıydı. O sırada yaptığı hizmet için kendi faturasını hazırlamakta olan Sage, aldığı bu mektup üzerine faturayı yırtıp atmıştı.

Konuşmayı seven Johnson'ın aksine Weigl kendi odasında o kadar çok vakit geçiriyordu ki, adı, "Hermit Henry"ye çıkmıştı. Emri altındakiler içeri alınmaktan deli gibi korkarlardı. Bir keresinde Johnson, alt düzey yöneticilerden biri Weigl'dan fırça yerken odadaydı. Adam dışarı çıktığında Johnson, Weigl'la konuşmak için biraz daha kalmıştı. Odadan çıktığında ise adamcağızın soluk soluğa yere yatmış olduğunu görmüştü. Bir keresinde Weigl, şirketin mali işler departmanı yöneticisinin işten erken kaytardığını düşünüyordu. Hemen adamlarından birine talimat vererek konuyu araştırmasını ve bu elemanın atılmasını sağlamasını istedi. Adam gelip yanılmış olması gerektiğini çünkü söz konusu kişinin tersine geç saatlere kadar çalıştığını söyledi. Weigl'ın cevabı ise "Bana bak, ya onu atarsın ya da kendin gidersin!" şeklinde bir bağırış oldu. (Netice itibariyle o olay nedeniyle kimse işten atılmadı ama Weigl'ın odasının bulunduğu katta çalışanlar, mesai bitiminde ortalıkta görünmemek için ayaklarının ucuna basarak merdivenlerden bir alt kata inip asansöre oradan binmeye başladılar.) Bir Noel partisinde yöneticilerden birinin fazla neşeli olması Weigl'ın dikkatini çekti. Johnson'a, Noel öncesi adamı kovmasını söyledi. Johnson dediğini yaptı ama o yöneticiyle ailesini Kanada'ya tatile göndererek durumu biraz yumuşattı. Taktiğini, "sisle örtmek" olarak açıklıyordu.

Johnson kısa zamanda sis taktiği konusunda uzmanlaşmıştı. Başkan yardımcısı Lester Applegate, Weigl tarafından görevden ayrılmak zorunda bırakıldığında Johnson ona Kanada bütçesinden gizlice ücret vermeye devam etti. İlk zamanlar Johnson, Weigl'ın gazabından korunmayı başarıyordu. İyi sonuçlar alıyordu. Ayrıca şirketin çeşitli ülkelere yayılmış uluslararası şubelerini ziyaret etmek için vaktinin yarısını yurtdışında geçiriyordu. Ancak Johnson'ın havai tarzının, yılmak nedir bilmez patronuyla bir yerlerde çatışacağı kesindi.

Telefonlar kilitlenip Standard Brands mesaisini bitirdiği anda Johnson'ın gece mesaisi başlıyordu. Her zaman ünlülerle yakın olmak isteyen Johnson, o sıralar televizyonda "Monday Night Football" programını sunan ve Standard Brands'in Dry Sack şarabının reklamlarına çıkan eski futbol yıldızı Frank Gifford'la kısa sürede arkadaş olmuştu. İkili, New York'taki elit spor çevresinin eskiden sürekli gittiği yer olan *Toots Shor*'un yerini dolduran Manuche's adındaki mekâna takılıyordu. Johnson, tam bir Amerikan futbolu hastasıydı. Gifford aracılığıyla bir sürü ünlüyle tanıştı: Lig yöneticilerinden Pete Rozelle, araba yarışı devlerinden Roger Penske, yayın dünyasının tanınmış simalarından Don Meredith, ABC'nin spor programı yöneticisi Roone Arledge, onun prodüktörü Don Ohlmeyer ve Arledge ile Ohlmeyer'ın himayelerine aldığı genç John Martin. Johnson ile Gifford birbirlerine o kadar yakındılar ki insanların Gifford'ın ünlü arkadaşlarıyla beraber olabilmek için bir sürü para ödedikleri Dinner of Champions adlı yıllık yardım programında beraber çalışıyorlardı. Şaşaa, ünlüler ve ilişkiler: Johnson yolunda ilerliyordu.

Ezik Standard Brands yöneticileri, yeni gelen bu neşeli adamın etrafında toplanmaya başladılar. Üst düzey yöneticiler, ayda bir kez Weigl ile bütün gün süren bir toplantıya katılmak zorundaydılar. Johnson, toplantıdan sonra düzenlediği ve "Pazartesi Gecesi Ezikler Kulübü" adını verdiği içki âlemleriyle, onların ruhlarında açılan yaraları onarıyordu.

Aynı şekilde Standard Brands Yönetim Kurulu'nun da gözüne girdi. Katı Weigl'ın tersine Johnson, kurul üyeleriyle senli benli ve rahat konuşurdu. Kurul da 1974 yılında yönetim kuruluna alarak ve bir yıl sonra başkanlığa getirerek onu ödüllendirdi. İktidarına yönelik tehdidi sezen Weigl, yavaş yavaş önlemlerini almaya başlıyordu. Gıyabında yönetim kurulu üyeleriyle yöneticilerin ilişki kurmasını yasakladı. Kurul üyesi olan New York'lu avukat Watt Dunnington bir parti verip Johnson ile şirketin genel danışmanını davet ettiğinde Weigl hepsine öfkelendi.

Johnson, Weigl'ın kendisini tasfiye etme yolları aradığını düşünüyordu. Wiegl ona tam bir "Görevimiz Tehlike" misyonu vermişti: Şirketin talihsiz kimyasal madde bölümünü satmak. Mucize eseri Johnson, 23 milyon dolarlık bir teklif almayı başardı. Ancak Weigl, 24 milyon dolardan aşağı satmamakta inat ediyordu. Johnson ise mahir bir numarayla yan anlaşma yaptı. Alıcı 24 milyon dolar ödeyecek, ama satıştan hemen sonra Standard Brands'in bir iştirakinden 1 milyon doları el altından geri alacaktı. Bu yan anlaşmadan haberi olmayan Weigl, satışı onayladı. Johnson bunu, "En büyük satışım" diye anlatıyor.

1976'nın Ocak ayında yönetim kurulu, Johnson'ı operasyon bölümünün başına getirerek alenen Wiegl'ın halefi ilan etti. Şirket çalışanlarının çoğu, özgürlük günlerinin yakın olduğunu düşünerek sevinmişti. Ama herkes değil. Weigl, Kanada'daki elemanlardan iki isimsiz mektup aldı. Mektuplarda aşırı harcamalar (örneğin Martin Emmett'ın emrindeki üç şirket arabası ve şoförler) ile masraf hesaplarındaki suistimallerden yakınılıyordu. Daha önce de haleflerini torpillemekten kaçınmamış olan Weigl, olayın üzerine atladı. Hemen Kanada'ya bir denetçi ekibi gönderdi. İşler bu şekilde yavaş yavaş ilerliyordu. Ancak Weigl, sonunda Johnson'ın New York'taki devasa limuzin hesabından haberdar oldu. Evlilik dışı ilişkileri hakkında bilgi toplamaya başladı. Johnson'ın ilk evliliğinin pek iyi gitmemesi nedeniyle bu alan, son derece bereketli bir toprak haline gelmişti.

Bu arada Johnson da savaşa hazırlanıyordu. Elemanlar hakkında Weigl'a bilgi sağlayan bir beyin avcısı ikili oynayarak Johnson'a da bilgi vermeye başlamıştı. Johnson'ın New Canaan'daki evinde birkaç haftada bir entrikacılar toplanıyordu: Şirketin Planters Nut ve Curtiss Candy ürünlerinin başına geçmiş olan Peter Rogers, Chicago'dan; Standard Brands Canada'nın başındaki Martin Emmett, Toronto'dan ve başkan yardımcılarından Ruben Gutoff, New York'tan geliyordu. Hep beraber, Weigl'ın cimri yöntemlerinin şirketi nasıl yavaş yavaş boğduğunu gösteren bir rapor hazırladılar. İşin başı Johnson olduğu için asıl oyunu Weigl ile o oynayacaktı. Kısa süre içinde Weigl, izlendiğinden emin olmaya başlamıştı.

İlk kıvılcım da o sıralar çaktı. Johnson, Weigl tarafından işten atılan bir yöneticinin hisse opsiyonunu kullanmasına izin vermişti. Weigl bunu fark ettiğinde öfkeden kudurdu. O, adamı şirket hisselerinden kâr etsin diye işten atmamıştı. O sırada şehir dışında olan Johnson'ı aradı ve kalayı bastı. Johnson'ın işlemi iptal etmesini istiyordu. Weigl fırça atıyor, atıyor, atıyordu. Johnson ise bu hakkı kullandırmanın tamamen yasal olduğunu, hakkın kullanılmasını önlemenin yasaya karşı gelmek olacağını söyleyerek itiraz ediyordu. Weigl "Biz kendi yasamızı kendimiz yazarız," dedi.

Sonunda Johnson daha fazla dayanamadı ve, "Henry meseleyi

kendin ele alıp adamı sen dürtükle," diyerek telefonu kapattı.
Çatışma artık iyice açığa çıkmıştı. Johnson öğleden sonra yönetim kurulunun en etkili iki üyesini arayarak durumu aktardı. Morgan Guaranty Trust Yönetim Kurulu Başkanı olan Ellmore ("Pat") Patterson'a, "Ben gidiyorum. Bu adam tam anlamıyla deli. Hep idare edebilirim diye düşündüm ama artık dayanamıyorum," dedi. Aynı konuşmayı, Royal Bank of Canada Yönetim Kurulu Başkanı olan ve Standard Brands'deki yükselişinde kendisini en çok destekleyen Earle McLaughlin'e de yaptı. McLaughlin, "Bunun olabileceğini tahmin ediyorduk," dedi ve acele hareket etmemesini istedi. Meseleyi tartışmak için özel gündemli bir kurul toplantısı düzenlenince Johnson istifa etmemeyi kabul ederek entrikaya katılan arkadaşlarından da aynı şeyi yapmalarını istedi ve "Tuzunuz kuru olsun," dedi.

Toplantıya iki haftadan az bir zaman kala, şirket içinde sevilen bir yönetici olan Bill Shaw, kalp krizinden öldü. Herkes krizin sebebinin, Henry Weigl olduğuna inanıyordu. Aslında tıbbi açıdan bu kanı biraz şüpheli olmasına karşın Shaw'un ölümü yönetime karşı isyanı iyice ortaya çıkardı. Şirketin araştırma-geliştirme bölümünün başındaki Bob Carbonell, "Ross... bir şeyler yapman lazım," diyordu. "Bir şey yapmazsan..." diye ekliyordu Emmett, "hepimiz gideceğiz."

Dananın kuyruğu, Mayıs ayı ortalarına denk düşen bir Cuma günü yönetim kurulu toplantısında koptu. Johnson toplantı odasının dışında beklerken Weigl içeride, denetçilerin bulduğu suistimalleri ezberden geçiyordu. Sonunda kurula kendi sözleşmesini iki yıl daha uzatması önerisinde bulunarak sözünü bitirdi.

Adamları Central Park'ta bekleşirken Johnson da kurula hitap etmek için odaya girdi. Masraf hesaplarındaki ufak tefek suistimalleri kabul etti ve yanında çalışılması imkânsız olan Weigl'la daha fazla savaşmayacağını dile getirdi. "Beyler..." dedi, "size söyleyebileceğim tek şey, istifa ettiğimdir." Diğer yöneticiler ne yapacaklarını kendileri söylemeliydi. Sonra da arkadaşlarıyla birlikte hazırladıkları kasvetli araştırmayı okumalarını önerdi. Bir de tahminde bulundu: "Yirmi dört ay içinde burayı pislik basacak."

Kurul kendi arasında konuyu müzakere ederken dışarı çıkan Johnson geri döndüğünde Weigl, kendi yeri olan yönetim kurulu başkanı koltuğunda değildi. Tam tersine hayalet görmüş gibi bembeyaz bir suratla kenarda bir yerde oturuyordu. Bir kurul üyesi, "Ross yapmayı düşündüğümüz şey şu: Henry yönetim kurulu başkanı ve şirketin başı olarak bir yıl daha devam edecek. Sen, şirketin başkanı olacaksın ve o emekli olduğunda şirketin başına geçeceksin."

Aslında Johnson'ın heyecandan titremesi gerekirdi. Ama "Bu iş yürümez," diyerek dışarı çıktı. Yeni teklif yapılınca döndü: Weigl emekli olana kadar yönetim kurulu başkanlığında kalacak, Johnson ise şirketin başına hemen geçecekti. Johnson kabul etti, ancak bir koşulla, "Henry'nin ofisi merkez binada olmayacak."

Bu küçük ve sıkı pazarlık, Johnson'ı New York Borsası şirketlerinden birinin başına getirmişti. Sonra, o ve en Adamlar gecenin ilerleyen saatlerine kadar zaferlerini kutladılar. Hepsi de şahane bir darbe yaptıkları konusunda hemfikirdi. Ancak bu onların son darbesi olmayacaktı.

Henry Weigl, sonunda Johnson'dan küçük bir intikam alacaktı. Aradan biraz zaman geçtikten sonra Florida'da bir yazlık isteyen Johnson, Palm Beach'in Lost Tree bölgesinde, sarıya boyanmış gösterişli bir villa aldı. Lost Tree'deki hayat, oradaki kulübün etrafında dönüyordu. Ancak Johnson kulübe üye olmak için başvurduğunda, aynı bölgede oturan Henry Weigl, kabulünü engellemek için bir kampanya başlattı. Bundan rahatsız olan Johnson başvurusunu geri çekti ve bir süre sonra da Jupiter adlı sahil kasabasında, birleştirilmiş iki daireden oluşan bir yalı satın alarak oraya taşındı. Lost Tree'deki evi ise darbenin destekçilerinden, yönetim kurulu üyesi Andrew Sage aldı. Johnson yıllar sonra, "Henry ölüp gömüldükten otuz yıl sonra bile mezarına gitmem..." diyecekti, "biliyorum ki mezardan bir el çıkıp boğazıma sarılacak."

Weigl'ın gidişinden sonra o eski ağırbaşlı Standard Brands, Johnson Kardeşlik Kulübü (Phi Delta Johnson) haline geldi. Muşamba döşemeler ve çelik eşyalar kapı dışarı edildi. Kapı dışarı edilen bir başka şey de uçaklarda birinci sınıf yolculuk yasağı oldu. Johnson, şirkete bir jet ve Jaguar aldırmak için hiç vakit kaybetmedi. Şirket kültürü, bir gecede Johnson'ın samimi ve hareketli tarzının bir tür fotokopisine dönüştü. Artık Standard Brands Yönetim Kurulu toplantıları, sık sık ağzı bozuk konuşmalara ve müstehcen meydan okumalara sahne oluyordu. Johnson, sorun çözme toplantılarında, "Haydi bakalım, kim aletini çıkarıp örsün üzerine koyacak, görelim..." gibi laflar etmeyi pek seviyordu. Kardeşlik kulübü atmosferi, tüm düzeylerde şirkete hâkim olmuştu. Standard Brands yöneticileri artık, "Özür dilerim ama maalesef sizinle aynı görüşü paylaşamıyorum" diye değil, "Söylediğinden kendin de bir bok anlamıyorsun" şeklinde konuşuyordu. Yine aynı yöneticiler raporlardan ve dia destekli brifinglerden de vazgeçmişlerdi. Onlardan beklenen şey, doğrudan meselenin özüne inmeleriydi. Aksi takdirde Johnson'ın utanç verici meşhur sözüne maruz kalıyorlardı: "Gerçeğin bir görünüp kaybolduğu an" (bu cümle bazen "GGKA" şeklinde kısaltılarak söylenirdi).

Kötü bir fikrin hemen geri çekilmesi için genellikle Johnson'la yapılan kısa bir görüşme yeterliydi. Bir keresinde Planters yöneticilerinden biri, bölgesel bir reklam testi fikriyle Johnson'a gelmişti. Johnson, "Bu tür bir şeyi ulusal ölçekte yapabilir misin?" diye sordu. Adam "Hayır," cevabını verdi. "O zaman ne cehenneme bunu yapmak istiyorsun?" Olay bitmişti. Yaratıcı ve ağzı bozuk insanlarla dolu şirkette, ağzı bozukluk konusunda kimse Johnson'ı geçemezdi. Basına röportaj verirken bile ağzından müstehcen kelimeler dökülüverirdi. Bu röportajlardan birini kaleme alan bir kadın, soru ve cevapları gazeteciye verirken şöyle demişti: "Al işte siktirik röportajının cevaplarını."

Johnson, kısa görüşmelerle konuyu çözebilecekken ya da golf oynamaya gidecekken toplantıları asla uzun tutmazdı. Bu yüzden de geleneksel mesai saati diye bir kavramı yoktu. Standart Brands'in satış bölümünün başında bulunan Jon Murray "Saat 00:17'de arayıp geceyarısında toplanmak istediğini söylerdi," diye anlatıyor. "Ya da saat 19:00'da sizinle akşam yemeğine çıkar, konudan konuya atlayarak ve her şeyi en ince ayrıntısıyla konuşarak sabahın 00:05'ine kadar yakanızı bırakmazdı." Johnson, insana ancak gecenin geç saatlerinde esin geleceğine inanırdı. "Bebekler yalnız gece doğar," derdi.

Tipik bir Standard Brands akşamında Johnson ile en Adamlar, saat 19:30 civarında işi bırakıp hep beraber gece mesaisine başlarlardı. Önce Manuche'de yemek yiyip bar kapanana kadar içer, sonra da Johnson'ın şirket tarafından alınmış dairesine giderek pizza ve Çin yemekleri ısmarlarlardı. Çoğu *Fortune 500* yöneticisinin üçüncü uykusunda olduğu bir saatte Johnson'ın çetesi üzerine rahat bir şeyler giyer, içkiyle, işle ve yeni fikirlerle dolu uzun bir geceye hazırlanırdı. Sabaha doğru hâlâ sızmamış olanlar gidip evin iki yatak odasındaki ikiz yataklara ya da oturma odasındaki kanapeye uzanırlardı. Sabah hep beraber Peter Rogers'ın hazırladığı kahvaltıyı atıştırarak tekrar iş koşuşturmacasına başlarlardı. Johnson o günleri "Delikanlılar şehri gibiydi," diye anlatıyor.

Johnson'ın hayatı, her şeyden çok bir arkadaş grubu filmine benzemeye başlamıştı. Herkesin lakabı vardı: Salvador kökenli AR-GE müdürü, "El Supremo," alkollü içecek şirketinin başındaki Ferdie Falk, "Fonz," General Electric'ten gelen halkla ilişkiler uzmanı Mike Masterpool, "M3" ve şirketin sorumlu müdürü titiz Ward Miller, "Endişeden Sorumlu Bakan Yardımcısı" idi. Eğer Johnson birine lakap takmamışsa, "kanka" diye hitap ederdi. En yakın iş arkadaşı, Johnson'ın yerine uluslararası kuruluşların başına geçen Emmett'ti. Martini ve Rossi, özel hayatlarında da sık görüşüyor, sürekli birarada oluyorlardı. Johnson, şirkete Emmett için lüks bir daire aldırdı. Sınırsız masraf yetkisi vererek ona cömert davranırdı. Çetenin diğer üyeleri Büyük E'nin Papa'ya nasıl bu kadar yakın olabildiğini merak ederlerdi. Biri, "Herhalde Martin'in elinde Ross'un domuz becerirken çekilmiş fotoğrafı var," yorumunu getirmişti.

Johnson'ın maymun iştahlılığı devam ediyordu. Ancak yerin dibine batıracağı insanları överdi. Sekiz yaşında bir çocuğun sürekli yeni arkadaşlıklar kurmak istemesi gibi, bazen o da birinin varlığından sıkılırdı. Ruben Gutoff'un Standard Brands'deki başkanlığı, sadece 17 ay sürebilmişti. Görünüşe göre suçu, fazla yavaş davranmasıydı. Ürünlerle ilgili saat başı karar almanın gerektiği bir ortamda, ürün komitesini ayda bir toplamak istiyordu. Ayda binlerce şirket reklamı verilirken, her reklamın yayınlandığı gazete veya dergiden kesilip dosyalanarak önüne getirilmesini söylerdi. Johnson, gözünden düşen bir dizi genç yöneticide olduğu gibi, Gutoff'u işten çıkarırken de hiç pişmanlık duymadı.

Maiyetindekilerden biri, zor bir işten çıkarma sonrasında, "Ross sen puştun tekisin," dediğinde Johnson gülümsemiş ve "Beni iyi tanıyan birkaç kişiden birisin," cevabını vermişti.

Johnson'ın Florida'daki evini kurtaran kişinin, yani Standard Brands Yönetim Kurulu üyesi Andy Sage'in, özlük hakları komitesi başkanı olarak Johnson'a çok yararı dokunmuştu. Johnson göreve başladığında Weigl yılda 200.000 dolar, Johnson ise 130.000 dolar maaş alıyordu. Sage'in yardımlarıyla Johnson maaşını, 480.000 dolara yükseltmişti. Diğer yöneticilerin çoğunun da ücretleri ikiye katlanmıştı. Standard Brands'in ücret skalası, sektör bareminin en altından en tepesine çıkmıştı.

Johnson, bununla da yetinmiyordu. Üst düzey yöneticiler şirket dairelerinde oturuyor, Madison Square Garden'da özel localar tutuluyor ve çeşitli kulüplerin üyeliklerinden faydalanıyorlardı. Şirketin 24 yöneticisi, Connecticut'ta yeni kurulan bir kulübe (kurucuları Johnson'ın arkadaşı olduğu için çok şanslıydı) üye olmuştu. Johnson ayrıca kendisine "el altı parası" (ceketin cebinde olan ve bahşiş vermek için her an el altında olan banknotlar) hazırlatırdı. En çok bahşiş verilen dönem olan Noel'den kısa süre önce sekreterine, "Bana birkaç deste 50'lik hazırlat," dediği duyulmuştu.

Johnson'ın iktidarına damgasını vuran şey, kişisel temastı. Her an başvurmak için kendini serbest hissettiği temel bir kuralı vardı: Şirketin başındaki kişi, istediğini yapar. Arkadaşı olan Manhattan'lı restoran sahibi Michael Manuche işsiz kaldığında Johnson onu önce şirketin halkla ilişkiler bölümüne aldı, sonra da Dinah Shore Golf Turnuvası'nın başına getirdi. Ayrıca Frank Gifford'a cömert bir ücret ve Standard Brands'de bir oda verdi. Johnson, Gifford'ın etrafında bulunmasından o kadar hoşlanıyordu ki Bobby Orr ve tenis yıldızı Rod Laver gibi isimlerin de içinde bulunduğu bir sporcular ekürisini promosyonlar konusunda şirkete yardımcı olmaları için işe almaya karar vermişti.

Bunlar, süpermarket yöneticileriyle oynanan ve Standard Brands satış elemanları için büyük önem taşıyan golf maçlarına da çağrılıyorlardı. Ancak Johnson'ın maiyetinde görünen birçok yıldız da bu duruma şaşınıyordu. New York Giants'ın eski oyuncularından Alex Webster 1978 yılında Johnson'la bir asansörde karşılaştığını ve ortak dostları Gifford tarafından tanıştırıldığını anlatıyor. Ertesi gün Gifford, Webster'ı arayarak, Johnson'ın Montreal'e gidip market sahiplerinden oluşan bir gruba konuşma yapmasını istediğini söylemiş. Webster, "Ama Standard Brands hakkında bir şey bilmiyorum ki..." diye itiraz etmiş. Gifford'ın tavsiyesiyse, "Git onlara birkaç hikâye anlat ve yaptıkları iş için teşekkür et yeter," olmuş. Webster, Johnson için bu işe on yılı aşkın bir süre boyunca devam etmiş.

Bunlar işin sadece başlangıç kısmıydı. Standard Brands'in başındaki adam olarak Johnson, Muhabbet Kralı olmuş, Gulf + Western'dan Martin Davis ve American Express'ten James Robinson gibi şirket devleri dışında moda tasarımcısı Oleg Cassini gibi isimlerle de arkadaşlık kurmuştu. Johnson bu başarıya, cömertliği sayesinde ulaşıyordu. Bir Standard Brands yöneticisi, "Ona süveterini beğendiğinizi söylerken çok dikkatli olmalıydınız çünkü hemen çıkarıp verirdi," diye anlatıyor. Johnson bu başarıya, dikkatle geliştirdiği tarzıyla ulaşıyordu. Buna, ortamlara girişi de dahildi. Johnson, genelde her yere 20 dakika geç giderdi. "Eğer vaktinde giderseniz kimse size dikkat etmez. Geç kalırsanız fark ederler," diyordu. Johnson başarıya, neşeli mizacı sayesinde ulaşıyordu. Her sabah özel vagonda en güzel müstehcen fıkraları anlatan kişi, golf sahasının en keyifli ortağı, oydu.

İş hayatında Johnson'ın acil görevi, Standard Brands'in batmasını önlemekti. 1976 yılında şirketin başına geçtikten kısa bir süre sonra şeker fiyatlarının düşmesi, Standard Brands'in ana faaliyet alanlarından tatlandırıcı pazarına büyük darbe vurmuş ve şirketin operasyonlarından sağladığı kârın iki yıl boyunca azalmasına neden olmuştu. Johnson ve genç bir denetçi, Ed Robinson, Johnson'ın "felaket raporu" adını verdiği bir rapor hazırlayarak şirketin çürümüş köşelerine ışık tuttular. Bu köşelerden biri, ciddi bir şarap envanterine sahip olan alkollü içecek şirketiydi. Johnson, "şişe öpenler" dediği bu şarap tüccarı-yöneticilerle bir toplantı yaptı. Kendisinin sonradan anlattığına göre adamlar eldeki şarap stoku hakkında, "Ama Bay Johnson, bunlar satılamayacak kadar güzel..." diyorlardı. Johnson'ın cevabı ise "Fiyatı yarıya düşürüp satın" olmuştu.

Eski bir muhasebeci olan Johnson, şirketin elde ettiği kötü sonuçları gizlemek için, bazı durumlarda mali elçabukluğuna başvurarak genel olarak kabul edilmiş muhasebe ilkelerini, genel olarak kabul edilmiş sınırlarına kadar çekiştiriyordu. Standard Brands'in kârı azalırken bile Johnson masrafları kısmakla ilgilenmiyordu. "Bana bütçedeki son kuruşa kadar paraları elinde sıkanlar değil, yaratıcı harcama yapabilenler lazım," diyordu. (Şirketin, eğlence işleri ve müsrifçe harcamalarıyla ilgilenen halkla ilişkiler bölümünün başında, Johnson'ın diğer lakapları dışında "Numero Uno" adını verdiği ve, "sınırsız bir bütçede bile aşım yapabilecek tek adam" olarak takdir ettiği Mike Masterpool vardı.) Ama diğer bölüm yöneticileri yılın her çeyreğinde rakamlarını yükseltebilmek için diş tırnak çalışmak zorundaydılar. O günlerin gayrıresmi sloganı, "Geceye kadar hayatta kal" olmuştu.

Johnson bir yandan da şirketin kötü imajını değiştirmek için yeni ve gösterişli ürünler geliştirmeye çalışıyordu. Ancak bir analistin görüşüne göre bu çaba, "gıda sektöründeki en ünlü başarısızlıklardan birine" yol açacaktı. Bu ürünlerden ilki, margarin bar şeklinde satılan ve tavada eritilip beyaz sosa, tavuk suyuna ve kahverengi et suyuna karıştırılabilen bir tür sostu. Johnson'ın bütün gece süren beyin jimnastiği oturumlarından birinin sonucu olan bu ürün, süpermarketlerde başarısız oldu. Johnson'ın Meksika tarzı gıdaya yönelişinin önü de, Frito-Lay adlı rakip tarafından kesildi.

1987 yılında Johnson'ın spor aşkı ve pazarlama felaketleri yaratma konusundaki ustalığı, sonu kötü biten Reggie! bar adlı üründe birleşti. Johnson'ın yeni arkadaşlarından beyzbol yıldızı Reggie Jackson'a atfen adı konan bu çikolata, o yılın açılış gününde Yankee Stadyumu'na giren bütün seyircilere stad kapısında dağıtıldı. Ancak Jackson bir sayı yapmak için koştuğu sırada sahaya doğru bir Reggie! bar yağmuru başladı. Bu, aslında yıllardır Fort Wayne, Indiana'da, Wayne Bun adıyla üretilen yerfıstığı ve çikolata karışımı bir üründü. Johnson'ın tek yaptığı adını değiştirmek ve ulusal ölçekte satışa başlamak olmuştu. (Ürünün adının değiştirilmesi de işe yaramadı. Promosyon gösterileri sırasında Johnson, beyzboldan bahsetmektense güzel kadınlarla konuşmayı yeğliyordu.) Satışlar imdat bayrağını çekince "Reggie!" 1980 yılında başka ürünlerin yanında hediye olarak dağıtıldı. (Ancak Jackson'ın şirketle ilişkisi devam etti. Johnson yıllar boyunca Jackson'a şirket tarafından verilen daireyi, arabayı ve yıllık 400.000 dolarlık ücreti geri almadı.)

Bütün bu olanlar çocukluk gibi görünebilirdi ama Johnson aldırmadı. Tersine bu durumu teşvik etti. Ömrü boyunca sıkı bir Pesketteer olarak Standard Brands'i yılda iki kez ters istikamette yeniden organize ediyordu. İnsanları o görevden alıp bu göreve getiriyor, yeni birimler oluşturuyor ya da varolanları lağvediyor, şirketin stratejik alanlarını değiştiriyordu. Dışarıdan bakanlara göre bu tür hareketler, sadece hareket etmek için hareket etmekten öte bir şey değildi. Johnson ise bu hamleleri, uzmanlaşmaya karşı kişisel bir haçlı seferi olarak değerlendiriyordu. Mutlu Adamlar'a, "Sizin bir işiniz yok, göreviniz var," diyordu.

Standard Brands eski Yönetim Kurulu üyelerinden Paul Kolton, "Ross'a göre bir organizasyonun doğası, onun şişmesini, dilsizleşmesini ve halinden memnun olmasını gerektirirdi. Asla, 'bir şeyi kırılmadan tamir etme' yaklaşımını benimsemedi. Ona göre her zaman tamir edilmesi gereken bir şey vardı," diye anlatıyor.

Bu zor zamanlar sırasında Standard Brands Yönetim Kurulu asla genç başkanına darbe vurmadı. Weigl'ın kaderinden ders çıkarmış olan Johnson, kurul üyelerine krallar gibi davranıyor, arada kendi yıldızlar ekibinin tozlarını onların üstüne serpmeyi ihmal etmiyordu. ("Hey çocuklar, arkadaşım Frank Gifford'la tanışın!") Bu konuda, "bir CEO'nun en önemli işlerinden biri, yönetim kurulu üyeleriyle ilgilenmek ve onları beslemektir" diyordu. Kendinden yaşlı insanlarla iyi ilişkiler geliştirme konusunda her zaman çok iyiydi. Ayrıca, kötü bir haber geldiğinde en iyi espriyi patlatmak veya bir gerilim anını esprili bir sözle geçiştirmek konusunda dahiydi. Standard Brands denetçileri Meksika'daki ortak yatırımlarda rastladıkları şüpheli muhasebe teknikleri konusunda yönetim kuruluna şikayette bulundukları zaman kurul, Johnson'dan bu konuda bir cevap istemişti. Gerçekte bu sorunun cevabı, Meksikalı ortakları ABD muhasebe kurallarına uydurmanın imkansızlığı ve Johnson'ın da artık bunu denemekten vazgeçmiş olduğuydu. Kurula verdiği yanıt ise, "Hiç su kayağı yaparken önünüzdeki tekneyi yönetmeye çalıştınız mı?" oldu. Kahkahaya boğulan kurul, bu konuda daha fazla soru sormadı.

Ancak bazı ender durumlarda Johnson'ın çağrışımlı kelimeleri ve bozuk ağzı kurulun sınırlarını zorluyordu. Bir keresinde çok iyi iş yapacağına inandığı yeni bir şarap fikrini kurula getirmişti. Şaraba, French Kiss adını verdiğini söyledi. Kurul üyeleri irkilmişti. Acaba daha az çağrışım yapan bir isim koysak nasıl olur diye sordular. Ama Johnson onları dinlemeyip kendi bildiği gibi yaptı. Şarap pazara çıktığında, ömrü, Reggie! kadar oldu.

Standard Brands'deki parti, dört yıl boyunca bu şekilde sürdü: Sürekli bir karışıklık, bir dizi pazarlama felaketi, şöyle böyle kârlar ve buna karşılık bol eğlence, bol para ve Johnson ile arkadaşları için bol, bol prim. Sonunda, yarattığı serbest harcama ortamı, 1980 yılında Johnson'ın başına ciddi bir dert açtı. Emri altındaki üst düzey şirket görevlilerinden biri olan Bob Schaedler, şirketin uluslararası operasyonlar bölümünden, naylon gibi görünen bir şirkete açıklanamayan bir ödeme akışı olduğunu keşfetmişti. Scheadler'ın bulgularına göre sözkonusu naylon şirketin başında Martin Emmett'ın şoförü vardı ve onun gıda, giysi, mobilya, halı, televizyon gibi kişisel harcamaları için Standard Brands'e binlerce dolarlık faturalar kesiyordu.

Emmett'ın rakibi olan Scheadler, meseleyi gizlice şirketin personel müdürü Howard Pines ile Les Applegate'e götürdü. Johnson'ın gözünden düşmüş olan Applegate, başkanlığı bırakmak üzereydi, hem de Emmett'a. Bu üçlü, meselenin, arkadaşını korumak için (aynı zamanda kendilerinin de) üzerini örtmesi muhtemel olan Johnson'a götürülemeyeceği konusunda anlaştılar ve doğrudan yönetim kuruluna gitmeye karar verdiler.

Kurulun denetim komitesi Temmuz ayındaki kurul toplantısından bir gün önce toplandığı sırada, Johnson'ın keyfi yerindeydi. Emmett'ın başkanlığı, ertesi günkü toplantıda onaylanacaktı. Üstelik Mike Masterpool bu haberi *Business Week*'e sızdırarak derginin manşetini belirlemişti bile. Yönetim kurulunun iki üyesi, Morgan Guaranty'den Pat Patterson ile Paul Kolton, geç bir saatte, asık suratlarla Johnson'a geldiler. Kendilerine, Emmett'ın imzaladığı bir çanta dolusu alındı belgesini gösteren Scheadler'la yaptıkları toplantıdan az önce çıkmışlardı. Johnson'a döndüler. Bunu açıklayabilir miydi?

Johnson şaşırmış görünüyordu. Onlara, ne olduğunu bilmediğini ama kesinlikle öğreneceğini söyledi. İlk cevabı ertesi gün verdi. Bir kere Emmett'ın şoförü sıradan biri değildi. Çeşitli operasyonlara katılmış eski bir CIA elemanıydı ve kendine bir iş kurmuştu. Tek müşterisi de Standard Brands International idi. Alınan şeylerin hepsi, Emmett'ın bilgisi dahilindeydi. Emmett ise kurula geldiğinde herhangi bir yanlış işlem yapılmadığı konusunda ısrar etti. Johnson, arkadaşı için savaşıyordu: Kurula, "konuyu araştırın ama Emmett'ın başkanlığını da şimdi onaylayın," dedi.

Emmett'ın başkanlığa getirildiği duyuruldu ama şirketle uzun süredir çalışan hukuk firması bir iç soruşturma başlattı. Soruşturma aylar boyunca sürdü. Bu arada şirket içinde Johnson ile Emmett'ın işlerinden olacakları söylentisi de hızla yayılıyordu. Eylül ayında sonuca varıldı. Karar belki olumsuzdu ama infaz hiç de öyle olmadı. Emmett, devede kulak misali bir cezayla kurtulmuştu. Onun yerine Johnson, üç şikayetçiyi (Sheadler, Pines ve Ed Downs adlı bir yönetici) işten attı. Applegate'in ise danışmanlık yapması yasaklandı.

Johnson bu üçlünün işine son verirken, "Sizi gemiden dışarı

atıyorum ve bir daha dönemeyeceksiniz," demişti. Bu olay, Johnson'ın maiyeti arasında "gemi kazası" adıyla sonsuza kadar anılacaktı. Johnson açısından bu olay, yönetim kuruluyla arasında çıkan çok az sayıdaki nazik ve zor durumdan biriydi.

Johnson bundan sonra huzursuz görünmeye başladı. Şirketteki dört yılda istikrarsız bir performans sergilemişti. Kârlar tekrar yükseliyordu ama bu yükseliş enflasyon oranından düşüktü. Gelir oranı ise sektör normlarının altındaydı. Carbonell AR-GE'de, yağsız yerfıstığı ile mısır şurubu, bira mayası ve sirkenin daha hızlı mayalanmasını sağlayacak bir yöntem dahil olmak üzere türlü projeler üzerinde çalışıyordu. Ama yeni ürün üretmek zaman isteyen bir işti ve Johnson'ın rahatsızlığı giderek artıyordu. Bir süre bira mayası şirketini satıp bazı likör şirketlerini almakla oyalandı. Ama Johnson, Noel'de hediye edilen Standard Brands adlı oyuncakla beş yıldır oynayan bir çocuk gibiydi, sıkılıyordu.

Şirketten soğumasının nedenleri arasında, artık kırklı yaşların sonlarına yaklaşan Johnson'ın 1970'lerdeki gibi harika çocuk olmaması da vardı. Şirketteki ağırbaşlı yaşlılardan biri olma fikri, onu sinirlendiriyordu. O, her zaman müthiş çocuk, ebediyyen bok karıştıran genç olmalıydı. Hâlâ koyu rengini koruyan saçlarından 26 yaşındaki ikinci karısına kadar onunla ilgili her şey, Peter Pan'ı hatırlatıyordu. Belli ki ihtiyacı olan şey, yeni bir maceraydı.

1981 Mart'ında başka bir şirketin başındaki bir yöneticiden aldığı garip telefonla yeni macera fırsatı geldi. Gıda devi Nabisco'nun Yönetim Kurulu Başkanı Bob Schaeberle, Johnson'a, Connecticut'ta Standard Brands için çalışan bir adamın kendi elemanlarına telefon ettiğini söyledi. Johnson, Schaeberle'nin neden bahsettiğini anlamamıştı. Nabisco'nun başındaki adam, "biliyorsun..." dedi, "Standard Brands ile Nabisco'yu evlendirme fikrini ortaya atan kişi." Johnson bunu bilmiyordu. Schaeberle, "Belki işin içinde bir iş vardır, belki yoktur. Ama sanırım bunu konuşmalıyız," dedi. Johnson, "Eee, tabii ki..." diye cevapladı.

Ama Johnson öncelikle pot olarak kendi şirketini oyuna süren ajan provakatörün kimliğini öğrenmek istiyordu. Pazartesi sabahı toplantısında kurmaylarına, "Kim bu lanet herif?" diye patladı. Finans bölümünün başındaki Jake Powell ile planlama bölümünün başındaki Dean Posvar, durumu açıkladılar. Adam, bazen ufak tefek şirket satınalma konularını görüştükleri Greenwich'li bir broker idi. Ama bu kez belli ki fazla ileri gitmişti. Johnson, "Bu konuda bir şey yapılacaksa da, Bob bunu şimdi yapmamak gerektiğinden bok gibi emindir. Şu boktan duruma bakın, şimdi benim kendi şirketimde olup bitenleri bilmediğimi düşünecek. Ve biliyor musunuz, haklı. Neler olup bittiğini bilmiyorum," dedi.

Yine de konu ilgisini çekmişti. Schaeberle ile biraraya geldi ve onu sevdi. Birkaç hafta içinde iki yönetici şirketlerini birleştirmeye karar verdiler. Yeni adıyla Nabisco Brands, 1981 yılında 1.9 milyar dolarlık hisse senedi değiş tokuşuyla, zamanının en büyük tüketim ürünleri şirket evliliklerinden birini yaparak kuruldu. Teknik olarak bu birleşme, eşitlerin birleşmesiydi. Ama sadece lafta böyleydi. Ritz ve Oreo gibi pazara egemen markaların sahibi olan Nabisco'nun daha güçlü olduğunu herkes bildiği gibi birleşme sonrasında kimin başa geçeceğini de herkes biliyordu.

Nabisco insanın kendini feda edebileceği bir inanç olarak doğmuştu. Orijinal ismi National Biscuit Co. olan şirket, 1898 yılında ülkenin batısındaki önemli fırınlara sahip olan şirketle doğusundaki önemli fırınlara sahip olan şirketin birleşmesi sonucu kurulmuş, böylece bu iki şirket arasındaki acımasız rekabet sona ermişti. Yüzyıl dönüşündeki tröst çağının ürünü olan Nabisco, genellikle "bisküvi tröstü" olarak anılırdı. Aslında krakeri, ilk kez kraker kutusundan çıkarıp paketleyen ve standart bir ürün haline getiren öncü bir kuruluştu. O zamana kadar bölgesel pazarlarda satılan bir ürünü ulusal pazara sunan ilk şirket, Nabisco olmuştu.

Nabisco'yu yaratan kişi, Adolphus Green adında bir avukattı. Şirketin ilk yönetim kurulu başkanı olan Green'in, ilk ulusal ürünü olan sekizgen krakerin bulunmasında da kişisel payı vardı. Green, ürüne Uneeda Biscuit adını taktı. Bugün hâlâ kullanılan şirket logosunu seçen de Green'di. Logo, orta çağda yaşamış bir İtalyan matbaacının sembolü olan ve ahlaki-ruhani değerlerin şeytani-maddi değerlere üstünlüğünü sembolize eden, iki çizgi ve bir ovalden oluşan haçtı. Paketi ve paketin üzerindeki yazıyı tasarlayan da Green oldu: "Uneeda Biscuit. Bütün yemeklerle sunulur. Seyahatlerinizde yanınıza bir kutu alınız. Sandviçler için harika, piknikler için mükemmeldir. Genel kullanımda eşi benzeri yoktur. Şeker içermez. Herkes için mükemmel bir besin olan Uneeda Biscuit, herkesin alabileceği bir fiyatla satılmaktadır."

Nabisco'nun reklam ajansı N. W. Ayer, bundan sonrasını devraldı. 1899 başlarında ajans, gazetelere ve bilboardlara tek kelimelik bir reklam vermişti: "Uneeda." Sonra ikinci aşama geldi: "Uneeda Biscuit!" Bundan sonra da, "Elbette Uneeda Biscuit!" Ayer, muşamba yağmurluk giymiş küçük bir oğlan çocuğunun bir kutu Uneeda Biscuit ile gösterildiği reklam kampanyasıyla devam etti. Bu, Madison Avenue'nun tam anlamıyla gelişmesinden önceki çağa ait basit ve güçlü bir imajdı. Paketlenmiş ve yemeye hazır bir ürünün ilk kez tanıtıldığı bu kampanya, o zamana kadar yapılmış en büyük reklam kampanyası oldu.

Uneeda Biscuit büyük bir başarıya ulaştı ve diğer yeni Nabisco ürünlerinin yolunu açtı. Boston'lu bir fırıncı tarafından üretilen ve şehrin Newton banliyösü onuruna isim verilen Fig Newton; St. Joseph, Missouri'deki bir fırın tarafından yapılan Saltine krakeri; şirketin New York'taki iki fırını tarafından yapılan Animal Crackers. Nabisco, şekerli galetanın kitlesel üretimini yapan ilk şirketti. Sonuç, büyük bir başarı kazanan Lorna Doone oldu. Hafif şekerlemeyle jelatinli marmelatı birleştirip çikolatalı şekerli kremayla kaplayarak ürettiği ürünün adını, Mallomar koydu. Ürünün ambalajının astarı gümüşüydü. Green, bir süre sonra "Trio" olarak bilinen aynı paket içindeki üç yeni ürünle ortaya çıktı. Bu üç üründen özellikle ikisinden çok umutluydu: Üzerine çocuk şiirlerinden sahneler işlenmiş olan Mother Goose Biscuit ile sert bir çörek olan Veronese Biscuit. Ama asıl başarıyı yakalayan, iki sıra çikolatalı gofret arasında vanilyalı şekerli bir karışımdan ibaret olan üçüncü ürün oldu. Bu, dünyanın en çok satan çöreği olacaktı: Oreo.

Green, Nabisco ürünlerini bütün ülkeye yaymak için bir satış ordusunu yola çıkararak doğrudan satış fikrinin öncülüğünü yaptı. Şirket, Uneeda Cadets adı verilen satış elemanlarından başlayarak çok çalışan devasa bir satış ordusu oluşturdu. Satıcılar, üzerine Nabisco logosu çizilmiş at arabalarıyla haftada altı gün, günde 12 saat boyunca önceden belirlenmiş güzergahlarda satış yapıyorlardı.

Çalışanlarından, "büyük bir aile" olarak bahseden Green, Nabisco'yu bir yardımseverler kurulu haline getirdi. Şirketin kuruluşundan itibaren üç yıl içinde çalışanların şirket hisselerini indirimli almalarını sağlayan ve kendi terimiyle "ortak malikler" konumuna getiren bir sistem oluşturdu. Her yerde çocuk işçilerin çalıştırıldığı bir çağda çocuk emeği kullanmayı reddetti. Elemanlarından şafaktan günbatımına kadar Amerika'nın hazır yemeklerini üretmek amacıyla çok sıcak ve genellikle tehlikeli fırınlarda çalışmalarını beklemesine karşın, aynı zamanda onlara besleyici gıdalar sağlama konusunda da kendini sorumlu hissediyordu. Hissedarlara hitaben yazdığı bir raporda, "New York tesislerimizde bir eleman sıcak et, patates, ekmek, tereyağ ile kahve veya çaydan oluşan bir yemeği, 11 cente alabilir," diye yazıyordu.

Green'in 1917'deki ölümüyle birlikte Nabisco'nun yenilikçi ruhunun büyük bir kısmı da öldü. Halefi olan Roy Tomlinson adlı avukat, bisküvilerden çok bilançodaki kâr-zarar hanesiyle ilgileniyordu. 1920'li yıllarda kârlar dörde katlandı ama Nabisco, ürünleri ve satış gücünün üzerinden aşağıya doğru kayıyordu. Şirket ihtiyaç oldukça, örneğin 1928'de piyasaya sürülen Shredded Wheat ve 1931'deki köpek bisküvisi Milk Bone da dahil olmak üzere çeşitli ürünler üretti.

Sonra, depresyonun tam ortasında Nabisco'nun fırınları tamamen yeni bir şey ortaya çıkardı. Yıllardır, rakiplerinin bazıları gibi tereyağlı krakerler geliştirmeye çalışmışlardı. Sonuç, ince bir tabaka hindistancevizi yağının üzerine tuz serpiştirilmesiyle ortaya çıkan, tamamen yeni bir krakerdi. Adını Ritz koydukları bu ürün, neredeyse bir gecede Amerika'nın en popüler krakeri oldu. Bir yıl içinde Nabisco, bu krakerlerden 5 milyon tane üretmişti. Üç yıl içindeyse günde 29 milyon adet yapıyordu. Ritz, dünyanın en çok satan krakeriydi.

Ama şirket bir kez daha kazanmış olduklarıyla yetinmeye başlamıştı. Sonraki on yıl boyunca Nabisco, temettülerini ödeyerek, borçtan uzak durmaya dikkat ederek ve yıllardır ürettiği çörek ve krakerlere yenilerini eklemeyerek olduğu yerde saydı. Sonunda kârları düştü. Artık şirketin fırınları ve yönetimi eskimişti. 1940'lı yılların ortalarında Nabisco'nun üst düzey yöneticilerinin ortalama yaşı 63 idi ve bu yüzden "dokuz yaşlı adam" olarak anılıyorlardı. Ancak 28 yıllık görev süresinin ardından Tomlison emekli olunca, şirket yeniden karışacaktı.

1945 yılında şirketin yöneticisi olarak yine bir avukat, genel danışman George Coppers belirlendi. Harvard Business School'da haftasonunda verilen yönetim derslerine katılan Coppers, burada öğrendikleriyle Nabisco'yu yeniden yapılandırmaya girişti. Dokuz yaşlı adamı temizleyerek genç bir çalışanlar rüzgarı estirdi. 12 yıllık dönemde o zamanlar ciddi bir para kabul edilen 200 milyon doları fırınların modernleştirilmesine harcadı. Bunun için gereken fon, kârlardan sağlanıyordu. İyi ve muhafazakâr Nabisco'da borç alma fikrinin esamesi okunmuyordu. Coppers araştırmaya ve reklama büyük bütçeler tahsis ederek şirketin kârlılığını aşağı çekti ama gelecek için de sıkı bir temel hazırladı. Nabisco 1958 yılında Fair Lawn, New Jersey'deki yeni çörek ve kraker tesisini açtığı zaman, artık maliyetlerini düşürmüş, kalitesini yükseltmiş ve gözünü yüzyılın ikinci yarısına dikmiş bir şirketti.

Coppers'dan sonra başa, onun parlak gençlerinden, Idaho'lu bir Mormon olan Lee Bickmore geçti. Bickmore, Nabisco'daki hayatına Pocatello'da nakliye katibi olarak başlamış, sonra da Ritz ve Oreo'ları Utah, Wyoming ve Idaho'nun en ücra köşelerine satan bir pazarlamacı olmuştu. New York'taki genel müdürlüğe pazarlamacılar için gereken eğitimler ve satış teknikleri konusunda önerilerle dolu bir mektup gönderene kadar, kimsenin dikkatini çekmemişti.

Bickmore başkan olduğunda Nabisco'yu yabancı pazarlara açtı: 1960'ta Avustralya, 1962'de İngiltere ve Yeni Zelanda, 1964'te Almanya ve 1965'te de Orta Amerika. Uçakla o kadar çok seyahat ediyordu ki, adı, "Uçan Bakan"a çıkmıştı. Bickmore ayrıca, şirketini dondurulmuş gıda ve duş perdesi alanına da soktu. Hatta duş perdesinde dünyanın en büyük üreticisi haline getirdi. Halı ve oyuncak işine girdi. Aqua Velva traş losyonu ve Geritol gibi kişisel bakım ürünleri üreten J. B. Williams adlı bir şirketi satın aldı.

Ancak, her şey elinde patladı. Yabancı ülkeler, duş perdesi, oyuncaklar, her şey... Zararları kapatmak için Bickmore, çörek ve kraker şirketlerinin bütün kârlarını kuruşuna kadar çekiyordu. Hatta o kadar çok çekti ki, bu kez de o şirketler sallanmaya başladı. Coppers çağı fırınları artık pek iyi durumda değildi ve bu kez onları modernize edecek ya da yerlerine yeni bir şey koyacak kârlar da ortada yoktu. Bickmore 1973'te emekliye ayrıldıktan sonra da değişen fazla bir şey olmadı. 1970'lerde Nabisco, geçmişteki başarılarla övünen nezih ve ağırkanlı yöneticiler tarafından yönetilen bir şirketti. Hepsi iyi insanlardı ama asla değişim gerçekleştirebilecek kişiler değillerdi. Şirketin reklam ajansının yöneticilerinden biri bu durumu şu sözlerle açıklıyordu: "Oreo'yu üretenler, nasıl aşağılık insanlar olabilirdi?"

Nabisco, durgundu. Kimse işten atılmıyordu. Kimse saat beşten sonra çalışmıyordu. Kimse sesini biraz olsun yükseltmiyordu. Kimsenin, hatta yeni yönetici Bob Schaeberle'nin bile ofisinin kapısı yoktu. Kimsenin, Schaeberle'nin bile şirket arabası ve şirket tarafından finanse edilmiş kulüp üyelikleri yoktu.

Sonra Ross Johnson geldi. Bir espriye konu olduğu gibi, Cehennem Melekleri'nin Rotary Kulüp'le birleşmesi gibiydi.

Bob Schaeberle, Nabisco Brands Yönetim Kurulu Başkanı ve icranın başındaki adam (CEO) oldu. Ross Johnson ise başkan ve operasyonlardan sorumlu (COO) kişiydi. İki şirket yönetimlerini birleştirdiği için de, "Mutlu Adamlar", Johnson'ın altında keyifle mırıldanıyorlardı.

Nabisco'nun sabah toplantıları, Mutlu Adamlar'ın daha afyonu patlamamışken, saat 08.30'da başlıyordu. Standard Brands'in herkese açık beyin fırtınası oturumlarının tersine Nabisco'da toplantıların koreografisi özenle yapılırdı. Yöneticiler masanın etrafında oturur ve her biri belli bir çörek ya da kraker üzerine 15 dakikalık bir sunum yapardı. Her sunumun ardından soru beklenirdi. Genellikle soru sorulmazdı. Bu, iyi bir toplantı biçimi gibi görünmüyordu. Toplantı, öğle yemeği arasının hemen ardından öğleden sonraya kadar devam ederdi. Johnson genellikle kendisine bir telefon gelmesini sağlayıp Rogers, Carbonell ile diğerlerini sessizce kıvranır halde bırakarak odadan çıkar ve asla geri dönmezdi.

Günün birinde Standard Brands'in satıştan sorumlu başkan yardımcısı John Murray, dayanamadı. Konu, kar fırtınası sırasında şirket ofislerinin kapanmasına ilişkin prosedürler hakkında yapılan bıktırıcı bir konuşmaydı. Nabisco yöneticilerinden biri, şiddetli bir fırtına sırasında ofisin birkaç saat içinde kapatılabileceği konusunda çalışanların dikkatlerinin çekilmesini istiyordu. Böylece satış için hareket etmesi gereken kamyonların ofis önünde sıralanması ve ofisin düzen ve intizam içinde kapanması mümkün olabilecekti. Bu fikri ortaya atan yönetici, kendinden memnun bir şekilde soruları beklemeye başladı.

Murray, "Bu lanet şeye inanamıyorum," diye patladı. "Eğer tehlikeliyse iki saat bekleme, kapat gitsin. Anlattığın şey çok saçma." Bir sessizlik oldu. Sessizliği bozan, toplantıyı yöneten Nabisco yöneticisi Jim Welch'ti: "John'a yüzde yüz katılıyorum."

Bu, Nabisco'yu dönüştürecek olan kültür devriminin ilk adımlarından biriydi. Artık toplantılar daha gevşek geçiyordu. Murray, Fliseschmann's Margarine'in performansını detaylarıyla anlatırken Peter Rogers, "Onlara Blue Bonnet Baking Margarine'i de anlat!" diye bağırarak konuşmasını kesiyordu. İyi gitmiyordu, elbette. Nabisco yöneticileri, şirketlerinin çeşitli kademelerden oluşan projeksiyonlar ve operasyonel tahminlerden derlenen titiz planlama prosedürleriyle gurur duyarlardı. Johnson ise bunların hepsini çöpe atıyordu. Onlara, "Beyler planlama, 'önümüzdeki yıl, geçen yıldan farklı ne yapacaksın?' demektir," diyordu. "İstediğim tek şey, beş madde."

Schaeberle kağıt üzerinde şirketin en üst düzey yöneticisiydi ama Johnson, onu kolayca aşabiliyordu. Ofisleri bitişik olmasına karşın Johnson kendisiyle hiç ilgilenmezdi. Toplantılarda ona dalkavukça "Bay Başkan" diye hitap eder ve her konuda kararına uyardı. Kendisinin birçok kulübe üyelik giderleri şirket tarafından ödeniyordu; Schaeberle'ninkilerin de ödenmesini istedi. Ödendi. Johnson ile emrindeki yöneticilerin altında lüks şirket arabaları vardı; şirketin, Schaeberle ile yardımcılarına da şirketin araba almasını istedi. Alındı. Pace University'e, Robert M. Schaeberle adına bir muhasebe kürsüsü kurulması için 250.000 dolar bağış yaptı. Üniversitenin yemeğinde bu konu duyurulunca şaşıran fakat onurlanan Schaeberle, "Peki kim ödeyecek?" diye soruyordu.

Elbette şirket ödeyecekti. Ayrıca 100.000 dolardan fazla ücret alan 36 Standard Brands yöneticisine karşılık Nabisco kökenli yöneticilerinden sadece 15'inin bu düzeyde ücret alması nedeniyle ücret skalasının da geniş ölçüde yükseltilmesi gerekiyordu. Johnson'ın baz ücreti, Schaeberle'nin iki katından fazlaydı. Bu da yönetim kurulu başkanının ücretinin ciddi biçimde artırılması gerektiği anlamına geliyordu. Bunu gönülsüzce kabul etti. Ama 1983 ücretinin primlerle birlikte 1 milyon doları geçtiğini duyunca, itiraz etti. Hissedarlar kimbilir neler diyecekti. Altı rakamlı bir ücret almasını sağlayacak şekilde primlerinin kesilmesini istedi. Johnson bundan pek memnun kalmadı. Schaeberle bir milyon alsaydı, kendisi de alacaktı elbette.

Johnson Sparta, New Jersey'de 16 hektarlık arazisiyle birlikte Fransız şatosu tarzında bir ev alarak hayat standardını yükseltmeye devam ediyordu. Buradan şirketin East Hanover, New Jersey'deki merkezine helikopterle gelmeyi düşünüyordu. Ancak birkaç denemenin ardından sonra şehir yetkilileri helikopterin iniş yapmasını yasakladı.

Johnson, Schaeberle'nin şirketini yavaş ama emin bir şekilde pençesine alıyordu. Nabisco kökenli kıdemli yöneticiler birer birer yerlerini Johnson'ın adamlarına bırakıyorlardı. Nabisco'nun güçlü finans yöneticisi Dick Owens'ın düşüşü, Johnson'ın çalışma biçiminin iyi bir örneğiydi. Birleşme sırasında Owens, gücünün zirvesinde görünüyordu. Başkan yardımcısı yapılmış, iki şirket yöneticilerinin oluşturduğu kurula alınmıştı. Johnson, Owens'ın istediği her şeyi verdi. Owens'ın kendine yardımcı olarak atanmasını istediği kişiler hakkındaki isteklerini sürekli yerine getiriyordu: Şuraya bir başkan yardımcısı, oraya bir başkan yardımcısı, bir sürü başkan yardımcısı asistanı... Johnson'ın sıcak tavrı nedeniyle Owens'ın finans çiftliği giderek büyüyordu.

Derken bir gün Johnson, yüzünde karmakarışık bir ifadeyle Schaeberle'nin odasına daldı. "Dick devasa bir finansal organizasyon oluşturuyor," dedi. Cephedeki müdürlerin yerine merkezdeki insanların tahlil ve görüşlerinin önem kazanmasının yaratacağı tehlikeleri karşı konulmaz bir mantıkla ortaya sererek devam etti: "Müdürleri için kâr eden bir şirket haline gelmemeliyiz."

"Peki..." dedi Schaeberle, "ne yapalım?"

Johnson "Bence Dick, ademi merkezileşme konusunda doğuştan yeteneksiz. Bir değişiklik yapmalıyız," cevabını verdi.

Owens bir kenara atıldı ve yerine bir süre Johnson baktı. Hemen Standard Brands kökenlileri oraya getirerek Nabisco'nun finansal kontrol sistemini, Standard Brands'de geliştirilmiş bir sistemle değiştirdi. Bu yeni sistemi sadece Standard Brands kökenliler anlayabiliyordu. Bu da Johnson'ın çok işine geliyordu. Oyunun kurallarını değiştirmiş olan Johnson'ın birlikleri, bir dizi küçük bürokratik çarpışmadan zaferle çıktılar. Johnson'ın eski teğmenlerinden biri, "Bütün toplantılarda Nabisco kökenlilere sıkıntılı anlar yaşatabiliyorduk," diye anlatıyor.

Johnson, Standard Brands kökenli Dean Posvar'ı planlama müdürü olarak atayarak, onu (dolayısıyla da kendini) yönetim kuruluna yapılacak sunumları yönetecek, yani kuruldaki görüşmeleri kontrol edecek bir mevkiye getirmiş oluyordu. Posvar'ın planlama ekibinin ve finansman aygıtının iç bilgi akışı üzerinde kontrol sağlamasının ardından Johnson'ın kafadarı Mike Masterpool da, bilginin şirket dışına yayılması konusunda kontrol kurabileceği halkla ilişkilerin başına geçti.

Aynı şey, Johnson'ın başka bir hamlesiyle tekrarlandı. Schaeberle başta, birleşmiş şirketin içinde Nabisco ve Standard Brands operasyonlarını birbirinden ayrı tutmayı planlamıştı. Ama Johnson'ın önerisiyle operasyonlar birleştirildi. Departmanlar birleştikçe Nabisco'nun ürkek yöneticileri, Standard Brands'in köpekbalıklarıyla aynı sularda yüzmek zorunda kalıyorlardı. Üst düzey bir atama yapılacağı zaman Johnson, Schaeberle'nin odasına dalıyor ve kendi adamlarını atamak için kulis yapmadığını belirterek Standard Brands kökenlilerin atanmasını sağlayacak önemli gerekçeler sıralıyordu. Schaeberle ise, "Haklısın. O daha iyi," diyordu.

O dönemde Johnson'ın hareketlerini izleyenler bir şirket yöneticisinden çok, Schaeberle'i bir yandan yağlayıp bir yandan da tepesine indiren bir şirket Eddie Haskell'ı olduğu sonucuna varırlardı. Ama ne olursa olsun, yaptıkları işe yaradı: Üç yılın sonunda şirketin 24 tepe yöneticisinden 21'i Standard Brands kökenlilerden oluşuyordu. Nabisco kökenliler o kadar yumuşak biçimde devre dışı kalmışlardı ki Schaeberle olup bileni anlayamamıştı bile. Schaeberle, toplantılarda, "Masanın etrafında sizin gibi gençleri görmek büyük mutluluk," diyordu.

Johnson'ın gücü arttıkça Nabisco'nun geleceği de daha çok, dairesindeki içki alemlerinde planlanır oldu. Aradan geçen on yılda ekip fazla değişmemişti. Diğerleri dışında, Peter Rogers, Çaylak; Martin Emmett, Büyük E, ve Bob Carbonell, El Supremo hâlâ oradaydı. Papa bu alemleri, şirketi yeniden yapılandırmak, Kıdemli Koruyucu'nun devre dışı kalmasını hızlandırmak, yeni ürünler üretmek için her türden fikrin ortaya atılabileceği bir ortam olarak kullanıyordu. Bu fikirler argo sözcüklerle bağıra çağıra konuşulurken, elindeki Scotch'u yudumlayan Johnson neşeyle bir fikirden ötekine geçiyordu.

Nabisco'nun yönetici takımını yeniden şekillendiren Johnson, şirketin işlerine kendi ağız tadını katmak için harekete geçti. Nabisco'nun engin ve engellerle dolu bürokrasisi değişimlere kapalı bir görüntü verdiğinden, bu imkansız görünüyordu. Ama Schaeberle üzerinde etkili olan yeni yöntemleriyle Johnson, sürekli gelişme sağlıyordu. Harekete geçen hep Johnson, onaylayan ise hep Schaeberle idi. Johnson gerekçeleri ortaya seriyor, Schaeberle kabul ediyordu. Johnson "Bilirsin, alanında bir ya da iki numara olmayan bir ürün işe yaramaz," derdi. Schaeberle, "Haklısın,

Ross..." diye cevap verirdi.

Johnson sadece 1982'nin son çeyreğinde J.B. Williams'ı, dondurulmuş gıda şirketi Freezer Queen'i, duş perdesi üreten Hygiene Industries'i ve perdelik kumaş şirketi Everlon Fabrics'i sattı. Bir yandan da Standard Brands'in eski şirketlerinden bazılarını elden çıkarıyordu: Chase & Sanborn ve meyve suyu şirketini. Johnson, mükemmel bir müzayedeci olduğunu keşfetmişti. Geritol ve Aqua Velva gibi markalara sahip J.B. Williams'ın 50 milyon dolardan fazla getirebileceğine kimse inanmıyordu. Ancak Johnson kişisel karizmasını işin içine sokarak ve Nabisco'nun şirketi ne kadar kötü yönettiğini potansiyel alıcılara anlatarak bu rakamın iki katını elde etti. Alıcıları, Williams'ın kullanılmamış potansiyellerle dolu bir şirket olduğu konusunda ikna etmişti. "Bu işi öğrendim," diyordu, "insanlara o lanet şirketi ne kadar kötü yönettiğinizi anlattığınızda teklifi artırıyorlar".

Ancak bu manipülasyonları ne kadar başarılı olursa olsun Johnson Nabisco Brands'i tam anlamıyla elden geçirmeye girişmenin savaşa benzer bir ortam yaratacağını görebiliyordu. Bu nazik ortama, "çörek savaşı" adıyla bilinen bir dönemde kısa sürede girilmesi, onun için sürpriz oldu.

Nabisco, zaten milyarlarca dolarlık çörek sektöründe en tepedeki konumu nedeniyle ciddi saldırılarla karşı karşıyaydı. Şirket biraz zayıf kalmıştı. Fırınları eskiydi, kâr marjı yüksekti ve az sayıdaki rakibi karşısında egemen konumdaydı. Şirkete yönelik Pearl Harbor baskını, Kansas City'de gerçekleşti. Saldıran, Ruffles, Doritos ve Tostitos gibi markalara sahip olan, ülkenin en büyük tuzlu eğlencelik üreticisi Frito-Lay idi. Frito-Lay, Nabisco'nun Kansas City siperlerini, 1982 ortalarında Grandma's adlı bir dizi yumuşak çörekle dövmeye başladı. Kendinden emin Frito yöneticileri Grandma'nın, yumuşak çörek üretmeyen Nabisco'yu kısa sürede çöpe atacağını ilan etmeye başladı. Onlara göre Nabisco'nun 2.5 milyar dolarlık bu pazardaki egemenliği yıkılacak ve pazardaki şirketlerin konumu "Coca Cola-Pepsi gibi bir şey" olacaktı. Frito'nun generalleri, savaşın ilk günlerinde Kansas City pazarının yüzde 20'sini ele geçirerek sözlerinin hayata geçtiğini görüyordu.

Johnson daha bu saldırıyı karşılamadan, ortaya bir saldırgan daha çıktı. Cincinnati merkezli tüketici ürünleri devi Procter & Gamble, kendi yumuşak çörek ürünü Duncan Hines'ı piyasaya sürmüştü. P & G dev bir tesis inşa etmiş, çörekleri için patent başvurusunda bulunmuş ve Kansas City'deki saldırısına başlamıştı. Birkaç gün içinde şehir, çöreklerin havada uçuştuğu bir savaş alanına döndü. Şehirdeki tüketiciler kuponlar, özel pazarlama gösterileri ve reklamlar sayesinde yüzde 20 daha fazla çörek alır hale geldiler.

Nabisco, feci dayak yiyordu ama Johnson, her zamanki gibi kendinden emin ve tek bir yumruk yememiş gibi duruyordu. Yumuşak çörekler konusunda, henüz kimsenin üzerinde durmadığı bazı sorunlar olduğunu söyleyerek Nabisco'nun kaygılı müdürlerini rahatlatıyordu. Bir sabah bazı rakiplerin çöreklerinden tattığını ve morali bozulmuş halde öğle yemeğine çıktığını, çünkü çöreklerin gerçekten çok güzel olduğunu onlara anlatıyordu. Ancak geri dönüp tekrar almak istediğinde, çöreklerin bayatlamış olduğunu görmüştü.

Bir müdür, "Ne kadar bayattı?" diye sordu.

"Hiç buz hokeyi sopası ısırmayı denedin mi?"

Herkes kahkahayı bastı. Papa, Yönetim Kurulu'nun sevgilisiydi.

Önceleri Johnson'ın misilleme olarak tüm yapabildiği, Nabisco'nun Chip Ahoy parça çikolatalı çöreklerine biraz daha fazla parça çikolata koymaktı. Bu arada Nabisco'nun kalan kıdemli üst düzey çalışanlarından kurtulmak için savaş zamanını bir bahane olarak kullanıyordu. Schaeberle'ye, "Başını derde sokanlar şimdi o dertten seni kurtaramıyor," dedi. O da her zamanki gibi kabul ediyordu. Peter Rogers, şirketin savaş tatbikatlarının, Carbonell ise, Nabisco'nun yumuşak çöreğini üretmesi için AR-GE'nin başına getirildi.

1983 ortalarında Nabisco karşı saldırıya geçmek için hazırdı. Almost Home adlı yumuşak çöreğin piyasaya sürülmesiyle Nabisco da Kansas City savaşına dahil oldu. Johnson o günleri, "Tam bir soykırımdı. P&G bir dolarlık kupon verince biz 1.5 dolarlık veriyorduk. Cesetlerimiz her yana dağılmıştı," diye hatırlıyor. Johnson, kuponların maliyetine aldırmıyor, pazarlamacılarının ne kadar mesai harcadıklarıyla ilgilenmiyordu. Nabisco, siperlerini geri alacaktı.

Sonunda Johnson ve Nabisco, Kansas City çarpışmasını kaybetti, ama savaşı kazandılar. Piyasaya yeni giren iki rakip, ulusal ölçekte satışa hemen geçebilecek üretim ve dağıtım olanaklarından yoksundu. Nabisco ise, bir ürünü piyasaya sürdüğü anda rakipler gelmeden arka arkaya bütün şehirlerde geçilmesi mümkün olmayan siperler elde ediyordu. 1984 itibariyle çörek savaşı tamamen bitmişti.

Toz duman dağıldığında Johnson hem şirket içinde hem de dışında muzaffer komutan olarak belirmişti. Schaeberle ile yönetim kuruluna göre, o asla yanlış bir şey yapmazdı. O yıl Schaeberle, Johnson'ı icranın başına getirerek ödüllendirdi. Nabisco'nun yeni devasa araştırma merkezi açılmak üzereydi ve Schaeberle'yi göklere çıkarmak isteyen Johnson, merkezin adını Robert M. Schaeberle Technology Center koyarak bu iyiliğe karşılık verdi. Schaeberle, bitmişti. Mutlu Adamlar'a göre merkeze isminin verilmesi, onu devre dışı bırakmak için mükemmel bir yöntemdi. Çünkü bir binaya adı verilen adam, ölmüş sayılırdı.

New York'ta sadece on yıl geçiren Johnson, başarının zirvesine ulaşmıştı: O, Amerika'nın en büyük gıda şirketlerinden birinin CEO'suydu. Amerikan iş hayatının yeni bir dönemi için gereken yeni nesil CEO'lardandı. Standard Brands'in eskileri, kendilerini şirketin kahyası gibi görürler, "şirket gemi, yönetici ise sadece kaptandır," derlerdi. Bu, olduğu gibi gitsin yaklaşımı, 1930'lu yılların derin yaralar almış ve bir şeyler yapmaya korkan insanlarına uygundu. Ama maiyetindekilerin çoğu gibi Johnson da depresyonu yaşamamış, dünya savaşında çarpışmamış ve sınırları hiç tanımamıştı. O eski tarz bir ekip oyuncusu değil, bir Broadway Joe ya da Reggie Jax'tı; yerleşmiş geleneklere karşı çıkan bir süperstar, kendi kaprisleri dışında hiçbir şeye sadık olmayan bir televizyon çağı insanıydı.

Dışarıdan bakanlara göre o yine her zamanki, sırt sıvazlamayı seven Ross'tu. Ellili yaşların başında olmasına karşın uzun ve inceydi; gümüş rengi saçlarını delikanlılar gibi uzatırdı. Kanada aksanına dair tek iz, "been" yerine "bean" demesi, esprilerini Britanyalılar gibi "kanlı" kelimesiyle süslemesi ve cümlelerinin sonuna bazen "ha" ünlemi getirmesiydi.

Ancak kendisi Nabisco'nun tahtında görülse de Johnson şirketi yönetmeye olan ilgisini kaybetmişti. Artık glitz'le, Ritz'den çok daha fazla ilgileniyordu. Johnsonlar, Gifford ve sevgililerinden biriyle bir yerlere gitmemişlerse, mutlaka American Express'den Jim Robinson ve o zamanın en tanınmış Wall Street halka ilişkiler uzmanlarından olan karısı Linda ile Akdeniz'de tatile çıkmış oluyordu. Kanada Başbakanı Brian Mulroney ile karısı Mila en yakın arkadaşları arasındaydı. Mila ile Laurise Johnson, başbakanın rezidansı için Manhattan'da birlikte alışverişe çıkarlardı. Nabisco, Dinah Shore kadın golf turnuvasının sponsoru oldu. Johnson turnuvayı yıldızların geçit törenine dönüştürdü. Ünlü atletlerden oluşan ve giderek büyüyerek artık Team Nabisco diye adlandırılan arkadaş takımı, turnuvada boy gösteriyordu. Gerald Ford ve Bob Hope, Pro-Am'ı şükranla karşılamıştı. Johnson'ın arkadaşı Oleg Cassini, bir billboard'a onun resmini asmıştı.

Johnson elbette her zaman ünlülerle karşılıklı birbirlerinin sırtını sıvazlamaktan hoşlanmıştı. Ama geçmişte onun bu huyunun üst sınıfın kusurlarını bilmesinden kaynaklandığına dair bir duygu içindeydi. Johnson Britanya'daki elit bir toplantıdan dönüp kraliyet ailesinin ne kadar "siktirik" insanlar olduğundan kıkırdayarak bahseder veya çılgın Maggie Thatcher hakkında kahkahalarını zor tutarak hikayeler anlatırdı: "Altına kaçırıyor." Çöreklere ve krakerlere boğulmuş Mutlu Adamlar ise, aralarından bazıları Johnson'ın dışarıdan dalga geçtiği çevrelerin içine girmesi konusunda kaygılansa bile, bundan hoşlanıyorlardı.

Johnson'ın, Nabisco'ya aldırmamaya başlamasının nedeni orada fazla bir gelecek görmemesi olabilirdi. Çörek savaşı düşüncesini değiştirmişti: Frito-Lay ve P&G'ye karşı zaferini nihai zafer olarak algılamıyor, üzerine gelen bir kurumun başarıyla geri gönderilmesi şeklinde değerlendiriyordu. Procter & Gamble gibi bir başka dev (hatta belki yine P & G) tekrar üzerine gelebilirdi. Çünkü Nabisco'nun hayati bir zaafı vardı. Giderek eskiyen fırınları, artık ne yapılırsa yapılsın yeniden canlandırılamazdı. Aslında Johnson da Nabisco'yu yeniden yapılandırmak için bir master plan falan hazırlamakla hiç ilgilenmemişti. Yıllarca süren itiş kakış, onu uzun vadeli planlamadan soğutmuştu. Bunun yerine lüks hayatın tadını çıkarıyor, şirkette aniden çıkan yangınları söndürüyor ve bekliyordu.

Birileri Standard Brands kültürünü, Johnsonizm'in yirmi maddesi şeklinde özetlemişti. 13. Madde şöyle diyordu: "Nihai başarının, tanımı gereği planlanamayacak fırsatçı ve cüretkâr hamlelerden kaynaklandığını unutma."

Nabisco'nun başına geldiği günden bu yana henüz bir yıl geçmemişken, 1985'in bir bahar günü Johnson, North Carolina merkezli tütün devi RJ Reynolds Industries Yönetim Kurulu Başkanı ve CEO'su J. Tylee Wilson'dan bir telefon aldı. Acaba Johnson bir öğle yemeğine ne derdi? Belki birlikte biraz iş konuşurlardı.

BÖLÜM 2

Kocaman eski bir evde yaşadığınızı varsayın. Orada büyüdünüz, tüm mutlu anılarınız o evde. Sonraki nesil için eve özel bir özen gösterirsiniz. Sonra bir gelip bakarsınız ki randevuevi yapmışlar. İşte RJR hakkında hissettiğim budur.

—'Winston'-Salem'den eski bir RJR Nabisco çalışanı.

RJ Reynolds Tobacco Company olmasaydı, Winston-Salem, North Carolina'daki mütevazi gökdelen de olmayacaktı. Şirketin merkezi, yıllar boyunca hep o 22 katlı taş bina oldu. Bina 1929'da tamamlandığında mimari açıdan öylesine değer kazanmıştı ki bu tasarımı New York'a taşımaya ve daha büyük ölçekte uygulamaya karar verdiler. Sonuç, Empire State Building'di.

Minyatür Empire State'in bir cephesi Wachovia Bunk & Trust'ın merkeziydi. Kasaları Reynolds hisseleri ve senetleriyle dolu olan banka, güneyin en önemli bankalarından biri haline geldi. Reynolds binasından biraz uzakta yer alan, biraz daha yüksek ama çok daha modern bir bina, merkezden taşan elemanların çalıştığı yerdir. İki blok ötedeki cam gökdelen, şehrin en yüksek binasıdır. Binadaki katların büyük bölümünü kiralayan Womble, Carlyle, Sandridge & Rice, North Carolina'nın en büyük hukuk firmasıdır ve kaderi Reynolds'a sıkı sıkıya bağlıydı.

Reynolds olmasaydı, Winston-Salem de nüfusu 140.000'i geçmeyen diğer birçok güney şehrinden biri olacaktı. Bu yarı gökdelenleri bir kenara bırakırsanız, büyük oranda, eski ve yorgun taşların, eski ve yorgun insanların şehri vardır orada. Winston-Salem'i farklı kılan, Reynolds'dır.

Şirketin etkisi merkezden dört yöne doğru yayılır. 40 numaralı otoyoldan batıya doğru ilerlediğinizde hemen her üç billboard'dan birinde Reynolds markalarından birinin reklamını görürsünüz. Sonra, Bowman Grey School of Medicine çıkar karşınıza. Önemli bir eğitim hastanesi ve araştırma merkezi olan bu okula, varlığını vasiyetine borçlu olduğu eski bir Reynolds Yönetim Kurulu Başkanı'nın ismi verilmiştir. Devam ederseniz, Tanglewood çıkışında R.J. Reynolds'ın kardeşi William tarafından kasaba için yaptırılmış bir park görürsünüz. Ölümünden kırk yıl sonra bile hâlâ anıldığı ismiyle, "Bay Will", Tanglewood'da, bölgenin beyazlarının oturması gerektiğini kuşkuya yer bırakmayacak şekilde tanımlamıştır.

Kuzeye gitmek için, R. J. Reynolds'a (ölümünden yetmiş yıl geçtiği halde hâlâ "Bay RJ" diye anılır) ait arazinin yanından geçen Reynolda Road boyunca ilerlemeniz gerekir. Bay RJ'in koca malikanesi, Reynolda House, ülkenin en güzel Amerikan resimleri koleksiyonlarından birine evsahipliği yapmaktadır. Şehrin en seçkin country kulübü Old Town da bu arazi üzerinde kurulmuştur. Aynı arazide, Reynolds ailesinin 1950'lerde alıp 100 mil öteden Winston-Salem'e taşıdığı Wake Forest University'e geniş bir yer kalmıştır. Bir zamanlar R.J. Reynolds'ın karısının (Bayan RJ) kurduğu, bugün ise sıra sıra gözde butiklerle dolmuş örnek çiftlik ile Reynolds ailesinin servetinin kamuya yönelik hizmetlerini yöneten bölümünün ofisleri de yine Reynolda Road üzerindedir. Z. Smith Reynolds Vakfı gibi Mary Reynolds Babcock Vakfı da yapılan iyi işlere her yıl milyonlarca dolar bağışlamaktadır. Reynolds çiftliğinin eski kazan dairesine kurulmuş olan La Chaudiere adlı Fransız restoranında müşterilere ücretsiz Winston ve Salem sigaraları ikram edilir. Çoğu da bu ikramı kabul eder. Netice itibariyle burası, "Sigara içtiğiniz için teşekkür ederiz" cümlesini çok sık duyacağınız bir şehirdir.

Reynolds'ların etkisi, şehrin yoksul bölgelerinde de kendini gösterir. Bay Will beyazlar için çok daha fazla şey yapmış olabilir fakat siyahlar için de "Kate Bitting Reynolds Hospital"ı kurmuştur. (Bu hastane artık yok ama Kate B. Reynolds Trust, sahip olduğu 2.4 milyon RJR hissesinin gelirinin dörtte birini her yıl şehirdeki "yoksullara ve ihtiyacı olanlara" dağıtıyor.) Zengin mahallelerden birindeki R.J. Reynolds High School, şehrin en iyi lisesidir. James A. Gray High School (okul eski bir RJR yönetim kurulu başkanının ismini taşıyor) ise, alt tabaka için iyi bir lise olarak yıllarca hizmet vermiştir. Okulun arazisinde şimdi North Carolina School of Arts kapılarını açtı. RJR bağışları, güzel sanatlar eğitimi veren bu enstitünün varlığını sürdürmesini sağlamaktadır.

Esintisiz yaz günlerinde tütün kokusu hâlâ Winston-Salem'in üzerinde asılı gibi durur. Koku, Empire State Building'in biraz aşağısında yer alan ve halen çalışmaya devam eden şirketin en eski tütün fabrikasından gelir. Fabrika, sanki Winston-Salem'in niçin varolduğunun sabit göstergesi gibidir. Birkaç sokak ötede, City Hall'ın hemen önünde, bir gösterge daha vardır: At sırtında şehre gelen Richard Joshua Reynolds'ın heykeli.

Reynolds 1874 yılında at sırtında Winston-Salem'e ayak bastığında, ülkedeki en iyi tütünün yetiştiği bu toprakların çekimini hisseden 24 yaşında bir Virginalı idi. Yeni yeni gelişen bu şehrin tozlu yollarında yürürken 1.90'a yaklaşan boyuyla etkileyici bir adamdı. Eyalet sınırının hemen ötesinde, 100 kilometre uzaklıktaki Rock Springs'de büyümüştü. Babasının orada bir tütün fabrikası vardı ve Reynolds çocukluğunu, işi öğrenerek geçirmişti. İç savaş sonrasının zorlu dünyasında iş yapmak hiç de kolay değildi. Nakit para çok azdı; kendini işe tümüyle verecek dahilere ihtiyaç vardı. Değiş tokuş konusunda parlak bir yeteneği olan genç R.J. Reynolds ise bir dahiydi. Bir keresinde bir araba dolusu çiğnenecek tütünle yola çıkmış ve daha büyük bir arabaya doldurduğu balmumu, inek ve koyun postu, ginseng, halı ve mobilyalarla geri dönmüştü. Arabanın arkasından gelen üç-dört yüklü at ve katır da aynı mallardan taşıyordu. Rock Springs'e döndükten sonra mallarını yüzde 25 kârla elden çıkardı.

R.J. Reynolds Eski Güney'de büyümesine karşın (çocukken çapulculuk yapan Kuzeyli askerlerden kaçırmak için ailesinin atlarını ormana götürüp saklamıştı), gelişen Yeni Güney'in yarattığı bir adamdı: Tarımla daha az ilgili ve köküne daha az bağlıydı, buna karşılık daha çok girişimci ve yerinde duramayan biriydi. Şehre ilk geldiğinde Reynolds'ın kafasında büyük planlar vardı. Tütün çiğneyenlerin giderek daha çok talep ettikleri ince yaprakların bölgede yetiştiğini biliyordu. Şehirde, istediğini alabileceği bir ihale merkezi olduğunu biliyordu. Ve kendisini pazarlara bağlayacak bir demiryolu hattının şehre ulaştığını da biliyordu. Birkaç gün içinde, Moravya kilisesinden 388 dolara aldığı arazide bir fabrika inşa etmeye başladı. Bir yıl sonra, 1875'te RJ Reynolds Tobacco Co. iş hayatına dahil olmuş, rekabetin içine girmişti: 2500 kişinin yaşadığı bu hızla gelişen şehirdeki tütün şirketi sayısı, onbeşti.

Bu kalabalık alanda bile R.J. Reynolds kendini ayırt etmeyi bildi. Çiğneme tütününü sakarinle harmanlayarak daha tatlı hale getirme yöntemini ilk bulan o oldu. Fabrikanın kapasitesinin her zaman mevcut üretim miktarının çok daha ilerisinde olmasını sağlayarak hızla büyüdü. Yıllarca fabrikasında geceleyerek çok sıkı çalıştı. Aynı zamanda sıkı kumar oynuyor, sıkı içiyor ve birçok kadınla flört ediyordu. Şehir dışında arabasının daha hızlı gitmesini sağlamak için önüne bir değil, iki takım at çekti. (Reynolds Yönetim Kurulu'nun 1890 tarihli toplantılarından birinde Reynolds'ın atları için yılda 240 dolar harcanması için yetki veren bir karar var. Bu miktar, bugünün şirket jetleri için harcanan miktara tekabül ediyor.) Kelimenin tam anlamıyla kendini hıza kaptırmıştı. Buna aykırı tek şey, ömrü boyunca süren kekemeliğinin üstesinden gelmek için yavaş konuşmasıydı.

Bay RJ'nin iş konusundaki dirayeti ile bölgeye hakim olan sebatkâr Moravya iş ahlâkının bileşimi, Reynolds şirket kültürünün temellerini oluşturuyordu. Moravyalılar, İngiliz Lord Granville'den satın aldıkları 40.000 hektarlık araziye yerleşmek için 1753'te bölgeye gelmişlerdi. Bu Çekoslovakyalı göçmenlerin, orta Carolina'nın Piedmont bölgesinde aradıkları sadece dinsel özgürlük değil, aynı zamanda ekonomik açıdan da kendi kendine yetmekti. İnatçı, üretim ve ticaret konusunda becerikli insanlardı. 1800'lerin başında Salem'i, daha büyük Raleigh şehrinden batıya doğru giden bir demiryolu hattının içinden geçmek isteyebileceği kadar önemli bir kent haline getirdiler.

Moravya değerleri, Reynolds Tobacco'nun politikalarına önemli oranda yansımıştır. Moravyalılar bireyin kendini ancak bir toplum içinde var edebileceğine inanan, kişisel inançları kadar mali gelenekleri açısından da muhafazakâr insanlardı. Geldikleri ülkedeki bir bölgeye atfen isimlendirdikleri Wachovia Bank adlı sağlam bir banka kurdular. Birkaç yıl sonra iki kent birleştiğinde de İncil Kuşağı kentlerinden hiçbirine benzemeyen bir ortamı, kentlerinde yaratmasını bildiler. Moravyalılar eğitime inanan insanlar olduğu için Winston-Salem, daha ilerici bir şehirdi. Bölgedeki ilk kadın koleji olan Salem Female Academy'i kurdular. R. J. Reynolds ile Moravyalı işçileri iyi bir takım oluşturmuştu. 1890'larda şirket, bölgedeki birçok tütün şirketi arasında lider konumdaydı.

Aslında Reynolds Tobacco, bir asır sonra Kuzeyli bir aç gözlünün gıpta ettiği gibi imrenilecek bir hızda büyümüştü. 1890'lar, RJ Reynolds gibi bölgesel tütün şirketlerini yutarak büyüyen James B. (Buck) Duke'ün ulusal tütün tröstünün yükselişine tanık oldu. Buck Duke'ün kökleri, Durham, North Carolina'daydı. Ama o, American Tobacco Company adındaki şirketini, yapacağı finansman sözleşmeleriyle ulusal ölçekte büyüyebileceği bir yer olan New York'a taşımıştı. Başarı kazandıkça John D. Rockefeller'ın Standart Oil'ini kendine örnek aldı ve kısa süre içinde ülkenin gelişmekte olan sigara pazarını kontrol etmeye başladı. Sonra da çiğneme tütünü üreten şirketleri almaya yöneldi.

R.J. Reynolds tehlikeyi görerek savaşmaya karar verdi. "Buck Duke beni yutmaya çalışırsa hayatının sonuna kadar taşıyacağı bir bel ağrısına sahip olacak demektir," diyordu. Sonra, 1899'da, New

York'a sır gibi sakladığı gizli bir seyahat yaptı ve Reynolds Tobacco'nun üçte iki hissesini, 3 milyon dolar karşılığında Duke'e verdi. Reynolds'ın satma nedeni, belli ki büyümek için sermayeye ihtiyacı olması ve şirketin yönetiminin kendinde olacağını garanti altına almasıydı. Buck Duke, R.J. Reynolds'ın kendisi için çalıştığını düşünebilirdi. Ama onun kafası çok başka yerlerdeydi. Tröstün kontrolü altında bir şirket alım rüzgarı estirdi. Yerel rakiplerini satın alarak North Carolina'daki en büyük işveren konumuna geldi. Bu genişlemenin bedeli, Buck Duke'ün elemanlarına, o nefret edilesi "New York kalabalığına" vereceği raporlar için üç ayda bir kuzeye yaptığı yolculuklardı.

R.J. Reynolds, Yankee kontrolünden nefret ediyor olabilirdi, ama o kontrol altında geliştiği konusunda da şüphe yok. Yeni hayali, ulusal ölçekte dağıtımı yapılan pipo tütünüydü. Tütünün gizli harmanını kontrol ettikten sonra bir isim buldu (daha sonra Edward VII adıyla Britanya tahtına çıkacak olan Galler Prensi'ne atfen, Prince Albert) ve markada kullanılmak üzere prensin uygun bir resmini (bir çay partisinde Mark Twain'le birlikte) seçti. Tarihinde ilk kez şirket, ulusal reklam kampanyası yürütmek için büyük bir New York ajansıyla, N.W. Ayer ile anlaştı. The Saturday Evening Post, Collier's ve diğer dergilerde Prince Albert, "Dilinizi rahatsız etmeyen, keyifle içilen tütün" olarak tanımlandı. Dağıtımcılara ve perakendecilere de büyük baskı yapan Reynolds, ürününü satmaları için onları indirimlerle teşvik ederken, satmamaları durumunda da başlarına gelebileceklerle tehdit etti. Şirket, ürün stoklamamaları durumunda müşterilerinin hoşnutsuz olacakları konusunda dağıtımcıları uyarıyordu: "Tütünün, dilde kabarcıklara neden olan rahatsız edici özelliklerine karşı geliştirilmiş süreçler, tamamen bizim kontrolümüz altındadır. O yüzden bunu ikame edecek bir ürün olamaz." Nabisco'nun Uneeda Biscuit'te yaşadığı başarı gibi, Bay RJ'nin ulusal ölçekte satış planı da büyük bir başarı kazandı. Prince Albert'in yıllık üretimi, 1907 yılındaki 112.500 kilodan, 1911 yılında 6 milyon kilonun üzerine çıktı.

Ancak o yılın asıl büyük haberi, Kuzeyli vurguncu Buck Duke'ün sonunun gelmesiydi. Yıllardır Duke'ün tütün sanayisindeki konumunu sarsmaya çalışan Teddy Roosevelt'in "tröst avcıları" nihayet başarılı oldu. ABD Temyiz Mahkemesi, Reynolds Tobacco'ya bağımsızlığını verdikten sonra, Winston-Salem'de sınırsız bir neşe hüküm sürüyordu. Reynolds'ın pazarlamacılarına tröstün dağıtıldığı haberini müjdelediği mektubun başlığı, "Özgürlük Haberi" idi.

"Şimdi beni izleyin," diyordu coşkulu Bay RJ, Moravyalı yöneticilerine, "bakın bakalım Buck Duke'e nasıl cehennem azabı çektireceğim." Birkaç gün sonra Manhattan ufuklarına karanlık çöktüğünde, yeni tür devasa bir elektrikli reklam panosunun düğmesine basıldı. Şehrin üzerini kaplayan panoda, sağa sola hareket eden Prens Albert'in ağzındaki baloncukta şu sözler görünüyordu: "Ülkenin keyifle içilen tütünü. R.J. Reynolds Tobacco Company, Winston-Salem, N.C."

İşine burnunu sokan Kuzeylilerin pençesinden kurtulan Bay RJ, şirketinin bir daha asla "New York kalabalığının" eline düşmemesini sağlamak için kolları sıvadı. Biraz zorla da olsa, işçilerinin Reynolds hissesi almasını istiyordu. Onların hisse alması için banka kredisi ayarlarken, "Bu şirkette sizin de çıkarlarınız olmalı," diyordu. Kuşkusuz işçilerin çoğu bu borcun altına girmek istemedi. Bay RJ her şeyin en iyisini bildiğini söylüyordu ve gerçekten de biliyordu. Sonraki yıllarda Reynolds hissesi hızla değer kazanırken, Winston-Salem de "gönülsüz milyonerler şehri" olarak tanındı.

Bay RJ, burada da durmayacaktı. Bütün oy hakkını işçilerinin eline vermek için, "A sınıfı" hisse çıkardı. (Bölgede güven hissesi olarak bilinir). Bu hisse, olağanüstü bir temettü ödedi: 2.2 milyon doları aşan kâr için yüzde 10. İşçiler bu kez yeni hisselerden almak için birbirleriyle yarıştılar. Çoğu işçi, olabildiğince çok hisse alabilmek için maaşını bile yatırdı. Temettünün dağıtıldığı gün, bir tür yerel tatil haline geldi. Yerel araba satıcıları ve lüks tüketim malları tedarikçileri o günü hevesle bekler oldular. Noel sabahı bir dolu hediye aldığı halde avaz avaz ağlamaya başlayan ve bir türlü susturulamayan Winston-Salemli bir çocuğun hikayesi ağızdan ağıza anlatılır oldu. Çocuk A sınıfı hisse istediği için avaz avaz ağlıyordu. 1920'lerin başlarından, IRS'ın (Internal Revenue Service) A sınıfı hisseleri yasakladığı 1950'lere kadar, şirketin çoğunluk hissesi, Reynolds işçilerinin elindeydi.

Buna karşılık Reynolds da işçilerine özel bir özen gösteriyordu. Şirket, elindeki hissenin değerinin üçte ikisine kadar işçisine borç veriyor, düşük maliyetli yemek salonları işletiyor ve çok sıcak bir yer olan fabrikada sürekli buzlu su bulunduruyordu. Kadın işçilerin çocukları için kreşler açılmıştı (elbette bir tane beyazlar, bir tane de siyahlar için). Hatta Reynolds köyden kente çalışmaya gelen kızların kalabileceği gözetim altındaki bir pansiyon işletiyor ve 180 aileye düşük kirayla konut sağlıyordu. Bu reformların çoğu, Bay RJ'nin genç karısı Katherine tarafından yönetiliyordu.

Reynolds, dönemi itibariyle hatırı sayılır bir kurum haline gelmişti. Güneyin yoksul ve tarım ekonomisine boğulmuş olduğu bir dönemde, bir şirket, yerel tarım ürününü alıp önemli bir sanayi ürünü haline getiriyordu. Güneydeki şirketlerin Yankee sahipleri tarafından uzaktan kontrol edildiği bir dönemde, bölge insanının kontrolü altındaki bir şirket, yerel topluluğa para yağdırıyordu. 1913 itibariyle Winston-Salem sakinlerinin dörtte biri, RJ Reynolds'da çalışıyordu.

O sıralarda 63 yaşında olan Bay RJ, yeni bir ürünle hayatının en büyük kumarına atılmıştı: Sigara. O zamanlar fabrikasyon sigaraya talep çok azdı. Herkes sigarasını kendi sarmayı tercih ediyordu. Pazardaki birkaç yerel markanın da tadı güzel değildi. Ancak Prince Albert'in başarısını daha yeni yaşamış olan Bay RJ, güzel tadı olan bir sigaranın ulusal ölçekte satılabileceğini düşünüyordu. Projeye, doğru harmanı bulmak için farklı tütünleri kendisi deneyerek başladı. Sonunda yerel Kentucky kahverengi tütünüyle Türk tütününün egzotik karışımını buldu. Türk adının gizemli doğulu çağrışımından yararlanarak sigaranın adını Camel koydu. O yıl Barnum & Bailey sirki Winston-Salem'e geldiği zaman bir fotoğrafçı, paketin üzerinde kullanılmak üzere sirkteki hecin devesinin fotoğrafını çekti.

Camel ilk hızını, aynı tarzı Prince Albert ile Uneeda Biscuit'e de uygulayan N. W. Ayer'den aldı. Ayer sigarayı her bir pazara bir dizi teaser'la tanıttı: Önce "Deve", sonra deve fotoğrafıyla beraber, "Develer geliyor!", "Yarın bu kentte Asya ve Afrika'daki bütün develerin toplamından daha fazla deve olacak!" ve sonunda sigaranın özelliklerinin ve fiyatının da belirtildiği bir reklamla, "Camel sigarası burada!" Biraz pişkince, hatta modern standartlara göre bir miktar elçabukluğu içeren bir kampanyaydı bu. Ama ulusal ölçekteki ilk sigara satışını olay haline getirdi. Reynolds, rakiplerinin 5 cent altına inerek yirmi sigarayı 10 cente satıyordu. En yakın üç rakibi kısa süre içinde buna dayanamayıp öldü. Camel bir olgu haline gelmişti. Bir yıl içinde yılda 425 milyon paket satılır olmuştu. Ayrıca kartonda satılan ilk sigaraydı. Reynolds, I. Dünya Savaşı'nda Avrupa'da savaşan Amerikan askerlerine sigara nakli imtiyazını da almıştı. Bay RJ, tütün piyasasında devrim yapmış ve piyasayı yeniden yapılandırarak bir kez daha başarıya ulaşmıştı.

Kızgın rakipler, Camel'ın işini bitirmek için her şeyi denedi. Camel fabrikasında çalışan işçilerin cüzzam ve frengi olduğu yolunda söylentiler çıktı. Herkes bunun ardında Buck Duke'ün şirketi American Tobacco'nun bulunduğunu düşündü. Ancak Camel'ın içinde güherçile olduğu söylentisi, biraz geçerlilik kazandı. Öfkeden deliye dönen Bay RJ, bu tür hikâyelerin kaynağını bildirenlere 500 dolar ödül verileceğini açıklayarak söylentileri yanıtladı. Bastırdığı posterlerden birinde, "Aşağılık iftiracının leş kokusu, burun deliklerine ulaştığında, şahini bile kaçırır," yazıyordu.

Bu onun son büyük savaşıydı. 1918 yılında pankreas kanserine yenik düştü. Ölürken yaptıklarından memnundu ve eğer doğru yönetilirse şirketin bir daha asla ciğeri beş para etmez adamların eline düşmeyeceğinden emindi. "Kitabı ben yazdım..." dedi, "sizin yapmanız gereken tek şey, onu izlemek."

Şirketin yönetimi, kısa sürede ailenin elinden çıktı. Bay Will yönetim kurulu başkanı olmuştu ama vaktini safkan at üretimine ayırmayı tercih ediyordu. Bay RJ'nin en büyük oğlu Dick işten çok politikayla ilgiliydi. Winston-Salem'e Belediye Başkanı ve Democratic National Comittee'nin (Ulusal Demokratik Komite) mali işler sorumlusu oldu. Küçük oğlu Zachary Smith ise namlı bir çapkındı ve havacılıkla ilgileniyordu. Libby Holman adındaki bir şarkıcıyla evlendi. 20 yaşındayken garip ve de skandal denebilecek bir şekilde vurularak öldürüldü. Cinayet şüphelisi karısıydı ama kadın yargılanmadı. Şimdi Zachary'nin adı, Winston-Salem havaalanında yaşıyor.

Reynolds Tobacco'yu yönetme yükü, bir kısmını Bay RJ'nin kendi elleriyle seçtiği, o bölgede yetişmiş bir dizi yöneticiye kalmıştı. Bunların ilki, ailenin sevdiği Bowman Gray idi. Gray gerçek büyümeyi sağlayacak dinamizm ve hayal gücünden yoksun biri, ayrıntıların adamıydı. Ama şehir merkezindeki ofisine şafak sökmeden gelip gün battıktan sonra çıkarak Reynolds'da her şeyin yolunda gitmesini sağladı. Kardeşi James, Wachovia Bank'in üst kademe yöneticilerindendi ve bankanın çıkarları, Reynolds'ın çıkarlarından ayrı değildi. (Zaten Gray daha sonra da Reynolds'ın başına geçti.) Reynoldslar'dan, Grayler'den ve bazı Moravyalılardan oluşan Wachovia icra komitesi, kentin söz sahibi elit kesimini oluşturuyordu. Bu elitin üyeleri itibarlı Old Town Club'da biraraya gelirlerdi. Yazları ise, 100 kilometre uzaklıktaki dağlarda konumlanan Roaring Gap'ta geçirirlerdi. Aile ağaçlarının dalları birbirine geçinceye kadar, kapalı bir çevre içinde evlilik yapmayı sürdürdüler.

Elbette bu durum, Winston-Salem'in peşini günümüze kadar bırakmayan zehirli bir dar görüşlülüğe neden oldu. 1930'larda Will Reynolds'ın yeğeniyle evlenen bir üst düzey yönetici, kısmen bu evlilik sayesinde o çevreye girebildi. Ancak Winston-Salem'de yaşayamadığı için işten kovuldu. Dış dünyadan soyutlanmış olan şirket, toplumdaki eğilimleri sezmekte ağır kaldı. Özellikle de gelişmekte olan kadın sigara içicileri pazarını gözden kaçırdı (halbuki ünlü soyguncu Bonnie Parker'ın bir Camel tiryakisi olduğu ve bir keresinde polisten kaçarken Camel fabrikası etrafında dolaştığı biliniyor). Sonuç olarak Camel sigara pazarındaki birinciliğini kaptırarak 1929'da yerini American Tobacco'nun

Lucky Strike'ına bıraktı. Ancak Reynolds, William Esty tarafından yönetilen New York merkezli küçük bir ajans sayesinde müthiş bir karşı saldırı gerçekleştirerek, 1930'larda birinciliği tekrar ele geçirdi. Reynolds-Esty ittifakıyla, şirketin pazara sunduğu markalar elli yılı aşkın bir süre rekabetçi özelliklerini korudu.

Bu küçük şehir sahip olduğu dev şirketle o kadar gurur duyuyordu ki, kendine "Camel City" diyordu. Fabrika işçileri ücretlerini aldıkları zaman ellerinde para dolu kağıt torbalar ve "al" emirleriyle aracı şirketlerin bürolarını dolduruyorlardı. Hobert Johnson adlı bir işçi, her bulduğunda A sınıfı hisse alarak şirketin en büyük hissedarlarından biri olma özelliğini yıllar boyunca korumuştu. Hisse senetleri, bir tenbih eşliğinde bir kuşaktan ötekine geçiyordu: "Sakın bu hisseleri satma."

Topluluğun Moravyalı değerleri, şirket tarafından özümsenen Moravyalı değerler şöyleydi:

İş: Rakiplerinin tütün alım elemanları, sekiz aylık alım sezonunda biraz savsaklayarak çalıştıktan sonra evlerine dönüyorlardı. Reynolds elemanlarının ise aldıkları tütünün içindeki işe yaramayacak yaprakları ayıklaması gerekiyordu. Böylece işçilerin, işin kalitesini yükseltmesi de sağlanmış oluyordu.

Tasarruf: Reynolds elemanlarının yeni bir kurşun kalem alması için eskisini tamamen bitirmiş olmaları gerekiyordu. Sıcak bir yaz gününde ofisinde küçük bir fan çalıştıran genç bir müdüre, hemen fanın fişini prizden çekmesi tenbihleniyordu. Yaptığı şey, elektrik israfıydı.

Yaratıcılık: Şirket, tütünün işe yaramayan kısımlarını da üretime sokabileceği bir yöntem geliştirerek her yaprağın kullanılabilen miktarını büyük ölçüde artırmıştı. Tabii kârlarını da. "Yeniden kullanılabilir tütün" diye adlandırılan bu tütünler, tipik bir Reynolds ürünüydü: Üretim konusunda geliştirdiği know-how ile israftan kaçınma yaklaşımının harmanı.

Ancak bütün bunlar, Piedmont'ta bir cennet yaratmamıştı. Bowman'ın 1930'ların ortalarındaki ölümüyle birlikte Reynolds on yıldan fazla bir süreyle yönetim açısından hararetli günler yaşadı. İşçiler arasında homurdanmalar oluyordu: Winston-Salem'in kısaltıldığı şekliyle W-S'nin, aslında "çalış ve uyu" (Work and Sleep) anlamına geldiği yolunda espriler yapılıyordu. 1940'larda işçiler arasında sendikalaşma girişimi başladı. Şirket 1940'ları, sendikalaşmanın önüne geçmeye çabalamakla geçirdi. Bu çabalar ancak sendika liderlerinin komünist oldukları ileri sürülünce başarıya ulaştı. Fakat dikkatin üretimden başka taraflara kaymasının bir bedeli de oldu. Satışlar, ezeli rakip American Tobacco'nun gerisine düşmüştü. Ancak fazla sürmedi. Bay Will'in yeğeni John Whitaker'ın liderliği ile Reynolds, 1950'lerde yeni bir altın çağa girdi. Yıllar önce, Reynolds'ın ilk sigara makinelerinden birinin başında çalışmış olan Whitaker, zorlu sendika yıllarından sonra şirkette yeniden bir aile duygusu oluşturmayı başardı. Fabrikanın içinde dolaşmaktan, işçilere adlarıyla hitap etmekten ve ailelerini sormaktan hoşlanırdı. Eski bir işçi o günleri şöyle anlatıyor: "Bazen Bay Whitaker'ın küçük kahverengi Studbaker'ının arkasından gelirdim. Bana el sallardı. Ben de ona. İşe beraber gidiyorduk. Netice itibariyle hepimiz aynıydık." (Bu arada Reynolds yöneticilerinin Buick'ten büyük araba kullanmamaları konusunda yazılı olmayan bir kural geçerliydi. Hatta yıllar sonra David Rockefeller bir konuşma yapmak için kente geldiğinde, asistanı limuzin istemiş, bütün kentte tek bir limuzin bulunamamıştı.)

Whitaker'ın yönetimi altında Reynolds, 1954 yılında ülkenin ilk önemli filtreli sigarası olan Winston'ı piyasaya sürdü. Sigara ilk dokuz ayda 6.5 milyar adet satıldı. Bu başarıyı, Amerika'nın kitlesel pazara sunulan ilk mentollü sigarası olan Salem izledi. O da milyarlarca satış yaptı. İsimlerini kendilerini doğuran şehirden alan bu iki sigara sayesinde, 1959'da Reynolds, American Tobacco'nun satışlarını geride bıraktı. Wınston-Salem halkı bu haberi duyunca sokaklarda dansetti.

Whitaker, Reynolds'ın kente ve işçilerine özen gösterme geleneğini de sürdürdü. İşçilere, sendikanın sağladığı ücretten daha fazlasını vererek ülkedeki en cömert sağlık programlarından birini devreye soktu. Buna göre, sembolik bir ücret karşılığında işçiler ve aileleri, şirketin mali olarak desteklediği bir klinikte ücretsiz tıbbi bakım yaptırabiliyorlardı. 1950'lerin ortalarında Reynolds ailesi ile şirket, Wake Forest University'i, kampüsünün 160 kilometre doğusuna taşınmaya ikna etmek için işbirliği yaptı. American Tobacco'nun varisleri bir koleji Durham'a taşıyıp adını da Duke University koymuşlardı. Reynoldslar da aynı şeyi Winston-Salem için yapmalıydı.

O zamanlar hayat güzeldi. Reynolds'ın Winston, Salem ve Camel sigaraları, en çok satılan dört markadan üçünü oluşturuyordu; Prince Albert en çok satan pipo tütünüydü ve Days Work adlı bir çiğneme tütünü de alanında bir numaraydı. Amerikalılar, baca gibi tütüyorlardı. 1960 yılında Amerika'daki erkeklerin yüzde 58'i, kadınların ise yüzde 36'sı sigara içiyordu. Reynolds'ın tek sorununun, tütünü bir an önce sigaraya dönüştürmek ve kazandığı paraları da bir an önce Wachovia Bank'e getirmek olduğu söyleniyordu.

Bir açıdan bakılınca bu doğruydu da. Bir şirket yöneticisinin açısından bakıldığında, şirketin elinde nakit fazlası vardı. 1956 yılında şirket, tütünle ilgisi olmayan şirketleri satın alabilmek için tarihinde ilk kez ana sözleşmesinde değişiklik yaptı. İki yıl sonra Warner-Lambert adlı bir ecza şirketini alma noktasına gelmişti. Ama başkan yardımcılarından Charley Wade ile bir yönetim kurulu üyesi Warner'ın New Jersey'deki genel müdürlüğünü ziyarete gittiğinde, şok edici bir keşif yaptı: Yönetim kurulu başkanı, şirket tarafından satın alınan bir yatla denize açılmıştı. Wade, "Hemen geri dönüp dedim ki, bu iş bize göre değil. Onlar bizim tarzımızda insanlar değiller," diye anlatıyor. Anlaşmadan vazgeçildi. Gerçi başkaları konunun bu kadar basit olmadığını, Warner-Lambert'taki sendikanın Reynolds'a da sıçrayabileceğinden korkulduğunu da anlatıyor ama ortaya çıkan resim, Reynolds'ın o yıllardaki zihniyetini gösteriyor: Tutumlu, yabancılara şüpheyle yaklaşan, statükoyu koruyan ve sendikaya kesinlikle karşı. Bazı yöneticilerin anlattığına göre emekli bir yönetici, "Sizde tam bir küçük kasaba zihniyeti var," demiş, "Yankeeler ve sendikalar hakkında hiçbir şey duymak istemiyorsunuz."

1950"ler boyunca Reynolds, büyük ve mutlu bir aileydi. Yöneticiler, şirketlerinin, North Carolina köylerinde her sabah gün doğmadan kalkan, pikaplarına atlayarak fabrikaya gelen, burada doğru tütün yapraklarını seçmekten gurur duyan ve her bir paketleme makinesini avcunun içi gibi bilen insanlar tarafından yönetilmiş olduğunu unutmamışlardı. Reynolds yeni bir sigaranın satıp satmayacağı gibi önemli bir karar vermek durumunda kaldığında, 250 işçisinden oluşan bir heyete bakardı. Winston'ın harmanı, ancak her işçinin 250 ayrı karışımı tek tek denemesinden sonra seçilmişti. Bu sürecin sonunda, zamanın satış sorumlusu Bowman Gray, Jr. son nefesi çekmiş ve "İşte bu!" diye çığlıklar atmıştı.

1959'da Whitaker'ın yerine Gray geçti. Döneminin tipik Reynolds yöneticilerinden biriydi. Bay RJ'nin sağ kolu Bowman, Sr.'ın oğlu olan Gray, günde dört paket Winston içiyor ve yaz tatillerini tütün yapraklarını kesip düzelterek geçirmeye başladığı 11 yaşından beri şirkette çalışıyordu. Winston'ı seçtikten sonra kendi duygularına çok güvenmeye başlamıştı. 1960'ta *Time* dergisine, "Bir sigara bana çekici geldi mi herkese çekici geleceğine inanıyorum çünkü ben tam anlamıyla ortalama bir adamım," diyordu.

Ama 1960'lar boyunca insanlar, sigara içmek isteyip istemediklerini sorgulamak zorunda bırakılacaktı. Daha tütünün sigara haline getirildiği ilk andan itibaren sigaraya karşı insanlar vardı. Büyük Britanya Kralı I. James sigara için, "Cehennemin canlı imajı ve modeli" demiş ve tütün ürünlerine ithalat vergisi koymuştu. Fransa Kralı XIII. Louis ve Çar I. Mihail ise sigara içenler için hadım edilmekten idama kadar değişen cezalar getirmişti. Papa Urban VIII, kilisede ya da kilise müştemilatı içinde sigara içerken yakalananların aforoz edileceği tehdidinde bulunmuştu. Ama Amerika'nın tütüne olan aşkı, Sağlık Bakanı Luther Terry'nin sigarayla kanseri ilişkilendiren 1964 tarihli kritik raporuna kadar, itirazsız devam etti. O andan itibaren, yılda ortalama yüzde 5 artan sigara satışları, hızla düşmeye başladı.

Artık büyüme günlerinin sonu gelmişti. Ancak Reynolds uyarıyı gördü ve dikkate aldı. Gray tütün sektörü dışında, özellikle de Reynolds yöneticilerinin kendi pazarlama anlayışlarına en uygunu olarak gördükleri gıda alanında faaliyet gösteren şirketler almaya başladı. Kanserle ilişkisi olan bir ürünü satabilen bir kurum,

Reynolds yöneticilerinin gururla söylediği gibi, "Her şeyi satabilirdi." Şirket çok çeşitli markaları toplamıştı: Hawaian Punch, Vermont Maid akçaağaç pekmezi, My-T-Fine puding, Chun King Çin yemekleri ve Patio Meksika yemekleri.

Ancak Reynolds'ın dışa kapalı karakteri, piyasaya yeni çıkan bir rakibin, New York'lu Philip Morris'in azami ölçüde fayda sağladığı bir fırsatı yakalamasına engel oldu: Dış pazarlar. Philip Morris, ana ürünü olan Marlboro'yu bütün dünyada satarak milyonlar kazanıyordu. Yıllarca pazara egemen oldukları için burunları büyümüş olan Reynolds yöneticilerinin en çok hoşuna giden şeylerden biriyse, şirketin sahip olduğu her şeyi genel müdürlük binasının 22. katından görebildiklerini söylemekti. "Eğer dünyanın herhangi bir yerinde birilerinin canı Camel içmek isterse, bizi arasın," diye espri yaparlardı.

Ama 1960'ların sonlarında Reynolds'ın sadece geçmiş zaferlerine dayanarak ayakta kalacağı günlerin de sonuna yaklaşılmıştı. Gray, Bay RJ ile doğrudan bağı olanların sonuncusuydu ve 1969'da öldü. Onun yerine geçmesi muhtemel iki üst düzey yönetici de ölünce, çok azimli bir kişi olmayan yeğeni, finans yöneticisi Alex Galloway, başa geçti. Galloway, ana ürünü olan tütün sektöründeki faaliyetinde, Nabisco'da olduğu gibi derin etkiler bırakan felaket bir çeşitlendirme atılımına girişti.

Winston-Salem'li eski işadamlarından Malcolm McLean'in önerisi üzerine, onun sahip olduğu deniz nakliyatı şirketi Sea-Land'i aldı. Reynolds Yönetim Kurulu'nda bir de sandalye verilen McLean'in sonraki önerisi, küçük bir petrol şirketi olan Aminoil'di. Gallaway ertesi sene onu da aldı. Düşünce, Aminoil'in petrollerini Sea-Land'in tankerleriyle taşımaktı. Galloway ertesi yıl, şirketin artık çeşitli sektörlerde faaliyet gösterdiğini yansıtacak bir isim değişikliğine giderek, adını RJ Reynolds Industries'e çevirdi. Sonraki on sene boyunca da Aminoil ile Sea-Land'e 2 milyar dolardan fazla harcadı. Sea-Land, dünyanın en büyük özel deniz nakliyat şirketi olmuştu. Tütün fabrikalarının durumu ise, elde var bir şeklinde görüldüğü için kötüleşiyordu.

Kısa yönetim dönemi boyunca Galloway, McLean ile diğer

güçlü yabancıların etkisinde kalmıştı. Yerine kimin geçeceği meselesi ise bu yabancılardan biri olan yönetim kurulu üyesi J. Paul Sticht'in kişisel ilgi alanı haline gelmişti. Sticht, 1968'de katıldığı kurulun az sayıdaki yabancılarından biriydi; kendinden başka iki kişi daha vardı. Üstelik Alman göçmeni bir çelik işçisinin çocuğu olarak Pittsburgh'ta büyüdüğü için, kurulun tek Yankee'siydi. Sticht lisede okurken fabrikalarda çalışmış, yakındaki Grove City College adlı bir sanat okuluna gitmiş, ardından fabrikaya geri dönmüştü. Sendikada işçi temsilcisi olduktan sonra ustabaşılığa yükselmişti. Yumuşak tavırlarının ve mavi yakalı geçmişinin ardında, bir fabrika fırını gibi hararetle yanan tutkuları vardı.

Sticht, önce Trans World Airways, sonra da Campbell Soup personel departmanlarında çalışarak beyaz yakalılar dünyasına geçti. Burada hızla yükselerek 1950'lerin sonlarında Cincinnati'li büyük bir perakendeci olan Federal Departmant Stores'a girdi. 1960'ların ortasında artık başkan ve COO olmuştu. O sırada en tepedeki iş olan CEO'luğa yükselmesinin engellenmesi üzerine 1972'de, erken bir yaşta, henüz 55'indeyken emekliliğe ayrıldı (Kimileri kovulduğunu söylüyor).

Reynolds Yönetim Kurulu'na, yıllar önce şirketteki sendikayı uzaklaştırmak isterken kendisinden taktik alan Charley Wade'in daveti üzerine katıldı. 1972 yılında Sticht'in uğraştığı şey, Galloway'in yerine, selefi finansman yöneticisi David Peoples'ı getirmemek için lobi yapmaktı. Kurulun diğer üç yabancı üyesine danışan Sticht, Galloway'e gidip Peoples'ın seçilmesi halinde hepsinin görevlerini bırakacaklarını söyledi. Yeni selefi seçmek için bir komite oluşturuldu ve ipleri eline alan Sticht bu komitenin başına getirildi. Aylar süren araştırmalardan sonra Sticht'in komitesi, Reynolds'ı 1970'lerin sonlarında yönetecek sürpriz ismi seçti: Paul Sticht.

Aslında Stciht ikinci adam oluyordu. Ama yeni getirilen çok başlı yönetim yapısında, konumunun çok ilerisinde bir etkiye sahip olacaktı. Üzerindeki kişi, bölgenin yerlisi bir tütün adamı olan klasik bir Reynolds yöneticisi, Colin Stokes idi. Stokes'ın babası, Bay RJ zamanında tütün yaprağı kurutma bölümünün başındaydı. Birini söndürüp diğerini yakan bir sigara içicisi olan Stokes, fabrikada en alt düzeyden yükselmiş 40 yıllık bir çalışandı ve sigaralar hakkında her şeyi biliyordu. Ama North Carolina'nın dışındaki dünya hakkında bildiği bir şey yoktu. Sticht onu istediği gibi kullanabiliyordu.

Reynolds'ı 1980'lere hazırlayacak bu iki adam arasındaki fark, şirket jetlerine olan yaklaşımlarında görülebilirdi. 1950'lerden beri şirketin iki jeti vardı ve bunlardan biri Camel paketi, diğeri de Salem paketi şeklinde boyanmıştı. Uçaklar o kadar az kullanılıyordu ki bir pilotun hatırladığına göre, bir seferinde ayda sadece 37 dakikalık uçuş kaydedilmişti. Bu süre, uçakta her şeyin yolunda olduğunu anlamak için bile yeterli değildi. Bu durum, hem Reynolds yöneticilerinin evlerinde oturma tercihlerini, hem de şirketin eşitlikçi tutumunu açığa çıkarıyordu. Stokes ve arkadaşları, özellikle New York'a gitmekten nefret ediyorlardı. Bu yüzden şirketin New York'taki reklamcılarından Larry Wassong, Reynolds yöneticilerinin havaalanında karşılanarak sevdikleri restoranlarda yemek yemelerini ve sersemlemiş bir halde Manhattan'da bir köşe başında kalmamalarını sağlıyor, onları rahatlatmak için elinden geleni yapıyordu. Genellikle de yöneticilerle görüşmek için Wasong, Winston-Salem'e giderdi.

Oysa Sticht, sanki şirket jetlerinde uçmak için doğmuş gibiydi. Uçaklara telefonlar yerleştirtti ve yeterli yiyecek-içecek bulundurulmasını kişisel olarak takip etti. Sticht, Stokes'a Chicago ve Boston gibi uzak yerleri tanıtmayı kendine görev edinmişti. Mitsubishi'den Bunichiro Tonabe ve Deutsche Bank'tan Hermann Abs gibi isimleri de içeren uluslararası bir danışma kurulu oluşturdu. Bu kişiler ve iş hayatının diğer devleri, global meseleleri görüşmek için yılda iki kez Reynolds yöneticileriyle egzotik yerlerde biraraya gelirlerdi. Sticht, Reynolds'daki hemşehrilik duygusunu biraz da olsa silmeye kararlıydı.

Sticht'in konumu, hırslı bir adamın hayallerinin gerçek olması demekti: Batmış bir perakendecide çalışırken birdenbire bütün sektörün başına geçmiş gibiydi. Sticht, New York'taki Business Table ve Washington'daki U.S. Chamber of Commerce'ın (Amerikan Ticaret Odası) elit şahsiyetleriyle birarada olmaktan zevk alırdı.

Sıkıfıkı olduğu bu insanların isimlerini kısaltarak söylemekten hoşlanırdı. Bazılarına göre Sticht, iş yapmaktan ziyade iş hayatının entrikalarıyla daha çok ilgileniyordu.

Bütün bu hareketli yaşam içinde Sticht, kararların alınmasını mümkün olduğunca geciktirerek, yöneticiler arasındaki çatışmalardan kaçınmaya çalışırdı. Kimi zaman devlet adamı, kimi zaman da uzaklardaki amca gibi davranarak kargaşanın üzerinde olmak isterdi. Sesi yumuşak, davranışları kontrollüydü. Şoförlerinin isimlerini hatırlar, pilotlara eşlerinin hatırını sorardı. Sticht'in bu hoş tavrı ve dünyayı tanıması aslında Reynolds'ın kapalı yapısından modern çağa uzanan mükemmel bir köprü işlevini gördü.

Ama dışarıdan gelmiş biri olarak Winston-Salem'in muhafazakâr bekçileri tarafından hiçbir zaman pek iyi karşılanmadı. Sigara içmeyen Sticht bazen, zevkten çok etrafta olumlu bir izlenim bırakmak için pipo yakardı. Hafta sonlarında Reynolds uçaklarından biri, kışın Palm Beach'teki, yazın da New Hampshire'daki yazlık evine götürürdü. Karısı Ferne, Winston-Salem'de pek görülmezdi. Bu durum, Reynolds'ın tepesindeki ailelerin kentin sosyal hayatının merkezinde yer almasını bekleyen insanlar için, hakaret gibi bir şeydi. Sticht ilk önce seçkinlerin gittiği Old Town Club'a değil, yeni zenginlerin toplandığı Bermuda Run'a üye oldu.

Colin Stokes'ı egemenliği altına alan Sticht, Reynolds'ı aile şirketi kimliğinden sıyrılarak modern bir şirket haline gelmesini sağlayabilecek bir dönem olan, karmaşa içindeki 1970'lerden çıkarttı. Watergate dönemi skandallarına yaraşır bir şekilde yasadışı politik işlere bulaşan en üst düzeydeki üç yöneticiyi uzaklaştırarak iktidarını sağlamlaştırdı. Sticht önceki skandalı kontrol altına aldığında, kucağında bir yenisini (Sea-Land tarafından yurtdışında 19 milyon dolarlık bir yasadışı indirim ödemesi yapılmıştı) gördü. Bu süreç esnasında şirket üzerindeki kontrolü sarsılmaz bir konuma geldi.

Ancak, kurum içindeki bazı kişilerde iyi Moravya standartlarının düşüşü ve Paul Sticht'in yükselişinin şirkete büyük zarar vereceği gibi uğursuz bir his ortaya çıkmıştı. "Bekleyin bakalım..." diye uyarıyordu broker Stewart Robertson, "bir sürü Yankee vurguncunun buraya doluştuğunu göreceğiz. Bu kadar parayı ömürlerinde birarada görmemişler ve onunla ne yapacaklarını bilmiyorlar."

Herkesin bildiği gibi bundan sonraki adım, Reynolds'a Yankee'lerin dolmasıydı. Şirket, Marlboro ile büyük adımlar atan ve bütün sınırları geçen Philip Morris'in giderek artan baskısı altındaydı. Sticht ise ancak daha bilgili pazarlamacıların bu tehdide cevap verebileceklerini düşünüyordu. Tarihinde ilk kez Reynolds'a bir dizi yabancı aldı: Yurtiçi tütün alanının başına Pillsbury'nin eski başkanı Jim Peterson, Reynolds Tobacco'nun başına American Cyanamid'in eski başkan yardımcısı Morgan Hunter, tütün pazarlamasının başına Lever Brothers yöneticilerinden Bob Anderson ve önce gıda sektöründeki faaliyetleri yönetmek sonra da yabancı piyasalara şirketi sokmak için Chesebrough-Pond'un başkan yardımcısı J. Tylee Wilson geldi.

Yeni gelen Kuzeyliler'in, Reynolds'da kalışları, biraz sancılı bir süreçti. Winston-Salem hakkında, "Burası dünyanın sonu değil. Ama dünyanın sonunu buradan görebilirsiniz," diye espri yapıyorlardı. Nezaketi, zayıflık; ağırlığı, kavrama kabiliyetinden yoksunluk; ve Güneyli aksanını alıklık olarak görüyorlardı. Reklamdan sorumlu yönetici Larry Wassong, "İnsanlara köylü muamelesi yapıyorlardı," diyor.

Ancak bütün o kendine güvenlerine karşın Yeni Bekçiler, sigara satma konusunda müthiş beceriksiz olduklarını ortaya koydular. Sigara reklamlarının radyo ve televizyonda yayınlanması 1971'de yasaklanınca Reynolds, insanı bir anda yakalayan ve, "Winston'ın tadı, bir sigarada olması gereken güzel tattır" (Winston tastes good like a cigarette should) diyen reklam cıngılını çöpe atmak zorunda kaldı. Sticht'in yeni elemanları yıllar boyunca bunun yerine basılı reklamlarda kullanılacak yeni bir şey koymaya çalıştılar ve sonuçta şunu ortaya çıkardılar: "Winston'la "olması gereken" arasında birçok güzellik vardır" ("There's a lot of good between 'Winston' and 'should'"). Bob Anderson, en önemli sigara reklamı medyalarından biri olan billboard'lardan Reynolds'ın markalarını bir anda çekerek sorunu daha da şiddetlendirdi.

Her biri kendi fikirleriyle, kendi yöntemleriyle gelen bir dizi reklam ajansı, birbiri ardına başarısızlığa mahkûm oldu. Halbuki sigarayı satan şey imajdı ve yıllar boyunca Reynolds yöneticileri markalarının imajlarını kutsal bilmişlerdi. Philip Morris, 1950'lerden beri aynı kovboy imajını koruyarak milyonlarca Marlboro tiryakisi kazanmıştı. Şimdi Reynolds da denizcileri ve oduncuları odak alarak maço bir imajla karşı atağa geçmeye çalışıyordu. Kampanya, "Amerika'nın çalışan adamlarına" vurgu yaparak mavi yakalı imajını tekrar yakalamaya uğraştı. Ama işe yaramadı.

Marlboro fabrika düzeyinde de savaşı kazanmak üzereydi. Reynolds'ı yirmi yıl boyunca zirvede tutan gelenekler, şimdi zamana uymasını engelliyordu. Yeniden kullanılan tütün, Reynolds'ın imalattan sorumlu yöneticileri tarafından yıllar boyunca tasarruf sağladığı için yüceltilmişti ama kaliteyi düşürdüğü gerçeği gözardı edilmişti. Bu tütün, mavi yakalılar arasında sevilen ama 1970'lerin daha "kültürlü" ve genç tiryakilerince reddedilen acı bir tat bırakıyordu. Daha yumuşak bir sigara yapan Marlboro, Camel'dan vazgeçenleri kazandı. Philip Morris yeni tesis ve ekipmana para dökerek bunu yaparken, Reynolds eski yöntemler kullanmaya devam ediyordu. Sigara sektörünü bu kadar uzun bir süre egemenliği altında tutan Reynolds'ın pazar hatlarından sorumlu yöneticileri hallerinden memnun bir halde, "Park Avenue'deki o çocuklar bunu nereden bilecek?" diyorlardı. Onlara göre fabrikalardan ve tütün tarlalarından uzakta bulunanların yargılarına şüpheyle bakmak gerekiyordu.

1970'lerin ortalarında hem Philip Morris hem de Reynolds, sigara üretimine büyük bir hız kazandıracak elektrikli makinelerin ilk nesline geçme şansını yakaladı. Ancak, Reynolds teknisyenlerinin çoğu, bu makineleri anlayacak kadar eğitimli olmadığı için, güvendikleri ve her bir parçasını söküp takacak kadar iyi tanıdıkları eski makinelerine yapıştı. Philip Morris ise yeni makinelerin adeta üzerine atladı. Reynolds hatasını anladığında, artık bu makinelerin imalatçısının belli bir sürede yapacağı tüm üretim, Philip Morris tesisleri için bağlanmıştı. Reynolds'ın son çaresi, buydu. Nitekim 1976'da Marlboro, Winston'ı geçerek Amerika'nın en çok satan sigarası oldu. O günden sonra da bu konumunu korudu.

Reynolds'ın toplam sigara satışlarındaki önderliği ise, kıl payı farkla devam ediyor.

Yeni yaratılan bir markanın fiyaskoyla sonuçlanmasından da anlaşılacağı gibi Reynolds'ın sorunu sadece eski markalarla sınırlı değildi. En çok satan sigara ünvanını Marlboro'ya kaptırdıktan bir süre sonra, doğal ürünlerin moda olduğu bir zamanda şirket, doğal bir sigara üretmeye karar verdi. Bu sigaranın ismini de Real koydu. Her zamanki gibi yerel şüphecileri ihmal etmişlerdi. Oysa bu karara karşı çıkan biri, "Sağlıklarının bilincinde olan insanlara ne satmaya çalışıyoruz ki? Sigara içen adam, sağlığına beş paralık değer vermiyordur," diyordu. Ama Reynolds'ın yöneticileri Real'in başarısından o kadar eminlerdi ki, pazar testleri aşamasını bile atlayıp doğrudan ulusal ölçekte satışa başladılar. Pembe yanaklı gençlerin Real içtiği reklamlara ve köşe başlarındaki ağaçlıklı bölgelere binlerce paket Real bırakılan kampanyalara milyonlarca dolar harcadılar. Elbette sonuç bir felaketti.

1970'lerin sonunda Stoke'un emekliye ayrılmasıyla Sticht resmen CEO oldu. Hemen ardından da Reynolds elli yıllık merkezini, birkaç kilometre öteye yapılan gösterişli bir cam binaya taşıdı. Yöneticilerden birinin ilan ettiği gibi Reynolds artık "kitle, sınıf ve cam çağına" geçmişti. Ama bu gösterişli bina, içindeki entrikalar sayesinde kısa sürede çok daha renkli bir lakap edindi: Cam Hayvanat Bahçesi.

Paul Sticht'in sonradan belirttiğine göre tek hatası, yaşlılık dönemine erken girmesi olmuştu. CEO olduğunda 60 yaşını geçmişti. Bu kademeye gelir gelmez de selefi hakkındaki spekülasyonlar başladı. İsmi ilk öne çıkan kişi, şirketin yurtdışı işlerini iki yıldır yöneten ve ilk Yeni Bekçiler'den 1980'lere kalan tek kişi olan, Tylee Wilson'dı. Sticht, 1979'da Wilson'ı başkan yapmıştı. Onun ikinci adamı olarak Wilson'ın üzerine düşen sorumluluk, şirketin tütün sektöründeki faaliyetlerini yönetmekti. Sticht'in dikkatini ilk kez, sürekli zarar eden batık durumdaki yiyecek sektöründeki

Reynolds şirketlerini ayaklarının üzerinde kaldırıp kâr eder hale getirince çekmişti. Wilson başkan olunca, şirketin eskimiş fabrikalarını yeniden canlandırmak gibi zorlu bir görevi yerine getirmek amacıyla milyarlarca dolar dökmeye başladı.

Kısa zamanda kibar Sticht'i yanlış yola sokmaya başladı. Wilson, soğuk bir taktisyen ve teknisyendi; kendisiyle hedefleri arasında duran yöneticinin üzerine yürüyen bir tanktı. Gençliğinde orduda eğitmenlik yapmıştı ve bu Prusya tarzını yöneticiliğe taşımıştı. Sevimsiz bir kahkahası ve sözcükleri bozarak söylemeye karşı derin bir ilgisi vardı.

Sticht'in selefi konusunda bir yarış yaşanacağı belliydi. Yarışa ikinci giren kişi, Reynolds'ın asıl tütün şirketinin başkanı olan Edward A. Horrigan Jr.'dı. Reynolds'da silinmez izler bırakabilecek bir kişi olan Ed Horrigan, "üç ayak üzerine doğmasıyla" övünmeyi seven bir savaşçıydı. Horrigan, Sticht'in şirkete getirdiği yeni nesil yöneticilerin tipik örneğiydi; ağzına sigara koymazken bir sigara şirketini yönetiyordu. Kariyerini likör pazarlamada yaparak Reynolds'a 1970'lerde gelmişti ve Yeni Bekçilerin çoğunun aksine, Winston-Salem'e iyi uyuyordu.

Brooklyn'de, Büyük Buhran döneminde geçen çocukluğu sırasında iş bulmak için çok çabalayan muhasebeci bir babanın oğlu olarak dünyaya gelmişti. Bir futbol bursuyla University of Connecticut'a gitmişti. 1.70 boyuna karşın, kendi deyişiyle, "insanlara vurmaktan hoşlanırdı." Üniversitede okurken, yaz aylarında inşaatlarda çalışıyordu. Okuldan sonra orduya katıldı. Kore'de, Old Baldy çarpışmasında 200 kişilik bir birliğin başındaydı. Bir tepenin başına çıkmış olan Kuzey Koreliler, orayı almak isteyen Amerikalılar'ı püskürtmek istiyorlardı. Ama genç teğmen elindeki kuvveti yeniden gruplandırarak son saldırıya hazırladı. Horrigan bir makineli tüfek yuvasını kendi aldı, emrindeki kuvvetler de tepeyi. Bu başarısı için Gümüş Yıldız nişanı verildi ama yaraları nedeniyle bir daha savaşa dönemedi.

Eve dönüşünden sonra bir dizi pazarlama işine girip çıktı. Sonunda Chicago merkezli Northwest Inudstries'in Buckingham likör biriminin başındayken, Tylee Wilson tarafından Reynolds'a alındı. Reynolds'da biraraya gelen bu iki eski asker, en azından ilk başlarda doğal müttefik oldu. Reynolds'ın ağır aksak yürüyen işleri konusunda dert ortaklığı yaptılar. Horrigan, Reynolds'daki asalet düşkünlüğüyle ve Güneyli iş ahlâkıyla dalga geçiyordu. Emrindeki elemanlara, "Burada daha kuvvetli bir aciliyet duygusuna ihtiyaç var," diyordu. Horrigan sürekli birliklerine moral veren konuşmalar yapıyordu: Philip Morris'le sahil şeridinde, havada, mağaza raflarında, her yerde savaşacaklardı. Kaydettikleri bir miktar ilerlemenin çoğu Horrigan'a yazıldı. Altındakiler, bir tirad dinleme riskine girmeden ona soru soramıyor, arkasından da, "Küçük Sezar" diyorlardı. Sticht'in beklediği centilmence özellikler bunlar değildi. Ama netice itibariyle Horrigan, mücadeleci biriydi.

Sticht'in tahtı için üçüncü aday, General Foods'dan gelen tatlı dilli Joe Abely idi. Abely, gümüş rengi saçlarıyla tam bir CEO gibi görünüyordu. En iyi soy ağacı onundu. Ayrıca Harvard'dan işletme ve hukuk diploması vardı. Council of Foreign Relations'da (Dış İlişkiler Konseyi) bulunması itibariyle Sticht'in devlet adamı tarafına da hitap ediyordu. Ancak Wilson'ı kızdıran bir kişiliğe sahipti. O, centilmenlik testini geçemezken, Abely şirket satınalımları konusunda Sticht'le yakın mesaide bulunmuş ve şirketin finansal sitemini karanlık çağlardan günümüze taşımıştı. (Sea-Land'in muhasebe sisteminin, faturaları ayakkabı kutularına doldurmaktan ibaret olduğu anlaşılmıştı.)

Bir asırdır "birimiz hepimiz için" diyen Reynolds'da, Sticht'in selefi konusunda kamplar oluşmuştu. Artık insanlar şirketin çıkarları için biraraya gelmiyor, destekledikleri yönetici adayının, yani Wilson, Horrigan ya da Abely'nin çıkarlarını korumaya çalışıyorlardı. Finansal analistlerle bir toplantıya hazırlanan Horrigan ve Abely, önce kimin konuşacağı konusunda tartışmaya başlamışlar, meseleye sonunda Sticht el koymak zorunda kalmıştı. Şirketin tüm birimlerinin katılacağı bir konferansta yapılacak sunumların provası sırasında Abely vaktini aşınca Horrigan odaya dalıp, "Bu kıç yalayıcı hâlâ burada ne arıyor? Benim zamanımı çalıyor!" diye bağırmıştı. Abely Sea-Land'le ilgili bir fizibilite çalışması istemiş,

Sea-Land'in rapor verdiği Horrigan ise bunu duyunca küplere binerek çalışmayı yapan Sea-Land'in hazine sorumlusu John Dowdle'ı aramış; ancak Dowdle, "Kusura bakma bunu sana söyleyemem. Söylersem Abely beni kovar," demişti. Horrigan, CV'sini güçlendirmek için insani konularda kendisine ödül verilmesini sağlayacak bir halkla ilişkiler şirketiyle çalışmaya başlamıştı. Aldığı büyük ödül, bir Horatio Alger Ödülü oldu.

Bu seleflik kavgası, "yükleme" diye bilinen sinsi bir uygulamayı teşvik etmek suretiyle şirket üzerinde kalıcı etki bırakıyordu. Yükleme sadece Reynolds'a has bir uygulama değildi; bütün tütün şirketleri çeşitli ölçülerde yükleme yapıyordu. Düzenli olarak yaptıkları yıl ortası zamlarından hemen önce şirket, müşterilerine (toptancılara ve süpermarket zincirlerine) çok büyük miktarlarda sigara yollardı. Müşteriler bundan çok memnundu çünkü düşük fiyattan aldığı sigarayı yüksek fiyattan satacaktı. Reynolds memnundu çünkü stoklarını temizlemiş, fabrikalarını çalıştırmış ve en önemlisi de üç aylık dönem için büyük yapay kârlar elde etmiş olurdu.

Sorun, yüklemenin en az nikotin kadar bağımlılık yaratmasıydı. Yükleme yardımıyla artmış olan kârları daha da artırmak için, daha fazla yükleme yapmak zorunda kalınır, ve bu böyle devam ederdi. Bu arada toptancıların ve perakendecilerin elinde devasa stoklar birikmiş olurdu. Bu stoklar satılamayınca, iki şey olabilirdi ki ikisi de hiç hoş değildi. Sigaralar, krediden düşülmesi için tekrar Reynolds'a gönderilir ve tabiri caizse, bu kez onlar yükleme yapmış olurdu. Şirket bu sigaraları alıp tütünü yeniden işleyerek taze sigaralara dönüştürme maliyetine katlanmak zorunda kalırdı. İkinci yöntemde ise, toptancı ve perakendeciler bir şey yapmadan satılması için birkaç ay bekler, bu arada da sigaralar bayatlardı. Reynolds'ın yüklemeye olan bağımlılığı arttıkça, bayat Winston içmek zorunda kalan tiryakilerin sayısı da kabarıyordu. Bu yüzden tiryakiler Marlboro'ya yöneliyordu.

Reynolds'da şiddetli çekişmeler sürerken Sticht de yönetim kuruluna önerebileceği bir selef bulma telaşındaydı. Ronald Grierson adında bir yönetici, bir fikirle Sticht'e geldi. Breton olduğu her halinden belli olan Grierson, British General Electric'in Yönetim Kurulu Başkanı'ydı. Grierson'ın anlattığına göre Avrupa'da bu tür zorlu karar verme durumunda olan şirketler sık sık el yazısı uzmanlarına başvuruyorlardı. Uzman, adayların el yazılarına bakıp somurtkan bir suratla her biri hakkında yorumlarda bulunuyordu: Yeterli değil... Güvenilmez....

Sticht karar veremiyordu. Hatta bazıları artık onun karar vermek istemediğini düşünüyordu. Altmışlı yaşlarının ortalarındaydı ama kendini, geç parlayan kariyerinin zirvesindeymiş gibi hissediyordu. İnsanlar nefesini tutmuş vereceği karar için beklerken, herkesi daha da şaşırtan bir açıklama yaptı: 1.2 milyar dolara Hueblein adında bir şirketi satın almayı kabul etmişti. Şirketle birlikte aldığı şeyler arasında güzel içecek şirketleri, (Smirnof, Inglenook Wines), fena gitmeyen bir fast-food şirketi (Kentucky Fried Chicken) ve dördüncü selef adayı olarak da Hueblin'in CEO'su Hicks Waldron vardı. Waldron meslek hayatının çoğunu modern yöneticiler için verimli bir toprak olan General Electric'te geçirmişti ve diğer adaylardan farklı olarak Sticht'i yağlama huyuna sahipti. Waldron, Reynolds'da hüküm süren savaşın farkındaydı ama Hueblin'in satışını sağlayan birkaç anahtar koşula evet demişti: Hisse başına 63 dolar fiyat ve Tylee Wilson'ın CEO olmayacağına dair verilen garanti.

Artık seleflik meselesi daha da karmaşık bir hal almıştı. 1982 Ekim'inde 65 yaşını geçen Sticht, yönetim kuruluna, yerini alacak kişiyi henüz belirleyemediğini söyledi ve bir yıl daha görevde kalmak için izin istedi. Bu isteğinin karşılanması konusunda çok az şüphe vardı. Çünkü; 1970'lerin ortalarından itibaren Sticht, kurulu kendisini destekleyenlerle doldurmuştu.

Amerikan şirketlerinin zayıf ve her öneriye onay veren yönetim kurullarından hoşlandığı bir çağda Reynolds'ın Yönetim Kurulu, pek sık rastlanmayacak ölçüde güçlü bir kuruldu. Kurulun en konuşkan üyelerinden biri, kimyasal madde şirketi Celanese'nin CEO'su John Macomber'di. Macomber, aynı zamanda yönetim kurulunun seleflik konusuyla ilgilenen tazminat komitesinin de başkanıydı. Tam anlamıyla bir Doğuluydu (Yale, Harvard

Business School, Lincoln Center Yönetim Kurulu, International Chamber of Commerce) ve Sticht'e yakındı. Celanese Yönetim Kurulu'nda yer alan Sticht, Macomber'ı başa getiren adaylık komitesinin de başkanıydı.

Macomber'ın Reynolds'da tahta kimin oturacağı konusundaki fikri, Wilson dışında herkesti. Celanese, sigara filtresinde kullanılan malzemeleri sattığı Reynolds'la yılda 25 milyon dolarlık iş yapıyordu. Ancak Reynolds, Eastman Kodak'tan bu miktarın iki katını alıyordu. Macomber daha fazla alım yapması için Wilson'a lobi yaptığında, asla bir şirket politikacısı olmayan bu adamdan aldığı keskin cevap şu olmuştu: "Bizim tali tedarikçimiz olmanızın iki nedeni var: Kalite ve servis." Bu sözler üzerine Wilson kendi kendine, "Tylee Wilson'ın yönettiği bir şirketin yönetim kurulunda asla yer almayacağım," demişti.

Eski Urban League Başkanı Vernon Jordan da, Macomber-Sticht ekibiyle sıkı ilişkileri olan bir kurul üyesiydi. Washington'daki Akin, Gump, Strauss, Hauer ve Feld avukatlık şirketinin ortaklarından biri olarak, kendisini yönetim kuruluna alan bütün başkanların işine yarayabilirdi. Sticht sık sık Jordan'ı şirketin California'daki dinlenme tesisi Bohemian Grove'a götürürdü. Avukat için burası, biraz kafa dağıtmak için ideal bir yerdi.

Juanita Kreps'in de Sticht'e borcu vardı. Duke University'de uzun süre profesörlük ve idarecilik yapan Kreps, Jimmy Carter'ın Ticaret Bakanı olarak ünlenmeden önce, Reynolds Yönetim Kurulu'nun değişmez elemanlarından biri olmuştu. Sticht onu, yine yönetim kurulu üyesi olduğu Chrysler'den getirmiş ve Reynolds'dan Kreps'in mütevelli heyetinde yer aldığı Duke University'e cömert bağışlar aktarmıştı. Kreps, Duke'de itibar kazanırken Sticht'in adı da tarihe geçmişti. Duke'de uluslararası çalışmalar için bir J. Paul Sticht kürsüsü kurulmuş ve kendi okulu olan Grove City College mezunlarından birinin işletme yüksek lisansı yapması için J. Paul Sticht bursu açılmıştı.

Sticht'i destekleyenlerden biri de Chrysler Yönetim Kurulu'nda bir koltuk ayarladığı Grierson idi. Sticht ayrıca yıllardır erdemli Moravya gelenekleri içinde çalışan ve tekstil sektöründeki aile şirketinin başında olan Albert Butler'a da güvenebilirdi. Butler yalnızca kendi işiyle ilgilenen, başını fazla uzaklara kaldırmayan bir adamdı. Yazları Roaring Gap'ta geçirir, Old Town'da golf oynar, Wachkovia Bank ve Wake Forest'daki evlerinde otururdu. Aslında Reynolds'ın başına geçmek onun da gönlünde yatan aslandı ama böyle bir işe girişmek için fazlasıyla pasifti.

NCR Corporation Yönetim Kurulu Başkanı Bill Anderson, Sticht'in hiçbir zaman olamayacağı türden bir uluslararası işadamıydı. Anderson Şangay'da büyümüştü ve birkaç Çin diyalekti konuşabiliyordu. II. Dünya Savaşında bir Japon hapishanesinde esir kalmış, savaştan sonra da kendisini esir alan Japonların otuzunu hapse atan bir savaş suçları mahkemesinin en önemli tanığı olmuştu. Biraz kafasını karıştırmış gibi görünen bu seleflik meselesinden çok daha ağır şeyler yaşamıştı.

Kurul güçlü olmasına güçlüydü ama her şey tamamen Sticht'in elindeydi. Ayrıca Sticht'i pohpohlayan bu kurul aynı şeyi onun emri altındakilere (ya da seleflerine) yapmaya gerek duymuyordu. Reynolds yöneticileri, kurul üyelerinin kendilerini ikinci derecede görmesine çok kızıyorlardı. Ed Horrigan'ın yıllar sonra hatırladığına göre, "Paul'ün kendi yönetim kurulu üyeleri sürüsü vardı. Her şeyi onlar bilir, yöneticiler bilmezdi. Paul ve üyeler, kendilerine itibar kazandırmak için şirketi kullanıyorlardı." Horrigan'ın tahta çıkma şansını azaltan bu insanlara (bazı kurul üyeleri Horrigan'a, "şu tetikçi viski satıcısı" diyordu) düşmanlığı çok açıktı. Personelden sorumlu yönetici Rodney Austin, meslektaşlarına şöyle demişti: "Sakın unutmayın, onlara orada sadece kendileri için yer bulunur. Çoğu da orospu, pezevenk ve kıç yalayıcıdır."

Seleflik meselesi iki yıl kadar sürmüştü ki 1983 başlarında bir Cumartesi sabahı erkenden Horigan'ı telefonla uyandıran Austin, yönetim kurulu üyelerinin birinden aldığı tüyoyu iletti. Hueblin'in eski Yönetim Kurulu Başkanı olan ve şimdi de Reynolds Yönetim Kurulu'nda yer alan Stuart Watson, "selef bulma" komitesine giderek kendi adayı Hick Waldron için konuşmuştu. Komite de onu dinlemişti. Austin'e göre kara at Waldron, işi kapmıştı.

Horrigan öfkeden köpürürken Austin henüz her şeyin bitmediğini söyledi. "Tek şansın hemen Ty ve Jerry Long'la (tütün şirketinin ikinci adamı) biraraya gelip bunu durdurmak," dedi.

O haftasonu Horrigan, Long ve Wilson toplanarak karar aldı: Waldron durdurulmalıydı. Bunun en iyi yolu da kendilerini öne sürmekti. Eğer, savaş baltalarını gömüp Horrigan ya da Wilson'ın arkasında bir cephe oluşturabilirlerse, Waldron ekspresini raydan çıkarabilirlerdi.

Pazartesi günü Wilson, Sticht'e giderek el yazısıyla kaleme alınmış bir mektup verdi. "Hick Waldron'u yönetim kurulu başkanı ya da CEO olarak kabul etmemiz mümkün değildir," diye yazmıştı. Wilson üç kişi adına kaleme aldığı mektupta; "Sizin yerinize Waldron'un seçilmesi, bize göre çok da zorunlu olmayan bir ihanettir. Komitenin, bu şirketin kendini kanıtlamış yöneticilerinin, şirketin geleceği için hayati öneme sahip olduğuna inandığını kabul ediyoruz. Waldron'un seçilmesi, üçümüzün de şirketten ayrılmasına neden olacaktır," diye yazmıştı. Mektup, özellikle de en iyi adayın kurulun burnunun dibinde olduğunu, tütün konusunda deneyimi olmayan birinin bu işe getirilmemesi gerektiğini belirterek devam ediyordu. Wilson, "Sizin selefiniz olmayı en çok hakeden adayın ben olduğum konusunda anlaştık," diye de eklemişti.

Sticht bu isteklerden nefret edebilirdi ama üçlü onu köşeye sıkıştırmıştı. Tam da Philip Morris'in ülkenin birinci tütün şirketi haline gelmesine ramak kala, tütün işindeki en üst düzey üç adamını kaybedemezdi. Sticht, kimilerinin "geceyarısı mektubu" dediği yazıyı, selef bulma komitesine gönderdi. Kurul üyeleri de çok kızmışlardı ama onlar da köşeye sıkışmıştı.

Kurul cevap vermek üzere tartışırken, dahi Macomber olası bir uzlaşının adayı olarak ileri çıkacaktı. Üstelik bu çıkış, Macomber'ın benzer durumdaki son çıkışı da olmayacaktı. Tartışmalar haftalarca sürdü. Nisan ayındaki bir toplantı sırasında ağırlık hâlâ Waldron'dan yanaydı. Sonunda selef bulma komitesinin Mayıs ayında Winston-Salem'de yaptığı bir toplantıda Sticht, önerisini masaya koydu. Yönetim kurulu, gönülsüzce kabul etti. Sticht, haberi Waldron'a kendi vermek üzere, Hueblin'in Hartford, Connecticut'taki genel müdürlüğüne gitti. "Hicks, yapmak zorunda kaldığım şey, sanırım hissedarlarımız için en iyisi değil," dedi, "CEO olarak Ty'ı seçeceğim."

1983'te CEO olan Tylee Wilson, Reynolds'ı yeniden şekillendirmek için kolları sıvadı. Yeni Bekçilerin çoğu gibi o da tüketici ürünlerinden geldiği için şirketin geleceğinin o alanda olduğuna inanıyordu. 1984'te Sea-Land'i satıp Joe Abely'i kendinden uzaklaştırarak muhtemel bir rakipten kurtuldu. Aynı yıl petrol fiyatları serbest düşüşe geçmeden hemen önce de Aminoil'i 1.7 milyar dolara sattı. Wall Street analistleri, bu değişiklikler üzerine Reynolds hisseleri için "al" tavsiyesinde bulunmaya başladı. *Business Week*, "R.J. Reynolds, yeniden tüketim ürünlerinde" başlıklı övücü bir kapak haberi yaptı.

Akıllı hamlelerdi bunlar. 1970'lerdeki sorunların ardından Reynolds'ın tütün konusundaki faaliyetleri, uzun sürecek bir düşüşe geçti. 1983'te zirveye çıkan sigara satışları sonraki dönemde yılda yüzde 2 düşecekti. Sigaraya karşı yürütülen kampanya (Reynolds partizanlarının aşağılayıcı ifadesiyle "antiler") intikamını alıyordu. 1980'lerin başında Amerikalılar'ın ancak üçte biri sigara içiyordu. Federal vergiler 1983'te bir kattan fazla artırılarak paket başına 16 cente çıkarıldı. Hâlâ çok iyi kâr eden bir sektördü (fiyatlar hâlâ yılda iki kez artırılıyordu) ama en inanmış partizanları bile ilerideki alacakaranlık kuşağının farkındaydı. Wilson ürün çeşitlendirmesine giderek şirketini kaçınılmaz ana hazırlıyordu.

Horrigan, başkan ve COO olarak atandı. İkilinin ittifakı biraz kuşkuluydu ama Wilson, geceyarısı mektubu konusunda Horrigan'a borçluydu. Bir zamanlar Wilson, Sticht'i ne kadar sinirlendiriyorsa, şimdi de Horrigan, Wilson'ı o kadar sinirlendiriyordu. Wilson, tütün konusunda bir sorunu olduğunda Horrigan'ı atlayarak, onun yerine yurtiçi tütün faaliyetlerinin başına getirilen Jerry Long'a gidiyordu. Ayrıntı konularda pürüz çıkartan bir adam olan Wilson, Horrigan'ın ev sahibi olduğu Palm Springs'e yaptığı haftasonu seyahatlerinden hiç hoşlanmıyordu. Horrigan diğer yöneticileri de yanına alıyordu ama Wilson onun bu yolculuklarının özel seyahat olduğunu düşünüyor ve şirket uçaklarının kullanılmasına karşı çıkıyordu.

Wilson, "Ed, gerçekten, ama gerçekten fazla geriyorsun..." dedi.

Horrigan diklendi: "Benim işime karışma!" Sonra da iç denetçiler Horrigan'ın bazı seyahatleri için (first-class biletinin iki katı) "şirkete ödeme yapması gerektiği" konusunda görüş bildirince, Küçük Sezar deliye döndü.

Wall Street, Wilson'ın Reynolds'ı yeniden yapılandırma fikirlerinden hoşlanmış olsa da Paul Sticht bunları pek de coşkuyla karşılamamıştı. Netice itibariyle Wilson, Sticht'in on yıl boyunca yaptığı şeyleri bozuyordu. Sticht, emekli olduktan sonra kudretli bir yönetim kurulu üyesi (belki de en kudretlisi) olarak kalmış ve şirketin iç işleyişinden elini eteğini çekmemişti. Wilson ise onu safdışı bırakabilmek için elinden geleni yapıyordu. Sticht'in hayatı şirketin uçaklarında geçiyordu. Wilson, bu seyahatlerin daha çok özel amaçlı olduğunu hissedince, Sticht'in ücret ödemesine karar verdi. Şirket, yönetim kurulu başkanlığından emekli olanlara bir ofis ve bir sekreter verirdi. Sticht'e de verildi ama hayran olduğu Cam Hayvanat Bahçesi yerine, şehir merkezindeki eski genel merkez binasında. Wilson'ın, "Sticht benim cinsel danışmanım olacak. Birilerini becerme konusunda onun boktan tavsiyelerine ihtiyaç duyarsam o zaman ona fikir soracağım," dediği duyuluyordu.

Ama Sticht şirketi bırakacak değildi. İştiraklerin başındaki adamların sorunlarını ve gözlemlerini kendisine anlatmalarını istedi. Bu isteğine cevap olarak, Hueblin'deki eski çalışma arkadaşlarının şikâyetlerini dile getiren Hicks Waldron'dan birkaç kez telefon aldı. En muzdarip kişilerden biri, Del Monte'nin taze meyva şirketinin başındaki Sammy Gordon'dı. Gordon, bu sektörden oldukça hoşlanan Sticht'in en sevdiği elemanlardandı. Ayrıca Sticht'in oğlu da onun yanında çalışıyordu. Wilson'a göre Sticht, kendisi aleyhindeki söylentileri yaymak için, konuşmayı pek seven Gordon'dan yararlanıyordu. Sticht ise Gordon'ın şirketini, eskiden olduğu gibi bağımsız bir muz tüccarı gibi yönetmesini savunuyordu.

Gordon'ın bu tarzı, Wilson'ın "proses ve prosedürlere" olan sağlam inancına ters düşüyordu. Wilson sanki bürokrasi için yaşıyordu. Şirketin bir karar alması gerektiğinde doğru aşamalardan geçilip doğru şekilde onaylar alınırsa doğru sonuçların çıkacağına yürekten inanıyordu. Başa geçtikten hemen sonra üst düzey yöneticilerin katıldığı toplantılardan birinde, "Ancak prosesler sayesinde en rutin faaliyetlerin bile kayganlık ve akışkanlığı yükseltilerek yönetim için harcanması gereken değerli zaman, olağanüstü ve beklenmedik olaylara tahsis edilebilir," demişti. CEO olarak yaptığı ilk konuşmalardan biriydi ve ilkelerini dürüst bir şekilde ortaya koymuştu. Ancak bu konuşma, en çok ihtiyacı olduğu zamanda kendisine müttefik kazandırmayacak bir kesinlik ve soğukluğu da ortaya sermişti.

Bazen Wilson, orta düzey yöneticilerle ayaküstü sohbetler yapmak için genel merkez binasında dolaşırdı. Ancak o sert ve ödün vermez halinden de bir türlü vazgeçemiyordu. Üst düzey yöneticilere ait yemek salonunun orta düzey yöneticiler tarafından haddinden fazla kullanıldığını düşündüğü zaman, salona girebilecek insanların standartlarını yükseltmişti. Bunu da, "HÜKAV" diye açıklıyordu. Yani, "Her Ünvanın Kendi Ayrıcalıkları Vardır."

Wilson'ın yönetim kuruluyla olan ilişkileri, baştan itibaren sorunluydu. Tahta geçmek için uyguladığı uzlaşmaz taktikler kimsenin hoşuna gitmemişti. Üstelik arkadaşları Sticht'e yaptığı muameleden de hiç hoşlanmıyorlardı. Wilson, kurulla arasını düzeltmeye çalışıyordu ama yine kendi usulünce. Kurul toplantıları arasındaki sürelerde üyelere, şirket hakkında özet açıklamalar gönderiyordu. Kurulun her üyesiyle yılda bir kez öğle yemeği yiyor, yemek sırasında üye kafasındakileri ortaya dökerken sürekli not tutuyordu. Sonra da bu notları her üye için tuttuğu özel defterlere geçiriyordu.

Ancak asıl önem taşıyan meselede Wilson tamamen yetersiz kalıyordu. John Macomber hâlâ iş hacimlerini yükseltmesi için bastırıyor ama reddediliyordu. Vernon Jordan biraz daha hukuk işi almak için baskı yaptığında, Wilson soğuk bir şekilde avukat olmadığı için neyin kendisine uygun olabileceğine karar veremeyeceğini söylemişti. Jordan'a Reynolds'ın Genel Danışmanı gözüyle bakıyordu. Yönetim Kurulu'nu kendi senfoni orkestrasıymış gibi yöneten Paul Sticht ve Ross Johnson tarzı yöneticilerin aksine Wilson, onlara karşı sağırdı.

Herkesin çok hoşuna giden Uluslararası Danışma Kurulu'nu etkisizleştirerek kurulu ve Sticht'i iyice kendinden uzaklaştırdı. Bu kurul, 1970'lerde kurulduğundan beri yönetim kurulu üyelerinin şirket hesabına çıktığı seyahatlerin ana aracı haline gelmişti. Wilson kurulun toplantı sayısını yılda ikiden bire indirdi ve Sticht'i başkanlıktan alarak kurulun şirket içi bir işleyişe sahip olmasını sağladı. Wilson, elbette bu değişikliklerin Sticht'in de kuruldaki kafadarlarının da hoşuna gitmeyeceğini biliyordu ama hem kârların, hem de hisse senedi fiyatlarının arttığı bir ortamda, yaptıkları konusunda kimseyi ikna etmeye ihtiyaç duymuyordu.

Aminoil ve Sea-Land'i elden çıkardıktan sonra Wilson, büyük hayalini gerçekleştirecek en büyük hamlesine hazırlanmaya başladı. Bu hamle, Reynolds'ın Procter & Gamble'a rakip olabilecek tüketim ürünleri devi haline gelmesini sağlayacak bir şirket alımıydı. Reynolds çalışanlarından ve uzun süredir şirketin Wall Street yatırımlarını yöneten Dillon Read & Co. temsilcilerinden bir ekip oluşturmuştu. Bu ekip, adayları arıyor ve derecelendiriyordu. Aylar süren çalışmalardan ve sayısız bilgisayar etüdlerinden sonra, üç adayla Wilson'a geldiler.

Adayların üçüncüsü, ekipten 75 puan alan PepsiCo idi. Wilson önce bu şirketle temas kurdu çünkü CEO'su Wayne Calloway'i tanıyordu. Ancak onun konuya, en az bir şişe Pepsi kadar soğuk yaklaştığını gördü. Calloway, "Bu konuyu seninle konuşmam bile. Eğer üzerime gelirsen de bütün gücümle mücadele ederim," deyince Wilson vazgeçmek zorunda kaldı.

76 puan alan ikinci aday, hububat devi Kellog idi. Ancak bu şirketin hisselerinin yarısı da bir tröstün kontrolü altındaydı ve Wilson, tröstün hisseleri satacağından şüpheliydi. Bu durumda 81 puan alan birinci aday kalıyordu. Wilson, CEO'sunu tanımadığı bu şirket konusunda biraz tereddüt etti. Kurduğu ekibe göreyse sevimli ve sıcakkanlı bir Kanadalı olan Ross Johnson tarafından yönetilen Nabisco Brands, Reynolds'ın evlenebileceği ideal şirketti.

"Elbette kim olduğunu biliyorum." Johnson, yıllar boyunca birkaç kez rastladığı Wilson'a, böyle dedi. İki CEO ertesi hafta ellerinde sandviçlerle Johnson'ın Manhattan'daki ofisinde buluştuklarında Wilson planını açıkladı. Reynolds'ın tütün sektörüne bağımlılığını azaltmak için büyük bir şirket alması gerekiyordu ve Nabisco aradığı özelliklere mükemmel uyuyordu. Konuşma boyunca iki adam birbirlerinin yıllık raporlarını da gözden geçirdi.

Rahat ve konuşkan Johnson, çekingen rolüne bürünerek hemen cevap vermedi. Wilson, Johnson'ın bu işe hevesli olup olmadığından kuşkuya düşmüştü. Nabisco'nun Philip Morris'le temasta olduğu söylentilerini duymuş ve Johnson'ın bu satışa istekli olacağını sanmıştı. Durumu sağlama almak için ortamı yumuşatmak istedi. İkisinin de aynı yaşta olduğunu ve 65 yaşına kadar şirketin başında kalmayı düşünmediğini söyledi. İki ya da üç yıl içinde emekliye ayrılmayı planladığını belirterek birleşen şirketlerin başına Johnson'ın geçebileceğini ima etti. İkili koşulları tartışarak, bir evlilik yapacaklarsa vergiden muaf hisse olan swap işleminin birleşme için uygun olduğu konusunda anlaştılar. Birkaç hafta sonra buluşmaya karar verdiler. Bu arada ikisi de konuyu yönetim kurullarına götürecek ve görüşmeye devam edip etmeme konusunda onay alacaklardı.

Johnson'ın ofisinden ayrılırken Wilson'ın keyfi yerindeydi. Büyük hayalini hayata geçirebileceğini düşünüyordu. Ancak 1985'in Nisan ayı sonunda yönetim kuruluyla toplandığı zaman, Nabisco ile birleşme fikri soğuk karşılandı. Bu birleşme, Reynolds tarihinin en büyük anlaşması olacaktı. Peki neden önceden kurula bilgi verilmemişti? Wilson ise Johnson'la sadece ilk görüşmeyi yaptığını söyledi. Ne parayı konuşmuşlardı, ne koşulları. Sadece biraraya gelmişlerdi. Peki Johnson'a yönetim kurulu başkanlığında şanslı olacağının ima edilmesi ne demekti? diye itiraz geldi. Şirketin başına kimin geçeceği, onların işiydi. Ayrıca kurul vergiden muaf bir birleşme fikrinden de hoşlanmamıştı. Eğer bir anlaşma olacaksa, Reynolds'ın öteki şirketi satın alması gerekirdi. Wilson'ı sert bir şekilde azarlayarak bu işten çekilmesi talimatını verdiler. Wilson ise istifini bozmuyordu. Öğle yemeğinde Horrigan'a "Bu iş olacak. Çünkü anlamlı bir iş. Gelecek sefere Ross Johnson bu kadar güçlü olamayacak. Şirketini alacağımıza göre o da en fazla yönetim kurulu başkan yardımcısı olabilir," taahhüdünde bulundu.

Birkaç hafta içinde müzakereler alevlendi. Bir sürü Wall Street avukatı ve yatırım bankacısı gelip gitti; sonunda yönetim kurulu üyelerinin ikna olmasıyla Reynolds, Nabisco'yu almayı prensip itibariyle kabul etti. Anlaşılmayan tek konu ise, fiyattı. Bu arada müzakereler sürerken Nabisco hissesinin fiyatı yükselmeye başladı. Bu, görüşmelerin dışarı sızdırıldığının en açık kanıtıydı.* Johnson, Wilson'dan daha fazla para kopartmak için bundan yararlandı. Pazarlık hisse başına 80 dolarken, Wilson artık daha yukarı çıkamayacağını söyledi. Johnson da, "O halde seksen kağıda anlaşma falan olmayacak," dedi. Tıkanıklık, Wilson'ın tercihli hisse çıkartmayı kabul etmesiyle aşıldı. Bu durumda fiyat hisse başına 85 dolara, toplamda 4.9 milyar dolara çıkıyordu ki bu, petrol sektörü dışında o tarihe kadar yapılmış en büyük şirket alımıydı.

Wilson'ın anlaşma için ne kadar hevesli olduğunu hisseden Johnson, yan konularda sıkı bir pazarlık yürütmüştü. Sticht'in şirket uçağı sevdası dışında, Reynolds'da yöneticilere tanınan imtiyazlar konusunda Nabisco örnek alınacaktı. Johnson hemen her şeyin müzakere konusu olabileceğini ama bu tür imtiyazların tartışma götürmediğini belirtmişti. Wilson'a göre bir çörek ve kraker şirketinde üst düzey yöneticilerin hepsine şirketin daire tutması çok saçmaydı. Ama Johnson'ın bu küçük kaprisleri yüzünden hayallerinden vazgeçemezdi; kabul etti. Johnson, "şirketin başkanı ve COO'su" yani Wilson'ın ardından ikinci adam olmak istiyordu. Bunun, Nabisco kökenlilerin unutulmayacaklarına dair bir işaret olacağını söylüyordu. Wilson onu da kabul etti.

---

* Johnson ve Wilson, görüşmelere katılan bir yatırım bankacısının spekülatör Ivan Boesky'e bilgi sızdırdığını neden sonra öğrendiler. Boesky de bu bilgiye dayanarak Nabisco hissesine yüklenmişti.

Sorun, Johnson'ı yükseltmesi sonucunda Wilson'ın gururlu ve çalkantılı Horrigan'ı alçaltmış olacağıydı. Wilson ona nazik bir şekilde haberleri aktardı. İyi bir sözleşme, yönetim kurulu başkan yardımcılığı ve yönetim kurulu başkanının yeni kurulacak üç kişilik ofisinde görev taahhüdünde bulundu. Başka şansı olmadığını gören Horrigan, yeni ve daha büyük bir imparatorluğu yönetecek troykada yer alacağı avuntusuyla, öneriyi kabul etmek zorunda kaldı.

1985 yılı Mayıs ayının son gününde Reynolds Yönetim Kurulu son detayları bağlamak için telekonferans yöntemiyle toplandı. Reynolds'ın Avustralya'daki işlerini kontrol etmek için yola çıkmış olan Horrigan, görüşmeleri dinlemek için San Francisco'da durdu. Müzakereyi New York'tan sürdüren Wilson, son onayı yönetim yapısına bırakmak için nihai koşulları madde madde bildirdi. "Ross Johnson Başkan ve COO olacak. Ed, yönetim kurulu başkan yardımcılığını kabul etti..." dedi.

Monsanto'dan John Hanley, "Bunu bir de Ed'den duymak isterim. Ed, kabul ediyor musun?" diye sordu.

Horrigan, gerektiği anda okumak için daha önceden kaleme aldığı (bazılarına göre kendi karakterine hiç uymayan) şükran dolu küçük bir konuşma yaptı. Birkaç dakika boyunca şirketin iyiliği için kendi isteklerinden fedakârlıkta bulunmak konusunda nağmeler söyledi. Sonra hattı Wilson aldı. Yönetim kurulu başkanının bir ofisi olacağını ve bu ofiste kendisiyle birlikte Johnson'ın görev yapacağını söyledi. Horrigan'ın adını anmamıştı.

Horrigan, San Francisco'da öylece kalakalmıştı. Wilson, onun kendini bitiren konuşması sona erene kadar beklemiş ve sonra da anlaşmadaki tek sus payını elinden almıştı. Yönetim kurulu üyeleri konuşmalarını bitirene kadar bir öfke yumağı halinde bekledi. Sonra da, "Ty, bu konuşma bitince beni aramanı istiyorum," dedi.

Wilson, her zamanki gibi kelimeleri tahrif eden konuşmasıyla, "Nasıl istersen Ed..." cevabını verdi.

Horrigan, bir dakika yalnız başına oturdu. Ağlamaya başladı. Yanaklarından süzülen gözyaşlarına, kızgınlığı ve incinmişliği neden olmuştu. Sonunda Wilson aradı.

Öfkesini, "O lanet konuşmada söylediklerine inanamıyorum..." sözleriyle kustu, "ofiste benim de olacağım konusunda anlaşmıştık." İstifa etmek için bundan iyi neden bulunamayacağını, Wilson'ın ahlaksız bir orospu çocuğu olduğunu, bütün yönetim kurulunun önünde kendisiyle oynadığını sayıp döktü.

"Ed, tamam, sakin ol."

"Sakin olmayacağım!" diye bağırdı Horrigan. "Sen durumu eski haline getirip beni de yönetim kurulu başkanının ofisine alana kadar, ben de kurul önünde söylediğim her şeyi geri alıyorum. Her şeyi herkese anlatacağım. Sen şimdi beni tekrar arayıp eski anlaşmamızın geçerli olduğunu söyleyene kadar da bu telefonun başından ayrılmayacağım."

Wilson, Johnson'ı arayıp yönetim kurulu başkanının ofisine Horrigan'ın da dahil edilmesi gerektiğini söyledi. Wilson'ın çevirdiği dolaptan ve genel olarak Reynolds'ın iç entrikalarından habersiz olan Johnson, hemen kabul etti. Bunun üzerine Wilson, Horrigan'a dönerek Johnson'ın uzlaşma konusunda ne kadar istekli olduğundan dem vurup sonucu iletti. Horrigan ise bu meseleden Johnson'ı da Wilson kadar sorumlu tutuyordu. Onun Standart Brands'de ve Nabisco'da iktidarı nasıl ele geçirdiğini iyi biliyordu. Daha anlaşma imzalanmadan Johnson'ın kendisini safdışı bırakmaya kararlı olduğunu düşünüyordu. "Ty, sana iyi şanslar dilerim. Ross Johnson, en geç 18 ay içinde senin koltuğuna oturacak. Bunu sakın unutma!" dedi.

"Zor oturur..." diye cevap verdi Wilson, "Bir anlaşma yaptık. Ancak ben emekli olduğumda başa geçebilir."

Horrigan öfkesini belli eden bir sesle, "Anlaşmanın canı cehenneme!" dedi.

Anlaşma birkaç gün sonra imzalandığında Wilson'ın keyfi yerindeydi, Ford tiyatrosunun bir galası için Washington'dayken Johnson'ın iyi arkadaşı, American Express'ten Jim Robinson'a rastladı. Atlanta'da doğmuş ve büyümüş olan Robinson, hâlâ ara sıra yaz tatili için annesinin Roaring Gap'taki yazlık evine gidiyor ve hem Nabisco'yu, hem de Reynolds'ı iyi tanıyordu. Johnson da müzakereler sırasında Robinson'a sık sık akıl danışmıştı. Hafif Güneyli aksanıyla, "Ross'ı seveceksin. İyidir. Eminim iyi anlaşacaksınız," dedi.

Anlaşmayı izleyen ilk haftalar, bazı huzursuzluklara karşın hava genelde olumluydu. Nabisco'yu alan Reynolds olduğu için Winston-Salem bu habere çok sevindi. Kuzeyli bir şirketin kontrolünü ele geçirdikleri için yöre insanlarının gururları okşanmıştı. Tek aykırı ses, koyu bir İrlanda dehşetine kapılmış olan Horrigan'dı. Nabisco yöneticilerine tanınan imtiyazlar, şirket politikası olarak yasaklanmasına karşın Laurie Johnson'ın nasıl olup da Ross'la birlikte seyahat ettiği gibi konularda, Wilson'a sürekli şikâyetlerde bulunuyordu. Birini bulduğunda, "Ross Johnson bir yılan. Aşağılık bir gülümsemeden başka bir şey değil..." diyordu, "bu herifi tanıdığımız güne lanet edeceğiz." Ty ve Pat Wilson, Johnsonlar'ın Winston-Salem'e gelmesi nedeniyle bir brunch verdiğinde Ed ve Betty Horrigan'ın davete katılmaması dikkat çekmişti.

Horrigan kadar nefret kapasitesi olmasa bile, bir süre sonra Johnson da onun üzerine gitmeye başladı. Arkadaşlarına, "Ed Horrigan'ın bana rapor vermesinin hiçbir anlamı yok. Onu sevmiyorum ve ona güvenmiyorum," diyordu. Bazen Horrigan'ın, kendisine bağlı olan Hueblin'le iş yapan içecek dağıtıcılarından bir şeyler alıp almadığını düşünüyordu. Hakkında daha fazla bilgi edindikçe, onunla çalışmama kararı pekişiyordu. "Bu şirketi ben yönettiğimde Ed'in işi bitmiş olacak," diyordu.

Horrigan dışında Reynolds, başlangıçta Johnson'ı iyi karşıladı. Old Town civarında büyük bir ev alarak Winston-Salem'e taşınan tek Nabisco yöneticisi, oydu. Wilson'ın sıkı Prusyalı tarzına karşı Johnson'ın hep başarıya ulaşan, gülen ve sırt sıvazlayan tavrının, "yin ve yang" gibi birbirini tamamlayacağı söyleniyordu. Rodney Austin, "Bu adam hakkında söylenenleri biliyorum. Bence doğru değil. O mükemmel biri," diyordu. Johnson da Winston-Salem'deki ilk haftalarında ortama ayak uydurmaya çalıştı. Bir Jeep Wagoneer'le dolaşıyor ve insanları akşam yemeğine davet ediyordu. Hâttâ, North Carolina Zooloji Derneği'nin Yönetim Kurulu'na bile girdi. Winston-Salemliler'in çoğunu etkilemeyi başardı. Ama herkes etkilenmemişti. Reynolds'ın hazinesinden sorumlu John Dowdle'ın eşi Ginger Dowdle, onun ölçüsünü tek kelimeyle biçmişti: Kullanılmış araba satıcısı.

Üst yönetimin tabanında derin farklılıklar olduğu, kısa sürede açığa çıktı. Reynolds'da hissedar ilişkileri departmanının başındaki Reginald Starr, Nabisco'lu meslektaşlarıyla ilk toplantısını yapmak için New Jersey'e uçtuğunda, camları sırlı bir çift beyaz limuzinle karşılanmıştı. 30 yıl kıdemli bir Reynold çalışanı olan Starr, "Bilemiyorum, mafyaya benzettim. Fazla gösterişliydiler. Böyle bir şeyin içinde görülmekten utandım..." diyordu.

Wilson'ın Nabisco'daki ilk toplantısı da bundan iyi değildi. Reynolds'ın jetlerinden birinden inip Morristown'daki terminale girdiğinde, elinde sigara vardı. Nabisco'nun uçuş şefi Linda Galvin'in, "Hey, burada sigara içmek yasaktır!" diye bağıran sesiyle irkilen Wilson, elindeki sigarayı yere atıp ayağıyla ezdi. Üstelik Reynolds kökenliler, Nabisco kökenlilerin onları ezmeye çalıştığını düşünüyorlardı. Wilson'ın dönüşünde, Reynolds'ın toplantıları düzenleyen elemanı Nancy Holder, onu bir kenara çekip, "Ty, dikkat et. Standart Brands, Nabisco ile birleşti. Ortada Nabisco diye bir şey kalmadı," dedi. Üst düzey planlamacılardan Paul Bott bu lafa dudak büküyordu: "Saçmalama Nancy, Ty onlara fazla akıllı gelir."

İki şirketin ürünleri bile uyumsuz (kimilerine göre doğal olmayan) bir bileşim yaratıyordu. Horrigan, Nabisco'nun sahip olduğu markalardan Fleischmann Margarine'in, American Heart Association'la birlikte diğer şeylerin yanında sigaraya da karşı çıkan bir reklam kampanyası yürüttüğünü, daha önceden öğrenmişti. Horrigan'ın konuyu gündeme getirmesi üzerine kampanya durduruldu. Elbette Johnson da, Nabisco ve Reynolds'daki "Ölüm Tacirlerinin" birleşmesiyle dalgasını geçiyordu: "Annemizin elmalı keki, kafatasları ve kemiklerle biraraya geldi." Ancak Nabisco'nun Eski Bekçilerine göre bunun pek şakaya gelir tarafı yoktu. Nabisco'nun kolay heyecanlanmayan fırıncıları, Standart Brands'deki içecek müdürlerinin bile adını "ayyaş takımı" koymuşsa, bir tütün şirketiyle birleşme konusunda kimbilir neler demezlerdi. Washington'da RJR Nabisco için iki ayrı lobi komitesi oluşturuldu: Biri Reynolds, biri Nabisco için. Nabisco çalışanları, tütün lobisine katkıda bulunmak istemiyorlardı.

Hem Nabisco hem de Standard Brands yönetim kurullarıyla genelde mükemmel ilişkiler kuran Johnson, Wilson ile Reynolds yönetim kurulu üyeleri arasındaki gerilimi hemen sezdi. Birleşik kurulun ilk toplantısında klikleşme ve aradaki gerginlik hakkında kuvvetli izlenimler edindi. Sticht, Macomber, Jordan ve Kreps, bir şeyleri gizlice tartışmak için biraraya geliyorlardı. Wilson ise onların duyamayacağı bir biçimde haklarında şikâyetlerde bulunuyordu. Wilson onları, onlar da Wilson'ı sevmiyorlardı. Belli ki ortada açık yaralar vardı.

Andy Sage dahil beş Nabisco Yönetim Kurulu üyesi, RJR Nabisco'nun yirmi kişilik yönetim kuruluna girmişti. Bunlardan biri olan, Connecticut merkezli Combustion Engineering'in başındaki sevimli Charles Hugel, kurula katıldıktan kısa süre sonra Wilson'la yemek yemiş ve onun diğer üyeleri açıkça eleştirmesi karşısında şaşkınlığa düşmüştü. Hugel kendisini merakla izlerken Wilson her üye hakkında detaylı açıklamalarda bulunuyordu. Hugel, "Bunu bana niye anlatıyor? Yönetim kurulunun işe yaramazlardan oluştuğunu söyleyerek beni kendi yanına çekmeyi nasıl düşünebilir? Bu adam hangi içgüdülerle böyle bir şey yapıyor?" diye düşünmüştü.

İş konusunda Reynolds'ın devasa ürün hattını Nabisco'nunkiyle birleştirme fikrinin arkasında, yeni şirketin alıcılar üzerinde daha etkili olacağı, süpermarketlerden daha çok ve daha iyi raflar talep edeceği, toptancılardan da daha büyük indirimler alacağı teorisi vardı. Wilson, sevgili proses ve prosedür çizgisi izlenirse başarının kaçınılmaz olacağına kesinlikle inanıyordu. Pazarlama çalışmalarının ortak yapılması, yönetimin çapraz dölleme yöntemiyle oluşturulması ve devasa olması gereken eldeki potansiyelden tam anlamıyla yararlanmak için başka yolların bulunması amacıyla görev ekipleri oluşturdu. Sticht'in istediği, kralların sofrasında bulunmaksa, Wilson'ınki Harvard Business School'un gerçekleştirdiği vaka analizlerinden birinin kahramanı olmaktı.

Tabii ki Johnson'ın Mutlu Adamları, Wilson'ın deli olduğunu düşünüyorlardı. Üstelik, Winston-Salem'deki patronlarıyla mücadele edebilmek için fazla uzak oldukları New York'taki Nabisco merkezindeydiler. Wilson'la çalışırken, bir ürünün reklamını yapmaktan bir çörek kutusunun biçimini değiştirmeye kadar her şeyin birden çok imzadan geçmesi ve birkaç hafta beklemesi gerekiyordu. Nabisco kökenliler Wilson'ın elemanlarının sayısına da uygulamalarının zeka kıvılcımından bu kadar uzak olmasına da inanamıyordu. Görev ekiplerinden biri, imparatorluğu birbirine bağlayacak bir telekomünikasyon ve bilgisayar sisteminin nasıl kurulabileceğini araştırıyordu. Wilson'a göre bu, büyük ölçekli bir etkinlik aracıydı. Nabisco'ya göre ise tam bir karabasandı. Nabisco'nun şekerleme sektöründeki şirketinin yöneticilerinden John Gora, "Sanki bizi alan federal hükümetti," diyor.

Uzun süredir Johnson'ın yardımcılığını yapanlar, ondan soyutlanınca huzursuzlaşmışlardı. Wilson rejimi altında geçirdikleri sadece altı ay gibi kısa bir süreden sonra, bazıları ayrılmayı bile düşündü. Nabisco'nun finans yöneticisi Ed Robinson, market zinciri A & P'de üst düzey bir göreve geçmek üzereydi. Peter Rogers istifa etmeyi düşünüyordu. Nabisco'nun personel yöneticisi Andy Barett ise, memleketi İngiltere'de bir işe geçmişti. Bob Carbonell, "tuvalete gitmek için elinizi nasıl kaldırırsınız" gibi konularda şikâyetlerini dile getiriyordu. Martin Emmett ise Nabisco Kanada'nın başkanı olarak hâlâ ücret almakla birlikte, birleşmeden önce ayrılmıştı.

Johnson, New York'a gelerek arkadaşlarının sabırlı olmalarını istedi. Her şeyin değişeceği garantisini verdi. Ancak onları uzun süre tutmanın kolay olmayacağını da biliyordu. Arkadaşları şirketle yaşadıkları yabancılaşmayı ve ayrı kimlik duygularını gizleme meselesini kafalarına çok takmıyorlardı. Birleşmeden sonraki Dinah Shore Golf Turnuvası'nda, emekli bir Del Monte yöneticisi Ed Robinson'la tanıştırıldığında nazik davranarak birşeyler konuşmak ihtiyacıyla, sormuştu: "Siz RJR tarafından mısınız, yoksa Nabisco tarafından mı?"

"İkisinden de değil. Standard Brands tarafından".

Mutlu Adamlar'ın ümitsizliği artınca Johnson halkla ilişkilerci adamı Mike Masterpool'dan, Henry Weigl'ın tahttan düşürülüşünün onuncu yıldönümü nedeniyle bir ziyafet vermesini istedi. 1986 Mayıs ayında New York'taki Brook Club'da verilen ziyafet, Johnson'ın entrika arkadaşlarıyla birlikte, 1976'daki o kader gününde kendilerini destekleyen yönetim kurulu üyelerini de biraraya getirdi. Mutlu Adamlar sırayla kalkıp yönetim kurulu tutanaklarını okudular, birbirlerini kutladılar, Weigl fıkraları anlattılar ve gülüp eğlendiler. Tabii, bol bol da içtiler. Johnson herkese, üzerinde "10-5-1" yazılı kağıtlar vererek geceyi kapattı. Anlamı: "Standart Brands"i ele geçirmelerinin onuncu, Nabisco birleşmesinin beşinci, Reynolds birleşmesinin de birinci yılıydı. Sonuçta onlara da boyun eğdireceklerdi.

Bu arada Johnson, Tylee Wilson'ın sevgisini kazanmak için elinden geleni yapıyordu ama bu o kadar kolay değildi. Çünkü iki adam birbirlerinin tam anlamıyla zıddıydı. Bob Shaeberle'nin aksine Wilson, kolay bir adam değildi. Wilson, bütün üst düzey yöneticilerden önlerindeki üç aylık dönemde uygulayacakları programları kendisine bildirmelerini istemişti. Kendisi de dakikası dakikasına programını yapmıştı. Johnson'ın programı ise, tabii adına program denebilirse, anında değişikliğe uğrayabilirdi. Johnson anlık bir kararla Winston-Salem'den çıkıp akşam yemeği için New York'a gidebilecek bir adamdı. Wilson ise kafasını dağıtmak için haftasonunu teknesinde yalnız geçirirdi. Johnson, arkadaşlarını toplayarak, bu arada masrafı haklı göstermek için bir ya da iki tane de süpermarket yöneticisi alarak bütün haftasonu boyunca devam eden partiler vermeye bayılırdı. Wilson ise Johnson'ın masraflarını gördükçe dehşete düşüyordu. Colorado'daki bir "country" kulüpte geçirilen haftasonu için yapılan 13.000 dolarlık masrafı görünce, Johnson'a bütün o şamatanın gerçekten gerekip gerekmediğini sordu. Johnson, market yöneticileriyle kurduğu iyi ilişkilerle karşılatırıldığında bu masrafların ne kadar önemsiz olduğunu ortaya koyacak müthiş bir mantığı her zaman ileri sürebilirdi. "Birkaç milyon dolar, zamanın savurduğu kumlar arasında yitip gitti..." dedi.

Kendi açısından Wilson, Johnson'ın televizyon reklamlarında, "Asla değerimizin altına satılmayacağız," diye bağıran adamların tarzına sahip olduğundan kaygılanıyordu. Her zaman, sonsuza kadar, Wilson'ın sevgili kanallarından bağımsız olarak geliştirdiği yeni fikirlerle çıkıp gelecekti. Üstelik bu fikirlerin bazıları gerçekten de ilgi çekici olacaktı. Ama Johnson ertesi gün yine tamamen farklı bir fikre atlayacaktı.

Wilson, Johnson'ın fikirlerinden en azından birini rahatsız edici buldu. Birleşmenin tamamlanmasından kısa süre sonra tütün şirketleri, sigara içenlerin kansere yakalanmasına neden oldukları iddiasıyla yeni bir dava akınıyla karşı karşıya kaldılar. Sürekli artış kaydeden Reynolds hisse senedi, on puandan fazla değer kaybederek yirmi doların ortalarına kadar düştü. Johnson bir ateş topu gibi Wilson'ın odasına dalarak, "Biliyor musun Ty, kaldıraçlı alım konusunu ciddi olarak düşünmeliyiz," dedi.

Wilson soğuk gözlerle ona baktı. Kaldıraçlı alımların ne demek olduğunu iyi biliyor ve ve bu işten birazcık olsun hoşlanmıyordu. "Bu konuda pek düşünmedim, Ross..." dedi. Sonra da Johnson'a bu davaları sigara şirketlerinin kazanacağı ve hisselerin tekrar değerleneceği konusunda bir nutuk çekti. "Biliyorum, zor bir zaman ama geçici bir gerileme..." dedi.

Tarzları tamamen farklı bu iki adam, işe dair konularda nadiren anlaşamıyordu. Wilson, zaman içinde Johnson'ın çabuk karar verme özelliğini takdir etmeye başlamıştı. Özellikle Nabisco ve Del Monte'nin planlanmış tasfiyesini halletme konusunda Johnson'ın patronuna çok yararı dokunmuştu. Ayrıca Paul Sticht'e yakın olan muz tüccarı Sammy Gordon'ı işten kovması da Johnson'ın artı puan hanesine yazılmıştı. Çoğu birleşmeden sonra bazı şirketlerin satılması gerekirdi ve Johnson ile Wilson bu şirketlerin hangileri olacağı konusunda kolayca anlaşmışlardı. Bunlardan biri Canada Dry, diğeri de Del Monte idi. Tabii Johnson, bu şirketleri satarken de ustalığını konuşturmuştu.

Aslında Wilson, Johnson'dan o kadar memnundu ki yönetim kurulu üyelerini tanıması için onu teşvik ediyordu. Başlangıçta Johnson'ı kaypak biri olarak niteleyen Sticht, birlikte gerçekleştirilen bir transatlantik yolculuğundan sonra bir arkadaşına, "Aslında kötü biri değil," dedi. Diğer üyeler ise Johnson'a daha da yakındı. Aynı on yıl önce Henry Weigl olayında olduğu gibi Johnson'ın rahat havasının çekiciliğiyle patronunun iğneleyici havası arasında keskin bir zıtlık vardı. Wilson, Canada Dry'ın stratejik planlarına neden uymadığı ve neden satılması gerektiği konusunda nutuk çekerken Johnson'ın yaptığı tek şey, yönetim kurulu üyelerine, "Bu şirketlerle suyun üzerinde yürüyebilirsiniz. Sonra doğru cehenneme. Bu arada Coca-Cola'nın, Pepsi'nin adamları da karşıdan sizi izler," demişti.

Johnson, "ıstaka" lakabını taktığı Wilson'ın arkasından dalga geçiyordu. Kimse bu lakabın ne anlama geldiğini bilmiyordu ama iyi bir şey olmadığı da gün gibi ortadaydı. New York'a yaptığı seyahatlerde ümitsizlik içinde kıvranan arkadaşlarına Wilson'a dair hikâyeler anlatıyor, durumu biraz sarsılan tütün şirketi hakkında bilgiler veriyordu: "Bizimkilere bakarsanız, Philip Morris'e nal toplatıyormuşuz. Bu bana, rakibinden acayip şekilde dayak yiyip raund bitince kendi köşesine çekilen boksörü hatırlatıyor. Antrenörüne, 'Gördün mü, yanıma bile yaklaşamadı' demiş. Antrenörü de, 'O zaman hakeme dikkat et. Çünkü birileri seni fena halde dövüyor' cevabını vermiş."

Winston-Salem'de geçirdiği sekiz aydan sonra bir nebze de olsa eski parıltılı günlerin özlemini çeken Johnson, Mart ayında Palm Beach'te düzenlediği partiyle, bol bol özlem giderdi. İlk katıldıkları Dinah Shore, Reynolds yöneticileri ve yönetim kurulu üyelerinin akıllarını başlarından aldı. Katılımcıların düzenlenen etkinliklerde yer alabilmesi için kendilerine daha önceden verilen 1.500 dolarlık Gucci saatlerini göstermeleri gerekiyordu. O yılın "Dinah Gecesi", Frank Sinatra'nın, Bob Hope'un ve Don Meredith'in de katılımıyla yapıldı. Meredith, dışarıdaki bir çeşmeden bahsederek, "Orada feci bir sızıntı var. Ama merak etmeyin, sızıntıyı kapatacak parayı Ross bulur..." diye espriler yaptı. Winston-Salem asilzadelerinden Albert Butler, golf yıldızı Pat Bradley ve beyzbol efsanesi Johnny Bench ile eşlemişti, kalabalığın içinde topu, oyuna katılan eski başkan Gerald Ford'un incik kemiğine nişanlamamak için dualar ediyordu.

Reynolds'lılar böyle bir ortamı daha önce hiç görmemişlerdi. Onların da bazı spor karşılamalarına sponsorluk yaptığı olmuştu ama asıl ilgilendikleri alan, hisse senetleri yarışıydı. Hafta boyunca süren şenlikler ve parıltılı hayat, her davetliye çantasının alabileceği kadar hediye (Nabisco golf ayakkabıları, tenis tişörtleri, Polaroid kameralar ve CD çalarlar) verilmesiyle sonuçlandı. Albert Butler, "Hepimizin ağzı şaşkınlıktan bir karış açılmıştı," diye anımsıyor. Wilson'la Sticht'in arasındaki gergin ilişki, Dinah Shore'da tam anlamıyla koptu. Dönüşte şirket uçağında kendine yer bulamayan Sticht, bundan Wilson'ı sorumlu tuttu. Sticht, o olaydan üç ay kadar sonra, Winston-Salem'deki ofisine giderken Whitaker Park fabrikasının yakınlarında yeni bir bina inşaatı gördüğünde, öfkesi henüz tamamen geçmiş değildi. Şoförü Eddie'ye, "Bu da ne?" diye sordu.

"Dumansız sigarayı işte burada yapacaklar."

"Ne?"

Sticht, hemen Wilson'ı görmeye gitti. Wilson, şirkete büyük bir atılım sağlayacak yüksek teknolojili bir "dumansız" sigarayı gizlice üretmeye çalıştıklarını kabul etti. Bunu kısa bir süre içinde yönetim kuruluna getirmeyi düşündüğünü de ekledi. Sticht donakalmıştı; yönetim kuruluna danışmadan böyle bir ürün geliştirmeye çalışmak, onun için düşünülemeyecek bir şeydi.

"Bunu ne zamandır yapıyorsun?" diye sordu.

"1981'den beri." Beş yıl ediyordu.

"Peki neden daha önce yönetim kuruluna getirmedin?"

"Çünkü projeye devam edilip edilmeyeceğinin anlaşılması için bile yıllar sürecek testler yapılması gerekiyordu."

Wilson'ın söylemediği şey, yönetim kurulunun bu sırrı saklayabileceğine güvenmemesiydi. Söylemediği bir diğer şey ise, projenin finansmanını sağlamak için tahsisatları kurulun onayından geçmeyi gerektirmeyecek kadar küçük oranlarda hazırladığıydı.

Şifreli adıyla Spa Projesi, aslında devrimci bir projeydi. Sonradan koyulan "Premier" ismiyle dumansız sigara, sigara karşıtı hareketi tersine çevirmek, Marlboro'yu geçmek ve tütün sektöründeki düşüşü önlemek için Wilson'ın geliştirdiği gizli bir silahtı. Premier, normal sigaraya benziyordu. İçinde ise çok az tütün vardı. Sigaranın ucundaki karbon parçacık yakılınca, içerideki tütün yanmıyor, ısınıyordu. Bu da içindeki "tat kabarcıklarını" harekete geçiriyordu. Böylece, kansere yol açan asıl bileşikler, tar ve duman ortaya çıkmıyor (ya da çok küçük oranda çıkıyordu). Wilson bu buluşun insanları sigarayı bırakmaktan vazgeçireceğine ve daha önce bırakmış olanların da Reynolds'a dönmesini sağlayacağına inanıyordu.

Başarı şansı ne olursa olsun yönetim kurulu, Wilson'ın böyle bir dev projeye kendi onayı olmadan girişmesi karşısında incinmişti. 1986 Temmuz ayında New York'ta yapılan bir toplantıda durumu açıklaması istendi. Wilson toplantıya tam teçhizat geldi. Bu işle ilgili yöneticiler Premier'in tüm özellikleri konusunda bütünlüklü bir sunum gerçekleştirdiler. Wilson, kurul üyelerinin içmeleri için birer tane Premier sundu. Albert Butler içti, tadının ve kokusunun çok iyi olmadığını düşündü. Ancak kısa sürede ortaya çıkacağı gibi Wilson, iyi kokmayan sigaradan çok daha önemli sorunlarla uğraşmak zorunda kalacaktı.

Julia Kreps, "Neden bunu bize daha önce söylemedin?" diye sordu. Wilson, Sticht'e daha önce yaptığı açıklamayı tekrarladı ama Kreps bunu kabul etmedi. "Projede çalışan yüzlerce şirket elemanına güveniyorsun, reklam şirketindeki düzinelerce insana güveniyorsun, şirket dışındaki tedarikçilere ve bilimadamlarına güveniyorsun ama bize güvenmiyorsun. Ben, kendi adıma bunu kesinlikle kabul edemem."

Diğer üyeler de birer birer Kreps'in kaygılarına katıldı. Onun söylediklerinin üstüne kendi düşüncelerini de eklediler. Örneğin; Hueblin'den Stuart Watson, Wilson'ın Kentucky Fried Chicken'ı da satmayı düşündüğünü söyledi. Bu konuda da kurula danışıldığı izlenimini edinmemişti. "Bize güvenmiyor musun?" diye sordu, "Bize güvenmiyor musun?"

Sticht'in müttefiklerinden Ron Grierson ve John Macomber, olayı denetim komitesindeki yerleri açısından değerlendirdiler. Wilson'ın Premier için harcadığı 68 milyon dolar, kurul tarafından kendisine tanınan harcama yetkisini çok aşıyordu. O halde konu neden denetim komitesine gelmemişti? Bundan sonra, kendi kaygılarını belirtmek isteyen Sticht söz aldı. Toplantı o kadar uzun sürdü ki, polis, kurul üyelerinin Grand Army Plaza'nın önüne dizilmiş limuzinlerinin çekilmesini istedi. Toplantı sona erdiğinde Spa Projesi için geçici onay verildi (projede iptal edilemeyecek kadar ilerleme kaydedilmişti). Tylee Wilson ise yönetim kurulunda kalmış olan azıcık sermayesini de yitirmişti.

Wilson'la bir yıldır omuz omuza çalışan Johnson, artık şimşek gibi çakacaktı. Bazı yönetim kurulu üyelerine telefon ederek RJR Nabisco'dan ayrılmayı düşündüğünü, muhtemelen de Britanyalı bir gıda şirketi olan Beecham PLC'de çalışacağını söyledi. "Hayır, hayır, sakın beni durdurmaya kalkmayın..." diyordu her üyeye. Onların yapabileceği bir şey yoktu. İki şirketin birleşmesiyle misyonunu tamamladığı duygusuna kapılmıştı. Bir tane CEO olabilirdi ve kurulun seçiminin de Wilson olduğu çok açıktı. Artık harekete geçme zamanı gelmişti.

Üyelerden biri, Charlie Hugel, tam da Johnson'ın düşündüğü gibi, "Dur bakalım..." dedi, "belki de şirketi sen yönetirsin."

Hugel, Ross ve Laurie Johnson'ı New Hampshire'da bulunan Winnipesaukee Gölü kıyısındaki yazlık evine davet etti. İki adam neredeyse bütün gece arka verandada oturup konuşarak Johnson'ın seçeneklerini gözden geçirdi. Yönetim kurulu üyelerini tek tek tahlil ettiler. İçki içtiler. Ve sabahın dördünde, Johnson'ın Tylee Wilson'a karşı harekete geçmesi gerektiğine karar verdiler.

Sonraki hafta Hugel, yakınlarda evi olan Sticht'i davet etti. Onlar da arka verandada uzun uzun kalplerini birbirlerine açtılar. Hugel, Sticht'in bu işe yatkın olduğunu görünce pek şaşırmadı. Johnson da Sticht'in peşinden oraya geldi. Wilson'ın dikkatini çekmemek için American Express'den bir uçak ödünç almıştı. Johnson içeri girerken Stihct, "Senin için bu noktaya gelmenin neden bu kadar uzun sürdüğünü merak ediyorduk," dedi.

Sticht, Wilson'ın safdışı bırakılmasının mükemmel bir fikir olduğunu düşünen Macomber'ı da ekibe dahil etti. O ve Sticht, geleneklere bağlı kurul üyeleri nezdinde Johnson'ın davasını yürüteceklerdi. Hugel, Nabisco tarafında çalışacaktı. Aslında Andy Sage, Bob Schaeberle ve Jim Welch gibi Johnson partizanlarının ikna edilmeye hiç ihtiyaçları yoktu.

Tohumları atan Johnson, oturup olacakları beklemeye başladı. Sticht ve Macomber, diğer yöneticileri gayet başarılı biçimde ikna etmişlerdi. Macomber, Johnson şirketten ayrılırsa acil durumlarda kullanılabilecek bir tek Ed Horrigan'ın kaldığına işaret ederek, "Ross'u kaybetmeyi göze alamayız" diyordu, "buna izin verirsek Ty'ı nasıl kovabiliriz?" Ağustos'un ilk haftasında Johnson, Wilson'a istifa etmeyi düşündüğünü söyledi. Wilson, telaşlanmıştı. Ama tamamen yanlış nedenlerle. O da Johnson'ı kaybetmeyi göze alamazdı. Hızlı düşünerek ertesi haftaya bir tazminat komitesi toplantısı ayarladı. Orada da emekliliğinin 1988 ortasına, hatta gerekirse 1987 sonuna çekilmesini tartışmaktan memnun olacağını söyledi. Sonra da meselenin bir hafta bekleyebileceğini düşünerek, birkaç günlük tatil için Florida Keys'teki evine uçtu.

Wilson Florida'da Winston-Salem'deki müttefiklerinden huzursuz edici telefonlar almaya başladı. Söylentilere göre düşmanları, Johnson'ı onun yerine getirmek için bir saldırı başlatmak üzere güç topluyordu. Kaygılanan Wilson, kurula kendi soktuğu iki yöneticiden biri olan Wachovia Bank Yönetim Kurulu Başkanı John Medin'i aradı. Medlin'in cevabı, "Evet bir şeyler oluyor. Sana yardım etmek isterim ama sorunun büyük..." oldu.

Wilson bundan sonra, Johnson yanlısı hareketi organize ettiğini bildiği Hugel'ı aradı. "Sticht'i aramam gerekecek mi?" diye sordu.

Hugel "Sana yardımı dokunmaz," dedi.

"Macomber?"

"O da öyle." Wilson'a her şeyi açık açık söyledi. "Kurulda sana oy verecek kimse yok."

Wilson son kez bir de Vernon Jordan'ı aradı ama bunun da yararı yoktu. Jordan, "Kaybettin" dedi ve ekledi, "senin için en iyisi, iyi bir tazminat alıp gitmek."

Wilson her şeyi anladı. Ertesi hafta yapılan toplantıda istifa etti. Ancak, ses çıkarmadan ayrılmak için iyi bir anlaşma yapmıştı: 3.25 milyon dolarlık ödeme artı 1987 sonundaki resmi emekliliğine kadar 1.3 milyon dolar tutan yıllık ücret ve priminin devam etmesi, artı ondan sonra da yılda 600.000 dolarlık emekli maaşı. Hatta yönetim kurulu ona bazı ayrıcalıklar da tanıdı: Bir ofis ve sekreter, evi için güvenlik sistemi, bir araba telefonu ve şirket dairelerini kullanma hakkı. Olayın basına, Wilson'ın uzun süredir istediği gibi erken emekli olduğu şeklinde duyurulması kararlaştırıldı.

Toplantıdan sonra yönetim kurulu telekonferans sistemiyle toplanarak CEO'yu değiştirdi. Küçük bir çabayla Ross Johnson, "Amerika'nın en büyük 19. sanayisi" olan RJR Nabisco'nun başına geçmişti. Tylee Wilson, sonradan, "Evet" diye homurdanarak, "beni altettiler..." diyecekti.

BÖLÜM

3

Ross Johnson, müthiş bir hızla RJR Nabisco'nun "başına" geçmişti. 1984'te Nabisco'nun CEO'suydu. 1985'te Reynolds-Nabisco birleşmesi yaşandı. 1986'da RJR Nabisco'ya CEO oldu. Eğer o noktada dursaydı ve North Carolina hayatına uyum sağlasaydı, meslek yaşamı tamamen farklı sonuçlanabilirdi. Ama hayatını her şeyi silkelemeye adayan bir adam olan Johnson'ın bu huyunu değiştirmek gibi bir niyeti yoktu. Reynolds Tobacco yılda 1 milyar dolar getiriyordu. Bu, en çılgın istekleri yerine getirmek ve en büyük hataları kapatmak için yeterli bir miktardı. Bazen, saygılı bir ifadeyle, "Bir milyar dolar..." diyordu, "bu parayı bir yılda harcayamazsın."

Ama uyuşuk Winston-Salem'de Johnson, arabaların kötü yerleştirildiği bir otoparktaki Ferrari gibiydi. Wilson zamanında düşük bir profil çizmiş ve şehri karıştırmaktan kaçınmıştı. Ancak 1986 sonbaharında RJR Nabisco'nun başına geçince, bu balayı da kısa sürede sona erdi. İlk yaptığı şeylerden biri de, Ed Horrigan'la anlaşmak oldu. Johnson'ın başa geçmesinden birkaç gün sonra Horrigan onun ofisine gelerek istifa etmeyi önerdi. Bir yıldır süren sürtüşmelerden sonra o kendisini kovmadan ayrılmanın daha iyi olacağını düşünüyordu. Ancak Johnson epey şaşırtarak bu öneriyi reddetti. "Sana ihtiyacım var," diyordu.

Tütünle ilgili hemen hiçbir şey bilmediği için konuya hakim birine ihtiyacı vardı Johnson'ın. Geçmişte aralarındaki görüş ayrılıklarına rağmen, bunu yapacak kişinin Horrigan olmasında ısrar ediyordu. Horrigan, Johnson'ın Nabisco'daki arkadaşlarının New-York'taki lüks daireleri konusunda geçmişte çok laf etmişti. Şimdi, Johnson bütün o dairelerden daha lüksünü Horrigan'a veriyordu: Museum of Modern Arts'ın bulunduğu Museum Tower'da bir daire. Wilson, Horrigan'ın Palm Springs'e yaptığı haftasonu seyahatlerinin parasını ödetmişti. Şimdi Johnson sadece faturaları şirkete ödetmekle kalmıyor, şirket uçaklarının en iyisi olan kendi G-3 Golfstream'ini Horrigan'ın kullanımına tahsis ediyordu. Hatta Horrigan'ı Palm Springs'de şirket adına bir araba alması konusunda teşvik etti. Horrigan ise bu emri, sevinçle yerine getirerek bir Rolls Royce aldı. Reynolds Tobacco'yu yönetme konusunda tamamen serbest bırakılan Horrigan, Johnson'la kısa sürede iyi arkadaş olarak dedikoducuları şaşırttı.

Johnson bundan sonra Reynolds'ın Eski Bekçileri'ni temizlemek için harekete geçti. Kovulan ilk kişi, finans yöneticisi Gwain Gillespie oldu. Onun yerini Nabisco'daki Ed Robinson aldı. Hazineden sorumlu John Dowdle, bir erken emeklilik paketini kabul etti. Yerine Nabisco'dan Mark Baines geçti. Personel yöneticisi Rodney Austin kovularak yerine Nabisco'dan Andrew Barett getirildi. Halkla ilişkiler yöneticisi Ron Sustana, Johnson kendisine şirketin bütününü daha iyi görmesi için New York'a gitmeyi teklif ettiğinde atılmayacağını düşünmüştü. Ancak Horrigan ondan nefret ederdi ve Sustana'yı o kovdu. Yerine Nabisco'dan Mike Masterpool geldi. Yukarıdan aşağıya kadar tüm şirkette Nabisco'dan gelenlere yer açmak için Reynolds kökenliler sokağa atıldı.

Johnson'ın sorunu, Winston-Salem'in acayip bir şeyler olduğunu anladığı anda başladı. Wilson zamanında insanların dikkat etmediği şeyler, şimdi ona karşı kullanılıyordu. Tarihte hiçbir Reynolds yöneticisi kendine bodyguard tutmamıştı. Ama şimdi Eski

Şehir'de ve Bermuda Run'da Johnson'ın bir tane tuttuğu söyleniyordu. Öyleydi de. Adı Frank Mancini idi. Her zaman harekete hazır olan eski bir New York polisiydi. Ona, "Lurch" diyorlardı. Mancini, Johnson'ın Reynolds'da güvenliği sağlama planının ilk adımıydı. Tylee Wilson bir gün evinin önünde saklanarak dolaşan beli silahlı bir adam gördü. Wilson adama gidip bir açıklama istedi. Adam, şu anda görevde olmayan bir polis olduğunu ve Paul Sticht'in de yaşadığı bu bölgenin güvenliğini kontrol ettiğini söyledi. Wilson, "Evimin önünde dolanmanı istemiyorum. Bir şeyden korkmuyorum," dedi. Olayı duyanlar çok şaşırmışlardı. Çünkü Winston-Salem, böyle bir kent değildi.

Johnson şirketteki konumunu sağlamlaştırınca, bu küçük şehre uygun davranışlarını bir kenara bırakıp yine eski Johnson olmuştu. Çoğu haftasonları Florida'ya bronzlaşmaya gidiyor ya da Frank Gifford ve diğer arkadaşlarıyla birlikte Manhattan'da eğleniyordu. Süreci Sticht başlatmıştı ama RJR Nabisco'nun, Reynolds'ın eski değerlerinden tamamen kopması, Johnson zamanında tamamlanmıştı. Moravya değerleri, yerini şarap ve eğlence tanrısı Baküs'ün değerlerine terketmişti.

Geçmişte Reynolds üst yönetiminin bağışları sayesinde Bowman Gray School of Medicine gibi kurumlar ortaya çıkmıştı. Johnson'ın yardımseverliği ise Wake Forest golf takımı yararına düzenlenen Pro-Am Golf Turnuvası'yla sınırlıydı. Şehirde boy göstermesi için Dinah Shore ve Don Meredith'i getirtti. North Carolina Zooloji Derneği'nin Yönetim Kurulu'na girip dernek yararına bir bağış kampanyası düzenledi. Ne var ki bağış kampanyası çerçevesindeki düzenlenen bir etkinliğe helikopterle gidince, katılımcıların kaşlarının çatılmasına neden oldu. Bu kentte daha Cadillaclar bile gösteriş olarak görülüyordu. İnsanların ince dokumadan yapılmış elbiseler dışında bir şey giymedikleri bir kentte Johnson, ceketinin üst cebinden taşan mendiliyle, fütursuz, dolaşıyordu.

Johnson'ın karısı ise bütün bunların üstüne tüy dikiyordu. Eski Şehir'de yaşlı kadınlar, yemek masasında birbirine yaklaşıp "Son haberleri duydun mu?" diye fısıldaşıyorlardı. Herkesin "Kek" dediği Laurie Johnson, otuzlu yaşların başında, enfes bir sarışındı.

Diğer Reynolds eşleri muhafazakâr giysiler giyip makyajsız asla dışarı çıkmazken Laurie, California'lı bir genç kız gibi, ki gerçekte de oralıydı, eşofmanlarla ortalıkta dolaşıyordu. Diğer Reynolds eşleri briç oynarken Laurie, iyi bir golfçüydü ve topu bir erkek kadar uzağa atabiliyordu.

Laurie ortama ayak uydurmaya çalışmadı değil. Bazı yardım kampanyalarına, hayvanlarla ilgili etkinliklere katıldı. North Carolina Schooly of Arts'ın Mütevelli Heyeti'ne girdi. Şirketin Uluslararası Danışma Kurulu Winston-Salem'de toplandığında Laurie, yakınlardaki Burlington'a yapılan bir alışveriş çıkartmasının başını çekti. Norveç prensesi de dahil olmak üzere dünyanın çeşitli bölgelerinden gelen danışmanlar, elleri kolları alışveriş torbalarıyla dolu olduğu halde kente döndüler. Elbette orası Tramp Tower değildi ama Laurie Johnson'ın en iyi yaptığı şey, alışverişti.

Ancak durum umutsuzdu. Üstelik yerel adetleri küçümseyen Johnsonlar da düzelmesine pek katkı yapıyor sayılmazdı. Johnson'ın Wake Forest'in en iyi golfçülerinden birine kol kanat germeye karar verip adamı eve aldığının ertesi günü, dedikodular ayyuka çıktı. Genç golfçünün eve taşındıktan sonra "Kek" ile birlikte jakuzide uygunsuz vaziyette yakalandığı söylentileri kulaktan kulağa dolaşmaya başladı. Johnson ne zaman bir iş seyahatine çıksa, "Kek"in Eski Şehir'deki golfçülerle yattığı söyleniyordu. Söylentiler Johnsonlar'a ulaştığı zaman Laurie gözyaşları içinde New York'taki arkadaşlarını aradı. Çoğu arkadaşı küçük bir kentin acımasızlığını anlayamazdı. Jim Robinson'ın eşi Linda ise anlıyordu. Robinsonlar ile Johnsonlar, Winston-Salem'in yapısını anlamak için gayet iyi bir yer olan Roaring Gap'ta birlikte tatil yaptılar. Roaring Gap'taki yaşlı kadınlardan birinin, "Winston-Salem'de birini sevmezsek, biraz terletiriz. Johnsonlar'ı da her şey için terlettik," dediği duyulmuştu.

Gerilim Kasım ayında, *Winston-Salem Journal*'ın, şirkette isim değişikliği yapılacağı, yönetimin karıştığı ve hangi şirketin hangisini satın aldığının belli olmadığı şeklinde, hiddetli bir makale kaleme almasıyla açığa çıktı. Yazıda, "birileri çörek canavarının iştahını küçümsemiş galiba" deniyordu. Johnson için bu, bardağı taşıran son damlalardan biri oldu. "Bu boku sürdürmek zorunda değilim," diyordu. Bunların olmasını önlemek için şimdiye kadar elinden geleni yapmış olmasına karşın küçük şehir yaşantısından nefret ediyordu. Meslek hayatını Kanada taşrasından kaçmak için harcamasının sonucu bu olmamalıydı. Birleşmeden sonra şirketi kaplayan tüm küçük politikalardan iğreniyordu. Cam Hayvanat Bahçesi'ndeki üst yönetim, sürekli olarak şehir içindeki tütüncülerle mücadele halindeydi. Johnson onların çatışmalarına arabulucuk etmekten sıkılmıştı.

Ama işin en kötüsü, Winston-Salem'de yaşamaktı. New York'taki arkadaşlarına, "Sürekli aynı yüzleri görüyorsun," diye anlatıyordu. Üstelik Johnson, şehirdeki bütün yüzleri görmeye de dayanamıyordu. Jim Robinson'la, Marty Davis'le, ya da ITT'den Rand Araskog'la karşılıklı puro tüttürmek için uzun yollar katetmesi gerekiyordu. Şehirdeki arkadaşlarına gelince... En azından Scotch viskisini elinden bırakmamış olan Horrigan, birkaç kahkaha atmasını sağlayabiliyordu. Bir de Wachovia Bank'ten John Medlin vardı. Hepsi o kadar. Mutlu Adamlar'ın, şehir çocuğu Yankee'lerin ve yabancıların hiçbiri güneye taşınmıyordu. Sadakatleri oraya kadardı.

Johnson, "140.000 kişilik bir şehirde yaşıyorsanız, bunların 17.000'i sizin şirketinizde çalışıyorsa, bir de 10.000 kadar emekli varsa o şehirde nefes alamazsınız," diye durumu özetliyordu.

Tek bir kurtuluş yolu görüyordu Johnson, taşınmak. Ancak RJR Nabisco'nun genel merkezinin yerinin değişmesi, Winston-Salem'i o gururlu kalbinin orta yerinden bıçaklayarak şehri öldürmek demekti. Bunu iyi bilen Johnson, özenle işin zeminini hazırlamaya yöneldi. İlkin yakın danışmanlardan oluşan bir ekip, gizlice yeni yerleşim alanı seçenekleri üzerinde çalışmaya başladı. Johnson'ın asıl istediği yer olan New York, yönetim kurulunun sinirine dokunacak kadar uzak olmasına karşın, adaydı. Reynolds'ın kıdemlileri oraya asla gelmezdi. Yönetim kurulunun alarma geçmesinden kaçınmak için bazılarının Winston-Salem'de bırakılması gerekirdi. Dallas da yeni zengin olmuş, köksüz insanlarla dolu bir şehirdi, Johnson'ın evlerinin bulunduğu Palm Springs ve Vail'in ortasına konuşlanmıştı. Yani onun hoşlanabileceği tarzda bir şehirdi. Ancak petrolde işlerin iyi gitmemesi ve Dallas Cowboys takımının maçları kaybetmeye başlamasını şehrin düşüşe geçtiğinin işareti sayıyordu.

Atlanta da Johnson'ı çekiyordu. Orası da Dallas gibi yeni zenginlerin ve köksüzlerin yeriydi. Üstelik gayet güzel binalarla doluydu. En güzel ofis binaları bile yerleşilmeye hazır durumdaydı. Ayrıca Winston-Salem'e olan uzaklığı da politik açıdan mazur gösterilebilecek mesafedeydi. O sonbahar, Londra'da Büyükelçi Charles Price'ın Kraliçe şerefine verdiği bir davete katılan Johnson, eski tanıdığı Coca-Cola'nın başkanı Don Keough'la karşılaştı. Keough, Johnson'a Atlanta'yı överken karısı sık sık Majesteleri Kraliçe'nin konuşmasını dinlemeleri için onları uyarıyordu.

Sonunda, Atlanta'da karar kıldı. Seçimini yapmış olan Johnson, yönetim kurulu nezdinde çalışmalarına başladı. Albert Butler'a, "Şirket yönetimi ve tütün içiçe. Bu sağlıklı bir durum değil," dedi. Butler'ı kazanmıştı. John Medlin'i de kazandı. Çünkü Wachovia Bank, kısa süre önce Atlanta'nın önemli bankalarından birini satın almıştı ve yeni bir genel müdürlük kurma çabasındaydı. Medlin, her iki şehrin de olumlu ve olumsuz yanlarını iyi biliyordu.

En büyük sorun, Sticht gibi görünüyordu. Cam Hayvanat Bahçesi, onun gurur kaynağı ve eğlencesiydi. Johnson'a göre Sticht'in düşü, bir gün binaya kendi isminin verilmesiydi. Sticht'in ağrısını para hafifletebilirdi; Johnson, onun yıllık danışmanlık sözleşmesi ücretini 185.000 dolardan 250.000 dolara çıkardı. Ağrıyı tamamen ortadan kaldırmak için de itibarını artırdı; Johnson onu Uluslararası Danışma Kurulu'nun başına getirdi ve kurulun itibarını Wilson öncesi dönemdeki düzeyine çıkarmaya söz verdi. Ayrıca Bowman Gray School of Medicine'de bir J. Paul Sticht Yaşlanma Merkezi kurulması için de 6 milyon dolarlık bağışta bulundu. Sticht, yola gelmişti. Winston-Salem kökenli üç üyenin Johnson'ı desteklediğini anlayan diğer kurul üyeleri de ikna olmuş görünüyorlardı.

Ancak kurul değişikliği resmen onaylamadan önce Atlanta'da yayınlanan *Atlanta Constitution* haberi duyurarak Winston-Salem'de çıkacağı tahmin edilen fırtınayı başlattı. *Winston-Salem*

Journal, Reynolds'ın yerel işçiler tarafından kurulan ve yerel insanlarca bugünlere getirilen bir şirket olduğunu dile getirerek kurulun öneriyi onaylamamasını istedi. Yazıda, "Şirketin ruhu ve zihni, ancak kalbinin, köklerinin ve mirasının bulunduğu yerde gelişebilir. Ruhun gelişmesi için, kafanın kalbe bağlı olması gerekir," deniliyordu.

Johnson bir gecede bölgenin paryası olmuştu. Reynolds'ı Winston-Salem'e bir adam atla getirmişti. Şimdi yine başka bir adam, ama bu kez Gulfstream jetiyle Johnson'ı alıp götürecekti. Johnson'ın derisini yüzen bir şarkı yayınlayan yerel bir müzik istasyonu, bir anda en çok dinlenen radyo oldu. Fabrika işçisiyken en büyük hissedarlardan biri olan Hobert Johnson, Johnson'ın ofisine girerek onunla konuşmak istedi. Deliye dönmüş olan seksen yaşındaki Johnson'ın eve dönecek kadar sakinlemesi için yarım günlük bir süre gerekmişti. Johnson evine dönünce, "Sen daha kısa pantolon giyerken biz bu şirketin temellerini atıyorduk" diyen bir mektupla öfkesini kustu.

Johnson, Winston-Salem Rotary Kulübü'nde yaptığı bir konuşmayla kendini savunmak istedi. Ancak toplantıya katılanlar, konuşmasını pek hatırlamıyorlardı çünkü etrafını çeviren bir koruma ordusu apar topar yük asansörüne sokmuştu. Akıllarda kalan tek kelime, Johnson'ın *Atlanta Constitution*'da yayınlanan röportajında Winston-Salem'i tanımlamak için kullandığı, "köylü" kelimesiydi. Şehrin duvarlarında, "Sen de köylüysen yazıklar olsun!" diyen çıkartmalar görülmeye başlandı. Diğer bir çıkartmada ise RJR yazısının yanında baparmağını kaldırmış bir el, Nabisco yazısının yanında da baparmağını indirmiş bir el vardı.

Johnsonlar hakkında yeni ve şiddet içeren dedikodular çıkmıştı. Söylentiye göre Ross, şehrin delikanlılarından dayak yemişti. Kek, bir golfçüye kaçmıştı. Kek, bir tenisçiye kaçmıştı. Bütün bu karmaşanın ortasında Johnson, üzerine çok gelinen karısı için hoş bir şeyler yapmaya çalışıyordu. Archer Daniels Midland'ın Yönetim Kurulu Başkanı olan arkadaşı Dwayne Andreas'ın karısı, Florida'da Barry University adlı bir yüksek okulun mütevelli heyetindeydi. Johnson RJR Nabisco vakfının, yeni bir spor salonu kurulması için koleje büyük bir bağışta bulunmasını sağlayacak, karşılığında da kendisine onursal doktora verilecekti. Johnson, Laurie'ye de onursal doktora verilmesi konusunda ısrar edince Baryy kabul etti. Artık çifti eleştirenler, Laurie'ye, "Dr. Kek" demeye başlamışlardı.

Atlanta'ya taşınmayı kabul etmeyen yüzlerce eleman, işten çıkartılacaktı. Babalarından kalma işverenlerinin güvenli korumasının sona erebileceğini daha önce akıllarının ucundan bile geçirmeyen Reynolds'ın kıdemli çalışanları, artık sandalyelerinde pembe şeritlerle karşılaşacakları günün korkusuyla yaşıyordu. Bazı durumlarda kitlesel tensikatlarla bütün bir departman yok ediliyordu. Gerilim dayanılmaz bir noktaya gelmişti. Vergi departmanından bir çalışan, bir gün "Beni iki kaşımın arasından vurun ama böyle muallakta bırakmayın" diye bağırmaya başladı. Reynolds iş ahlâkı tamamen ölmüştü. Bir projeyi tamamlamak için geceyarısına kadar çalışan dört sekreter, ertesi gün öğleden sonra kovuldu.

Bu ortamda kara mizah boy veriyordu. Johnson'ın Latin Amerika kökenli yakın mesai arkadaşı Bob Carbonell'in, El Salvador'daki ölüm mangalarından geldiği söyleniyordu. Fotokopi makineleri, gizli karikatürleri çoğaltmak için fazla mesai yapıyordu. Bunlardan birinde Johnson, minyatür Empire State Building'e King Kong gibi tırmanırken gösteriliyordu. Bir başkasında, kayıp bir çocuk olarak resmedilmişti. Şöyle diyordu: "Mutluluk, bir sabah uyanıp Ross'un resmini süt kutusunun kabında görmektir." En eleştirel olanı ise, bir fare olarak resmedilen Johnson'ı, kapana yakalanmış diğer bir fareyi (RJR Tobacco) zevkle becerirken gösteren karikatürdü. Kapanın markası, "Köylü Kapanları A.Ş" yem ise "Oreo" idi. Bir grup fare, yönetim kurulu odasından çıkıp hevesle olayı izlemeye geliyordu. Bunlardan biri, "Hey Ross, şu "F" ('fucker 'sikici' nin f'si)) ne demek?" diye soruyordu?

Kendini hiçbir yere ait hissetmeyen Johnson, tüm bu olan bitene inanamıyordu. "Ama Tanrım, Exxon yedi bin kişiyi New York'tan taşıyor ve kimse dönüp bakmıyor bile. Ben birkaç yüz kişiyi buradan taşıyorum diye Hun İmparatoru Attila oluyorum," diyordu.

Emrinde çalışanların bir işi değil görevi olduğunu söyleyen;

bir kurumun kurulduğu anda aşınmaya başladığını düşünen Johnson'ın bu tür şeylere karşı tepkisi, değişmeden kalmanın enayilik olduğu yönündeydi. Winston-Salem'in güzel günlerin geride kaldığını neden anlayamadığını merak ediyordu. Dünya değişiyordu; ya siz de değişecek ya da geride kalacaktınız. Johnson'ın kişisel sorunlarını açtığı Connecticut'lı psikolog O. C. Adams, "Ross hareket bağımlısıydı. Sürekli bir dinamizm isterdi. Bunun diğer insanlar üzerindeki etkilerini ise her zaman göremezdi," diyor.

Direniş, bir şey değiştirmedi. Winston-Salem Belediye Başkanı ve North Carolina Valisi'yle yapılan toplantılar da Johnson'ın kararını değiştirmedi. Hatta taşınma resmen açıklanmadan önce Ross ve Laurie Atlanta'da milyon dolarlık yeni bir ev aldı. Ciddi bir sorun olduğuna dair tek işaret, Sticht fikrini değiştirince ortaya çıktı. Winston-Salem'de Wilson'ın yerine Johnson'ın nasıl geldiği pek bilinmiyordu ama herkes bu işi Sticht'in organize ettiğinden şüpheleniyordu. Atlanta'ya taşınma haberleri duyulduğu zaman bir anda Sticht gündeme geldi. Reynolds'ı yönetmek için seçtiği adam hakkında zorlu sorulara cevap vermek durumunda kaldı. Sticht, taşınma lehine oy kullandı ama baskının giderek yükselmesi karşısında Albert Butler'la birlikte Johnson'ın ofisine gelerek taşınmayı durdurmak istedi.

Johnson fikrini değiştirmemekle birlikte, Sticht'in yönetim kurulu üyeleri üzerindeki etkisini bir kez daha düşünmek zorunda kaldı. Sticht ile müttefiklerinin Wilson'a ne yaptığını görmüştü ve aynı kadere uğramamaya kararlıydı. Kendi kendine, "Sticht'le ittifak kurmak lazım," dedi. Sticht için yaptığı bütün maddi ve itibari şeylerin üzerine daha da fazlasını eklemeye karar verdi: Onu, RJR Nabisco'nun Yönetim Kurulu Başkanlığı'na getirecekti. Bu büyük ölçüde onursal bir pozisyon olacak, başkan ve CEO olarak asıl iktidar yine Johnson'da kalacaktı. Üstelik de bu hamle, Sticht'in çok hoşuna gidecekti.

Ed Horrigan, "Sakın yapma. Başına dert açar o kadar," dedi.

Charlie Hugel, "Sakın yapma. Ona ihtiyacın yok," dedi.

Wilson, "Dalga geçiyorsun..." dedi, "bu senin şirketin. Ne istersen yap. Ama bu bir hile ve bu hileyi yaptığına çok pişman olacaksın." Birkaç hafta sonra Sticht yönetim kurulu başkanı ilan edildi. Wilson haklı çıkacak, Johnson bundan çok pişman olacaktı.

Atlanta'ya taşınma kararı 1987'nin Ocak ayı ortalarında açıklandığı zaman Johnson en iyi yüzünü takınmıştı. Taşınan sadece şirketin genel müdürlüğüydü. Bin kadar çalışanın bir kısmı Atlanta'ya götürülecek, bazıları da tütün şirketine kaydırılacaktı. RJR Reynolds Tobacco'daki 12.000 küsur çalışan işinde kalacak, Winston-Salem'de ancak birkaç yüz kişi işten çıkarılacaktı. (Gerçekten de böyle oldu.) Johnson, şehrin ağrısını hafifletmek için son bir jest daha yaparak Cam Hayvanat Bahçesi'ni Wake Forest'e bağışladı.

Atlanta bekliyordu. İşlerini artırmayı bekleyen işadamları ordusu, Fortune 500 şirketlerinden birini topraklarına kabul etmek için pür heves, oradaydı. Şehir, topraklarına kök salmaya hazır, hayırsever bir şirket bekliyorsa da, kısa zamanda huzursuz Ross Johnson'la ilgili bazı gerçekleri de keşfedecekti. Johnson, şehrin banliyölerinden birinde, Galleria adlı önemsiz bir cam binanın on bir katını aldı. İlk konuşmasında, genel müdürlüğünün iskeletini oluşturan personelin, dört bir yana bağışta bulunacak insanlar olarak görülmemesi gerektiğini söyledi. Sonraki bir röportajında da, "Onlara United Way'den Seven Jolly Girls Athletic Club'a kadar önüme gelen bütün organizasyonları destekleyemeyeceğimi söyledim. Eğer üzüldülerse bu onların sorunu," dedi.

Şehrin ileri gelenlerinin beklediği, bu değildi. Ertesi günkü *Atlanta Constitution*'ın başlığı öyleydi: "Üzülme Winston-Salem. RJR'nin buraya taşınması büyük kayıp değilmiş."

Atlanta'ya taşınalı henüz birkaç hafta ancak olmuştu ki, Johnson RJR Nabisco'luları tekrar şaşkına çevirdi. Menkul kıymet analistleri toplantısında Reynolds Tobacco'yu anonim şirketten limited şirkete çevirmek istediğini, şöyle bir değinerek söyledi. Winston-Salem'deki hissedarlar telaş içindeydi: Limited şirket nasıl bir şeydi? Sevgili hisselerini nasıl etkileyebilirdi? Şirketteki insanlar gözlerini kendi ekseni etrafında döndürüyordu. Kimse bu fikrin ciddi mi yoksa Johnson'ın öngörülemez aklından çıkan, az pişmiş bir başka fikir mi olduğunu bilmiyordu.

Aslında bunu söylemesi, Johnson'ın şirketlere bakışındaki bir değişime işaret ediyordu. Şirket alımları 1980'ler boyunca Amerika'yı sarsarken, Wall Street'teki yatırım bankacılarının ağzının suyu, Reynolds'ın yoğun nakit akışı için akıyordu. Bu nakitle şirket alması için adeta yalvarıyorlardı. Ancak muhafazakâr danışmanı Dillon Read'e güvenen Wilson'a ulaşamamışlardı bile. Merrill Lynch elemanları kaldıraçlı alım fikriyle yanına geldiğinde, Wilson'ın finansal işler sorumlusu Gwain Gillespie hepsini geri postalamıştı.

Ama Johnson başkaydı. Artık işin başında, Wall Street'lilerin iş konuşabileceği bir adam vardı. Büyük işler; egzotik işler. Johnson'ın yönettiği tüm şirketler, gerçek bir Peskeeter modası yaşarlar, sürekli alma, satma, yeniden yapılanma içinde olurlardı. Johnson'ın kapısı, ister Tylee Wilson ya da Bob Shaeberle, isterse çantası fikirlerle dolu bir Wall Street'li olsun, olasılıkları konuşabileceği herkese açıktı. Şirketin Atlanta'ya taşınması, sıcak bir Georgia akşamında ışığa üşüşen böcekler gibi yatırım bankacılarının güneye gelmelerine neden oluyordu. Horrigan'a göre Wall Street'ten şirketi arayanların sürekli artması, "dizi dizi satıcının patronu aramasına" benziyordu. Çünkü Ross buna açık biriydi. İnsanların ağızlarının suyunu akıtıyordu.

Bazen işler daha da ileri gidiyordu: Johnson'ın ortalama bir günde aldığı kırk civarındaki telefonun yarısı, yatırım bankacılarından geliyordu. Gerçi Johnson'ın kafasında her zaman bazı planlar olurdu ama artık arkadaşları bile bankacılarla, "haftanın en iyi fikri" kulübünü kurduğu yolunda takılıyorlardı. Johnson, uzun süredir biraraya gelmeyen "Pazartesi Akşamı Yenilenler Ekibi" yerine artık bankacılarla birlikte "fikir sıçıyordu." Bu sürekli akışı bir tür ücretsiz danışmanlık olarak görüyor, "Neden bir köpek alıp sadece benim için havlamasını isteyeyim ki?" diyordu.

Limited şirket fikri, Johnson'ın azimli takipçisi Jeffrey Beck'ten çıkmıştı. Beck, vahşi bakışlı bir Wall Street anlaşma düzenleyicisiydi.

Beck, Drexel Burnhpam Lambert'te çalışıyordu, ki bu yatırım şirketinin Beverly Hills'te oturan junk bond (Standard & Poor's veya diğer kredi derecelendirme servislerine göre finansal yapısı, dolayısıyla da kredi notu düşük tahvil, hurda tahvil çn) yöneticisi Michael Milken, 1980'lerin ortalarında şirket alımları işini neredeyse tek başına değiştirmişti.* Wall Street'te insanlar Beck'e, "Çılgın Köpek" derlerdi. Papyon kravat ve boynuz saplı gözlük takan Beck'in görünümü, stand-up komedyeniyle, kiralık katil arası bir şeydi.

Beck, kendini anlaşmalara son noktayı koyan kişi, perde arkasındaki adam olarak görür, Wall Street'in en iyi yedi anlaşma düzenleyicisinden biri (öteki altısının da ismini sayabilirdi) olduğunu söylerdi. Biraz gösteriş unsuru taşısa da gerçek durumu buna yakın bir şeydi. Müjdeli bir haber aldığında, "Rock and roll!" diye bağırır, zorlu bir toplantıya girerken, "kilitle ve doldur" derdi. Wall Street adlı filmde de bir danışmanı oynamıştı. Adamlarını düşmanca bir satın alıma hazırlayan yatırım bankacısını canlandırırken doğaçlama yaptığı kızgın konuşmayla güzel bir rol ortaya çıkarmıştı. Diğer bankacılar analiz ya da mücadele taktiklerinde uzmanlaşırken Beck, ihtisasını hızlı konuşma ve dramatik sahneler konusunda yapmıştı. En büyük işlerinden biri olan Chicago gıda şirketi Esmark'taki kaldıraçlı alım sırasında şirketi bir rakibe kaptırınca Beck, Esmark Yönetim Kurulu Başkanı Donald Kelly'e gidip kendisine ücret ödemesi için yalvarmıştı.

Esmark'taki bir ofiste kollarını iki yana açıp sırtüstü yere yatmış ve "Benim için bir şey yapmalısın, benim için bir şey yapmalısın" diye dövünmüştü. Ona ücret vermeyi düşünen Kelly bu yalvarışlara aldırmadığını göstermek istemişti. Kelly, mesai arkadaş-

---

* 1987'nin başlarında Drexel Burnham ve Michael Milken, Ivan Boesky'nin insider trading davasına dahil edilerek, menkul kıymetler yasasını ihlal suçlamasıyla federal bir soruşturma geçirdi. Drexel, hakkındaki suçlamalar konusunda 1988 Aralık ayında uzlaşmaya gitti. Milken hakkındaki suçlama ise, ertesi bahar gündeme geldi.

larından birine, "Göreceksin deliye dönecek. Eğlenceli olacak," demişti. Tekrar Kelly'nin odasına çağrılan Beck acı haberi alınca, odanın penceresine yönelerek "Tanrım, Tanrım! Bunu bana yapamazsın, işte bak. Pencereden atlayacağım. Kendimi öldüreceğim." diye bas bas bağırmaya başlamıştı. Gülmeyi bırakan Kelly, "Dur atlama!" diye haykırarak onu durdurmuştu. Beck, yaptığı iş ve bu dramatik sahne için 7.5 milyon dolar almıştı.

Beck, Johnson'la da aynı yoğunlukta ilgileniyordu. İlk görüşmelerinden kısa bir süre sonra Johnsonlar güney Fransa'da tatil yaparken Beck onlara bir şişe Roederer Cristal ile çiçek yollamıştı. Kartta, "Çılgın Köpek, iyi tatiller diler" yazıyordu. Johnson bu yoksul pansiyonu görünüşlü adama anında vurulmuştu. İkinci görüşmelerinde ona, lakabına atfen, bir kutu Milk Bone köpek bisküvisi verdi. Çılgın Köpek ise, Amerika'nın en büyük 19. şirketinin başındaki adamla, yeniden yapılandırma planlarını tartışırken, bütün kutuyu yiyip bitirdi.

1986 sonlarında Beck, Reynolds Tobacco'nun limited şirket olmasını önermişti. Johnson uzun süredir şirketin tütün sektöründeki faaliyetleri yüzünden, RJR Nabisco'nun hisse senedi fiyatlarının cezalandırıldığını düşünüyordu. Ona göre yatırımcılar, tütünün geleceğinin belirsiz olmasına bakarak, Nabisco'yu dikkate almıyorlardı. Kod adı Alfa Projesi olan çalışma, bu önyargıyla mücadele etmeyi amaçlıyordu. Hisse sahipleri, küçük miktarlarda temettü almayı tercih ederlerdi. Ancak, RJR Nabisco'nun hisse senetlerinin çoğunluğu, limited ortaklık "belgeleriyle" değiştirildiği zaman, Reynolds'ın olağanüstü nakit akışının bir bölümü, belge sahiplerinin eline geçecek ve onların menkul kıymet iradı vergisinden muaf, devasa bir gelire sahip olmasını sağlayacaktı. Beck'in beklentisi, ortaklık belgelerinin yüksek değerinin, RJR Nabisco'nun hisse senedi olarak kalan hisseleri de yükseltmesi ve herkesin zengin olmasıydı. Johnson bu işin mümkün olamayacak kadar karmaşık olduğunu düşünüyordu ama Beck gerekli çalışmayı ücretsiz yapacağını söyleyince izin verdi. Çılgın Köpek, nasılsa bu iyiliğinin ileride yeni işlerle ödüllendirileceğini biliyordu.

Johnson, bir detay değil fikir adamıydı. Beck'inkine benzeyen fikirler ciddileşmeye yüz tutunca, "finansal Ar-GE departmanım" dediği bir gruba devreder ve üzerinde çalışmalarını isterdi. Johnson, eski arkadaşı Andy Sage'in yönettiği bu gruptan sapla samanı birbirinden ayırmasını, hatta mümkünse kendi fikirlerini geliştirmesini isterdi.

Wiegl darbesinden beri Johnson'ın yönetim kurullarında yer alan Sage, bir Wall Street hisse senedi uzmanının oğluydu. Seçkinlerin gittiği St. Paul lisesinden kovulmuş, yüksek öğrenimini de bir ticaret okulunda tamamlamıştı. Ancak Sage'in, pilotluk yapmasını da piyano çalmasını da, Lehman Brothers'ın zirvesine yükselmesini de sağlayan eklektik bir zekâsı vardı. Lehman'da yönetici ortak ve başkanlığa kadar yükselmişti. Ancak Wall Street'te aktif biçimde çalışmayalı yıllar olmuştu ve artık 60 yaşında olması nedeniyle, müzelik bir parça olarak değerlendiriliyor, eski püskü elbiseler giyen dalgın bir profesör gözüyle bakılıyordu.

Ne var ki, Sage'in en önemli özelliği, şirketlerin satılmasından çok işletilmesiyle ilgilenen az sayıdaki Wall Street'liden biri olmasıydı. Görev yaptığı yıllarda Alaska boru hattını yapan şirketlerden biri olan International Harvester'ın yeniden yapılanmasını ve American Motors Yönetim Komitesi'nin Başkanı olarak şirketinin zor günleri atlatmasını o sağlamıştı. New York, Jackson Hole ve yıllar önce Johnson'dan aldığı Palm Beach'teki evleri arasında mekik dokuyan bir gezgindi. Reynolds, Nabisco'yu aldığında, Sage'in şapkasını astığı yerler arasına Winston-Salem de katılmıştı. Burada birilerinin ofisini bir süre için ödünç alır ve saatler boyunca şirketin bilançolarını ve gelir gider tablolarını incelerdi.

Johnson'ın fikirleriyle başa çıkabilmek için Sage, Washington'da yerleşik Frank Benevento adlı bir danışmanla çalışıyordu. Johnson, Benevento'ya, "Sir Francis" demeyi adet haline getirmişti. Ancak Benevento, acayip bir seçimdi çünkü 39 yaşındaki bu danışmanın Wall Street tecrübesi, Lehman Brothers'da geçirdiği dört yılla sınırlıydı. Lehman'daki görevinden önce Washington'da avukatlık yapan Benevento, Lehman'dan sonra da enerji sektörüne yatırım yapmış ve bazı şirketlerin yönetiminde yer almıştı. Sage, Benevento'nun öğretmeni ve bazı şirketlerinin yatırımcısıydı.

İkili, "finansal mimari" adını verdikleri şey hakkında saatlerce konuşurlardı. Johnson, bu ikilinin, alanının en iyisi olduğunu düşünüyordu. Aylar sonra, çalışmalarının sonucu ortaya çıktığında Wall Street'li arkadaşları neden böyle düşündüğünü anlayacaklardı.

Benevento, hayatını finansal düğümleri çözmeye adamıştı. Sage'in yönlendirmesiyle Drexel'in Alfa Projesi'ne daldı. Limited ortaklıklar, petrol ve benzin sektöründe bazı başarılar kazanmışlardı. Johnson ve Sage ile yaptığı toplantılarda şirketin mimarisini değiştirme konusunda saatlerce konuşan bu adam, Johnson'da çılgın bir bilimadamı ile karşı karşıya olduğu duygusunu uyandırıyordu.

Ama Alfa Projesi nihai olarak ölü bir proje oldu. Benevento bu fikrin hisse senedinin durumunu düzelteceğine ikna olmamıştı. Bürokrasiden her zaman sıkılmış olan Johnson ise projenin gerektirdiği bürokratik işlemlerden çekiniyordu. Projeyi rafa kaldırma kararı alırlarken, "Ulu Tanrım, herkesin vergi iadeleri üzerinde çalışmak için bir bina dolusu daha adam lazımdı. Bir dolarlık tasarruf yapmak için 200 dolarlık iş gücü gerekecekti," dedi. Bu fikirle iki ay boyunca Winston-Salem'i ve Wall Street'i sarsan Johnson, vazgeçtiğini açıkladı.

Beck ise, azmini kaybetmemişti. Eli kolu bilgisayar çıktılarıyla dolu olduğu halde başka bir fikirle çıkageldi. Neden şirketi bölüp Reynolds'ı hissedarlara bırakmıyor ve yönetimin kaldıraçlı alımla Nabisco'yu almasını sağlayacak olanağı yaratmıyorlardı? Johnson bu fikri Sage'e aktardı. Sage ise, kendi fikriyle geldi. RJR Nabisco'nun tüm hisselerini, nakit ve hisseden oluşan bir paketle satın alıp, bunun ardından Nabisco'yu yaklaşık 6 milyar dolara, kaldıraçlı alım yöntemiyle almak. Sage bu fikri o kadar tutmuştu ki, bir kod ismi bile bulmuştu: Sadim (Midas'ın tersi) Projesi. Fikir, Benevento'yu da heyecanlandırdı. O da bu konudaki görüşlerini Johnson'a aktardı.

Ancak Johnson esnemeye başlamıştı bile. Benevento'nun masasının üzerine koyduğu fikirler, artık düne aitti. Johnson'ın kafasında ise yeni bir plan vardı. Bu plan, Gifford'la arkadaşlığının başladığı günlere kadar uzanan bir hayranlığa dayanıyordu. RJR

Nabisco için medya alanında bir "üçüncü ayak" oluşturulacaktı. Planın ilk hedefi, şirketin yüzde 20'sine zaten sahip olduğu spor kanalı ESPN idi. Johnson, Capital Cities/ABC'nin elindeki kalan yüzde 80'i de almak istiyordu. Şirketi analiz etmesi için Don Ohlmeyer işe başlamış ve Johnson Cap Cities'e 720 milyon dolar önermiş fakat reddedilmişti.

Benevento da Johnson tarafından geri çevrildi. Johnson'ın kaldıraçlı alım fikrini en azından Mart sonlarında Palm Springs'de yapılan yönetim kurulu toplantısına götüreceğini umuyordu. Ancak Benevento boş boş otururken Johnson'ın aklı ESPN'deydi. Üstelik finansal AR-GE'nin fikirlerinden de hiç bahsetmiyordu. Sonradan Benevento'ya kaldıraçlı alım konusunu şimdilik unutmasını söyledi. Bütün o harcamalarına karşın Johnson, kaldıraçlı alımın temelini oluşturan şirketi borca sokma konusunda erdemini muhafaza ediyordu. Yirmi yıl önce GSW'li bankacılara nasıl yaltaklanmak zorunda kaldığı aklına geliyordu. Bankalar, golf turnuvalarının ve şirket jetlerinin gerekliliğini anlamazlar, onun tarzına engel olmaya çalışırlardı. Benevento'ya, "Bu kaldıraçlı alım fikrinden vazgeçelim," dedi.

Jeff Beck, hâlâ direniyordu. Johnson'ın ilgisini nasıl çekebileceğini biliyordu. Johnson'ın Drexel'deki lakaplarından biri, "Yıldız beceren"di. RJR Nabisco'nun medyayla ilgilendiğini duyunca, kendi prodüksiyon şirketini kurmak isteyen arkadaşı, aktör Michael Douglas'la Johnson'ı New York'taki lüks bir restoran olan La Cote Basque'da buluşturdu. Toplantıdan bir sonuç çıkmadı ama Johnson, her zamanki gibi çok iyi vakit geçirdi.

Şirkette iktidarını sağlamlaştıran Johnson, rahatladı ve keyfine bakmaya başladı. Winston-Salem'in getirdiği kısıtlamalardan kurtulan RJR Nabisco, artık Johnson'ın yazacağı beyaz bir sayfa gibiydi. Günün talimatı keyfine bakmaktı ve Johnson için bu kelimenin iki anlamı vardı: Hareket ve imtiyaz.

Johnson, şirketi ve elemanlarını sürekli yeniden yapılanma

durumunda tutarak kukla oynatıcısı rolünü oynuyordu. Yaptığı değişikliklerden bazıları, haylazlıktan başka bir şey değil gibi görünüyordu. Biri dikiş yerlerinden patlayacak duruma gelen, diğeriyse büyümenin yollarını arayan iki şirketin, binalarını değiştirmelerini isteyebilirdi. Nabisco'nun New Jersey ofisinde ortaya çıkan bir espriye göre Johnson, şirketteki bütün taşınma işlerini verdiği Quirk Moving Systems (Acayip Taşınma Sistemleri) adlı bir şirketin ortağıydı. Göz açıp kapayana kadar her şeyin yerini değiştirebilir, elemanı patron yapabilirdi. Espriler, "Eğer patronun seni çağırıyorsa önce adını ve numarasını sor," diye devam ediyordu.

Johnson dümende kıkır kıkır gülerken, orta ve alt düzey yöneticiler, bu sürekli taşınmanın hiç de espri olmadığını keşfettiler. Keşfi sağlayan olay, Nabisco'nun Planters/Life Savers şirketinin Winston-Salem'e taşınıp Horrigan'a bağlanmasıydı. Resmi neden, fındık ve şekerlemelerin de sigaralar gibi marketlerin ön raflarında ve kasaların yanındaki bölmelerde satılması, dolayısıyla da dağıtım sistemlerinin birbiriyle uyuşmasıydı. Asıl nedense Horrigan'ın imparatorluğunu güçlendirmek, Winston-Salem'in ağrısını biraz hafifletmek ve işten çıkarılan Reynolds elemanlarına yeni iş alanları yaratmaktı. Planters'ın başkanı Martin Orlowsky taşınmayı o kadar şiddetle protesto etti ki, yerine Horrigan'ın sevdiği biri getirildi. Planters yöneticilerinin birçoğu da Winston-Salem'e taşınıp Ölüm Taciri Reynolds'la birlikte çalışmak yerine istifa etmeyi tercih ettiler.

Nabisco'nun 42 yaşındaki yükselen başkanı John Greeniaus da sonunda Johnson, "Hey Johnny, işleri bu kadar ciddiye almayı bırak. Yaptığımız belki yanlış, belki doğru. Ne olmuş yani? Nasılsa yakında göreceğiz," diye kestirip atana kadar şiddetle muhalefet etti. Bu sözler, hem o günlerin atmosferini, hem de Johnson'ın yaptığı şeylerin diğerleri üzerindeki etkisini nasıl gözardı ettiğini gayet iyi gösteriyordu. Planters'ın taşınması, Johnson'ın sonunu düşünmeden harekete geçme huyunun tehlikelerini de ortaya seriyordu. Çünkü Cam Hayvanat Bahçesi'ni Wame Forest'a bağışlayan şirket, Winston-Salem'e getirilen elemanları yerleştirecek ofis binası bulamıyordu. Bu yüzden RJR Nabisco, binayı

üniversiteden tekrar satın almak zorunda kaldı.
 Johnson, kendi adına Winston-Salem'den mümkün olduğunca uzak durmaya çalışıyordu. North Carolina'da hâlâ damgalı bir adamdı. O yaz Reynolds, bordrolarından 2.800 kişiyi temizlemek için bir erken emeklilik programını devreye soktu. Ve her zamanki gibi suçlanan, yine Johnson oldu. Winston-Salem sokaklarında yurtiçi tütün işlerinin başındaki Jerry Long'un Johnson'la yumruk yumruğa kavga ettiği söylentisi yayıldı. Söylentiye göre; Reynolds işçilerinin haklarını savunmaya kararlı olan Long, Johnson'a sıkı bir yumruk atmıştı. Olaya adı karışan iki kişi de Johnson'ın traş olurken yüzünü kestiğini, Long'un ise küçük bir ameliyat geçirip kolu sarılı halde işe geldiği gün söylentinin çıktığını dile getirerek olayı yalanladı. Ancak durdurulması zor bir söylentiydi çünkü herkesin buna inanmaya ihtiyacı vardı. Daha sonraları Long, Reynolds'dan uzaklaştırılmasının ardından yerel bir komisyonda görev almak için girdiği seçimlerde başarı kazanınca bazı politik gözlemciler bunda Johnson'la kavga ettiği söylentisinin payı olduğunu belirttiler.
 Johnson, Reynolds'ın sponsoru olduğu Vantage Pro-Am golf turnuvasında oynamak için şehre gelince, cehennem meleklerini de çukurlarından çıkarmış oldu. Ama golf sahasına helikopterle inmesi ve üzerinde adı yazılı bir golf arabasıyla etrafta dolaşması Johnson'a yönelik bazı tacizlere davetiye çıkarmıştı. Biri, "Atlanta'ya dön, seni serseri köylü!" diye bağırdı. Johnson'ın oyundaki ortağı Arnold Palmer bile tacizlerden nasibini almıştı. Ona da, "İyi oyunlar Arnie. Bu orospu çocuğuyla birlikte oynamak zorunda kalmana üzüldük!" diye bağırdılar. Johnson büyük bir dikkatle vuruş yapmaya çalışırken sataşmalar devam etti: "Güneye doğru vur serseri, Atlanta'ya doğru..."
 Winston-Salem'le arasının kötü olması, Johnson'ın sürekli Horrigan'ı pohpohlamasında etkili olmalıydı. Aralarındaki düşmanlığı gömen ikili, giderek daha çok yakınlaşıyordu. Eşleri de öyle. Betty Horrigan Kanadalıydı ve Laurie Johnson'la araları gayet iyiydi. Johnson, Horrigan'ın istediği, istemediği her şeyi ona vermeye devam ediyordu. Örneğin Horrigan, şirketin Palm Beach dışında-

ki Loxahatchee Country Club'da aldığı lüks evi, istediği gibi kullanabiliyordu.

Johnson, Horrigan'ın limuzin fetişini de teşvik ediyordu. Üstelik söz konusu olan herhangi bir limuzin de değildi. Horrigan, seyahat ederken beyaz limuzin istiyordu. Kendisine verilen limuzin başka bir renkteyse veya istediği anda emrine amade bir şoför bulamazsa, huysuzlanıyordu. Horrigan, Atlanta'daki genel merkezle kaldığı Waverly Hotel arasındaki birkaç yüz metrelik yol için bile bir şoförün gelip kendisini almasını istiyordu. 1980'lerde Winston-Salem limuzinlerle tanışmıştı. Horrigan, Johnson'ın da onayıyla Reynolds'ın siyah Lincoln Town Car şirket arabalarını kestane rengi Cadillaclar'la değiştirdi. Şoförlere de buna uygun üniformalar yaptırdı. Kestane, Horrigan'ın en sevdiği renkti.

Johnson, Horrigan'ın bu tür küçük kabahatlerine ve imtiyaz hasretine kahkahalarla gülüyor ama istediğini de yapıyordu. Yıllar sonra bu konuda, "Şoföre 50.000 dolar verilmesi beni ilgilendirmiyordu. Beni ilgilendiren şey, 1.2 milyar dolardı (tütün şirketinin nakit akışı)" diyecekti. Johnson başka alanlarda çeşitli meselelerle karşılaştıkça, hâlâ şirketin en kârlı alanı olan tütün için Horrigan'a giderek daha fazla katlanmak durumunda kalmıştı. "Tek sorun, beni becermeleri, gerçekten becermelerine değiyor mu?" diyordu.

Bir akşam Horriganlar, Johnsonlar'ı yemeğe davet etmişlerdi. Konuşma, kaldıraçlı alım meselesine geldi. Johnson, "Lanet olsun, asla kaldıraçlı alım yapmayacağız," dedi. "Bundan etkilenebilecek o insanları düşünsene. Bunu yapamayız. Yüzlerce insanı işten mi kovacağız? Bunu taşıyabilir miyiz? Üstelik Amerika'daki en iyi işlerde çalışıyoruz."

Yalan değildi. RJR yöneticileri, krallar gibi yaşıyordu. En üst düzey 41 yöneticinin toplam ücreti 14.2 milyon dolardı. Ortalama olarak bu 458.000 dolar ediyordu. Bazıları, Waverly Hotel'deki ayakkabı boyacısı kızlara verdikleri 100 dolarlık bahişlerle efsaneleşmişlerdi. Johnson'ın evindeki iki hizmetçi, ücretlerini şirketten alıyordu. Kurmayları da Atlanta'daki konut sektörünün en iyi müşterisiydi.

Yeni genel merkez binasında hiçbir masraftan kaçınılmadığını anlamak için yönetim katının girişini görmek gerekirdi. Burada, resepsiyonun arkasında, 18. yüzyıla ait 100.000 dolarlık, sarı vernikli bir Çin paravanı vardı. Paravanı, başka bir hanedanlık döneminde yapılmış, gök mavisi bir çift Çin vazosu tamamlıyordu. Vazoların değeri ise 16.000 dolardı. Ziyaretçiler, Fransız İmparatorluğu dönemine ait maun sandalyelere (30.000 dolar) oturabilir ve yine aynı döneme ait karşılıklı iki kitaplığı (30.000 dolar) hayranlıkla inceleyebilirlerdi. Bütün ziyaretçilere tütün yaprağı şeklinde yapılmış İngiliz porselenlerinde (20.000 dolar) tatlı servisi yapılırdı. Ziyaretçi içeri girip Bob Carbonell'in odasına giderse, deve rengindeki İran halısını (50.000 dolar) görebilirdi. Eğer ziyaretçi, Ross Johnson'ı görecek kadar şanslıysa, ofisinin çeşitli yerlerine serpitirilmiş 30.000 dolarlık 18. yüzyıl mavi beyaz porselen çinileri görebilirdi.

RJR, Londra, Paris ve New York'taki antikacıların favorisiydi. Laurie Johnson, dekoratörüyle birlikte bizzat Avrupa'daki dükkanlardan alışveriş ediyordu. Genel merkezi taşımanın 50 milyon dolarlık maliyeti dışında, Washington'daki yeni ofiste ve eski tütün merkezinde de milyonlarca dolarlık dekorasyon masrafları yapılıyordu. Şirkete şükran duyan satıcılardan biri, "Şimdiye kadar çalıştıklarım arasında bütçe sınırı koymayan tek şirket buydu," diyordu.

Kelimenin tam anlamıyla tatlı hayattı yaşadıkları. Günde iki kez bir şekerleme arabası gelip her katın resepsiyonuna bonbonlar bırakırdı. Üstelik, bunlar Amerikan malı Baby Ruth değil, güzel Fransız şekerleriydi. Şirketin alt kademe müdürlerine verilen en alt düzeydeki imtiyazlar bile, bir kulüp üyeliğiyle 28.000 dolarlık bir arabayı içeriyordu. (Çok lüks arabalar için yöneticilerin kendi paralarından da bir miktar katkıda bulunmaları gerekiyordu.) En büyük imtiyaz ise, herkesin bildiği gibi Johnson'ın iki düzine kulüp üyeliği ve John Martin'in 75.000 dolarlık Mercedes'iydi.

Ancak, insanların etrafındaki eşyalar ne kadar hoş olursa olsun, genel merkezdeki düzen tam anlamıyla bir kast sistemine dayanıyordu. Binada çalışan yaklaşık 400 kişinin üçte biri, New Jersey'den gelmişti. Bunlar, Standard Brands'in kıdemli elemanlarıydı. Üçte birlik diğer bir kısım, Winston-Salem'den gelen Reynolds elemanlarıydı. Çoğunlukla sekreter ve memur kademesinden olan diğer üçte birlik kesim ise, Atlanta'dan alınmıştı. Reynolds kökenliler, işlerin kendi üzerlerine yıkıldığına inanıyordu. Bazıları, kendilerine, "mantar çiftçisi" diyordu, çünkü karanlıkta çalışıyor ve kürek kürek gübre atmaktan başka bir iş yapmıyorlardı.

Yeni genel merkezde, kaçınılmaz bir geçicilik havası vardı. Winston-Salem'deki eski büyük tütün binasının, hatta bir sigara fabrikasının karşısında bulunan Cam Hayvanat Bahçesi'nin yerine Johnson, şirketi, tepeden bir otoyolu gören alışveriş merkezi-otel-işyeri kompleksine taşımıştı. Kurmaylarından bazıları (Ed Robinson ve Andy Hines) kuzeydeki evlerini satmamışlardı bile. Şirketin genel sekreteri Ward Miller, Atlanta'ya taşınmamıştı. RJR Nabisco ile ilgili her şey sanki "Şöyle bir geçiyorduk," diyordu.

Yeni paranın ve huzursuz insanların nihai ifadesini bulduğu yer, Atlanta şirketlerinin jetlerinin durduğu, yakınlardaki Charlie Brown Havaalanı idi. Johnson, şirketin giderek büyüyen jet filosunu barındırmak için orada bir hangar yapılması talimatını verdi. Reynolds'ın yarım düzine jeti vardı. Nabisco'nun ise, Johnson gibi bir yöneticinin içine dahi sokulamayacağı kadar gösterişsiz bir çift Falcon 50'si ve Lear gibi küçük bir uçağı vardı. İki yeni Gulfstream'in daha gelişinden sonra Johnson, her biri 21 milyon dolar gibi bir paraya malolan iki yeni G4 ısmarladı. Hangar için, şirketin havacılık işlerinin yöneticisi olan Linda Gavin'e, aşmasını sıkı sıkıya tembihleyerek sınırsız bir bütçe verdi.

Şirket hangarlarının Tac Mahal'i bittiği zaman, RJR, Coca-Cola'nın bitişikteki hangarını gölgede bıraktı. Para, hangarın kendisine değil, camla kaplı üç katlı binaya ve bu binanın 250.000 dolara mal olan, içinde bir Japon bahçesi bulunan çevre düzenlenmesine harcanmıştı. Binanın içinde, üç katlı bir atrium yapılmış, zemin İtalyan mermeri, duvarlar ve kapılar ise maun kaplama doğramalarla bezenmişti. 800.000 dolardan fazla mobilya harcaması yapılmıştı. Buna, 100.000 dolarlık cam bir kasede muhafaza edilen antik bir Çin tören giysisi ile muhteşem bir Çin tabağı ve vazosu da dahildi. Şatafatlı banyonun bir kenarında işlemeli bir sandalye duruyordu. Sandalye öylesine işlemeliydi ki banyonun içinde gezinirken bile, insan o işlemeleri izlemekten yorgun düşerdi. Binanın diğer özellikleri şöyleydi: Yürüyen bir şarap soğutucusu, ziyaretçiler ve pilotlar için televizyon ve stereo müzik sistemli bir dinlenme odası, yöneticilerin nerede olduklarını ve gelecekteki seyahat isteklerini izlemeye yarayan bilgisayarlarla donatılmış bir uçuş planlama odası. Bütün bunlar, artık RJR Hava Kuvvetleri olarak tanınmaya başlayan on şirket uçağı ile 36 pilotu izlemek için gerekliydi.

Şirketin havacılık ekibi, bina hakkında Johnson'a sunum yaparken biraz titremişti. Johnson gösterişli bir şeyler istemişti ama ortaya 12 milyon dolarlık bir maliyet çıkmıştı. Johnson bir şirket hangarında olması gereken her şeyin kendi hangarında da olmasını istemişti ama bu, 18 bin metrekarelik bir boyuta ulaşmıştı. Johnson, çizimlere bakıp mimarları dinledikten sonra 6 bin metrekare daha büyütülmesini önerdi.

RJR Hava Kuvvetleri, Johnson'ın huzursuzluk, yerinde duramamak ve etrafa saçmakla ilgili durumunu özetliyordu. Frank Gifford, evinden alınıp Pazartesi akşamlarının futbol maçlarına getirilirdi. Gifford'u talk şovuna davet eden Kathie Lee daha sonra onunla evlenmiş, balayına RJR'nin jetlerinden biriyle çıkmışlardı. (Johnson, düğündeki en iyi adamdı.) Roone Arledge'in Los Angeles'dan San Francisco'ya gitmesi gerektiği zaman, Atlanta'dan bir RJR jeti havalanmıştı. Johnson'ın şirketten uzun süre önce ayrılmış eski arkadaşı Martin Emmett, hâlâ RJR jetleri üzerinde şirkette çalışan herhangi bir kişiden çok daha fazla mil yapıyordu.

Jetler, şirket varlıklarının uygun kullanımıyla suistimal arasındaki çizginin giderek belirsizleşmesinin de sembolüydü. Bazıları Johnson'ın Alman çoban köpeği Rocco'nun, suistimale girdiğini düşünüyordu. O yıl Dinah Shore'da Rocco bir güvenlik görevlisini ısırarak Johnsonlar'ın evinde ciddi bir endişe kaynağı olmuştu.

Rocco, acaba yetkililer tarafından yakalanacak ve karantinaya mı alınacaktı? Yoksa daha da kötüsü mü olacaktı? Sonuçta Rocco'nun bir an önce gitmesi gerektiğine karar verildi. Gizlice şirket uçaklarından birine bindirilip Palm Springs'ten Winston-Salem'e, kanunun bir adım ötesine kaçırıldı. Şirketin başkan yardımcılarından Dinnes Durden'ın eşlik ettiği Rocco, yolcu listesine, "G. Shephard (shephard= çoban)" olarak geçti. Bu, Rocco'nun tek macerası değildi. RJR Johnson'ın bahçıvanı için sigorta şirketine bir ısırık bedeli ödemek zorunda kalmıştı.*

RJR Hava Kuvvetleri, Johnson'ın lüks hayata olan biletiydi. Her hafta uçaklar Don Meredith'i Santa Fe'den veya Bobby Orr'u Boston'dan ya da Mulroneyler'i Kanada'dan alıp getiriyordu. Team Nabisco'nun elemanları, Air Johnson'ın sürekli yolcuları arasındaydı. Papa, ekibin elemanlarına, birkaç kez insanların arasında "ispat-ı vücut etmeleri" karşılığında, kıdemli bir başkan yardımcısının ortalama maaşından daha fazla ücret ödüyordu: Meredith yılda 500.000, Gifford 413.000 (artı New York'ta bir ofis ve daire) ve golfçü Fuzzy Zoeller 300.000 dolar alıyordu. Ama kral, yılda 1 milyon dolar alan Jack Nicklaus'tu.

Johnson bu arkadaşlarının süpermarket sahipleri ve yöneticileri üzerinde büyük etkisi olduğunu ileri sürüyordu. Ama şirket işleriyle kişisel işlerin ayrımı, RJR Nabisco'da iyice belirsizlemişti. Golfçü Judy Dickenson, Laurie Johnson'a golf dersleri veriyordu. Gifford, New York Boys Club gibi Johnson'ın sevdiği yardım kuruluşları yararına kampanyalar yürütüyordu. New York Giants'ın emekli oyuncularından Alex Webster ve Tucker Frederickson'a, Team Nabisco'nun Jupiter, Florida'daki binasında ofisler verilmişti ve Frederickson, bu ofiste yatırım danışmanlığı yapıyordu.

Ancak Johnson'ın Team Nabisco için o kadar para saçmasına karşın bu sporculardan bazıları o kadar kolay yönetilemiyordu. Özellikle de Nicklaus. Niklaus, en yararlı kullanılabileceği alandan, yani Johnson'ın en iyi müşterileriyle golf oynamaktan hoşlanmıyordu. Üstelik kendini, Nabisco'nun her işlevini tek başına yerine getirme görevinin üzerinde görüyordu. Johnson ve Horrigan dışında RJR Nabibsco'da çalışan herkesten fazla para alan "Altın Ayı", buna karşılık yılda altı kezden fazla ispat-ı vücut etmesi

---

* Johnson, bu uçuşun sadece köpek için yapıldığını yalanlıyor.

139

gerektiğinde, homurdanıyordu. Alt düzeydeki insanlarla yaşanan bazı sorunlardan sonra Niklaus'dan sadece Johnson ve Horrigan'ın hizmet isteyebileceği yolunda bir kanı yerleşmişti.

Bir de O. J. Simpson sorunu vardı. Futbol yıldızı Simpson yılda 250.000 dolar alıyor ama bütün bir yıl süren Team Nabisco faaliyetlerine katılmıyordu. Aynı şey, yine çeyrek milyon dolar alan Don Mattingly için de geçerliydi. Ama Johnson bunlara aldırmıyordu. Emrindekiler nasıl olsa bunlarla ve diğer sorunlarla ilgileniyordu. O da gayet güzel vakit geçiriyordu. Her zaman söylediği gibi, "Birkaç milyon dolar, zamanın kum taneleri gibi savrulup gitmişti."

RJR Onursal Yönetim Kurulu Başkanı Sticht, Johnson'ın müsrifliğinden dehşete düşmüştü. Etrafında güzel şeyler bulunmasından hoşlanan Sticht bile bu kadarının fazla olduğunu düşünmeye başlamıştı. Ona göre RJR Nabisco'nun Atlanta'daki parlak genel merkezi, sonradan görme abartısıyla adeta bolluk ve israf diye bağırıyordu. Johnson golf turnuvaları ve Manhattan seyahatleriyle o kadar meşguldü ki kendi yönetim kurulu başkanı olan Sticht bile onunla görüşemiyordu.

Ağustos 1987'de Bohmeian Grove'daki yıllık konuşmasında Sticht, orada hazır bulunan şirket ileri gelenlerinin huzurunda Johnson'ı açıkça eleştirdi. Onun için kullandığı sıfat, "kıç tekmeleyen"di. Ayrıca arkadaşları ve Grove sakinleri olan John Macomber ile Vernon Jordan'a da Johnson'dan yakındı. Onlara şirketin başının tekrar değiştirilmesinin zamanının belki de geldiğini söyledi. Macomber, bu lafa dikkat kesilmişti. Celanese'yi, Alman Hoechst'e satmıştı ve kendi zamanının geldiğine inanıyordu. Sorulduğunda hep reddetmesine karşın, RJR'nin başına geçmek, her zaman ilgisini çekmişti.

Johnson, yeni bir darbe olasılığını ortadan kaldırmak için çok ağır hareket etti. 31 Ağustos'ta Sticht'le buluştu. Ona, "Bana bak Paul, Ekim'de 70 yaşına giriyorsun. Artık yorulduk. Bir değişiklik yapacağım," dedi. Her zaman politik oyunlara karşı duyarlı olan

Johnson, Stihct'in gücünün artık azalmaya başladığını hissetmişti. Bir zamanlar onu nasıl pohpohladıysa, şimdi de her şeyini elinden alıyordu. Yönetim kurulu başkanlığından uzaklaştırdıktan sonra havacılık departmanına da Sticht'in şirket uçağı taleplerinin bizzat kendi onayından geçmesi gerektiğini bildirdi. Sticht bunun böyle olduğunu görünce, bir daha uçak istemedi.

Johnson'ın tahminleri doğru çıkmış ve Sticht'in yönetim kurulundaki müttefiklerinden kimse olanlara ses çıkarmamıştı. Wilson zamanındakinin tersine, yönetim kurulu üyeleri artık her türlü ihtiyaçlarının bütün detayıyla karşılandığını görüyordu. Uluslararası Danışma Kurulu'nun başkanlığına, Sticht'in yerine NCR'dan Bill Anderson kaydırıldı ve buradaki hizmeti nedeniyle de kendisine yılda 80.000 dolarlık bir ücret sözleşmesi imzalatıldı. Johnson, RJR Nabisco'nun hissedar hizmetleri departmanını kapatarak bu işi John Medlin'in Wachovia Bank'ine verdi. Tabii, belli bir bedel karşılığında. Juanita Kreps'e, Duke'ta kurulacak iki kürsüye bağış yapması için 2 milyon dolar verildi. Ayrıca 2 milyon dolar da, Duke'un yeni binalarından birinin bir kanadına Harrington Hall ismi konulması için harcandı. (Bu arada Johnson, Duke mütevelli heyetine girmişti.) Ron Grierson da aşırı övgü görüyordu. Atlanta'ya gelişlerinde telefon başında o kadar çok vakit geçiriyordu ki Johnson odasına küçük bir paravan koyup üzerine, "Burası Ron Grierson'ın ofisidir" yazdırdı.

Johnson'ın Nabisco Yönetim Kurulu'ndan getirdiği üyelerin durumu, daha da iyiydi. Bob Schaeberle, RJR ile yıllığı 180.000 dolara 6 yıllık bir danışmanlık sözleşmesi imzalamıştı. Sözleşmede yerine getirmesi gereken yükümlülükler olabildiğince belirsiz ifadelerle tanımlanmıştı. Andy Sage, finansal Ar-Ge'deki faaliyetleri karşılığında yılda 250.000 dolar alıyordu. Charlie Hugel ise, pek de alışıldık olmayan bir işlem yapılarak Sticht'in yerine RJR Nabisco'nun törensel ve "icra yetkisi olmayan" yönetim kurulu başkanlığına getirilmişti, yılda 150.000 dolar alıyordu. Johnson, Hugel'ı başkan yaparak, yönetim kuruluyla zaten iyi durumda olan ilişkilerini, onun sayesinde iyice güçlendireceğini düşünmüştü.

Bir yandan da yönetim kurulu toplantılarının sayısı büyük ölçüde azaltılarak huzur hakkı 50.000 dolara çıkartılmıştı. Wilson, kurul üyelerinin şirket uçaklarını sadece şirketle ilgili işlerde kullanmasına izin veriyordu. Johnson ise RJR Hava Kuvvetleri'ni istedikleri zaman, istedikleri yerde ve karşılıksız kullanmaları için onları teşvik ediyordu. Hatta bir keresinde bir kurul üyesinin uçağı kullanması için gerekli düzenlemeleri yaptıktan sonra, "Bazen kendimi ulaşım müdürü gibi hissediyorum. Ama biliyorum ki ben onlar için buradaysam, onlar da benim için oradalar," demişti.

Johnson, büyük ölçüde Britanyalı bir dev olan Gruand Metropolitan PLC'nin 1.2 milyar dolarlık teklifi nedeniyle Hueblin'i satmayı çok istiyordu. Ancak, Stuart Watson sorun çıkarıyordu. RJR Nabisco Yönetim Kurulu'ndaki bu emekli Hueblin Yönetim Kurulu üyesi, Kentucky Fried Chicken'ın bile satışına ayak diredikten sonra, kendi şirketinin Britanyalılar'a satışına mutlaka isyan ederdi. Hueblin'in CEO'su Jack Powers, toplantılara katılmak için Winston-Salem'deyken Johnson onu Old Town Club'da yemeğe götürdü.

"Jack, Stuart Wilson'ın dünyada en çok istediği şey nedir?" diye sordu.

Powers biraz düşündü. Watson birkaç ay içinde yönetim kurulundan emekli olacaktı. Ama iktidarın nimetlerinden kopma düşüncesi ona çok zor geliyordu. "En çok istediği şey, bir ofis ve bir sekreter," dedi Powers.

Johnson'ın cevabı, "İstediği yerde ofisinin ve sekreterinin hazır olduğunu ona söyle. İsterse Zaire bile olabilir," idi. Hueblin, sorun çıkmadan satıldı.

Johnson, yönetim kurulunu tamamen avcunun içine aldığını düşünüyordu. Ancak Horrigan, bundan o kadar emin değildi. Johnson'ın müstehcen kelimeleri karşısında üyelerin tokat yemiş gibi nasıl geri çekildiklerine tanık olmuştu. Horrigan, ayrıca kurulla birlikte diğer insanların arasındayken Johnson'ın altın kolyeler takmasını ve açık yakalı tişörtler giymesini istemiyordu. Sonunda onu uyardı. Belki bu kendi "doğal İrlandalı şüpheciliğiydi" ama "Yönetim kurulu senin avucunda değil Ross. Bir hata yapmanı bekliyorlar."

Herkes Johnson'ın sonraki hamlesini bekliyordu. Görünüşe göre Johnson her yıl yeni bir şeyle ortaya çıkıyordu: Reynolds-Nabisco birleşmesi, Atlanta'ya taşınma, tamamlanmamış limited şirket fikri. Johnson'ın altındaki Ferrari, Amerika'nın en büyük motorlarından birine sahipti (sigaradan gelen yılda 1.2 milyarlık nakit) ve önündeki yol açıktı. Soru şuydu: Johnson nereye gitmek istiyordu?

Atlanta'ya taşındıktan sonraki bir yıl içinde Johnson, Hueblin'i ve bir sürü küçük şirketi satarak RJR Nabisco'yu tırpanlamakla uğraşmıştı. Bay RJ'nin ulusal ölçekteki ilk ürünü olan sevgili pipo tütünü Prince Albert, Reynolds'ın diğer pipo tütünleri Carter Hall, Apple ve Royal Comfort'la birlikte gitmişti. Winchester isim verilen bir dizi sigara da satılmıştı. Kanada'da Emmett, mümkün olan en hızlı şekilde şirketleri satıyordu. 350 milyon dolara yarım düzine şirket gitmişti.

Bu ve diğer işlemlerden gelen para RJR Nabisco'nun kasalarını doldurdukça, Johnson eline geçeni sadece banka borçlarını ödemek için kullanıyordu. Yatırım bankacıları sürekli bu fonları daha iyi kullanması gerektiği konusunda baskı yapıyor, bir şeyler alması için sıkıştırıyordu. Şirkete damgasını vurması gerektiğini söylüyorlardı. Ancak bir şeyler almak, Johnson'ın ilgisini çekmiyordu.

Johnson'ın, önde gelen kaldıraçlı alımcılardan Kohlberg Kravis Roberts & Co. tarafından 1986 yılında özelleştirilen Chicago'lu gıda devi Beatrice'in bir bölümünü alacağına dair bir söylenti çıkmıştı. Aslında söylenti, Beatrice'in, bazı şirketleri Del Monte'ye cuk diye oturabilecek olan Hunt Wesson bölümüyle ilgiliydi. Bunun dışında Beatrice'in La Choy Çin yemekleri birimi de Nabisco'nun Chun King'iyle uyuşabilirdi. Ama Johnson'ın bu konuya olan ilgisi, dağınık ve birbiriyle ilişkisizdi.

Johnson, Beatrice'in başındaki adamı, Chicago'lu bir İrlandalı olan Don Kelly'i tanıyordu. Kelly, eski bir et paketleme şirketi olan Swift'i, Esmark adlı dev bir şirkete dönüştürmüştü. Şirket Beatrice'e satılmış ve Kohlberg Kravis şirketi tamamen satın almıştı.

Kelly, bu olayın ardından şirketin başına gelmişti. Öngördükleri 3 milyar dolar finansman dünyasını şaşkına çevirmişti. Johnson da Kelly'nin sürekli kendisine nasıl zenginleşmekte olduklarını anlatıp durmasından bıkmıştı.

Morgan Stanley & Co.'nun şirket birleşmeleri bölümü yöneticisi Eric Gleacher, aylardır Kohlberg Kravis'in yönetici ortağı Henry Kravis'le buluşması için Johnson'ı sıkıştırıp duruyordu. Johnson sonunda kabul etti. Ama Gleacher kararlaştırılan günün sabahında RJR Nabisco'nun New York bürosuna geldiğinde, Johnson'ın fikrini değiştirdiğini görecekti.

"Bu işi yapmayacağız, Eric. Şirket işe yaramaz. İlgilenmiyoruz. Heny'i kızdırmak istemem ama bunlar en iyi durumda bile marjinal şirketler. Neden hem kendi zamanımızı, hem de onlarınkini boşa harcayalım?" dedi.

Gleacher, "O zaman neden bunu zamanında söylemedin?" diye sordu.

Johnson, Kelly'e karşı nazik davranmaya çalıştığını söyledi. "Bu şirketi Kelly'den alacak kişi, tam bir aptaldır. Ben Don Kelly'nin enayisi olmayacağım."

Sonra işe Ira Harris karıştı. Harris, Chicago yatırım bankacılarının üstadıydı ve Kelly ile Johnson'ı yıllardır tanırdı. Bronx doğumlu yoksul bir çocuk olan Harris, menkul kıymet aracı kurumlarında yükselerek Amerika'nın en önde gelen anlaşma düzenleyicilerinden biri olmuştu. Harris, her zaman kilolarıyla başı dertte olan ve golf oynamayı çok seven bir adamdı. Salomon Brothers'ın Chicago temsilcisi olarak yıllar boyunca bu rüzgarlı kentin büyük şirketleri arasında çöpçatanlık yapmıştı. Salomon'un Yönetim Kurulu Başkanı John Gutfreund'la arası bozulduktan sonra bir süre işsizliğin keyfini çıkarmış, sonra da 1987'de yine bir Wall Street şirketi olan Lazard Freres & Co.'ya girmişti.

Harris, yaz sona ererken Johnson'ı arayıp onun en sevdiği golf kulüplerinden olan Long Island'daki Deepdale'de bir oyun teklif etti. Söylediğine göre Kelly orada hiç oynamamıştı ve görmek istiyordu. Johnson kabul etti. Bu üç para harcama ustası, Eylül ayının ilk haftası içinde bir gün, saat 12.15'te buluşup kişi başına 3 dolarlık potla oyun oynamaya karar verdi. Johnson, 10 kötü puana grubun en iyi oyuncusuydu. Ancak Kelly, 14 kötü puanının kendine sağladığı ek vuruş avantajını iyi kullanıp 9 dolarlık ödülü kazandı. Oyundan sonra ellerinde içkileri kulübün terasında oturdular. Kelly, özellikle de Henry Kravis aracılığıyla yapılacak bir kaldıraçlı alımın inanılmaz yararlarından bahsetti. "CEO olarak aynen şimdi yaptığın işi yapıyorsun ama fazladan acayip para kazanıyorsun," dedi.

Johnson da bunu biliyordu. Bir süre önceki kaldıraçlı alım teklifi sırasında Benevento'ya Kelly'nin alacağı parayı hesaplattırmış ve 400 milyon dolar olduğunu görmüştü. Ama yine de RJR Nabisco'da bir kaldıraçlı alım fikrine soğuktu. "Yaptığım şeyden hoşlanıyorum ve para benim için büyük bir baş belası," dedi.

Johnson, bunun dışında onlara RJR Nabisco'nun büyüklüğünü anlattı. Beatrice işi, 6.2 milyar dolarla tarihin en büyük kaldıraçlı alımıydı. Oysa RJR'de durum öyle değildi. Şirketin hisse senedi, son günlerde 70 dolar seviyelerindeydi. "Eğer istediğinizi yapacaksanız, 80 veya 90 dolardan bahsetmeniz gerekir. Biraz prim kazanmak için acayip bir yükün altına gireceksiniz." Kafadan hesaplayarak bu miktarı da buldu. RJR Nabisco'nun 230 milyon adet hissesi için, 90 dolar, 20 milyar dolar ediyordu.

Kelly "Henry ile buluş," diye ısrar etti. "O da seninle tanışmak için can atıyor. Size bir yemek ayarlayabilirim." Johnson, bu teklifle ilgilenmişti. Pratikte adı kaldıraçlı alımla özdeş görülen Kravis, Wall Street'te bir efsaneydi. Kohlberg Kravis, 1976 yılında kurulduğundan beri borç parayla aldığı iki düzineden fazla şirkete sahipti. Johnson, bir efsaneyle tanışma fırsatı insanın karşısına her gün çıkmaz diye düşündü.

On gün sonra Johnson, Kravis'in Park Avenue'deki dairesine gittiğinde Kelly'i kendisini bekler halde buldu. Kravis'in muhteşem karargahını, yuvalarından uğramış gözlerle gezdi. Duvarda bir Renoir ya da Monet gördüğünü düşündü. Kendi kendine, "Hay lanet!" dedi, "bu adam sırf bu odadakileri satarak bile gayet güzel yaşayabilir." Londonderry 6. Markizi John Singer Sargent'in büyük resminin hakim olduğu yemek odasında hep birlikte yemek yediler.

Sadece 43 yaşında olan Kravis, gümüşi saçlı, minyon tipli ve tıknaz bir adamdı. Yemekte hep kaldıraçlı alımlardan, borcun şirket operasyonlarının sağlamlaştırılması üzerindeki etkisinden ve yöneticilerin en küçük bir çabayla milyonlarca doları nasıl kaptığından bahsetti. "Eğer ilgilenirsen, tekrar biraraya gelebiliriz. İstersen adamlarımı yollayıp şirketinin rakamlarına bir baktırayım," dedi.

Johnson ise, "Peki bu işi kim yapacak?" diye sordu, "Nasıl yapılacak?"

Kravis, Kelly'i işaret ederek "Don'a sor," cevabını verdi.

Kelly, sanki beklediği işareti almış gibi, netice itibariyle şirketin çoğunluk hissesine sahip olan Kohlberg Kravis'le ne kadar mükemmel ve karşılıklı güvene dayalı çalışma ilişkileri olduğunu anlattı. Johnson şüpheciydi ama dilini tutmayı bilmişti. Daha sonra o günden bahsederken, "Tuzağa düşmedim. Eğer bu kadar paradan konuşuluyorsa, birileri söylediğinizi yapmanız için sürekli kıçınızın tepesinde olacaktır," diyecekti. Bir başkasının yanında çalışmak, Johnson'ın ilgisini çekmiyordu.

Konuşma, Johnson'ın yapması gerekenlere gelince, konuyu değiştirdi ve kalan zamanın çoğunda, bir süre sonra piyasaya sürülecek olan Premier'den bahsetti. Kravis nazikçe dinledi ama aklında başka şeylerin olduğu belliydi. Bir süre sonra doksan dakikalık bu yemek sona erince de Johnson kalktı. Oradan, Kravis'in parlak ve dirayetli bir genç adam olduğu hissiyle ayrıldı. Ama aynı zamanda, birlikte asla iş yapamayacaklarını da hissetmişti.

Ertesi sabah Johnson, New York ofisinde Benevento ve Sage ile oturup kaldıraçlı alım konusundaki diğer olasılıkları değerlendirdi. Benevento, Sadim Projesi'ni tekrar ortaya çıkararak rakamları bilgisayarda bir kez daha kontrol etmişti. Kaldıraçlı alımın temeli çok basitti ve üç adamın da iyi bildiği bir konuydu.

Bir şirketin yönetimiyle birlikte çalışan Kohlberg Kravis gibi bir firma, bankalardan ve menkul kıymet satışından elde edilen parayla şirketi alıyor, bu sırada altına girilen borç şirketin faaliyet kârıyla, daha çok da şirkete ait iştiraklerin satılmasıyla ödeniyordu.

Johnson'ın ofisinde Benevento, RJR Nabisco'nun kaldıraçlı alım yöntemiyle nasıl alınabileceğini ona gösterdi. Hisse başına

90 dolarlık fiyatı baz alan Benevento, izleyen beş yıl için şirketin nakit akış tahminleriyle şirketi almak için altına girilecek borcu karşılaştırdı. Bu şemanın işe yaraması için, şirketin Reynolds Tobacco dışındaki tüm birimlerini satması gerektiğini ekleyerek, uyarısını da yaptı.

Johnson, Benevento'nun çalışmasını inceleyerek özellikle nakit akışıyla borç ödemelerinin birbirini karşılayıp karşılamadığı üzerinde durdu. Çok küçük bir marjla karşılıyordu. Kaldıraçlı alımla alınmış şirketlerin eldeki nakti tutmak için diktatörce yönetildiği bilinirdi. Johnson ise çok değer verdiği imtiyazları şöyle dursun, ne kadar uğraşırsa uğrasın, tasarruf tedbirleri uygulama konusunda içinde herhangi bir istek uyandıramadı. "Bunu sevmedim..." dedi, "rahat olabileceğim bir karşılama oranı yok. Bu şekilde bir şirketi yönetemezsin."

Johnson'da ciddi bir zenginlik hırsı vardı ama zaten bolluk içindeki hayatını biraz daha fazla servet edinmek için tehlikeye atamazdı. "Zaten kendimi şanslı bir adam sayıyorum. İşe başladığımda hiçbir şeyim yoktu. Şu anda hayal edebileceğimden çok daha fazla param var. Üstelik emekli olduktan sonra da 700.000 dolar maaş alacağım. Daha fazlasını ne yapayım?" dedi. Sage, bunu onayladı.

Doksan dakikalık toplantının kalan kısmında üçlü, aralarında ESPN hisselerinin satışı ve bir Britanyalı şeker şirketinin alımı gibi fikirleri tarttı. Diğerleri ofisten çıkmak için kalkarken Johnson pencereye giderek güneye, Manhattan'a doğru baktı. Buradan Wall Street'i rahatça görebiliyordu. Şimdilik bu fikir onun ilgisini çekmemişti. Dışarı doğru bakarken, "Umarım, beş yıl sonra da üçümüz şirketin stratejik beyin takımı olarak burada oluruz," dedi.

BÖLÜM
4

İyi, kötü ya da öylesine, sürekli düşünüyorsunuz,
sürekli birşeyler yapıyorsunuz, kendinizi geliştiriyorsunuz.
Bunu yapmadığınız zaman, dünya sıkıcı bir yer oluyor.
Biraz heyecan yaratmak zorundasınız.

—ROSS JOHNSON

19 Ekim 1987'de borsa çöktü. Finans dünyasının diğer bireyleri gibi, Johnson da Quotrone'nu ayarladı ve şoka girdi. Bir hafta önce altmışların ortasında seyreden RJR Nabisco, günün ortasında kırklara düştü. Çöküş sonrasında kağıt haftalarca bu seviyede süründü.

Johnson'ı yıkıma götüren yolun başlangıcı bu oldu. Hisse senedi fiyatlarının düşmesi aylarca sürecek bir kabus olacaktı. Şirket, Aralık'ta yüzde 25'lik kâr artışı açıkladı, Wall Street bunu görmezden geldi. O yıl gıda sektörünün fiyatları yükseldiğinde bile, RJR Nabisco diplerde kaldı. Satışların yüzde 60'ını Nabisco ve Del Monte oluşturmasına rağmen, alıcılar kağıda tütün hissesi muamelesi yapmaya devam ediyordu. Johnson'ın çabaları ise bir işe yaramadı.

Johnson hiddetten köpürüyordu. Çoğu yönetim kurulu başkanı gibi, o da hisse senedi fiyatının karne gibi bir şey olduğuna inanırdı. Diğer gıda şirketlerinin kağıtlarının hızla yükseldiğini gördükçe oyunun dışına atılmış çocuk gibi hissediyordu kendini. Eğer en iyi bildiği iş ısınacaksa, o da oyunculardan biri olmaya kararlıydı. Bir gıda şirketi ile ortaklığa girme olasılıklarını tartmaya başladı.

Aklına ilk gelen, Pillsbury oldu. Henüz emekli olmuş bir üst düzey yöneticinin etrafında dönen ve satın alma spekülasyonuna konu olan sallantılı bir durum, en sevdiği oyunlardandı. Ama şirketi almak Johnson'ın harcı değildi. O satıcıydı, alıcı değil. Ortak yatırımı düşündü. Neden Pillsbury ve Nabisco birleştirilip, hisseleri halka satılmasın ve böylece RJR Nabisco'nun diğer gıda varlıkları vurgulanmasındı ki?

Johnson, bu fikrini Sage ve Benevento'ya açtı. Ancak onlar bundan hiç etkilenmedi. Pillsbury'nin beş para etmeyeceğini, ayrıca işlerinin de iyice kesat olduğunu söylediler. "Asıl konusu gıda olan mükemmel bir işin yüzde yüzünü alacağına neden vasat bir gıda şirketinin bir parçasına sahip olmak isteyesin ki?" diye sordu Benevento'ya. Sage, Johnson'a "kulağına küpe olacak" bir not yazdığında, Benevento hiç umursamadı. Aklına, benzer bir durumla karşılaşan General Motors'un, ana şirket için ayrı, Hughes Aircraft ve Electronic Data Systems birimleri için ayrı tür hisse senedi çıkarması takılmıştı. Johnson, tütünün gıda kağıtlarının fiyatını aşağı çektiğine inanıyorsa, bu ikisini farklı hisse senetleri olarak satmaması için sebep ne olabilirdi ki? Eğer GM Hughes için "H" hissesi çıkarabiliyorsa, neden RJR gıda için "F" hissesi çıkaramasın? Bunu da notun altına eklediler. Johnson bunu gördüğünde omuz silkti, sonra da çift-hisse planına göz atması için Benevento'ya verdi. Bu sadece bir başka fikirdi.

RJR Nabisco'nun düşük hisse fiyatlarını fark eden tek kişi Johnson değildi. Ocak ayında, bağımsız köşe yazarı Don Dorfman, şirketi ele geçirme adaylarından biri olarak duruma değindi. Yardımcılarından Ed Robinson da dahil olmak üzere bazılarının kaygılarının artmasına rağmen, Johnson bu olayı ciddiye almadı. Şubat'ta yapılacak yönetim kurulu toplantısı yaklaştığında, Paul Sticht Johnson ile görüştü. Sticht'in altı ay önce uzaklaştırılmasından sonra pek konuşmamışlardı. "Ross, bu hafta sonu Florida'ya gelecek misin?" diye sordu Sticht.

"Evet," dedi Johnson, "Gidip babamın vergilerini ödemem gerek."

"Boş vaktin olacak mı?"

Sticht'ten gelecek bir davetten kaçınmak isteyen Johnson "Gerçekten olmayacak, işim başımdan aşkın..." diye yanıtladı.

"Ama çok önemli bir hissedar var ve onu tanımalısın," dedi Sticht. "Bazı fikirleri var ve o da Lost Tree'de olacak. Adı Spangler." Johnson, Cumartesi günü Sticht ve arkadaşı Spangler ile Jupiter'de buluşmayı gönülsüzce de olsa kabul etti.

Clemmie Dixon Spangler, Jr. University of North Carolina'nın başkanıydı. 1986'da başa geçmeden önce, "Dickie" Spangler North Carolina iş çevrelerinin önemli şahsiyetlerinden biriydi. Ayrıca, Charlotte'daki C.D. Spangler Construction Co.'nun Başkanı ve 1982'de dev NCNB Corp.'a satılarak kendisini zengin yapan Bank of North Carolina'nın Yönetim Kurulu Başkanı'ydı. Ailesi ise RJR Nabisco'nun en büyük hissedarlarındandı.

Johnson şirket merkezini Winston-Salem'den çektiğinde, Spangler öfkelenmişti. Harvard Business School'dan sınıf arkadaşı Richard H. Jenrette'yi aradı. Jenrette, ülkenin en büyük sigorta şirketlerinden biri olan The Equitable Life Insurance Society'nin Yönetim Kurulu Başkanı'ydı. Dick Jenrette North Carolina'nın yerlisiydi ve Spanglerleri yakından tanıyordu. Spangler, ülkenin en güçlü kurumsal yatırımcılarından biri olan The Equitable'ın, Atlanta'ya taşınmayı tersine çevirmek amacıyla bir çeşit hissedar oylamasına destek olup olamayacağını sordu.

"Bu taşınmayı durdurmak için yeterli oy alabileceğimizi düşünüyor musun?" diye sordu Spangler.

Jenrette, dürüstçe yanıtladı: "Hayır."

Jenrette'nin bu konuşmayı aklından silmesinden aylar sonra Spangler tekrar aradı ve "Dick, Reynolds'ı LBO (kaldıraçlı alım) ile alacak bir grup oluşturma konusunda ne düşünürsün? Bence yapılabilir," dedi. Spangler, Paul Sticht ile görüşeceğini ve Virginia, Woodberry Forest'da, ikna etmeye çalıştığı American

Express'den Jim Robinson'ın ilgileneceğini umduğunu da sözlerinde ekledi.

Jenrette, kanser kurbanlarına milyarlarca dolar akıtmak zorunda kalan bir sigara üreticisine büyük bir sigorta şirketinin yatırım yapmasının pek uygun kaçmayacağını söylemeden önce günlerce düşündü. Sonunda "Ben bu işten uzak durmalıyım," dedi Spangler'e.

RJR Nabisco'nun hisseleri dibe doğru ilerlerken, Spangler endişe içindeydi. Kendi zararları –ve North Carolina'nınkiler– için Ross Johnson'ı suçluyordu. Ortak arkadaşları olan Wachovia'dan John Medlin aracılığıyla Sticht ile temas kurdu. Ona "Eğer şirketin kontrolünü elime geçirecek finansmanı sağlayabilirsem, işleri eski haline getirmek için bana yardım eder misin?" diye sordu.

Sticht nazlandı. "Bunun mümkün olduğunu da, pratik olduğunu da sanmıyorum," dedi. Ama yine de Spangler'ın New York'da bir açıklama toplantısı davetini de kabul etti. Toplantının bir grup Citibank yöneticisi ile yapılacağı daha sonra ortaya çıktı. Spangler, RJR Nabisco'nun kaldıraçlı alımını finanse etmek için bankanın ilgisini çekmeyi başarmıştı.

Sticht etkilenmişti. Aynı zamanda da pratik biriydi. Kaldıraçlı alımlar saldırgan bir araç değildi. Eğer Spangler'ın grubu RJR Nabisco'yu satın almak istiyorsa, Johnson'ı da işin içine katmak zorundaydılar. "Onunla görüşme ayarlayabilir misin?" diye sordu Spangler.

Ve böylece, Şubat sonunda bir Cumartesi sabahı Johnson kendini Jupiter'de Team Nabisco ofisinin kapısını açarken buldu. Sticht ile görüşmek onu golften alıkoyuyordu ve işlerini bir an önce halledebileceklerini umuyordu. Spangler ile tanıştırıldığında, Johnson'ın aklına ilk gelen onun Sticht ile müthiş bir takım oluşturduğu oldu. Dickie Spangler'ın geriye taranmış saçları ve saydam çerçeveli gözlükleri tamamen 50'lerden kalmaydı.

"Benim bütün bunlarla bir ilgim yok," diye söze girdi Sticht. "Dick bana geldi. Bazı fikirleri var. Bence seninle konuşması gerek."

Spangler, konuşmasına RJR Nabisco'nun harika bir şirket olduğunu belirterek başladı. Değerini bulamamış olmasına rağmen, şirketin gelecek vaad ettiğini söyledi.

Johnson "Kesin olan, göz kamaştıran görüntüsü..." diye geçirdi içinden.

Spangler, hisselerini yetmişten satmadığı için kendini nasıl aptal gibi hissettiğini ve şimdi kağıtların ellilere inmesi ile birlikte içinde bulunduğu kötü durum için söylenip durdu. Ailesi, hisseleri satmadığı için ona kızgındı.

"Size ne zaman tekrar yetmişe çıkacağını söyleyemem, yapabileceğim tek şey şirketi yönetmek," dedi Johnson. Düze çıkmaya can atıyordu.

Spangler fikrini anlatmaya Başladı: Hisse başına 70 dolar civarında bir kaldıraçlı alım. Spangler, Sticht ile kendisinin Citibank ile görüştüklerini ve bankanın konuya sıcak baktığını söyledi.

Johnson şaşırmıştı. O ve Sticht ne yapmışlardı?

"Benim rolüm sadece tavsiye vermek," diye araya girdi Sticht.

Johnson "senin rolün sadece pusu kurmak, ihtiyar dinozor," dedi içinden. Ama o yüzleşmelerin adamı değildi ve bu ikiliyle kavga etmek kendisine bir şey kazandırmayacaktı, o yüzden gülümsedi. "Yetmiş dolar bana uyar, Paul..." dedi. Bu çok başarılı bir performanstı.

Johnson'ın kilit adam olacağını söyleyerek devam etti Spangler. Şirketin yüzde 15'ine o, yüzde 10'una yöneticiler sahip olacaktı. "Ross, çok zengin adamlar tanıyorum," dedi Spangler. "Milyarder olabilirsin."

Johnson adeta şok geçirerek odadan çıktı. "Bu aptal ihtiyar ne yaptığını sanıyor," diye geçiriyordu aklından. Ama Sitcht tehlikeli ve aptal bir ihtiyardı. Onun varlığı Spangler'ınki gibi çılgın bir teklife bile gerçeklik kazandırabiliyordu. Sticht, Citibank Yönetim Kurulu Başkanı John Reed'in Philip Morris'in direktörlerinden olduğunu bilmiyor muydu? Eğer bu dışarı sızarsa, rakibin elinde patlamaya hazır bir silah haline gelebilirdi.

Johnson dairesine döndü ve bir sürü telefon görüşmesi yaptı. Jackson Hole'da bulunan Andy Sage'e "Kahretsin, basiretim bağlandı. Spangler şirketi satın almak istiyor!" dedi. Sonra Jim Robinson'ı aradı. "Tek bildiğim bir sürü parası ve Dick Jenrette ile çok yakın olduğu..." dedi Robinson. Johnson panikledi, The Equitable'ın ne kadar güçlü olduğunu biliyordu. Günün sonuna doğru Harold Henderson'a "Lanet olası yönetim kurulunu topla," dedi. Johnson'ın Pazartesi günü Palm Springs'de Uluslararası Danışma Kurulu toplantısına katılması gerekiyordu. "Döner dönmez onlarla konuşmalıyım," dedi.

Johnson ve müdürleri Salı günü toplandı. Sadece Spangler'ın ne kadar ileri gittiğini görmek için bile olsa, Citibank ile görüşmenin şart olduğu konusunda anlaştılar. Johnson, John Reed'i arayarak bir toplantı ayarladı. Reed konunun ortaya atıldığını doğruladı ve bankanın takip etmeye niyetli olduğunu ifade etti. "Bankanın amacı hizmet etmek," dedi Johnson'a.

Ertesi hafta Johnson, Spangler'ı North Carolina'dan alarak New York'a uçtu. Spangler yolda muhtelif finansal tahminlerin bilgisayar çıkışlarını gösterdi. Bu tahminler şirketin hasar almadan kurtulabileceği, gerekli tasarrufun yüksek sermaye harcamalarından sağlanabileceğini gösteriyordu. Johnson bunlardan pek etkilenmemişti: Amatör saati, diye geçirdi içinden.

Citibank'daki toplantı Johnson'ın içini oldukça rahatlatmıştı. Banka kaldıraçlı alımın hisse başına 65 dolardan yapılabileceğini düşünüyordu. Teklif üzerinde fazla çalışma yapmadıkları ortadaydı. Johnson fikre açıkça soğuk bakıyordu. Dönüş uçağında, Spangler'ın özür diler gibi bir hali vardı. Konunun bir kenara itileceği kesin gibiydi.

Johnson Atlanta'ya döndü, Citibank ve Spangler'a yarım ağızlı teşekkür mektupları gönderdi; sonra da Sticht konusunu halletmek için Henderson ile masaya oturdu. RJR Nabisco'nun işlerine karışmasına izin verilemezdi. Ertesi gün, Henderson Winston-Salem'e uçtu ve Sticht'i azarladı. Mayıs'taki emekliliğinden önce katılacağı iki yönetim kurulu toplantısı kalmıştı. Sticht, ikisine de katılmadı, Johnson bundan memnundu. "Gümüş tepsisini kendisine gönderdik, yazılması gereken bütün iyi şeyleri yazdık ve bitti," diyordu Paul Sticht'i bir daha görmeyeceğini zanneden Johnson.

Bu olayın ardından, Johnson dibe vuran hisse senedi fiyatlarını yükseltmek için büyük çaba sarf etti. Mart'taki yönetim kurulu toplantısında, direktörlere iki seçenek sundu: Hunt Wesson'ı almak, ki bu şirketin gıdaya yönelimini simgeleyecekti. Ya da ikinci bir yol olarak, daha fazla hisseyi geri almak. Böylece dolaşımdaki hisse senetlerinin azalacağı, dolayısıyla da kağıtların fiyatının yukarı çekilebileceği umuluyordu. Johnson'ın hisse senedi fiyatları konusunda giderek artan kaygılarının hiçbirini paylaşmayan direktörler ikinci seçeneği tercih etti.

Johnson, hisse senetlerinin geri alımını Ira Harris'in firması Lazard Freres denetiminde gerçekleştirdi.

Mart'ın sonlarında, RJR Nabisco, 20 milyon hissesini 52 ile 58 dolar arasından geri alacağını açıkladı. Bir ay sonra daha da fazlasını −21 milyon hisse− 53,50 dolardan geri aldı. Geri alım beklentisiyle 52 dolar seviyesinde işlem gören RJR Nabisco, anında kırkların ortalarına kadar düştü. Sonuçta, Johnson kağıtları almak için 1,1 milyar dolardan fazla harcamıştı ve fiyatlar her zamankinden daha da düşüktü.

1988 ilkbaharına gelindiğinde, Wall Street Ekim'deki çöküşün etkisinden hâlâ kurtulabilmiş değildi. Bireysel yatırımcılar borsadan sürüler halinde kaçmış, işlem hacmi düşmüştü. Talep azaldıkça, Kurumsal Amerika yeni hisse ihraçlarına ilgisini yitirdi. Diğer bütün işler sallandığı için, Wall Street tek garantili gelir kaynağına geri döndü: Şirket alımları.

Birleşmeler ve satın almalar Wall Street'in en son icadıydı. Çünkü kaybetse de, kazansa da, geri çekilse de iş yapıyordu: Danışmanlık ücretleri, istenmeyen işlerden kurtulma ücretleri, borç verme ücretleri. Şirket alım ücretlerinin 1980'ler boyunca Wall Street'in mantar misali büyümesinde önemli etkisi olduğu gibi, şimdi de hisse senedi endüstrisinin kârlarını artırması bekleniyordu.

Borsanın çöküşünü izleyen üç aylık ürkütücü sessizliğin ardından, hem ulusal hem de yabancı şirketler son zamanlarda düşen hisse senedi fiyatları sayesinde sahneye çıkan pazarlıklara saldırırken, Ocak ayı daha önce benzeri görülmemiş bir alım faaliyetine tanık oldu. Bir düzineden fazla ihale açıldı, Paul Sticht'in eski şirketi, Cincinati merkezli Federated Department Stores'un kontrolünü ele geçirmek için 6 milyar dolarlık savaşla birlikte bu yarış doruk noktasına çıktı. 1988'in ilk yarısında, iyi bir sene sayılan 1985'in tümünden daha fazla satın alma girişiminde bulunuldu. Kısacası, Wall Street pazarlıkların tiryakisi oldu. Ve çok geçmeden RJR ofisleri pazarlık bağımlılarının en yeni atış alanı haline geldi.

O ilkbaharda izlenen ele geçirme dalgasının zirvesinde, finans devi American Express'in süratle büyüyen aracı kurum birimi Shearson Lehman Hutton'ın birleşmeler departmanı bulunuyordu. Shearson, o kış E.F. Hutton'ı almasıyla, Wall Street'in lider aracı kurumu olarak Merrill Lynch'e kafa tutacak konuma gelmişti. Birleşmeler departmanının başında, on yıl boyunca daha çok tanınan meslektaşlarının gölgesinde kaldıktan sonra artık kendi isimlerini duyurmak isteyen iki deneyimli pazarlıkçı vardı.

Ordu havasını hâlâ üzerinden atmamış eski bir Vietnam helikopter pilotu olan Steve Waters tam bir düzen tutkunuydu. Shearson'ın birleşmeler ve alımlar departmanını Deniz Kuvvetleri'ne benzetiyordu, süratli ve tuttuğunu koparan. Yine de pek sert köşelere sahip olduğu söylenemezdi. Waters biraz insaflı olmaktan utanmıyordu. Eşi gibi kendisi de Connecticut Presbiteryen Kilisesi'ndeki Pazar okulunda ders veriyordu. İş bitirici bir ele geçirme taktikçisi olmasa da, Waters yumuşak tavrı, dürüst tutumu ve içtenliği ile –onun gibilerde pek bulunmayan bir özellik– Standard Brands'den bu yana tanıdığı Johnson'ın favorilerinden olmuştu.

Harvard College ve Harvard Business School mezunu J. Tomilson Hill III bu ikilinin savaşçısıydı, Wall Street siperleri için iyi bir militandı. Hill, çok iyi giyinirdi ve bundan gurur duyardı; rakiplerinden biri onu "Wall Street'in en iyi giyinen adamı" olarak tanımlamıştı. Koyu renk Paul Stuart elbiselerini adeta bir zırh edasıyla taşırdı. Ofisi bütünüyle modern sanat ve geçmiş zaferlerinin anısına özel mermerle dekore edilmişti.

Hill çok sevimli olabilirdi, ama pek nadir rahat davranırdı. Konuşurken her kelimesini sözlükten seçtiği kanısı uyandırırdı. Shearson'da pek popüler değildi. Birden fazla meslektaşının "Bu herifi seven bir tek kişiye rastladınız mı?" diye sorduğu olmuştu. Uzun süre birlikte çalıştığı biri Hill'i şöyle tanımlıyordu: "Sonuna kadar aykırı. Hiçbir şeye bağlanabileceğine inanmazsınız. O bir orman savaşçısı... gerçekten iğrenç bir herif olabilir." Meslektaşlarının gözünde, Waters ve Hill olanaksız bir ikili oluşturuyordu.

O ilkbaharda, Hill'in taktik becerileri her zamankinden daha fazla gerekiyordu. Federated'ı savunmak için gereken atışlara yardımcı oldu ve Shearson'ın desteklediği saldırgan tekliflere arka çıktı, ki bunların arasında Black&Decker'ın büyük klozet kapağı üreticisi American Standard'a yaptığı teklif de vardı. Fakat Hill'in prestiji arttıkça –yıl içinde USA Today'de profili yayınlanacaktı– Waters kendini ekipler ve ikramiyeler için verilen iğrenç bir iç savaşın ortasında buldu. Shearson'ın üst düzey yöneticilerinin bulunduğu bir toplantıda, departmanın en parlak elemanlarından bazılarına daha fazla para alamazlarsa ayrılmalarını önerdiğini açıklayarak ikramiye sistemini reddetti. Bu konuşma, Waters'ın alt kademelerde huzursuzluğa neden olduğuna inanan yönetim kurulu başkanı Peter A. Kohen başta olmak üzere, Shearson'daki pek çok kişiyi kızdırdı. Waters istifasını vermeyi teklif ettiğinde, derhal kabul gördü.

Waters, Hill'in Shearson'ın üst düzey yöneticilerini, departmanı tek başına idare edebileceğine sessiz sedasız ikna ettiğini duyunca şaşırmadı. Shearson'daki son gününde odasını toplarken, Hill içeri girdi ve veda etmek için elini uzattı. Waters elini tutmadı, Hill'in eli havada asılı kaldı. Waters "Ben bir başkasına senin bana davrandığın şekilde davranmazdım," dedi.

O bahar Shearson'dan ayrıldığında, Wall Street'te pek çok insan, Steve Waters'ın sırtındaki hançerde Tom Hill'in parmak izi olduğundan şüpheleniyordu.

Partnerinin gitmesinin ardından Hill hızla yol aldı. Shearson'ın en iyi müşterilerinden bazılarını Waters getirmişti, şimdi hiçbirinin Waters'la beraber çıkıp gitmemesini sağlamak Hill'in göreviydi. Hill'in hasar-kontrolü listesinin başında da RJR Nabisco geliyordu. Ross Johnson, departmanın en kârlı beş ilişkisinden biriydi ve Hill pazarlığa oturmaya hazır olduğu hissine kapılmıştı. RJR Nabisco'nun bilançosunu çıkardı. Tütün işinin başka bir yere gitmesi gereken parayı çöpe attığını aptal biri bile görebilirdi. "Bunda bir iş var, bir şeyler olacak..." diye düşündü. Andy Sage'i aradı ve bir tanıtım toplantısı ayarladı.

Bu arada, Waters Shearson'dan ayrıldıktan sonra, bazı müşterileriyle görüştü. Bunlara iş arama sürecindeyken ofis vermeyi öneren Johnson da dahildi. Waters'ın iş aramasına yardım eden müşterilerinden bir diğeri de Henry Kravis'di. Baharda Waters, Kravis ile konuştu ve keyfinin yerinde olduğunu gördü. "Bu sabah yeni bir arkadaş edindim," dedi Kravis.

Tom Hill aramıştı. Waters bu iki adamın anlaşamadıklarını biliyordu: Hill, Kravis'in üç ay önce Federated Yönetim Kurulu'na verdiği bir teklif hakkında ileri geri konuşunca Kravis de üzerine alınmıştı. "Aniden dünyanın en iyi adamı oldum," dedi alaycı bir hayretle Hill'in konuşmasını anlatan Kravis ve ekledi: "Dünyadaki en ilginç fikirlere sahip. Bu gibi şeylerin işe yaraması çok komik."

Waters sonunda Morgan Stanley'deki eski dostu Eric Gleacher'dan gelen teklifi kabul etti. Yeni işinin ikinci gününde, Waters, Gleacher'ın köşedeki odasında oturarak Shearson'dan hangi müşterileri kapmayı ümit edebileceklerini konuştu. Listenin başında Johnson vardı.

"Dinle, her iki ya da üç yılda bir büyük bir şey yapar," dedi Waters. "O anda gerçekten yakınında bulunsak iyi olur. Büyük bir şey olacak, bunu hissedebiliyorum." Gleacher'ın onayıyla yatırım bankacılarından oluşan bir ekip kurdu, ilk işleri Johnson'ın ötesine geçecek fikirler üretmek olacaktı.

İlkbaharın sonlarında, Ross Johnson'ın pazarlığa oturmaya hazır olduğu lafı Wall Street'e yayılmıştı. Jeff Beck bunu biliyordu; Johnson'ı kaldıraçlı alıma doğru sürüklüyordu. Ira Harris biliyordu. Hill ve Waters da biliyorlardı. Papa'yı en iyi nasıl zorlayacakları konusunda hepsinin kendine göre bir fikri vardı.

Bankacılar dolanıp dururken, Johnson hisse senedi fiyatına

saplanıp kaldı. Bu durmaksızın kanayan bir yara gibiydi. Oysa böyle bir durum çoğu yönetim kurulu başkanının çoğunun umrunda bile olmazdı. Bazı şirketler ömürlerinin sonuna kadar düşük hisse senedi fiyatlarıyla yaşarlardı. Hem Wall Street'in hisselerine gerçek değerini verdiğine inanan tek bir yönetim kurulu başkanı bile yoktu. RJR Nabisco'nun direktörleri de kaygılanmıyorlardı. Kârlar da, satışlar da yükselmişti. Ama Johnson her şeyi kendi haline bırakamıyordu. Eyleme geçme isteği yeniden canlanmıştı ve hisse senedi fiyatları en son manifestosuydu.

Aylar sonra, arkadaşları neden son yolu seçtiğini sorduklarında, Johnson hisselerin bölünmesi ve sermaye yapılarından söz edecekti. Kağıdı yukarı çekmek için attığı tüm adımları sayacaktı: Kâr kazançları, eski bilanço, hisse geri alımları ve Premier. Bunların hepsi doğruydu. Ama hepsi aslında çok daha derinlerdeki bir şey için makyajdı. Asla her şeyi kendi haline bırakamazdı. Karıştırılacak haltlar vardı.

Johnson, hisse senedinin fiyatını yukarı çekme adına, düzinelerce planı düzene koymuştu. Benevento, General Motors örneğindeki çift-hisse fikriyle havalanmış, ama Johnson bu fikri 31 Mayıs'daki toplantıda öldürmüştü. Benevento planın çılgın karmaşasını seviyordu. Ama Johnson için sadece daha fazla kırtasiye işi anlamına geliyordu. "Aman Tanrım, bu fazla karmaşık..." diye bağırmıştı.

Johnson Pilsbury ile ortak yatırım fikrine tutunarak Dean Posvar'ın planlama departmanını şirket hakkında ayrıntılı bir araştırma yapmakla görevlendirdi. Beck'i de olası yaklaşımları bulmaya yöneltti. Pillsbury'nin başındaki Bill Spoor'a giderken Jim Welsh'i de götürdü. Fikir Spoor'un hoşuna gitti, ama Johnson'ın şirketin kontrolünü eline geçirmemesini garantilemek için envai çeşit sözleşme talebinde bulundu.

Pillsbury ile görüşmeler başarısızlıkla sonuçlanınca, Johnson Quaker Oats ile girişilebilecek ortaklık olasılıklarını araştırması için Ira Harris'i görevlendirdi. İki şirketin sebze-meyve işlerini birleştirme olasılıkları üzerinde duruyordu. Ancak Quaker'ın genel müdürü Bill Smithburg sigara karşıtıydı, RJR Nabisco'ya hiçbir şekilde bulaşmak istemiyordu. Steve Waters, Johnson'ı Chicago merkezli gıda devi Kraft'ı alma konusunda ikna etmeye çalıştı. Johnson ilgilenmedi. Kraft çok büyük ve fazla pahalıydı, üstelik markaları da Nabisco'ya uymazdı. Tom Hill de satın alınabilecek birçok şirket üzerine prezentasyonlar sunarak bu iş için enerjisini ortaya koyduğunu gösterdi. Johnson bunları gözden geçirmekten memnundu, ama hepsini de çok pahalı bulmuştu.

Hisse senetlerinin fiyatlarını yükseltmenin başka yolları da vardı, elbette. Johnson, sonbaharda test için piyasaya sürülecek dumansız sigara Premier'den çok umutluydu. Premier bir önceki yılın Eylül ayında, New York'taki Grand Hyatt Hotel'de yapılan şık bir basın toplantısı ile kamuoyuna duyurulmuştu. Bu toplantıdan bir hafta önce, şirketin devrim niteliğinde bir sigara geliştirmekte olduğu dedikodusu borsalarda yankılanmaya başlamış ve kağıtlar üç puan birden fırlamıştı. RJR Nabisco hissedarları nezdinde, Premier'in kamuoyu açıklaması gerektirecek, "maddi" bir haber olduğu kanısına varılmıştı. Reynolds, yöneticilerinden Dick Kampe, bir işaret çubuğu ve kesit şeması eşliğinde, Premier'i basına tanıttı. Horrigan da başka bir odada finans analistlerine mesajı aktarıyordu. "Basitçe anlatmak gerekirse," diye açıklıyordu gözleri parlayan Horrigan, "bunun dünyanın en temiz sigarası olacağını düşünüyoruz."

Her ikisi de sür git devam eden sorunlar olduğundan söz etmemişti. Aslında, Horrigan'ın adamları Premier'i bu kadar çabuk lanse etmek istememişler –ürün pazara hazır olmaktan çok uzaktı– ancak buna mecbur bırakılmışlardı. Her şeyden önce Premier tat testlerinden sınıfta kalıyordu. Reynolds araştırmacıları, ABD laboratuvarlarında yeni sigarayı deneyenlerin ancak yüzde 5'i bu tadı beğeniyordu. Japonya'daki bir araştırma ekibi ise Japonca'dan en azından bir cümleyi hızla tercüme etmeyi öğrenmişlerdi: "Bunun tadı bok gibi." Bir sigara için çok temel bir sorunu vardı: Çakmak yerine kibritle yakıldığında tadı iğrenç oluyordu. Kibritteki kükürt Premier'in karbon uçlarıyla reaksiyona giriyor ve ortaya berbat bir koku çıkıyordu. Johnson'ın nazik ifadesiyle "osuruk gibi" idi. Bütün bunlar yeterince kötü değilmiş gibi, üstüne üstlük dumanının içe çekilmesi de son derece zordu. Şirket içinde buna "fıtık etkisi" adı yakıştırılmıştı.

Kimseye telaffuz edilmese de, üretim hattı yöneticileri bu sorunları gidermenin yıllar alacağını biliyordu. Kısıtlı üretimde bile Premier'in karbon uçları düşüp duruyordu. Şirket içi tahminler Premier'in 1991'e kadar deneme sürümüne hazır olamayacağını gösteriyor, bu dışarıya 1990 olarak yansıyordu. Horrigan yine de dünyaya sigaranın 1988'de hazır olacağı sözünü vermişti.

Öte yandan, şirketin üst düzey yöneticileri bir süredir mantıklarını dinlemeyi reddetmişlerdi. Washington'lı lobici Paul Bergson yasal sorunlara dikkat çekerek Project Spa'nın mantığını sorguladığında, Charlie Hugel dumansız sigaranın çılgınca bir fikir olduğunu düşünüyor ve bunu yüksek sesle söylüyordu. Ona göre; insanlar dumanı üflemeyi, külünü silkmeyi ve sigaranın yanmasını izlemeyi seviyordu. Johnson ise bunun saçma olduğunu söylüyordu. Premier, ülkede giderek artan sağlık kaygıları ile savaşmak için tam da gereken şeydi. Özellikle halka açık mekanların birçoğunda sigara içilmesinin yasaklanmasına neden olan "pasif içicilik"e karşı iyi bir silah olacaktı. "Atın ortaya," diyordu Johnson, "ve bırakın tüketici karar versin."

Premier sonbahardaki lansmana yaklaşırken, Haziran'da hisseyi yükseltme yolunda yeni umutlar doğdu. New Jersey Federal Mahkemesi'nde, hayatı boyunca sigara içmiş Rose Cipollone adlı bir kadının dul eşi, karısının ölümüne sebebiyet vermekten birçok sigara şirketine dava açmıştı. Reynolds davalılar arasında değildi, ama kaderi diğer sigara şirketlerininkine bağlıydı. Anthony Cipollone'nin açtığı dava, sigara sektörüne karşı açılan davaların en kuvvetlilerinden biri sayılıyordu; davacının avukatları zararı kanıtlayan yığınla belge toplamıştı. Johnson, sigaranın zaferinin kendi hisse senetlerine de hız kazandıracağını düşünüyordu.

Jüri sonunda kararını açıkladığında, sigaranın damarına basılmış oldu. Sektör komplolardan aklanmış ve doğan zararlar için sadece 400.000 dolar tazminat açıklanmıştı. Johnson "Tony Cipollone'ye bir bahşiş," diye gülüp geçmiş ve RJR Nabisco'nun fiyatının fırlamasını beklemişti. Böyle bir şey olmadı. Johnson'ın odası herkesin gelip olup bitenlerin adaletsizliğinden dert yandığı bir ağlama duvarı haline geldi. Horrigan özellikle buruktu; kağıtların en az altı puan çıkacağını ummuştu. "Piyasa bize asla hakkettiğimiz değeri vermeyecek," diye sızlanıyordu Henderson. "Hisse senedi piyasaları bazı şirketler için uygun bir sermaye yapısı değil." O zamanlar kimse bunu açıkça savunmasa da, aslında hisseleri kamuoyundan toplamak, kaldıraçlı alımın düşünce bazında temelini oluşturuyordu. Horrigan Johnson'ın asla böyle bir yol izlemeyeceğini düşünüyordu. "Şirket özelleşirse, kimse onu önemsemeyecek," diye geçiriyordu içinden.

O yaz RJR Nabisco'nun yönetim odasındaki yabancı yüzler yalnızca yatırım bankacılarından ibaret değildi. Onbeş yılın ardından, Johnson'ın Mutlu Adamlar takımı kırılmaya başlamıştı. Peter Rogers Nabisco'da bulunduğu üç üst düzey pozisyondan sonra sonbaharda ayrılmak zorunda kalmıştı. Atlanta'da Johnson'ın sağ kolu olan yönetim kurulu başkan vekili Bob Carbonell Horrigan ile defalarca tartıştıktan sonra Miami'de Del Monte'nin başına sürülmüştü. Onların yerine Johnson'ın en yakın dostu John Martin başkan yardımcısı görevine getirildi.

Kırkaltı yaşındaki Martin, Frank Gifford bağlantısının bir parçasıydı. Yetmişlerde, ABC Sports'un parlak gençleri arasında yer almıştı. "Monday Night Football" programının lojistik şefi Martin, Howard Cossell'in manevi oğlu gibi olmuştu. ABC program direktörlerinden biri olarak üç Olimpiyat sözleşmesi imzalamıştı. İyi bir izlenim bırakması kaçınılmaz olan alçak ve rahatlatıcı bir ses tonuna sahip Martin'in televizyona uygun bir pürüzsüzlüğü vardı. O kadar iyi giyiniyordu ki, ABC'deki arkadaşları ona "Suits" derdi. Aynı zamanda çok da iyi bir golfçüydü ve New York'un en prestijli kulüplerinden Winged Foot'ta şampiyon bile olmuştu. Martin, Ohl Meyers Communicatis'den ayrılarak Ocak 1988'de RJR Nabisco'ya katıldı. Çok geçmeden o ve Johnson ayrılmaz ikili olmuştu.

O kadar yakınlaştılar ki, Martin Atlanta'da ev bulana kadar

aylarca Johnson'ın bodrumunda yaşadı. Sokağın sadece biraz aşağısında bir ev bulduğunda, Laurie ve Johnson bu evin dekorasyonunu yaparken o üç ay daha bodrumda oturdu. Bu üçlü devamlı beraberdi, golf oynuyor, seyahat ediyor ve televizyonda saatlerce spor programları seyrediyordu. Organizasyon şemalarında Martin'in fazla gücü varmış gibi gözükmüyordu, ama Johnson'ın gözü üzerindeydi, onun bekçisi rolünü üstlenmeye başladı. Yanık tenli Martin'in yükselişini, kendisine aktör George Hamilton'ı hatırlattığını söyleyen Horrigan kadar kimse kıskanmamıştı.

Bazıları, iyi bağlantıları olan Martin'in Johnson'a ünlüleri pazarladığını söyleyerek gülüşüyordu. Gerçekten yeni simaları getirmişti. Bunlardan biri Martin'in eski dostu beyzbol menejeri Peter Ueberroth idi. Martin, Mike Tyson'ın menejeri Jimmy Jacobs'ın da arkadaşıydı ve boş zamanlarında şampiyonun ilişkileriyle uğraşıyordu. Bu sadece yan uğraştı, ama Johnson'a maçlara bedava giriş sağlıyordu. Haziran'da, Atlanta'nın iş ve politika çevrelerinin seçkin isimlerini televizyon merkezinde yapılan Mike Tyson-Michael Spinks maçına davet etti. Bu seçkin 100 kişiye kırmızı deri boks eldivenleri içinde altın yaldızlı davetiyeler gönderildi. Konuklar en üst kata geldiklerinde, Dom Perignon ikram eden beyaz eldivenli garsonlar tarafından karşılandılar. Martin tanıştırma konusunda bazen dikkatsiz davranabiliyordu. Önceki yaz İngiltere'deyken, Johnson bu durumdan oldukça etkilenmiş ve adamı Atlanta'daki evine kalmaya davet etmişti. İskoçyalı geldiğinde, Johnson ona bodyguard olarak iş teklif etti. Adam bu teklifi memnuniyetle kabul etti ve Johnson ile birlikte yaşamaya başladı; ikisi çok iyi anlaşıyordu. Ama sonbaharda, vize incelemesi sırasında, Johnson ve Martin adamın İskoçya'da kasaları patlatan bir çetenin üyesi olduğunu öğrendiler. Biri sahtekarlıktan olmak üzere pek çok kez hapse girmişti. Mutlu İskoçyalı'ya derhal Glasgow'a gidiş bileti verildi.

Dostlarının çoğu, Carbonell gibi güvenilir danışmanların işten çıkarılmasının Johnson'daki rahatsız edici bazı değişimlere dikkat çektiğini düşünüyordu. İlk defa basının ilgisini çekmeye başlamıştı. Fortune kabarık bir kapak dosyasında onu "Amerika'nın En

Sert Pazarlamacısı" olarak tanıttı. "İtinayla yıkılan eski kültürlere son darbeyi vurarak, yerlerine sarsıntı, ihtiyat ve cesaretten oluşan bir organizasyon karması koymakta ustadır," diyordu dergi. Johnson "Üç yeniden yapılanma süreci içinde, 2650 kişiyi üretim hattına ya da vahşi yaşama saldı" diyor ve devam ediyordu: "Yöneticilerinin burunlarını geleceğe açılan pencereye dayıyor."

Business Week bu kadar etkilenmemişti. RJR hisselerinin düşük fiyatına, uzun vadede görünen karmaşaya ve sigara şirketinin düşen performansına dikkat çekiyordu. Dergi ilk bakışta, Johnson'ın savurgan harcamalarını vurgulayan ve işletme yeteneğini sorgulayan sert bir haber yapacakmış gibi görünüyordu. Ama şirket bunu engellemek için vargücüyle çalıştı. Martin, yazıişleri müdürü Stephen Shepard'a taraflı bir muhabirin işlerine balta vuracak bir haber yapacağını söyledi ve gelecekte RJR'ye erişimin engelleneceği tehdidini savurdu. Haber daha yumuşak geçti, Johnson sadece bir satırdan rahatsız oldu. Bu satırda, onun şarap garsonunun eline düzenli olarak 50 dolar sıkıştırdığı yazılıydı. "Tanrım," diyordu canı sıkkın Johnson, "o kadar küçük bahşiş vermeyeli yıllar oldu."*

Johnson'ın dostları iki yazıyı da esefle karşıladılar: Adam kendi hakkında yazılanlara inanmaya başlıyordu. "Amerika'nın en sert pazarlamacısı"nın Amerika'nın en dokunulmaz pazarlamacısı haline gelmesinden korkuyorlardı. Sebze-meyve ticaretiyle olan ilişkilerinin pazar payında dört beş puan değerinde olmasıyla –bu milyonlarca dolar demekti– övünüyordu. Ama o günlerde beraber olduğu süpermarket yöneticileri sadece birlikte golf oynamaktan hoşlandığı üç eski hilebazdı. Johnson onlara "Bufallolar" adını takmıştı.

Direktörleri pohpohlamayı sanat haline getiren bu adam aynı zamanda yönetim kurulu toplantıları konusunda da giderek daha

---

* Shepard, derginin şirketten gelen baskılardan etkilendiğini yalanlıyor ve haberdeki her türlü değişikliğin redaksiyonun normal bir parçası olduğunu söylüyor.

kibirli oluyordu. Seyrek yapılan bu toplantılara –1988'de Mayıs ile Ekim ayları arasında sadece bir toplantı yapılmıştı– özen göstermiyordu. Çalışanlar mali konularda üzerinde çok çalışılmış sunumlar yapıyor ve Johnson'ın bunları çöpe atmasını izliyorlardı. "Boşverin bu slaytları," diyordu. "Onlara rakamların iyi olduğunu söyleriz." Johnson'ın toplantılar için prova yapma alışkanlığı da kenara atılmıştı.

Standart Brands ve Nabisco'da olduğu gibi, Johnson şirket yönetimine ilgisini yitirmeye başlamıştı. İki konu üzerindeki konsantrasyonu ise gün geçtikçe yoğunlaşıyordu: Eğlenmek ve hisse senedi fiyatlarını yukarı çekmek. Bu arada argo sözlüğünün en seçme kelimelerini de dilinden düşürmüyordu.

Hisse senedi fiyatlarının yükselişe geçmemesinin şirketi ele geçirilmeye hassas bir konuma sürüklediğinden endişe eden Ed Robinson ve Harold Henderson, Temmuz'da gerekli savunma tedbirlerini hazırlamak üzere Shearson Lehman ile temas kurmak için Johnson'dan izin aldı. Çok gizli bir araştırma, düşmanca bir yaklaşımın ilk belirtisinde öne atılabilecek bir plan istiyorlardı. Johnson böyle bir şeyi pek olası görmüyordu, ama Henderson en kötüye hazırlıklı olmaları gerektiği konusunda ısrarlıydı.

Araştırmayı yapmak için en mantıklı seçim Shearson'dı. Johnson American Express'in yönetim kurulundaydı, hem Shearson'ın şefi Peter Cohen'i, hem de Amerikan Express'in başı Jim Robinson'ı tanıyordu. "Elimizdeki bütün araştırmaları ve kağıt parçalarını Shearson'a götürelim, bütün senaryoları incelesinler, bakalım ne diyecekler," dedi Johnson. "Eğer bizi satın almak istiyorsa, neden satın alacağını ve buna karşılık bizim ne yapacağımızı görelim."

Johnson, Cohen'e planı ilk kez götürdüğünde, American Express'in Temmuz'daki yönetim kurulu toplantısı dağılmak üzereydi. "Andy Sage seni arayacak," dedi. "Seninle şirket hakkında özel olarak görüşmek istiyor." Temmuz sonlarında, Andy Sage ve Johnson'ın yardımcıları Cohen ile Manhattan'da, Hudson Nehri'ne bakan odasında görüştü. Bütün seçeneklerin incelenmesini istiyorlardı: Kısmi ya da şirketin tamamına ilişkin satın alma tekliflerinin yanı sıra muhtelif sermaye yenileme planları. Ayrıca, Sage kesin gizlilik konusunda ısrarlıydı. Projenin varlığı konusunda en ufak bir ipucunun bir kehanetin gerçekleşmesine neden olacağını biliyordu. Şirketin satın alınma konusunda endişe duyduğu yönünde dışarı sızacak tek kelime, spekülasyona ve böylece de spekülatörlerin üşüşmesine yol açardı. Cohen ve Tom Hill'in de aralarında bulunduğu sadece beş Shearson yöneticisi plan üzerinde çalışma yetkisi aldı. Hill'in bulduğu kod isminin altında yatan espri aylarca anlaşılmayacaktı: Stretch Projesi.

Johnson, aynı zamanda, Robinson ve Henderson'ın Wall Street'te bir hukuk firması olan Davis, Polk & Wardwell'in yardımıyla oluşturdukları satın alınmaya karşı önlemler dizisini de yönetim kuruluna onaylattı. Kurul, şirketin 10 üst düzey yöneticisinden her biri için "altın paraşüt" diye bilinen işten ayrılma tazminatı paketini onayladı. ABD'deki büyük şirketlerin çoğunda benzer paketler mevcuttur ve bunlar satın alma karşıtı önlemlerin bir parçasıdır. RJR Nabisco'nun paketindeki tek tuhaflık, boyutuydu: Herkese 52.5 milyon dolar değerinde olduğu söylenmişti.

Şirketin hazine departmanında ise çalışanları şaşırtan tek bir şey vardı. Paraşütler için ayrılan para, Johson'ın talimatıyla, "haham fonu" denen koruma fonuna aktarılmıştı. Fonun kurallarına göre, RJR Nabisco'nun el değiştirmesi durumunda, şirketin yeni sahibi bu fonlara dokunamayacaktı. Hazine çalışanları durumu Johnson'ın bir hazırlığı olarak değerlendiriyordu.

Johnson'ın hisse senetlerine ilişkin endişelerine çözüm aranırken, sorunu irdeleyen herkes kaldıraçlı alım olasılığı üzerinde duruyordu. Bu, hisse fiyatı düşmeye başlayan bütün şirketlerin başvurduğu standart bir çözümdü. Elbette, böyle bir hareket soruna çözüm olmaktan ziyade, bir son olacaktı. Özele gitmek, kağıdı halkın elinden almak anlamına geliyordu. Yatırım bankacılarının hepsi

ısrarla, Johnson'a bunu düşünmesi gerektiğini söyleyip duruyordu.
Kısa bir süre sonra, kaldıraçlı alım fikirleri davetsiz biçimde gelmeye başladı. Dillon Read, Tara Projesi adını verdiği kısmi bir satın alma önerdi. Johnson'ın Standard Kicks'deki ikinci adamı Ruben Gutloff, danışman şirketin Rio Projesi diye adlandırdığı bir senaryo önerdi. Johnson bir gece komşularıyla havuz başında otururken bile bu konu açıldı. Birisi, "Neden şirketi özelleştirmiyorsunuz?" diye sordu.

Johnson, her birine, ilgilenmediğini gösterdi. Temmuz'da kurmaylarıyla yaptığı bir toplantıda "Mümkün değil," dedi. "Böyle bir şeyi neden isteyeyim ki? Harika bir hayatım var; kendine özgü bir şirketim var." Ama o gün yemekte bulunanlardan en azından biri Johnson'ın itirazının pek derin olmadığını anlamıştı. Peter Rogers, Papa'yı uzun zamandır tanıyordu. Johnson bir fikri saçma bulduğunda, tek satırla silerdi. Yemekten sonra John Greeniaus ile çıkan Rogers, "Bana kalırsa, hanımefendi fazla naz ediyor," dedi.

Yine de Johnson, kaldıraçlı alım konusunda her türlü planla ilgili görünüyordu. En parlak fikir Temmuz'da aklına geldi. Aylardır Philip Morris'i iki şirketin uluslararası faaliyetlerini birleştirmeye ikna etmeye çalışıyordu. Philip Morris, RJR Nabisco'yu satın almakla ilgilenmişti, ama Johnson bunun yerine ortak yatırıma girmeyi önermişti. Horrigan, tabii ki, bu fikirden nefret etmişti. Düşmanla işbirliği mi? Beyaz bayrağı kaldırmak mı? Ama Johnson'ın ısrarları sonucunda Philip Morris'deki meslektaşıyla görüşmüştü. Aralıklarla devam eden ve aylara yayılan görüşmelerden sonra, Johnson bu fikri bir kenara atmıştı. Anlaşabilseler bile, antitröst yasaları nedeniyle yabancı hükümetlerin birleşmeye karşı çıkacaklarını düşünüyordu.

Şimdi, Temmuz sonunda, Johnson yeni bir fikirle Philip Morris Yönetim Kurulu Başkanı Hamish Maxwell'i arıyordu. Seleflerinin aksine bu iki adam gayet iyi anlaşabiliyordu. Görünen oydu ki Johnson herkesle iyi anlaşabiliyordu. RJR Nabisco'nun New York Regency Hotel'deki suitinde yemek için buluştular. Johnson planını detaylarıyla anlatırken, Maxwell evsahibine jest olarak Winston içti.

"Kabul edelim," dedi Johnson. "Çeşitlendirme bizim işimize yaramıyor, Philip Morris'in de işine yaramıyor. Hâlâ tütün hissesi olarak işlem görüyoruz."

Bu kısmen doğruydu. Philip Morris'in lider markası Marlboro, Reynolds'ın markalarına büyük üstünlük sağlamıştı, kâr marjları daha büyüktü ve nakit akışı RJR Nabisco'nunkini gölgede bırakıyordu. Kurumsal yatırımcılar –hisseleri yükseltebilen veya düşürebilen büyük emeklilik fonları ve yatırım fonları– portföyleri için genellikle tek bir tütün hissesi seçiyorlar, bu da çoğunlukla Philip Morris oluyordu. Onların desteğiyle, Philip Morris hisseleri 1987 başından bu yana yüzde 25 değer kazanmış, RJR Nabisco hisseleri ise iniş çıkışlardan sonra aynı düzeyde kalmıştı. Portföy yöneticileri Philip Morris'in tahmin edilebilirliğini seviyorlardı. Maxwell'in nereye gittiğini bildiklerini düşünüyorlardı. Johnson'ın neyin peşinde olduğunu ise asla bilemiyorlardı.

Maxwell dinlerken, Johnson iki şirketin gıda işlerini –Nabisco ve General Foods– halka açık bir ortak yatırım olarak birleştirmeyi teklif etti. İki şirket de bu yeni oluşumun yüzde 37,5'una sahip olacak, geri kalan yüzde 25 halka açılacaktı. Jeff Beck'in eski teorisini destekleyen Johnson'ın dediği gibi, halka açık hisselerin değeri iki ana şirketin de hisselerine hız kazandıracaktı.

"Çok iş yapacak, 18 milyar dolarlık bir şirket yaratabileceğimize inanıyorum," dedi Johnson. Sonra da baltayı indirdi: "Şirketi ben sizin için yönetirim."

Johnson, iki gıda şirketi birleştirildikten sonra RJR Nabisco'nun yönetim kurulu başkanlığından istifa ederek sigara şirketinin yönetimini Horrigan'a bırakmayı teklif ediyordu. Bu saçma bir fikirdi, ama Johnson Maxwell'in kabul edebileceğine inanıyordu.

"Ross, bu çok parlak bir fikir," dedi Horrigan, Johnson sözünü bitirdiğinde, "ama ortak yatırımlar sorunludur." Lojistik yapı bile yeterince ürkütücüydü. Bir sürü şirketten bir sürü insan biraraya gelecekti. Johnson ve Maxwell anlaşsalar bile, diye devam etti, onlardan sonra gelenler anlaşabilecek miydi? Yine de Maxwell, Johnson'a konuyu düşüneceğini söyledi.

İki hafta sonra, Ağustos ortasında, Maxwell geri aradı. Üzgün olduğunu, Philip Morris'in ilgilenmediğini söyledi. Çok fazla sorun vardı. Johnson bunu önemsememeye çalıştı. Elinde hisseyi yukarı çekmek için başka çare kalmamış değildi. Ancak, şimdilik Atlanta'nın bunaltıcı sıcağından olduğu kadar yarattığı fikir fırtınasından da uzaklaşmak istiyordu. Birkaç hafta Colorado'da çalışmak ve oynamak için jete atladı.

Denver'ın yirmibeş mil güneyindeki Castle Pineas Golf Kulübü, Johnson gibi golf tutkunları için bir cennettir. Burası Castle Rock, Pike's Peak ve tepesi karlı Rockies ile çerçevelenmiş doğal bir vadi olduğundan golf sahası için çok güzel bir konumu vardır. Golf sahası çamlarla kaplı çayırlara yayılmıştır.

Ülkenin ilk otuz golf sahası içinde yer alan Castle Pines, Jack Nicklaus tarafından tasarlanmış bir golf cennetidir. Yolun solundaki çamların arkasında üç katlı villalar görünür. Bunlardan biri de RJR Nabisco'ya aittir. İşte 21 Ağustos'ta Johnson meslek hayatında hafızalara en çok yer eden partilerden birini o villada vermişti.

O haftasonu, Castle Pines profesyonel bir golf turnuvası olan International'a ev sahipliği yaptı ve Johnson da en yakın dostlarından bazılarını buraya davet etti. New Orleans'daki Cumhuriyetçiler toplantısından gelen Roone Arledge'in yanı sıra Peter Uererroth ve Roger Penske de oradaydı. *Time dergisi*'nin eski yayın yönetmeni Jack Meyers'dan başka, biri Grand Union süpermarketlerinin başkanı Floyd Hall olmak üzere Johnson'ın üç bufallosu da gelmişti. Martin Emmett'in yanı sıra Charlie Hugel ve Ira Harris de gruba katılanlar arasındaydı.

Bu Johnson'ın yaşama sebebi olan hafta sonlarından biriydi. Sabah golf oynayıp, öğleden sonra profesyonelleri seyrediyor, geceleri de dünya çapında partilerin tadını çıkarabiliyordu. RJR uçağı her ihtimale karşı hazır bulunduruluyordu, mesela Harris'i Chacago'daki bir düğüne götürdü. Cumartesi gecesi Nabisco Takımı'ndan Fuzzy Zoeller ve Raymond Floyd ile turnuvanın iddialı isimlerinden Ben Crenshaw da yemeğe katıldı.

O akşam yemekten sonra Johnson'ın villada konuklarına bir sürprizi vardı. Acaba konukların Reynolds'ın yeni dumansız sigarasından haberleri var mıydı? Çoğunun vardı. Ed Horrigan, Premier'i tanıtan bir video kaseti gösterdi. Johnson bir saat boyunca sigaranın altında yatan bilimi anlattıktan sonra, Premier paketlerini çıkararak dolaştırdı ve konuklarından fikirlerini belirtmelerini rica etti: Tat, paket, pazarlama, gizli tuzaklar.

Johnson, olayı samimiyet çerçevesi içinde tutmuştu, ama VIP dostlarının Premier hakkındaki düşüncelerini duymak için sabırsızlanıyordu. Ueberroth ve diğerleri filtredeki küçük deliklere bakıp, normal sigaralara oranla ne kadar sert olduğunu anlamak için dokunarak incelerken, o ve Horrigan dikkatle izliyorlardı. Yavaş yavaş sigarayı yakmaya başladılar. Koku keskin ve sevimsizdi.

"Yeşil salata yanıyormuş gibi kokuyor," diye atladı biri.

"Bunu içmek çok zor," dedi bir başkası.

Johnson alışmak için biraz zaman gerektiğini ekledi: "Reklamlarda bir hafta denemek gerektiğini söylüyoruz."

"Bir paketi bitirebileceğime emin değilim," dedi konuklardan biri.

Söyleyecek olumlu bir şey bulmaya çalışan Penske teknolojiyi övdü. Arledge televizyon haberlerinde sözcülüğü kimin yapacağını sordu, Premier piyasaya sunulduğunda bir patlama yaratacaktı. Johnson bunun üzerinde fazla düşünmediğini itiraf etti. Düşünsen iyi olur, dedi Ueberroth. Medya çok ilgilenecek ve bir sürü soru soracaktı. Mesela: "Eğer bu daha güvenli bir sigaraysa, ötekilerin güvenli olmadığını kabul mü ediyorsunuz?"

"Bu bir problem," dedi Johnson. "Bu daha güvenli bir sigara, ama bunu dile getiremeyiz."

Sohbet uzadıkça, Johnson, Premier'in sorunlarının korktuklarından daha fazla olduğunu anlıyordu. Kimse tadını sevmemiş – Johnson en azından mentollüsünden hoşlanacaklarını düşünmüştü– ve sigarayı içmek için erik kurusuna dönmüşlerdi. Bütün kötü test sonuçlarına rağmen, Johnson ve Horrigan iyimserliklerini yitirmemişlerdi. Johnson'a göre, sigara içicilerinin sadece yüzde 5'i bile Premier'i hoş bulsa, harika bir şey olurdu. Bu sigaranın harikalar yaratmayacağına inanamıyordu.

Ama konuklarının sözlerine kulak verdiğinde, kendi çalışanlarının tutucu tahminlerinin doğru olduğunu fark etti: Premier'in başarılı sayılabilmesi için aylar değil, yıllar gerekiyordu. Seçkin dostlarının etkileyici yorumlarıyla birlikte bir gecede başarı hayali de uçup gitmiş, Johnson'ın hissesini yukarı çekmek için son umudunu da beraberinde götürmüştü.

International ertesi gün sona erdi ve RJR Air Force Johnson'ın dostlarını pusulanın dört yanına dağıttı. Johnson golf oynamak için kaldı, ama bir sonraki Pazartesi günü Premier'in durumunu tartışmak için üst düzey yardımcıları ile bir toplantı ayarladı. Bu toplantıya Horrigan, Henderson ve Martin'in yanı sıra, Reynolds'ın reklam ajansı FBC Leber/Katz'ın başı Stanley Katz ve Mobil Oil'in eski halkla ilişkiler direktörü Herb Schmertz'in de aralarında bulunduğu bir grup uzman ve tütün stratejisti katıldı.

Bu grup, esas sorunların başında gelen tat ve koku konularının üzerinde durmak yerine, Premier'in basına nasıl sunulacağını tartıştı. Örneğin, asıl sözcü kim olacaktı? Horrigan, Johnson'dan yanaydı. Diğerleri tereddütlüydü. Johnson Amerika'nın en büyük ikinci sigara şirketinin başında olabilirdi, ama sigara uzmanı değildi ve ağzına geleni söyleme eğilimi vardı. "New York'ta yolda giden otobüs sigaradan daha çok karbon monoksit çıkarıyor," demeyi çok seviyordu. Sonunda Premier'in geliştirme ekibinin başında bulunan Dick Kampe üzerinde fikir birliğine varıldı. Horrigan ve Martin, Kampe'in "Nightline" (haber yorum programı) için nasıl hazırlanacağı konusunda tartışmaya girdiler.

Toplantı öğleden sonra bitti, Horrigan ve Henderson haricinde herkes gitti. Ertesi sabah, Johnson ve Horrigan villadaki oturma odalarından birinde koltuklara gömüldüler. Çay saatleri ondu, Henderson deneme atışları için sahaya çıkmıştı bile.

"Ed, sana düşündüklerimi anlatmalıyım," diyerek Premier konusuna döndü Johnson. "PR meselesini halletmiş olabiliriz, ama bu meşakkatli bir iş olacak. Devam edeceğiz. Elinden tutacağız. Ama bu test pazarları bize sorun yaratacakmış gibi bir his var içimde."

Johnson, kendisini asıl endişelendiren şeyin Premier'in gelişiminden ziyade hisseyi yukarı çekmekte etki gösterememesi olduğunu söylerek devam etti. "Lanet olası gıda varlıkları elimizde, hepsi tavanda. Del Monte kazançlarının onsekiz katı, Nabisco yirmiiki ile yirmibeş katı arası getiriyor ve bu hiçbir şeyi değiştirmiyor. Biz hâlâ dokuz katta duruyoruz. Hâlâ tütün şirketiyiz. Üstelik, Premier de bir işe yarayacak gibi gözükmüyor. Eğer bir şey olacaksa, o da kısa vadede ve olumsuz bir şey olacak." Bir tütün şirketi için hayatın adaletsiz olduğu konusunda anlaştılar. Ne yaparlarsa yapsınlar, Wall Street onları takdir etmeyecekti. Hisse fiyatları düşük kalacaktı. "Hangi cehenneme gideceğiz?" diye sordu Johnson.

Johnson kendi kendine konuşurken, Henderson geri döndü. "Ross, piyasa asla hakettiğini vermeyecek," dedi Henderson kaldığı yerden konuya devam ederek. "Özelleşmek gerek."

"Peki de..." dedi Johnson, "yasal açıdan nasıl olacak bu? kaldıraçlı alımı nasıl becereceksin?"

Henderson işin temelini elinden geldiğince anlattı. Yönetim alımı teklif ettikten sonra, bunu incelemek üzere yönetim kurulu üyelerinden kurulu özel bir komite oluşturulacaktı. Bir aşamada, bunu halka açıklamak zorundaydılar. Bunu yaptıklarında ise, diğer şirketler, özellikle de Wall Street istilacıları üzerine atlayabilirlerdi. Risk buradaydı.

"Kaldıraçlı alım sürecinde bizi ne bekliyor?" diye sordu Johnson. Henderson yeni sorularla karşılık verdi. Öncelikle, RJR Nabisco'yu satın almaya yetecek parayı toplayabilecekler miydi? İlk bakışta, bu o güne kadar teşebbüs edilmiş en büyük kaldıraçlı alım işlemi olacaktı. Borcu ödemek için kaç tane şirketin satılması gerekecekti? Atlanta'daki merkezi tutabilirler miydi, yoksa tasarruf etmek için Winston-Salem'e geri dönmeleri mi gerekecekti? Premier'i çıkarabilecekler miydi?

"Eğer herkes kabul ederse..." diye devam etti Henderson, "yardıma ihtiyacımız olacak". Tanıdığı bazı Wall Street avukatlarından söz etti. "Pekala..." dedi Johnson, "belki de Shearson'ın bizim için hazırladıklarına ciddi olarak baksak iyi olur."

Horrigan bağlantılarla ilk temasları kurarken "Bu asla olmayacak," diye düşündü. Johnson'ın gelip geçici "haftalık fikirleri"ni defalarca görmüştü. Henderson da Johnson'ın ciddiyetinden kuşkuluydu. Borçlanarak satın alma işinin Johnson'a göre fazla detay içerdiğini düşünüyordu.

Johnson'a gelince, kararsız kalmıştı. Son iki haftanın ona anımsattığı üzere, hayat güzeldi. Harika bir golf sahası üzerinde bir şirket evi. Kendisine tapan bir grup VIP dost. Emrini bekleyen bir jet. Yine de hareketin sireni bağırıyordu. "Elbette, kaldıraçlı alım fikrini alıp, sol alt çekmeceme tıkıp, mutlu hayatıma devam edebilirdim," diyecekti sonradan. "Ama orada olduğunu hep bilecektim." Yara oradaydı ve Johnson kaşımadan duramıyordu.

Birkaç gün sonra Johnson, Andy Sage'i Wyoming'deki çiftliğinden aradı ve doğuya dönerken Castle Pines'a uğramasını rica etti. Bir öğleden sonra golf sahasında dolaşırlarken, Johnson son düşüncesini dile getirdi. "Aklımıza gelen her şeyi denedik, hiçbir şey olmadı, hiçbir şey olmadı, hiçbir şey olmadı; kağıtlar olduğu yerde duruyor," dedi. "Andy, herkesin işine gelecek bir alternatif yapı bulmaya çalışıyorum."

Sage, kaldıraçlı alımın RJR Nabisco'nun sorunlarına çözüm getireceğinden hiç emin olmadığı gibi, Amerika'nın en büyük şirketlerinin banka kredisiyle iyi, eski usûl hissedar hisselerinin yerini aldığını görmekten hoşlanmıyordu. Sage ve onun kuşağındakiler Amerikan sanayiinin en güçlü unsurlarından birinin sermaye tabanı olduğuna inanıyorlardı. Ülkenin dünya pazarlarında sıkı rekabetle karşı karşıya kaldığı bir dönemde, bu avantajın çarçur edilmesine şahit olmaktan nefret ediyordu. Ona göre, şirketler istihdam ve yeni ürünler yaratmalıydı, oysa borç ödemeye odaklandıklarında bunu başaramazlardı. Daha da önemlisi, Johnson'ın rahatça harcamaya yönelik tarzının, yüksek borç seviyelerinin gerektirdiği maliyet tasarrufları ve taleplerde uygun olmadığını düşünüyordu. Yine de, kuşkularını kendine sakladı.

Johnson, Sage'den Shearson'ı aramasını ve Stretch Projesi'ni yakmasını istedi. Hill'in ekibi RJR Nabisco iştiraklerinin değerlerini sınıflandırmak gibi yorucu bir işe girişmişti bile; Johnson kaldıraçlı alım olasılığını hızla inceleyebilmek için bu ödevin Eylül ortasına kadar tamamlanmasını talep etti. Sage, Benevento'yu arayarak eski çalışmalarını yeniden ortaya çıkarmalarını söyledi. Yine de, Sage de Horrigan gibi yeni taktiklerine takılıp kalmamaya çalışıyordu. Johnson'ın fikri New York havası gibiydi ve bir anda değişebilirdi.

O hafta, Johnson, Charlie Hugel'ı arayarak, Shearson'ın araştırmasından söz etti. "Kaldıraçlı alımın işe yarayıp yaramayacağına bakıyoruz. Bunun değeri nedir bilmiyorum, ama yine de inceliyorlar. Sen ne dersin?" dedi.

"Açıkçası, pek fazla bir şey demem..." dedi Hugel. Altmış yaşındaki Hugel, Johnson'dan üç yaş büyük olmasına rağmen, görünüş itibariyle çok daha fazla duruyordu. Beş yıl önce Combustion Engineering'in başına gelmek için ayrılmadan önce AT&T'nin basamaklarını teker teker tırmanmış bir adam olan Hugel, eskilerdendi. İş ilkelerine inanırdı ve Wall Street'in kaldıraçlı alım gibi buluşlarına itibar etmezdi. Combustion'da Hugel yurtdışında yeni pazarlar yaratmak için bizzat uğraşmış bir yöneticiydi. Moskova'nın çetin otellerinde, yerleri kendisi silmişti. Johnson'ın ticari törenler için Moskova'ya giderken suit ayırtması onu çok eğlendirmişti.

"Ross, bunu neden yapıyorsun ki?" diye sordu. "Uğraştığın her şeyi tamamlamış sayılmazsın. Neden bırakmak isteyesin?"

"Şirketi yönetmeye heves edecek şey bulmakta zorlanıyorum," diye itiraf etti Johnson. Hisseyi yukarı çekmek için denediklerini anlattı. Hugel düşük hisse fiyatından daha büyük zorluklara göğüs germişti ve kaldıraçlı alım teklifi ona göre birini çarmıhtan kurtarmak için vurmaya benziyordu.

Johnson'ı can evinden vurmaya karar verdi ve "Ross, jetlerden, merkezden ve bütün yaşam tarzından vazgeçmek zorunda kalabilirsin. Bunu yapmayı gerçekten istiyor musun?" dedi. Biraz daha konuştular, telefonu kapattıklarında Hugel Johnson'ı vazgeçirdiğine inanıyordu.

Johnson Labor Day'den (İşçi Bayramı) sonra Atlanta'ya döndüğünde, orada sadece bir gün kaldı. Dönüşte, Johnson kaldıraçlı alım fikrini Martin'e şöyle bir anlattı. Sonra uyumak istediğini, sabaha konuşabileceklerini söyledi.

Buna hiç fırsat bulamadılar. 7 Eylül Çarşamba sabanı saat ikiye birkaç dakika kala Johnson, Kuzey Atlantik üzerinde uyuklarken, Westchester Conty-New York'da bir polis Saw Mill River Parkway'de durdu. Yolun biraz ilerisinde takla atmış ve ezilmiş bir 1987 Nissan görmüştü. Araba kontrolü kaybetmeden önce bir trafik levhasına çarpmıştı. Yetkililer arabanın yakınında Johnson'ın yirmi altı yaşındaki oğlu Bruce'u kanlar içinde buldular. Bilincini kaybetmiş olan genç adam yakındaki bir hastaneye götürüldü.

Laurie haberi vermek için aradığında, Johnson oteldeki odasına henüz girmişti. Bruce'un sağ olup olmadığı bilinmiyordu. Johnson ve Martin ilk Concorde'a atlayarak geri döndü. Yolda, Johnson sigara içilmeyen bölümde bir Premier yaktı. "Kimse fark edecek mi bakalım," dedi Martin'e. Johnson, Westshester County hastanesine vardığında, oğlu komadaydı. Doktorlar, şuurunun açılıp açılmayacağını ya da bunun ne zaman olacağını bilemiyorlardı. Johnsonlar Connecticut'da Frank ve Kathie Lee Gifford'ın evinde kaldılar. Gifford kaya gibiydi: Oğlu Kyle da bir kazada başından ağır yaralanmıştı.

Perşembe günü Jim Robinson ziyarete geldi. İki arkadaş hastanede dolaştı. "Ross, yapabileceğiniz tek şey en iyi tıbbi müdahaleyi aldığınızdan emin olmak," dedi Robinson. "Bunun ve umut etmenin dışında katabileceğiniz fazla bir değer yok."

"Benzer bir durum geçirdiğini biliyorum," dedi Johnson.

"Odağını ve perspektifini kaybetmemen gerekiyor..." diye tavsiye etti Robinson, "ve hayatına devam etmen."

Cuma günü, Johnson açık çantasına bakakaldı. Ofiste mektuplar birikiyordu. Kendini toplaması gerektiğini biliyordu. Robinson'ın tavsiyesine uymaya ve işe dönmeye karar verdi. Pazartesi sabahı hastanede Bruce'u ziyaret etti, sonra arabayla Manhattan'a giderek Sage ve Benevento ile buluştu.

Odasına giren Johnson, sivri bir kurşun kalem, bir hesap makinası ve otuzbeş yıl önce General Electric'de kullanmayı öğrendiği bir muhasebe cetveli çıkardı. Yerlere, mobilyaların üzerine, her yere raporlar yaydı, planlama deprtmanından raporlar, bilançolar, yatırım bankacılarının araştırmaları ve bilgisayar çıkışları. Artık yatırım bankacılarının ya da bilgisayarların kendisine yanıtı vereceğine inancı kalmadığından, kaldıraçlı alımın mantıklı olup olmadığını kendisi görmek istiyordu. Benevento'nun hayret dolu bakışları altında, Johnson tablolara gömüldü ve çalışmaya başladı. "Hiç kimse," dedi, "bunu benden iyi yapamaz."

Benevento, Johnson'ın geçirdiklerini anlıyordu; kendisinin de üç oğlu vardı. Johnson kaldıraçlı alım olasılıkları ve güçlüklerine ilk kez gerçekten gömüldü. Benevento'yla birlikte beş saat boyunca rakamların arasında dolaştı, RJR Nabisco'nun bütün şirketlerinin nakit akışlarını, pazar paylarını, kâr ve satış projeksiyonlarını didik didik etti. Arada Johnson ayağa kalkarak, son rakamları almak için Atlanta'yı veya Winston-Salem'i arıyordu.

Johnson her alanın değerini bulmak, ne kadara satılabileceğini anlamak istiyordu. Bunların yanı sıra, tütünün gelecekteki nakit akışı da kaldıraçlı alım durumunda fiyatı belirlemekte çok faydalı olacaktı. Pazartesi akşamı içine bir his doğmuştu: Alımı denemek için yeterince para toplamakla kalmayacağını anladığı gibi, buna ciddi olarak bakmaya da hazırdı artık. Johnson, o akşam eve doğru yürürken, aklını oğlundan başka yere verecek bir şeyi olduğu için Tanrı'ya şükretti.

Ertesi sabah, Peter Cohen ve Tom Hill başkanlığında bir Shearson heyeti Nine West'e geldi. Alım konusunda düşünürken göz atması için, işin nasıl gelişeceğini gösteren belgeler verdiler ve Johnson meselenin bütün unsurlarını incelemelerini istedi. Johnson, üzerinde çalıştıkları projenin o zamana dek gerçekleşmiş alımlardan üç kat büyük bir şeye yol açabileceğini biliyordu.

"Peter, bunun anlamlı ve yapılabilir bir iş olduğuna inanıyor musun?" diye sordu Johnson Cohen'e. "Çünkü çok paradan bahsediyoruz."

"Evet," dedi Cohen emin bir şekilde. "Yapabiliriz."

Johnson ertesi gün oğlunun kaldığı hastane odasına geri döndü. Bruce'un durumunu anlatarak, Perşembe günkü icra komitesi toplantısını iptal etmişti. Hugel'a ayrıca, üzerinde durulacak önemli bir konu bulunmadığını söylemişti.

Jeff Beck şaşkına dönmüştü. Johnson'a ulaşamıyordu.* Her aradığında, Jim Welsh yanıt veriyordu. İki adamın arasında süregiden bir espri vardı. Centilmen bir Nabisco emektarı olan Welch, bunun için fazla yaşlı olduğunu söyleyerek Beck'in kendisine "Jimmy" demesine nazikçe karşı çıkmıştı. Tabii ki Beck'in umrunda olmamıştı. Bu yüzden de Welsh ona "Jeffy" demeye başlamıştı.

Welch kendisini son yanıtladığında, Beck, Johnson'ın bakışlarında değişime dair ipuçları aradı.

"Jimmy, bunu yapmak istiyorsanız, yeterli paramız olduğunu biliyorsun." Beck'in satın almaktan söz etmesi gerekmiyordu; bu fikri o kadar uzun süredir bastırıyordu ki, Welsh ne demek istediğini anlamıştı.

"Bunu biliyorum, Jeffy."

"Bilirsin, boktan şeyler olur. Ben de Ross'un bütün telefonlarına senin çıkmanı tuhaf buluyorum."

"Biz bir şey bilmiyoruz," dedi Welch. "Hiçbir şey olduğu yok."

Bir şeyler oluyordu, Beck bunu hissedebiliyordu. Johnson'ın kaldıraçlı alıma teşebbüs edebileceği aklına gelmişti, ama bu fikri kafasından attı. Drexel iki yıldır bunu teklif ederek bir yere varamamıştı. Belki bir çeşit yeniden yapılanma hazırlığı içindedirler, diye düşündü Beck.

12 Eylül'de bu kuşkularını en az Johnson kadar ateşli bir şekilde flört ettiği başka birine açtı: Henry Kravis'e. Beck, Kravis'e pek çok konuda yardımcı da olmuştu, en büyük işleri Beatrice ihalesiydi. RJR'nin New York'taki ofisinin sadece altı kat altında bulunan Kohlberg Kravis Bürosu'na gelip Kravis'in odasına girdiğinde, Beck doğrudan konuyu açtı.

---

* Andy Sage'e de ulaşamadı. Sage, Johnson'ın kaldıraçlı alım olasılıklarını değerlendirmeye başlamasından sonra Beck'in telefonlarına cevap vermez olmuştu. Bu kitap için yaptığımız görüşmeler sırasında Sage, "Ona gerçeği söyleyemezdim ama yalan söylemek de istemedim," dedi.

"RJR konusunda bir şeyler yapma zamanının geldiğine inanıyorum," dedi Beck.

"Neden?" diye sordu Kravis.

"Johnson bir nedenle telefonlarıma çıkmamaya başladı. Jim Welch'i geri aratıyor. Bir toplantı yapıp, teklif sunmalıyız."

"Muhtemelen haklısın," dedi Kravis. "Bana numaraları bul ve bir şey ayarla."

Beck kabul etti. "Ama bir sorun var. Ross'a istediğini vermeyeceksin."

"İstediği ne ki?"

Beck, Johnson'ın adamlarıyla o kadar uzun zamandır görüşüyordu ki, satın alma konusundaki kaygılarını artık biliyordu. Johnson başkası için çalışmak istemiyordu. "Bir kere," dedi Kravis'e, "yönetim kurulunun kontrolünü isteyecekler."

"Doğru, ona bunu vermeyeceğiz," dedi Kravis. "Bu bir sorun."

İki adam bir süre konuştular, ama sonuca varamadılar. Johnson ile konuşmadan önce hiçbir şey yapılamayacağı çok açıktı. "Bir şey ayarlamaya çalış," dedi Kravis, "toplantıda tartışırız."

Beck daha sonra Johnson ve Kravis için bir toplantı ayarlamak üzere Welch'i aradı. Welch söz vermedi, ama Ekim'in son haftası ya da Kasım'ın ilk haftasında biraraya gelebileceklerini söyledi. Kuduz Köpek henüz bilmiyordu elbette, ama o zamana kadar bu ricası miadını doldurmuş olacaktı.

BÖLÜM
5

Fırtanalı bir Eylül gecesinde Metropolitan Müzesi'nin kapısındaki bekleyiş, Hollywood açılışlarında yaşananların aynısıydı. New York sosyetesinin üst tabakası, fotoğrafçılardan ve gazetecilerden oluşan bir kalabalığın arasından müzeye giriyordu; hanımlar rüzgar bozmasın diye saçlarını tutuyor, smokin giymiş iki dirhem bir çekirdek beyler sonra yazılanlara göre "alçı gibi sert" davetiyeler taşıyordu. İçeri Saul Steinbergler, *The New York Times*'dan Punch sulzberger, Jonathon-Laura Tisch ve yüzlerce başka davetli girdi.

Bu sosyal sınıf içinde bile bu müzede özel parti verecek bağlantılara sahip pek az insan bulabilirdiniz; ancak Orta Çağ avlusunun dövme demir kapıları önünde misafirlerini karşılayan çift, yani Henry Kravis ve moda tasarımcısı, büyüleyici eşi Carolyne Roehm, 10 milyon dolarlık bir hibeyle müzenin kapılarını açtırabilmişti. Boyu sadece 1.65 olan Kravis, smokinli ve yanık tenliydi. Güler yüzlü, nezleli gibi bakan mavi gözleri ve Oklahoma'da geçirdiği çocukluğunun izlerini hafifçe taşıyan bir sesi vardı. Ancak her zaman olduğu gibi asıl dikkat çeken, Roehm'di. Kocasından sekiz santimetre daha uzun ve dayanılmaz biçimde inceydi, parlak siyah saçlarını arkaya doğru toplamıştı; yeşim rengi saten bir straples elbise ve pırıl pırıl bir yeşim gerdanlık takmıştı. Böyle toplantılarda, kocasının koluna girerdi.

Misafirler, şampanya ve kokteyllerini içtikten sonra küçük bir sahnenin etrafında toplandılar, ışıklar karartıldıktan sonra da kendilerini, genç kemancı Midori'nin tatlı melodilerine bıraktılar. Ön sıranın başında oturan Kravis ve Roehm, bu genç Japon sanatçıyı Park Avenue'daki saray yavrusu dairelerindeki özel bir resitalde dinledikten sonra bu geceye davet etmişlerdi. Kendini müziğe kaptırmış olan Roehm, ellerini göğsünde kavuşturmuştu, Kravis ise yanında ses çıkartmadan oturuyordu.

Sonra ev sahipleri, misafirlerini yapraklarla kaplı kafeslerin altından geçirerek özel olarak dekore edilmiş Blumenthal Avlusu'na götürdüler; avlunun taş balkonları dev goblenlerle kaplanmıştı, kolonların ve parmaklıkların çevresi kalın, yeşil sarmaşıklarla örtülüydü. Kenarları kalın altın çubuklarla kaplı av desenli goblenlerle süslenmiş yemek masalarının üzerinde, lâme minyatür meyva sepetlerinin çevresine yerleştirilmiş, yeşil şapkalı altın rengi mumlardan oluşan süsler vardı. 1985 Louis Latour Mersault ve 1979 Chateau Beychevelle şaraplarının içildiği yemeğin en ilgi çeken yanı, bazılarının esprilerle geçiştirmeye çalıştığı tavşanlı ana yemekti. "Roger Rabbit kim?" diye bir espri yapıldı. Tatlı olarak, renkli minyatür meyva ve dondurmalarla süslü büyük gümüş kaselerde sunulan "baba au rhum" yenildi. Gece, müzenin 160 parçalık yeni Degas sergisinin misafirler tarafından dikkatle gezilmesiyle sona erdi.

Birkaç gün sonra sosyete haberleriyle tanınan Suzy, yazısında "Ah, kusursuz bir parti kadar az rastlanan birşey var mıdır?" diyecekti. "Gece, başından sonuna kadar mükemmeldi; misafirlerini müthiş bir zevk ve zerafetle ağırlamak isteyen her ev sahibi kendi partisini bu geceyle kıyaslamalı."

Bu toplantı aslında Nouvelle Society (Yeni Sosyete) adı verilen grubun yeni prens ve prensesi olan Kravis ve Roehm'un evsahipliğini yaptığı bir cins gayrı resmi taç giyme töreniydi. Üç yıldır evli olan çift, sosyetede yükselmek isteyen herkesin rüyalarını süsleyecek biçimde, birdenbire Manhattan sosyetesinin zirvesine çıkıvermişti. Park Avenue'da Renoir'ın tabloları ve Fransız antikalarıyla dolu, 5.5 milyon dolar değerindeki daireleri, hayır işleriyle ilgilenenler arasında efsane haline gelmişti. Kravis'in karısına aldığı lüks hediyeler, gözler faltaşı gibi açılıp, hayret içinde dizlere vurularak tekrar tekrar anlatılıyordu.

Bu kadar ilgi çekmelerine rağmen, Kravis gizemini koruyordu. Arkadaşları onu nazik, yumuşak ve neşeli bir insan, sevecen bir baba ve uzun, ateşli aşk mektupları yazan bir koca olarak anlatsalar da bu özelliklerinden hiçbiri iş ilişkilerinde ortaya çıkmıyordu. Genellikle sakin ve kendini kontrol eden biri olarak tanınmakla birlikte, bazen acımasız olabiliyor, Ted Forstmann gibi bir rakibi "Avis kompleksi var" diyerek bir kenara atabiliyor veya kilolu bir ortağı için kaba sözler sarfedebiliyordu. Bakışlarındaki çelik parıltı, insanın katıksız cimrilik ve hırs hikayelerine inanmasına neden oluyordu. Belki de yatılı okulda okumanın verdiği sakin havası, çok derinlerde kötü bir yüzü olduğunun ipuçlarını yansıtıyordu.

Wall Street'te yükselişi, seksenlerin standartlarına göre bile hızlı olmuştu. Beş yıl öncesine kadar adı sanı duyulmamış Kravis ve pek sesi çıkmayan şirketi, seksenli yılların ortasında Wall Street'in kaldıraçlı alım dalgasına kapılmıştı. Yıllar boyunca Kravis'e yol gösteren Jerome Kohlberg'in, Kravis tarafından nasıl safdışı bırakıldığına dair hikayeler yıllar boyunca anlatılmaya devam etti. Kohlberg Kravis'in kontrolü altında olan ve Duracell pillerinden Safeway süpermarketlerine kadar uzanan kuruluşlar endüstriyel bir değerlendirmeye tabi tutulsaydı, ABD'nin ilk on şirketinden biri ortaya çıkardı. Artık 45 milyar dolarlık satın alma gücüne sahip olan Kravis, Wall Street'te şirket satın alanların tartışmasız kralıydı; savaş ganimetleri Pakistan'ın ya da Yunanistan'ın gayri safi milli hasılasından daha fazla, piyasalar üzerindeki etkisi ise finans tarihindeki sayılı büyük oyunculara denkti.

Kimse Kravis'in başarısının sırrını bilmiyordu. Bazılarına göre minyon yapısı da bir etkiydi, başkaları Kravis'in 1944'deki doğumundan önce bir servet edinmiş, kaybetmiş, tekrar edinmiş babasının etkisi olduğunu düşünüyordu. Kravis'in çocukluk yıllarına bakılarak herhangi bir kestirmede bulunmak çok zordu. Savaş sonrası dönemde, Tulsa'da para içinde büyüdü, sık sık bisiklete biner, golf oynamaya bayılır ve Edison Lisesi'ndeki derslerle pek ilgilenmezdi.

Babası Raymond Kravis, yüzyılın başında Atlantic City'ye göç eden İngiliz bir terzinin oğluydu. Ray Kravis, bir süre Pensylvania'daki bir kömür madeninde çalıştıktan sonra ülkenin güney batısına gitmiş ve 1920'lerin patlayan hisse senedi piyasasında zengin olmuştu. 1929 krizinde varını yoğunu kaybetmiş ve yüksek faizle borç aldığı için borçlarını ödeyebilmek için yıllarca çalışmak zorunda kalmıştı. İkinci kariyerine savaştan sonra petrol mühendisi olarak başlamış, Goldman Sachs gibi Wall Street firmaları için petrol rezervi tahminleri yaparak bir servet edinmişti.

Henry onüç yaşında geldiğinde, Ray ve Bessie Kravis onu da ağabeyi George gibi Massachusetts'in kuzeybatısındaki tepelerde kurulu Eaglebrook adlı yatılı okula gönderdiler. Daha sonra Connecticut'taki Loomis Lisesi'ne geçen "Hank" Kravis popüler bir öğrenciydi; öğrenci konseyinin başkan yardımcısıydı, güreş takımının kavgacı kaptanıydı, yatakhane sorumlularındandı. Öğretmenleri onu olgun, ne istediğini bilen ve kendine hakim biri olarak hatırlayacaklardı.

Kravis minyon bir çocuktu, bazen daha iri çocuklara kendini kanıtlama ihtiyacını duyuyordu. Okuldaki Amerikan futbolu takımının koçu Kravis'e maça çıkamayacak kadar çelimsiz olduğunu söyledikten sonra takımda halfbek olarak attığı golleri yıllar sonra heyecanla hatırlayacaktı. En hoşuna giden anılarından biri, onyedi yaşındayken girdiği ilk işe, Tulsa'da Sunray DX Petrol şirketinin posta dağıtım odasında çalıştığı günlere aittir. İşe girdikten birkaç gün sonra ilk büyük görevini almıştı. Şirkete gelen mektupların dağıtım sorumlusuydu. Ancak o önemli günün sabahında gözlerini açtığında, hiçbir şey göremiyordu. Lensleri yanlış takılmıştı, canı o kadar acıyordu ki gözlerine çiviler saplanıyor gibi hissediyordu. Kravis, lensleri çıkartamıyordu. Anne babası da şehir dışındaydı; buna rağmen arabasına bindi, sabahın erken saatlerinde neredeyse hiçbir şey görmeden boş Tulsa sokaklarında yolunu bulup bir şekilde işe gitmeyi başardı. Daha sonra gözlerinin sargı beziyle bir süre kapatılması gerekti. Kravis, hâlâ gururla "Ama o gün mektupların hepsini dağıttım," diyor.

Loomis'de aldığı ekonomi dersleri sayesinde, iş idaresi okumaya karar verdi ve California'da toplam 600 öğrencisi olan minik Claremont Men's College'da finans eğitimi gördü. (Babasının mezun olduğu okul olan Lehigh'a da, sırf girebileceğini kanıtlamak için başvurdu ve kabul edildi.) Kravis Claremont'taki ilk yılında golf, yüzme, Las Vegas ve Santa Anita'da at yarışı derslerini sıkı çalıştı. Üçüncü yılında okulun golf takımına kaptan oldu. Son sınıfa geldiğinde Wall Street'te kariyer yapmaya kararlıydı. Tezinin konusu convertible debentures idi (işletmelerin ticari itibarlarına dayanarak ihraç ettikleri değiştirilebilir tahviller -çn.)

Ray Kravis, klasik bir Wall Street şirketi olan Golman Sachs'dakileri tanıyordu, oğlu ayak işleri yaparak çalışmaya başladığı bu şirkette üniversite yılları boyunca her yaz çalıştı. Bağırmaktan yüzü kızarmış borsa simsarlarının ortasına atılan Kravis, kırklı yaşlarındaki simsarlarla birarada olmak istemediğine karar verdi. Her şeyden önce bir ofisi olsun istiyordu. Kravis üniversitenin son yılında, Wall Street'in sıcak para yöneten şirketlerinden Madison Fund'da bir staj ayarladı. Burada, doğru hisse senetlerini seçmesiyle tanındı. O dönemler, neredeyse bütün hisselerin değer kazandığı çıkış yıllarıydı. Arkadaşları, gözü kapalı hisse seçse de aynı başarıyı elde edebileceğini söyleyerek onu kızdırıyorlardı.

Kravis 1967 sonbaharında Columbia Business School'a yazıldı ve pişman oldu. Wall Street'in hareketliliğini özlüyordu. Babası okula devam etmesi konusunda onu ikna etti. Ancak Kravis, Madison'daki Ed Merkle adlı patronunu aradı; Merkle, Kravis'in bir yandan çalışırken bir yandan de eğitimini sürdürmesine izin verdi. Kravis iki yıl sonra, öğrenci ayaklanmalarının en yoğun olduğu dönemde, B'ler ve C'lerle dolu, hiç de etkileyici olmayan bir karneyle mezun oldu.

Wall Street Kravis'i çağırıyordu. Madison, Katy Industries adlı küçük bir demiryolu şirketi almıştı ve Kravis'in hırsından etkilenen Merkle, bu genç Oklahomalıyı şirketin işlerini geliştirmekten sorumlu kişi yaptı. Kravis iyi bildiği bir konu olan petrol endüstrisinde karar kılarak hayatında ilk defa şirket "bulucularıyla" çalışmaya başladı; bir yıl boyunca da Louisiana'nın tozlu topraklı yollarında seyahat ederek Katy için küçük aile şirketleri, mavna, römorkör ve tarama makinaları satın aldı. bu onun deneyim edindiği ve işin teknik yönlerini öğrendiği bir dönem oldu.

Kravis, Katy büyüdükçe şirketin başına işletme bölümünden tanıdığı sınıf arkadaşının babası, Jacob Saliba'yı getirdi. Birlikte Manhattan'daki Delmonico Oteli'nde bir apart daire tuttular; Saliba yatak odasına, Kravis oturma odasına yerleşti ve Katy adına şirket satın almaya devam ettiler. Daha sonra Katy satıldı. Yirmibeş yaşında ve acelesi olan bir genç olarak Kravis yeni şeyler aramaya başladı. Goldman Sachs çok tutucu ve çok katı olduğu için Kravis, risk sermayesi faaliyetlerini başlatmak ümidiyle Fahaerty & Swartwood adlı küçük bir firmaya katıldı. İşler yolunda gitmedi, bir yıl sonra şirketten ayrıldı. İşsiz kalınca yardım için kuzeni George Roberts'a başvurdu.

Kravis'den sadece bir yaş büyük olan Roberts, çocukluğunu Houston'da geçirmişti. Roberts'ın babası ile Kravis'in annesi kardeşti. Roberts ve Kravis'in dedesi savaşmak için 1890'ların sonunda çarlık ordusundan Amerika'ya kaçan Yahudi bir Rustu. Adı, Ellis Adası'ndaki bir memur tarafından "George Roberts" olarak değiştirildikten sonra köyünden Indiana'nın Muncie şehrine göçenlere katıldı; zamanla burada bir yiyecek dükkanının ve halen işletilen Roberts Oteli'nin sahibi oldu. Ekonomik krizde her şeyini kaybettikten sonra Tulsa'da petrol işine girdi ve bir petrol sahasında, çadırında tek başınayken geçirdiği kalp krizi sonucu öldü.

Oğlu Louis Roberts, Houston'da keyfe keder yaşayan bir petrol zengini olarak Teksas'daki petrol kuyularında birkaç kez servet edindi ve kaybetti. 1950'li yıllarda Louis Roberts o zamanlar delikanlı olan oğlu George'u da iş toplantılarına götürürdü. Bir gün Amerikan Petrol Enstitüsü'nün bir toplantısında baba oğul, yanlarında oturan çamur kaplı, kovboy çizmeli bir petrol arayıcısıyla beraber, ileride Exxon olacak Humble Oil'in başkanının konuşmasını dinliyorlardı.

Konuşmanın ardından Louis Roberts oğluna "Bu iki adamdan hangisinin yerinde olmak isterdin?" diye sordu.

Genç George, "Sahnedeki adamın yani işadamının yerinde olmak isterdim," diye yanıtladı.

Babası işadamının kontrol etmesi gereken 50.000 çalışan olduğunu, bunun yorucu bir iş temposunu gerektirdiğini ve emeklikte birkaç yüzbin dolarlık bir emekli maaşı alacağını söyledi. Ancak petrol arayıcı olan diğer adamın yanında yaklaşık 30 kişinin çalıştığını, adam uyurken petrol üreten otuz kırk petrol kuyusu olduğunu ve 5 milyon dolarlık bir mal varlığı bulunduğunu da sözlerine ekledi.

Lou Roberts "Peki şimdi hangisinin yerinde olmak isterdin?" diye sordu.*

Babası ne kadar gevezeyse bir o kadar içine kapanık olacağı o günlerden belli olan George Roberts, insanın kendi kendinin patronu olması gerektiğine ilişkin bu dersi hiç unutmadı. Indiana'da Culver Askeri Akademisi'ne girdikten sonra, Claremont'ta da Kravis'den bir üst sınıfta okumuştu. George yirmibir yaşındayken, Ray Kravis Wall Street'in büyük aracı kurumlarından Bear Stearns'ta ona bir yaz işi bulmuştu. Sessiz, istikrarlı ve çalışkan Roberts genellikle sabahları işe diğer arkadaşlarından erken giderdi. Şirketin finans bölümünün başındaki Jerome Kohlberg'le arkadaş oldu. University of California-Hastings'te hukuk okuduktan sonra Kohlberg için çalışmaya başladı.

Bear Stearns'taki rekabet, Wall Street'e göre bile çok şiddetliydi. Salim ('Cy') Lewis adlı hırslı patron tarafından yönetilen Bear, aslında birbirine pek bağlı olmayan, özel dükalıklardan oluşan bir gruptu. Lewis'in de desteğiyle, işbirliği yerine rekabete, çekişmeye ve şirket içi oyunlara çok sık rastlanırdı. Kohberg, Roberts'ı sonu gelmez karmaşadan koruduğu için bu yaşlı adam için çalışmaktan memnundu. Ama zaman içinde New York'tan bıktı. Artık bir ailesi vardı ve California'ya dönmek istiyordu. Kohlberg'e

---

* Lou Roberts 1977'de öldü.

Roberts'ın şirketin San Francisco'daki ofisine gönderilmesini ayarladığında, ileride batı kıyısında da Kohlberg için çalışmaya devam edecek olan Roberts kendi yerine kuzeni Henry Kravis'i aday gösterdi.

Kravis'in arkadaşları, patronunun tek bir takım elbisesi (koyu renkli) ve tek bir kravatı (o da sarı ve aşırı dar) ile dalga geçiyordu. Swarthmore ve Harvard Business School mezunu 44 yaşındaki Kohlberg, kitaplardan çok hoşlanan, tenis ve trompeti seven, sessiz, üç çocuklu, saçları dökülmüş bir aile babasıydı. Kohlberg, tıpkı Roberts'a yaptığı gibi, Kravis'i de kanatlarının altına aldı. En azından bir süre Kravis'in arada bir etrafı kasıp kavurmasına göz yumdu. Kravis, otuzuncu doğum gününde hediye edilen Honda motorsiklete Park Avenue'daki dairesinde binen bir adam olup çıkmıştı. Ancak orkestradan şikayetler gelince motorsiklete binmekten vazgeçti.

Kravis'in Kohlberg için çalışırken yaptıklarının önemli bir kısmı, yatırım bankacılığı için rutin olan halka arz, denetim, yüklenicilik gibi işlerdi. Ancak Kohlberg, kendi dükalığında "bootstrap deal" (kendi kendine yetme anlaşması) adı verilen kârlı bir iş daha bulmuştu.

Daha sonra kaldıraçlı alım (LBO) adını alacak olan bu tür anlaşmalar, bir tür yaşlılara yardım olarak başladı. Aile şirketi kuran ve savaş sonrası ekonomik büyüme döneminde zengin olanların çoğu 60'lı yılların ortalarında yaşlanmaya başlamıştı. Bir yandan varlık vergisini ödememe, diğer yandan da aile şirketlerini kontrol etmek için üç seçenekleri vardı: Özel şirket olmaya devam etmek, hisselerini halka arz etmek veya şirketi daha büyük bir şirkete satmak. Üç seçeneğin de dezavantajları vardı. Özel şirket olmaya devam etmek, sorunu görmemezlikten gelmek demekti. Halka arz, şirketin kurucusunu ne yapacağı belli olmayan hisse senedi piyasası ile karşı karşıya bırakıyordu. Şirketi satmak ise, genellikle idari konularda özerkliği kaybetmek anlamına geliyordu.

Kohlberg'e göre LBO'lar "zincirdeki eksik halkaydı", yaşlanan yöneticilerin "hem yüzü hem de astarı" kurtarmaları için bir yöntemdi. Yaptığı ilk anlaşma, Mount Vernon, New York'ta diş bakım ürünleri üreten Stern Metals adlı bir şirketin 1965 yılında 9.5 milyon dolara satın alınmasıydı. Daha sonraki yıllarda bu anlaşmayı örnek olarak kullandı. Stern, kendi bulduğu bir grup yatırımcının desteğiyle ve önemli bir kısmını borçlanarak sağladığı parayla Stern'i yetmişiki yaşındaki sahibinden satın aldı. Stern ailesi şirket hisselerinin bir kısmını elinde tutmaya ve şirketi yönetmeye devam etti. Kohlberg sekiz ay sonra, 1.25 dolardan aldığı hisseleri 8 dolardan halka arz etti ve elde ettiği gelirle borcunu ödedi. Kohlberg daha sonra söz konusu şirketi bir alım maratonuna soktu; California'lı bir diş bakım ürünleri şirketi, Ohio'lu bir röntgen üreticisi ve Avrupalı bir diş hekimi koltuğu üreticisini satın aldılar. Şirkete ilk yatırım yapanlar 500.000 dolarlık yatırımlarını iki yıl sonra halka arz ettiklerinde, yeniden yapılanmış şirketin değeri 4 milyar dolardı.

Kullandıkları yöntem daha sonraki anlaşmalarda da rafine edildi. 1960'ların büyük holdingleri, 1970'lerin başında hisse senedi piyasasında yaşanan kriz sonucunda küçüldükçe, Kohlberg bu holdinglerin sattığı şirketleri alarak büyüdü. Temel endüstri ürünleri, tuğla, tel ve valf gibi şeyler üreten, yönetimi, ürünleri ve kazancı belli, güvenilir şirketleri seviyordu. Şirket satın almak için çok borçlandığından, borçlarını ödeyemeyecek duruma gelmemesi için ileride elde edeceği gelirin ve nakit akışının önceden belirlenebilmesi Kohlberg için şarttı. Bilançoları tarot kartı, nakit akışı tahminlerini ise kristal küre olarak kullanıyordu. Kohlberg bir şirkete el attığında, giderleri acımasızca kısarak ve istemediği bölümleri satarak elde ettiği her kuruşu borçlarını ödemek için kullanıyordu. Çoğu zaman yöneticilere şirket hisselerinden veriyor, böylece mucizevi bir biçimde işi daha verimli yönettiklerini görüyordu. Kohlberg, işini bitirdiğinde elde ettiği sonuç, şirketin satın alınmasından çok daha değerli oluyordu. LBO'lar o dönemden beri aşağı yukarı aynı biçimde gerçekleştiriliyor.

Kravis'in yaptığı işler sıkıcı, sıradan şeylerdi ve Kravis, "Jerry'nin adamı" olarak kendini tamamen işine adamıştı. Kravis, Rockwell International'ın bir şirketi olan Incom'u satın alırken bilançolar, operasyon özetleri ve borç tahminleri ile dolu yetmişbeş sayfalık bir rapor hazırlamış, bu raporu büyük sigorta şirketlerine göndermişti. Bir ilkbahar sabahı birkaç olası yatırımcı Quincy, Massachusetts'te toplandı, Kravis onlara Incom'un Boston Gear fabrikasını dolaştırdı. Gruptakiler üç limuzine doluşarak Holyoke'taki Acme Chain'i, sonra da Fairfield, Connecticut'taki Helm Bearing'i gezdiler. Son olarak da uçağa atlayıp Cleveland'e, Incom'un Air Maze ve Morse Control bölümlerini görmeye gittiler. Pek şatafatlı olmasa da işe yarayan bir turdu.

Kravis, üç yıl çıraklık yaptıktan sonra 1973'te kendi başına ilk anlaşmayı yapmaya hazırdı. North Carolina'da küçük bir tuğla üreticisi olan Boren Clay Products'ın sahibi, Stern Metals ve Kohlberg'in diğer hedefleri gibi, ölmeden önce eline para geçmesini isteyen kararlı ve yaşlı bir adamdı. O zamanlar yetmiş yaşlarında olan Orten Boren, New York'lulardan, hele de Yahudilerden pek hoşlanmazdı.

Kravis'le yaptıkları ilk toplantılardan birinde ona, "Evlat, senin dinin ne?" diye sordu.

Kravis'in keyfi kaçmıştı. "Şey... Yahudiyim."

"Tahmin etmiştim zaten." Bir saniyelik sessizlik oldu. "Siz Yahudiler pek akıllı olursunuz, değil mi?"

Kravis kendini zor tuttu. Başarının bedeli Yahudi düşmanlığına katlanmaksa, ödemeye hazırdı. Altı aylık flört dönemi boyunca, Kravis çok daha ağır bedeller ödeyecekti. Bir ara Boren, Kravis'e şirketin tuğla fabrikalarından birini gezdiriyordu.

Boren, tuğlaların pişirildiği dev fırınlardan birini göstererek Kravis'e "Henry, şuradaki fırınları görüyor musun?" diye sordu. "Tıpkı Almanların kullandıkları gibi..." Bu cümleyi üzerinde basa basa tekrarladı.

Kravis, zorla gülümsedi.

"Evlat, yaklaş da biraz daha yakından bak." dedi Boren.

"Sağolun, buradan gayet rahat görebiliyorum."

Kravis, Boren Clay'i aldıktan sonra Providence, Rhode Island'a geçti ve Barrows Industries adlı, mücevher yapımcısı küçük bir aile şirketini satın almak üzere görüşmelere başladı. Şirketin emekliye ayrılmış genel müdürü Fred Barrows, Jr, o günleri şöyle anımsıyor: "Bana öyle gelirdi ki, sanki Henry hep babasından daha başarılı olduğunu kanıtlamaya çalışıyordu. Hep çok hırslı hedefler belirlerdi... O zamanlar bile Henry'nin, Jerry Kohlberg'in yutamayacağı bir lokma haline geldiği belliydi. Henry aşırı agresifti. Jerry çok daha tutucuydu."

Kravis'in ikinci anlaşması olan Barrows işi, üç yıl süren kin dolu tartışmalardan sonra sona erdi. Kravis, şirket yöneticilerini teşvik primleri alabilmek üzere "sayılarla oynamakla" suçluyordu. Fred Barrows ise anlaşmazlık nedenlerini farklı hatırlıyordu: "Doğrusunu söylemek gerekirse, bana şirketi sağıyorlarmış gibi geliyordu. Şirketi yönetmedikleri halde idare ücreti almak istiyorlardı. Bir de bakım ücreti adını verdikleri bir şey vardı. "Bu kadar masraf yapmaya ne gerek var ki?" dedim... Olup bitenler içimdeki New York'luya ters geliyordu."

Sonuçta Barrows, Kravis ve yatırımcılarının paylarını aldı ve Kravis'e yatırımı karşılığında yılda %16.5 getiri verdi, yani tahvil getirisinden biraz daha iyiydi. Kravis hayal kırıklığına uğramıştı ama uzun vadede kârlı çıktı çünkü kısa bir süre sonra altın fiyatları arttı ve Barrows kapandı.

Aslında Kravis ve Kohlberg'in Barros'la yaşadıkları deneyim hiç de sıradışı değildi. Kohlberg, 60'lı yılların ortalarında üst üste üç şirketi başarıyla satın almış olmasına rağmen Kohlberg, ileride Kohlberg Kravis'i öne çıkaracak sihirli formülü (Midas Touch) henüz bulmamıştı. 1965 ile 1975 arasında yaptığı ondört alıma ait grafik, solda yukarıda başlayıp birden aşağı iniyordu, ucunda ise birkaç düşük tümsek vardı.

1970'lerin başında hisse fiyatları düşünce Kohlberg'in geliri, en azından daha sonra elde edeceklerine kıyasla bayağı düştü. 1973'te satın aldığı, Alabama'da faaliyet gösteren bir kamyon şirketi olan Eagle Motors Line başarısızlığa uğradı, başka bir kamyon şirketiyle birleştirilmesi gerekti. Kravis'in yaptığı ilk anlaşma olan Boren Clay, neredeyse on yıl sonra durum tekrar iyileşene kadar uzun bir süre kötü gitti. Kohlberg'in kolay kolay unutulmayacak başarısızlığı, yaptığı altıncı anlaşmaydı, yani 1971'de 27 milyon dolara satın aldığı, California'lı bir ayakkabı üreticisi olan Cobblers Industries'ti. George Roberts anlaşmayı yaptıktan üç ay sonra şirketin kurucusu ve yaratıcı dehası, öğle yemeği sırasında fabrikanın çatısına çıkarak intihar etti. Cobblers'a yatırım yapanlardan biri olan Robert Pirie, o günü şöyle anlatıyor: "Jerry beni aradığında 'Piç kurusu damdan atladı!' diye bas bas bağırıyordu." Kaptansız kalan ve Jamestown, Pennsylvania'daki fabrikası da sele kapılan Cobblers iflas etti. Kohlberg ve yatırımcıları 400.000 dolar kaybettiler, yani yatırdıkları paranın tamamını.

Kohlberg ve iki genç kuzen, zamanlarının çoğunu şirket alımı konusuna ayırdıkça, asıl işleri olan kurumsal finansmandan daha da uzaklaşıyor, patronları Cy Lewis dahil birçok Bear Staerns çalışanının şikayet etmesine neden oluyorlardı. Bob Pirie, "Cy Lewis bir efsaneydi. Efsanevi biçimde de zor bir adamdı." diye anlatıyor. Lewis traderdı, traderlar 'kâr amacıyla menkul değer alıp satan kişi' çn) kısa vadeli düşünmeleri ile tanınırlar. Seans salonunda kararlar saniyeler içinde verilir, kâr ise bir puanın binde birinden elde edilir. Oysa Kohlberg'in şirket satın alma işinde kâr üç, dört, hatta beş yılda elde ediliyordu. Bear'daki hakim işlem kültüründe, bu süre herkese sonsuz gibi görünüyordu. Kravis, "Bir gece, Bear Stearns'a göre uzun vadeydi..." diye anlatıyor. Cy Lewis'e göre Kohlberg, saçma sapan satın alma işine gereğinden çok zaman ayırıyordu. Bu tür işlemlerden kâr elde etmek –tabii edilirse– çok uzun sürüyordu.

Kravis'in, Hartford, Connecticut'taki bir doğrudan pazarlama firması olan Advo'ya yatırım yapma konusundaki felaket kararı sonrasında, 1976'da işler çıkmaza girdi. Kravis ve Kohlberg, bu işi çok riskli buldukları için önce reddetmişlerdi; ancak Travelers adlı büyük bir sigorta şirketi ortak çalışma önerisi getirince ve toplam 7.5 milyonluk anlaşmanın %40'ını Kravis'e sadece 200.000 dolara vermeyi önerince tekrar düşündüler. Kravis, "Nasıl zarar edebiliriz ki!" diye düşünüyordu. Kolaylıkla zarar ettiler. Advo'da işler hızla kötüye gitti. Kohlberg şirketin genel müdürünü işten aldı ve üç hafta boyunca yerine Kravis'i geçirdi. Cy Lewis, Bear Stearns'ın bir ortağının şirket için gelir elde etmektense zor günler geçiren bir doğrudan pazarlama şirketini yönettiğini duyunca öfkeden köpürdü.

Lewis, bir telefon görüşmesinde "Orada ne halt ediyorsun sen? Kahretsin, şu anda burada yeni iş alanları buluyor olman lazım. Unut o işi. Komisyonumuzu aldık, şimdi yeni bir işe bak." dedi. Kravis, "Ama Cy, işler böyle yürümüyor ki. Biraz sabretmek lazım..." diye itiraz etti.

Kravis, kendisine destek verenlerin 200.000 dolarlık yatırımlarının değerini yarıya indirene kadar sabretti. Advo tam bir kabusa dönüşmüştü. Kayıpları yetmiyormuş gibi, Bear Stearns ve Lewis'in de dahil olduğu bazı ortaklar da bu işe yatırım yapmış olduklarından Kohlberg ve iş arkadaşları arasındaki uçurum daha da büyümüştü.

Şirketi içindeki politik çatışmalar büyüdükçe, Kravis işten ayrılma tehditlerinde bulunmaya başladı. O günleri anımsarken, "Herkes, yani bazı ortaklar bana şunu yap, bunu yap diye yapmam gerekenleri dikte ediyordu. Oysa ben kimseden emir almaktan hoşlanmam," diyor. Kohlberg onu yolundan sapmamaya ikna etmeye çalıştı. Lewis'e üçünün, yani Kohlberg, Kravis ve Roberts'ın Bear Stearns içinde bağımsız bir LBO grubu oluşturmalarını önerdi. Lewis kabul etmedi.

Robets yıllar sona o günleri şöyle anımsıyordu: "Bu olaydan sonra Jerry'nin şirket içindeki durumu gerçekten zayıfladı. Herkes onun işlerini zorlaştırıyordu. Başına bazı idareciler getirildi. Köşeye sıkıştırılacağı barizdi." Kohlberg, epey direndikten sonra, bir LBO grubu oluşturma önerisini tekrar gündeme getirdi. Lewis yine kabul etmedi.

Kohlberg ve iki kuzen, kendi aralarında istifa etmeyi konuşmaya başlamışlardı. Kohlberg'in aileden gelen yaklaşık 5 milyon dolar parası olduğu için şirkette kalmak için pek bir nedeni yok gibiydi. Babasının adımlarını izleyerek kendi işini kurmak isteyen Roberts, Kravis'i de ayrılmaya itti. İkisi, önlerindeki on yıl içinde Bear Stearns'da ne kadar para kazanabileceklerini hesaplayıp, kendi başlarına kazanabilecekleri parayla karşılaştırdılar. Bear'da daha çok para vardı. Kravis yine de işten ayrıldı.

Kohlberg işten ayrılma niyetlerini duyurduğunda, Roberts San Francisco'dan gelerek Cy Lewis'e haberi şahsen verdi. Bear Stearns'ın genel müdürü iri ve heybetli bir adamdı; Roberts kötü haberi verdiğinde Lewis kocaman masasına doğru eğildi ve "Birşey söyleyeyim mi evlat, büyük bir hata yapıyorsun. Hiç kimse bu şirketten ayrıldıktan sonra başarılı olamadı," dedi.

Sonra işler sarpa sardı. Kravis, birkaç gün sonra ofisinin boşaltılmış, kapısının da kilitli olduğunu gördü. Asker botları giymiş uzun boylu bir adam koşar adım Kravis'e yaklaştı.

Ağır bir Alman aksanıyla, "Bu ofise girmeyeceksin!" dedi.

"Ne demek girmeyeceksin? Ben buranın ortağıyım."

San Francisco'da da benzer bir "komando" vardı. Roberts'ın ofisindeki eşyalar, oradaki iş arkadaşlarının zamanında müdahalesi sonucu kurtarıldı. Şaşkına dönen Kohlberg ve Kravis, Lewis'e neler döndüğünü sordular.

Lewis, hain üçlüye karşı savaş ilan etmişti. Onlar şirketten ayrıldıktan sonra, Lewis, Bear Stearns'ın Kohlberg'in yaptığı anlaşmaların kontrolünü elinde tutmasını talep etti, oysa ki üçünün de milyarları bu şirketlere yatırılmıştı ve birçok anlaşmaya göre şirketlerin yönetim kurulunda yer alıyorlardı. Lewis, sigorta devi Prudential ve orta batı bankası First Chicago gibi Kohlberg'in yatırımcıları aracılığıyla baskı yapmaya kalkıştı. Ama Kravis'in anlattığına göre "Prudential da, First Chicago da ona 'Git işine!' dedi." Sonuçta işe avukatlar karıştı; uzun ve zorlu müzakerelerden sonra üçlü, yatırımlarının kontrolünü elinde tuttu.

Fifth Avenue'daki eski Mutual of New York binasına yerleştiler. Kohlberg göze batmamayı tercih ediyordu, bu yüzden yıllarca kapıya adlarını bile yazmadılar. Genel giderleri karşılamak amacıyla, Ray Kravis ve Pittsburgh'lu Hillman ailesi dahil toplam sekiz yatırımcıdan 500.000'er dolar aldılar. Kohlberg Kravis Roberts & Co., yaptığı her anlaşmada kârın %20'sini ve %1 (daha sonra %1.5) idare ücreti alacaktı.

Beş yıl boyunca Kohlberg'in temel kurallarına uydular: Anlaşmalar hep dostane biçimde, hep yöneticilerle ve hep dikkatle yapılıyordu. Hedeflerinin çoğunu Los Angeles'lı kaşif Harry Roman'ın yardımıyla buluyorlardı. Yaptıkları iş zorluydu ve uğraş gerektiriyordu. Birçok kişi için LBO'lar hâlâ bilinmeyen bir şeydi; üçlü, zamanının çoğunu, üç adı sanı bilinmeyen adam ve bir avuç üst düzey yöneticinin bir şirket satın alacak kadar parayı nasıl bulabileceklerini anlatmakla geçiriyordu. Şirketlerine dikkat çekmemeleri de işleri kolaylaştırmıyordu. 70'li yıllarda bu şirket için çalışmış olan bir Wall Street yöneticisinin anlattıklarına göre, "Yatırım bankacıları, herkes, "KKR de ne, süpermarket mi?" diye soruyordu."

Aralarındaki mesafeye rağmen, Kohlberg'in ağırbaşlı Roberts'la yakın bir ilişkisi vardı, Roberts'a hâlâ arada bir dişlerini gösteren Kravis'den daha yakındı. Kravis'den daha sakin ve birçoklarına göre daha da akıllı olan Roberts, Kohlberg'i daha uzun süredir tanıyordu ve onu entellektüel açıdan kendiyle aynı düzeyde görüyordu. Kohlberg'in oğullarından biri gençlik döneminde sorun yaşadığında, Roberts onu California'daki evine almıştı. Kohlberg, Kravis'i çalışkan bir ast olarak görüyordu. İki adamın iş dışında pek bir ortak yönü yoktu. Haftasonu program yaptıklarında Kohlberg kot pantalon ve yürüyüş botları giyerdi. Kravis ise İtalyan kumaşı pantalon ve Gucci ayakkabılarla gelirdi. İşte onaltı saat boyunca beraber çalıştıktan sonra Kohlberg eve uyumaya giderdi, Kravis ise eşiyle gece programları yapardı. Kohlberg Kravis'deki eski çalışanlardan birinin anlattığına göre "Jerry, Henry'yi akşam dışarı çıkarken gördüğünde, soğuk bir biçimde "Yine mi dışarı mı çıkıyorsunuz, Henry?" derdi.

Anlaşmalar dalgalar halinde yapılıyordu: 1977'de üç anlaşma yapıldı, 1978'de hiç yapılmadı; 1979'daki üç anlaşmadan biri, satın aldıkları ilk kamu şirketi olan Houdaille Industries içindi. 1980'deki küçük bir anlaşmadan sonra Kohberg Kravis 1981'de dev bir adım attı, altı anlaşma birden imzaladı ve bu küçük şirketle ilgili ilk haberler medyada boy göstermeye başladı.

Bu, üçlünün, zanaatlarının ince ayarını yaptığı dönemdi. Büyük şirketlerin, nakit akışları daha büyük olduğu için küçük şirketler kadar kolay satın alınabildiğini gördüler; Kohlberg Kravis, söz konusu nakti kendi borçlarını ödemek için kullanarak, bir şirketi satın almak için o şirketin güçlü yönlerinden yararlanabildi. Yatırımcılardan aldıkları paraları bir havuzda toplayarak, daha kısa sürede daha yüksek miktarda nakte ulaşabilir hale geldiler.

1978'de 30 milyon dolarlar bağlayan fonu giderek daha büyüyen havuzlarla destekleyerek 1983'teki dördüncü fonlarında 1 milyar dolara ulaştılar. Yapılan işlerin bedeli giderek artıyordu, bu dönemde ulaştıkları en yüksek nokta Dillingham Copr. adlı Hawaii'li bir inşaat şirketinin 440 milyon dolara satın alınmasıydı.

Kohlberg, Kravis ve Roberts, bir şirketi satın aldıktan sonra bütçesini yakından takip ettiler ancak yönetimi, şirketi daha verimli hale getirme ve devasa borçlarını ödeme konusunda neredeyse serbest bıraktılar. Birçok durumda bu yaklaşımın mucizevi bir etkisi oluyordu. Şirketin satın aldığı ikinci şirket olan ve petrol sahası hizmetleri sunan L. B. Foster'ın durumunda olduğu gibi, endüstrinin gerilediği bir dönemde işler kötü gittiğinde, birkaç kelle uçuruluyor ve hemen yeni yöneticiler başa geçiriliyordu. Aradan beş ilâ sekiz yıl geçtikten sonra şirketleri ya tekrar satıyorlar ya da hisselerini halka arz ederek yaptıkları yatırımın üç, dört, beş, hatta on katı gelir elde ediyorlardı. 1983'de Kohlberg Kravis yatırımcılarına yılda ortalama %62.7 getiri vaad ediyordu. Üç ortak, %20'lik payları sayesinde zengin oldu.

Altı yıl boyunca böyle çalışmaya, finans dünyasının bu garip işinde baskın olmaya devam ettiler. Sonra Wall Street'te hep olduğu gibi, birisi olanları fark etti. 1982'de eski Hazine Müsteşarı olan William Simon liderliğindeki bir yatırım grubu, kendi parasından sadece 1 milyon dolar kullanarak, 80 milyon dolara Cincinnati'deki Gibson Greetings adlı bir şirketi satın aldı. Simon, onsekiz ay sonra Gibson'ı halka arz ettiğinde, şirket 290 milyon dolara satıldı. Simon'un 330.000 dolarlık yatırımı, birden nakit ve menkul kıymet olarak 66 milyona ulaştı.

Olan biten şanstan başka bir şey değildi. Bir zamanlama hatası Wall Street'te dikkat çekti. Gibson Greetings, Sutter's Mill'deki altınla eşdeğer oldu. Birden herkes "LBO işini" denemek ister oldu ama nasıl yapıldığını bilen çok azdı. LBO olgusu, alınan şirketlerin toplam satışı ölçütüne göre, 1979-1983 arasında on kat büyüdü. Gibson Greetings işinden sadece iki yıl sonra, 1985'te değeri 1 milyar dolar veya üstü olan onsekiz farklı LBO gerçekleştirildi. Ross Johnson'ın sahneye inmesinden önceki beş yılda, LBO faaliyetlerinin toplam değeri 181.9 milyara ulaştı, önceki altı yılda ise 11 milyar dolardı.

Bu çılgınlığı körükleyen birkaç faktör vardı. Ayrıca Maliye Bakanlığı mevzuatı, faiz gelirlerini gelir vergisi matrahından muaf tutup temettüleri dahil ederek bu modaya onay vermiş oldu. Bu karar LBO'ların daha da gelişmesine neden oldu. Uçmalarını sağlayan şey ise hurda tahvillerdi.

Bir LBO için gerekli paranın yaklaşık %60'ını oluşturan teminatlı kredi, ticari bankalardan alınan borçlardan oluşur. Paranın sadece yaklaşık %10'u alıcı tarafından sağlanır. Yıllar boyunca geri kalan %30'luk kısım, yani pastanın kreması, bazen karar vermek için aylarca bekleyen birkaç büyük sigorta şirketi tarafından karşılanıyordu. 80'li yılların ortalar0ı00nda Drexel Burnham, sigorta şirketlerinin fonları yerine yüksek riskli "hurda tahvil" kullanmaya başladı. Firmanın tahvil çarı olan Michael Milken, agresif alımlar için çok kısa bir süre içinde inanılmaz miktarlarda para bulmak amacıyla bu menkul kıymetlerden yararlanma konusundaki becerisini kanıtlamıştı. Milken'in satın alma işlemlerinde kullanılan bu hurda tahviller, LBO endüstrisini kaplumbağa Volkswagen'den ateş ve duman saçan bir yarış otomobiline çeviren süper yakıt etkisini gösterdi.

Bir zamanlar şirket satın alma savaşlarında çok yavaş olarak görülen LBO işi yapanlar, huda tahviller sayesinde ilk defa çok kısa sürede ihalelere katılabilir hale geldiler. Birden LBO'lar bütün şirket satın alma uygulamalarında olası bir alternatif haline geldi; Kohlberg Kravis ve diğer firmalar, işletme özerkliği ve büyük gelir vaadlerinde bulundukları için, etrafları, akıncıların kuşatması altındaki şirketlerinin "beyaz atlı şövalyesi" olmalarını isteyen üst düzey yöneticilerle dolmuştu. Bütün anlaşmalarda, aynı sembolik ilişki geçerliydi: Akıncı (şirketi ele geçirmek isteyen firma) hedefe gider, hedef LBO'ya başvurur ve hem akıncı, hem hedef, hem de LBO şirketi ortaya çıkan sonuçtan kâr elde eder. Zarar gören iki grup, yeni borçlar nedeniyle tahvilleri değer kaybeden tahvil sahipleri ve genellikle işten çıkarılan şirket çalışanları olur. Para kazanmanın zevkini yaşayan Wall Street, her iki grupla da pek ilgilenmez.

LBO'ların yıldızı parlar parlamaz eleştiriler de başladı. Şirketlerin LBO sonrasında girdiği büyük borçlar, devlet yetkililerinin de dahil olduğu birçok kişiyi endişelendiriyordu. 1984 ortalarında, SEC (ABD'nin SPK'sı) Başkanı, "bugün ne kadar çok kaldıraçlı alım yapılırsa, yarın o kadar çok iflas olur" diye bir tahminde bulunmuştu. Cumhuriyetçi bir SEC üyesi, LBO'ların "göz boyama" olduğuna inanıyordu. LBO'ları destekleyenler ise, bu tür işlemlerin şirketlerdeki fazlalıkları atarak daha verimli hale getirdiğini, dolayısıyla da piyasayı güçlendirdiğini söylüyorlardı.

İlginç bir biçimde, en büyük itiraz akıncıların saldırısına uğramış iş dünyasından gelmişti; büyük şirketlerin yöneticileri, kaldıraçlı alım yapan tarafların artan gücünü, Wall Street'in yaydığı en son bela olarak görüyorlardı. Goodyear Tire & Rubber şirketinin bir üst düzey yöneticisi, LBO'ları "cehennemde bizzat şeytanın yarattığı fikir" olarak değerlendiriyordu.

1983'e gelindiğinde LBO'cuların ruhani lideri olan Jerry Kohlberg, büyümesine katkıda bulunduğu bu endüstrideki değişikliklerden rahatsız olmaya başlamıştı. Hâla yaşlı beyefendilerle karşılıklı kahve sohbetlerinde başlayan küçük ve dostane anlaşmaları tercih ediyordu. Yeni LBO'cular, yeni anlaşmalar için yeni fikirlerle Kohlberg Kravis'in ofisine akın eden genç, agresif yatırım bankacılarından oluşuyordu. Otuzlu yaşlarının sonuna gelmiş olan ve artık tek başlarına anlaşmalar yapan Kravis ve Roberts, bu tür adamları mıknatıs gibi kendilerine çekiyorlardı.

Boren Clay döneminden beri Kravis'le çalışmış olan Manhattan'lı avukat Richard Beattie' "Bu gerçekten genç adamlara göre bir oyun. Jerry artık elliüç, ellidört yaşına geldi. Yatırım bankacıları Jerry'yi aramıyor. Henry ve George'u arıyorlar. İkisi aynı yaşta. Jerry kendini dışlanmış hissediyor. Artık hareketin ortasında değil," diyordu.

LBO oyunu hızlandıkça, Kravis ve Robets şirketin anlaşma imzalama konusundaki sorumluluklarının daha fazlasını üstlenmeye başladı. 1984'te ilk 1 milyar dolarlık LBO anlaşmasını imzaladılar ve Kohlberg Kravis'i bir dizi büyük anlaşmanın içine soktular. Yeni yeni satın alma fırsatları çıktıkça, ikili şirketi büyütmeye ve yeni eleman almaya başladı. Ancak Kohlberg daha çok eleman alınmasını önledi. Kravis ve Roberts giderek daha çok sayıda ve daha büyük anlaşmalar yapmak istiyordu; Kohlberg bunların da birçoğunu önledi. Şirket içinde Kohlberg'e kaçınılmaz bir lakap bulunmuştu: "Dr. No". Kravis, Kohlberg'in atmışlı yıllarda kalmış olmasından yakınıyorlardı. İki kuzen, Kohlberg'in kendilerini dizginlemesinden için için şikayet ediyorlardı. Roberts'a göre, "Jerry daha yaşlıydı ve hiçbir zaman o kadar çok çalışmak istemedi. Jerry'nin bu kadar olumsuz olmasının nedeni, ne olup bittiğini okumaması ve anlamamasıydı."

1983 yılında şirkette anlaşma yapmakla sorumlu sekiz kişi varken, 1988'de bu sayı onbeşe çıktı; şirket büyüdükçe gerilim arttı. Çeşitli gruplar oluştu. Hurda tahviller, giderek daha da karmaşıklaşan, Rubik küpüne benzeyen finansal yapılar oluşturdu. Kravis ve Roberts o kadar meşgullerdi ki Kohlberg artık bütün anlaşmaları takip edemiyordu. Günlük işleri giderek üçüncü taraflar yapmaya başladı, Kravis ve Robert kısa sürede yatırım bankacıları ve avukatlardan oluşan küçük orduların komutanlığını üstlenmeye başladı. Kohlberg Kravis'de danışman ve Kohlberg'in eski arkadaşı olan George Peck, olanları şöyle anlatıyor: "Jerry giderek arka planda kalmaya başladı. Olan bitenden rahatsız oluyordu. Kendini gerçekten dışlanmış hissediyordu."

1983'ün sonlarına doğru Kohlberg'in bilinmeyen bir nedenle başı dönmeye başladı. Yapılan testlerde beyninde bir kan pıhtısı olduğu ortaya çıktı, 1984 başlarında pıhtıyı aldırmak amacıyla New York'taki Mount Sinai Hospital'da ameliyat oldu. Bir arkadaşının anlattığına göre, "Jerry hastanedeyken Henry ve George onu yeterince sık ziyaret etmedikleri için biraz alındı." Normal rutinine bir an önce dönmek isteyen Kohlberg, nekâhat dönemini St. Croix'daki evinde geçirmek istedi. Uçakla evine gittikten sonra akciğerinde bir kan pıhtısı bulundu. Hemen hastaneye yetiştirilen Jerry Kohlberg, ölümden döndü.

1984 ortalarında işe geri dönmeye çalıştı ancak başağrıları ve aşırı yorgunluk nedeniyle vazgeçti; yine aylarca işten uzak kalmak zorunda kaldı. Kohlberg geri dönebildiğinde, daha önceki iş yükünü kaldıramaz haldeydi. Yorgun ve ilaçların etkisi altında olduğundan genellikle öğleye doğru işten ayrılıyordu. Peck şöyle anlatıyor: "Jerry uyanır, işe 07:30'da gitmeyi planlar ama sonra felaket bir başağrısı başlar ve evde oturmak zorunda kalırdı."

1986'da şirketin beşinci büyük ortağı haline gelen, eski bir yatırım bankacısı Paul Raether ise o günleri şöyle anlatıyor: "Jerry sağlığı açısından işe dönmeye hazır değildi. 1985'te döndü ama iş akışına uyum sağlayamadı. Haftada yirmibeş saat ancak çalışıyordu. Gündelik tempoya ayak uyduramıyordu. Bu durum gerilime neden oluyordu. Jerry geciktiği için işler birikmeye başlamıştı. Kararlar yeterince hızlı verilemiyordu, bu da gerilimin artması için yeterliydi. Jerry'nin konsantre olamaması ise bir başka sorundu. Sık sık ne söyleyeceğini unutuyordu. Jerry buna inanmasa da bazen ne söylediğini bile unutuyor, ne söylediğini soranlara "saçmalama" diyordu.

Kohlberg ile iki ortağı arasındaki gerilim, Beatrice ihalesindeki kıran kırana mücadele sırasında, ikilinin agresif teklif verme planına Kohlberg muhalefet ettiğinde iyice ortaya çıktı. Kohlberg'in davet edilmediği bir toplantıya veya strateji görüşmesine katılmak istediği durumlarda olduğu gibi garip anlar yaşandı. Kravis'in yakın bir arkadaşına göre, "Tabii ki bütün bu olup bitenlerden en çok rahatsız olan kişi Jerry idi. İşin dışında bırakılma konusunda çok endişe duyuyor, insanların ofislerine uygun olmayan zamanlarda girip neler olduğunu soruyordu. İlk defa resmi iletişim kanallarının kullanılması için ısrar etmeye başladı."

İşlerin artık eskisi gibi olmayacağını fark eden Roberts ve Kravis için zorlu bir dönemdi. Söz konusu teklif olayından sonra Kohlberg, şirket içindeki sorumluluklarının tanımlanması için ısrar ederek konuyu deşti. Kimse için hoş olmayan bir görüşme ortamı vardı.

"Ben ne yapayım?" diye soruyordu Kohlberg.

Kravis, "Ne demek ben ne yapayım?" George'a veya diğerlerine ne yapmaları gerektiğini ben mi söylüyorum? Bu durum, artık bir değişiklik yapma zamanının geldiğini göstermiyor mu?" diye yanıt veriyordu.

Tekrar tekrar aynı tartışmaları yapıyorlardı. Kraviş, "İşlerin eskiden olduğu gibi yapılmasını istiyorsun ama olmaz ki. Olamaz. Her şey değişti." diyordu.

"Ama bu işe başladığımızda ortaktık..." diye karşı çıkıyordu Kohlberg.

"Doğru ama hayatta bazı şeyler değişir. İş dünyası değişti."

İşin aslı, Kravis ve Roberts'ın artık eski yol göstericilerine ihtiyacı olmamasıydı. Onun yokluğunda Storer Communications'la ilgili 2.4 milyar dolarlık anlaşma gibi birkaç zorlu ve prestijli işi tamamlamışlardı. George Peck'in anımsadığına göre, "George ve Henry, kendi kendilerine "Bayağı iyi gidiyoruz. Jerry'nin bugün işe gelmemiş olması önemli değil. İşler hallediliyor..." diyorlardı. Bu Jerry'yi mahvediyordu. Roberts şöyle anlatıyor: "Giderek daha az yardıma ihtiyacımız oluyordu; Jerry ise giderek daha çok yardım etmek istiyordu."

Daha sonraki aylarda Kohlberg ve Kravis arasındaki uçurum, hayat tarzlarındaki çarpıcı farklar nedeniyle daha da açıldı. Kohlberg eve düşkün bir adamdı, kırk yıldır aynı kadınla evliydi. Para onu değiştirmemişti. Basit şeyler giyerdi, sakin bir aile hayatı vardı, boş zamanlarında tenis oynar, kalın romanlar veya biyografiler okurdu. Eğlenme kavramı, Pazar öğleden sonra bir-iki tur beyzbol oynamak ve erken yatıp kitap okumaktan ibaretti. Bir arkadaşına göre, "Jerry'yi bir kokteyle götürmek önemli bir olaydı."

Kravis ise lüks hayatı seviyordu. İlk evliliği biten Kravis, Carolyne Roehm'le görülmeye başlamış; çift kısa sürede sosyete sayfalarının demirbaşı olmuştu. Bir şekilde her akşam, smokin giyilen bir toplantıda, Donald Trump ve eşi gibi şaşalı arkadaşları ile görülürken fotoğrafları çekiliyordu. Gösteriş meraklısı gibi görünerek şirketin imajını zedeliyordu.

Kohlberg'in bir arkadaşı anlatıyor: "Bu durum Jerry'yi çok rahatsız etmeye başladı. İşler öyle bir hale geldi ki Jerry, Henry'nin Park Avenue'daki dairesine çok şatafatlı olduğu için gitmeye dayanamaz oldu."

Kohlberg, Kravis'le yüzleşmektense, şikayetlerini dostu Roberts'a söyledi. Roberts ona kendini tutmasını tavsiye etti. "Henry mutlu. Carolyne bir moda tasarımcısı, tasarımcıların da reklama ihtiyacı vardır. Henry'nin eğlenmeyi ikimizden de daha çok sevdiğini biliyorsun. İstersen başkalarının hayatına karışmayalım."

Aylar boyunca Kohlberg'in geleceğiyle ilgili tartışmalar sürüncemede kaldı. Kravis, Kohlberg'in oğlu ve eski bir tenis oyuncusu olan ama artık Roberts için San Francisco'da çalışan James'in, babasını bir şeyler yapmaya zorladığına inanıyordu. Üç büyük hissedar genellikle grubu bir arada tutmaya çalışan arkadaşları Beattie ve Peck aracılığıyla iletişim kuruyordu.

Çabaları işe yaramadı. Anlaşmazlıklarının temelindeki iki neden; para ve güçtü. Kravis ve Roberts'a göre Kohlberg her ikisinden de gereğinden fazla istiyordu. Şirket kurulduğunda, Kohlberg'in kârın %40'ını, Kravis ve Roberts'ın ise %30'luk kısmını almasına karar vermişlerdi. Şirkete yeni ortaklar geldikçe, onlara Kohberg'in payından hisse verildi. Kuzenler, Kohlberg'e üzerine düşeni yapmadığını söyleyemiyordu. Ama ortaklığının aynen devam etmesine izin verilmemesi gerektiğine inanıyorlardı. Roberts, sessizce "Hiç de adil değildi," diyor.

Şirketin kuruluş sözleşmesine göre, üçlünün vereceği kararlarda çoğunluk yeterliydi. Roberts'a göre, Kohlberg artık oybirliğiyle karar verilmesini isteyerek şirketle ilgili önemli kararlarda veto gücü elde etmek istiyordu. Bu, bardağı taşıran son damla oldu. Roberts şöyle anlatıyor: "Ona büyük bir pay vermeye, şirkette kalmasına müsaade etmeye, saygılı davranmaya hazırdık ancak veto gücü veremezdik. Bu doğru olmazdı."

Kohlberg'i onursal başkan yapma olasılığı konuşuluyordu. Ama Kohlberg emekli olmak istemiyordu. Giderek sabırlar taşmaya başladı. Raether olanları şöyle anlatıyor: "Tartışmalar oluyordu; Jerry 'Bu şirketi ben kurdum. Ben olmasam siz buralarda olamazdınız' gibi şeyler söylüyordu. Sonunda olan bitenden hiçbirimiz memnun değildik."

Kohlberg, şirketten ayrılabileceğini söylediğinde ne Kravis, ne de Roberts karşı çıktı. Her iki taraf da kendi avukatlarını tuttu, aylar süren görüşmelerden sonra bir tazminat anlaşmasına varıldı. Anlaşma 1987 ilkbaharında tamamlandı ve Haziran'da Kohlberg'in şirketten ayrılacağı yatırımcılara duyuruldu. Ortaklar arasındaki anlaşmazlık imâ edildi ancak hiçbir zaman tam olarak açıklanmadı. Kohlberg, oğlu ve George Peck daha sonra Kohlberg & Co. adıyla kendi LBO şirketlerini kurdular. Şirket özellikle küçük, tamamen dostane anlaşmalara odaklanıyordu. Kohlberg bu anlaşmazlıktan neredeyse hiç bahsetmezdi, bahsettiğinde de Kravis ve Roberts'ın giderek daha çok komisyon alma, daha büyük ve agresif anlaşmalar yapma konusunda artan iştahını eleştirirdi. 1987'de *New York Times*'da yayınlanan bir söyleşide, "Kendimi küçük anlaşmalarla sınırlamayacağım ancak mantığın yönlendirdiği anlaşmalar yapacağım," dedi. Kravis ve Roberts bu sözleri okuduklarında, Kohlberg'in şirketten asıl ayrılış nedenlerini saklamaya çalıştığını düşündüler.

Roberts, 1989 ortasındaki bir söyleşide şöyle diyordu: "Üzülüyorum. Bu boşanmak gibi bir şey. Jerry ile beraber çalıştığım yirmidört yılın ondokuzu cennet gibiydi. Ama son beş yıl hiç öyle değildi... Kendimi iyi bir arkadaşı kaybetmiş gibi hissediyorum. Onun ayrılması yönündeki kararımız en iyi karardı. Ama benim için çok zor bir karardı. Hâlâ da zor."

Jerry Kohlberg, Kohberg Kravis'den ayrıldıktan sonra, bürosu o kadar uzun süre boş kaldı ki şirkete gelen avukatlar sık sık onun bürosunda çalışmaya başladılar. Avukatlar büroya "LBO kütüphanesi" adını takmıştı. 1989'daki bir yangından sonra binada değişiklikler yapıldığında Henry Kravis, Jerry Kohlberg'in odasının yerine merdiven yaptırdı.

Kravis, Wall Street'te önemli bir güç olmadan çok önce, Carolyne Roehm'le uzun süre flört ederken, New York sosyetesinin demirbaşlarından biri haline gelmişti. Moda tasarımcısı Carolyne Roehm'in yaratılmasından önce, Sears marka polyester spor giyim uzmanı Jane Smith vardı. Öğretmen bir çiftin tek çocuğu olan küçük

Jane'nin sorunlu çocukluğu Missouri'nin Kirksville kasabasında geçmişti. Beş yaşındayken Sears kataloğundan seçtiği elmas taklidi yüzüğü almak için para biriktirmişti. Onüç yaşındayken Susan Hayward'ı "Back Street"te izlemiş ve moda tasarımcısı olmaya karar vermişti.

Jane Smith, St. Louis'deki Washington University'de sıska, zeki ve enerjik bir moda tasarımı öğrencisiydi; barış gösterilerinde inci kolye takıp etek giyen "cici kızlar"dandı; bir defasında yatakhaneye giderken yolunu kaybettiğinde annesini telefonla aramıştı. Mezun olduktan sonra dünyanın moda başkenti New York'un Seventh Avenue'suna gitti; ilk işinde iki gün çalıştıktan sonra, patronu tuvaletleri temizlemesini söyleyince ayrıldı. Bir başka şirkette çalışmaya başladı, işe her sabah metroyla gider, minik dairesinde kıt kanaat geçinirdi ama mutlaka bol çiçek bulundurur ve köpük banyosu yapardı. Güzellik ve zerafetin bir düşünce biçimi olduğuna inanırdı.

Onbir ay boyunca polyester bölümündeki görevine devam ettikten sonra, portföyünü hayran olduğu tasarımcı Oscar de la Renta'ya götürme cesaretini bulabildi. De la Renta gördüklerinden pek etkilenmemişti ama Jane ısrarlıydı. Tasarımcı yardımcısı olarak işe başladı ve 24 yaşındaki Jane Smith, kısa sürede, ünlü tasarımcının Henry Higgins'i için Eliza Doolittle rolünü üstlendi. Yemek pişirme ve at binme dersleri aldı, Fransızca öğrendi ve zarif bir yemek eşi olabilmek için çok çaba harcadı. İşyerinde tatlı ve masum bir havası vardı, bağırmaz ağlar, hâlâ hediye paketi kağıdının belirli bir temaya uygun seçilmesi gerektiğine inanan uslu bir kız gibi davranırdı.

Kendi kendini yaratma sürecinin ilk kurbanı, adı oldu. Başkalarına adının Jane Smith olduuunu söylediğinde, Seventh Avenue'nun görmüş geçirmiş tipleri, "Tabii, ben de Tarzan..." diyorlardı. Bir erkek arkadaşı, göbek adı olan Carolyne'i kullanmasını önerdi, daha sonra bu ada takıldı kaldı.

Maalesef erkek arkadaşı da takıldı kaldı. Alman bir kimya servetinin veliahtı olan Axel Roehm, uzun boylu, siyah saçlı, yakışıklı, Avrupalı ve zengindi; kısacası ideal koca hayalinin ta kendisiydi. Evlendikten sonra adı Carolyne Roehm oldu, Almanya'nın

Darmstadt kentine yerleştiler ve Carolyne zengin ve yalnız bir "ev kadını" hayatı yaşamaya başladı. Bir yıllık sıkıntılı bir ev yaşamından sonra, başarısız evliliğini arkasında bırakarak, göz yaşları içinde de la Renta'ya koştu. De la Renta, ona daha düşük fiyatlı "Miss O" koleksiyonunun sorumluluğunu verdi ve zorlu bir dönem geçiren genç dul, kendini işine adadı.

Bir yıl sonra, 1979'da Kravis'le bir partide tanıştı. İlk görüşte aşık olmadı. Kravis, bir defa çok kısaydı ve Wall Street'te sıkıcı bir iş yapıyordu. Ayrıca dokuz yıllık karısından ayrı yaşıyor olsa da evliydi. Noel'de Roehm'in annesinin gözetmenliğinde Vail'de geçirilen bir kayak tatilinden sonra, görüşmeye başladılar. Öyle masal kitaplarındaki türden bir aşk yaşamıyorlardı. Zorlu bir boşanma atlatmış olan Roehm, isteksiz bir hedefti. Roehm, "Bizimki arkadaşlıktı. Henry ile beraber olmak, kötü bir yaranın üstüne harika bir merhem sürmek gibi bir şeydi... Hatırladıklarım, ilk başta yaşanan tutkudan dolayı çarpıtılmış şeyler değil çünkü öyle bir durum yoktu. Onu bir sevgili olarak görmeden önce uzun süre arkadaş kaldık."

Kravis'in evliliği, yıllardır kötüye gidiyordu. 1970'de, Brooklyn'li bir psikiyatrın kızı olan Hedi Shulman'la evlenmişti. Park Avenue'daki dairelerinde oturan, Greenwich veya The Hamptons'da yazlık kiralayan Kravisler, hep sosyetiktiler. Ancak birçoklarına göre ileride edineceği servet henüz bir hayal olan Kravis, karısının para harcama alışkanlıklarını eleştiriyordu.

Bir aile dostlarına göre, "Hedi, hep en büyük ve en iyi şeyleri almak isterdi. Henry o zamanlar para harcamaktan hoşlanmazdı. Hedi'nin dünyasını döndüren şey paraydı. Bu da Henry'yi deli ediyordu. North Carolina'dakilere, karısının niçin evdeki tüm çalışanlarla beraber yazlık eve gittiğini açıklamak zorunda kalmak Henry'yi utandırıyordu."

Bir yaz akşamı Kravis Greenwich'te trenden indiğinde, Hedi'yi onu sabırsızlıkla beklerken buldu. Heyecanla, "Henry, satın almak için ideal evi buldum!" dedi. Kravis'i, aralarında kilometrelerce mesafe olan konak gibi evlerin dizili olduğu bir yola götürdü. Uzun, iki tarafı ağaçlı bir yoldan geçtikten sonra, minik bir kalenin önüne geldiler. Morali bozulan Kravis arabadan bile inmek istemedi.

Kravis, Roehm'le flört etme işini, büyük bir satın alma anlaşmasıymışcasına ciddiye aldı. Bir gece resmi bir yemeğe gitmeden önce Kravis ısrarla Roehm'e yeni bir çift spor ayakkabısı denetmeye çalıştı; Roehm'in yıllardır giydiği eski püskü ayakkabılardan nefret ediyordu. Bir taraftan kırmızı dantel bir elbiseye girmeye uğraşan Roehm sonunda pes etti ve ayakkabılardan birini eline aldı. Ayakkabının içinde elmas bir kolye buldu.

Roehm, Kravis'i şöyle anlatıyor: "Romantizm konusunda Henry yaratıcıdır. Oscar Wilde değildir ama şimdiye kadar çıktığım işadamları arasında, kesinlikle en romantik olanı o. Her evlilik yıldönümümüzde, her Noel'de, her doğumgünümde, bana hissettikleri hakkında uzun ve tatlı mektuplar yazar. 'Sana olan inancım, güvenim, aşkım' gibi sözler yazar. Mektuplarının hepsi çok dokunaklıdır. Her birini saklıyorum."

Evlenmeden önce iş ortağı oldular. Kravis, 1984'de Roehm'in kendi tasarım işini kurabilmesi için birkaç milyon dolarlık yatırım yapmayı kabul etti. Lauren, Beene, and Blass'in de bulunduğu Seventh Avenue'daki binada bir katın yarısını tuttu. Roehm'in yedi ay sonra bir gösteriyle halka sunulan zarif gece kıyafetleri ve canlı gündüz giyim koleksiyonu çok başarılı oldu. Koleksiyonu ayakta alkışlayan kalabalığa selam vermek üzere sahneye çıkarken göz yaşlarını tutamayan Roehm, bütün bunların mümkün olmasını sağlayan adama sahneden el salladı. Henry Kravis de ağlıyordu.

Roehm evlenmeye hazırdı ancak sonunda 1984'te boşanabilen Kravis emin değildi. Roehm bir gün ilk defilesi için hararetli hazırlıklar yaparken hamisi de la Renta'nın yanında göz yaşlarına boğuldu. "Galiba Henry benimle evlenmeyecek." Her zaman babacan bir tip olan de la Renta, Kravis'i aradı: "Şimdi bana bu seni ilgilendirmez diyeceksin, ilgilendirmez de. Kötü bir boşanma geçirdiğini ve canının tekrar evlenmek istemeyebileceğini anlıyorum. Ama sana bir çift sözüm var. Carolyne, bekar bir adamın metresi olursa çok rahatsız olurum. Bence o bundan fazlasını hak ediyor. Bu ilişkiyi bozmak için bütün gücümü kullanırım."

Kravis sonunda Roehm'e evlenme teklif ettiğinde, Roehm duraksadı. Roehm'in bir sonraki koleksiyonu için kumaş almak üzere İtalya'daydılar. "Düşünmem gerekiyor dedim," diye anlatıyor Roehm. Hayalkırıklığına uğramış olan Kravis, Roehm'i bütün gece ve ertesi gün karar vermeye zorladı. "Devamlı 'Düşünmem gerekiyor dediğine inanamıyorum, resmen inanamıyorum' diyordu. Beş dakikada bir 'Kararın ne?' diye soruyordu. Ertesi gün de sorup duruyordu ki sonunda saat üç gibi 'Peki oldu o zaman' dedim."

Çift, evlenmeden günler önce, dekorasyonuyla hemen bütün şehrin diline düşen bir daireye taşındı. Gösterişli ipek perdelerin yerlerde yığınlar oluşturduğu "misafir odaları", XV. Louis ve imparatorluk dönemine ait İngiliz ve Fransız antikalarıyla doluydu. Oturma odasının yeşil duvarlarından birinde bir Renoir, diğerinde Monet'nin bir doğa manzarası asılıydı. Kravis kütüphanesini İngiliz at çizimleriyle dekore etmeyi tercih etmişti. Bir başka odada Sisley'in bir tablosu, ikinci Renoir ve Hollanda çiçek resimleri asılıydı. Kayısı rengi ipek perdelerle süslenmiş yemek odasında koskoca bir Sargent tablosu asılıydı, oda her haliyle eski İngiliz malikanelerini hatırlatıyordu. Duvar mercan rengiydi, pencereler ipek storlarla süslenmişti. Bir tarafta faux-marbre bir niş vardı; Roehm misafirleri yemek yerken müzik dinleyebilsin diye buraya bir yaylı çalgılar üçlüsü, mesala iki kemancı ve bir arpçı yerleştirirdi.

Dört yıl sonra GQ dergisi, Kravis ve Roehm'in düğününü Charles ve Diana'nın düğünü ile birlikte, yüzyılın yirmi düğünü'nden biri olarak gösterdi. Dairelerinde yapılan nikah töreninden sonra 101 kişilik bir akşam yemeği verildi, Kravis'in babası şereflerine kadeh kaldırdı. Ray Kravis, "Henry hep çok sabırsız olmuştur. Erken doğmuştu, o zamandan beri de sürekli acelesi vardır..." dedi.

Yeni evli çift, Manhattan sosyetesinde büyük bir iz bıraktı. Zaten New York City Ballet, Mount Sinai Hastanesi, özel Spence School gibi birçok "doğru" yönetim kurulunda olan Kravis, gıptayla bakılan Metropolitan Museum'un da kuruluna girdi ve müzenin bir bölümüne adı verildi. Roehm, fiyatları 8.000 dolara kadar çıkan ve Barbara Walters ve Sigourney Weaver gibi ünlülerin satın aldığı elbiselerin tasarımcısı olarak New York Halk Kütüphanesi'nin mütevelli heyetine girdi; Metropolitan Opera ve New York Kış Antika Sergisi için unutulmaz gala akşamları düzenledi. Kravisler, The Hamptons'da bir yazlık, Vail'de kayak evi ve Connecticut'ta devrim öncesi döneme ait bir malikane aldılar; burada Roehm bahçecilik yapıp ata biniyor, Kravis ise 4x4 Honda'sıyla dolaşıyordu. Kravis'in 200 ile 350 milyon dolar arasında olduğu tahmin edilen büyük servetine rağmen karı koca günde oniki saat çalışmayı ve devamlı seyahat etmeyi sürdürdüler.

New York'ta olduklarında her gece dışarı çıkıyorlardı, *We Women's Wear Daily*'nin demirbaşı haline gelme nedenlerinden biri de Roehm'in, Donna Karan gibi yıldızı parlayan yeni tasarımcılar tarafından geçilme tehlikesi karşısında sosyetenin gözdesi olma yönünde bilinçli bir karar vermesiydi. Hazırladığı giysiler, kendisi gibi uzun, ince ve zengin kadınlara göreydi, bu kalabalık sektörde göze batmak için sosyete sayfalarının en iyi yöntem olduğuna inanıyordu. We, iğneleyci bir dille, Roehm'in reklam yapabilmek amacıyla, "gayri menkul dergileri dahil akla gelebilecek her türlü yayının kapağında" görüldüğünü söylüyordu. "Acaba bir sonraki yayın *Pravda* mı olacak?" diye soruyordu.

Birçok bakımdan masallardaki gibi bir hayat sürüyorlardı. Yazları Salzburg'daydılar. Tatillerde Vail'de. Haftasonları Connecticut'ta keklik avlıyorlardı. Geceleri hayır kurumları yararına düzenlenen pırıltılı balolara gidiyorlardı. Sabahları Renoir tablolarının arasında dolanan Roehm'in dudaklarında bir arya mırıltısı oluyordu. Pookie adlı West Highland teriyerleri, her gün özel uşak tarafından dolaştırılıyordu. Haklarında en çok anlatılan hikayelerden biri, Kravis'in bir gece yataktayken pırıltısıyla gözleri kör edebilecek yakut bir kolyeyle eşine sürpriz yapmasıydı. Roehm söz konusu kolyeyi Council of Fashion Designers'ın düzenlediği bir kokteylde takmıştı, kolye herkesin dilindeydi.

Eski bir arkadaşı, "Nereden buldun bu kolyeyi?" diye sordu.
"Yastığımın altında..."

"Sen nerelerde yatıyorsun öyle?"
"Doğru yatakta."

Bir zamanlar Kohlberg Kravis ve bir avuç butik şirketin at koşturduğu LBO sektörü 1987 yılında kalabalıklaşmaya başladı. Gibson Greetings ve Beatrice işlerindeki olağanüstü getirilerin cazibesini gören kurumsal yatırımcılar, Kravis'in tamamını önüne çektiği pastadan pay kapabilmek için bir sürü şirkete milyarlarca dolar akıttılar. Wall Street'in en büyükleri Morgan Stanley ve Merrill Lynch kaldıraçlı alımlara 1 milyar doları aşkın para yatırırken, Shearson gibi birçok yatırım firması da bu pazara dalma planları yapmaya başladı. Rakip firma Forstmann Little & Co 2.7 milyar dolarlık bir fonla piyasaya çıktığında, Kravis ve Roberts, 1986 yılı fonu için ayırdıkları 2 milyar doları henüz bitirmiş değillerdi. Ancak Kohlberg Kravis'in arkasındaki ayak sesleri giderek daha yakından duyulmaya başladı.

Bir zamanlar Kravis'in sessiz sedasız bitirdiği alım anlaşmaları birden bire kıran kırana teklif savaşlarına dönüştü. Açık artırmalarla uzayan teklif savaşları sırasında fiyatlar neredeyse uzaya fırladı. Paul Raether o günleri şöyle anımsıyor: "Birçok kişi sırf anlaşma yapmış olmak için bu işe soyunuyordu. Sırf oyuna dahil olmak için..."

1986 sonbaharında Tampa müteahhitlik şirketi Jim Walter için başlatılan teklif yarışı Kravis açısından önemli bir dönüm noktası oldu. LBO sektöründe esamesi bile okunmayan Paine Webber adlı şirket, Kohlberg Kravis'in teklifini geride bırakmıştı. Paniğe kapılan Kravis ne yapmak istediğini sormak için o şirketin başkanı Donald Marron'ı aradığında aldığı cevap karşısında dondu kaldı: Yatırım bankacılığı alanında iş yapmak için çok paraları ve yetenekleri olduğunu söylüyordu adam ve şimdi bunu kullanmak istiyorlardı. Kravis daha sonra hiçbir rakibiyle benzeri bir konuşma yapmadı.

Kohlberg Kravis önemli bir yol ayrımının başındaydı; LBO işindeki hegemonyasını sürdürmeye karar verdiği takdirde, rekabetin tam ortasına düşecekti. Gidebileceği tek yer yukarısı idi. 1987 yılı başında Kravis ve Roberts radikal bir karar alarak stratejilerini belirlediler. Artık mega anlaşmalara girecek, başkalarının cüret edemeyeceği 5-10 milyar dolarlık alımlara soyunacaklardı. Ve birkaç gösterişli alımla bu kararlarını hayata geçirdiler: 1987 yılında 6.2 milyar dolarla Beatrice, 4.4 milyar dolarla Safeway Stores ve 2.1 milyar dolarla Owens- İllinois kaldıraçlı alımlarını gerçekleştirdiler. Artık gözlerini daha yükseklere dikebilir, ayak değmemiş topraklarda yürüyebilirlerdi.

"Başka kim 10 milyar dolarlık bir anlaşmaya soyunabilirdi?" diyor Raether ve devam ediyor: "Hiç kimse. O düzeyde tek olası rakip, kurumsal yatırımcılar olabilirdi. Ve kurumsal yatırımcıların o fiyat düzeylerinde rekabete girmesi pek beklenebilecek bir şey değildi.

Mega anlaşmaları cazip görmelerinin tek nedeni kızışan rekabet ortamı değildi. Kravis de Roberts de önceki deneyimlerinin ışığında, kapsamlı bir kaldıraçlı alım işinin, ufak çaplı bir kaldıraçlı alım işinden çok daha az emek gerektireceğini biliyorlardı. İşlemin boyutu ne olursa olsun alacakları yüzde aynı kalacaktı. On milyar dolarlık bir anlaşmadan alacakları pay 100 milyar dolarlık dev bir anlaşmadan alacakları paydan daha bile fazla olacaktı. Beatrice işinden 45 milyon dolar, Safeway ve Owens-Illinois anlaşmalarından 60'şar milyon dolar ücret almışlardı. Bu paralar dosdoğru partnerlerin cebine girmişti.

Onları yeni en yüksek tepelere götürecek araç, yeni oluşturdukları fondu. Daha 1986 bütçesini bitirmeden, Roberts daha büyük yeni bir fon için lobi yapmaya başlamıştı bile. "1986 fonunu bitirmek zorunda değiliz. Şu anda para var. Alabilecekken alalım," diyordu. Raether o günleri şöyle anımsıyor: "1987'den itibaren artık herkesin önünde bir kavanoz vardı. Biz en büyük kavanozu istiyorduk. Bizi diğerlerinden farklı kılan da buydu. Herkesten daha güçlüydük ve bunu biliyorlardı. Büyük anlaşmaların bizim olduğunu herkes biliyordu."

Yeni fonu Haziran 1987'de oluşturmaya başladılar, Beatrice anlaşmasının reklamı sayesinde de oldukça büyük ilgi gördüler. Kravis yatırımcıları teşvik etmek için 1990 yılından önce yapılacak bütün anlaşmaların yönetim ücretlerinden feragat edeceğini açıkladı. Bu teklif gerçekten işe yaradı. Dört ay sonra fon kapandığında, Kravis ve Roberts en yakın rakiplerini iki kat geçerek 5.6 milyar dolarlık bir savaş ganimetinin üzerine oturmuşlardı. Dünya çapındaki LBO yatırımlarına sürülen yaklaşık 20 milyar dolarlık hisse senedi ile, Rus göçmenin iki torunu dünya yüzündeki her dört dolardan birinin kontrolünü elinde tutuyordu. Bu 45 milyar dolarlık bir alım gücü demekti. *Fortune* dergisi, Kohlberg Kravis'in bu güçle, Honeywell, General Mills ve Pillsbury de dahil olmak üzere, Minneapolis merkezli 10 Fortune 500 şirketini alabileceğini vurguluyordu. Wall Street böyle bir şeyi daha önce hiç görmemişti.

Üstelik Wall Street dahasını da bilmiyordu. Kravis ve Roberts, yatırımcılarından, hedef şirketlerin hisselerini toplama yetkisi almışlardı. Bu hisse yatırımları Kravis'e üst düzey görüşmelerde avantaj sağlayacaktı; hedef şirketin hisseleri yükseldiğinde elde edeceği kâr da cabasıydı. Oluşmakta olan rekabetçi ortama bir tepki olarak, bu taktik, şirketi Jerry Kohlberg'in atış alanından uzaklaştırarak, yeni ve daha saldırgan saflara yöneltti. Artık anlaşmalarda dostça görüşmeler yerine, kafa-kol dönemi başlamıştı.

Ancak Kravis ip üzerinde yürüyordu. Kohlberg Kravis'in en büyük para kaynağı olan birçok emeklilik fonu, düşmanca ele geçirme tehdidi altındaydı ya da bazılarının yan bakışlarına hedef oluyordu. En küçük bir düşmanca hareket yatırımcılarını kaçırabilir ve dostane kaldıraçlı alımlardaki itibarlarına zarar verebilirdi. Kohlberg Kravis düşman bir ele geçirmeci olarak damgalanırsa, hangi şirket lideri onunla çalışmak isterdi? İşte bu düşünce, cildi doğuştan ince olan Kravis'i kamuoyu eleştirisine karşı aşırı duyarlı hale getirdi.

Ekim 1987'de yaşanan büyük çöküşte hisse senetleri dibe vurduğunda, Kravis ve Roberts hamlelerini yaparak ABD'nin en büyük şirketlerinden bazılarında sessiz sedasız büyük çaplı hisse alımlarına girdiler. Sonra da 1988 yılında bunlardan birine - şirketin adını hâlâ saklı tutuyorlar- kaldıraçlı alım önerisiyle gittiler, ama red cevabı aldılar. Mart ayı sonunda Kravis, Texaco hisselerinin yüzde 4.9'unu ele geçirdiğini açıkladı. Kravis ve Roberts iki ay boyunca petrol şirketinin yetkilileriyle alım ya da büyük bir yeniden yapılanma için masa başına oturdular. "Bizimle bir şeyler yapmalarını sağlamak için aklımıza gelen her yolu denedik," diye anımsıyor Raether, "ama yanaşmadılar. Şirket hisselerini muhtemelen kârla sattı.

Sorun kısa sürede açığa çıktı; Kohlberg Kravis sadece havlıyor, ısırmıyordu. Roberts ve Kravis, gözlerini emeklilik fonu yatırımcılarından ayırmadan, gerçek anlamda saldırgan teklifler geliştiremiyorlardı. Ve herkes bunu biliyordu. Eylül ortalarında şirket beklenmedik bir hamle yaparak, 4.6 milyar dolara merkezi Cincinnati'de bulunan et ürünleri zinciri Kroger'e talip oldu. Kroger daha birkaç gün önce Haft ailesinin benzer bir teklifini geri çevirmişti. Kravis'den gelen teklifleri de iki kez reddetti; yüzde 9.9'luk hissesiyle Kohlberg Kravis güzel bir kârı kasasına indirdi ama yumurtayı da suratının ortasına yedi.

Onları sıkan yalnızca yeni anlaşma çabalarının sonuçsuz kalması değildi. İşlerinden birçoğunu elden çıkardıktan sonra, Beatrice'den arda kalanları satmanın mümkün olmadığını gördüler. Sorun hiçbir alıcının altına girmek istemediği kördüğüm haline gelmiş bazı taahhütlerin olmasıydı. Ross Johnson'dan Heinz'e kadar yiyecek sektöründeki bütün alıcılarla masaya oturan Beatrice, halen Kravis'de. Yıl ortasında gerçekleşmesini umdukları 3 milyon dolar kârâ ulaşamadıkları gibi, Kravis ve yatırımcıları tapi noktasından biraz daha iyi durumdalar.

Kötü bir yıl geçirdiler. Onlar büyük hedeflerinden birini bile ele geçirememişken rakipleri topuklayıp depara kalkmıştı, Kravis'in kendini aptal gibi hisssetmesine şaşırmamak gerekirdi. Jeff Beck RJR Nabisco'dan söz ettiğinde Kravis pek düşünmemişti bile. Her ay bunun gibi düzinelerce öneri gelirdi önüne. Yine de 5 Ekim sabahı en beğendiği yatırım bankacılarından Steve Waters ile kahvaltı yaparken "RJR'de neler oluyor?" diye sordu Kravis Morgan Stanley'den Waters'a. Bir yıl önceki görüşmelerinden bu yana Johnson ile hiç konuşmamıştı.

Waters yeni bir şey bilmediğini söyledi. RJR Nabisco konusunu son kez konuştuklarında Kravis tütün sektörünün üzerine çöreklenen yasal sorunlara ilişkin kaygılarını dile getirmişti. Ancak Cippollone davasından sonra endişeleri hafiflemişti. "Tütün sektörüne ilişkin muhalefetimi yeniden gözden geçirdim,"dedi Waters'a. " Belki de Ross'la konuşmamız iyi olur.."

Waters aynı gün Johnson'ı telefonla aradı. Telefonu Jim Welch açtı. "Henry tütün yükümlülüklerine ilişkin fikrini değiştirdi, Jim..." dedi Waters. "Sizinle masaya oturmayı gerçekten istiyor."

"Evet, gayet ilginç..." diye cevap verdi Welch. "Ross şu anda meşgul. Biraz düşünmemize izin verin. Rakamlara biraz göz gezdirip sizi arayalım."

Waters'ın telefonu aslında bir uyarıydı. Ama Johnson göremedi.

BÖLÜM 6

> RJR Nabisco hariç, yatırım bankacılığının tarihi,
> çünkü ben onun dışında kaldım.
> –PETER A. COHEN

Cuma akşamı Gulfstream jeti Atlanta üzerindeki bulutlar arasından inişe geçtiğinde, Peter Cohen bir sonraki haftayı düşünüyordu. Ertesi sabah, 8 Ekim'de, Cohen yaklaşık bir ay sonra ilk kez Ross Johnson'la buluşacaktı. Johnson hâlâ LBO konusunu değerlendirip değerlendirmeyeceğine ilişkin bir işaret vermemişti ama Tom Hill'in ekibi haftalardır veri topluyordu. Cohen o sabah işin renginin açığa çıkacağını umuyordu.

Cohen Avrupa'ya yaptığı iki haftalık iş ve eğlence gezisinin son durağı olan Zürih'den dönüyordu. Bu uzun bir seyahatti, yorulmuştu. Kısa boylu, sık kahverengi saçlı bir adamdı. Yazarların onunla ilgili olarak yaptığı tanımlarla dalga geçmeyi severdi: Daima güçlü, küçük, karanlık ve gerçek bir favori. Institutional Investor, bir zamanlar, onun bakışlarını The Godfather filminin II. Bölümü'nde Michael Corleone rolünü oynayan Al Pacino'nunkilere benzetmişti. Cohen sert bir adam gibi görünüyordu ve gerçekten de böyleydi. Shearson'ın kurucularından Sandy Weill'in yardımcısı olarak uzun süre çalıştığından, keskin bir adam olarak isim yapmıştı. Cohen, bir hayvan olsaydı, sansar olabilirdi.

Kırk yaşına gelmiş ve Shearson'da dizginleri ele almış olması onu olgunlaştırmış veya öyle görünmesini sağlamıştı. Arkadaşları Cohen'in son yıllarda ne kadar "büyüdüğü"nden söz ediyorlar, bunu söylerken, bir röportajında rakibi Dillon Read için kullandığı gibi, "çerez" türünden sözleri artık sarfetmeyeceğine inanıyorlardı. Bundan böyle bir zamanlar olduğu gibi eleştirmenlere alenen "kıçımın kenarları" adını takmayacaktı. Cohen, American Express'deki amiri Jim Robinson'ın teşvikiyle daha fazla devlet adamına benzemek, Washington'da toplantılar yapmak, hisse senedi endüstrisinin küreselleşmesi hakkında yüksek perdeden konuşmak ve Avrupalı sanayici Carlo De Benedetti gibi ağır toplarla arkadaşlık kurmak gibi ileri adımlar atmıştı.

Keskin yanlarını törpülerken acı da çekmişti. Bürosundaki zincir testeresi heykeli ve kalçadan kesik çivi desenli bacak heykeli gitmiş, yerine aile fotoğraflarıyla, çocuklarının yaptığı resimler gelmişti. Cohen'in çizme gayreti içinde olduğu daha yumuşak, nazik imaj yıllar önceden de heveslendiği bir şeydi.

Bir kumaş imalatçısının oğlu olan Cohen Long Island'da büyüdü, önce devlet okullarına, sonra da Ohio Devlet Üniversitesi'ne devam etti. Delikanlılık çağında, babasının abone olduğu Fortunes ve Dun's Review dergilerini dikkatle incelemeyi severdi. Baba Cohen oğluna T. Rowe Price ortak fonlarından satın aldığı günden bu yana borsaya hayrandı. Lisedeyken tuhaf işlerde çalıştı ve Ohio Devlet Üniversitesi'ne devam ederken yardım kuruluşlarına fıçıyla satılan Colt 45 biralarının simsarlığını yaparak küçük bir servet kazandı.

Eli çabukluk Cohen'e doğal geldiyse de, okul gelmedi. Finans okuyan Cohen orta derecede (C) istikrarlı bir öğrenciydi. Columbia İşletme Okulu'ndayken sık sık şehir merkezindeki menkul kıymet bürolarına uğrar, piyasayı izler ve bira simsarlığı günlerinden kalan paralarla yatırım yapardı. Haketttiğini düşündüğü ücret babası tarafından ödenmeyince aile işletmesine katılma planlarını iptal etti. Bunun yerine Wall Street'e yöneldi.

Cohen, genç yaşta, yirmiikisindeyken evlendi ve yirmili yaşlarının sonuna geldiğinde iki çocuğu vardı. Weill'in yardımcıları arasında geç saatlere kadar çalışan oydu. Bürosunun ışıkları gecenin geç saatlerine kadar yanıyordu. O, asla bir tüccar veya yatırım bankacısı değil yöneticiydi. Zorlu görüşmelerde kötü polisi oynayan kişi Cohen'di. Tehditleri göğüslemekte iyiydi. Wall Street yöneticilerinin iyi bildiği şarap, sanat, seyahat ve diğer güzel şeyleri öğrenmek için hiç zamanı olmamıştı. Yıllarca dünyanın büyük şehirlerine havaalanları hariç her şeyden habersiz kalarak seyahat etmişti. Cohen artık Roma veya Madrid'e gittiğinde kaçırdığı şeyleri öğrenmek için yarım gün ayırmaya çalışıyordu. Kırk yaşında Louvre'u, d'Orsay Müzesi'ni, Taipei'deki Ulusal Müze'yi keşfetti. Tenis ve golf oyunlarında kendisini kanıtladı. Arkadaşları Cohen'in nasıl dinlenileceğini öğrenmek için çok çalıştığını söylüyorlardı.

1980'lerin başlarında, telefonla yatırım hizmeti veren parçalı, hızlı büyüyen bir dizi küçük şirketin varisi olan Shearson, bireysel yatırımcıların işlemlerini telefonla gerçekleştirerek para kazanmayı bildi. Kayda değer bir yatırım bankacılığı kolu yoktu. Fakat Cohen 1983'te, Weill'den şirketi devraldıktan yalnızca bir yıl sonra en eski ortağı olan Lehman Brothers Kuhn Loeb'i satın alarak Wall Street'i hayrete düşürdü; Lehman Brothers Kuhn Loeb, her şeye sahip ama kavgalı ortakları arasındaki iç çatışmalarla parçalanmış son derece kaliteli ve aristokrat bir yatırım bankasıydı ve Cohen bu fırsatı gerçekten de mükemmel değerlendirmişti.

Bu, tuhaf bir birleşmeydi. Lehman, sterlin gümüşü sigara kutuları, taze çiçekler, empresyonist resimler, şarap mahzenindeki tozlu Petrus ve Haut-Brion şişeleri demekti. Shearson ise boş pizza kutuları, yarısı boş Çin şehriyesi kartonları ve plastik bardaklarda kahve anlamına geliyordu. Yaşlı bir Lehman taraftarı, "Shearson'ın Lehman'ı ele geçirmesi McDonald'sın "21"i ele geçirmesi gibi bir şey" diye espri yapıyordu. Tıpkı yönetim kurulu başkanı gibi, birleşik Shearson Lehman şirketi de zerafet ile sokakvari bir küstahlığın tuhaf karışımıyla dikkatleri üzerine topluyordu. Yani kadife eldiven içinde pirinçten bir yumruk gibiydi. Ondokuzuncu katta, Audubon taşbasmaları ve Oryantal halılarla zevkle dekore edilmiş üst düzey yönetici odalarının kültürü simgeleyen sessizliği içinde ziyaretçiler, New York Daily News'a göz gezdirirken yoğun New York aksanıyla konuşan Gus'un "Şu çift kapıdan geçin," talimatları ile karşılanıyorlardı.

American Express'in gücüyle desteklenen Cohen, kendi şirketinin sermayesini koymak için yıllar boyunca çalıştığı Shearson'ın çoğunluk hisselerinin kontrolünü 1981'de ele geçirdi. 1980'lerin ortalarına gelindiğinde Morgan Stanley ve Merrill Lynch gibi rakipler LBO'lara yüklenmekteydi ve Drexel'in yüksek gelirli, spekülatif, çoğunlukla şirket ele geçirmekte kullanılan hurda tahvillerin (junk bond) yetenekleriyle rekabet edebilmek için, kendi paralarını "köprü kredisi" olarak bilinen geçici şirket ele geçirme finansmanına vermeye başlamışlardı. Bu krediler daha sonraki hurda tahvil satışlarıyla yeniden finanse ediliyor ya da destekleniyordu. Bu eğilim kolektif biçimde yatırım bankacılığı olarak biliniyordu, böylesi şatafatlı bir terim esas olarak yatırım bankalarının yıllardır ağızlarının suyunu akıtan yerlere para yatırılması anlamına geliyordu.

Shearson'ın yatırım bankacılığına girişi hem geç hem de cansız olmuştu. Lehman'ın aktif biçimde ele geçirilmesi Cohen'e ilk kez zengin yatırım fırsatlarına erişme olanağı verdi. Fakat bütün arzusuyla, Shearson LBO işine yöneldi. Lehman birleşmesinden sonra çok sayıda eski Lehman ortağı diğer şirketlere geçmişti ve Cohen artık daha fazla şey kaybetmemeye kararlıydı. Lehman'ın Londra bürosunun şefi olan Stephen W. Bershad'a bir öneri götürmek için 1984'ün sonlarında İngiltere'ye uçtu. Düşüncesi merak uyandırıyordu: Bershad New York'a geri dönüp üst yöneticilerin ceplerini dolduracak kârlar yaratmak için bir araç bulacak mıydı? Bershad "Fikrin, haydi bu adamları daha da zenginleştirelim, olduğunu" hatırladı. "Nasıl yaparsan yap, yalnızca para kazan."

Bershad, LBO'lar diye cevap verdi. Fakat bir dizi yanlış başlangıçtan sonra, yalnızca vasat büyüklükte tek bir alım yaptı ve bu bir kabusa dönüştü. Toledo'da kurulu bir oto parçası imalatçısı olan Sheller-Globe'u 482 milyon dolara almasından altı ay sonra, haberlerde Cohen ve ondört Shearson yöneticisinin SEC tarafından yürütülen bir iç ticaret soruşturmasının parçası olarak mahkemeye verildiği yazıldı. Cohen yanlış bir şey yapmadıklarını açıkladı ve soruşturmadan bir sonuç çıkmadı ama bu küçük düşürücü bir deneyim olmuştu. Business Week haberi, "Dikkatleri Shearson'a çeken bir olay," olarak duyurdu.

Kaldıraçlı alımlar (LBO) konusunda çetin bir başlangıç olmuştu. Sheller-Globe işi sırasında Cohen'le yaptığı tartışmadan sonra istifa eden Bershad "Cohen"in şirket finansmanı konusunda gerçek anlamda hiç bir deneyimi olmadığını" hatırladı. "Peter gazetelerden okuduğu kadarını biliyordu, ama yatırım bankacılığı konusundaki deneyimi babamınki kadardı." Babası Bershad'a Wall Street'ten uzak durmasını öğütlemişti.

Haziran 1986'da Bershad'ın yerine Daniel Good isminde tartışmalı birisi işe alındı. Daniel Good, E.F. Hutton'da birleşmenin başında bulunuyordu ve şirket yağmacılarını destekleyen başarılı bir iş ortamı oluşturmuştu. Good öylesine iyimserdi ki, bazen "Don Kişot" diye anılıyordu, Carl Icahn ya da Boone Pickens gibi dört yıldızlı yatırımcıları desteklememişti. Müşterileri, Asher Edelman gibi üçüncü sınıf bir şirket alım satımcısı ve Fifth Avenue borsa simsarı, perakende sanayiinin saçları arkaya taranmış musibeti olarak bilinen Herbert Haft gibi pek az tanınan yağmacı "adayları"ydı.

Cohen, Shearson'ın parasını kaldıraçlı alımlar yerine Good'un yağmacılarının kredilerini desteklemeye aktarmayı seçti. Gözlerini her şeye kapatıp, hiçbir şeye aldırış etmeden çalışır ve buna yatırım bankacılığı diyebilirlerdi; ancak Good'un müşterileri büyük ölçüde, hasta ve yaralı Amerikan şirketleriyle ilgileniyorlardı, tabii hisselerini geri satın alıncaya ya da başka bir birleşme yakalayıncaya kadar. Shearson her ikisinden de kâr elde ediyordu.

Shearson Yönetim Kurulu üyelerinden birkaçı, özellikle de Good'un namlı bir haraççı artist olduğunu düşünen M&A ekibi, Hill ve Waters, onun işe alınmasına şiddetle karşı çıkmışlardı. Hill, Good'un yağmacı müşterilerinin Shearson'ın itibarını sarsacağını ve şirketin geleneksel birleşme danışmanlığı işini inşa etmek için gereksindiği sağlam hisse senetlerine sahip dev şirketlerle anlaşmalar yapmasını engelleyeceğini iddia etti. Hill yorulmaksızın Good'a karşı kampanya yürüttü, bu mücadele Good'un şirkete katılmasından sonra bile durmadı; Hill ve Waters, Good'un hatalarının listesini tutmaya devam ettiler. Bir meslektaşı, "Hill başından beri Dan'ın balonlarını patlatmaya çalışıyordu," diye anlatıyor.

Fakat Good'un yaptığı ilk anlaşmadan sonra –1986'da Paul Bilzerian'ın Hammermill Paper'ı yağmalaması– 6 milyon doların üzerinde para kazanıldı ve Cohen'in kuşkuları kayboldu. Bu, Shearson'ın o güne değin en kolay kazandığı paraydı. Shearson'ın başkan yardımcılarından George Sheinberg, "Tanrım, bu müthiş bir şey!" diyerek şevke geldi. Shearson'ın Burlington Industries ve Telex de dahil olmak üzere çeşitli şirketlere yönelik ele geçirme girişimlerini desteklediği onbeş ay boyunca Good'un müşterileri Cohen'in kasalarına para akıtmaya devam etti.

Ancak, Cohen zaman içinde Good'a olan güvenini kaybetmeye başladı. Hurda tahvillerin satışı normal olarak yatırım bankacılığının en kârlı yönlerinden biridir. Fakat Good'un yağmacıları bunları neredeyse hiç satın almadılar. Shearson'ın hurda tahvil bölümü boş oturdu, zayıfladı. Asher Edelman sonunda bir şirkete kancayı takmayı başardığında –Ponderosa, et lokantaları zinciri– Shearson'ın hurda tahvil teklifi bir felakete dönüştü ve şirket büyük bir zarara uğradı. Cohen hiddetlendi. Suç, Good'a yüklendi.

Shearson'da ele geçirme ekspresinin son yolculuğu Kara Pazartesi diye anılan 19 Ekim 1987'de başladı. Piyasa çöküp, askıda kalan şirket ele geçirme işlemlerinde fiyatlar düşmeye başladığında Cohen ve Sheinberg paniğe kapıldı. Şirketin kredi olarak kullandırdığı yüz milyonlarca doları kaybedebileceğini ilk kez farkettiler. Batmak bilmeyen Dan Good bir hafta sonra, eski dikiş makinası imalatçısı Singer'in Bilzerian tarafından ele geçirilmesinin onaylanması talebiyle yatırım komitesinin karşısına çıktığında, ağır bir şok geçirdi. Beklediği 100 milyon dolarlık peşinat yerine, Cohen, Bilzerian'dan 250 milyon dolar koymasını istedi. Sheinberg, "Eğer ödeyemezse, defedin gitsin, hiç aldırış etmiyorum. Oyunun kuralları değişti." dedi.

Bilzerian parayı getirip Shearson'ın yakınmalarının önüne geçtiğinde ve son büyük şirket yağmasında onu sevinç çığlıkları atmaya sürüklediğinde, kimse Cohen'den daha fazla şaşırmadı. Singer hızla teslim olduğunda, Bilzerian ilk kez bir şirket satın almak için para harcamak zorunda kalmıştı, Wall Street'in çöküş sonrası temkinliliği dikkate alındığında bu kolay bir iş değildi. Uzun, çetin bir kavgaydı ve Sheinberg ile Good patlamanın eşiğine gelmişlerdi. Good Karayip'lerde tatil için New York'tan tüydüğünde, Sheinberg, Bilzerian'la pazarlık etmesi için yeminli düşmanı Tom Hill'i getirdi. Tahmin edilebileceği gibi bu onun için çok neşeli bir durumdu; Hill Good'un en iyi müşterisiyle sert oynamaya başlamıştı. Hill daha sonra, "Anlaşma bozulmaya başladığında içeri girecek ve Bilzerian'ın bacaklarını kıracaktım." diye övünecekti.*

Sonunda Bilzerian Singer'i ele geçirdi, ama anlaşma Good'un Waterloo'suydu. Singer 30 milyon doların üzerinde para kazandırmış olmasına rağmen, şirket içindeki tüm itibarını kaybetmişti. Hill, "Good'un kafasında zaten iki silah vardı," diyordu. "Ve Peter Salomon bunlardan birini onun ağzına soktu."

Yatırım bankacılığı bölümünün başkanı olarak daha önce Good'un amiri olan Salomon, Shearson'ın yatırım bankacılığındaki evriminde en son yönelimi olan LBO fonunu denetlemenin yolu olarak gördüğünden, Good'un alanına göz dikmiş, gürültücü, mükemmelliyetçi bir Lehman emeklisiydi. Cohen'in bu fonun oluşturulması doğrultusundaki uzun süre ertelenmiş kararı, benzeri fonlarla başarılı olan rakiplerine ve Kara Pazartesi'ye bir tepkiydi. En aptal olanlar bile başka insanların parasıyla yatırım yapmanın kendi parasını kullanmaktan daha güvenli olduğunu görebilirdi.

Ancak Cohen ve Salomon 1 milyar doların üzerindeki bu fona bütünüyle farklı bir açıdan bakıyorlardı. Diğer şirketlerde LBO fonları yarı özerktir, ama arkadaşları, hırslı Salomon'un Shearson'ı kişisel gelir elde edilecek ve zengin olunacak bir alan olarak gördüğünü söylüyorlar. Fonun kârlarından oldukça önemli bir parçayı talep etmeye çalıştı ama Cohen buna kesinlikle karşıydı. Cohen

---

* Eylül 1989'da Bilzerian çeşitli borsa yasalarının ihlali ile itham edildi ve dört yıl hapse mahkum edildi. Shearson herhangi bir usulsüzlük nedeniyle suçlanmadı.

fonu yalnızca diğer bir Shearson departmanı olarak düşünüyor ve Salomon'un niçin "özel bir gelir" elde etmek istediğini göremiyordu. Her iki adam da inatçı ve sinirliydi; 1988'in baharına gelindiğinde neredeyse hiç konuşmuyorlardı. Shearson'ın tahvil ticareti bölümünün tatlı dilli müdürü Bob Millard, aralarındaki iletişimi sağlayan gönülsüz bir aracı haline geldi. Shearson'ın LBO'lara yönelmesinin pek de hayırlı bir iş olduğu söylenemezdi.*

Tom Hill birbirleriyle kavgalı olan Cohen ve Salomon arasında en büyük zaferine koşuyordu. Mart ayında Steve Waters'ın istifasından dört gün önce Hill, Koppers Co isimli işlevsiz bir Pittsburgh firması için İngiliz şirketi Beazer PLC tarafından verilen 1.27 milyar dolarlık düşmanca bir ihale teklifi ile en şatafatlı ele geçirme girişimini açığa vurdu. Fakat bu anlaşmanın bir sakatlığı vardı: Shearson iktisabın yüzde 45'ini elinde tutarken, Beazer yarısından da azına sahipti. Daha önce hiçbir önemli yatırım bankası düşman bir ele geçirme girişiminde böylesine grafiği yüksek bir konum almamıştı. Shearson görünmez bir hatta yürüyordu ve bu yaratıcı anlaşmanın kendi işine ve muhtemelen itibarına katabilecekleri Hill'in başını döndürüyordu. Anlaşmanın kolay bir zaferle sonuçlanacağına inanmıştı –Wall Street tabiriyle "hızla kapılan kurabiye" idi.

Bundan daha büyük bir yanlış yapamazdı. Koppers'ın savunması Pittsburgh'da meşhur bir davaya dönüştü. Shearson ve American Express'e yönelik büyük bir kamuoyu baskısı gelişti. Kendi eyaletinin sınırları içinde her iki şirketin de devletle iş yapmasını men eden Pennsylvania Eyalet Defterdarı'ndan Pittsburgh Belediye Başkanı'na kadar herkes açıkça topa tutuyordu. Koppers çalışanları American Express kartlarını ortadan ikiye keserken poz verip resim çektiriyor ve American Express'in ihaleye verdiği desteği diğer şirketlere ihbar eden mektuplar gönderiyorlardı.

---

* Cohen Peter Salomon'u RJR Nabisco anlaşmasının dışında tuttu. Daha sonra Andy Sage talep ettiğinde, Cohen "kararı kendisi verdi," dedi. Öfkelenen Salomon, New York Yankees'in bir fantazi beyzbol kampına gitmek için kentten ayrıldı. Sage böyle bir talepte bulunduğunu kabul etmiyor.

Hiç kimse bu hamle konusunda kendisine yeterince danışılmayan Jim Robinson kadar kızgın değildi. Cohen'in bir sırdaşı, "Bu Jim Robinson için çok fazla sıkıntı yarattı ve Jim Robinson'ın sıkıntısı ellibirinci kattan ondokuzuncu kata çok hızlı ulaştı" diye anlatıyor. "Bu Peter için acı bir deneyim oldu."

Müşterisi sonuçta kavgayı kazanmış olsa da, Koppers anlaşması Shearson'ın yatırım bankacılığı girişimleri üzerinde çok büyük bir etki yaratmıştı. Aniden ortaya çıkan düşmanca anlaşmalar, kısa süre öncesine kadar başarılı olmuş, ama dayanakları gözden düşmüştü. O yaz Cohen bir çift düşmanca ele geçirme girişimini destekleme şansını geri çevirdi. Bunlar Rales kardeşler'in St. Louis'de kurulu Interco'yu ele geçirmesi ile iç çamaşırı sermayedarı Bill Farley'in Georgia'daki bir tekstil kuruluşu olan West-Point Pepperell'i ele geçirme girişimiydi.

Aynı dönemde Shearson'ın gelirleri de azalmaya başladı. Menkul kıymet endüstrisinin tümü Kara Pazartesi'nin ertesinde sıkıntıya girmişti, ama E.F. Hutton'un kuşkulu aracılık işlemlerini yapan birkaç şirket genel masraflarını, Shearson'ın da ötesinde muazzam biçimde artırmıştı. İşten çıkarmalara rağmen –ve Cohen daha fazla işçi çıkarmayı planlıyordu– fena halde taze kar akışına ihtiyaç duyuluyordu. Yatırım bankacılığı o güne değin olmadığı biçimde Wall Street'in en aktif ve kârlı işi haline gelmişti, Shearson'ın bu işe sarılması önemliydi. Düşmanca anlaşmaların da devre dışı kalması bir tek şey ifade ediyordu: LBO'lar.

Ross Johnson bu yolu açıp, LBO senaryoları tasarlamaya başladığında, Cohen'in duaları gerçekleşiyor gibiydi. 18 milyar dolarlık bir hisse alımı birçok sorunu yok edebilirdi. Yalnızca bu olay, yani LBO tarihindeki en büyük parayı kapıp götürmüş olmaları Shearson'ı derhal yatırım bankalarının en üst sıralarına taşıyabilirdi. Sonrasında, önemli bir LBO ile ilgilenen herkes Shearson ile çalışmayı düşünecekti. Bu fon için muhteşem bir başlangıç olacaktı. Birleşme işlerinden Hill'e kalan kârlar çok büyük miktarları bulacaktı. Shearson'ın anlaşmayı finanse etmek için bir çırpıda satacağı hisseler, Cohen'in can çekişen hurda tahvil departmanını hayata döndürebilirdi. Üstelik bir de danışmanlık ücretleri vardı!

Oh, ücretler! Yalnızca açılış ücretleri –danışmanlık, kredi verme ve bir "başarı ücreti" toplamda 200 milyon doları bulabilirdi– bile Shearson'ın azalan gelirlerinde dev bir artış yaratabilirdi. Ve bu kadarla da kalmayacaktı. Daha sonraki yıllar boyunca para akmaya devam edecekti. Yeniden finanse etme ücreti, danışmanlık ücreti ve yalnızca dükkanı meşgul ettiği için ücret alınacaktı. RJR Nabisco'nun istenmeyen işletmeleri borç ödemelerini karşılamak için satıldığında, M&A tek başına bunlardan elde etmeyi planladığı ücretlerden gelecek on milyonlara güvenebilirdi. Ve her şey bir yana, yatırımlarının getirilerini dahi düşünmüşlerdi: Hill yılda en az yüzde 40'lık bir getiri bekliyordu. 500 milyon dolarlık bir yatırımda bu, yılda 200 milyon dolar demekti –en az beş yıl boyunca!

Bunlar Cohen'in başını döndürmeye yetti. Cohen, Shearson'ın kazanımlarını akıllıca planladığı halde, RJR Nabisco ihalesine kadar tüm kariyeri boyunca yalnızca tek bir kaldıraçlı alım üzerinde çalışmıştı, o da Shearson'ın en büyük işi olan Sheller-Globe ihalesiydi. Fakat Johnson'ın Jim Robinson'la olan arkadaşlığı anlaşmanın Shearson üzerindeki potansiyel etkisiyle birleştiğinde, gündemdeki tartışmalara aktif ilgi göstermek zorunda kaldı. Johnson gözlerinin önünde rüya gibi bir anlaşma sallıyordu, açıkçası bu hayatında görebileceği en iyi anlaşmaydı. Ve uçağı o gece Atlanta'ya indiğinde, Peter Cohen her şeyi kavradığını düşünüyordu.

Cohen Cumartesi sabahı Waverly'de Tom Hill ve Shearson'ın tanınmış avukatı Jack Nusbaum ile kahvaltı etti. Cohen'in en yakın danışmanlarından biri olan, yüzünün ifadesi kızgın bir buldog köpeğine benzeyen sağduyulu danışman Nusbaum, Fas'da tatil yaparken hazırlanmakta olan anlaşma hakkında bilgi edinmişti. Ed Horrigan ve Harold Henderson'dan tütün üzerine bir sunuş dinlemek için Atlanta'ya iki gün erken gelmiş ve hukuki kuşkuların LBO'yu engelleyecek ölçüde kötü olmadığı konusunda ikna olmuştu. Hill ve Shearson'dan emekli bir bankacı olan Jim Stern de oraya bir gün erken giderek Cumartesi toplantısı için zemin hazırladılar ve Johnson'la çalışanların daha ileri gittikleri takdirde ne bekleyeceklerini öğrenmelerini sağladılar. Şimdiye kadar her şey iyi gitmişti, iki adam anlaşmışlardı. Johnson'ın konuyla ilgilendiği görülüyordu.

Kahvaltıdan sonra Shearson ekibi şüphe uyandırmamak için ikili ve üçlü gruplar halinde park yeriyle genel müdürlük arasında volta attılar. Yukarıda Johnson'ın ofisinde Georgia çamlarından oluşan manzarayı seyrettiler. Johnson'a Horrigan, Sage ve Henderson eşlik ediyordu; Henderson ekibinin en yeni üyesini beraberinde getirmişti, bu bir Wall Street şirketi olan Davis, Polk & Wardwell'den Steven Goldstone'du.

Kırkiki yaşındaki Goldstone, RJR Nabisco yöneticilerinin danışmanlığını yapmak açısından tuhaf bir seçimdi. Kadın iç çamaşırları pazarlayan bir tüccarın New York'ta yetişmiş, saçları dökük ve kimseye yüz vermeyen oğlu Goldstone gibi biri Wall Street avukatları arasında pek sık görülmezdi. Çoğu avukat ya müşterilerine şirket birleşmeleri konusunda danışmanlık yapıyor ya da davalarını açıyordu, ama Goldstone her ikisini de yapmaktaydı. Bir taktisyen olarak pek tanınmıyordu. On yıl boyunca geçinmek için sigortacılık ve hisse senedi endüstrisindeki orta çaplı kuruluşlarda çalışmıştı. Johnson'la o yaz Davis Polk RJR Nabisco'nun caydırma tedbirlerinin oluşturulmasına yardımcı olduğu sırada tanışmıştı.

Bir dava vekili olarak Goldstone, American Lawyer tarafından 1987'de "yöre mahkemeleri hükümlerinde en fazla sözü edilen avukat" seçilmiş ve böyle nam salmıştı. Goldstone, San Diego'daki bir duruşmada, Wall Street şirketlerinden Donaldson Lufkin & Jenrette'i savunurken, önemli bir tanık göstermek için mahkemenin kararına izah edilemez biçimde meydan okumuş, hakimi müvekkili hakkında mahkumiyet kararı açıklaması için teşvik etmiş, bu hamle Donaldson Lufkin'e 100 milyon dolarlık bir zarara malolmuştu. Dört ay sonra üç ortak savunucu hakkında öne sürdüğü iddialar ortalığı altüst etmiş, zarara hakaret eklemişti. Goldstone'u işe almak Henderson'ın fikriydi.

Başlangıçta bunun sıradan bir kaldıraçlı alım olmayacağı açıktı. O gün Johnson'ın ofisinde geçen konuşmalar samimiydi ve çeşitli konuları kapsıyordu: Fiyat, kârlar ve diğer şeylerin yanısıra saldırı planları. O zamana kadar geçen tartışmalar çoğunlukla teorik olmuş ve telefonla yapılmıştı: Hiç kimse Johnson'ın fiilen bunları inceleyeceğinden emin değildi. Nusbaum bir noktada Goldstone'a "Bunu yapma şansının ne kadar olduğunu düşünüyorsunuz?" diye sordu. Goldstone bir an düşündü ve "yüzde elliden az," dedi.

Bütün tereddütlerine rağmen Tom Hill, Johnson'la çalışanların kaldıraçlı alım konusunu bu kadar mükemmel biçimde anlamasına şaşırmıştı. Aslında öğrenciler öğretmene sınıfın nasıl yönetileceğini öğretmek üzereydiler.

Çoğu kaldıraçlı alım hikayesinde başarının merkezinde "başa silah dayama" stratejisi olarak bilinen bir hile vardır. Bir grup kıdemli şirket yöneticisinin finansman toplamak için Shearson gibi bir Wall Street şirketiyle gizlice işbirliğine gitmesi de oyuna dahildir. Finansman oluşturulduğunda ve bir teklif fiyatı üzerinde anlaşıldığında, yönetim kurulu başkanı teklifi yönetim kuruluna satın al ya da terket önermesi şeklinde götürür. Hatta Hill, Johnson-Shearson grubunun kendi alımını yaparken izleyeceği on haftalık bir programı dahi hazırlamıştı. Buna "Başarılı bir LBO için On Adım" adı verilebilirdi:

BİRİNCİ HAFTADAN ÜÇÜNCÜ HAFTAYA KADAR: Değerler ve fiyat tartışmaları üzerinde ilk çalışmalar yapılır.

DÖRDÜNCÜ HAFTA: Kredileri tartışmak için bankalarla görüşülür.

BEŞİNCİ HAFTA: Bir kredi yapısını ortaya koymak için bankalarla çalışılır.

ALTINCI HAFTA: Yönetim kaldıraçlı alıma girip girmeme konusunda karar verir.

YEDİNCİ HAFTA: Müdürler sessizce bilgilendirilir ve herhangi bir LBO teklifini incelemek için gizlice "bağımsız" bir komite oluşturmaları istenir.

SEKİZİNCİ HAFTA: Yönetim bir birleşme anlaşması hazırlar.

DOKUZUNCU HAFTA: Yönetim kurula ilk önerisini yapar. Görüşmeler bağımsız komite ile birlikte başlar. Yönetim kurulunun "bir alım teklifini incelediğini" belirten bir basın açıklaması yapılır.

ONUNCU HAFTA: Ele geçirme anlaşması yürürlüğe konur ve kamuya açıklanır.

Fikir, anlaşma tamamlanıncaya kadar tüm sürecin gizli tutulması, açık artırmanın başlamadan bitirilmesidir. Wall Street tabiriyle yönetim kurulunun başına silah dayamak, yöneticileri çok az seçenekle başbaşa bırakmayı amaçlar. Teklifin olgunlaşmadan ifşa edilmesi, şirketi yağmacılarla "oynama"ya iter ve yönetimi belirli bir tekliften korkutup kaçırma riski taşır. Yönetim kurulları yıllardır teslim olmuş ve "pusu kuran" yönetimlerle birleşme anlaşmaları imzalamışlardır. Çoğu bunu hâlâ yapıyor. Hill gibi Wall Street stratejistleri bütünüyle finanse edilmiş, başlamaya hazır bir teklifle yönetim kuruluna gitmenin çok önemli olduğunu düşünürler. Hill doğal olarak Johnson'ın da aynı şeyleri hissettiğini düşünmüştü.

Oysa Johnson için öyle olmayacaktı. Bu kurulun daha hafif hak ihlallerindeki hiddetini tam olarak Tylee Wilson meselesinde görmüştü; hiçbir öfke belirtisi bu kuruldaki kadar hakaret taşıyamazdı. Shearson'a, dışarı sızdığı takdirde yöneticileri kızdıracak hiç bir finansman düzenlemesi veya benzeri bir şey yaptırmaya istekli de değildi. Johnson Atlanta'da başarılı olmuştu ve LBO konusunda karar verinceye kadar, Shearson'ın kendisinden ileri gitmesine izin vererek durumu riske atmayacaktı. Diğer yandan Johnson karar verme yeteneğine çok fazla güveniyordu. Eğer LBO en iyi yaklaşım olacaksa, bunu yönetim kuruluna satabileceğini de biliyordu –ama bunun bir tuzak değil bir fikir olması halinde.

Benimsenmiş LBO stratejisinden sapmak Cohen ve Hill'i huzursuz etmişti; fakat başka şansları yoktu, Johnson yoksa, anlaşma da yoktu. Yönetim kurulu ihaleyi kamuya açıklamayı seçtiği takdirde, taktik avantajları darbe yiyecekti. En kötü durumda, kendi tekliflerini geçmeyi hedefleyen bir taraf ile eşit noktada kalacaklardı. Fakat hiç kimse –Cohen, Hill ya da Johnson– özel olarak bu konuda kaygılanmıyordu. RJR Nabisco bütün bunlar için çok büyüktü fakat dünyadaki bir avuç şirket ona saldırmayı düşünüyordu. O gün Hill olumsuz olasılıkları sıraladı:

• Hanson Trust PLC; ABD şirketlerine büyük bir iştahla bakan bir İngiliz holdingi. Yönetim Kurulu Başkanı Lord Hanson impa-

ratorluğunu tek bir tütün şirketi etrafında kurmuştu.
* American Brands; markaları içinde Pall Mall ve Lucky Strike bulunan, Connecticut'ta kurulu bir sigara şirketi. O yılın başlarında düşmanca bir ele geçirmeye karşı cüretli bir savunma yapmayı başarmıştı.
* Forstmann Little; Wall Street'in iki numaralı LBO şirketi, multi-milyar dolarlık ele geçirme mücadelelerinde görev almaya istekli oluşuyla kendini göstermişti. Ama Hill'in önerdiği 20 milyar dolarlık LBO muhtemelen Forstmann Little'ın ulaşamayacağı bir rakamdı.

Bunların hepsi karanlık noktalardı. Odadaki herkes gerçek bir rekabet için yeterli güce sahip tek kişinin Henry Kravis olduğunu biliyordu. Dünyadaki bütün holdingler ve yatırımcılar arasında yalnızca Kravis'de gücün, güvenin ve paranın ciddi bir karşı teklif oluşturabilecek bileşimi vardı. Johnson'ın ofisi çeşitli görüşlerle ve anlamlandırılmış istihbaratla doluydu. Birileri Kravis'in bir Afrika safarisinde olduğunu ve yeterince hızlı tepki gösteremeyeceğini düşündüklerini söylemişti. Johnson, Shearson Lehman'la konuşurken Hutton dinledi. Hepsi Kravis'i tanıyordu ve geçen yıl ona fırsat vermişlerdi.

Johnson güvenle "Henry hiçbir şey yapmayacak," dedi. "Onun tütünle ilgilendiğini zannetmiyorum." Andy Sage patronunun duygularını yansıttı.

Daha sonraki günlerde Johnson'ın çeşitli defalar tekrarladığı iddialardan biri oldukça kritikti. Kravis'in Beck ve Waters aracılığıyla yaptığı teklifleri biliyordu ve bunları ciddiye almamıştı. Yine de Shearson'a söylemekten bilerek kaçındı. Daha sonra "Bunun için neden yoktu," diyecekti. "'Şunu yapmalıyız, bunu yapmalıyız,' diyerek etrafta telaşla koşuşturup duruyorlardı. Bunlar bu işte olması gereken serinkanlı insanlardan değiller. Tarafsızlıklarını kaybetmelerini istemedim."

Aslında Johnson, Shearson yöneticilerinin barındırdığı köklü yanlışlığın aynısıyla sükunet buluyordu. Çünkü olası rakiplerin tüm konuşmalarından hepsinin alıma ikna oldukları, iş başladığında itiraz edilmeyeceği anlaşılıyordu. Hiç kimsenin, Kravis'in bile, maliyetleri düşürmek için en iyi yöntemleri tanımlayacak bir yönetim ekibinin yardımı olmaksızın bu boyutta bir alıma kesinlikle girişmeyeceğini düşünüyorlardı. Kravis'in, baştan çıksa bile, tütün davasının göz korkutucu karmaşıklığı nedeniyle kuşkusuz gecikeceğine inanıyorlardı. Cohen ve Hill, aslında, Johnson'ın rakip herhangi bir teklife karşı kendilerine kalkan olacağını düşünüyorlardı. Grubun baş stratejisti olarak Hill'in, Kravis'in iştahını test etme yöntemleri vardı, ama daha sonra Johnson'ın gizlilik konusundaki ısrarı nedeniyle ellerinin bağlanmış olduğunu hissettiğini söyledi. Bildiği soruları sormanın yanlış tarafta* ilgi uyandırabileceğini biliyordu.

Tıpkı Shearson'ın kendi yönetim kurulunu ikna edeceği konusunda Johnson'a güvendiği gibi, Johnson da Shearson'ın şirketi almak için gereken parayı verebileceğine inanıyordu. Aslında şirket buna benzer herhangi bir şeye hiç girişmemişti, hatta Drexel veya Merrill Lynch gibi önemli hurda tahvil güçlerini yardıma çağırma olasılığını bile tartışmıştı. Bu fikir hemen terkedildi: Yardım arayışı Shearson'ın anlaşmayı tek başına yapamayacağının kabulü anlamına gelecekti. Cohen American Express'in kendi arkasında olduğundan emindi. Shearson bu işi yapabilirdi.

Fiyat hiçbir zaman ciddi bir tartışmanın konusu olmadı. Hem Hill hem de Johnson bir hissenin 75 dolara karşılık geleceği bir teklif üzerinde düşünüyorlardı. Bu, hisselerde daha önce görülen rakamların –71 dolar civarında– az bir şey üzerindeydi. Hisse başına 75 dolar toplamda 17.6 milyar dolara ulaşıyordu ve bu Beatrice anlaşmasının boyutlarının neredeyse üç katıydı. Ticari bankalardan alacakları 15 milyar dolar civarındaki para bir ele geçirme

---

* Aylar sonra Waters'ın aradığını öğrendiğinde Hill'in yüzünün rengi kaçtı. "Şaka yapıyorsun; buna inanamıyorum," dedi. "Eğer Kravis'in Ross ile ilişkiye geçmeye çalıştığını bilseydim, bu stratejimizi bütünüyle değiştirirdi. Bunun çok büyük önemi vardı." Johnson'ın stratejistleri arasında yalnızca Peter Cohen, Kravis'in, tekliflerine itiraz edeceğinden hiç kuşku duymadığı konusunda ısrarcı oldu.

işlemi için o güne dek verilen en büyük rakamın iki katından fazlaydı; Shearson'da çalışan Jim Stern saatlerdir dünyada bu büyüklükte bir el koyma anlaşması olup olmadığını hesaplıyordu. Johnson "Onyedi milyar dolar," dedi. "Kahretsin, laternacı bir maymun gibi ellerimin ve dizlerimin üzerinde yürüyerek onyedi milyar doları bulmaya çalışacağım."

Hill, bu daha da yukarı çıkabilirdi diye uyardı. Yönetim kurulu en alt düzey 80 dolar olacak şekilde, daha iyi bir fiyattan anlaşmaya çalışabilirdi. Olanların çoğu LBO işinde gerçekleştirilen ayrıntılı sahne oyununun perdeleriydi. Yönetim grubu, kurulun birkaç dolar fazla almak için dil dökeceğini bilerek, kasten düşük teklif verirdi. Bu hile müdürlerin en iyi fiyat için gereken baskıyı yaptıklarını iddia etmelerine olanak sağlardı. Bu, iyi bir halkla ilişkiler faaliyetiydi fakat ortakların açtığı kaçınılmaz davalarda müdürleri savunmak için de çok yararlıydı.

Söz 75 dolardan fazla ödeme konusuna geldiğinde Johnson'ın canı gözle görülür biçimde sıkıldı. Daha yüksek fiyat, daha fazla borcun birikmesi demekti. Daha fazla borç, şirket kemerlerinin daha da fazla sıkılması anlamına geliyordu. Johnson kesinlikle maliyet kısmaya tahammüllü bir adam değildi, özellikle de RJR Hava Kuvvetleri ve diğer eğlenceleri söz konusu olduğunda. Kredi veren diğer kurumlar gibi Shearson'ın da, zihnini, "ahmak ve homurdanan" bütçe gözlemciliği adını verdiği şeyle meşgul ettiğini düşünüyordu. Johnson, LBO işi daha da ileri gittiği takdirde, hem Premier hem de Atlanta genel merkezlerinin bütçe kesintilerinden muaf tutulması gerektiği konusunda ısrarcı oldu.

"Bakın size burada bir el arabası operasyonu başlatmadığımızı söylüyorum," dedi. "Ortalıkta dolaşıp altı yerine beş jetimiz olmalıydı, ya da benzeri şeyler söylemenizi istemiyorum. Biliyorum ki eğer böyle yaparsanız bir süre sıkıntı çekerim. Buna aldırış etmiyorum. Fakat yaşam tarzımı değiştirmek istemiyorum. Büyük bir şirketim, güzel bir yaşamım var, yaşadığım tarzı değiştirmek istemiyorum."

LBO işine daha alışkın bir oyuncu bu sürecin sıkıntısız geçebileceği fikrine gülebilirdi. Hill kendi kendine sonunda hem Premier hem de genel müdürlüğü feda edeceklerinin kesin olduğunu düşünmesine rağmen, Cohen ve Hill, Johnson'ın yanında oldular. Her iki adam da LBO sürecini Johnson için mümkün olduğunca kolaylaştırmaya çalıştı; 19 Ekim akşamı, yalnızca on gün sonra yapılacak yönetim kurulu toplantısı arifesinde, kazanabileceklerini feda etmemek için yapılacak başka şey yoktu. Johnson'ın "talepleri"nin her birine hemen razı oldular; Sonuçta, Shearson'ın LBO girişiminin geleceği, onun mutlu edilmesine bağlıydı.

Johnson'ın çıkarlarını korumak için işe alınan Steve Goldstone, Shearson'ın müvekkili için abartılı bir pembe tablo çizmekte olabileceğini hissetti. Bir noktada Nusbaum'a "Bakın," dedi, "yoksa siz Ross'a burada en yüksek fiyatı ödemek zorunda kalacağını ve rekabet edilebilir bir teklif verebileceğini mi söylüyorsunuz?" Hem Nusbaum hem de Hill söylemek istediklerini doğrudan söylediklerine dair yemin ettiler.

O gün tartışmanın en son ve en önemli noktası bir yönetim anlaşmasıydı. Johnson'ın Shearson ile ilişkisini tanımlayan esas belge olarak RJR Nabisco'nun nasıl çalışacağını, onu kimin denetleyeceğini ve kârların nasıl dağıtılacağını ortaya koyacaktı.

LBO camiası içinde, kaderlerini Henry Kravis gibilere bağlayan yöneticilerin rolleri açık biçimde tanımlamıştır. Halka açık şirketlerin önderleri olarak, LBO şirketleri tarafından şevkle kazanılmaya çalışılırlar; bir Kohlberg Kravis kapılarını çalabilir, ama çoğu durumda davet edilmeden içeri giremez. Bunun karşılığında LBO şirketleri onların daha önce profesyonel yöneticiliğini yaptıkları şirketlerden kendi paralarıyla yüzde 10 ila 15 civarında pay almalarına izin verir. Fakat yönetim kurulu başkanı, başkan gibi görünüp, operasyonel özerkliğini korusa da, girişimleri yapanlar başkalarıdır: Kohlberg Kravis ve Forstmann Little gibi şirketler bütün yönetim kurullarını denetlerler, her bütçeyi onaylarlar ve üst düzey yöneticileri kendi arzularına göre değiştirme güçlerini korurlar. LBO'lar demokratik değildir: Kohlberg Kravis'in sahip olduğu şirkette çalışan her yönetici Kravis ve Roberts'a hesap verir.

Johnson alışılmış akıl yürütmeye pek aldırış etmedi. Kafasındaki şey üst düzey yöneticisi ve LBO şirketinin geleneksel rollerinin bütünüyle ters yüz olmasına tekabül ediyordu. Johnson, Shearson'ın yönetim kurulunu denetleme olasılığından niçin huzursuz olmuştu? Her şeyden önce, işini yoluna koyan o değil miydi? Niçin yöneticiler, bu şirketi en iyi bilen insanlar, girişimde bulunamasınlardı? Shearson'ı hayrete düşürerek yönetim kurulunu denetlemeyi talep etmiş ve hem anlaşma sırasında hem de sonrasında önemli stratejik kararlarda veto hakkı istemişti. Shearson'ın Premier, genel müdürlük ve RJR Hava Kuvvetleri'nin bütçelerinde kısıntı yapmak isteyeceğinden haklı olarak kuşkulanmıştı. Vetolardan biri, sigortası olan RJR Nabisco'nun Shearson'ın değil, kendi yöntemleriyle çalıştırılmasıydı.

Cohen'e, "Allah aşkına, yönetim kurulunda bana neyi yapıp, neyi yapamayacağımı söyleyen bir sürü yatırım bankacısı görmek istemiyorum," dedi. "Bu işlerin nasıl yapılacağını bildiğime inanmalısınız. Bana bildirmek için bütün gün ekranlara bakan bir sürü çocuğa ihtiyacım yok. Bütün bu bokluklara katılıyorsam ve emekli olmak yerine kendimi beş allahın belası mücadele yılına daha sokuyorsam, bu böyle olmak zorunda."

Henry Kravis olsaydı bu durumda Johnson'a bir göle atlamasını söylerdi. Ama Cohen ve Hill zaten onun talebini kabul etmeye karar vermişlerdi. Başka bir şansları olmadığını düşünüyorlardı. Jonson durumu netleştirmişti: Veto hakkı olmazsa, anlaşma da olmayacaktı. Hill daha sonra "Veto hakkı vardı," diyecekti, bu Shearson'ın katılmayı çok istediği bir kulübe "giriş fiyatı"ydı.

Fakat Cohen, Johnson'ın insafsızca taleplerinden irkilmişti. Andy Sage, Shearson'ın yeni fonuna yatırım yapanlara yüzde 40 getiri vaad ettiğini tespit etmişti. Sage, "Tamam, Shearson yüzde 40'a sahip olabilir," dedi; artan her şeyi Johnson ve çalışma arkadaşlarının alması için ısrarcı oldu. Bu tartışma, LBO sonrası RJR Nabisco'da, hisselerin yüzde 20'si olarak sonuçlandı. Hill, talebi aşırı bulduğunu, tartışmaksızın, Sage'in anlamasını sağlamıştı. Kanıt olarak diğer LBO'larda yapılan yönetim anlaşmalarından bir dizi örnek getirmişti Atlanta'ya; mesela Beatrice işinde, Kelly ve arkadaşları yüzde 12.5'luk bir pay satın almışlardı.

Fakat Johnson yalnızca kârların çok daha büyük bir yüzdesini istemekle yetinmiyor, çok daha büyük bir anlaşma istiyordu. Hill yüzde 20'lik kâr payının Johnson'ın grubu için beş yılda 2.5 milyar dolar değerinde olacağını hesaplamıştı. Jim Stern, Cohen'e yazdığı 30 Eylül tarihli memo'da Johnson'ın önerdiği kesinti ya da teşvikin, "özellikle bu anlaşmanın boyutları daha öncekilere kıyasla değerlendirildiğinde, çok büyük göründüğünü" ve "yönetime verilen teşviklerin diğer anlaşmalardakileri somut biçimde, gölgede bıraktığını" belirtmişti.

Konu Cumartesi günü tekrar tartışıldı. Fakat saat üç civarında oturuma son verildiğinde çok az ilerleme kaydedilmişti. Diğer cephelerde öyle çok gelişme kaydedilmişti ki, uzun bir görüşmeyle sular bulandırılmak istenmedi. Johnson kâr dağıtımının bir sorun yaratmayacağına dair Cohen'e güvence verdi ve gelişmelerden heyecanlanan Cohen onun doğru söylediğini düşündü. Sage bu konuyu ertesi hafta Hill ile görüşmeyi kabul etti.

Shearson bankacıları New York'a dönmeden önce, Johnson'ı, bir grup ticari bankayla finansman konusunu tartışması için bir kez daha ikna etmeye çalıştılar. Johnson bunu reddetti. "Shearson, yalnızca iki bankayla temas kurabilir ve bunlarla da yalnızca başlangıç görüşmelerini yapabilir," dedi. Johnson Cohen'e anlaşma için yeterli para olup olmadığını tespit etmesini ve işi bununla sınırlı tutmasını söyledi. Sonraki haftalarda bankalarla görüşmek için çok zamanları olacaktı.

Pazartesi Columbus Günü'ydü (Amerika'nın keşfinin kutlandığı resmi bayram). Cohen, Bankers Trust Yönetim Kurulu Başkanı Charles Sanford'u evinden aradı. "Charlie, seninle ikimiz için de çok önemli olan bir konuyu görüşmek istiyorum. Bunu ne kadar çabuk yaparsak o kadar iyi olur. Görüştüğümüzde konuyu niçin telefonda konuşamayacağımızı anlayacaksın..." dedi. Cohen ertesi gün Citibank Yönetim Kurulu Başkanı John Reed'e ulaştı: "John, senin için şahane bir fırsatım var..."

Ertesi sabah, 12 Ekim Çarşamba günü, Jim Stern'in başkanlık ettiği bir Shearson ekibi Bankers Trust ve Citibank'ın üst düzey temsilcileriyle ayrı ayrı görüştüler. Gizliliği güvence altına alabilmek için Stern her iki bankadan da kredi analiz ekiplerini en fazla dört bankacıyla sınırlamalarını istedi. İki gün içinde, her iki bankanın da işlemlere başlamaya hazır olduğunu öğrendi. Stern, bu işin beklendiğinden çok daha kolay olacağını düşündü.

Bankers Trust New York'ta el koyma işlemlerine açılan kredilerden sorumlu Bob O'Brien, Shearson'ın teklifini incelemenin kariyeri boyunca karşılaştığı en cazip iş olduğunu gördü. RJR Nabisco gibi büyük ve sağlam bir şirketin kaldıraçlı alımı için kredi verme fırsatına her bankanın balıklama atlayacağı kesindi. En önemli çelişki, Jim Stern'in de kaygılandığı gibi, dünyada bu işi yapmaya yetecek ele geçirme kredisinin bulunup bulunmadığıydı.

Çoğu büyük el koyma işlemlerinde, krediler paket halinde verilir veya dünyadaki bankalar arasında sendikasyona tabi tutulur. O'Brien'in ekibindeki ellinin üzerinde satış sorumlusu dünya ölçeğinde kapı kapı dolaşıp para istedi. Ülke ülke, banka banka dolaşıp, LBO'lar için kullanılabilecek dolarları topladılar. İrlanda'da, Belçika'da, Danimarka'da ve Yunanistan'da bankaların kredi uygulamaları değerlendirildi. Union Bank of Finland, Atlanta'daki bir holdingin alımına nasıl tepki gösterecekti? Tutumları bilinmeyen Japon bankaları tütün hakkında ne düşüneceklerdi?

Sonunda, O'Brien dünya ölçeğinde tek bir alıma ayrılabilecek toplam 21 milyar dolar bulunduğu sonucuna vardı. Buradan hareketle çalışmaya başladı. Tabii ki paranın hepsi gelmeyecekti. Yönetim kurulu başkanının sigara dumanından canı yanmıştı ve bazı bankaların tütünü sevmeyecekleri yönünde akıl yürütüyordu. O'Brien 21 milyar doların 16 milyar dolarına ulaşabilmeyi umuyordu. Bu mütecaviz bir tahmindi. Shearson kendi hesaplamalarında 15.5 milyarlık bir tablo çiziyordu –kabaca dünyadaki tüm LBO kredilerinin dörtte üçü.

---

19 Ekim'e kadar uzanan o günlerde yaşamı uzun bir partiye benzeyen Johnson gibi bir adam için merak uyandıran bir neşesizlik söz konusuydu. Daha önceki tüm maceralarında da mevcut olan gece yarısı telefonlarındaki keyifsizliği Andy Sage'in dikkatini çekiyordu. Johnson'ın her şeyi oğlunun kaza geçirmesiyle oluşan

boşluğu doldurmak için yapmış olabileceğini söyleyen bir kaç amatör psikoloğun dediklerinden daha dikkat çekiciydi bu. Bruce Johnson komadaydı.

Yönetim kurulu toplantısı yaklaştıkça, Johnson'ın kaldıraçlı alım fikrinin bütününe karşı kararsızlığı büyüyordu. Tabii ki bunun nedeni kısmen, eski arkadaşlarından çoğunun bu yolculuğa kendisiyle birlikte çıkmayacak olmalarıydı. Uzun ve yorucu akşam yemeğinde Johnson, Bob Carbonell'e, teklifi veren yedi kişilik grubun içinde olmayacağını söyledi; kazanırlarsa Del Monte satılacaktı. Ed Horrigan gruba katılanlar içinde en hevesli olanıydı. Johnson ve diğerlerine göre, Horrigan, LBO'dan gelecek zenginliklerin beklentisiyle başı dönenlerdendi. Gruba katılacakların sarı yasal bir belge üzerinde listelenmesi için çalışılması ve yeniden çalışılması konusunda telaşlanıyordu.*

Kazanabileceği milyonlar için Johnson'ın ağzı sulanıyorduysa bile, bunu kimse görmedi. Kaldıraçlı alıma giren üst düzey yöneticilerin dikkate aldığı, bu işe ilişkin çıkar çatışmalarına karşı da ilgisiz görünüyordu. Johnson'a göre şirketin alınması bir çıkar çatışması değil, çıkarların şaşırtıcı bir biçimde birbirine yaklaşmasıydı. LBO işinde herkesin kazacağına inanıyordu. Hisse sorunu çözülecekti. Hisse sahipleri 75 dolarlık ödeme alacaklardı: Dört beş yıl sanki sonsuzlukmuş gibi, "Şirketi eski şekliyle çalıştırsaydık dört beş yılda bu düzeye ulaşamayacaktık," diye anlatıyor. Shearson ve arkadaşı Jim Robinson daha fazla şey elde edeceklerdi. Ve Johnson ile arkadaşları hayal edemedikleri ölçüde zenginleşeceklerdi.

Pazartesi sabahı oyunu yöneten oyuncular Johnson'ın kararının tamahkârlığa varmasına yol açtılar. Fakat olay bundan daha da karmaşıktı. Birincisi ve en önemlisi LBO, Johnson'ın harekete geçmek için duyduğu şiddetli arzuyu tatmin eder görünüyordu: O bu kuruluşun çürümesine izin vermiyordu. Meşruiyet gerekçeleri –hisse sorunu– abartılıysa da Johnson kendisine, diğer yönetim

---

* Grupta Johnson ve Horrigan'ın yanısıra, Sage, Henderson, Ed Robinson, John Martin ve Yönetim Kurulu Başkan Yardımcısı Jim Welch vardı.

kurulu başkanlarının önemsemediği için gözden kaçıracağı bir sorunu göz ardı edemeyeceğini göstermişti. Ve Johnson derhal servet sahibi olma olasılığını herhangi biri kadar sevdiği halde, almanın yanısıra vermeyi de çok seviyordu. Bu herkes için nihai hediye olacaktı. Psikolog arkadaşı O.C. Adams şu gözlemi yapmıştı; "Ross, herkese bir şeyler düşecek olan [öyle olacağını düşünüyordu] bir durum yarattı."

Johnson, 13 Ekim Perşembe günü, Charlie Hugel'ın izini, nükleer tesisler satmak için gittiği Güney Kore'nin Seul şehrinde bir otelde buldu. Güvenilemeyecek bir milletlerarası telefon bağlantısı nedeniyle konuştuklarının duyulabileceğinden korkan Johnson konuşmasını bir biçimde şifrelemeye çalıştı. "Peşinde olduğumuz projeyi hatırlıyor musun?" diye sordu.

Hugel, "evet" dedi. Bir ay önce LBO fikrinden vazgeçmek konusunda konuştuklarını düşündü.

"İşte Charlie, bu iş diğer yöne çevrilmeye başlıyor. Bu işte seninle konuştuğumuz zamana göre çok daha fazla ekmek çıkacağa benziyor. Yönetim kurulunun gözden geçirmesi gereken bir şey bu."

Hugel şaşkına dönmüştü.

Johnson, "Bu işi yapacağız," dedi. "Bir an önce dönüp bu toplantıya katılman çok önemli."

Hugel, Johnson'ın aksi yöne dönüşünü açıklayabilmek için zihnini yokladı. Bruce'un kazası yüzünden olabilir miydi? Johnson'ı bu işten vazgeçirmek için konuşmaya çalıştı, fakat durdu. Mesafe Johnson'ın kararıyla birleşerek dudaklarını mühürlemişti. Johnson telefonu kapatmadan önce Hugel'ın kendi teklifini değerlendirecek bağımsız komiteye başkanlık edip etmeyeceğini sordu. Hugel kabul etti.

Johnson yönetim anlaşması görüşmelerinde hiçbir sorun olmayacağı konusunda Cohen'i ikna etmişti. Fakat Andy Sage'in kendine has fikirleri vardı. Aptal değildi: Eğer Shearson bu anlaşmayı yapmak isterse, Johnson'ın kurallarıyla yapacaktı. Bu, zaten Cumartesi oturumunda görülmüştü. Sage artık, bu mesajı, Johnson'ın kârları azaltmak konusundaki tutumuna karşı kesin bir duruş sergileyerek geriye götürmeye hazırdı. Steve Goldstone bir noktada, "Andy" dedi, "Shearson bu saçmalıkları asla kabul etmeyecek."

Sage, "Bak, bu zaten prensip olarak kabul edildi," diye yanıt verdi.

Goldstone uyardı: "Sana söylüyorum, bunu kabul etmeyecekler. Yoksa çok fazla şey vermiş olacaklar."

Sage taş gibiydi. "Sana söylüyorum, anlaşma bu. Bunu yapacaklar." Tom Hill ve Jim Stern, Perşembe sabahı, RJR Nabisco'nun Manhattan bürosunda Sage'in kurduğu pusuya düştüler. Daha ilk sözlerden itibaren görüşmenin gidişatı, Atlanta'daki toplantıdakinden büyük ölçüde farklıydı. Olmayan şey, o eski iyi çocuk Ross Johnson'ın pürüzsüz samimiyetiydi. O gitmiş yerine donuk, karşısındakini hakir gören Andy Sage gelmişti.

Shearson bankacıları, RJR Nabisco'nun New York'taki cam duvarlı yönetim kurulu odasının çarpıcı dekoru içinde Sage'in kuralları ihlal edişini dinlediler. Eğer Shearson, Johnson'ın bu işe devam etmesini istiyorsa, yedi yönetim kurulu koltuğundan yalnızca ikisini Shearson alacaktı; Johnson üç koltuk alacak, kalan iki koltuk bağımsız yöneticilere verilecekti. Johnson'ın getirdiği yönetim kurulu üyeleri şirketteki payları için hiç para ödemeyeceklerdi; Shearson kendi hisselerini almaları için onlara kredi verecekti, bu krediler teşvik ikramiyeleriyle geri ödenebilecekti. Shearson Johnson'ın vergilerini dahi ödeyecekti. Aslında yönetim kendi payına bedavadan sahip olacaktı. Ve Sage, yönetimin, kârın en az yüzde 20'si verildiği takdirde bu işi kabul edeceğini tekrarladı.

Hill'in dili tutulmuştu. Zor bir görüşme bekliyordu ama böyle bir şey ummuyordu. İtiraz etmeye nereden başlayacağını bile bilmiyordu. Hill ve Stern, Sage'le tartışmaya çalıştıklarında, Sage, Johnson'ın projenin bütününden vazgeçmeye ve daha da kötüsü bir başka yatırım bankasına götürmeye hazır olduğunu açıkça ifade etti.

Hill'e göre Sage LBO'ların gerçekleşme yöntemlerine hiç saygı duymuyordu. Hill, "Andy, bu işe bütün paramızı koyuyoruz. Bütün riski biz alıyoruz. Bir şeyler yap," dedi. Shearson'ın yatırımcılarından yüzde 40'lık bir gelir için para yatırmalarını istemek gülünç olacaktı; para yöneticileri paralarını Shearson'a yüzde 40'ın çok daha "üzerinde" bir para kazanmak için yatırıyorlardı. Hill, Johnson'ın kesintisinin yüzde 10'u geçmemesi gerektiğini düşünüyordu.

Fakat Sage kımıldamıyordu. Hill ve Stern iki gün boyunca Lehman'ın eski bankacısıyla mücadele etti. Görüşmeler, üç adamı birbirlerine bağırtacak kadar duygusallaştı. Shearson'ın her iki bankacısı da bunu daha sonra Wall Street kariyerlerinin en zorlu görüşmesi olarak hatırlayacaktı. Görüşmeler boyunca, o hafta Tucson'da American Express'in üst düzey yöneticileriyle bir toplantıya katılan Cohen'le irtibat içinde olmuşlardı.

Stern Salı günü geç vakit Cohen'e, "Sage bütünüyle mantıksız davranıyor," demişti. Konuşmalar ilerledikçe Stern'in yargıları sertleşti, "Peter..." dedi, "bu korkunç bir kabus."

Jim Stern, Sage'in davranışları karşısında Hill'den daha fazla hayrete düşmüştü. Yetmişli yıllarda, Lehman'da, mesleğe yeni başlamış bir yatırım bankacısı olarak Standart Ürünler konusunda Sage ile birlikte çalışmıştı ve onu eski bir arkadaş olarak değerlendiriyordu.

Fakat Sage şimdi, ateşli bir görüşme sırasında, Stern'i profesyonel davranmamakla suçlamıştı, bu sinir bozucu bir suçlamaydı. Stern gitmek için ayağa kalkarak, "Bu kadar yeter; ben çıkıyorum," dedi. Sage hemen özür diledi.

Sage daha sonra, uzlaşmazlığının bir bölümünün bankacılık ilişkilerinin işleyişi konusunda bir tür modası geçmiş anlayışa sahip olmasından kaynaklandığını kabul edecekti. Sage'in Wall Street'te olduğu günlerde patron müşteri, yatırım bankası da yardımcı olması için işe alınan kurumdu. Fakat, RJR Nabisco alımına yüz milyonlarca dolar yatıracak olan Shearson, yardım için işe alınan kurum değil, tam bir ortaktı. Sage bu farkı kavrayamamıştı. Daha sonra, "Artık ihtiyaç karşılamak durumunda değillerdi; onlar oyuncuydular," diyecekti.

Sage aynı zamanda Shearson'ı küçük görüyordu. Hill ve Stern'in eski Lehman standartlarına erişemediğini düşünüyor ve onlara görüşmeler konusunda ders vermek ister gibi görünüyordu. Johnson daha sonra, "Andy bu adamların ahmak olduklarını sanıyordu, hiç açıkgöz olmadıklarını zannediyordu," dedi.

Sage'e karşı müttefik arayışında olan Hill, Goldstone'u aradı. Davis Polk'un avukatı Sage'in talepleri konusunda kuşkuluydu ve bunu ilk kez Hill'e söyledi. Goldstone, "Bakın..." dedi, "eğer müşterilerimiz sizi buna yetkili oldukları konusunda ikna ederlerse çok iyi olur. Ama yapabileceğim şeyler varsa, yardım etmeye çalışırım."

Hill görüşmelerin önemli bir noktasında Sage'e, Davis Polk'un bile Shearson'ın konumunu desteklediğini söylediğinde, Goldstone bu konuşmayı yaptığına pişman oldu. Goldstone daha sonra kızgın Sage'den sıkı bir azar işitti. Sage avukata, "Sen kimi temsil ediyorsun? diye bastıra bastıra sordu. Goldstone o günden sonra kavganın dışında durdu.

Görüşmeler sürdükçe, Hill, Cohen'in onayıyla, önemli noktaları kabul etmeye başladı. Evet, Shearson yönetim kurulundan yalnızca iki koltuk alacaktı. Evet, Shearson Johnson'ın vergilerini ödeyecekti. Fakat ülkenin en büyük şirketlerinden birinin yüzde 20'si ücretsiz olarak yönetime mi verilecekti? Yalnızca Sage'in taleplerinin Shearson'ın kârlarını yutmasına seyirci kalmakla yetinilmeyecek, kamuoyuna karşı da çok kötü bir görüntü sergilenecekti.

Hill, "Andy... olumsuz, çok olumsuz bir halkla ilişkiler tablosu çiziyorsun," diye uyardı. "Haksız kazanılan dolarlara bak... İnsanlar yönetimin şirketi soyduğunu söyleyecekler," dedi. Sage, "Bunu zamanı geldiğinde düşünürüz," karşılığını verdi.

Hill'in önerdiği hiçbir şey işe yaramadı. Ve Sage, toplantının her turunda çekip gitme tehdidi savurdu. Jim Stern'in bir yanı Sage'in blöfünü görmek istiyor, diğer yanı ona defolup gitmesini söylememek için kendini zor tutuyordu. Sage, bazı performans teşviklerini ya da "fazla ödemeleri" karşılamak için yönetime ekstra hisse verilmesi fikrini ortaya attığında, Stern için bir uzlaşma zemini doğmuş oldu. Bir mahrumiyet programının tamamlanmasından sonra, hedeflenen işletme kârlarına ulaşıldığında ve belirli gelir oranları elde edildiğinde fazla ödeme yapılacaktı.

Fakat Shearson bankacıları temel taleplerini geri çekmesi için Sage'i ikna edemediler; bu fazladan vuruşlar Johnson'ın yüzde 20'ye kadar olan kesintilerini ileri taşıyacaktı. Stern, bir noktada, Sage'i anlaşmanın ne kadar zengin olduğuna ikna etmek için, hisse başına 80 doların üzerinde fiyatlandırılan bir LBO'nun getirilerini gösteren bir bilgisayar çıkışı getirilmesini istedi. Sage bu öneriyle alay etti. "Sen delisin," dedi. "Hiç kimse böyle bir teklif vermeyecektir."

İki gün sonra, Hill ve Stern ellerini kaldırarak Cohen'den yardım talebinde bulundular. Stern, Sage'den vazgeçerek, "Peter, Ross'la kendi başına bir anlaşma yapmak zorunda kalacaksın," dedi. "Bu adam delirmiş. Anlaşmak mümkün değil."

Sage de Shearson'a tahammül edebileceği kadar etmişti. O haftasonu Stern onun telefonlarına cevap vermeyi reddetti. Sage, Pazar gününe gelindiğinde, Shearson'ın fiyatlarını düşürüp bir başka şirketi, muhtemelen Drexel'i çağırmaya hazırdı. Hafta sonu Goldstone'la birlikte Florida'da olan Johnson'a, "Bu adamlardan kurtulalım ve bu işi bozup yeniden başlayalım," diye yakındı.

Johnson telaşlı değildi. Her görüşmenin bir kavga ve bazı kavgaların yalnızca diğerlerinden daha kötü olduğunu düşünüyordu. Zaten Shearson anlaşmada güçlü değildi. Johnson üç gün içinde kendi kurulundan bir karar çıkarmak zorundaydı. Cohen'in bu işi ne kadar çok istediğini biliyordu ve Shearson'ın bu tek görüşme üzerindeki tüm girişimleri engellemesinden kuşkulanıyordu.

Johnson "Buna razı olacaklardır," diye temin etti. "Eğer olmazlarsa, anlaşma da olmayacak."

Charlie Hugel Kore'den dönüyordu ve bu, Johnson'dan gelen telefon konusunda düşünecek kadar uzun süren bir uçak yolculuğuydu. Kuzey Pasifik üzerinde bir yerlerde, bir not kağıdı çıkartıp yapmak zorunda olduğu şeyleri karalamaya başladı. Özel komitenin beş üyesi olması gerektiğine karar verdi. Bazılarının üç üyesi vardı ama Hugel gelecek ay Moskova'ya gitmeyi planlıyordu ve arkasında yalnızca iki yönetici bırakmak istemiyordu. Yönetim kurulu üyesi olan kişilerin şirketlerin çalışma tarzını anlamış insanlar olmalarını istiyordu. Aynı zamanda bu insanların, uzun süreceği kesin olan müzakereler sırasında kaçırdıkları akşam yemekleri nedeniyle sıkıntı çekmeyecek, zamanı bol kişilerden olmasını da istiyordu.

Pazar gecesi Connecticut'daki evine dönen Hugel Atlanta'ya dönmüş olan Johnson'ı aradı. Özel komiteye kimi koyacaklarını konuştular. Hugel aslında Johnson'ın, kendi yargılarının adını koymasına yardımcı olmasını sağlıyordu. Gulf+Western'den Marty Davis üzerinde mutabık kaldılar. Johnson'ın eski bir arkadaşı olan bu adam, baharda yönetici olmuştu ve şirket yeniden yapılanmaları konusunda kuruldaki herkesten daha fazla bilgiye sahipti, çünkü son beş yılda kendi şirketini üst üste yeniden düzenlemişti. Johnson'ın 80.000 dolarlık bir danışmanlık anlaşmasıyla mutlu ettiği, eski NCR Yönetim Kurulu Başkanı Bill Anderson üzerinde de anlaştılar. Hiç değilse bir yönetici Winston-Salem'den olmalıydı. John Medlin'de karar kıldılar. En tuhaf tercih ise John Macomber olmuştu. Daha önceki birleşmelerden sonra, Johnson eski Celanese Yönetim Kurulu Başkanı'na güvenmiyordu. Fakat o ve Hugel diğer yöneticiler arasında sorun yaratması riskini almaktansa, Macomber'ı komiteye almanın daha iyi olacağı konusunda anlaştılar.

Johnson, Goldstone'un kendisine söylediği bir şeyi hatırlayarak, "Bir şey daha var Charlie..." dedi. "Kurulda mutlaka bir avukat olmasını sağla. Zıpkın gibi biri olmasını istiyoruz."

Hugel listesine zaten bir "avukat" koymuştu. Onun önerileri çok önemliydi, çünkü yöneticilerin karmaşık yasal ve güvene dayanan görevlerinin sınırları içinde davranmalarını güvence altına almak, komitenin avukatının işi olacaktı. Pazartesi sabahı Hugel New York'un en itibarlı hukuk şirketlerinin bazılarına yardım istiyorum diye telefon etmeye başladı. Görüştüğü ilk üç kişi anlaşmazlıkları olduğunu söylediğinde tedirginliği büyüdü; bu kesinlikle dışardaki bankaların ya da yatırım bankacılarının anlaşma üzerinde çalışmakta olduklarının işaretiydi. Hugel aniden Johnson'ın gerekenden ileri gittiğini farketti.

Peter Atkins havaalanındaki monitöre tiksinerek baktı. Havayollarının duyurusu American Havayolları ile Albuquerque'ye yapacağı uçuşun belirsiz bir süre için ertelendiğini söylüyordu. Chicago'nun O'Hare Havaalanı sisle örtülüydü.

Atkins valizini aldı ve telefon etmek için La Guardia'nın kalabalığına karıştı. Çok önemli bir toplantı için en geç akşam üzeri New Mexico'da olması gerekiyordu. Kırkbeş yaşındaki Atkins istemediği kadar çok seyahat etmek zorunda kalmıştı. Onu rahatsız eden şey biyolojik saatinin bozulması değildi. Skadden, Arps, Slate, Meagher & Flom'daki meslektaşları onun dayanıklılığına hayrandılar. Diğer avukatlar gece yarısını geçen saatlerdeki oturumlarda görüşmeler yapmaya çalışırken, iyi giyimli Atkins "daima GQ'nun kapak resmi gibi görünür" diyordu ortaklarından biri. "Peter dışında hepimiz lamba gölgeleri haline geliriz." Brooklyn'in Flatbush bölgesinde doğan ve bir mühendisin oğlu olan Peter, Wall Street'teki en değerli menkul kıymetlerle ilgilenen sayılı avukatlardan biriydi. Skadden Arps ülkenin en büyük üçüncü hukuk şirketiydi ve henüz olgunlaşmamış olan ele geçirme yasası alanında en aktif olanıydı.

Atkins sekreterini arayıp yeni rezervasyon yapmasını istedi. Sekreter ona Mr. Hugel'dan bir mesaj olduğunu söyledi. Atkins'in tanıdığı tek Hugel, o da belli belirsiz, Combustion Engineering'in Yönetim Kurulu Başkanı'ydı. "Onu sonra ararım," dedi kendi kendine.

Atkins'in sekreteri Albuquerque'ye, United havayollarından Denver Stapleton Havaalanı'nda aktarmalı bir sefer için rezervasyon yaptırdı. Atkins kapıya koştu. Ulaştığında, bu uçuşun da belirsiz bir süre için ertelendiğini öğrendi. Denver havaalanı da hava muhalefeti nedeniyle kapalıydı. Şansına lanet etti ve isminin anons edildiğini duydu. Telefona yürüdü, operatörü aradı.

Mr. Hugel'dan bir mesaj vardı: "Ona söyleyin, şimdiye kadar gördüğü anlaşmaların en büyüğünü kaçıracak."

New Mexico'ya gidecek bir uçak bulmaktan başka bir şey düşünmeyen Atkins bu mesajın çok abartılı olduğunu düşündü. Sekreteri alternatif uçuşları yeniden kontrol etti ve ona Continental havayollarının Dallas'tan aktarmalı uçağında yer ayırttı.

Atkins bu sefer Continental'in oldukça uzakta olan çıkış kapısına doğru hızla koşmaya başladı. Oraya, tam uçak kalkmak üzereyken nefes nefese ama bir zafer duygusuyla ulaştı. Uçağa binmek için kaplumbağa hızıyla hareket eden kuyruğa girdiğinde cep telefonunu çıkardı ve ısrarcı Mr. Hugel'ı aradı. Yirmi dakika sonra Peter Atkins batıya gitmek için uçağa binmiş ve Charlie Hugel kendisine bir avukat bulmuştu.

Pazartesi günü, kurul toplantısından iki gün önce Johnson'ın huzursuzluğu artmaya başladı. Kısmen yükselmelerini bekleyerek, her saat başı hisse senetlerini kontrol ediyor, kağıtlar çok fazla geri teptiği taktirde bütün anlaşmayı bozmaya hazırlanıyordu.

Business Week'teki "Wall Street'in İçinden" başlıklı köşe yazısı yüzünden zaten endişelenmişti. Manşet, "Dumanlar RJR Nabisco'yu satın al diyor" şeklindeydi. Şirketin tasfiye değeri ile hisse senedi fiyatları arasındaki büyük açığa işaret eden makale, bir para yöneticisinin, "RJR, gerçekleşmeyi bekleyen büyük bir yeniden yapılanma ya da alım oyunu" dediğini yazıyordu. Sonra spekülasyona devam ederek; "Fısıltılar yönetimin bir ele geçirme işlemini önlemek için şirketi özel bir şekilde ele almayı, sonra da tütün birimini satmayı planladığını gösteriyor," diyordu. Johnson bunun yalnızca yarısının doğru olduğunu düşündü; Benevento'yla birlikte kararlaştırdığı gibi, gıda birimi satılacak, muazzam bir nakit akışına sahip olan tütün satılmayacaktı. Konuyu aklından çıkarmaya çalıştı.

Ancak gerçek şok, akşam üzeri saat altıya birkaç dakika kala, Dow Jones Haber Servisi'nin Philip Morris'in Kraft için 11 milyar dolarlık sürpriz bir ihale teklifi başlatacağını duyurmasıyla geldi. Johnson'ın planlarının tam tersine, Hamish Maxwell, imparatorluğunu parçalamaktansa, genişletmeyi seçmişti. Açıklaması, Johnson'ın Kraft için verilen teklifi artırmakla ilgilenip ilgilenmediğini merak eden yatırım bankacılarının alışıldık telefon sağanağına yol açtı. Şimdiye kadar bilinen şarkılar söyleniyordu. Bu hayatta bir kez karşılaşılabilecek bir fırsat... Kraft çok büyük bir işletme... Bir bakmanız gerekir... Hızlı hareket etmek zorundasınız.

Johnson'ın not ettiği yegane telefon Morgan Stanley'de çalışan Steve Waters'dan gelendi. Waters, Jim Welch'e, Kraft hakkında soru sormak için ulaşmıştı. Telefonu kapatmadan önce, yalnızca oniki gün önce Welch'e söylediği konudan söz etti. "Bu arada KKR ile hangi aşamadasınız?" demişti.

Welch, "Bu konuda hâlâ düşünüyoruz..." diye yanıt vermişti.

Johnson o gün yöneticileri arayıp, Çarşamba gecesi verilecek akşam yemeğine katılmaya teşvik etti. Kurul üyeleri bunun nedenini sorduklarında, Johnson kurnazlık yaptı. Yaptığı tek şey, "Önemli," demek oldu. Özel komite için seçilenlere yeniden yapılanma alternatiflerini incelemek için oluşturulacak bir gruba katılmak isteyip istemeyeceklerini sordu. Davis homurdandı ama katılacağını söyledi. Macomber kabul etti. Hugel, Anderson'a sordu, o da kabul etti. Yalnızca John Medlin geride durdu. Hugel'a, "Hay allah, çok meşgulüm," dedi. Aslında, bir yandan RJR Nabisco'nun en önemli bankalarından birinin başındayken, diğer yandan komitede görev almanın yaratacağı olası çıkar çatışmasından huzursuz olmuştu. Medlin, "Başka birisini alamaz mısınız?" diye sordu. "Albert Butler'a ne dersiniz?"

Yumuşak başlı Butler, Hugel'ın yegane seçeneğiydi. Butler'a o günün ilerleyen saatlerinde, "Ross seninle bu konuda konuştu mu?" diye sordu. Butler, "Hayır..." dedi, "ama birkaç hafta önce alternatifleri inceleme konusundan söz etmişti."

Butler komiteye katılmayı kabul etti. Yalnızca bir şey söyledi. Birkaç hafta önce, Johnson zarif bir biçimde ondan Mayıs'daki yetmişinci doğum gününden sonra da Reynolds Tobacco'nun yönetim kurulunda kalmasını istemişti. Butler, "Bunun bu işle bir ilgisi yok değil mi?" diye sordu.

Hugel'ın zihninde bir şimşek çaktı. Kendi kendine "Acaba bu konuda ne kadar derinlikli düşündü?" diye sordu.

Butler, "Bu çok kesin bir teklif oldu..." dedi. "Biraz düşünüp cevap vermeme izin verin."

Hugel küskün biçimde, öylece kalakaldı. Tütünün gelecekteki LBO şirketinin yaşayan özünü oluşturacağını biliyordu ve Johnson'ın şu anda yönetici olan birine kurulda yer önermesinden hoşlanmamıştı. Yöneticiler bu süreçte tarafsız kalmak zorundaydı, bu türden bir teklif yanlış görünebilirdi. Johnson'ı aradı ve bunları ona da söyledi.

Johnson, "Albert'in kafası karıştı," dedi. "Onunla konuştuğum tarihte bu konuya girmeye karar bile vermemiştim. Kastettiğim yalnızca onun tütün kurulundaki işine eskisi gibi devam etmesiydi."

Hugel, Butler'ın kafasının karıştığından çok fazla emin değildi. "Biliyorsun Ross, bu konuda dikkatli olmak zorundasın..." diye uyardı. "Bunlar kötü işler."

Ardından Johnson, Hugel'ın asla unutamayacağı bir şey söyledi. LBO şirketinin yönetim kurulunda bağımsız yöneticiler için birkaç koltuk olacaktı. "Bu senin değerlendirmeni istediğim bir konu Charlie. Kendi kararını vermek zorundasın ve öncelikle anlaşmayı yapmalıyız. Fakat birlikte öyle güzel çalıştık ki, senin taraf değiştirmeni isterdim. Ve bir yönetici olarak eşitliği sağlama gücün de olacaktı." Bu, eylemin bir parçasıydı.

Hugel kuşkuyla, "Peki, eşitliği nasıl ele alıyorsun?" diye sordu.

Johnson planını açıkladı. Hugel yönetimin girdiği verimli anlaşmanın aynısına katılabilirdi. Shearson'dan hisse satın almak için kredi alacaktı, sonra bunun mantar gibi büyümesini izleyecekti. Beş milyon dolarlık bir hisse beş yıl içinde 20 milyon dolara çıkabilirdi.

Hugel ne diyeceğini bilemedi. Johnson ne dediğini biliyor muydu? Aslında bir rüşvet teklif ettiğinin farkında mıydı? Dolap mı çeviriyordu yoksa bu yalnızca naif bir teklif miydi? Söz konusu kişi Johnson ise bunu asla bilemezdiniz. Hugel telaşla, "Yapamam," dedi. "Özel komitenin başkanı olacağım."

Kafası karışan ve fazlasıyla telaşlanan Hugel, konuşmayı, Johnson'a, yönetim kurulu düzenini oluşturmak için Butler'ı aramasını önererek bitirdi. Daha sonra Butler'ı kendisi aradı. Ona, "Bu konuda kimseye hiçbir şey söylemeyeceğim," dedi.

Pazartesi gecesi Sage aradığında, Johnson evindeydi. Sage onun tarafındaydı. O gün genç avukatlar yönetim anlaşması konusunda bir uzlaşma haberini duyurmaya çalıştılar. Shearson bir taslak kopyasını ona henüz fakslamıştı ve içindeki her şey yanlıştı. Sage'e göre, Shearson çeşitli önemli noktalarda sözünü geri almıştı. Johnson, "Eve gel..." dedi, "burada herkesi biraraya getirebiliriz."
Johnson sinirlenmişti. Toplantıya kırksekiz saatten az bir zaman kala, bunun gibi önemli sorunların hâlâ çözümlenmemiş olması saçmaydı. Grubu toplamaya ve Shearson'ı arayıp konuyu hemen halletmesini istemeye karar verdi. Laurie Johnson telefonla insanların izlerini bulmaya çalıştı. Goldstone o gece için New York'a dönmüştü. Fakat Laurie, Goldstone'un kaldığı otel odasında Wendy's hamburgerini bitirmekte olan Harvard mezunu asistanı George ("Gar") Bason, Jr.'a ulaştı. Goldstone'un yokluğunda otuzdört yaşındaki bebek yüzlü asistanı görüşmeci olacaktı. Horrigan iki üst düzey tütün yöneticisiyle Waverly'de akşam yemeği yerken bulundu. John Martin sokaktan geldi. Benevento ve Henderson birlikte yemek yerken bulundular.

Johnson'ın evinde biraraya geldiklerinde saat on'u geçmişti. Laurie Diet Cokes grubuna ulaştığında, Johnson çalışma odasındaki masasında New York'taki Peter Cohen'i arıyordu. Telefon çalarken çalışma odasının duvarındaki ünlülerin resimlerine bakıyordu.

Telefona Jim Robinson cevap verince şaşırdı. Robinsonlar Manhattan'daki dairelerinde yatağa henüz girmişlerdi. Johnson yanlış numara çevirdiğini farketti. "Kahretsin Jimmy, Peter'a ulaşmaya çalışıyordum," dedi.

Robinson, "Sorun ne?" diye sordu.

Johnson'ın sesi alışılmadık ölçüde sinirliydi. "Shearson'daki bu eşek herifler bizi köşeye sıkıştırmaya çalışıyorlar. Bütünüyle mantıksızlar. Durmadan değiştirdikleri şeylere artık dayanamıyorum, bunlardan usandım," dedi.

Grubun yaptıklarını detaylarıyla izlemeyen Robinson, Johnson'ın söylediklerinden hiçbir şey anlamadı. Kendisini Johnson'dan kurtardı ve Cohen'in Fifth Avenue'daki dairesinin numarasını çevirdi. Cohen'e, "Ne olup bittiğini bilmiyorum ama Jim Stern ve Tom Hill'in Papa'yı kızdırmayı başardıkları kesin. Sen işleri halledebildin mi?" dedi.

Cohen, Johnson'ı aramaktan çekindi. Hill ve Stern'in yönetim anlaşmasını kendi başlarına halledebileceklerini umuyordu. Ayrıca, sabahın köründe kalkıp "Günaydın Amerika" programında bir röportaja katılacaktı. İsteksizce telefona uzanıp Atlanta'ya ulaştı. "Bunu başka bir zaman yapamaz mıyız?" dedi, "saat çok geç oldu."

Johnson, "Hayır, şimdi yapmak zorundayız" cevabını verdi. "Hadi gel şu işi bitirelim, Peter. Biliyorsun benim açımdan bu iş yalnızca saçma. Yalnızca sıkıntı. Peter, ya bu allahın belası işi bu gece çözeriz, ya da çantamızı alır gideriz. Eğer seninle şimdiden böyle bir sorun yaşıyorsam, ilerde kimbilir neler olur?" dedi.

Cohen geri adım attı; Johnson'ın sesi çok sıkıntılıydı. "Bir şeyler yaparız..." dedi. Cohen telefonu kapatır kapatmaz kişisel asistanı Andrea Farace'ı dairesine çağırdı. Farace yalnıza bir iki sokak kuzeyde oturuyordu ve birkaç dakika içinde Cohen'in kapısındaydı. Aynı zamanda telefonla Jack Nusbaum'a da ulaştı. Kısa süre sonra bu üç adam Johnson'ın inceleme grubunda yer alan Gar Bason'la telefondaydılar. Bason, Johnson'a "Koltuklara bayılırım," demişti. Johnson'da ona, "Eğer bu anlaşmayı yaparsan, sana bir tane alırım," cevabını verdi.

Hattın diğer ucundaki Cohen zor durumdaydı. Johnson'ın istediği kesintinin rotasını şaşırmış boyutundan rahatsızdı. Shearson'nın hem denetim açısından hem de para olarak ne kadar taviz verdiğini biliyordu. Ama eğer anlaşma kotarılacaksa, hızla bir mutabakata varılması gerektiği açıktı. Johnson bir biçimde yatıştırılmalıydı.

Konuşma iki saatten kısa sürdü. Cohen neredeyse Bason'ın masaya koyduğu tüm talepleri kabul etti. O gece Sage'in sekreterinin daktilo ettiği yönetim anlaşması, Johnson'ın yedi kişilik grubuna, Shearson'dan alınan vergiye tabi krediyle tamamlanan özsermayenin yüzde 8.5'ini veriyordu. Eğer Johnson "fazladan atışları"nın hepsini gerçekleştirebilseydi, grubun payı kolayca yüzde 18.5'e kadar çıkabilirdi. Paketin toplam değeri gelecek yıllar içinde

2.5 milyar dolara kadar yükselebilirdi. Johnson kendi hissesini kendi istediği şekilde paylaştırmakta özgürdü; Steve Goldstone'a göre Johnson'ın yüzde 1'lik kişisel hissesi –Horrigan da yüzde 1 almıştı– beş yılda 100 milyon dolara kadar çıkabilirdi. Johnson aynı zamanda kurulu denetleme ve veto hakkı da elde etmişti. Bu daha önce imzalanan hiç bir LBO anlaşmasına benzemiyordu.

Cohen, fiyatlar hisse başına 75 doları geçtiği takdirde anlaşmanın yeniden ele alınması konusunda Johnson'ın onayını zorla almış olmanın verdiği rahatlığı taşıyordu, zaten neredeyse kesin olarak bu rakamı geçecekti. Ancak o an için, iki taraf da istediğini almıştı. Johnson tarihin en dolgun yönetim anlaşmasını kapmıştı. Cohen topu oyunda tutmayı başarmıştı ve meslektaşlarına hiçbir şeyin bitmediğini söyleme şansına sahipti.

Jim Stern, Cohen'in uzlaştığını öğrendiğinde öfkelendi. Yumruğunu şiddetle masaya vurarark, "Lanet olsun!" diye bağırdı. "Bu işi yetmişbeşten yapacağım, bir peni bile fazlası olamaz. Teki yetmişbeş'ten, bu iş bitmiştir!"

RJR Nabisco merkezindeki işçiler havadaki değişikliği farketmeye başladılar. Bir gün Ed Robinson, finans bölümünde çalışanların meraklı bakışları altında, 40 milyon doların hemen altın paraşüt (şirket el değiştirdiğinde, işten çıkarılan yönetim kurulu üyelerine verilen yüksek miktarlı tazminat) "haham" vakfına yatırılmasını emretti. Johnson ve diğerleri şaşırmışlardı. Dedikodular dolaşmaya başladı. Hatta birkaç sekreter ruh hallerini paylaşmaya başladı. Kahinlerden biri diğerine, "İşin pek güvenli görünmüyor, devlette veya IBM gibi daha istikrarlı yerlere iş başvurusu yapsan iyi olur," diyordu.

İkinci kadının ruh hali daha da kötüydü. "Bu işin yaşamın boyunca süreceğini sanmıyorum," dedi.

"Ne düşünüyorsun?" diye sordu diğeri.

Kahin olan kadın gözlerini kapattı ve uzun süre böyle kaldı. Sonra, "Öyle gidiyor işte… kanıt yok."

Johnson sinirli bir biçimde her saat başı hisse senetlerinin fiyatlarına bakarak Salı'yı bekledi. Ertesi sabah, New York'tan dönen Goldstone'u evine kahvaltıya davet etti. Giderek huzursuzlanan avukat, Johnson'ın bir LBO teklifi mi yapacağını yoksa yalnızca olasılıkları mı tartışacağını hâlâ bilmiyordu. Johnson, LBO dahi teklif edebileceğini ekleyerek konuşmaya başladı. Goldstone "Bunu onlara bırakman yeter, bu onların seçimi olsun..." dedi.

Kahvaltıdan sonra Johnson bürosuna gitti ve yeniden hisse fiyatlarına baktı. Hâlâ değişiklik yoktu. Son görüşmeleri içeride yaptı, herkesin açığa çıkmak üzere olan çılgınlıklardan memnun olup olmadığından emin olmaya çalıştı. Tom Hill'le yaptığı görüşmelerin bütün buhran devrelerinden etkilenen Sage kararsızlığını koruyordu; her ne olursa olsun Johnson'ı destekleyecekti. Ed Robinson mutabıktı. Johnson'a "Devam et," dedi. John Martin de kuruldaydı. Gülerek, "Paranı öde ve şansını dene," dedi.

Kavgaya girmek istemeyen Horrigan, kurul konusunda ihtiyatlı olması için Johnson'ı yeniden uyardı. Johnson'ın, Marty Davis'in masasına ağzına kadar Fig Newton'larla dolu bir kavanoz bırakması, Paul Sticht'in eski müttefiklerinin şirketi ona verecekleri anlamına gelmiyordu. "Bill Anderson gibi adamlar kuruluşun yaratıklarıdır," diye uyardı. "LBO fikrini sevmeyecekler. Albert Butler işler geliştikçe Yaşlı Bekçi gibi olacak, Macomber ise durmadan sızıldanır, o bir ikinci tahmincidir."

Johnson, uzun süredir Reynolds'ın yatırım bankacılığını yapan Dillon Read ve Lazard Freres'in, kurulun yatırım bankacıları olarak hizmet vermek için mükemmel seçenekler olacağını belirtmişti. Ira Harris'e de bir parça iş vermenin muhteşem olacağını düşünüyordu. Horrigan buna inanamadı. "Bu işi Shearson'la yaparak Ira Harris'e hayatının en büyük kazığını atmış olacaksınız," dedi. "Egosu çok fazla incinecek. Artık arkadaşınız değil, baş düşmanınız olacak." Johnson'ın naiflikle Makyavelizm karışımı oyunları Horrigan'da hiçbir zaman hayranlık uyandırmamıştı.*

---

* Johnson bu alışverişi hatırlamıyor.

Çarşamba sabahı Hugel ve Atkins Combustion Engineering firmasının bir uçağıyla Atlanta'ya gittiler. Hugel, Waverly'yi kontrol ettikten sonra, çoğu kurul toplantısından önce yaptığı gibi Johnson'la görüşmek üzere yan odaya doğru yürüdü. Onu her zamanki neşeli halinde buldu, ancak normal haline göre biraz daha dalgındı. Johnson'ın fikrini değiştirmediği açıktı, kaldıraçlı alım işi yürüyordu. Hugel, Johnson'ın o akşamki kurul toplantısı için nasıl bir yaklaşım planladığını öğrenmek istedi ve iki adam Johnson konuşurken içeri girdiler.

Hugel, Peter Atkins'in kurul toplantısına katılmayı planladığını söyledi. Johnson şaşırmış göründü. Yarım ağızla konunun kamuya açıklanmasının ertelenebileceğini söyledi ama sözünü tutmadı. Daha sonra Hugel, Atkins'in otel odasına geri döndüğünde, ona gerektiği takdirde ertesi sabah yayınlanmak üzere bir basın duyurusu yazması talimatını verdi.

"Aman Tanrım!"

Goldstone, Hugel'ın Atkins'i getirdiğini duyduğunda böyle bağırdı. O ana kadar kurulun Johnson'ın o geceki sunuşunu açıklamayacağı ve yönetim grubuna görüşmelerini gizlilik içinde bitirme şansı vereceği konusunda biraz umutluydu. Artık bir açıklama yapılacağı kesinleşmişti.

İşi düğümleyen şey Atkins'in geçmişiydi. Yalnızca iki ay önce, Stadden Arps avukatı, bir Wisconsin kağıt şirketi olan Fort Howard'ın satışındaki rolü nedeniyle Delaware savcısından darbe yemişti. Şirket yönetimi kendi yönetim kurulunu birleşme anlaşmasına teşvik etmek için kafaya silah dayama stratejisi kullanmıştı. Kurulu temsil eden Atkins, son dakikaya kadar alıcı grupla yapılan görüşmelerin gizli kalmasını sağlamış, yalnızca şirket hisseleri yükselmeye başladığında konunun açıklanmasını uygun görmüştü.

Atkins, Fort Howard'ın Yönetim Kurulu Başkanı'nca şirketi

temsil etmek üzere seçilmişti, başkan teklifi yapan kişiydi ve bu durum mahkemeyi rahatsız ederek, Atkins'in gizlilik yönündeki faaliyetlerinin sorgulanmasına neden oldu. Mahkeme, "Hissedarların çıkarlarının korunması açısından hiçbir rolün, bazen deneyimsiz olan yöneticileri süreç boyunca yönlendiren uzman avukatlarınkinden daha önemli olmadığı açıktır," dedi. "İlgili yönetim kurulu başkanı hasmını tespit etmek için fazlasıyla meşgulse, kuşkulu bir zihnin olasılıklar üzerinde düşünmesi zorlaşır. Yargıç, Atkins'in gizliliği seçmesinin, "kuşkulu bir zihin için bir kaygı kaynağı" olduğunu belirtti.

Görüşler tümüyle, Atkins'in, tarafsızlığını bir alıcı gruba satmaktan suçlu olduğu yönündeydi. Goldstone bu takdir nedeniyle hâlâ canının yandığını tahmin ediyordu. Jack Nusbaum da aynı fikirdeydi. Nusbaum, "Atkins'in Fort Howard'ı unutacak şekilde yaşadığı açıktı," diye hatırlatmada bulundu. "Onun Sezar'ın karısından daha mübarek olacağını düşündük."

Hugel ayrıldıktan sonra, Johnson New Jersey'den henüz gelen Nabisco'nun genç genel müdürü John Greeniaus'u ağırladı. Greeniaus, Johnson'ın halefi olacaktı ama bunu çok az kişi biliyordu. Üç ay önce Johnson onunla oturup geleceğe ilişkin planlarını detaylı bir biçimde konuşmuştu. Greeniaus 1989 başında genel müdür yardımcısı olmak üzere Atlanta'dan New York'a taşınacaktı. Bahardaki yıllık toplantıda kurula girecekti. Sonra yalnızca kırkbeş yaşındayken, 1990'da Johnson emekliye ayrıldığında genel müdür olacaktı.

Greeniaus'un Johnson'ın altında başarılı olmaktan başka bir şey yapması gerekmiyordu. Asla onun iç lobisinin adamı olmamakla birlikte, kariyeri boyunca Johnson'ı izlemiş, Canada Standard Brands şirketinin içki pazarlama yöneticisiyken, yalnızca on yıl içinde Nabisco'nun Yönetim Kurulu Başkanlığı'na yükselmişti. Greeniaus, Johnson'ın pervasızlığı ölçüsünde ciddi ve içine kapalı birisiydi. Şakadan anlardı: Bürosunda bir örs bulundururdu. Daima sade ve muhafazakâr giyinirdi. Kendisine bağlı satış temsilcilerini ajitatif konuşmalarla heyecanlandırmayı bir türlü başaramazdı. Gece Johnson içki içmek için dışarı çıktığında, Greeniaus bürosuna kapanıp hisse senetlerine dalardı. Golf oynamazdı. Neşeliydi. Ama yaptığı işleri sonuçlandırırdı ve Johnson onun hızla yükselmesini sağladı. Kıskanç rakipleri bunu Greeniaus'un Kanadalı olmasına bağlayarak, bol bol dedikodu yaptılar.

Greeniaus saat dörtte Johnson'ın bürosundan içeri girdiğinde RJR Nabisco'nun yutulması konusundaki felaketten haberi yoktu. Alım grubuna dahil edilmemişti, bunun nedeni çok basitti: Nabisco da, Del Monte gibi finansman için satılacaktı. Greeniaus bilmiyordu, fakat veliahtlıktan mahrum olmak üzereydi.

Johnson, Greeniaus'u heyecanla selamlayarak, "Johnny..." dedi, "kaldıraçlı alıma girmek üzereyim!"

Greeniaus şok halinde yanındaki sandalyeye gömüldü. Sözcükleri ve yavaş yavaş anlamları kavramaya başladı. Kafasında hızla çoğalan baloncuklar dolmaya başladı: Johnson, Shearson ve bir grup üst yöneticiyle çalışıyor. Ama benimle çalışmıyor. Mesele Greeniaus'un kafasına dank etmişti: Benimle çalışmıyor. Johnson LBO işiyle herkes için doğacak inanılmaz fırsatları sayıp dökerken, o bir zamanlar öğretmeni olan adama bakıyordu. "Nabisco'yu dağıtıyor. İşsiz kaldım. Benimle çalışanlar kazıklandı," diye düşünüyordu.

Orada, öyle sessiz ve duygusuz bir ifadeyle oturdu. Sonunda bir soru sordu. "Niçin herkesi yönetim ekibine katmadınız?"

Johnson neden olarak Nabisco'nun satılacak olmasını gösterdi. Fakat Greeniaus'un doğru alıcıları bulmakta yardımcı olabileceğini ekledi. Johnson, bunun kendisi için ne kadar büyük bir fırsat olduğunu söylemeye devam etti. "Hayatındaki en muhteşem noktaya geldin Johnny. Eğer bu yeni durumdan hoşlanmadıysan, seni bir başkası isteyecektir. Çok gençsin ve çok fazla fırsatın var. dünya senin için bir istiridye," dedi.

Johnson, eğer Nabisco'nun yeni sahibini herhangi bir nedenle sevmezse, istifa edebileceğini ve üç yıllık altın paraşüt ödemesi alabileceğini söyledi. Sınırlı hisse senetlerinden 50.000 hisselik payı ile birlikte Greeniaus 7 milyon dolardan fazla bir parayla şirketten ayrılabilirdi.

Johnson, "Johnny..." diye seslendi, "seni zengin edeceğim!"

Greeniaus bir saat sonra Johnson'ın bürosunda perişan bir halde ayrıldı. Onun hayal dünyasında yaşayıp yaşamadığını merak ederek Waverly'ye doğru yürüdü. Odasına girdiğinde birkaç dakika sessizce oturdu. Bir şeyler yapması gerektiğini düşünüyordu. Yalnızca yapması gerekiyordu.

Sonrasında Johnson bürosunda yalnız kaldı. Dışarıda, ılık bir sonbahar öğleden sonrası karanlığa dönüşüyordu. İki saatten daha kısa bir süre sonra, yaşamındaki en büyük konuşmayı yapacaktı. Sarı bir not kağıdına notlar karalayarak masasında oturuyordu. Kelimelerini dikkatle seçti. Bunun tıpkı pratik için kullanılan ilk vuruşun yapıldığı yere benzediğini düşündü; yoğunlaş, gerekli düzeltmeleri yap, o zaman her şey yolunda gidecektir.

BÖLÜM

7

Johnson ertesi sabah erken kalktı, Çarşamba gecesi yapılan kurul toplantısının anısı zihninde hâlâ tazeydi. Saat sekizde bir ücret komitesi toplantısı için genel müdürlükte olması gerekiyordu, bunu tam katılımlı bir yönetim kurulu toplantısı izleyecekti. Saat dokuz buçukta LBO girişimini duyuran bir basın açıklaması yapılacaktı. Johnson sabah gazetelerini okuduktan sonra kıkırdamalarına engel olamadı. *Atlanta Constitution*'ın iş dünyası bölümünün ilk sayfasında, "Analistler RJR'nin bir birleşmeye gidebileceğini söylüyor" başlığı altında bir haber vardı.

Gazete, RJR Nabisco'nun, gıda endüstrisindeki ele geçirme operasyonlarının en son halkasının kıyısında kalacağı sonucuna varmıştı. Philip Morris'in Kraft konusundaki talebine ek olarak, Grand Metropolitan, Pillsbury için düşmanca bir teklif ortaya atmıştı. Johnson karısına dönerek, "Pekala, kesinlikle bizi yeniden hesaba katmak zorunda kalacaklar," dedi.

Evden çıkmadan önce Ronnie Grierson'dan gelen bir tebrik telefonu ile, Hugel'ın endişe dolu telefonuna cevap verdi. Hugel, akşamki yemekten sonra bazı yöneticilerin aceleyle biraraya geldiklerini, Macomber ve Vernon Jordan da dahil olmak üzere bazılarının, LBO'nun yıllık 50.000 dolar olan emekli maaşları açısından ne anlama geleceği konusunda kaygılandıklarını söyledi. Bu durum tam katılımlı toplantıları zorlaştırabilirdi. Johnson genel müdürlüğe geldiğinde Hugel'ın haklı olduğunu gördü.

Komite o sabah yönetim kurulu üyelerinin yaşam boyu alacakları emeklilik ödemeleri sorununu görüşecekti, bu şu anda on yılı bulan anlaşmalarını daha da cazip hale getirecekti. Şimdi, tabii ki, böylesi bir hamlenin sanki Johnson'ın kurulu etkilemek için giriştiği bir şey olduğu düşünülecekti. Johnson bazı yöneticilerin hoşnutsuzluğunu hissetmesine rağmen onları konuyu açmaya teşvik etti. Onlar da açtı, Johnson otomobil sigortalarının prim indirimi de dahil olmak üzere kurul üyelerinin aldığı diğer yan ödemeleri gündeme getirdi. Bunlara ne olacaktı? Johnson bıkkın bir biçimde, bekleyip görmelerini söyledi.

O sabah Horrigan Atlanta'daydı ve basın açıklamasının telaşına düşmüştü. Johnson'ın hazırladığı taslağa göre açıklama, alım grubuna Johnson'ın başkanlık ettiğini bildiriyordu. Horrigan, Winston-Salem'de çalışan insanların Johnson'ın da şirketle birlikte gittiğini düşünerek isyan etmelerinden korkarak, onun isminin eklenmesi gerektiği konusunda ısrarcı olmuştu. Harold Henderson'a, "Bu işi Johnson ve benim birlikte planladığımızı söylemeliyiz," demişti. "Onunla birlikte bu işin içinde olduğum konusunda herhangi bir kuşkuya yer kalmaz." Horrigan'ın yüzünün kızardığını gören Henderson, bunu kabul etmişti.

Ve saat 09.35'te Dow Jones Haber Servisi haberi duyurduğunda dananın kuyruğu koptu. RJR halkla ilişkiler müdürü Bill Liss o sabah, günün en büyük haberinin üçüncü üç aylık gelir raporu ve kurulun yeni Planters fıstık fabrikasını onaylaması olacağını düşünerek uyanmıştı. Basın açıklamasının yayınlanmasından hemen sonra yüzlerce telefon gelmeye, kablolu haber servislerinden, radyolara ve televizyon istasyonlarına muhabirler akmaya başladı. Telefonlar Ames, Iowa ve Altoona, Pennsylvania'dan, deniz aşırı ülkelerdeki muhabirlerden ve sinirleri bozulan hisse senedi sahiplerinden geliyordu. Yerel televizyon istasyonları hemen canlı yayın bağlantıları kurdu ve bir helikopter binanın üzerinde uçmaya, üst kattaki pencerelerden çekim yapmaya başladı. Liss TWA'daki uçak kaçırma hadisesinden beri yıllardır böyle bir gün yaşamamıştı. Johnson kendisi ve dört kişilik ekibi arayan herkese, yalnızca aynı şeyi söyleyebiliyordu: Basın açıklamasının dışında hiçbir yorum yok.

Öğle saatlerinde, binanın dışındaki bir muhabir, televizyon izleyicilerine Johnson'a öğle yemeği için dışarı çıktığında soru sormayı planladığını söylüyordu. Whitewater Creek caddesindeki evde Johnsonlar'ın hizmetçisi televizyon seyrediyordu, Laurie'ye seslenerek, "Oh Mrs. Johnson, Mr. Johnson öğle yemeği için eve geliyor," dedi. Laurie kafası karışmış bir halde kocasını aradı, "Öğle yemeğine eve mi geliyorsun?" diye sordu.

Johnson istese de eve gidemezdi. Bina bütün gün medya işgali altında kaldı. Yerel muhabirler bile 17.6 milyar dolarlık bir LBO'nun tarihin en büyük şirket ele geçirme işi olduğunu biliyorlardı. Bu, günün en büyük olayıydı; kısa süre içinde de yılın en büyük işletme olayı haline gelecekti. Atlanta'nın kuzeyindeki modern alışveriş merkezi, birdenbire iş dünyasının nabzının attığı yer oluvermişti.

Perşembe sabahı Jim Robinson Atlanta'daki annesinin evinde, Güney aksanıyla Co-Cola dediği Coca-Cola'daki bir kurul toplantısı için hazırlık yapıyordu. Atlanta'da büyüyen ve Harvard'da eğitim gören 52 yaşındaki Jim Robinson, Kurumsal Amerika'nın dışişleri bakanı olarak adlandırılmıştı. On yıldır başında bulunduğu şirket, yatırımcılarının 198 milyar dolar tutarındaki parasını yöneten American Express, dünyanın finans sektöründe süper güçlerinden biriydi. Yirmisekiz milyon üye kredi kartı kullanıyordu. Jim Robinson konuştuğunda devlet başkanları dinliyordu; bir yıl önce Üçüncü Dünya borç krizini çözümleme planı yaygın biçimde ilgi toplamıştı. Robinson'ın tavırları resmiydi, güneyli yönetici ile kurumsal bankacı arasında bir yerdeydi. Kendi başına bir güç olan karısı Linda, New York'ta kendi halkla ilişkiler şirketini yönetiyordu.

Saat yedide Robinson'a Peter Cohen'den bir telefon geldi, yakında yayınlanacak basın açıklamasını haber veriyordu. Robinson şaşırmıştı. Detayları izleyememekle birlikte, bir sonraki haftadan önce bir basın açıklaması yapılmasını beklemiyordu.
Robinson, "Niçin bu kadar çabuk oldu?" diye sordu.
Cohen, "Avukatlar zamanı olduğunu düşündüler ve kurul, açıklamanın yapılması gerektiğine karar verdi," dedi.
Bu hayırlı bir başlangıç değildi, ama iki adam da pek endişeli görünmüyordu.
Herhangi bir sorun çıkacağını düşünmüyorlardı.

---

20 Ekim, Wall Street için bulutsuz ve soğuk bir gündü. İki blok kuzeyde, her gün işiyle evi arasında gidip gelen insanlar Dünya Ticaret Merkezi'nden çıkıyor, itiş kakış içinde Burger King'in köşesinden geçiyor ve etraftaki aracı kurumların ötesinden, Broadway'den aşağı iniyorlardı. O sabah caddelerde insanlar yalnızca iki hafta kalan başkanlık seçimlerini ve Los Angeles Dodgers'ın kazanacağı düşünülen Şampiyonlar Kupası'nı konuşuyordu.

Kara Pazartesi'den bir yıl sonra Wall Street hâlâ çöküşün yarattığı sancıları gidermeye çalışıyordu. Çok yaygın olacağı düşünülen felaket zannedildiği kadar kötü olmamış ama henüz tam bir iyileşme de sağlanamamıştı. Wall Street iyileşme sağlamak yerine dehşete düşmüştü. Üst düzey yöneticiler keyifsizdi, aracılık gelirleri düşmüştü. Sürüler halinde piyasadan kaçan yatırımcıların geri geleceğine dair hiçbir işaret yoktu; her türden menkul kıymetin işlem hacminde yüzde 22'lik düşüş olmuştu.

Çöküşten bu yana yaklaşık 15.000 Wall Street çalışanı işini kaybetmişti. İşçi çıkarmayı düşünen tek şirket Shearson değildi; diğer şirketlerde yapılan temizliklerle ilgili dedikodular Wall Street'i sarmıştı. Korkmayanlar da sıkılmıştı. Manhattan'ın aşağı kısımlarındaki aracıların çalıştığı mekanlarda hisse senetlerinden çok belden aşağı fıkralar anlatılıyordu. Kağıt uçaklardan başka uçan bir şey yoktu.

Bu bütün yıl sürdüğünden, iyimserliğin yegane kaynağı birleşme işi, özellikle de yatırım bankacılığı olmuştu. Peter Cohen yalnız değildi: yatırım bankacılığı Wall Street'teki her üst düzey yöneticinin aklındaydı. Merrill Lynch, LBO portföyünün bir yılda yüzde 100 getiri sağlamış olmasıyla övünüyordu. Business Week kapak haberinde, "J.P. Morgan'ın enerjik çağından bu yana, Wall Street bu kadar çok sayıda şirketin alındığına şahit olmadı," diyordu.

Wall Street'e can çekiştiren düşüş yatırım bankacılığı oyununa yeni bir umutsuzluk devretmişti: LBO'lardan ve köprü kredilerinden gelen beklenmedik kârlar, aracıların düşmekte olan kârlarını yükseltmenin en hızlı yoluydu. Tek bir anlaşma 50 milyon dolar ya da daha fazla aracılık ücreti yaratabiliyordu, bu da bir şirketin 3 ayını kurtarmaya yetebilecek bir rakamdı. Morgan Stanley Haziran'da, Texas'taki bir ilaç şirketindeki payının yüzde 10'unun satışından 120 milyon dolarlık brüt gelir sağlamıştı; şirketin bütünü 1987 yılı boyunca 230 milyon dolarlık rekor bir kârlılığa ulaştı. Etrafta bu türden rakamlar uçuşurken, yatırım bankalarının en ağır hareket edenleri bile —Goldman Sachs, büyük ticaret yapan Salomon Brothers ve küçük Dillon Read— yatırım olanakları için Wall Street'i gözlemlemeye başladılar.

Yatırım bankalarının öncülüğünde gerçekleşen şey, çoklu bir birleşmeydi. Çoğu yatırım bankasının birleşme departmanı vardı ve burada faaliyet gösterenler yakın ve ensest ilişkiler içinde olan insanlardı. Yatırım bankacılığındaki selefleri şirketlerdeki müşterileriyle on yıllar süren arkadaşlıklar kurmuşlar, özel plasmanlara katılmışlar ve düzenli olarak, centilmence sigorta anlaşmaları yapmışlardı. Yetmişlerin sonunda düşmanca ele geçirmelerin artmasıyla birlikte yeni bir yatırım bankacısı türü ortaya çıktı. Bunlar 2000 dolarlık Alan Flusser takım elbiseler, Turnbull & Asser gömlekler giyen, Bulgari marka saatler takan, Paris ve Brüksel havaalanlarındaki dükkanlardan Hermes ipek kravatlar alan, para için her yol mübahtır diyen savaşçılardı. Shearson'dan Tom Hill gibi ele geçirme avukatları için neredeyse tüm ele geçirmeler iyiydi, çünkü bunların hepsi, karşılığında, bir ücret yaratıyordu. Wall Street'te birleşme danışmanlarının sadakat gösterdikleri kişilerin değiştiğini söylemek, yanlış bir ifade olacaktır. Onlar kendileri ve kendi şahsi şirketleri dışında hiç kimseye sadık değillerdir.

Wall Street'in en büyük şirketlerinden birinin yönetim kurulu başkanı "Bu adamların hepsinin üç topu vardır. Birinci, ikinci ve üçüncü derecede kendilerine sadıktırlar. Dördüncü ve beşinci derecede iş yaptıkları yerlerdeki kafadarlarına sadıktırlar. Altıncı ve daha ileri derecelerde de müşterilerine sadık kalırlar," diye anlatıyor.

Onların dünyasında ele geçirmeler, birer "anlaşma"dır ve bunların üst düzey yaratıcıları "oyuncular"dır. Üst düzey oyuncular, birçok anlaşmanın işini tek seferde hileyle hallederler. Verili herhangi bir zamanda, herhangi bir büyüklükteki anlaşma üzerinde, en yakın arkadaşlarıyla sırasıyla biraraya gelebildikleri gibi karşı karşıya da gelebilirler. Ele geçirme işini yapanlar çoğunlukla paragözlerle kıyaslanır ama, herkesin kendi menfaati için çalıştığına inananlar mesleki şiddet konusunda daha uygun bir kıyaslama da yapabilirler: Bir olay yerinden diğerine seyahat eden, geride kalanları bütün bu ağız dalaşı ve kavganın aslında gerçek olup olmadığı konusunda kuşku içinde bırakan, yüksek ücretli bir yakın dövüş mangası.

Birleşmeci takımın özünde, birbirleriyle hızla arkadaşlık kuran ve on yılı aşkın bir zamandır rakip olan yaklaşık bir düzine kadar elit bir üst düzey anlaşmacı vardır. Eğer kendilerine bir isim verecek olurlarsa, en uygun ifade Grup olacaktır.

Birlikte büyümüşlerdir, kariyerleri şimdi unutmuş oldukları yüzlerce ele geçirme yarışıyla örülmüştür. Çoğu 1960'lı yılların sonunda üniversiteden mezun olmuş, 1970'lerin ortalarında birleşme işlerine öncülük ederken arkadaşlık kurmuş ve 1980'lerin sonlarında onyılın en büyük anlaşmalarının kızgın potasındaki oyuncular olarak birbirlerine sürpriz kırk yaş doğum günü partileri düzenlemişlerdir.

Hill'in yanısıra, Grup üyeleri Bruce Wasserstein ve Joseph Perella'dır, bunlar birleşme çağının ilk süper starlarıdır; uzun süre çalıştıkları First Boston'dan 1988'de kendilerine ait birleşme butiği olan Wasserstein Perella & Co.'yu kurmak için ayrılmışlardır;

Morgan Stanley'deki kavgacı birleşme şefi Eric Gleacher; ele geçirme zihniyeti taşıyan Revlon Grubu'nun Yönetim Kurulu Başkan yardımcısı olan eski avukat Donald Drapkin; Skadden Arps'da çalışan iki avukat Michael Goldgerg* ve Morris Kramer; Wasserstein'ın yetiştirip First Boston'ın yeni birleşme şefi olarak yerleştirdiği Jim Maher; bir başka önde gelen birleşme butiği olan The Blackstone Grubu'nun hızlı konuşan genel müdürü Stephen Schwarzman; ve Cravath Swaine & Moore'da avukat olan Allen Finkelson bu grubun en tanınmış simalarıdır.

Drapkin, "Bu adamların hepsi için hayatımı, kariyerimi tehlikeye atabilirim. Hepimizde birbirimizin cümlesini bitirme alışkanlığı vardır," diyor.

Üyeleri çeşitli Wall Street şirketlerine dağılmış olmasına rağmen grup neredeyse bütünüyle iki yatırım bankası olan First Boston, Lehman Brothers'dan ve iki tanınmış hukuk şirketi olan Skadden Arps ve Cravath Swaine & Moore'dan türemiştir. Çoğu heyecanlı bir şeyler arayan sıradan sigorta uzmanları ya da icra avukatlarıdır; işleri iyi gitmiş ve kendilerini şirket savaşlarının ortasında bulmuşlardır.

Amerikan şirket birleşme faaliyetleri bir açıdan, bu eski arkadaşlar arasında süren bir satranç oyunu gibi görülebilir. Wasserstein birçok yönden grubun merkezini oluşturur ve usta olarak bilinir; piyes yazarı Wendy Wasserstein'ın kardeşi olan bu adam, birleşme taktik ve stratejileri konusunda ciltler doldurabilecek yenilikler getirmiştir. İlk kez Bendix-Martin Marietta savaşında göze çarpan Gleacher, yıllar boyunca ezeli rakibi olmuştu. 1989'a gelindiğinde bu pozisyonunu on yıl önce Wasserstein ile bir güç mücadelesine girmektense First Boston'dan ayrılan Hill'e devretmişti.

Hill, "Neredeyse tüm anlaşmalarda bu adamlardan biri vardır. Hayatımız sürekli zig zaglar çizerek geçer. Oynanan oyunların çoğunun önünü kesebiliriz," diyor. Mike Goldberg ise, "Tom Hill'i, Joe ve Bruce ve First Boston'ı her anlaşmada görebilirsiniz. Bu in-

---

* Goldberg 1989'da First Boston'a katılmıştır.

sanların her birini tanırsınız ve belli bir durumda ne yapacabileceklerini bilirsiniz. İnanın bana, yıllardır süren bir poker oyununda yeni oyuncu olmak istemezsiniz," diye anlatıyor. Kariyerini Wasserstein tarafından yardım mahiyetinde verilen hukuki işlerle yapan Allen Finkelson, "İnsanlar bana başarımı neye borçlu olduğumu soruyor. Bunu bir ölçüde kırka yaklaşan yaşıma borçluyum. Bir başka şey de benimle aynı yaştaki grubumla birlikte olmam. Hepimiz kırkımıza geliyoruz. Ve birbirimize yardım ediyoruz."

Grubun babası Wall Street'te efsanevi büyüklüklerdeki ele geçirme işlemlerinin avukatı olan Joseph Flom'du. Birçok Grup mensubu birleşme işini Flom'dan öğrenmişti, çoğu için o hâlâ "baba"dır. Hazine değerindeki Flom neredeyse tüm Grup üyelerine mesleki ve özel sorunlarında danışmanlık yapmış, anlaşmazlıklarında arabuluculuk yapmış ve zaman zaman en zorlu rakipleri olmuştur. Flom, "Aslında küçük bir meslek grubu olmak disiplin için iyi bir şeydir," diyor. "Ben bunu küçük kasabalardaki barlarda görüyorum. Orada daha sert kavga edersiniz çünkü bu satranç oyununu kimin kazanacağını tahmin etmek gibi bir şeydir. Bu dürüst kalmanızı sağlar çünkü herkes birbirini tanır. Herkes kimin ne yaptığını bilir. Gizli kalan hiçbir şey yoktur."

Bu türden doğal düşünceler Wall Street'i seksenlerin sonunda sarsan insider trading (içerden öğrenenlerinin işlemleri) skandallarının sonuçlanmasını sağladı. Grup açısından soruşturmalar McCarthysm'in çıkarttığı çatlak ses dalgasını temsil ediyordu. Suçlananların hepsi istisnasız kendi arkadaşları ve meslektaşlarıydı. Skandalda ilk adı geçenlerden biri yüksekten uçan, Drexel Burnham yatırım bankacısı Dennis Levine'di, Gleacher tarafından kendi altında çalışmak üzere, o tarihte birleşme şefi olan Tom Hill'in memnuniyetsiz bakışları nedeniyle Smith Barney'den ayrıldıktan sonra işe alınmıştı. O zamana kadar en sert esinti Wasserstein'ın ve bazı diğer grup üyelerinin yakın arkadaşı olan Martin Siegen'e dava açılması olmuştu. Levine'in tersine, hızlı konuşan, sonradan görme bir adam olan Siegel, saygı duyulan Harvard eğitimli bir grup üyesiydi. Gleacher, "Grup'ta olmayan herkes şimdi hapiste..." diye dalga geçiyor.

Gruptaki arkadaşlık müşterilere rağmen sürer mi? Buna yalnızca büyük jüri kesin karar verebilir. Bir milyar dolarlık bir ele geçirme yarışında bile, karşıt taraflarda olan grup üyeleri birbirleriyle konuşurlar; bu "kulis" iletişimi anlaşmalarının esasını oluşturur. Ancak kanıtlar bu arkadaşlıkların çoğunun önce rakip olunduktan sonra oluştuğunu gösteriyor. Hill, Wasserstein ve Gleacher gibi adamlar, önce kendilerini çok iyi arkadaşlar olarak tanıtırlar, ama diğerlerinin yenilgileri konusundaki dedikoduları ilk yayanlar da onlardır. Multi-milyon dolarlık ikramiyeleri çoğunlukla, birbirlerini tanımalarına ve yenmelerine bağlıdır.

Wall Street çevresinde, grup dışında kalan önemli anlaşma uzmanları da tabii ki vardır: İşte Lazard Freres'de kurumsal bankacılık bölümünün tutucu başkanı Felix Rohatyn; Chicago'da LaSalle Caddesi'nin Lord'u Ira Harris; Drexel'in çılgın köpeği Jeff Beck; Goldman Sachs'daki yatırım bankacılığı bölümü başkanı Geoff Boisi. Grup'un muhtelif üyeleri gibi bunların her biri de RJR Nabisco kasırgasına tutulacaktı.

O hafta Kravis açısından çok telaşlı geçmişti.

Philip Morris'in Kraft konusundaki ani saldırısı Chicago şirketinin kurtarılmasına girişmek için mükemmel bir fırsat teşkil ediyordu. Kravis İspanya'da avlanmaya çalışmış ama Kraft'ın Yönetim Kurulu Başkanı John Richman'a telefonla ulaşmayı başarmıştı. Kravis, Kraft için dostça bir birleşme istendiği takdirde yardımcı olmayı teklif etti ve Richman korktuğunu belli etmeksizin teklifle ilgileniyormuş gibi göründü. Şu anda bile Kohlberg Kravis Kraft'ın kaldıraçlı alımına ilişkin rakamlarla uğraşıyor. 13 milyar dolara ulaşan bu birleşme şimdiye kadar yapılanların en büyüğü olacaktı. Kravis bir yandan da, Grand Met'in muhtemel birleşme ortaklarını uzaklaştırmaktan söz etmeye başlayan Pillsbury'yi gözlüyordu. Kravis o gün öğleden sonra, Pillsbury'nin finansal durumu konusunda bir sunuş yapmak üzere Skadden Arps'a gidecekti.

Giderek meşguliyeti daha da artacak olan Kravis o hafta öyle-

sine meşguldü ki sekreteri masasına bir not bıraktığında kırkiki kat aşağıdaki Grand Army Plaza'ya bakan, köşe başındaki bürosunda telefonla konuşuyordu.
"RJR hisse başına 75 dolardan gidiyor."
Kravis neredeyse ahizeyi düşürüyordu. Birkaç saniye konuşamadı. Bu doğru olamazdı.
Kravis'in sağ kolu Paul Raether, daha sonraki dakikalarda meraklandı. Kravis hızla, "Duydun mu?" diye sordu.
"Neyi duydum mu?"
Ross Johnson işi yetmişbeşten hallediyor."
Raether durumun korkunçluğunu farkettiğinde birkaç saniye sustu. "Aman Tanrım," dedi. Raether'ın kafasından geçen düşünce ise bunun çok düşük olduğu yönündeydi.
Kravis sinirlenmeye başladı. "Buna inanamıyorum," diye öfkeyle söylendi. "Onlara fikri biz verdik! Bizimle görüşmedi bile!"

Eric Gleacher'ın Radio City Music Hall'ın az ilerisindeki bürosu boydan boya ailesinin fotoğraflarıyla doluydu. Pastel renkli giysileri ve kabaca yontulmuş bakışları duvarının Ralph Lauren'in Polo giyim merkezindeki büyük reklamlardan biri gibi görünmesine yol açıyordu. Bir köşedeki saksının arkasında nemlendirici vardı.

Bilgisayar ekranından geçen manşeti gördüğünde Gleacher koltuğuna yaslanmış oturuyordu. Bir anda ileri atıldı ve telefonun bulunduğu sehpaya uzandı. "Ne halt yediğiniz beni hiç ilgilendirmiyor..." diye bağırdı, "hemen buraya gelin."

Steve Waters birkaç saniye içinde Gleacher'ın bürosundaydı. İki adam da ekrana bakıp afalladı.

RJR..? Bir anlaşma..? Morgan Stanley olmaksızın..?

Gleacher, "Fiyata bak. 75 dolardan hızla anlaştılar, Johson şirketi dolandırıyor."

O sabah Gleacher ve Waters sanki reflesleriyle hareket ediyorlardı. Her iki adam da konuyu, hangi soruların yanıtlanması gerektiğini biliyorlardı: Bu yapılmış bir anlaşma mıdır? Johnson'a kim danışmanlık yapıyor? Özel komiteye kim danışmanlık yapıyor? Ve, en önemlisi, Morgan Stanley bu faaliyetten nasıl bir pay alabilirdi?

Ancak harekete geçmeden önce, Waters çalan telefonuna cevap vermek için koridordan aşağıya inmek zorunda kaldı.

Paul Raether, "Ne halt oluyor?" diye soruyordu.

"Bilmiyorum Paul. Öğrenir öğrenmez seni arayacağım,"

Waters ahizeyi yerine koyduğu anda, telefon yeniden çaldı. Bu kez arayan Kravis'in kendisiydi.

"Ne halt oluyor?"

"Henry, biz öğrenir öğrenmez sen de öğreneceksin."

"Kim bu? Anlaşmayı kim yapıyor?"

"Bilmiyorum. Biz de öğrenmeye çalışıyoruz. Shearson olabilir."

Gleacher ve Waters telefonlara saldırmışlardı. Birkaç dakika sonra, Shearson'ın konuyla ilgisini anlatan haber ekrandan geçerken Gleacher ilk balığı yakalamıştı: Andy Sage. Gleacher güç kazanmak için zaman olmadığını biliyordu. "Hey, Andy, bu kadar çok parayla ne yapacaksın?" diye dalga geçti.

Sage bağlayıcı olmayacak birkaç şey mırıldandı.

Gleacher, "Sana söylemek zorundayım, özel komiteyi temsil etme fırsatı bulamadığımız için biraz şaşırdık. Bu işi bizim almamızı engellemek için Shearson bir şeyler yaptı mı?"

Sage, "hayır" dedi. Andy Sage bu işin tarafıydı ve Gleacher ondan pek az şey öğrenebildi. Gleacher daha sonra Jim Welch'e ulaştı. Welch belirsiz bir biçimde Morgan'ın bir şekilde bu işe karışacağı konusunda güvence verdi. Waters koridorun aşağısında Johnson'ın planlama müdürü Dean Posvar'ı yakalamayı başardı. Posvar, Waters'a anlaşmanın neredeyse bitmekte olduğunu söyledi. "İşi olgunlaştırmak üzereyiz," dedi. "Mümkün olduğunca hızlı gidiyoruz, gelecek hafta ortasına kadar anlaşmanın yapılmış olması gerekiyor."

Waters bir fırsatın bulunduğu sonucuna vardı, fakat bu büyük bir fırsat değildi. Şirketi isteyen herkes hızlı hareket etmek zorundaydı.

Jeff Beck haberi duyduğunda Skadden Arps'daydı.

Beck ve dört ayrı yatırım bankasından kalabalık bir grup strateji uzmanı haftalardır Grand Met'i uzaklaştırmak için Pillsbury adına savunma hazırlıyordu. O ve diğer Pillsbury bankacıları, o gün çok sayıda potansiyel birleşme ortağı ile görüşüyorlardı.

Beck, Johnson'ın duyurusuyla yıkılmıştı.

"LBO mu? Drexel olmadan? Bensiz? Bu çok anlamsız."

Lehman'da çalışırken tanıştığı Shearson bankacısı John Herrmann'la birlikte arabayla kentin aşağı kısmına doğru ilerliyorlardı. Herrmann anlaşmanın Shearson için ne müthiş bir başarı olduğunu düşünerek seviniyordu.

Beck, Wall Street'in biraz aşağısındaki bürosunun önünde arabadan inerken, "Bu gelmiş geçmiş en büyük anlaşma olacak," dedi.

Drexel bankacısı kızgınlığını göstermemek için kendisini zor tuttu. "Sanmıyorum John..." dedi, "sanmıyorum."

Beck yukarı çıktığında Kravis'den telefon geldi. Kravis, "Ne halt oluyor?" diye soruyordu.

"Bilmiyorum Henry. Biliyorsun, onlarla görüşmek istemiştik. İzin ver, arayıp ne olduğunu öğrendikten sonra sana döneyim."

Beck hızla Atlanta'dan Johnson'ı aradı fakat sekreteri Betty Martin, "Hepsi yönetim kurulu toplantısında," diyerek onu durdurdu.

Beck ateş püskürüyordu. Kahretsin. Johnson'la mutlaka konuşmak zorundaydı. "Betty, eğer o adamları yönetim kurulu odasından çıkartmazsan, biliyorsun, bu noktada isimleri yazmak zorunda kalırım. Konu acilden bile öte," dedi.

Dakikalar sonra Johnson telefona geldi.

Beck, sesindeki açık öfkeyle, "Hey orada neler oluyor?" diye sordu.

Johnson, "Pekala, şirketi satın alacağız," dedi.

"Biliyorsun, bunu teypten okumak kolaydır, Ross. Seni anlamıyorum." Beck öfkesini gizlemeye bile çalışmıyordu.

Kızgınlığını gösterme sırası Johnson'a gelmişti. "Bu konudaki

asli ortaklarımıza sahibiz Jeff. Ve bu iş bitmiştir," dedi.
Çılgın köpek susturulmuştu.

O sabah Kravis'e gelen ilk telefonlardan biri Dick Beattie'dendi. Beattie birleşme dünyasında Kravis'in emanetçisi olarak tanınırdı. Onbeş yıldan beri onun en güvendiği şirket dışı danışmanlarından biriydi. Carter yönetiminde görev alan Beattie aynı zamanda New York'taki Demokrat çevrelerin de demirbaşıydı; Belediye Başkanı Ed Koch'un arkadaşı ve şehrin çoğu güçlü kişisine göre gelecekteki olası belediye başkanı adayıydı. Eski bir Donanma savaş pilotu olan 49 yaşındaki Beattie kır saçlı, açık mavi gözlü bir adamdı; yumuşak huyluydu, babacan bir sesi vardı ama eski bir donanma mensubu olarak sert bakışları ile bilinirdi.

Kravis'in RJR Nabisco'ya ilgisi Beattie için bir sır değildi. Beattie'nin şirketi bir yılı aşkın bir zamandır tütün davalarının şirket üzerindeki etkisini etraflıca anlamak için bu konuda yapılan analizleri biriktiriyordu.

Beattie, "Bunu gördün mü?" diye sordu.

Kravis, "Lanet olsun ki gördüm," dedi.

"Buna inanmıyorum. Ne halt karıştırdıklarını öğrenmek zorundayız."

"Dick, anlamıyorum. Ross'la konuştuk. Niçin bize gelmedi? Bu çok anlamsız. Ona fikri ben verdim."

Beattie, "Biliyorum," dedi. "Bu çılgınlık."

"Niçin onca insan varken bu işi Shearson'la yapıyor? Şimdiye kadar tek bir anlaşma bile yapmadılar."

Dick Beattie bunların hepsini biliyordu. Kohlberg Kravis'den sonra ikinci en büyük müşterisi Shearson Lehman Hutton'dı.

Peter Cohen'den telefon geldiğinde, Shearson'ın arbitraj müdürü Bob Millard duyurudan sonra geçirdiği ilk şoku henüz atlatmamıştı. Cohen sabahı bürosunda ileri geri yürüyerek ve Quotron'undan manşetleri izleyerek geçirmişti. RJR Nabisco hisseleri tepeye vuruyordu; günü 77.25 dolarda, yirmibir puanın üzerinde bitirecekti.

Millard, "Tanrım, Peter," dedi, "bu gerçekten muhteşem."

Fakat hayatını ele geçirme işlemlerini izleyerek geçiren Cohen'in niçin bu yaklaşımı seçtiğini merak ediyordu. Niçin Shearson Morgan Stanley ve diğerlerinin müthiş bir maharetle yaptıkları gibi kamuoyuna açıklamadan önce anlaşmayı bitirmeye çalışmamıştı? Millard "Niçin kendinizi yaralanmaya açık hale getirdiniz?" diye sordu.

Cohen, "Bu şekilde yapılması gerekiyordu," diye cevap verdi.

"Niçin hiç kimsenin üzerine çıkmayacağından bu kadar eminsiniz?"

Cohen, başka hiçbir şirketin bu gücü yok, dedi.

"Finansal alıcılar ne olacak? KKR'ye ne dersiniz?"

"KKR bu işi yapmayacaktır," dedi Cohen. "Henry, Ross Johnson'a bizim verdiğimiz anlaşma olanağını vermeyecektir."

"O zaman?"

Millard, Cohen'e, Kravis'in son aylarda Texaco ve Kroger gibi hedeflere karşı tek taraflı hamle yaptığını hatırlattı: "Peter, yalnızca yönetiminde olmamaları bunun için teklif vermeyecekleri anlamına gelmiyor. Niye teklif vermesinler?"

"Çünkü Johnson'a bizim verdiklerimizi vermeyeceklerdir," diye tekrarladı.

Millard, "Ama eğer alırlarsa, Johnson verilen her teklifi alacaktır," dedi. Cohen'in Millard'ın anlatmak istediklerini anlamadığı açıktı. Aracı Shearson'ın Kravis'in nerede durduklarını bilmek isteyebileceğini söyledi. "En iyisi gidip onlarla görüşün," dedi.

Cohen dinlemedi.

Perşembe öğleden sonra Johnson'ın tarafı Wall Street'te gevezelik ederek anlaşmaya girmeye çalışan kızgın bir Drexel Burnham'ın ortalıkta dolanmasının çok sağlıklı olmayacağını farketti. Jim Welch hâlâ ateş püsküren Beck'i aradı.

Beck, "Jim, bu çılgınlık..." dedi. "Fiyat delice. Sizin ne yaptığınızı anlayamıyorum." Niçin Johnson'ın ekibi Kravis'le iş yapmıyor? Niçin çatışan amaçlarla iş yapmak zorunda kalalım?" diye bağırdı.

Welch dengeyi korumak için Beck'den yarım ağızla yardım istedi. "Biz Drexel'in bu anlaşmayı alkışlamasını, dostumuz olmasını istiyoruz."

Beck, Welch'in naifliğine şaşırmıştı. "Pekala Jimmy, bu işi alkışlayacağımız konusunda seni temin ederim. Fakat senin düşündüğün şekilde değil."

"Niçin?"

"İki buçuk yıldır bu anlaşmayı yapmanız için uğraşıyoruz! Eğer şimdi arkamıza dayanıp oturacağımızı, tarihin en büyük anlaşmasının bir parçası olmayacağımızı düşünüyorsanız, buna diyecek bir şeyim olamaz. Nasıl cevap vereceğimi bilemiyorum."

"Peki, bizimle iş yapar mıydınız?"

"Jim, bizim başka yükümlülüklerimiz var."

Welch, Drexel'i yumuşatmak için Beck'i iki kere daha aradı ama Beck, Johnson'ı küçümseyerek öfkesini korudu. Sonuçta, Wall Street savaş alanının en geniş finansal damarlarından biri olan Drexel teklif veren bir rakip tarafından kullanılmakta özgür hale gelmişti. Beck bu kişinin kim olacağı konusunda hiçbir kuşku duymuyordu.

Perşembe öğleden sonra Kravis ve Raether şaşkınlıklarından sıyrılarak Skadden Arps'daki Pillsbury sunuşuna katıldılar. Daha sonra Kravis, Beck'i konferans salonuna aldı.

"RJR ile ilgili neler oluyor?" diye sordu.

Beck, "Bilmiyorum. Bu noktada iletişimi kestiler," dedi. Fakat biliyorsunuz bu anlaşmayı yapmak zorundayız. Bu işi unutacak mıyız?"

Kravis, "Merak etme," dedi. "Senin de bir rolün olacak."
İş nihai olarak 50 milyon doların üzerinde değer taşıyordu. Beck, para bir tarafa, Ross Johnson'ı tepe taklak etmenin ne kadar eğlenceli olacağını düşünmekten kendisini alamıyordu.

Aşağı Manhattan'da Staten Island feribot iskelesinin yanındaki sıradan görünümlü binanın onyedinci katında Bill Strong adlı tombul bir yatırım bankacısı telefondaydı. Birbirine benzeyen küçük büroların oluşturduğu kübik duvarın arkasında vakur bir edayla oturuyordu: Bu asık yüzlü dekorda, diğer birleşme departmanlarındaki maun mobilyalar da Oryantal halılar da yoktu, görüntü Strong'un patronu Salomon Brothers'ın tarihsel ilgisizliğini yansıtıyordu. Salomon milyonlarını, yıllardır, aracı kurumda kazanmıştı, yönetim odasında değil.

Önemli müşterilerinden birini kısmen dinleyen Strong, kamuoyuna açıklandığı sırada Johnson'ın müphem önerisinin detaylarına bakıyordu. Haber geldiğinde herhangi bir iyi yatırım bankacısının yapacağı şeyi yaptı. Telefondaki müşterisine, "Siz ilgilenir miydiniz?" diye sordu.

Gelen yanıt hayırdı.

Strong cüretkar olmalıydı. Salomon yatırım bankacılığının hasta adamıydı. Bütün uğursuz tahminlere rağmen yalnızca tek bir önemli LBO yapılmış —Revco eczane zinciri— o da iflas etmişti, anlaşmayı yapan da Salomon'du. Bir yıl önce piyasa çöktüğünde yalnızca Dallas'da kurulu Southland Corporation için verilen bir tek önemli hurda tahvil teklifi yatırım bankacıları tarafından güvensiz görülerek geri çevrilmişti; bunu destekleyen şirketlerden biri de Salomon'du. Çöken yegane köprü kredisi Norfolk'ta kurulu TVX isimli televizyon istasyonları zincirine verilmişti. Yine Salomon devredeydi. Şirket üç yıldır yatırım bankacılığı yapmak için mücadele ediyordu; sonuçlar açıkça aşağılanma dizisine dönüşmüştü. Strong ve meslektaşları o zamandan beri kırılan bardağın parçalarını toplamaya uğraşıyorlardı.

Bill Strong henüz iki yıl önce ortak edilmiş birisi olarak Wall Street için güçlü bir isim değildi. Çalışkan ve enerjikti, gerçek bir Ortabatı çalışma ahlakına sahipti. Eski bir muhasebeciydi, Indianalı'ydı ve bununla gurur duyuyordu. Strong müşterilerinin gözlerinin içine bakar, doğruluğu ve dürüstlüğü ile övünür, hiç inanmadığı özelliklerin yatırım bankacılığında yaygın olduğunu söylerdi. Birçok yatırım bankacısı aynı ikna edici konuşma tarzına sahipti. Yalnızca Strong söylediklerine gerçekten inanıyordu.

Johnson'ın önerisiyle açılan olanaklar, Wall Street'teki diğer tüm bankacılar gibi Strong'un da ilgisini çekmişti. Perşembe akşamı Menkul Değerler ve Borsa Komisyonu'nda dosyalanmış bir yığın RJR Nabisco yıllık raporu ve 10 K mali raporu toplamıştı. Yaptığı hızlı bir inceleme, Strong'un, 75 doların çok düşük olduğuna ikna olmasına yetmişti. Bu adamlar şirketi dolandırıyorlardı.

Heyecanlandı. Salomon yatırım bankacılığı felaketlerinden payına düşeni yeterince almıştı, ama bu anlaşma, eğer doğru biçimde yapılabilirse, birçok kötü anıyı silebilirdi. Ve Strong'un kafasında ideal bir ortak vardı: Hanson Trust. Bu, Amerikan şirketlerini satın alan hırslı bir şirketti, bir ABD kolu geliştirmişti; eğer bağımsız olsaydı, ülkenin en büyük şirketlerinden biri olabilirdi. Strong, Salomon'un finansal gücünü ve Hanson'ın pazarlama konusundaki uzmanlığını kullanarak yenilmez bir ekip olabileceklerini düşündü.

Cuma sabahı bu fikrini Salomon'un otokrat yönetim kurulu başkanı John Gutfreund'a çıtlattı. Strong'un anlattığı şekliyle, RJR Nabisco özgün bir anlaşma olacaktı. Elinde tuttuklarına yaşamda bir kez verilecek marka isimleri verdiğini izah etti. Tütünün nakit akışı öylesine güçlüydü ki, tüm anlaşmanın bedelini karşılayabilirdi. Strong, Gutfreund'a "Bu anlaşma her şeye sahip," dedi.

Çoğunlukla heyecanlı genç aracılardan kuşku duyan Gutfreund ilgiyle dinledi. "Pekala" dedi, "onları ara."

Saat onda Strong, Hanson'da temas kurduğu kişiyi aradı. Durumu anlattı, RJR Nabisco'nun başlıca cazibe kaynaklarını el yazısıyla oluşturduğu listeden okudu. Tütünde muazzam bir nakit akışı var. Emsali olmayan gıda ürünlerine sahip. Hisse bedelleri değerinin altında.

Strong, "Siz bir beş milyar koyun, biz de bir beş milyar koyalım ve birlikte ele geçirelim," dedi. "Ancak önemli bir şey daha: Çok hızlı yanıt vermeniz lazım."

Saat ikide Hanson'dan yanıt telefonu geldi.

"Tamam," dedi Hanson'daki yardımcı. "Bu işe gireceğiz."

Strong çok seviçliydi. Detayları konuşmak için Pazartesi sabahına bir toplantı kondu. Bu arada Strong'un yapacak dünya kadar işi vardı. Gutfreund'u arayarak son bilgileri aktardı. Başkan cesaretlendirici konuştu. Strong daha sonra hafta sonu boyunca RJR Nabisco'nun verilerini hazırlamaları için on bankacı ve analistten oluşan bir ekip kurdu. Bu, böylesine dev bir proje için küçücük bir gruptu. Fakat Strong az sayıda insanla çalışarak dışarı bilgi sızmasını engellemek istiyordu. Pazartesi günü ilk hamleyi yapmak için hazır olmayı hedefliyordu.

Perşembe günü öğleden sonra RJR Nabisco üst yönetim katı insan kaynıyordu. Shearson bankacıları –mavi elbisesiyle sakin görünen Tom Hill ve bir sabah gezintisinden sonra rahatlamış olan Jim Stern– yapacak işleri azmış gibi etrafta dolanıyorlardı. Yöneticiler orada burada dolaşıyor, heyecan içinde bir şeyler içiyorlardı. Hugel tarafından bir gece önce davet edilen Lazard Freres ve Dillon Read ekipleri onbir civarında geldiler. Lazard'dan Felix Rohatyn de oradaydı, konuştukça kalın kaşları dans ediyordu. Rohatyn'in yanında Chicago'dan gelen Ira Harris ve merhametsiz bir Arjantinli olan Luis Rinaldini vardı. Resmi giyimli iki Dillon Read bankacısı, herkesin Fritz diye çağırdığı Franklin W.Hobbs IV ve Tylee Wilson'ın eski bankacısı John H. Mullin III de onlarla birlikte gelmişti.

Johnson, Mullin'i gördüğünde, "Merhaba Johnny!" diye bağırdı. LBO anlaşması değil de bahçede ızgara partisine gelmiş gibi bankacıların ellerini sıkmaya başladı. Johnson önlerindeki görevin büyüklüğünü hâlâ kavrayamamış olan bankacılara dünyaya aldırış etmeyen biri gibi görünüyordu.

"Pekala çocuklar!" diye bağırdı, "yarış bitti! Ne düşünüyorsunuz?"

Oradakiler, özellikle Hugel'la görüşmek için konferans salonuna alındıklarında, ne düşündüklerini gerçekten bilmiyorlardı. Hugel özel komitenin başkanı olarak önce Lazard bankacılarına, sonra Dillon'dan gelen ikiliye, olaylardaki son gelişmeleri aktardı. Her iki banka da komiteyi parça başına 14 milyon dolarlık bir ücret karşılığında temsil etmeyi kabul etti. İşleri Johnson'dan gelen teklifleri incelemek ve bunun ortaklar açısından adil olup olmadığı konusunda komiteye tavsiye vermek olacaktı. Bu değişik olayda da birden ortaya çıkan diğer tekliflerde yaptıklarını yapacaklardı.

Hugel'ın sürecin hızla sonuçlandırılması konusunda ısrarcı olması üzerine bazı bankacılar tedirgin oldu. Hugel incelemelerinin on gün içinde toparlanabileceğini söylediğinde, Rohatyn ve Harris bu sürenin tuhaf derecede kısa olduğunu düşündüler. Sürat Johnson'ın işine yarayacaktı ve iki bankacı hemen Hugel'ın Johnson'ın adamı olup olmadığından kuşkulandılar. O an için kuşkularını kendilerine sakladılar.

Akşama doğru toplantılar bittiğinde yirmibirinci kattaki kalabalık azalmaya başladı. Horrigan haberi kendi tütün birliklerine vermek için Winston-Salem'e uçtu. Johnson bürosunda tek başına oturdu, postasına baktı ve kağıt işleriyle ilgilendi. O an için yapılacak çok fazla bir şey yoktu. Martin'e, "Kendimi, arp'imi partiye getirmişim de kimse onu çalmamı istememiş gibi hissediyorum," dedi.

Goldstone ve diğer Wall Street eşrafı dışarıda bekleyen habercilere yakalanmamak için bir yeraltı geçidinden kaçtılar. Goldstone da Peter Atkins, Marty Davis ve John Macomber ile birlikte New York'a gitmek için bir RJR Nabisco jetine binmişti. Atkins uçak yolculuğunun büyük bölümünde yöneticilerle başbaşa verip konuşmuştu. New York'a yaklaştıklarında Goldstone kendisini Atkins'le birlikte pilot kabini girişinin arkasında yere çömelmiş halde buldu.

Pilotlardan biri, "Şuna bakın!" diye seslendi.

İki avukat ön camdan aşağısını gözetliyorlardı. Aşağıda, New York Limanı'ndan Wall Street'e uzanan Verrazano Narrows köprüsünü geçtiklerini görüyorlardı. Batmakta olan güneş limanı kaplamış ve aşağı Manhattan'ın büyük bir bölümü göz alıcı biçimde mavi ve kırmızıların tonlarına boyanmıştı. Goldstone bunun hayatında gördüğü en güzel şeylerden biri olduğunu düşündü. Bir an

için avukat edalarını terketti ve kendisini büyük, romantik bir maceranın parçası gibi hissetti.
Gülümsedi. "Evet Peter, bu iş oldukça ilginç olmaya başlıyor."
"Evet," dedi Atkins. "Eminim öyle olacak."

BÖLÜM
8

Tom Hill, Cuma akşamı şehrin merkezindeki Skadden Arps hukuk şirketinde yapılan bir başka bitip tükenmek bilmeyen Pilssbury strateji toplantısında zor duruma düştü. İngiliz talibi Grand Metropolitan'ın düşmanca ihale teklifinden bu yana Pillsbury, savunmalarını yaptırmak için Wall Street'in yarısını işe almıştı. LBO meselesi, sermayedeki savunma amaçlı yapı değişikliği, caydırma tedbirleri, tali gelirler, her şey gözden geçirilmişti. Ancak o ana kadar hiçbir şey işe yaramamıştı.

Sorunlardan biri, bu iş için çok fazla kişinin çalışmasıydı. Hill, Shearson'ı temsil ediyordu. Jeff Beck, bir Drexel ekibinin başkanıydı. Bruce Wasserstein, Wasserstein Perella'nın hâlâ belirsiz olan durumuna rağmen işin içindeydi. First Boston'da çalışan yatırım bankacıları da ortalıkta dolanıp duruyorlardı.

Hill, Pillsbury'nin tüm dertlerinin çözümü açısından RJR Nabisco'yu aklından çıkaramıyordu. Bekleme oyunu başlamıştı. Özel komite oluşturulmuştu ve biraz şansla iki üç hafta içinde şirketin değerleri yükseltilebilecekti. Hill bu noktada tahmin yürütüyordu, Ross Johnson'ın yönetim grubu görüşme masasına yanaşacak, teklif edilen fiyat üzerinde yöneticilerle pazarlık edecek ve sonuçta hisse başına 75 dolardan 80 dolara kadar olan bir fiyat aralığından şirketi satın almayı kabul edecekti.

O sırada Shearson rakip bir teklif işareti için tetikte bekliyordu. Johnson'ın ilk duyurusundan bu yana sadece otuz saat geçmişti; fakat Hill, Wall Street'teki her yatırım bankacısının 75 dolar olan fiyatlarını yükseltmek için bir yol arayacağını biliyordu. Şimdiye kadar bunu yapan olmamıştı; şansları yaver giderse kimse yapamayacaktı. Hill beklemekten nefret ederdi. Tedirgin olurdu.

Hill, Pillsbury görüşmeleri vızıltıya dönüştüğünde, Jeff Beck ve Bruce Wasserstein'ın konferans salonuna girip çıktıklarını farketti. Bugün ikisi de özellikle meşgul görünüyorlardı. Hill onların ne yapmak istediklerini merak ediyordu. Beck'in o gün daha erken saatlerde RJR hakkında ona söylediği bir şeyi düşündüğünü farketti. Çılgın köpek onu "Fiyatta uzlaşamadınız..." diyerek ikna etmişti. "Rekabet olacak," demişti.

Tom Hill birdenbire bütün bu telaşın nereden kaynaklandığını ve Beck'in uyarısının ne anlama geldiğini farketti.

Kravis.

Olamaz. Henry Kravis kendi tarafında bir yönetim ekibi olmaksızın bu ölçüde bir işe girişmeye çalışmazdı. Üstelik Johnson, Kravis'in RJR Nabisco ile ilgilenmediğini tekrar tekrar söylemişti.

Hill bunu kesin olarak öğrenmek zorundaydı. Toplantıdan ayrılmak için izin aldı ve telefona doğru yürüyerek Kohlberg Kravis'in numarasını ezbere çevirdi. Kravis telefona cevap verdiğinde Hill, iyi niyetli olduğunu hissettirebilmek için sesini zorladı.

Hill, "Kraft ile ilgilenip ilgilenmediğinizi merak ediyorum," dedi. "Bu konuda size yardım edebileceğimizi düşündük." Bunun telefon konuşmasını mazur göstermek için bir bahane olduğu çok açıktı: Kraft oyunu tam dört gündür oynanıyordu, bu süre ele geçirme işi için sonsuzluk gibi bir şeydi. Eğer Kravis bir hamle yapacak olsaydı, şimdiye kadar bir bankacı tutmuş olacağı kuşkusuzdu.

Kravis kızgınlığını göstermemek için kendisini zor tuttu. "Birçok insan bize Kraft'tan bahsetti Tom. Bunlardan biri ile bir şeyler yapabiliriz. Fakat bu sen olmayacaksın..."

Hill, o anda gerçeği anlamıştı. Kravis'in sesinin tonundan, en çok korktuğu şeyin gerçek olduğunu anladı. Henry Kravis, RJR Nabisco'yu istiyordu, hem de çok istiyordu. Hill daha sonra, "Henry telefona geldiğinde kazanma arzusuyla doluydu," diye aklından geçirdi.

Kravis'in mesajı kısaydı. "Biliyorsun Tom, bizi bu RJR olayında şaşırttın. Ross Johnson'a fikri verenler bizleriz. Seninle mükemmel bir ilişkimiz vardı. Bu boyutlardaki bir anlaşmada birlikte bir şeyler yapma fırsatı bulamamış olmamız beni şaşırttı. Bu aynı tarafta oturamayacak olmamızın sebeplerinden sadece biri," dedi.

Konuşma çabucak bitti. Hill telefonu kapattı, afallamıştı.

Bir şeyler korkunç kötü gitmişti. Hızlı düşünmeliydi.

Hemen Shearson'dan Peter Cohen'i çağırdı ve ona Kravis'le yaptığı görüşmeyi aktardı. Cohen, kaygılanmış gibi görünmeyerek Hill'i şaşırttı.

Cohen, "Neye sinirlendi?" diye sordu.

"Niçin onunla görüşüp ne olduğunu öğrenmiyoruz?"

"Niçin ne olduğunu öğrendikten sonra onunla görüşmüyoruz?"

Hill onun kafasındaki alternatifleri düşündü. Belki Kravis'i durdurabilirlerdi. Belki yatıştırabilirlerdi. Durum ne olursa olsun, niyetini anlamak için onunla görüşmeliydiler. Cohen, Kravis ile görüşmenin gerekli olmadığını düşündü. Bu Shearson'ın anlaşmasıydı, ona ihtiyaçları yoktu.

Hill, Cohen'in telefon konuşmasının önemini anlamasını sağlamalıydı. Henry Kravis kolayca sözü kesilebilecek biri değildi.

"Anlamalısın Peter..."

Hill yarım saat sonra Kravis'i tekrar aradı. "Peter ve ben seninle görüşmek istiyoruz," dedi.

Saat geç olmuştu. Kravis Pazartesi günü buluşmayı önerdi.

Hill sinirli, telaşlıydı.

"Hayır, hayır, hemen şimdi buluşalım. Hemen görüşmemiz gerektiğini düşünüyorum."
"Tom, geç oldu."
"Henry, bu görüşmeyi gerçekten istiyorum."
"Pekala..." dedi Kravis ve görüşmeyi kabul etti.

Saat tam altıda Hill çiseleyen yağmurdan kaçarak aceleyle Nine West'in lobisine girdi. Çıkarken Jeff Beck ve onunla birlikte çalışan biriyle karşılaştı.

Hill zorla gülümsedi. "Nereden geldiğinizi biliyorum. Öyleyse Kravis Drexel'le çalışıyor, onları işe almış..." diye düşündü. Her şey daha da kötüleşiyordu.

Hill yukarıda, Cuma akşamı trafiğine takılmış olan Cohen'i bekledi. Cohen nihayet altı buçuk civarında içeri girdi. "Henry..." dedi neşeyle, "Cuma gecesi altı buçukta burada ne arıyorsun? Kayak ya da başka bir şey yapıyor olman gerekirdi."

"Peter. Buradasın, öyle değil mi?"

Tokalaştılar. Cohen oturduğunda, Hill, Kravis'e döndü. "Henry bu buluşmayı ben istedim çünkü RJR ile çok ilgilendiğini hissettim," diye söze girdi

"Bu ilginin nereden kaynaklandığını öğrenmemin yararlı olacağını düşündüm."

"Evet, gerçekten çok ilgileniyorum," dedi Kravis. "Ve bu ilgi eskilere dayanıyor."

"Fakat bu bizim anlaşmamız, Henry..." diye Cohen araya girdi. RJR Nabisco'nun, Shearson'ın geleceği için neden hayati olduğunu Kravis'in anlamasını sağlamaya çalışıyordu. Yatırım bankacılığına verdiği önemi ve RJR'nin Shearson Lehman'ın LBO sektörüne yönelişinde bir köşe taşı olarak aldığı yerin önemini anlattı. Hill, kendi açısından bir birleşme danışmanı olarak Shearson'ın daha önceki döneme göre daha fazla fırsatı değerlendirmesini sağlıyordu. Cohen, "Görüyorsun, bu işe girmek zorundayız. Bu bizim için çok doğal. Oturmuş bir iş akışımız var," dedi.

"Bunların hepsi çok iyi de..." diye cevap verdi Kravis. "Artık bizim rakibimizsiniz." Kastettiği şey çok açıktı: Shearson RJR Nabisco işine devam ettiği takdirde, Kohlberg Kravis ile tekrar iş yapmayı unutmalıydı. Kravis devam etti: "Bu işi yapmanıza şaşırdım. Size birçok iş verdik. Sanırım artık müşterileriniz sizin için pek fazla şey ifade etmiyor."

Cohen, "Bu işin içinde olmak zorundayız Henry..." dedi. "Bu bizim geleceğimiz."

Cohen geçen Şubat'ta Kravis'le yaptığı bir konuşmayı düşündü. İki adam Vail'de Shearson'ın sponsorluğunda gerçekleşen American Ski Classic'te birlikte kayak yapmışlardı. Kendilerini aynı takımda bulmaları tesadüf değildi. Slalom yarışmasını bekledikleri sırada, LBO sektörünün görünümünü değiştirme üstüne sohbet etmişlerdi.

O gün, Kravis, Morgan Stanley ve Merrill Lynch gibi ortaya yeni çıkan rakiplerle ilgilenmişti. Kravis, "Ne olacak, Peter? Bu işe başka kim girecek? Ve siz ne yapacaksınız?" diye sordu.

Cohen, Shearson'ın da yatırım bankacılığı alanına girme arzusunu dikkate alarak genel bir karşılık verdi. Geçen Ekim'de borsada yaşanan çöküşün Shearson'ın diğer işlerine verdiği zarardan bahsetmek zorunda değildi. Cohen, "Diğer işlerimizdeki yeni sıkıntıların düzeyi veri olarak alındığında..." dedi ve devam etti "sermayemizi nasıl kullanacağımız gün gibi ortada. Müşteriler bizden bunu yapmamızı istiyor. Onlar için her şeyi yapabiliriz. Bu bizim için anlamlı." Cohen bu konuşmayı yaptıktan sonra Kravis, iki şirketin birbirlerinin anlaşmalarından uzak durmasını önerdi.

Cohen topu Kravis'e aynen iade etti.

"Henry..." dedi. "Bu Shearson'ın işi. Sekiz ay önce üzerinde konuştuğumuz tam olarak bu. Bir anlaşmaya vardık sanıyordum. Birbirimizin işlerine karışmayacağımızı söylemiştin. Şimdi sözünü tut."

"Asla böyle bir konuda anlaşma yapmamıştık Peter..." diye cevap verdi Kravis.

Cohen'in kısa konuşması Kravis'i ürpertti. Gelinen nokta bu diye düşündü. Cebinde fazla parası olan her yatırım bankacısı LBO'ya gitmesi gerektiğini düşünür. Kravis beş yıldır istikrarlı bir biçimde yükselen rekabetten bıkmıştı. Morgan Stanley, Merrill Lynch adlarını daha önce hiç duymadığı firmalardı, istediği tek şey işinde biraz huzur bulmaktı. Şimdi de Shearson Lehman ortaya çıkmıştı. Kohlberg Kravis'in 1987 bütçesinin ardındaki fikir bütünüyle, herhangi birinin yapabileceğinden çok daha büyük işler yapmaya dayanıyordu. Kravis, şirketinin rakiplerini tamamen geride bırakmayı umuyordu. Şimdi, bölgeyi kendilerine ayırmışken, muhtemelen kaldıraçlı alım ile alım arasındaki farkı bile bilmeyen Peter Cohen gelmiş, 18 milyar dolarlık bir işi yapmaya hakkı olduğunu iddia ediyordu! Kravis bu nankörlüğe, küstahlığa inanamıyor; bu adamlara, özellikle de Peter Cohen'e sıkı bir ders vermek istiyordu.

Kravis, "Shearson'a iş verdiğimiz bir firma gözüyle bakıyorum," diye tekrarladı. "Seninle bir ilişkim var. Bu bize getireceğin mükemmel bir iş olabilirdi."

"Fakat bu parayı biz toparladık," diye tekrarladı Cohen. "Fondaki yatırımcılara karşı bu parayı çalıştırma sorumluluğumuz var."

Kravis uyardı: "Bu iş çok uygun, çok büyük. Tüm nakit akışı tam istediğim gibi, uzak duramam. Bu işin içinde olmak zorundayız ve olacağız."*

Durumu seyreden ve konuşmaları dinleyen Tom Hill, Cohen'in yaklaşımının biraz garip olduğunu düşündü. Peter kayak pistinde ayaküstü yaptıkları bir konuşmaya dayanarak Kravis'in 20 milyar dolarlık bir işin dışında kalacağını gerçekten düşünmüş müydü? Ne Cohen'in ne de Kravis'in hiçbir biçimde fikir değiştirmeyeceklerini görebiliyordu. İkisi de Ross Johnson'ın şirketine sahip olmanın kesinlikle kendi hakkı olduğuna inanmış görünüyordu. Hill arada sırada, "Ne yapabiliriz?" veya "Bu sorunu nasıl çözebiliriz?" diye arabulucuyu oynamaya gayret etti. Hiçbir sonuca ulaşamıyordu. Bu iki adam, sadece gerginliği artırıyordu.

---

* Kravis, Cohen ve Hill'e RJR Nabisco anlaşmasına katılmak zorunda olduğunu söylediğini inkar ediyor. Gazeteler Kravis'in kendi "ayrıcalığını" korumaya yeminli olduğunu yazdı ama Kravis kullanılan bu kelimeye itiraz etti.

Kravis, "Yetmişbeşten almayı başarırsanız çok şaşarım..." dedi.
Cohen, "Neden?" diye sordu.
"Bu şirketi uzun zamandır izliyoruz ve onu iyi tanıyoruz. Bu teklif çok ucuz. Gerçekten çok ucuz," karşılığını aldı.
"Bu aslında Ross'un işi," dedi Cohen kendisini savunarak. "Biz sadece finanse ediyoruz."
"Yani artık onun ortaklarısınız."
"Bu Ross'un işi ve o da kurula çok yakın."
Kravis, Cohen'in mesajını kaçırmadı: Johnson'ın arka cebinde kendi kurulu vardı.
"Ne yapmayı tasarlıyorsun?" diye sordu Kravis.
"Sen ne yapmayı tasarlıyorsun?" diye tekrarladı Cohen.
"Ne yapacağımı bilmiyorum."
"Pekala..." dedi Cohen, "şimdi ne yapacağız?"
Kravis son olarak, "Peki..." dedi, "belki ikimiz için de bir rol olabilir." Kravis anlaşmazlık çıkacağını önceden sezmişti. Düşündüğü üç alternatif vardı. "Rekabet edebiliriz," dedi. Bu Kravis'in de Cohen'in de hoşuna gitmeyen bir fikirdi. Uzatılmış bir açık artırma mücadelesi şirketin fiyatını çok fazla yükseltebilir ve yüksek alım fiyatları kaçınılmaz olarak daha yüksek borç düzeylerine yol açabilirdi. Tüm bunlar kazanan tarafa yalnızca bir Pirüs zaferi sağlayabilirdi.

"Ya da..." diye devam etti Kravis, ya da Shearson ve Kohlberg Kravis ortak bir teklif verebilirlerdi. Egoları çok güçlü olan Kravis ve Cohen bu fikirden de hoşlanmadı. Cohen kendi adına, Kravis –veya bir başkası– ile ortak olmayı Shearson'ın bu işi kendi başına yapamadığının kabulü olarak değerlendiriyordu. Yapılacak şeylerden biri özsermayenin bir parçasını satmak olabilirdi; bunu yapmayı umuyordu. Bir başka olasılık da yarı yarıya bir anlaşmaydı. Bir ortaklığın, hem de bu iki adam arasında gerçekleşmesi mümkün görünmüyordu.

Kravis, "Ya da Shearson, RJR'nin gıda işlerini Kohlberg Kravis'e satıp, tütünü kendisine alabilir," diyerek sözlerini tamamladı.

Cohen kararsızdı. Kohlberg Kravis'le ortak bir işe girmeyi ciddiyetle konuşmadan önce durumu Johnson ve diğerleriyle değerlen-

dirmek istiyordu. "Birlikte bir şeyler yapmamız anlamlı olabilir, Henry. Fakat bu gelecek için ne ifade ediyor? Bunun yanıtını bilmiyorum. Bütün bunlar ne anlama geliyor? Şimdi cevap veremem."
Görüşme sona eriyordu. Cohen ayrılmak üzere ayağa kalktığında, ertesi hafta daha uzun konuşabileceklerini söyledi.
Daha sonra Cohen ve Hill, Hill'in şehrin Yukarı Doğu yakasındaki dairesine döndüler. Buradan Johnson'ı arayıp haberi ilettiler. Cohen, Kravis ile Pazartesi günü tekrar buluşmayı planladıklarını öne çıkartarak, anlaşmazlığı önemsemez göründü.
Bitirdiklerinde, uzun bir sessizlik oldu.
Johnson, "Bunun ne ifade ettiğini düşünüyorsun?" diye sordu.
"Şöyle ya da böyle..." dedi Tom Hill, "Henry geliyor."
Cohen görüşmenin bilgisini Connecticuttaki çiftliğinde bulunan American Express patronu Jim Robinson'a aktardı.
Robinson ilgiyle dinledi. Cohen, Kravis'le olan anlaşmazlığı açıkladığında, ilgisi kaygıya dönüştü. Henry Kravis hafife alınacak biri değildi.
Robinson, Kravis'i arayıp, bizzat görüşmesinin gerekebileceğini belirtti. "Belki bu işte birlikte çalışabiliriz," dedi.
Cohen, "zayıflık işareti olarak yorumlanabileceğine inandığını" söyleyerek bu fikre karşı çıktı.
Robinson "o kadar da" emin değildi. Fakat Cohen'in gözle görülebilen uzmanlığına razı olmaya karar verdi. Konuyu yeniden değerlendirdiğinde, kendi kendine, "Yönetim kurulu üyelerini gündelik işlerden sorumlu tutmak iyi bir şey değil," dedi. Bu işin Cohen ve Shearson'ın geleceği için ne kadar çok şey ifade ettiğini biliyordu. Cohen, RJR Nabisco'nun bir tek parçasından bile savaşmadan vazgeçmeyecekti.
Robinson hâlâ Kravis ile konuşmanın anlamlı olacağına inanıyordu. Adam, gereksiz yere provoke edilmek için çok fazla güçlüydü.
Cohen, "Bana Henry ile görüşmek için bir hak daha tanı. Ödevini yapması için ona bir şans daha ver. Pazartesi sabahı onunla konuştuktan sonra seni tekrar arayacağım," dedi. Jim Robinson kabul etti.

Kravis, Peter Cohen'i beklemiyordu.

Cuma akşamına gelindiğinde, RJR Nabisco için vereceği rakip teklifi finanse edecek ve bu konuda tavsiyelerde bulunacak yatırım bankalarından bir ekip oluşturmuştu. Listenin başında Jeff Beck'in patronu Drexel Burnham vardı. İki yıl boyunca Ivan Boesky'den kaynaklanan gayrimeşru hisse ticareti konusundaki federal soruşturmanın odağı olmasına rağmen, Drexel'in hâlâ güçlü olan hurda tahvil ağı çarpıcı biçimde sağlamdı. Buna rağmen, geleceği hâlâ belirsizdi; yakınlarda bir suçlamayla karşı karşıya kalacağı söylentisi dolaşıyordu. Ve bu, eğer yaklaşan bir mücadelenin ortasına rastgelirse, Kravis için felaket olurdu. O duruma düşmemek için, yedek fon sağlayıcı olarak Merrill Lynch'le çalışmaya karar verdi.

Steve Waters ve Eric Gleacher'ın bankası Morgan Stanley, Kohlberg Kravis'in ihtiyaç duyabileceği rutin karmaşık hesaplar ve tavsiye niteliğindeki işler için doğal bir tercihti. Waters, bir Kravis hayranıydı ve Kravis, bu bankacının kariyerine yardımcı olunması gerektiğini biliyordu.

Üç yatırım bankası, hantal bir ekip oluşturdu, pahalı olduğunu ise söylemeye gerek bile yoktu. Bu, Kohlberg Kravis'in işleri için şimdiye kadar biraraya gelen danışmanlar topluluğunun en genişiydi. Yine de Kravis, dördüncü bir şirketle daha çalışmaya karar verdi. Bu ateşli bir birleşme butiğiydi: Wasserstein Perella. Wall Street'in tartışmasız en parlak ele geçirme taktisyeni olan Wasserstein, herhangi bir büyük iş için paha biçilmez değerde olabilirdi. Fakat, Kravis'in ondan istediği tavsiye değildi. Onunla çalışması bütünüyle savunmaya dayalı bir hamleydi: Wasserstein'ı devre dışı bırakmak istiyordu. Anlaşmanın dışında kalan Wasserstein tehlikeli bir ajitatör olabilirdi. Serbest kalıp rekabet gücü olan bir ihale grubu oluşturmasına izin vermektense bu tıknaz adamı işe alıp, küçük bir odaya kilitlemek daha iyi olabilirdi.

Yatırım bankalarıyla anlaşma süreci pürüzsüz oldu. Fakat Kravis 10 milyar dolar veya üzerindeki asli finansmanı ticari bankalardan toparlamak için ihtiyaç duyduğu ekibi oluşturmaya başladığında, saçma bir sürprizle karşılaştı. Perşembe günü, ele geçirme işleri finansmanında ana kaynak olan büyük New York bankası Bankers Trust'ın Batı Kıyısı işlemleri sorumlusu Ronald Badie aramıştı. Uzun süredir Kravis'in bankacılık hizmetlerini yapan Badie, New York'taki patronları bu işe girmesini onaylar onaylamaz çalışmaya başlayacağına söz verdi. Fakat Badie Cuma günü aradığında garip bir biçimde durgundu.

"Bir sorun var Henry..." dedi. "Dürüst olmam gerek. Şu ana kadar seninle çalışmak için izin alamadım. Fakat, haftasonu bu konuda bir şeyler yapmaya gayret edeceğim."

Kravis şok olmuştu. Böyle bir şey –tabii ki bu ölçekte– daha önce hiç olmamıştı. Kravis, Badie'nin işi üstlenmemesinin olası tek nedenini biliyordu. Peter Cohen, Bankers Trust'ı kişisel temelli, çok nadir ve acımasız girişimi için Kravis'den önce tutmuştu. Bu çok önemli bir sorundu. Bankadan gelen düzenli para kaynağı kesilen Kravis'in ordusu cephanesiz kalmıştı.

"Yalnızca bir başkası için özel çalışamazsın!" diye patladı Kravis. "Çalışamazsın!" dedi tekrar.

Kravis Cumartesi günü durmadan RJR Nabisco konusunda ne yapabileceğini düşündü. Bunaldıkça daha fazla endişelenmeye başladı. Cohen ve Hill kaldıraçlı alım konusunda deneyimli olmasalar da, aptal değillerdi. Aksi bir şey duymadıkça, Kravis onların gereken banka finansmanını bulduklarını ve anlaşmayı bitirmeye yaklaştıklarını varsaymak zorundaydı. Cohen'in bir gece önce söylediği gibi, yönetim kurulu Ross Johnson'ın etkisinde olmalıydı.

Bankers Trust'ın tutumu beklenmedik bir krize yol açmıştı. Kravis bunu yalnızca en güvenilir finans kaynağının kesileceğinin işareti olarak değil, aynı zamanda Sherson'ın, büyük bankaların, Johnson'ın şirketi için verilebilecek rakip teklifleri finanse etmelerini önleme girişiminin açık kanıtı olarak değerlendiriyordu. Ayrıca Kravis American Express Yönetim Kurulu'nun Pazartesi günü toplanmayı planladığını öğrenmişti. Bunun yalnızca tek bir anlamı olabilirdi: Shearson kaldıraçlı alım işi için gereken büyük miktardaki köprü kredisi için tüzel ebeveyninin onayına ihtiyaç duyuyordu.

Her şey Shearson ve Johnson'ın bu anlaşmayı el çabukluğuyla hazırladığına işaret ediyordu. Ve Kravis, bu birleşme anlaşması imzalandığı takdirde, bozulmasının güç olacağını da biliyordu. Kravis Cumartesi gecesi Bruce Wasserstein'la görüş alışverişinde bulundu. Saldırgan taktikleriyle tanınan Wasserstein ani saldırı yaklaşımını önerdi. Kravis'e, eğer Johnson'ın anlaşmayı ciddi olarak kesinleştirdiğinden kaygı duyuyorsa, ilerlemenin tek yolunun –hızlıca– saldırmak olacağını söyledi. Herhangi bir gecikme Johnson'a, açıkça kendi yakınlarından oluşan yönetim kuruluna bu birleşme anlaşmasını imzalatmak için zaman kazandırırdı.

Wasserstein, aynı zamanda hukuk eğitimi de almıştı, eski Yüksek Mahkeme yargıcı Louis D. Brandeis'den alıntı yaparak Kravis'e "Gün ışığı tüm dezenfektanların en iyisidir," dedi. Eğer Kravis Johnson'ın bu işi karanlık arka odalarda oldu bittiye getirmesinden endişe duyuyorsa, sürece biraz gün ışığı tutmalıydı. "Ve tüm aydınlatmalar içinde en iyisi acilen bir fiyat teklifi verilmesidir," diye devam etti.

Ertesi gün için Kravis ekibinin bütünüyle katılabileceği bir toplantı planlandı.

Hızlı, hızlı, hızlı, diye düşündü Kravis. Her şey hızlı gelişmeliydi.

Dünyada binlerce ticari banka var. Ele geçirme dünyasında ise sadece üç.

Citibank, Manufacturers Hanover Trust Co. ve Bankers Trust. Wall Street'teki dev şirket ele geçirme makinasının yakıtı olan milyarlarca doların akışını sağlayan muslukların başında bu üçlü koalisyon bulunmaktaydı. Drexel Burnham ve diğerleri tarafından satılan hurda tahviller ek finansmanın önemli araçlarıydı, fakat üç büyük banka olmaksızın ele geçirme dünyası feryat içinde durma noktasına gelecekti.

Bu üçlü öylesine güçlü ve ele geçirme işleri için ödünç para vermeye öylesine istekliydi ki, 1980'lerin sonuna gelindiğinde şirket birleşmeleri için gerekli paranın ortak taşıyıcıları gibi hareket ediyorlardı. Aynı avın peşindeki herhangi bir ihalenin katılımcılarına eş zamanlı olarak borç vermenin yanlış bir şey olduğunu düşünmüyorlardı. Ticari bankalar uzak akrabaları olan yatırım bankaları gibi, her ihale katılımcısının güvenini sarsmamak için, sırlarını diktikleri Çin Seddi'nin arkasında saklıyorlardı.

Şüphesiz zaman zaman, bu yaklaşım bankanın sürekli müşterilerini kızdırıyordu. Bankanın bir şubesi, şirketin denetimini ele geçirmek için verilen düşmanca bir teklifi desteklemeyi kabul ettiğinde, merkezi Boston'da bulanan traş bıçağı üreticisi Gillette, Citibank ile uzun süredir devam eden ilişkisini kesti. Bunun birçok değişik örneği var. Her şey göz önüne alındığında, bankalar ele geçirme işinden kaynaklanan kazançlarının birkaç cimri müşterinin batan işlerinden daha ağır bastığını gördüler. Kurumsal Amerika bu uygulamayı beğenmese de, bankaların güç ve etkisinin karşı çıkılamayacak ölçüde yaygın oluşu bir gerçekti.

Az rastlansa da, büyük bir ele geçirme işi için özel olarak üç büyükten birinin tutulması mümkündü. Ayrıca bu iş pahalıydı da. Henry Kravis'in kuşkularının aksine, Shearson aslında ne Bankers Trust ve ne de Citibank'la özel bir anlaşma yapmayı istememişti. Rekabet olasılığını öngörememiş olan Peter Cohen, özel anlaşmalara ihtiyaçları olacağını da düşünmemişti. Shearson'ın bankalarla ilişkilerini kuran Jim Stern, durumu Bankers Trust'tan Bob OBrien'a gayri resmi olarak açmış, fakat O'Brien konuyu ortada bırakmıştı. Ancak O'Brien daha sonra, Shearson'da, bankasının rakip bir banka grubunu etkilemeyeceği yönünde izlenim yaratarak, onun bu şekilde çalışmasını sağlamış olduğunu kabul etti. Bankers Trust'ın sadece Ross Johnson için çalıştığını ima eden yaklaşım devam ediyordu.

Bu nedenle Ron Badie'den resmen Kravis'e destek olması istendiğinde, O'Brien'ın hazırlıksız yakalanan New York'taki üstleri, sorun halledilinceye kadar bu talebi engelledi. Badie tüm haftasonu en büyük müşterisiyle çalışmak için boşuna izin almaya çalıştı. Düğüm gelecek haftaya kadar çözülemeyecekti ama zaten bu Kravis'in faaliyetlerini etkilemişti.

Kravis tarafı Cumartesi akşamına değin üçlü banka koalisyonunun diğer iki üyesiyle temasta bulunmamıştı. Kravis'in avukatı ve sırdaşı olan Dick Beattie, Cumartesi gecesi Mark Solow telefon ettiğinde, Manhattan'daki dairesinde dinleniyordu. Solow, Manufacturers Hanover'de şirket ele geçirmeleri için finansman sağlayan bölümün müdürüydü; kurnaz bir bankacıydı, Wall Street'te ele geçirme işiyle uğraşan çevrelerde saygı duyulan biriydi.

Solow, Shearson'dan Peter Salomon'a ulaşmaya çalıştığını söyledi. Beattie'nin de Shearson'ın en yakın dış danışmanlarından biri olduğunu biliyordu. Beattie'de Salomon'un ev numarası var mıydı?

Beattie, "Peter ile hangi konuda konuşmak istiyorsun?" diye sordu.

Solow, "Sana söylememeliyim," diye yanıt verdi. "Fakat acilen Shearson Lehman'dan biri ile konuşmam gerek." Solow'un söyleyemediği şey, Bankers Trust'tan Bob O'Brien'ın ona Shearson'ın banka grubuna katılmasını önermiş olması ve bu öneriyi kabul etmeden önce Shearson'dan biriyle konuşmak istemesiydi.

Beattie her şeye rağmen, gelen telefonun RJR Nabisco ile ilgili olduğunu anladı. Belli ki Solow, Kravis'in konuya duyduğu ilgiden habersizdi ve Beattie'nin, Shearson'a karşı entrika dolu bir kavgada Kravis'i temsil ettiğinin kesinlikle farkında değildi.

Beattie çabucak düşündü. Ron Badie ile yaşadıkları, onu, özellikle banka meselelerine karşı duyarlı hale getirmişti. Solow'u Shearson işine girmeden önce devre dışı bırakmalıydı.

"Araman çok iyi bir tesadüf Mark, çünkü Henry Kravis seninle konuşmak istiyordu. Onun seni aramasını söylememi ister misin?"

"Elbette..."

Beattie, Solow'a Peter Salomon'un telefon numarasını bulamadığını söyledi ve telefonu kapattı. Hemen Kravis'i arayarak durumu anlattı.

Kravis ertesi sabah erkenden Solow'a ulaştı. "Manufacturers Hanover Trust (Manny Hanny) Shearson'la özel bir anlaşma yaptı mı?" diye sordu.

Solow, "Hayır, Shearson veya başka biriyle özel bir anlaşma yapmadık," diye yanıtladı.

Kravis, Solow'un bu işe girmediğini duyunca rahatladı. Bankacıya Kohlberg Kravis'in Manufacturers Hanover'la RJR Nabisco'ya ilişkin bir ihale işi için özel anlaşma yapmak istediğini söyledi.

Solow şaşırdı. "Aman Tanrım!" dedi. "Bunu daha önce hiç yapamıştık."

Kravis, "Bu sefer yapacaksınız..." dedi. "Yaptığınıza da değecek."

Bu, Kravis'in duyduğu az sayıdaki iyi haberden biriydi. Manny Hanny, Peter Cohen'in avucuna alamadığı bir bankaydı.

O haftasonu boyunca, gelecek haftalarda RJR Nabisco için doğru fiyatı belirlemede yardımcı olmak üzere bankacılara akacak rakam dalgalarının öncüsü olan ilk finansal veri paketleri Lazard Freres ve Dillon Read'e ulaşmaya başladı. Paketlerin içinde Johnson'ı bir tür yeniden yapılanmaya ikna etmeye yönelik bir girişim içinde bulunan dışardan insanlar tarafından yapılmış yarım düzine finansal çalışma da buldular.

O Cumartesi, Luis Rinaldini, Lazard'daki bir meslektaşının bürosuna, elinde bir avuç dolusu çalışmayla telaş içinde girdi. Arjantinli hayretle, "Bunları gördün mü?" diye sordu. Ira Harris belgeleri Cumartesi sabahı Chicago'daki dairesindeyken aldı ve okuyunca dehşete kapıldı.

RJR Nabisco'nun bir hissesinin fiyatı için 80 doların altında tek bir değer biçilmemişti. Çoğu 90 dolara yakındı. Dillon Read'in Tara Projesi, RJR Nabisco'ya hisse başına 81 dolar ile 87 dolar arasında etiket fiyatı koymuştu ve bu Johnson'ın önerdiği hisse başına 75 dolarlık fiyattan ortalama olarak 2 milyar dolar daha fazla demekti. Ruben Gutoff'un Reo Projesi şirketin hisselerinin özel piyasa değerlendirmelerinde hisse başına 96 dolara kadar çıktığına dikkat çekmişti. Bütün bankacılar RJR Nabisco'nun çok kârlı bir iş olduğunu biliyorlardı, –Johnson'ın RJR Hava Kuvvetleri Wall Street'te nam salmıştı– fakat doğrusu böyle değerlendirmeler beklemiyorlardı.

Bankacılar Johnson'ın verilerini inceledikleri sırada, merak uyandıran bir veri paketi isimsiz olarak Connecticu'ttaki Charlie Hugel'a gönderildi. Hugel paketin içinde Dean Posver'in adamlarınca oluşturulduğu açıkça anlaşılan bir RJR Nabisco planlama belgesi buldu. Şirket Strateji Güncellemesi başlıklı, "GİZLİ" damgalı bu belge 29 Eylül tarihini taşıyordu, yani Johnson'ın yönetime gitmesinden sadece üç hafta öncesine aitti.

Hugel belgeyi dikkatle okudu. Hisse sorununa genel bir bakış olanağı sağlıyor, Philip Morris ile mücadele yöntemlerini ortaya koyuyor ve şirketin el konulmaya aday olmaktan çıkmasını sağlayabilecek tütün borçlarının ödenmesi sorunu hakkında öneriler içeriyordu. Ama Hugel'ın ilgisini çeken şey, şirket hakkındaki değerlendirmelerdi. Belge, RJR Nabisco'nun değerinin hisse başına minimum 82 dolardan maksimum 111 dolara kadar değişen etiket fiyatlarıyla belirlenmesini sağlayacak bir konumu adım adım inşa ediyordu. Hugel, bu belgenin önemli bir duruma işaret ettiği sonucuna vardığını, RJR Nabisco'ya ilişkin hisse başına 111 dolardan aşağı olan tekliflerin reddedilmesine yol açabileceğini düşündü.

Hugel'ın aklı karışmıştı. Minimum sekseniki? Johnson'ın kendi adamları şirketin değerinin 82 dolar ile 111 dolar arasında olduğunu söylemişse, o ne halt etmek için 75 dolardan teklif veriyordu?

Dökümanın kaynağı da aynı derecede tuhaftı. İliştirilmiş bir not ya da gönderenin kimliğine dair hiçbir ipucu yoktu. Fakat bir şey gayet açıktı: Bunu gönderenin gizli belgelere erişebilen, yüksek düzeyde bir RJR Nabisco yöneticisi olduğu neredeyse kesindi, Ross Johnson'dan kurtulmaya çalışıyordu.

Kravis gözlerini Bruce Wasserstein'a dikerek, "Bir tütün şirketiyle ilgileniyoruz," dedi. "Fakat hangisi olduğunu söylemek istediğimden henüz emin değilim."

Kravis gülümsedi. Kalabalık yönetim kurulu odasındaki herkes Wasserstein'ın, Philip Morris'in Kraft için verdiği teklife beline kadar gömülmüş olduğunu biliyordu.

Pazar öğleden sonra, toplantı için dinlenme evlerinden otomobille veya Central Park'ın yaprak kaplı patikalarından yürüyerek gelen yatırım bankacıları, saat dörtte Kravis'in yönetim kurulu odasına çiftler halinde girmeye başladı. Kravis ve adamları büroya öğle saatlerinde gelmiş ve öğleden sonra vakitlerinin çoğunu RJR Nabisco'nun değerleri konusunda çeşitli analizleri inceleyerek geçirmişlerdi.

Kravis, büyük masanın kenarındaki koltuğundan, yapacağı saldırı için biraraya getirdiği birlikleri dikkatle inceledi. Solunda, her zamanki yerinde, donuk mavi gözleri sabit, çenesi sıkıca kapalı Dick Beattie oturdu. Beattie'nin solunda emrindeki ikinci adam olan çocuksu tavırlı avukat Casey Cogut vardı. Kohlberg Kravis'in hukuki işlerinin çoğunu Beattie yönetiminde Cogut denetlerdi. İki avukat o sabah Connecticut'taki evlerinden birlikte arabayla gelmişlerdi.

Cogut'un yanında eski bir avukat olan, şimdi ise zor finansal sorunlara yaratıcı çözümler bulmasıyla tanınan, kıdemli bir Kohlberg Kravis çalışanı Ted Ammon oturuyordu. Wasserstein da Ammon'un yanına oturmuştu. Dehasına ve Kravis'e sunduğu sonsuz çeşitlilikteki fikirlere rağmen, Wasserstein, Kohlberg Kravis'in iç halkasına girmeyi başaramamıştı: Kravis ve yardımcıları onun dolambaçlı konuşmalarını yorucu buluyorlardı. Bazıları, özellikle de George Roberts, Wasserstein'ın kime sadık olduğundan asla emin olamamıştı.

Wasserstein'ın yanında, Morgan Stanley'in şirket birleşmelerinden sorumlu ufak tefek müdürü Eric Gleacher oturuyordu. Ele geçirme işinin en tanınmış isimlerinden ikisi, Gleacher ve Wasserstein, Kravis ve yardımcılarının gevşemelerini sağlayan sonsuz bir mizah kaynağı olacaklardı. Bu ikili, toplantılarda, en son kimin ilk konuşmacı olduğunu asla unutmadan, ilk konuşma hakkını alırlar. Bu kez de kaçınılmaz olarak aynı öneriyi gündeme getirdiler, tabii Kravis'in gözlerini kendi ekseni etrafında çevirdiğini fark etmediler. Beattie, bu ikilinin her strateji oturumundan önce, bugün yaptıkları gibi, birbirlerine danıştıklarını düşünüyordu. George Roberts çareyi yatırım bankacılığının Siskel ve Ebert'i olan Wasserstein ve Gleacher'ı çağırmakta bulmuştu.

Masanın uzak tarafında, Steve Waters ve Wasserstein'ın, kısa süre önce yapılan Macmillan ihalesi sırasındaki mükemmel çalışması ile Kravis'in gözdesi haline gelen, bebek yüzlü yardımcısı Mack Rossoff oturuyordu. Diğer tarafta Drexel'e bağlı çalışanlar duruyordu: Jeff Beck ve Mike Milken'in birçok fikrini hayata geçiren becerikli finans uzmanı Leon Black. Daireyi meslekte yeni olan iki çalışkan arkadaşı Scott Stuart ve Cliff Robbins ile birlikte Paul Raether tamamlıyordu. Toplantı düzeni alındıktan sonra, Kravis gruba son durum hakkında bilgi verdi. "Shearson'ın büyük bankaları onları bağlayacak taahhütlere sokmaya çalıştığını anlıyoruz," dedikten sonra sözlerini, "eğer durum buysa, gerçekleşmesini önlemek için hemen bir şeyler yapmak zorundayız," diye bitirdi.

RJR Nabisco'nun sahip olduğu ve başarılı bir kaldıraçlı alım işinde ortaya çıkacak değerler üzerinde uzun bir tartışma başladı. Gerçek fikir ayrılıkları yoktu. Ross Johnson'ın kurabiye kavanozunda para olduğunu herkes biliyordu. Sorun ona en iyi biçimde nasıl ulaşılacağıydı. Cliff Robbins o gün, Peach Project (Şeftali Projesi) ekibine iletmek için seçenekleri bir kağıda not etti.

Üç seçenek vardı. Birincisi, yönetim kuruluna kucaklama mektubu adı verilen bir yazının gönderilmesiydi. Bu yazıda Kravis hisse başına 75 dolardan fazla ödeme yapmak istediğini fakat bütünlüklü bir teklif vermek için nakit eksiği bulunduğunu belirtecekti. Robbins, "Avantajlar" sütununa, böyle bir kucaklamanın RJR Nabisco'nun gizli bilgilerine erişmelerini sağlayabileceğini not etmişti, ihaleye yönetim ekibiyle katılmadıkları takdirde bu zorunluydu. Bu aynı zamanda yönetim grubunun anlaşmayı hızla sonlandırma eğilimini de durduracaktı. Robins "Dezavantajlar" sütununa ise, tehditkâr bir mektubun ihalenin uzamasına yol açabileceğinden endişelendiğini yazmıştı. Kağıtta, teklifin, zarfın dibine kadar inebileceği belirtilmişti. Kazanabilecekleri ama bunun onlara süreç içinde milyarlarca dolara malolabileceği sonucuna varmıştı.

İkinci alternatif Shearson ve Johnson ile görüşerek onlara ortak teklif getirmeyi önermekti. Dipnot olarak, "Bu zayıflık anlamına mı gelir?" sorusu eklenmişti. Üçüncüsü, ılımlı bir teklifti ve Wasserstein tarafından önerilen bir yaklaşımdı. Üst taraf, zamanlama avantajının boyutlarını belirliyor, alt taraf, hiç bilgi yok... düşmanca...

finansal engeller, gibi notlar içeriyordu.

Söz sırası danışmanlara geldiğinde, ilk konuşmayı Eric Gleacher yaptı. Ordu kampında ya da çok önemli bir futbol maçının devre arasında konuşuyor gibiydi. Atletik bir yapısı olan ve bununla övünen Gleacher, kısa boylu adamlarda görülen maço özelliklerinin hepsine sahipti.

Gleacher "Bir ihale teklifi yapmalısınız," dedi. "Buradaki risk, Shearson'ın biz bir şeyler yapmadan önce yönetimle anlaşma ihtimali. Eğer onları tekrar arar ve "Evet ilgileniyoruz," dersek sonunda biz de dışarı atılırız. Bir ihale teklifi, oyunu eşit biçimde oynamamızı gerektirir. Burada sağlam durmalıyız. Bu sembolik açıdan çok önemli... Hızlı hareket etmeliyiz. Onları akıntının dışına atmalıyız. Hemen atmalıyız."

Dick Beattie masanın karşısından sırıttı. "Her zamanki Gleacher işte..." der gibiydi.

Ardından Wasserstein, esasen bir gece önce Kravis'e özel olarak aktardığı mesajı tekrarlayarak konuşmaya başladı. Tartışma, avantaj ve dezavantajların tek tek, detaylarıyla ortaya dökülmesiyle devam etti. Drexel'den Leon Black uyarıcı bir ifade ile konuştu: "Aman Tanrım! Bu acele de nedir? Neden bekleyip, fiyatı yükseltmiyoruz?"

Gleacher, "O zaman kötü adam olursunuz..." dedi.

Daha başka şeyler de konuştular, fakat grubun eğilimi belirginleşmişti.

Kravis "Hangi fiyattan?" diye sordu.

Gleacher, "Belki de teklifi yetmişbeşten yapmalıyız," dedi.

Wasserstein kafasını salladı: "Bence doksanlarda bir yerde olmalı."

Rakipler, Wasserstein'ın kesesinin, özellikle harcanan müşterisinin parasıyken daima bol olduğunu söyleyip şakalaştılar. Müşterileri sürekli olarak öyle yüksek teklifler veriyorlardı ki, aracılar Wasserstein'ın prim alacağını konuşmaya başlamışlardı.

Kravis, Johnson'ı masadaki herkesten daha iyi tanıyan Steve Waters'a döndü: "Johnson'ı nasıl görüyorsun?"

Waters, Johnson'ın performansı konusunda gevezelik ederek,

"Ross asla bir şey almadı. O daima satıcı olmuştur," dedi. "90 dolarlık bir ihale teklifi onu hemen savunma pozisyonuna geçirecek. Çünkü bununla boy ölçüşmek istemeyecek. Fakat daha da önemlisi, 90 dolarlık teklif, masadaki 75 dolarlık teklifle karşılaştırıldığında, Johnson'ın şirketi dolandırdığını açığa çıkaracak." Böyle olduğu takdirde, Johnson ile yönetim kurulu arasına önemli bir ikircik sokulabileceğini bekleyebilirlerdi.

"Eğer güçlü bir biçimde gidebilirsek..." diye ekledi Waters, "Johnson batabilir."

Kravis en son Drexel grubuna döndü. RJR Nabisco'yu alabilecek kadar hisse senedi satılabilir miydi? Dünya piyasalarında yeterli talep var mıydı? Hepsi sözkonusu tekliflerinin Wall Street tarihindeki en büyük teklifleri bile gölgede bırakacağını biliyordu. Ama Drexel'e dava açılması halinde, hem ele geçirme işinde hem de hisse senedi satışlarında korkunç sonuçların ortaya çıkabileceği yönünde hâlâ derin kaygıları vardı.

Leon Black, "hurda tahvilleri plase edebiliriz," dedi. "Sorunlarımızı dert etmeyin. Başaracağız." Black'in öyle bir şöhreti vardı ki, bu sıradan teminatların sahte olabileceğinden pek az insan kaygılandı.

Tartışma bittiğinde, Kravis, Paul Raether ve çalışma arkadaşlarını alarak bürosuna çekildi. Artık karar zamanı gelmişti. Diğer danışmanlar Kohlberg Kravis'in mutfağını yağmalama fırsatını değerlendirdiler ve kendilerine pizza ısmarladılar. Kravis bürosunun kapısını kapattığında, o anda yalnızca altı blok kuzeyde, çok benzer bir toplantının yapıldığının hiç kimse farkında değildi.

John Gutfreund üç yaşındaki oğlunun minik elini tutmuş, Madison Avenue'ye giden kaldırıma yönelmişti. Baba-oğul alışveriş için dışarı çıkmışlardı ve Gutfreund kolunun altında bir paket taşıyordu. Yolun karşısında, umutsuzca park yerine girmeye çalışan Bill Strong'u ve Salomon'dan bir diğer yatırım bankacısını gördü. Gutfreund el salladı.

O akşam Fifth Avenue'daki dairesinde yapılacak toplantının

uzun ve harikulade kariyerinin en önemli görüşmelerinden biri olabileceğini biliyordu. Salomon Brothers Wall Street'in en güçlü aracı kurumlarından biriydi. New York limanına bakan büyük binalarında hergün 20 milyar doları aşkın hisse senedi akışı oluyordu, bu New York Borsası'nın günlük rakamlarını bile aşıyordu. Fakat şimdi, yerine getirilmemiş vaatlerle dolu üç yıldan sonra, Gutfreund sonunda şirketinin aracı kurum işine son vermeye ve zor kazanılan sermayesini büyük bir yatırım bankacılığı anlaşmasına yatırmaya hazırdı. Ve Gutfreund'un yatırım bankacılığı departmanının istediği şekliyle –tabii onların kullanmayı önerdikleri miktarlarla– Salomon'un LBO işine asla bir şey yatırmayacağını söyleyenleri şaşkına çevirecekti.

Gutfreund ele geçirme dünyasında çok yeniydi. Wall Street, zaman zaman aralarında savaşan iki kampa ayrılmıştı: Kusursuz, şık, Andover veya Harvard'da eğitim görmüş yatırım bankacıları ile aracılar, yani belediye üniversitelerinden mezun, aracı kurumlarda birbirlerine bağırarak yaşamını kazanan, kırmızı yüzlü Yahudi veya İrlandalı çocuklar. Gutfreund, eğitimi ve tavırlarıyla, tam bir aracıydı.

Salomon Brothers'ı, on yıllık büyüme süresi boyunca, alanındaki en büyük ve kârlı şirket oluncaya değin aracı kurumdaki masasından acımasızca yönetmişti. 1985'te, *Business Week* onu "Wall Street'in Kralı" olarak taçlandırmıştı. Finansman işlerine çok fazla giren John Gutfreund aslında Salomon Brothers'ın ta kendisiydi. Sözü şirkette kanun yerine geçerdi ve o, koca purosunu sallayarak bir odaya girdiğinde, astları hiç abartısız, titrerdi. Kısa boylu, karanlıktan ve üç parçalı takım elbiselerden hoşlanan Gutfreund yuvarlak yüzlü, kalın dudaklı bir adamdı, çoğunlukla zorlama olduğu hissedilen hafif bir gülümsemesi vardı. Onu Standard Brands günlerinden tanıyan Ross Johnson, Gutfreund'a "Yaşlı Patateskafa" derdi.

Gutfreund 59 yaşında ikinci eşiyle evlenip çocuk sahibi olduğunda yeni bir yaşam keşfetmiş, böylece Wall Street'te şakalara konu olan bir toplumsal profil çizmişti. Eski bir Pan Am hostesi olan Susan Gutfreund, kırklı yaşlarının başlarındaydı ve kocasının tekdüze yaşamını, smokinli fon toplayıcıları ile sosyete partilerinden oluşan bir televizyon dizisine dönüştürmüştü. 1981'de evlenen

Gutfreundlar kısa sürede *We ve Womens Wear Daily*'nin sosyete sayfalarının gediklileri oldular. Susan, New York sosyetesindeki yükselişlerini Henry Kissinger'ın altmışıncı doğum günü partisini düzenleme şerefini ele geçirerek onaylatmıştı. Aylar sonra konuklar hâlâ Susan'ın aşçısının tatlı olarak hazırladığı pamuk helvasından yapılmış yeşil elmaları konuşuyordu.

Gutfreundlar Paris'deki Rue de Grenelle üzerinde bir malikhane satın aldıktan sonra Susan vaktinin çoğunu Fransa'da geçirmeye, Gutfreund da haftasonlarında Amerika-Fransa arasında Concord'la mekik dokumaya başladı. Salomon Brothers'ın ilk kez sorunlarla karşılaşmaya başladığı 1980'li yılların ortalarında, çoğu insanın kocasının dikkatini daha önemli konulardan uzaklaştırdığı için Susan Gutfreund'u suçlaması şaşırtıcı olmadı. Wall Street'ten bir arkadaşı 1988 yılının başlarında bir New York dergisine, "Ben, John'un sorunlarının çoğunda Susan Gutfreund'un parmağı olduğunu düşünüyorum," demişti. "Yaşlı adamlar cinsel canlılıklarını farkettiklerinde, giderler."

Salomon büyüdükçe, egemen olan ticari kültürü ile şirket içinde uzun süre ihmal edilerek üvey çocuk muamelesi gören küçük yatırım bankacılığı departmanı arasındaki gerilim arttı. Bankacılar şirket içinde daha fazla ses çıkarmak istediklerinde ve şirketi birleşme işleri ile yatırım bankacılığına yöneltmek için bilerek daha agresif bir biçimde baskı yapmaya çalıştıklarında, bu gerilimler neredeyse açık savaş denilebilecek bir kavgaya dönüştü. Salomon'da planlanan entrikalar, sonuçları itibariyle Floransa sarayında Medici'lerin hanedanlığı sırasında yaşananlarla kıyaslanır hale geldi, Gutfreund da bu oyunda Makyavel tarafından yazılan rolü oynuyordu. Merhametsizce kendine hakim olmaktan uzaklaşan ve gücünü öne sürerek kendisine karşı koyanlara parlamakla övünen bir adam. Gutfreund vaktinin çoğunu iç isyanları bastırmakla geçirdiğini farketti. O iç isyanlarla uğraşırken kârlar hızla düşüyor, moraller bozuluyordu. Bir dizi akılsızca yeniden yapılanma, Chicagolu anlaşma uzmanı Ira Harris ve ekonomi gurusu Henry Kaufman'ın da içlerinde olduğu yüksek düzeydeki görevlilerin istifa seline yol açtı. Gutfreund dibe vurduğu noktada, yatırımcı Ronald

O. Perelman'nın gerçekleştirdiği bir ele geçirme girişiminden zar zor kurtuldu.

Gutfreund yaklaşık iki yıl boyunca birçok kriz atlattı, şirketi yavaş yavaş huzursuzluk kaynatan bir çaydanlık gibiydi. Şimdi, oğluyla evine doğru yürürken, felaket tellallarını yanıltarak, en kötü günleri arkada bırakmış görünüyordu. Salomon'da sorun yaratanların birçoğu tasfiye edilmiş, kârlar yeniden yükselmeye başlamış ve Gutfreund'la karısının hayatı *Womens Wear Daily*'nin sayfalarından silinmek dışında hiç değişmemişti. Şirket ele geçirmelerinden zaman zaman ticari işler olarak söz eden Gutfreund, ilk kez yatırım bankacılığına hararetle ilgi duyuyor hatta bankacılarla birlikte, yarar sağlayabilecek muhtemel müşterilere nezaket ziyaretlerine gidiyordu. Aracılık işlemleri hâlâ kârlıydı, fakat Gutfreund Wall Street'teki diğer bütün üst yöneticilerin yıllardır bildikleri şeyi öğreniyordu: Bugünlerde gerçek para yatırım bankacılığındaydı.

RJR Nabisco, Gutfreund'un verdiği kararın test edilmesini sağlayacaktı. Tüm yatırım bankacılığı departmanının, Ross Johnson'ın yarattığı faaliyetin bir parçasını elde etmeye istekli olduğunu biliyordu. Gutfreund şüpheciydi, onların tutkularını iş heyecanına, bir yatırım bankacısının hayatının en büyük ele geçirme fırsatı karşısında yaşadığı ruh haline yoruyordu. Gutfreund'un gözlemlediği belirtiler birçok aracıda, her ay veya iki ayda bir aniden ortaya çıkıyordu. Bu anlaşma onları geri götürebilirdi. RJR Nabisco, Salomon'un kurtuluşu olacaktı; anlaşma bir hamlede tarihi yeniden yazmalarına, geçmişteki sıkıntıların silinmesine ve Salomon'un hızla LBO alanında önemli bir güç haline gelmesine olanak verecekti."

Gutfreund bunun takdire değer fakat gerçekleşmesi olanaksız bir amaç olduğunu düşündü. Ve kesinlikle riskliydi de. Bill Strong'un RJR Nabisco hakkında anlattıklarından anladığı kadarıyla Ross Johnson'ın şirketi çekici görünüyordu –iyi ürün markaları, müthiş bir nakit akışı. Fakat Gutfreund daha büyük bir tabloya bakmak zorundaydı. İhtiyaç duyacakları sermaye miktarı –belki birkaç yüz milyon dolar– sırtlarına çok ağır bir yük bindiriyordu. Salomon'un aracılık işlemlerinde şirket fonları büyük miktarlarda hisse senedi toplamak için kullanılıyor, sonra bunlar küçük fiyat farklarıyla satılarak büyük kârlar elde ediliyordu. Şirketin sermayesinden yapılacak büyük bir kesinti, Salomon'un kredibilitesinin gözden geçirilmesine neden olabilirdi. Kredibilitedeki herhangi bir derece indirimi, yüksek aracılık maliyetlerine yol açarak Gutfreund'a milyonlarca dolara mal olabilirdi. Daha önemlisi, bu indirim şirket saflarında hoşnutsuzluğu tekrar alevlendirebilirdi. İçinde bulunduğu durum Gutfreund'un kendisini aldatmasına elvermiyordu: Bu işi doğru bir biçimde ele alamazsa, açık bir isyanla karşı karşıya kalabilirdi.

Arabasını parkeden Bill Strong ve ardından diğer yarım düzine yatırım bankacısı Gutfreund ile apartmanının girişinde buluştular. Taş duvarlarla çevrelenmiş iki katlı bir salonda ağırlandılar. Duvarlardan birinde Monet'nin suluboya tablosu asılıydı. Altı yatak odalı daire Gutfreund'a 6.5 milyon dolara malolmuştu —baştan aşağı yenilenmeden önce— ve sanki dolarlar duvarlardan dışarı taşıyordu. Gutfreundların misafir salonlarında görkemli bir onsekizinci yüzyıl Fransız atmosferi tercih edilmişti; salonun hemen bitişiğindeki oda da antik resimli panolar ve bitki kafesleriyle süslenmişti. Mortimer'daki sosyete dedikoducuları Fransız Susan Gutfreund'un Paris'deyken neler yaptığını anlatan şakalara bayılıyorlardı. Nancy Reagan'la tanıştırıldığında ona, "Bonsoir, Madame" demişti.

Gutfreundlar, eski komşularıyla bir anlaşmazlığa düştükten sonra, nehir kenarındaki lüks evlerinden Fifth Avenue'ya taşınmışlardı. Susan, Noel için 7 metre uzunluğunda bir Douglas ağacı alma konusunda ısrarcı olmuştu. Ağacın, apartmanın asansörüne sığmayacak kadar büyük olduğu ortaya çıktığında, çatıya bir vinç koydurarak yukarı çektirmişti —ancak maalesef çatı katındaki kiracıların iznini almamıştı. Ortada, 35 milyon dolarlık dava gibi berbat bir durum vardı. Gutfreundlar hemen Fifth Avenue'da daha büyük bir mekana taşındılar.

Büyük daire misafirlere gezdirildikten sonra, Strong'un grubu Gutfreund'un duvarları deriyle kaplanmış karanlık kütüphanesine alındı. Gutfreund, "Pekala..." dedi, "bana bu konuda bilmem gerekenleri anlatın."

Strong sinirliydi. Bu şimdiye kadar yapmış olduğu ve muhtemelen yapabileceği en büyük sunuş olacaktı. Gutfreund'dan şirketin tüm geleceğini yeniden şekillendirecek benzeri görülmemiş bir anlaşma yapmasını istiyordu. Hızla işin yapısını anlattı. Strong bu işin kendi içinde çok basit olduğunu söyledi. Salomon ve Hanson, hisseleri, masrafları ve denetimi yarı yarıya paylaşarak, tam ortak olarak hareket edeceklerdi. Salomon finansal uzmanlığını, Hanson da geçmiş deneyimini ortaya koyuyordu. Alışılmadık olan Salomon'u anlaşmaya sokması için Strong'a yapılan önerinin şekliydi.

Strong'un Salomon ekibi haftasonu boyunca çalışarak Henry Kravis ile aynı sonuca ulaşmıştı. RJR Nabisco'ya yönelecek birinin saldırgan davranması gerekiyordu. Strong, Salomon'un henüz ihalesi açılmamış bir ele geçirme teklifinden gözünü ayırmamasını, bir yandan da hızla ve gizlice RJR Nabisco hisselerinden büyük bir pozisyon oluşturmasını önerdi –tabii başlangıç olarak. Bunun Salomon'un pazarlık gücünü artıracağını iddia etti. Sonunda Salomon bu şirketin yönetimini ele geçirme konusunda başarısız olsa bile, eline geçirdiği şirket hisselerinden büyük bir kazanç elde edecekti, ki bu da ek bir avantajdı.

Strong'un tanımladığı şey aynen Boone Pickens ve Carl Icahn gibi şirket yağmacılarının yıllardır kullandığı stratejiydi. Büyük bir yatırım bankasının aynı yaklaşımı denemesi duyulmamış bir şeydi. Bu, Tom Hill ve Shearson'ın o bahar Koppers'ın üzerine atlamalarının bile ötesinde bir boyut taşıyordu. Strong alışılmadık anlaşmalarda, alışılmadık taktiklerin gerekli olduğunu öne sürdü. Gutfreund'un onayıyla Pazartesi sabahından itibaren RJR Nabisco hissesi toplamaya başlamak ve 1 milyar dolarlık alım yapıncaya kadar da devam etmek istiyordu.

Strong'un önerisi sebepsiz değildi. Tüm haftasonu bankacılar bu konuyu tartışmışlardı. Strateji çok parlak görünüyordu, bilinen markaların toplanması hayatta bir kez hedeflenebilirdi. Bunun tam da Salomon'un yapması gereken türden saldırgan bir hamle olacağını düşündü. Konu üzerinde tartışmayı sürdürdükçe daha da heveslendiler. Hepsinin kafasında yalnızca tek bir soru vardı: Gutfreund bunu yapacak mıydı?

Charles (Chaz) Phillips adındaki bankacı "İmkansız..." "Bunu asla yapmayacak," dedi. Phillips, Gutfreund'un iyi bir oyundan söz ettiğini ama aslında düğmeye basmak için gereken şeye sahip olmadığını öne sürdü. Bazı bankacılar sıkıntıya kapıldı. "Eğer Gutfreund RJR Nabisco anlaşmasını onaylamazsa..." diye sızıldandılar, "başka bir şeyi de onaylamayacaktır." Ronald Freeman adlı emekli bankacı, "Eğer bunu yapmanın bir yolunu bulamazsak, Salomon'da geçirdiğim onbeş yılın hiçbir anlamı kalmayacak," dedi.

Strong sunuşunu bitirdiğinde Gutfreund herhangi bir zayıflık olup olmadığını anlamak için kalkanlarına ok saplayan bir savaşçı gibi saldırmaya başlamıştı. Tarzı, bankacıları savunmacı bir konuma düşürerek, kendilerini yüzlerce değişik yoldan haklı çıkarmaya çalışmalarını sağlamaktı. Gutfreund bu anlaşma üzerine kumar oynarken, henüz bir dolar bile yatırmadan, yanlışa neden olabilecek tüm olasılıkları bilmek istediğini söyledi. "Beyler, ortaklarımın parasını fazlasıyla hafife alıyorsunuz!" diye meydan okudu. Ve ekledi: "Bunun işe yarayacağını düşünmenize yol açan şey nedir?"

Bankacılar düşmanca mı davrandığını yoksa yalnızca doğru soruları mı sormaya çalıştığını önce anlayamadılar. Gutfreund, "Tütün meselesi hakkında ne düşünüyorsunuz?" diye sordu. Bankacılar, "Bu sorun değil," diye güvence verdiler. Chaz Phillips'e, "Hisse senedi piyasası bu kadar fazla kağıtla ilgilenecek kadar geniş mi?" diye sordu. Phillips, "Evet," diye yanıtladı.

Gutfreund, Salomon'un en etkili yöneticilerinden biri olan Warren Buffett'ı arayıncaya kadar, bir saati aşkın bir süre konuyu tekrar ele aldılar. Buffett, Wall Street'in en akıllı yatırımcılarından biri olarak tanınır. Kehanetleri piyasaları harekete geçirebilir ve çoğunlukla da öyle olur. Hızlı hareket eden bir oyuncu değildir –Warren Buffett yağmacı değildir. Geleneksel yöntemlerle yatırım yapar: Satın alır, elinde tutar. Geçen sonbahar Salomon'dan yüzde 12'lik bir hisse satın almış, Gutfreund'u Ron Perelman'ın düşmanca teklifinden kurtarmıştı.

Buffett telefona cevap verdiğinde Gutfreund hoperlörü açtı ve durumu detaylarıyla anlattı. Ne yapmaları gerektiğini sordu.

Buffett "işe devam edin," tavsiyesinde bulundu. Bir zamanlar

RJR'nin en büyük hissedarı olan bu adam, tütünü biliyor ve seviyordu. "Size sigara işini niye sevdiğimi söyleyeceğim," dedi. "Sigarayı bir peniye mal eder, bir dolara satarsınız. Alışkanlık yapar. Ve müthiş bir marka bağımlılığı vardır."

Buffett, Salomon'un saflarına katılacak mıydı? Yatırımcı bu kez "Hayır," dedi. Sigara iyi bir yatırımdı, ama toplumsal yükü vardı ve bütünüyle "ölü gömücülük" işi haline gelmişti; bir tütün fabrikasına sahip olmak Buffett'ın kendisini kaldırmaya hazır hissettiği bir yük değildi. "Beni kamuoyu ile karşı karşıya bırakacak bir tütün şirketinin sahibi olmak istemeyecek kadar zenginim," dedi.

Buffett'ın temennileri Gutfreund'un kütüphanesinde toplanmış bankacılara, karşılarında oturan yönetim kurulu başkanının kuşkularını giderme çabasıymış gibi göründü. Gutfreund da, gerektiği takdirde, şiddet uygulanması konusunda mutabık kaldı.

Bankacılar o gece Gutfreund'un dairesinden ayrılırken belli ölçülerde rahatlamış gibiydiler. Gutfreund'un şüphecilerinden biri olan Chaz Phillips Fifth Avenue'daki gösterişli dairesine gitmek için otobüse bindi. Phillips biraz önce Salomon Brothers'ın tarihindeki en önemli dakikalardan birine tanıklık ettiğinden emindi. Buna inanamıyordu.

"Gutfreund bunu gerçekten de yaptı," diye geçirdi içinden.

Birkaç dakika içinde Salomon bankacıları birbirlerine tebrik telefonları yağdırmaya başladı. Hiçbiri bu kadar şanslı olduğuna inanamıyordu. Sonunda, yıllar süren laf-ı güzaftan sonra, Salomon Brothers gerçekten bir şey yapacaktı.

George Roberts, "Hey, hey bekleyin bir dakika, niçin bunu bu akşam yapmak zorundayız? Yarın uçağa atlayıp oraya geliyorum," dedi.

Kravis "Seni bekleyebiliriz ama yarın çok geç olabilir," cevabını verdi.

Sesi Kravis'in bürosundaki telefonun hoparlöründen yankılanan Roberts ani bir ihale teklifi önerisi karşısında çaresiz kalmıştı.

Kravis'in hazırlıklarını izlemiş olmakla birlikte, böyle bir şeyi beklemiyordu. Roberts'ın San Francisco'daki evinde iştahla beklediği tek şey New York'tan kendisine iki gün önce gönderilecek bir bilgisayar çıkışıydı. Yapı itibariyle ihtiyatlı bir adam olan Roberts, şirketinin tarihindeki talep edilmemiş ilk ihale teklifine girişmeden önce çok daha fazla şey öğrenmek istiyordu.

Kravis bu acelenin bütün nedenlerini saydı. Bankalar bağlanıyordu. American Express yönetim kurulu ertesi gün toplanıyordu, anlaşmanın boşluklarını doldurmak için gereken köprü kredisini onaylamak için toplandığı kesindi. Kravis, hızlı hareket etmedikleri takdirde Johnson'ın anlaşmayı birkaç saat içinde değilse bile, bir iki gün içinde bitirebileceğini söyledi. Ortaya koyduğu ihale teklifi, Kolhberg Kravis'in bu işe kesin olarak girmesinin tek yoluydu. Hiç değilse yönetim kurulundan bir yanıt gelmesini garanti altına alıyordu. Federal menkul kıymet yasaları her ihale teklifine en geç on gün içinde resmen cevap verilmesini zorunlu kılıyordu. Kravis, "Yönetim kurulu yasayı görmezden gelemez," dedi.

Dahası, bunun doğrudan düşmanca bir teklif olmayacağını söyleyerek konuşmasına devam etti. Johnson zaten şirketini oyuna sokmuştu. Ve Kravis'in niyeti RJR Nabisco Yönetim Kurulu'nun onaylayacağı koşullardaki bir ihale teklifini hayata geçirmekti. "Böylece, bütünüyle olgunlaşmış düşmanca bir teklif ortaya çıkmadan zaman avantajını elde etmiş olurlar," dedi.

Bruce Wasserstein ve Eric Gleacher içeri girerek, militan kararlarını Roberts'ın önünde tekrarlamışlardı. Roberts, onların yanında söylememesine rağmen, iki bankacının iddialarından pek fazla etkilenmemişti. Roberts, Wall Street'in, asli görevleri, kendilerine mülti milyon dolarlık danışmanlık ücretleri yaratmak olan, bunun için de Kohlberg Kravis ve benzeri şirketleri hızlı anlaşmalara itelemeye çalışan Wassersteinlar ve Gleacherlarla dolu olduğunu biliyordu. Yeni yeni ele geçirme fikirleriyle sürekli Henry'nin canını sıkan Wasserstein, özellikle kötüydü. Roberts bunların tümüne, New York'ta nefret ettiği diğer şeylerle birlikte katlanıyordu. Roberts bir süre sonra iki bankacının odayı terketmesini istedi.

Bu muazzam bir karardı. Söz konusu anlaşma daha önce yapılanlardan üç kat daha büyüktü. Aynı zamanda ilk kez dost bir yönetim ekibinin yardımı olmaksızın teklif veriyorlardı. RJR Nabisco'yu istiyorlarsa, yalnız uçmaları gerekecekti.

Her şeye rağmen, Roberts kendisini Kravis'in o anki içgüdülerine yavaşça boyun eğiyormuş gibi hissetti. California'da yalnız kaldığında New York'taki herkes için yorum yapmanın yararsız olduğunu görmüştü. Roberts, "Pekala, şimdi uyuyalım. Bu konuya sabahleyin yeniden bakarız," dedi. "İkimizin de hiçbir gerçek çekincesi yoksa devam ederiz."

Toplantı saat 10.15 civarında bitti. Kravis tam gitmeye hazırlanırken Gleacher ve Wasserstein'ın girdiğini gördü. "Sizinle ücretler hakkında konuşmak istiyoruz," dediler.

Kravis'in canı sıkıldı. Kohlberg Kravis yatırım bankacılarıyla ücret görüşmesi yapmadan önce, genel olarak ele geçirme işleminin olgunlaşmasını, hatta tamamlanmasını beklerdi. Kravis şirketin, danışmanlarının haklarını korumasının bir güven sorunu olduğunu düşünürdü. İki adama sert bir bakış fırlattı: Demek ufaklıklar alacakları paraya zam istiyorlardı.

Kravis, "Ücret meselesini niçin şimdi görüşelim ki?" dedi. "Daha önce bu konuda hiç sorunumuz olmadı."

İki danışman hem Morgan Stanley hem de Wasserstein Perella'nın 50'şer milyon dolar ücret alması gerektiğini söylediler. Bu korkunç bir rakamdı. O noktaya kadar üzerinde anlaşılan en yüksek ücret 50 ile 60 milyon dolar arasındaydı –ve bu anlaşmalar büyük köprü kredileri ve milyar dolarlık sermaye taahhüdü gerektiriyordu. Wasserstein ve Gleacher şimdi danışmanlık hizmetleri için aynı miktarı talep ediyorlardı.

Kravis, "Bu çok saçma..." diye düşündü. O sırada kariyerinin –hatta Wall Street tarihinin– en büyük ele geçirme mücadelesini başlatmak üzereydi ve danışmanları taktiklerden çok alacakları para için endişeleniyorlardı.

Kravis iki adama, "Mesele burada kapandı," dedi. "Bir daha bu konuda konuşmayacağız. Bu, bu mesele hakkındaki son konuşmamızdır."

Gleacher "Pekala, olur..." dedi önce. Ama sonra dayanamayıp "Fakat bu bizim için önemli Henry... Sana güvenmek zorundayız," diye sızlandı.*

Kravis daha sonra Park Avenue'daki dairesine gitmek üzere arabasına bindi. Akşam gelişen olaylardan hoşnuttu. İhale teklifinin doğru bir iş olduğunu hissediyordu. Başaracağından yüzde 75 emindi. Tabii ki kuşkuları henüz yok olmamıştı. Kendi fonlarındaki yatırımcılar bunu nasıl göreceklerdi? Gazeteler nasıl yansıtacaklardı? Daha da önemlisi RJR Yönetim Kurulu nasıl karşılayacaktı? Yöneticileri bunun düşmanca bir teklif olmadığına ikna etmek gerekiyordu.

Kravis bütün bunları unutarak uyumak istedi. Sabahleyin Beattie ve Roberts'la, hatta Peter Cohen'le konuşacaktı.

Daha sonra da son kararını verecekti.

Henry Kravis heyecanlı hazırlıklar yaparken, yönetim grubu haftasonunu kendisine ayırmıştı. Pazar akşam üzeri Johnson arkasında oluşan fırtınadan habersiz mutlu bir biçimde, hatta coşkuyla Jim ve Linda Robinson'ın Modern Sanat Müzesi'nin üst tarafındaki evlerine girdi. Johnson'ın keyfi yerindeydi, güzel yanmıştı, pamuklu süveteri ve spor pantalonu ile hoş görünüyordu. O gün öğleden sonra Atlanta'dan uçakla dönerken, Laurie ve John Martin'in peşine takılıp Tennessee, Chattonoga'da inmiş, golf oynamıştı. Oradaki Honors golf kursunun sahibi, eskiden Coca-Cola şişelemesi yapan arkadaşı Jack Lupton'dı; Lupton Johnson'ın en sevdiği arkadaşlarından biriydi. Hepsi iyi oynadılar, Laurie kısa hedeflere, Johnson orta hedeflere, Martin de arka hedeflere vurarak oyunu başlattılar.

---

* Wasserstein bu konuşmayı hatırlamadığını söylüyor; ama "bütünüyle mantıklı" olduğunu söyledi: "Esas olarak Morgan Stanley'le ücret tartışması yapmayı erteledik." Gleacher da konuşmayı hatırlamadığını söyleyerek, "siz en iyisi Eric'le konuşun," dedi.

Johnson, Kravis'in tehdidinden korkmuyordu. Aslında Cumadan beri hiçbir şey için endişelenmemişti. Cumartesi günü öğlene kadar uyumuş, öğleden sonra Martin'le üniversite futbol maçını izlemişti. Pazartesi günü Laurie ile birlikte, bir süre önce geçirdiği kaza nedeniyle hâlâ yatmakta olan Bruce'u ziyaret etmeyi planlamışlardı. Salı günü bankacılarla görüşecekler ve anlaşma için gereken 15 milyar dolar civarındaki parayı istemek için ilk adımı atacaklardı. Johnson, böylece gerçek işlerinin başlayacağını düşünüyordu.

Kravis'e gelince, onunla Cohen ilgilenecekti. Kravis sakinleşecek ve her şey yoluna girecekti. Cohen, kendisine aksi bildirilinceye kadar, her şeyin denetim altında olduğunu söylemişti ve Johnson ona inanmaya meyilliydi. Johnson yönetimi arkasına almaksızın, onun bu şirket için kesinlikle 18 milyar dolarlık bir teklif vermeyeceğini düşünüyordu.

Jim Robinson o kadar da kendinden geçmiş değildi. Bütün hafta sonu Kravis'i bizzat aramamak için kendi içinde mücadele vermişti. Cohen her şeyin denetim altında olduğunu söylüyordu ama Robinson onun bu konuda yardımcı olabileceğinden emin değildi. O akşam Johnson'la birlikte zamanın çoğunu Cohen'le telefonda konuşup seçenekleri değerlendirerek geçirdiler.

Saat onbir civarında Johnsonlar ve Martin, Johnsonların Fifth Avenue'de Pierre Hotel'in bitişiğindeki dairelerine döndüler. Eve geldiklerinde Martin asistanı Bill Liss'den bir mesaj geldiğini görerek şaşırdı. Aradığında Liss paniklemek üzereydi.

Liss, bir Wall Street Journal muhabirinden az önce bir telefon geldiğini söyledi. Muhabir, Henry Kravis'in sabahleyin hisse başına doksan dolarlık bir ihale teklifi vereceğini söylemişti.

Martin ve Johnson birbirlerine şaşkın şaşkın baktılar. Martin Lisse "Bu çılgınlık!" diye geveledi.

Johnson, "Delilik..." diye tekrarladı. "Doksan doları kim ödeyecek?"

İki adam da bunun ele geçirmeyle ilgili bir dedikodu olduğunu düşündü. Bu büyüklükte bir anlaşmada yüzlerce tuhaf hikayenin etrafta dolaşması normaldi. Yine de, John Martin dedikoduyu Linda Robinson'a aktardı.

Peter Cohen okuduğu kitabı bırakmış, karısının yanına uzanmak üzereydi. Ertesi günün zor geçeceğini biliyordu. Henry Kravis'le uğraşmak zorunda kalacaktı.

Sıradan bir haftasonu olmuştu. Cohen Cuma akşamı Kravis'le görüştükten sonra eve çok yorgun dönmüştü. Cumartesi günü altı saatlik Fransızca dersine katlandı. Carlo De Benedetti ile kurduğu yeni arkadaşlık nedeniyle ders almaya ihtiyacı vardı –aynı zamanda İtalyanca dersi de alıyordu– çünkü kısa süre önce De Benedetti'nin Fransa ve İtalya'daki denetimli yönetim kurullarının üyesi olmuştu. Cohen öğretmenine bir önceki bahara göre daha gayretli olacağı konusunda söz verdi. Bunun aylardır süren Fransızca derslerinin sonuncusu olduğunu henüz bilmeden, "Size söz veriyorum, bu sefer farklı olacak..." dedi. O akşam üzeri oğlunun minyatür kale futbol maçına gitti. Pazar günü bütün gün evde yattı. Telefonla birkaç kez Jim Robinson ve Tom Hill ile konuştu. Hepsi Shearson'ın Kravis'le diyaloğu sürdürmesinden yanaydı. Cohen konuşmaların nereye varacağı konusunda en ufak bir fikre dahi sahip değildi ama işler büyümeden Kravis'in önünü kesmeye çalışmak akıllıca görünüyordu.

Cohen'in telefonu çaldı. Arayan Linda Robinson'dı, John Martin'in telefonuna dayanarak Kravis'in RJR Nabisco için bir teklif vereceği dedikodusunu aktardı.

Cohen "Buna inanmakta zorlanıyorum," dedi. "Biri sizinle oyun oynuyor. O da Johnson gibi meseleyi büyük bir ele geçirme ihalesinde görülebilecek alışılmış dedikodulara yordu." Linda Robinson ise akla yatkın bir olasılık olduğunu düşünüyordu.

Aradan bir saat dahi geçmeden Robinson tekrar aradı. Bir muhabir bizzat onu aramış ve aynı dedikoduyu aktarmıştı.

Cohen "Bu doğru olamaz Linda..." diye tekrarladı. "Yarın Henry'le görüşmemiz var. Bu konuşmadan yararlanmadan niçin böyle bir şey yapsın? Bu çok saçma. Bunlar yalnızca dedikodu."

Gece sona ermeden Linda Robinson Johnson'ı tekrar arayarak ikinci muhabirin telefonda verdiği bilgiyi aktardı. Johnson'a endişelenmemesi yönünde güvence verdi. Cohen'in küçüklüğünde kullandığı takma adı kullanarak, "Myron bunun imkansız olduğunu söylüyor," dedi. "Sabah görüşeceklermiş."

Ancak Johnson ilk kez kaygılandı. Linda'ya iyi geceler diledikten sonra Laurie'ye, "Tanrım! Ona da bir telefon gelmiş," dedi. "Bu tuhaf..."

Johnson, "Bu gerçek olabilir mi?" diye geçirdi içinden. Hayır, dedikodu olmalıydı. Çok anlamsızdı. "Lanet olsun..." dedi, Kravis onların fiyatının üzerinde bir fiyat verecek olsa da, hisse başına 15 dolar artıramazdı.

Kendi kendine tekrarladı: "Hayır, olamaz..."

Salomon Brothers bankacısı Bill Strong Pazartesi sabahı erkenden kalktı, New Jersey'deki Zirve Konferansı o günkü ruh halini belirliyordu. Gün bugündü, temkinli Salomon Brothers aracıları yirmibirinci yüzyıla giriyordu.

Beşi yirmi geçe Strong siyah BMW 735ii'sine atlayarak yakındaki gazete bayiine yöneldi. Yirmi dakika sonra yan koltukta bir tomar gazeteyle Holand Tüneli'ne doğru yol alırken araba telefonu çaldı. Arayan Salomon ortaklarından David Kirkland'dı. Kirkland biraz önce CBS radyosundan Henry Kravis'in hisse başına 90 dolarlık ihale teklifi verdiği yolundaki açıklamayı duymuştu.

Bill Strong, "Aman Tanrım!" diye mırıldandı.

Sabahın altısında telefonu çaldığında Johnson'ın avukatı Steve Goldstone'un üzerinde eşofmanları vardı. Avukat, United Nations Plaza'daki dairesine yeni taşınmıştı. Stres atmak için alt kattaki cimnastik salonunu kullanıyordu.

Tom Hill "KKR ihale teklifi verdi," dedi ve hızla teklif hakkında bildiği birkaç detayı sıraladı.

Goldstone önce anlamadı. "Ne diyorsun, bir daha söylesene!" dedi.

Hill bildiklerini tekrarladı.

Goldstone "Peki fiyat?" diye sordu.

"Hisse başına doksan dolar."

Golstone şok oldu. Hazırlık yaptıkları haftalar boyunca böylesine yüksek bir rakamı hiç duymamıştı. Shearson anlaşmanın 80 doların üzerine çıkmasını beklemediklerini söylemişti.

"Tekrar et? Doksan? Doks..."

"Evet."

"Hemen bürona geliyorum."

Goldstone hiçbir şey hissetmeden eşofmanlarını çıkardı. Aylar sonra, "Bu telefon kelimenin tam anlamıyla beni yere çarpan bir darbeydi," diyecekti.

Hem *Wall Street Journal*'ın hem de *New York Times*'ın Pazartesi günkü baskıları Kohlberg Kravis'in RJR Nabisco için hisse başına 90 dolarlık bir ihale teklifi verdiğini yazıyordu. Dick Beattie gazeteleri aldığında hayretler içinde kaldı. Bir yerden sızıntı olmuştu. Bu yirmi yıldır Wall Street'te şahit olduğu en kötü güven zedelenmesiydi. Birisi, muhtemelen Kravis'in milyonlarca dolar ödediği danışmanlarından biri, onun iş yaşamındaki en büyük hamlesini basına sızdırmıştı. Saat yedi civarında Kravis aradığında Beattie hâlâ heyecanlıydı.

Kravis bağırarak, "Times'daki lanet haberi gördün mü?" diye sordu.

"Evet, kahretsin! Çok sinirlendim."

"Bunu yapan Allahın belası Beck!"

"Hayır Henry..."

"Evet o!"

Kravis, *Times*'ın haberinde Drexel Burnham'a değinilmesine dayanarak, Jeff Beck'i hemen sanık sandalyesine oturtmuştu. Yıllar boyunca Beck'in aptalca yüksekten atmasına, salak şakalarına ve iste-

rilerine katlanmıştı. Artık Beck bütün bunların hesabını verecekti.
Kravis yarım saat sonra bürosuna geldiğinde, hâlâ öfkeliydi. İhale teklifiyle ilgili yaptığı bütün ön görüşmeler artık tartışmalı hale gelmişti. Haberin sızması işini zorlaştırmıştı. Teklifi yapmak zorundaydı. Teklifin saat sekizde resmen açıklanması talimatını verdi.
Kravis, Beck'e duyduğu korkunç öfkeden sıyrılmaya çalışarak, arayacağı insanların listesini yaptı. Liste kısaydı, yalnızca beş isimden oluşuyordu: Charles Hugel, Ross Johnson, Jim Robinson, Peter Cohen ve şimdi özel komitede olan Ira Harris.
Kravis ilk dört isme hemen ulaşamadı. Sekize yirmi kala Chicago'daki evinden Ira Harris'i buldu. Sürekli kilo sorunuyla savaşan Harris, Kravis aradığında yürüme bandında egzersiz yapıyordu.
Kravis önemi daha da artan ihale teklifini anlattığında Harris, "Aman Tanrım!" diye haykırdı. Chicagolu aracı, bir yönetim kurulu danışmanı olarak Kravis'e bu ele geçirme işinde bütünüyle tarafsız olduğunu hatırlattı. Fakat ortaklara ödenecek parayı artıran her türlü teklif RJR Nabisco Yönetim Kurulu için iyi haber olmak zorundaydı.
"Henry..." dedi, "bu harika!"

Peter Cohen Pazartesi sabahı erken kalktı, Shearson'ın şehrin aşağı kısmındaki genel müdürlüğüne gitmek için saat yedi buçukta özel şoförünün kullandığı limuzunine bindi. Cohen'in arabası, çocukları okula bıraktıktan sonra Park Avenue'dan aşağıya doğru ilerlerken, karısı Karen aradı. "Henry biraz önce telefon etti, seni arıyor..." dedi.
Henüz sabah gazetelerini okumamış olan Cohen birkaç dakika sonra Kravis'e ulaştı. Yaptıkları hiçbir konuşmada —akşam yemeği partilerinde, açılışlarda, hatta kayak yaparken— Kravis'in sesinin bu kadar gergin çıktığını duymamıştı.
"Peter, yalnızca tüm haftasonu ne yaptığınızı bildiğimizi sana söylemek için arıyorum. Bu nedenle saat sekizde RJR'yi hisse başına doksan dolardan satın almak için bir ihale teklifi vereceğimizi açıklayacağız."

Cohen aynı sinirli ifadeyle, "Henry..." dedi, "sence bütün hafta sonu ne yaptık?"

"Biliyorsun... bankalardan istediklerinizi kesinleştirmeye çalışmak ve benzeri şeyler. Bunların hepsini biliyorduk. Yönetim kurulu toplantılarını da biliyoruz."

"Bunları nereden öğrendin bilmiyorum ama böyle bir şey olmadı. Bunlar aylar önce planlanan toplantılardı. Henry, ne yapıyorsun? Seni arayacaktım. Hiç şimdiye kadar bir şey söyleyip de yapmadığım oldu mu?"

"Sana bir şey söyleyeceğim..." diye devam etti. "Yanlış yapıyorsun Henry ve sanırım bizi hafife alıyorsun."

Cohen sinirlerinin bozulduğunu gizlemek için hiçbir girişimde bulunmadı. Telefonu kapattığında Cohen'in öfkesi hızla önce şoka, sonra telaşa dönüştü. Limuzinle şehrin aşağı kısmına doğru ilerlerken neler olduğunu anlamaya çalışıyordu. Kravis dolduruşa gelmişti. Shearson'ın tanınmış avukatı Jack Nusbaum'un numarasını çevirdi.

Sesini yükselterek, "Niçin bunu yapıyorsunuz? Anlayamıyorum! Bu çılgınlık..." dedi. "Böyle bir açıklama yapmadan önce beni aramak zorundaydı."

İki adam da neler olup bittiğini tahmin edemiyordu. Nusbaum işin daha da ileri gidebileceğini söyledi. Eğer ortada bir ihale teklifi varsa, bu o kadar da yüksek olamazdı. Kravis üç gün içinde 20 milyar dolarlık bir finansmanı ayarlayamazdı.

Nusbaum, "Nasıl bir ihale teklifi yapabilirler ki Peter?" diye sordu. "Hiç finansmanları yok. Bu hayal mahsulü bir şey olmalı. Düşmanca bir anlaşmaya cesaret etmeyecektir."

John Martin aniden dairesine geldiğinde Ross Johnson tost, jambon, İngiliz pandispanyası ve az pişmiş bir yumurtadan oluşan olağan kahvaltısına oturmak üzereydi. Martin, "Kravis meselesi..." dedi, "bir çok kaynaktan aynı haberi alıyoruz. Doğru."

Johnson, "Hayır, doğru olamaz!" diye kekeledi. "Bu çok anlam-

sız. Hisse başına doksan dolar! Bu delilik!"
"Ama doğru..." dedi Martin.
Johnson hemen Cohen'in Kravis'le yapacağı görüşmeyi düşündü. Cuma gecesi onu sinirlendiren bir şey olmuş olmalıydı. Kendisine söylenmeyen bir şey.
Johnson, "Birileri birilerini kızdırmış..." dedi. "Bunun köküne ineceğim."
Bir yıl önce yaptıkları lüzumsuz toplantı haricinde Kravis aslında Johnson'ı tanımazdı. Johnson'la bir telefon görüşmesi ayarlaması için Morgan Stanley'den Eric Gleacher'ı aradı.
Gleacher alaylı bir merakla, "Gazetelerde seninle ilgili şeyler okuyorum Henry..." dedi. Rakibi Jeff Beck'e dokundurma isteğine engel olamayarak, güldü. "Şu Drexel'in yaptığına inanabiliyor musun?"
Kravis öfkeyle, "Allah kahretsin!" dedi. "Hayatımda hiç bu kadar sinirlenmedim. İnanabiliyor musun? Drexel'i neredeyse anlaşmanın dışında bırakmıştım."
Gleacher kendi kendine gülerek Atlanta'dan Johnson'ı aradı. Johnson birkaç dakika sonra New York'taki dairesinden bu telefona cevap verdi. Morgan Stanley'li bankacı, Johnson'ın moralinin her zamanki gibi iyi olduğunu görünce şaşırdı. Kravis'in teklifi işinin önemini artırmıştı, Johnson bunu dışa vurmuyordu.
Johnson, "Lanet olsun! Bu ne biçim fiyat!" diye bağırdı. "Oğlum, bu delilik! Fakat yaptığımız ortaklarımız için büyük bir iş."
Gleacher, Johnson'ı anlamamıştı. Bu adam gerçekten şirketini kaybetmesine, hatta işini bile kaybedecek olmasına aldırış etmiyor muydu?
Birkaç dakika sonra Johnson, Kravis'i aradığında, RJR Nabisco genel müdürünün neşe saçması karşısında Kravis de şaşırmıştı. Johnson, Kravis'in hamlesine ilişkin haberden hiç sarsılmamış gibi konuşuyordu.
Johnson "Henry, Aman Tanrım!" dedi. Zengin olduğunu biliyordum ama bu kadar olduğunu bilmiyordum doğrusu! Bu muhteşem bir teklif..."
Johnson'ın izahı güç keyifli girişinin tersine Kravis'in ses tonu

sakin ve resmiydi: "Ross, nezaket icabı işi bilmeni istedim. Şirketi almak istiyoruz. Ve seninle oturup konuşmak, birlikte iş yapıp yapamayacağımızı bilmek istiyoruz. Senin bu şirketi yönetmenden son derece memnun olacağız," dedi.

Johnson "Pekala. Bakalım işler nasıl gelişecek..." diye cevap verdi. "Ben seni daha sonra ararım."

Konuşma hızla sona erdi.

O sabahın ilerleyen saatlerinde Jim Robinson ve Charles Hugel'a benzer mesajlar ileten Kravis, yüzleşmek için Jeff Beck'i aradı. Eğer telefon hatları aracılığıyla ulaşabilseydi Drexel bankacısını boğazlayacaktı.

Kravis, "Bana bunu yaptığına inanamıyorum!" diye hırsla söylendi.

Beck hemen paniğe kapıldı: "Ben yapmadım Henry, bana inanmalısın. Ben yapmadım!"

Kravis soğuk bir tavırla, "Bu makaleler kesinlikle senin yaptığına inanmama yol açtı," dedi. "Etrafımda güvenemeyeceğim tek bir kişinin bile bulunmasını istemiyorum. Bu ekipte yalnızca kendisini düşünen tek bir kişinin bile olmasını istemiyorum. Bunun hiçbir yararını görmüyoruz. Bu kadar Jeff! Artık seni toplantılarda görmek istemiyorum."

Beck isteri nöbeti geçiriyordu. Adının lekelenmesi bir yana, alacağı mülti milyon dolarlık ücret söz konusuydu. "O ben değildim Henry," dedi. "Ben yapmadım! Ben yapmadım! Bana inanmalısın! Wasserstein'dı! Mutlaka Wasserstein'dır!"

Beck kendisini savundu ve yalvardı, ama Kravis panik içinde yapılan bu inkarlardan hemen sıkıldı.

Beck, bütün gün, her yarım saatte bir Kravis'i aradı ama o hiçbir telefonuna cevap vermedi. Beck, Paul Raether ve diğerlerine de masum olduğu konusunda yeminler ederek yalvardı; hatta muhabirleri bile arayıp haberi düzeltmelerini istedi ama hiçbir sonuç alamadı.

Beck günlerce sarsıntı geçirdi, Kravis ile olan ilişkisinin belirsizliği nedeniyle uyuyamadı.

Beck o gün bir biçimde haberi sızdıranın kendisi olduğu yönündeki haberleri yayan adamın Eric Gleacher olduğunu duydu.

Gleacher'ın ortağı Steve Waters'ı aradı.
Beck, "Eric'e söyle..." dedi. "Eğer bunu bir kez daha tekrarlarsa, onun o Allahın belası boynunu kırarım."

———

Sızıntının kaynağı Kohlberg Kravis'in kafasında uzun süre tartışmaya açık kaldı. Jeff Beck, Kravis'in gözünden düştüğü için birkaç hafta strateji toplantılarına alınmadı. Sonunda tekrar içeri çağrıldı. Çünkü Kravis, Drexel bankacısını gerçek bir boşboğaz olan Bruce Wasserstein'ın akıllıca zan altında bıraktığına inanmaya başlamıştı.

Kravis'in yardımcıları Wasserstein'ın Kravis'i RJR Nabisco için uzun bir kavgaya zorlamak amacıyla olayı basına sızdırdığını düşünüyorlardı. Bunun altında yatan sebebin ise Wasserstein'ın Kravis'i Kraft için teklif vermekten vaz geçirmek istemesi olduğunu düşünüyordu. Wasserstein, Kraft'ın talibi Philip Morris'e danışmanlık yapıyordu ve avını Henry Kravis'e kaptırmaktan çok korkuyordu. Paul Raether, "Bize itiş kakışa çok az zaman kaldığını hissettirmek istedi," diye anlatıyor. İşin doğrusu Kravis, Kraft Yönetim Kurulu Başkanı John Richman'la tam da böylesine bir hamle için Pazar öğleden sonrasına kadar temasta kalmıştı.

Kravis, Wasserstein'ın iz bırakmamak için *New York Times* haberine kurnazca Drexel Burnham referansını yerleştirdiğini, bunu yaparken spekülasyonların geveze Beck üzerinde yoğunlaşacağını öngördüğünü biliyordu.

Anlaşmanın tamamlanmasından aylar sonra, Kravis ve Raether bu konudaki teorilerini yeniden değiştirdiler. Kohlberg Kravis'in Pazar gecesi kaydedilen telefon konuşmalarını kontrol ettikten sonra, *The Wall Street Journal* ve *The New York Times*'a telefon edildiğini belirlediler.

Kravis sızdıranın hem Beck hem de Wasserstein olduğunu, her ikisinin de bir gazeteyi aradığını düşünmeye başladı. Beck'in bu işi yalnızca egosu için yaptığını sanıyorlardı: Amacı anlaşmanın itibarından yararlanmaktı.

Gerçek ne olursa olsun, hem Beck hem de Wasserstein sızıntının kaynağı olduklarını hararetle inkar ettiler.

Sızıntı tartışması Kravis için o günün ötesine uzayan sonuçlara neden olacaktı. Daha o sabah basit bir gerçekle karşı karşıyaydı: Kohlberg Kravis 500 milyon doların üzerinde para ödeyeceği danışmanlarına güvenemeyecekti.

RJR Nabisco kavgasının ilerleyen aşamalarında Kravis, Roberts ve yardımcıları büyük ölçüde yalnız kaldılar. Bankacılardan finansal analiz istemeye devam etmelerine rağmen —koyacakları 25 milyon dolar karşılığında bir şeyler istiyorlardı— gerek Roberts gerekse Kravis gerçek fikirlerini yalnızca kendi grupları içinde paylaşmaya başladı. Her an yeni bir Wasserstein ya da Beck'in dikkatsizce bilgi sızdıracağından kuşkulandıkları için, zaman zaman kasıtlı olarak kendi bankacılarını yanılttılar.

Kravis'in açıklaması John Gutfreund'un kucağına düşen bir bomba etkisi yaptı. RJR Nabisco hisseleri Kravis'in teklifi hakkındaki haber duyulur duyulmaz tavan yaptı ve Gutfreund'u Salomon'un RJR Nabisco hisseleri alıp bir kenara koyma planını devreye sokmaya zorladı. Saat onbirde Bill Strong ve Chaz Phillips, İngiliz firmasının şehrin merkezindeki bürosunda Hanson temsilcileriyle buluştular. Saat üç olduğunda işin tadı kaçmıştı.

Akşam olduğunda ise, bir gece önceki toplantı Salomon bankacılarının hafızasından kötü bir rüya gibi uzaklaşmıştı. Gutfreund onyedinci kat bürolarındaki bankacıları dolaşmış, bir gece önce büyük bir hırsla kendisine dayattıkları stratejiyi dikkatle sorgulamıştı. Bir noktada bankacılara Salomon'un parasına "şovalyelik" ettiklerini söyledi. Gutfreund yanlarından ayrıldıktan sonra bazı bankacılar moralleri bozuk bir halde kendilerine, bir süre akıllarda kalacak olan "şövalyeler" lakabını taktılar.

Derin derin düşünmekte olan Chaz Phillips "Dün gece çok parlaktın," dedi. "Şimdi aniden, hepimiz geri zekalı ahmaklar oluverdik."

Ross Johnson, Kravis'in bürosunun tam karşısına düşen Grand Army Plaza'daki dairesinde oturup, sabah gelişen olayları anlamlandırmaya çalıştı. Kravis ve Gleacher'a karşı oluşturulan cesur cepheden eser yoktu. Bunun yerine Johnson'ın pek az arkadaşının gördüğü bir yüz gelmişti: Başdöndürücü Merry Prankster'in yüzüydü bu.

Johnson, John Martin'e, "Anladığım kadarıyla, her şey bitti..." dedi.

BÖLÜM
9

Theodore J. Forstmann büyük beyaz bornozuna sarınıp kahvaltı etmek için hafifçe aşağı kıvrılan merdivenlerden indi. East River'a yukarıdan bakan dubleks apartman dairesinin pencerelerinden sabah güneşinin ışıkları süzülüyordu. Çok aşağılarda, Pazartesi sabahı işe gidenler Franlin Delano Roosevelt Bulvarı'nın trafik curcunasıyla boğuşuyordu. Forstmann, kahve, küçük sandviç ekmeği ve greyfurttan oluşan kahvaltısını hazırlayan hizmetçisi Noemi'nin mutfakta çıkarttığı sesleri duyabiliyordu. Sabah gazetelerini karıştırabileceği keyifli bir kahvaltıyı çok özlemişti.
Kırkdokuz yaşındaydı. Eski bir atlet olarak geniş omuzlarını ve sağlam fiziğini koruyabilmişti Ted Forstmann. Teniste, gençliğinde olduğundan daha iyiydi; o kadar ki bazen profesyonellerle bile oynadığı oluyordu. İtalyan annesinden miras aldığı zeytuni ten rengi ve gözlerinin etrafındaki koyu kırışıklıklar kökeninin Akdenizli olduğunu belli ediyordu. Kırlaşmakta olan saçları ise kendisine zarif bir hava vermişti.

Yemek odası deri ciltli kitapların doldurduğu raflarla çevrilmişti, tavanda bir Fransız avizesi sallanıyordu. Kaplan desenli kadife koltuğa gömüldüğünüzde ayaklarınız yumuşacık Türk halısını okşuyordu. Sol omuzunuzun üstünden, Picasso asimetrik gözlerini dikmiş bakıyordu. Forstmann'ın evi, Manhattan'ın nadidelerindendi: Rex Harrison ve Greta Garbo da gibi isimlerle komşuydu.

Kime sorsanız bu adamın her şeye sahip olduğunu söyler. New York'un gözde bekarlarından ve Cumhuriyetçi Parti'nin en tanınmış fon toplayıcılarından Ted Forstmann; şoförlü Mercedes'ler, altın kaplı banyo aksesuarlarıyla donanmış şirket jetleri ve kendisini Manhattan trafiği üzerinden uçuran kadife kaplı, likör deposu helikopterler dünyasında yaşıyordu. Hem çalışkanlığı hem de şansının yardımıyla, kaldıraçlı alımlarda uzmanlaşmış olan on yaşındaki şirketi Forstmann Little & Co. yılda 8 milyar dolar kazandırarak Forstmann'a, Southampton ve Aspen'da ikinci adresler edinecek nakiti sağlıyordu. Ofisi bir Batı sanatı serencamı sunmanın yanısıra, Central Park'ın pırıl pırıl manzarasına sahipti; Masasının tam arkasındaki duvarda Forstmann, Ronald Reagan'la el sıkıştığı fotoğraftan neşeyle gülümsüyordu. Boş vakitlerinde bir Afgan isyancı grubuna parasal destek sağlıyordu.

Öyle görünüyor ki zenginliği ona sükunetten başka her şeyi vermişti. Zira Forstmann öfkeli bir adamdı; dostları ve iş arkadaşları da onu yakıp kavuran hıncı kullanmasını iyi biliyorlardı doğrusu. Bir ismi -o isim- duyar duymaz on dakikalık ateşli bir nutuk atardı. Arkadaşları aynı nutku yüzlerce kez dinlemişlerdi. Forstmann biliyordu ki Wall Street'te bazıları ona Cassandra* adını takmışlardı; rakipleri arkasından alay ediyordu. Ama umurunda değildi. Winston Churchill'in otobiyografisini okumuştu; kendisini Nazi Almanya'sına karşı dünyayı tek başına uyarmaya çalışan yalnız adamla özdeşleştiriyordu.

Ne var ki, sabahın olanca sükunetine rağmen bir şey Forst-

---

* Sözüne asla inanılmayan Truvalı kadın peygamber –ç.n.

mann'a eski takıntısını tekrar hatırlattı. *The Times*'ı açar açmaz gözü iş dünyası sayfasının sağ üst köşesindeki başlığa ilişti. "Kohberg RJR için ihale teklifini açıkladı." Haberi dikkatle gözden geçirdi. "Adi götler..." diye söylendi Forstmann. "Yine aynı şeyi yapıyorlar."

Forstmann, Kohlberg Kravis'in Nabisco teklifinin işe yaramaz olduğunu görebiliyordu. Hisse başına doksan dolar anlamsız bir fiyattı. O küçük osuruk elindeki hurda tahvillerin iki katını teklif edebilirdi pekala. Henry Kravis yine bir avuç nakite karşılık bir araba borçla koca Amerikan şirketini cebe indirme işine soyunmuştu. Forstmann haberi tekrar gözden geçirdi. Doğal olarak, ne Kravis'in finansmanından bahsedilmişti –zaten öyle bir şey olmayacaktı– ne de diğer önemli ayrıntılardan.

Gördüğü kadarıyla Kravis'in teklifinin alışılmadık sayıda ön koşulu vardı, üstelik RJR Nabisco Yönetim Kurulu'nun onaylaması da buna dahildi. "Böyle teklif mi olur?" diye düşündü Forstmann, "yani eğer Kravis soğuk almazsa, eğer Dodgers şampiyon olmazsa, karısı ondört elbise daha dikmezse..."

İçinde kabaran öfkeyi hissedebiliyordu. Tanıdık bir duyguydu. Beş yıldan beri öfkeliydi Ted Forstmann.

Forstmann, Wall Street'in bir kartel tarafından ele geçirildiğine inanıyordu: Hurda tahvil karteli. Bu kartelin gurusu, Drexel Burnham Lambert'tan Michael Milken, en güçlü üyesi de Kohlberg Kravis'den Henry Kravis'di. Ve şimdi RJR Nabisco için kızışan savaşta üstünlüğü ele geçirmişti.

Kartelin ürünü olan yüksek getirili riskli tahviller veya diğer adıyla "hurda tahviller" 1988'den beri para kazanmak amacıyla –genelde şirket satın almalarında– neredeyse her büyük yatırımcı, her aracı kurum ve her LBO firması tarafından kullanılıyordu. Ted Forstmann hurda tahvillerin yalnızca şirket satın alma sektörünü değil, Wall Street'in kendisini de yozlaştırdığına şiddetle inanıyordu. Hurda tahvillere hiçbir şekilde bulaşmayan Forstmann Little, bu yönüyle büyük şirket satınalmacılar arasında neredeyse tekti.

Forstmann'a göre hurda tahvil en çelimsiz şirket satın almacıların bile koca sanayi devlerini ele geçirmelerine olanak sağlayan bir uyuşturucuydu; kaldıraçlı alım dünyasının önceliklerinin tersyüz edilerek tanınmaz hale getirilmesinden de hurda tahviller sorumluydu. Artık kaldıraçlı alım şirketleri, Forstmann Little'ın yaptığı gibi, yönetimle yanyana çalışmak, işlerini büyütmek ve beş ila yedi yıl içinde satmak üzere şirketleri devralmıyorlardı. Tek ilgilendikleri bol ve düzenli bir ücreti –devralınan firmalardan yönetim ücreti, yatırım bankaları için danışmanlık ücreti ve menkul kıymet uzmanları için hurda tahvil ücreti– garantileyen sürekli bir nakit akışını garantiye almaktı. Ted Forstmann'a sorulacak olursa, LBO sektörü hızlı para kazanmaya çalışan "artizlerin" at koşturdukları bir alan haline gelmişti.

Forstmann hurda tahvilin kendisinin sorumlu tutulamayacağını savunuyordu. Normalde yararlı bir finansman aracı olabilirdi. Onun itiraz ettiği, her yeniden kullanımında uğradığı değişimdi; yalnızca diğer menkul kıymetler cinsinden getirisi olan (ayni ödemeli veya A.Ö denen) kağıtlar, hissedarlara zorla yutturulan hisseler ve borçların geri ödenme yükümlülüğü bir şirketi boğup işini bitirene kadar faiz oranları yükselen tahviller. Forstmann bu kağıtlarla dalga geçerek onlara "şakapara", "oyunpara" ve en favorisi, "wampum"* diyordu. Kurumsal yatırımcılarla yaptığı toplantılarda meramını daha iyi anlatabilmek için yanında getirdiği kızılderili takılarını da şöyle bir sallardı.

Er ya da geç ekonominin gidişatı tersine dönecek ve hurda tahvil–keşler dağ gibi biriken borçlarını ödeyemedikleri için tepetaklak gidivereceklerdi. Onları borçlarının vadesi geldiğinde cebinde beş kuruş olmayan tüccara benzetiyordu. Forstmann "İşte o an geldiğinde..." diye korkuyordu, "bu hurda tahvil borçları o kadar yaygınlaşmış olacak ki bütün Amerikan ekonomisi durgunluğa sürüklenebilecek."

Drexel'in tüm hurda tahvil müşterileri içinde Forstmann'a en çok batan, baş rakibi Kohlberg Kravis'ti. Kravis her geçen gün daha

---

* Kızılderililerin para veya süs olarak kullandıkları boncuklar; mangır anlamında da kullanılır –ç.n.

çok hurda tahvil kullanmakla kalmıyor, bir de bunu Forstmann Little'ın ön bahçesinde, yani LBO sektöründe yapıyordu. Ted Forstmann hurda tahvil tehlikesi üzerinde kafa yordukça Henry Kravis'e daha çok sinirleniyordu.

Kaderin cilvesine bakın ki, ikisi bir zamanlar arkadaştı. Şimdiyse Kravis, Ted Forstmann'ın takıntılı düşmanı haline gelmişti. Forstmann'ın gözünde mesele neredeyse dinsel bir nitelik kazanmıştı. Ona göre Kravis bir avuç hurda tahvil ve her Pazartesi yeni bir şirket satın alma işi için ruhunu satan bir Wall Street Faust'uydu. Adı anıldığında sinirli bir kahkahayla dudak büker, gözlerini devirir ve derin bir iç çekerdi. Sahtekar ve yalancı gibi sözcükler dökülürdü ağzından. En kötü zamanlardaysa Forstmann ondan "o küçük osuruk" veya "küçük piç" diye bahsederdi.*

Kohlberg Kravis'i araştırmaya kalkanlar Forstmann'dan kulak dolusu Kravis eleştirisi işitirlerdi. Bir kahkaha, iç geçirme, göz devirme ve Forstmann kendini kaybederdi. Yüzü bembeyaz olur, sesi gün gibi ortada olan gerçeği başkalarına bir türlü anlatamayan biri gibi titrer, güvenini yitirirdi.

"Sanki Alice Harikalar Diyarında," diye söylenirdi Forstmann öfkeli bir tonla. "Kravis'in böyle inanılmaz rakamları ödeyebilmesi parasının gerçek olmamasından. Hepsi düzmece. Hepsi şakapara. Hepsi wampum. Bu adamlar işeyip sıvışıyorlar ama kimse farkında bile değil."

Forstmann'a göre, Kohlberg Kravis'in sahip olduğu şirketler iddia ettiklerinin yarısı kadar bile sağlıklı değildi. "Kravis'in yatırımcılarına kazandırdığı..." derdi Forstmann ısrarla, "Forstmann Little'ın verdiğinin tırnağı kadar bile olamaz." Ve Kohlberg Kravis'in kotardığı her anlaşma, Forstmann için, ekonomiyi tehdit eden bir makinenin daha da büyümesi demekti.

---

* Kravis'le evlenmeden önce Carolyne Roehm'e Forstmann kavalyelik ederdi. İlk kocasının dostu olarak Roehm'un ilk nikahında o sağdıçlık yapmıştı. Roehm ise Forstmann'la "sadece arkadaş" oldukları konusunda ısrarlıydı.

İkisini de tanıyanlar Forstmann'ın hasedinden çatladığını düşünürdü. İşin içinde bu da vardı tabii. Bazı zamanlar, yirmi dakika boyunca Kravis'e saldırdıktan sonra Forstmann ona kişisel bir kininin olmadığını savunurdu. "Bu kişisel değil," derdi. Kravis düşmanı değildi: O yalnızca Wall Street'i iyice saran ve Ted Forstmann'ın kurulmasına yardımcı olduğu bir sektörü perişan eden illetin işaretiydi. Bu, Forstmann Little dışında pek az kişinin idrak edebileceği bir durumdu.

Bazen Ted Forstmann sanki öfkeyle doğmuş gibi bir izlenim verirdi. Büyükbabası 150 kiloluk diktatör ruhlu bir Alman göçmeniydi ve İkinci Dünya Savaşı'ndan önce kendisini dünyanın en zengin adamlarından biri yapan bir tekstil firması kurmuştu. Ted'in babası Julius aile şirketi Woolens'ı miras almış; çocuklarını Greenwich, Connecticut'ta tenis kortlu ve beyzbol sahalı bir malikanede ihtişam içinde yetiştirmişti. Tüm zenginliğine karşın Forstmann ailesi o kadar da huzurllu değildi. Julius Forstmann ağzı bozuk bir alkolikti. Forstmann'ların evinde silah da vardı ve altı çocuğun ikincisi olarak dünyaya gelen Ted, babasından duyduğu fiziksel korku ortamı içinde büyümüştü. Çoğu geceler Forstmann'ların evi bağırışlı çağırışlı kavgalarla çınlar, arada da annesinin, yoksa yine doktorun emirlerine rağmen mi içtiği yollu meydan okumaları duyulurdu. Çalkantılı gençlik sorunlarını çözmek Julius Forstmann zürriyetinin onyıllarını almıştı: Üstelik Ted ve ağabeyi Tony on yıldır konuşmuyorlardı.

On küsur yaşlarına geldiğinde Ted Forstmann öfkesini spordan çıkarmaya başladı. Onaltısında Doğu Kıyısı'nın önde gelen amatör yıldız tenisçilerindendi. Ne var ki hırslı annesinin baskısı bu oyundan aldığı zevki azalttı. Ona "tenis, anne..." dedi "beni çok zorladı." Onyedisine geldiğinde Forstmann'ın parlak tenis kariyeri sona ermişti. Forest Hills'teki önemli bir yıldızlar turnuvasının finalinde 5-5 kilitlenen maçta verilen hayati bir karara itiraz etmiş, reddedilince motivasyonu kırılmış, ilk seti 7-5 kaybetmişti; ikincisi de 6-0'lık bir hezimet olmuştu. "Artık dayanamıyorum," dediğini hiç unutmadı ve sonraki 17 yıl boyunca tenis kortlarının semtine bile uğramadı.

Forstmann'ın gençlik aşklarından biri de hokeydi. Yetenekli bir kaleci olarak –çünkü paten kayamıyordu henüz– fileye sekizinden önce geçmişti. Arkasındaki kalenin verdiği bağımsızlık hissini seviyordu; başarısının kendisinden başka kimsenin elinde olmadığı duygusuna tapıyordu. Yale'de Forstmann, C'lik sıradan bir öğrenci, ancak Doğu'nun en sıkı hokey kalecisiydi. Mezun olduktan sonra dünya şampiyonasına katılacak ABD milli takımından gelen teklifi geri çevirmişti. Nedenini kendisi de pek bilmiyordu. Onun yerine bir yıl boyunca bir dizi ufak tefek işlerde çalıştı. Bir ıslahevinde beden öğretmenliği yaptı, Washington'da bir hukuk bürosunda çalıştı. Sonradan söylediğine göre o zamanlar hâlâ çocukluğuyla boğuşan aklı karışık biriydi. Sonra, babası öldü.

Julian Forstmann ikinci oğlunun hukuk fakültesine gitmesini hararetle istemiş, Ted Forstmann da üç ay sonra Columbia'ya kaydolmuştu. Fakat kısa sürede babasından kalan miras suyunu çekmeye başladı. Forstmann Woolens başarısız olmuş ve satılmıştı. Babasının mülkünden ona kalan, harç ve kitap masrafları hariç, aylık sefil bir 150 dolardan başka birşey değildi. Greenwich'in zengin çocuğu alıştığı hayata dönmek için briç oyunlarında yüksek bahislere girdi. Öteden beri iyi bir oyuncuydu. Kısa sürede Manhattan'ın göbeğinde aylık 350 dolara bir daireye yerleşti.

Mezuniyetin ardından Manhattan'da küçük bir hukuk firmasında işe başladı. Üç yıl boyunca şirketlere ait hukuki işlerin önemsiz ayrıntılarına katlandı. Çoğu zaman briç oynamak için saat dörtte sıvışır, eğer iyi günündeyse 1500 doları masadan kaldırırdı. Patronları için hukuk kütüphanelerinde araştırma yaparak geçirdiği uzun saatler yanardı fakat işten ayrılacak kadar da güvenemiyordu kendine. Ta ki şirketi bir gün, büyük bir Wall Street hisse senedi yükleniciliğine girip onu son derece iğrenç bir işle karşı karşıya bırakana kadar. "Forstmann..." demişti şirketin kıdemli avukatı gururla, "yazıcılı aracımız sen olacaksın." Ted Forstmann o anda kararını verdi ve hukuk aleminin boyunduruğundan kurtuldu.

Arkadaşlarıyla birlikte küçük bir Wall Street şirketine kapağı attı. Orada hisse senedi yükleniciliği işinin içini dışını ve diğer ufak tefek mali konuları öğrendi. Daha çok sorumluluk için sabırsızlanan ve aldığı maaşı yetersiz bulan Forstmann oradan da kısa sürede sıkıldı. Yine küçük bir yatırım şirketinde, Fahaerty & Swartwood'da, altı ay daha geçirdi. Orada Henry Kravis adında genç ve çalışkan bir Oklahomalı'yla yanyana çalışmıştı. Ardından bir diğer şaibeli ve artık mevcut olmayan yatırım şirketine girdi. Orada da üç yıl boyunca yüklenicilik, yatırım bankacılığı ve şirket birleşmeleri işleriyle yakından ve keyifle ilgilendi. Ancak hikayenin sonu yine aynıydı: Forstmann üstlerinin dikkatli bakışları altında çalışmayı çok boğucu buluyordu. "İşin aslı, hiçbir zaman iyi bir çalışan olmadım," derdi. "Söyleneni asla yapmazdım ve her zaman emirkomuta zincirinin anasını bellerdim."

1974'te Forstmann işsiz ve parasızdı. Annesinden isteyemeyecek kadar gururluydu; başarılı bir fon yönetimi şirketi olan Forstmann Leff Ortaklığı'nı kuran ağabeyi Tony'den rica etme fikriyse tüylerini diken diken ediyordu. Arabasının satışından elde ettiği yirmibin doların onu bir yıl idare edeceğini tahmin ediyordu. Kira için briç masalarıyla golf sahalarını aşındırıyor, ara sıra da Wall Street'teki dostları arasında anlaşmalar ayarlamaya çalışıyordu. Artık orta yaşına merdiven dayayan Ted Forstmann henüz dikili bir fidan edinememiş Wall Street mültecisi, bir amatör lig playboyuydu.

Sahip olduğu tek şey, son Wall Street işinde halka arzına yardımcı olduğu küçük Texas şirketi Graham Magnetics'in yönetim kurulunda bir koltuktu. Başka seçeneği kalmadığından şirketin başkanını firmasını satmaya ikna etmiş, üstelik satışı da Forstmann'ın elinden yaptırmıştı. Ofisi olmadığından Forstmann Leff'te ağabeyinin sekreterini telefonlarına bakması için kandırmıştı. Arayanlara toplantıda olduğunu söylemesi ve telefonları evine yönlendirmesi karşılığında ona bir vizon kürk sözü vermişti.

Graham Magnetics'i satması 18 ayını almıştı —"Çok beceriksizdim," diye hatırlayacaktı Forstmann sonraları— fakat işi bitirdiğinde 300.000 dolar daha zengindi. Forstmann Leff'i mekan edindi ve başka anlaşmalar sağlamaya çalıştı. Forstmann, Şah'ın İran hükumetine ait fırınların yedek parçalarını satmaya bile razıydı.

Forstmann'ın Long Island Deepdale Country Club'daki golf arkadaşları arasında, o sıralar Studebaker Worthington adlı bir sanayi kuruluşunun başkanı olan Derald Ruttenberg de vardı. Forstmann sürekli onun için bir anlaşma yapmaya çalışırdı. Forstmann'ın küçük kardeşi Nick –o tarihlerde Kohlberg Kravis Roberts & Co. adında yeni kurulmuş bir şirkette çalışıyordu– bir görüşme ayarlamak istediğini söylediğinde, komisyon kokusu alan Ted, hemen gerekeni yaptı.

Söz konusu görüşme Ted Forstmann'ın hayatını değiştirdi. Orada, Ruttenberg'le birlikte, Henry Kravis ve Jerry Kohlberg'in kaldıraçlı alım adını verdikleri bir teklifi dinlediler. Forstmann bu kavrama yabancı değildi fakat kendi Wall Street kariyeri boyunca böyle bir işe hiç girişmemişti. Ruttenberg onları nezaketle dinlemişti. Adamlar gittikten sonra Forstmann'a döndü.

"Bu senin bahsettiğin şey değil miydi?"

Ruttenberg'in tam olarak neyi kastettiğini çıkaramayan Forstmann çekinerek, "Evet..." dedi, "bir nevi."

"Öyleyse," diye devam etti Ruttenberg, "onlardan neyimiz eksik?"

"Hiçbir şeyimiz."

"Tamam. Böyle bir işi sen olsaydın nasıl yapardın?"

"İlk olarak biraz para gerekir."

Bu diyalog Ruttenberg'in, kuracağı yeni bir şirket için Forstmann'ı finanse etme önerisiyle sonuçlandı. Kendisi bir grup arkadaşıyla iştirak edecek, Forstmann'la kardeşi de bu işe el atacaklardı. Ruttenberg, Forstmann'a öyle bir şey söyledi ki, Ted asla unutmadı. "Benim bir ünüm var, her şeyim ona bağlı ve kaybetmek istemem." Forstmann da bu ilkeyi kutsal kabul etti. Brian Little adında eski bir yatırım bankeriyle ekip oluşturarak 1978 yılında Forstmann Little & Co.'ın açılışını yaptılar: Üç adam, iki maaş –Ted bir yıl boyunca maaş almadı– ve bir sekreter.

Forstmann Little, Kohlberg Kravis'in öncülük ettiği, dev emeklilik fonlarından para toplayan ilk LBO şirketlerindendi. Forstmann'ın satış taktiği, tıpkı bir emlakçınınki gibi, çok basitti: Ün, ün, ün. Fon toplama turlarıyla ülkeyi karış karış arşınlayan Forstmann -gözü kara dürüst, bazen kibirli ve biraz da saf- alamet-i farikası haline gelen vaazını mükemmelleştirdi. Ortakları için mutluluk verici, müttefikleri için usandırıcı, rakipleri içinse çileden çıkarıcıydı. Vaazı şu meşhur lafıyla başlardı: "Wall Street'in en iyisidir, istediğinize sorun." Sonra Forstmann Little'ın mali gücü ve eski moda yöntemlerle gerilimi tırmandırır, özellikle hurda tahvillerin şerrine dair topyekun bir saldırıyla doruğa ulaşırdı.

Onca yaygarasına rağmen Forstmann Little'ın kazancı birinci sınıftı. Aldıkları şirketi üç ila beş yıl içinde dört ila on katına satıyorlardı. 80'lerin ortalarında eşsiz başarısıyla şirketlerini gölgede bırakan yalnızca bir tek kuruluş vardı: Kohlberg Kravis Roberts.

Forstmann Little'ın dünyasının değiştiğinin ilk işareti 1983'te şirket, Dallas'lı meşrubat franchiser'ı Dr. Pepper Co.'ı devralma savaşını kazandığında geldi. Forstmann'ın rakibi Castle & Cook, o sıralar California'lı karanlık bir tahvil tüccarı olan Drexel Burnham'ın adamı Milken tarafından destekleniyordu. Forstmann Little'ın yönetim destekli nakit teklifi Castle & Cook'un hurda tahvil teklifiyle karşılanmış, ancak uzun ve yorucu çekişmelerden sonra savaş kazanılmıştı.

Forstmann bunu da kazanmıştı ama fazla zaman geçmeden işler tümüyle değişecekti. Milken'ın hurda tahvilci heyetlerinden biriyle başgösteren sürtüşmeyi kaybetmesi yalnızca en acı yenilgisi olmakla kalmamış, aynı zamanda Wall Street'te güç dengelerini de kesin olarak değiştirmişti. 1985'te uluslararası kozmetik devi Revlon, pek tanınmayan Philadelphia'lı yatırımcı Ron Perelman'ın saldırısına uğradı. Perelman'ın ana varlığı olan Panty Pride adlı marketler zinciri, Revlon'un yanında devede kulak kalıyordu. Ama gelin görün ki Drexel Burnham'ın hurda tahvilleriyle silahlanmıştı. Savunması zayıflayan Revlon yönetimi, görünüşe göre işlerini kurtararak ve görülmemiş zenginlikler sergileyerek, kollarını açmış olan Forstmann Little'ın kucağına atladı. Ancak Delaware mahkemesi, emsal teşkil edecek beklenmedik bir kararla, Forstmann'la birleşmenin ana unsurlarının Panty Pride'a karşı haksız ayrımcılığa neden olduğuna hükmedince, son gülen Perelman oldu.

Revlon vakası, halka açık büyük bir şirketin hurda tahvil destekli bir alıcı tarafından düşmanca ele geçirilmesinin ilk örneğiydi. Benzer saldırıların yolu açılmıştı ve Paul Bilzerian ile Sir James Goldsmith'inkiler de buna dahildi. Ve her nedense Ted Forstmann, Kurumsal Amerika'ya yöneltilen bu hurda tahvil-finanslı kıyımdan kendisini sorumlu tutuyordu.

Hurda tahvillerin zaferi tabii Forstmann'ın ahlaki değerlerine saldırıdan öte bir şeydi. Kendi işinin köküne de kibrit suyu ekiliyordu. Hurda tahvillerin kullanımı şirketleşmiş saldırganlar için fon oluşturmayı kolay ve ucuz hale getirdiğinden ele geçirme ücretlerini de yükseltmişti. Bir zamanlar kimse kendisine rakip olamazken artık teklifleri gerilerde kalır olmuştu. Çoğu zaman hurda tahvilli alıcılar fiyatları mantığın ötesine yükselttikleri için ele geçirme savaşına katılmayı reddetmişti. Sonuçta gitgide daha az anlaşma kotarır olmuştu. En nihayet hiç akla gelmeyen başa geldi. 1987'de yatırımcılardan 2.7 milyar dolarlık rekor düzeyde fon toplayan Forstmann Little, o yıl bir tane bile yeni teklif götüremedi. Wall Street'te onun için doruk noktası olması gereken durum, zeval noktası olmuştu.

Forstmann ilk olarak kızgınlığını Drexel Burnham'a yöneltti. Bir zamanlar Milken'den bir yetkili Forstmann Little'ı ziyaret etmişti. Genç bir Forstmann çalışanı olan John Sprague'in ayarladığı görüşmede söz konusu yetkili Forstmann'ın da hurda tahvil kervanına katılmasını önermişti. Drexel bankeriyle nazikçe konuşan ve elini sıkıp gönderen Forstmann, Spraue'i odasına çağırarak "John..." demişti, "önünde uzun ve kârlı bir hayat var ama bir daha asla onun gibi bir sümüklüböceği buraya getirme."

Önceleri hurda tahvillerden uzak duran Wall Street borsacıları da yeni filizlenen bu pazardan pay kapmaya çalıştıkça Forstmann'ın korkusu daha da büyüyordu. "Sosyeteye yeni takdim olunan on genç kızın balo salonunda oturduğunu düşünün..." demişti Forstmann, borsa komisyoncularının bir toplantısında. "Bu kızlar Merrill Lynch, Shearson Lehman ve tüm diğer büyük aracıların başkanlarıdır. Derken içeriye bir fahişe girer. Bu da Milken'dır. Bedenini her gün yüz dolara satan bir kadınla bu genç kızların ne işi olabilir ki? Ancak bu fahişe farklıdır. Bu, gecede bir milyon dolar kazanmaktadır. Öyleyse kısa vadede nasıl bir sonuç elde ederiz? Onbir fahişe."

Forstmann hiç bu kadar dehşete düşmemişti. Ancak hurda tahvil piyasasındaki periyodik karışıklıklar süresince Forstmann Little büyük devirler için eşit koşullarda rekabet edebiliyordu. Ivan Boesky'nin köstebek (insider trading) skandalının Kasım 1986'da patlak vermesinin ardından hurda tahvil piyasası faaliyetlerini askıya almıştı. Firma da fırsattan istifadeyle o ana kadarki en büyük avını (Lear Siegler adında California'lı bir savunma sanayii kuruluşu) kapmayı başarmıştı. Karşısına tekrar bir Drexel Burnham müşterisi çıkan Forstmann, bu sefer davasını doğrudan Lear Siegler Yönetim Kurulu'na götürmüştü.

"Size kim olduğumuzu anlatmadan önce..." demişti yöneticilere, "kim olmadığımızı anlatayım. Biz Drexel Burnham Lambert'ın müşterisi değiliz, asla da olmayacağız." Forstmann orada hazır bulunan bir Drexel bankerinin nefesinin kesildiğini duyabilmişti. "Biz satın aldığımız kuruluşları o aptal kağıtlardan basarak tehlikeye atmadık ve atmayacağız. Biz gerçek insanlarız ve paramız da gerçektir." Forstmann'ın hatırladığı kadarıyla yöneticiler takdirle alkışlamışlardı.

Forstmann'la Kravis'in yalnızca bir işte başabaş gitmiş olduklarının altını çizmek gerekiyor. O iş Forstmann'ın zihninde silinmez izler bırakmıştı. 1988 baharıydı, RJR Nabisco savaşından altı ay önce. Kraft, Duracell pil ünitesini satışa çıkarıyordu. Forstmann güçlü ve başarılı bir şekilde Duracell yönetimine kur yapmıştı. Duracell Başkanı C. Robert Kidder'la o kadar yakınlaşmıştı ki adam, Kraft'ın üst yönetiminden Duracell'i Kohlberg Kravis gibi bir hurda tahvil alıcısına satmaması için olağanüstü yollardan talepte bulunmuştu. Kidder mektubunda, böyle bir hareketin şirketi mahvedeceği yönünde uyarmıştı. Forstmann kendi başarısını kutlarken, Kidder aynı şeyi Kravis'in kendisinden de talep etmiş; Kravis ise bunu reddetmekle kalmayıp teklifini daha da arttırmıştı. Böylece Forstmann Little'ın teklifini silip süpürmüş ve Ted Forstmann'ı da öfke nöbetlerine boğmuştu.

1988'in yaz ve sonbahar ayları boyunca Forstmann'ın hiddeti sınır tanımadı. Kravis, tıpkı bir düşman yağmacısı gibi LBO sektörünün en kutsal ilkelerinden birini hiçe saymış ve gizlice Texaco'yla Kroger'ın hisselerini toplamıştı. Bu saldırgan taktikler Forstmann'ı kendi inançlarını ızdırapla yeniden değerlendirmeye sevketmişti. "Belki de yeni bir finansal çağın doğuşunu kaçıran benim," diyordu. Genç iş arkadaşları hurda tahvil meselesini gözden geçirmesini öğütlüyorlardı. Hanım arkadaşları "Kravis'i unutmasını", tasalanmayı bırakmasını ve zenginliğin tadını çıkarmasını sağlık veriyorlardı. Forstmann rahatlamaya çalıştı ama yalnızca eski inançlarının daha da güçlendiğini fark etti.

RJR işinde dananın kuyruğunun kopmasına birkaç hafta kala, dostlarının da tavsiyelerini alarak, nihayet görüşlerini kamuoyuna açıkladı. *The Wall Street Journal*'da başyazarın sayfasına hurda tahvil karşıtı acı bir eleştiri yazısı yazmıştı. Yazı 25 Ekim Salı günü yayınlanacaktı.

"Bugünün finans çağı, muhtemel kâr güdüsüyle bağdaşmayacak ölçüde risk alan fütursuz aşşırılıklar çağı haline gelmiştir," diyordu Forstmann. "Her hafta, giderek artan bir sorumsuzluk sonucu, milyarlarca dolarlık Amerikan varlığının sırtına, geri ödenme şansı neredeyse hiç olmayan bir borç yükü binmektedir. Bunların çoğu; yurdun çalışanları, toplulukları, şirketleri ve yatırımcılarının uzun vadeli menfaatleri pahasına Wall Street'in yatırım bankerleri, kaldıraçlı alım şirketleri ve hurda tahvil tacirlerinin kısa vadeli çıkarları uğruna yapılmaktadır."

LBO uzmanları makalenin belirli noktalarının –petrol ve ormancılık gibi döngüsel endüstrilerde yatırımların tenkit edilmesi gibi– Henry Kravis'e örtülü birer saldırı olduğunu anlayacaklardı. "Bu anlaşmaların yapılmasını seyretmek, yılbaşı gecesi bir yığın sarhoş sürücünün otoyola çıkmasını seyretmek gibidir. Kimin kime çarpacağını söyleyemezsiniz fakat bilirsiniz ki çok tehlikelidir."

Pazartesi sabahı, East River'a tepeden bakan Ted Forstmann ne yapması gerektiğini biliyordu. Nabisco anlaşması, bir anda, herhangi bir anlaşma olmaktan çıkmıştı. Henry Kravis'in haftalık anlaşmalarından biri daha değildi artık. Hayatının anlaşması olacaktı bu. Beş yıldır süren hurda tahvil davasının doruğu olacağının farkındaydı. Henry Kravis'e karşı Ted Forstmann'ın haklı olduğu anlaşılacaktı. Bu, Henry Kravis'in sahtekâr olduğunu açığa çıkaracak anlaşmaydı.

Fakat önce bir adım atması gerekiyordu. Forstmann'ın antika yemek masasına saçılmış yazılar, Ross Johnson'ın satın alma teklifinin ayrıntılarını içeriyordu. Gördüklerinden yine de hoşlanmıştı Forstmann. Sözcüklerde saklı anlamdan Johnson'ın grubunun niyetlerini vaktinden önce açıklamaya zorlandığı sonucunu çıkarıyordu. Eğer öyleyse resmi bir teklif sunmak ve gerekli finansmanı sağlamak için bankaları biraraya getirmeleri günlerini, hatta haftalarını alabilirdi. Bu da Forstmann Little'a biraz daha zaman verirdi.

Shearson'ın varlığı da cesaretlendiriciydi. Oradan neredeyse kimseyi tanımamakla birlikte, Tom Hill'in adamlarından hiçbirinin kaldıraçlı alımlar konusunda pek tecrübe sahibi olmadığını anlamıştı. Üstelik, herhangi bir anlaşmayı tamamına erdirmek için muhtemelen bir gemi dolusu paraya ihtiyaçları olacaktı. Forstmann Little'ın 9 milyar dolarlık alım gücüne paha biçilemezdi.

Ross Johnson ise bir diğer artıydı. Forstmann hem Johnson'ı hem de genç karısını tanır ve ikisini de severdi. Johnson'a ilk olarak 1980'lerin başında Standard Brands'in Fleishmann bölümünü almayı tasarlarken rastlamıştı. Konuşmalarından, Johnson'ın pazarlamacı tarafı bir yana iyi biri olduğu izlenimini edinmişti. Forstmann sonraları Johnson'a, yönetim kurulunda bulunduğu Deepsdale'e üyelik önermişti. (Kaderin oyununa bakın ki Don Kelly'nin Johnson'ı Kravis'le görüştürdüğü kulüp de orasıydı.)

Yıllar sonra Forstmann, Forstmann Little satınalma fonuna yatırım yapmak isteyen Johnson'ı buyur etmişti. Johnson yardımda istekli ve övgüde coşkundu. "Tanrım, ne fırsat ama!" Forstmann, Johnson'ın telefondaki çığlığını hâlâ hatırlıyordu. "Harikulade... Çok isterdik!" Ahizeyi yerine koyarken RJR başkanının, televizyondaki yarışma sunucularına benzemekle birlikte, fena bir adam olmadığını düşünüyordu.

O sabah kağıtları masasına dökerken Ted Forstmann'ın zihninde kurduğu plan yavaş yavaş netleşiyordu. En güvendiği yatırım bankeri, Goldman Sachs Co.'dan Geoff Boisi ile dört gün önce yaptığı konuşmayı hatırlıyordu. Wall Street'in en iyi anlaşma bağlayıcılarından olan Boisi, RJR Nabisco için bir 3. taraf teklifi getirmek amacıyla Goldman'ın kıymetli müşterilerinden bir konsorsiyum oluşturmaya girişmişti.

Boisi sormuştu: "Bir tütün işine sahip olmayı sorun eder misin?"

Forstmann da cevap vermişti. "Evet, niye?"

"Sorun nedir?"

Forstmann'ın cevabı ağzından öylece çıkıvermişti "Kanser satmak istemem."

Boisi ısrar ettiğinde ise Forstmann düşüneceğini söylemişti. Sonra ortaklarına sorduğunda onların da tütün işine pek sıcak bakmadıklarını gördü. Tövbekâr bir sigara tiryakisi olan kardeşi Nick, Johnson'ın anlaşmasından Shearson ve diğerlerinin kazanacağı paraları hesap ederken kahkahalarını zor tutuyordu. Hesabına göre yalnızca ücretler bile Forstmann Little'ın 500 milyon dolar değer biçeceği alımları geçiyordu. "Köpekbalıklarıyla dolu bir havuza 100 kiloluk kanlı bir but atmak gibi bir şey..." diyerek eğlendi.

Yine de tarihin en büyük alım olayı ile uğraşmanın manzarası karşı konulmaz derecede cazipti. Kendini güvene almak için uzun süredir avukatlığını yapan ve aşağı Manhattan'da yerleşik Fried, Frank, Harris, Shriver & Jacobson firmasından Stephen Fraidin'i aramış, "Benimle konuşmadan önce başka kimseyle hiçbir şey yapma," demişti. Forstmann Cuma günü bürosundan ayrıldığında konu hâlâ çözümlenmiş değildi.

Kahvaltının ardından Forstmann şoförlü siyah Mercedes'ine atladı, Kohlberg Kravis'in Nine West 57. Cadde'deki genel merkezinden yalnızca bir taş atımı uzaklıkta ve Plaza Hotel'in tam karşısında yer alan General Motors binasındaki bürosuna yollandı.

"Bana Jim Robinson'ı bul," dedi sekreterine.

"Bak Jim..." dedi Forstmann, Robinson o sabah geri aradığında, "neler olduğunu bilmiyorum. Fakat ünümü bilirsin." Forstmann Little ünlü vaazına başlamak üzereydi.

Fazla ilerleyemeden Robinson sözünü kesti. "Bunların hepsini biliyorum Teddy," dedi. "Seni birine arattıracağım."

Forstmann memnundu. Ne de olsa bu ilk adımdı. Kıyamet günü yaklaşmaktaydı; hissedebiliyordu. Kendini göstermenin zamanı gelmişti.

Fakat bir şey daha vardı. Forstmann'ın varlığından gurur duymadığı ve kendisine itiraf etmesi aylar alacak olan bir duygu. Derinlerde bir yerde Forstmann biliyordu ki, Henry Kravis'in canını yakmak istiyordu.

"Hepsinin canı cehenneme. Bu yeni bir KKR anlaşması olmayacak" diye kendi kendine ant içti. "Ross Johnson'ı tanıyorum, Jim Robinson'ı tanıyorum. Henry Kravis bu anlaşmayı kotaramayacak."

BÖLÜM
10

Pazartesi sabahı Shearson'da kargaşa hakimdi. 19. kattaki yönetim odalarının ortasında, Audubon taşbasma resimlerin, yeşil bitkilerin ve Doğu halılarının arasında yönetim grubunun şaşkın üyeleri toplanmıştı. Daha önceki hazırlıklarının apaçık aptallığıyla yüzleşecekleri yerde Cohen, Hill ve diğerleri öfkelerini Kravis'e yönlendirmeyi tercih etmişlerdi. Kravis'in neden erken çıkış yaptığına dair herkesin ayrı bir teorisi vardı.

Johnson azametle içeri girdi ve Shearson'ın yönetim kurulu odasındaki uzun masada yerini aldı. Dumbstruck, Kravis'in kurduğu pusu konusunda bir açıklama talep ediyordu. Cohen'in kendisiyle görüşmesi gerekmez miydi? Kravis'i böyle bir harekete sevk eden ne olabilirdi?

"Peter, burada bir şeyler çığırından çıktı," dedi Johnson, Cohen'in Kravis'le ilk görüşmesini hatırlatarak. "Birileri birilerini kızdırmış olmalı. Birisi parmağını bir başkasının kıçına sokmadan, öyle bir görüşmeden –franchise olsun veya olmasın– çıkıp da Pazartesi'ye böyle bir toplantıya gelinmez. Yani demek istiyorum ki, Cuma günkü görüşmede bir şeyler olmuş olmalı ki böyle bir hamle yapma ihtiyacı hissetti."

Shearson'dakilerin çoğunun tanıdığından farklı bir Ross Johnson'dı bu. Kravis'in teklifi karşısında yaşadığı şok sesinden ve yüzünden açıkça okunuyordu. Steve Goldstone müşterisinin pürüzsüz yüzünde ilk defa kırışıklıklar görüyordu. Hill, Johnson'ın "kafasına bir tuğla yığını düşmüş gibi durduğunu" düşünüyordu.

"Her şeyin tamam olduğunu sanıyordum," diyordu Johnson tekrar. "Adamla görüşeceksiniz sanıyordum. Neler oldu Allah aşkına?"

Hill ve Jack Nusbaum'la konuştuktan sonra Cohen tahmin edebiliyordu: Bruce Wasserstein ve diğer Wall Street danışmanlarıydı sorunun cevabı. Shearson'ın bankaları bağlayacağı yollu söylentilerle Kravis'i vakitsiz bir teklife itmiş olmalıydılar.

Kravis'e çalışan her danışmanının –Drexel, Morgan Stanley, Wasserstein Perella– diye açıklıyordu Cohen, Shearson'ın işini bozmak için kendisine göre bir sebebi vardı. RJR'nin devrini takip edecek hurda tahvil teklifi şüphesiz tarihteki en büyük teklif olacaktı. Ve Drexel'in hurda tahvil piyasasına vurduğu kilide karşın Shearson'ı bir anda onun en büyük rakibi haline getirebilirdi.

Şüphesiz Morgan Stanley de benzer şekilde Shearson'ın teklifini LBO pazarında büyüyen gücüne bir meydan okuma olarak görüyordu. Hatta Cohen, Shearson'dan zorla gönderilen Steve Waters'ın, eski ortağı Tom Hill'i utandırmak için oyun oynadığına bahse bile girebilirdi. Ve nihayet, Hill'in büyük bir anlaşma bağlayıcısı olarak ortaya çıkışı Wasserstein'ın ününe doğrudan tehdit oluşturmaktaydı. "Buradaki gerçek..." diyordu Cohen, "Henry'nin danıştığı herkesin onu saldırmaya teşvik ettiğidir. Bizim kaybetmemiz herkesin çıkarınadır... Bu piranhalar bütün haftasonu boyunca Kravis'in ellerini, ayaklarını kemirmişlerdir."

Johnson, Shearson'ın Wall Street rekabet entrikalarına özel bir ilgi duymuyordu. Cohen'le Hill kontratak planları yaparken onları dinleyemeyecek kadar şoktaydı. "Pekala..." dedi Johnson, "sanırım bu iş burada bitti. Artık sonuna geldik. Yani böyle bir teklifle kim başa çıkabilir ki?"

Steve Goldstone müşterisine bazı şeyleri açıklamanın zamanının geldiğini söyleyebilirdi. Johnson'ın çıkarları, Shearson'ınkilerle tam olarak örtüşmeyebilirdi. Johnson kağıtlarını doğru açarsa pekala dayanabileceği bir alımla bu işten sıyrılabilirdi. Birkaç seçeneği vardı. Bunlardan biri de Kravis'le güçlerini birleştirmekti ki Goldstone, Cohen'in bunun farkında olduğundan emindi. Johnson'ı Shearson'ın ofisinden çıkarmanın aslında bir gerekçesi daha vardı: O da Cohen gibi büyük bir kavgaya niyetlenmiş görünüyordu. Goldstone, Johnson'a sokularak koluna girdi.

"Ross bak... hadi Davis Polk'a geri dönelim," dedi avukat. "Konuşmamız gereken şeyler var."

Chase Manhattan Plaza'daki Davis Polk ofislerine kadar üç sokak yürürken, sanki her şey gerçeküstüydü, Alis Harikalar Diyarında gibiydiler. Johnson için her şey kabusa dönüşmüştü. Gerçek dünyayı Atlanta'da geride bıraktıkları duygusunu bir türlü üstünden atamıyordu. Aynadan geçerken sanki gerçekliğin askıya alındığı bir yere girmişlerdi; burada eski numaralar, eski kurallar, eski finansal çıkarsamalar yürümüyordu işte. Para kağıttan ibaretti, kağıt da paradan; ve size yalan söylemeleri karşılığında insanlara 25 milyon dolar ödeniyordu.

Davis Polk'ta, Goldstone, Johnson'ı, John Martin'i ve Harold Henderson'ı 38. katta bir toplantı odasında bırakarak bir şeyler almak üzere ofisine yöneldi. Etrafında anında meraklı bir meslektaş kalabalığı toplandı. Tanrım, neler oldu? Yaygara koparmışlar mıydı? İyi misin Steve? Peki şimdi ne yapacaksın?

Goldstone gözlerini pencereden dışarı, Chrysler binasının Artdeco tepesine dikmişti. "Vaziyet iyi değil..." dedi yavaşça. "Her şey değişti... Ya Kravis'le anlaşacağız, ya da..." Ya da ne? Onu bilmiyordu. Kravis onları gafil avlamıştı. Onunla kavgaya tutuşmak, 75 milyon doları sokağa atmak ve her şeye sıfırdan başlamak demekti. Goldstone döndüğünde Johnson'ı volta atarken buldu. Onunla birlikte olan grup da şoktaydı. Başlarına gelen şeyin ciddiyeti içlerine çökmüştü. Kolay paranın hayali, Kravis'in sahneye çıkışını ilan eden Dow Jones haberiyle silinip gitmişti.

"Bu noktada iş bitmiştir artık..." diyordu Johnson. "Demek istiyorum ki eğer doğruysa, bu çok gülünç bir şey. Eğer para onlardaysa bu iş bitmiştir." Yine de Kravis'i bertaraf etmek için Cohen'in neler yapabileceğini merak ediyordu.

Goldstone, Johnson'ın dikkatini geçmişten geleceğe çekmeye çalışıyordu. Kravis'in tuzağı bahsi çok yükseltmişti: Eğer savaşacak olurlarsa hisse başına 90 doları geçmek zorundaydılar. 90 dolara devralınmış bir şirketi yönetmek Goldstone'a göre 75 dolara alınmış bir şirketi yönetmekten çok daha farklıydı. Getireceği ek maliyet Johnson'ı korkutan cinsten tasarruf tedbirleri gerektirirdi. Uçaklar, Atlanta'daki genel müdürlük, hatta Premier bile bundan nasibini alırdı.

"Ross..."dedi Goldstone, "bu şirketi doksanın üstüne işletmek isteyip istemediğine karar vermelisin. Eğer istiyorsan topu Shearson'a atmış olursun. Kararı onlar verir. Para senin değil sonuçta."

Johnson ilk olarak, Henry Kravis'in teklifi hakkında daha çok bilgi almak istediğini söyledi. Kravis gerçekten ne istiyordu. Ondan bir şekilde kurtulabilirler miydi? Shearson 75 dolar verirken Kravis nasıl oluyordu da 90 dolar diyebiliyordu? "Hayır..." diyordu Johnson, Kravis hakkında daha çok bilgi sahibi olmadan karar vermeyecekti. Cohen onunla konuşacak ve neler olduğunu öğrenecekti. O zaman, yalnızca o zaman bir sonraki adımlarını atacaklardı.

Goldstone toplantı odasından çıktığında Tom Hill'i dışarıda boş boş ayak sürürken buldu. Kendi kendine gülüyordu avukat. Besbelli Johnson'ı kontrol altında tutmak ve olmayacak bir şey yapmasını önlemek için gelmişti.

Henry Kravis'le konuşmak gibi.

Kravis tarafı o sabahki açıklamalarının hasarını değerlendirmek üzere Pazartesi öğleden sonra toplandı.

Gelecek günlerde Dick Beattie, Kravis'in en etkili istihbarat kaynağı olacaktı. Yıllar içinde tatlı dilli avukat, Wall Street çevresinden kendisine sadık bir arkadaş grubu edinmişti. Shearson'la ortak işleri, özellikle Cohen'in ordularıyla bağlantı kurma imkanı tanıyordu kendisine.

En yakın olduğu da Bob Millard'dı. Millard. Shearson'da risk arbitrajı ticaretinin başındaydı. İkisi eski dosttular ve Millard o öğleden sonra Beattie'den telefon bekler gibiydi. Gelecek haftalarda yapacakları pek çok konuşmanın ilkiydi bu ve Kravis için kıymetine paha biçilemezdi. Aynı zamanda Cohen'in de yakın arkadaşı olan Millard, Shearson'ın patronu için gayrıresmi bir iletişim kanalı işlevi görecek, böylece yüzleştirme tehlikesine girmeden samimi bir havada Cohen'in düşünce ve tehditlerini aktaracaktı. Kravis'in görüşlerini tartışırken Beattie, Shearson grubunun stratejisi hakkında genelde iyi bir fikir sahibi oluyordu. Güvenlik nedenleriyle Kravis'e Millard'ın kimliğinden asla bahsetmezdi.

O gün, sanki karşılıklı olarak arkadaşlarını barıştırıyormuş gibi bir havada konuştular. Millard, "Peter yarışta önde gittiğini, çünkü Ross Johnson'ın kendi cephaneliğinde olduğunu söylüyor," dedi.

Beattie karşı çıktı, "Bunun doğru olmadığını biliyorsun Bob. Bu anlaşmayı en iyi teklifi verenin kazanacağını anlatmalısın Peter'a. Ross Johnson'ın kimde olduğunun bir önemi yok. Henry'nin bu anlaşmayı Johnson'sız yapmaya hazır olduğunu görmüyor mu?"

Millard kabul etmek zorundaydı. Önceki Perşembe Cohen'e de aynı şeyi söylemişti. Fakat Cohen şimdiye kadar onu dinlememişti. Hem Beattie hem Millard açıkça görüyordu ki tek çözüm, Kravis'le Cohen'in biraraya gelip Johnson'ın şirketini paylaşmalarıydı. Bir teklif savaşı kazananın milyarlarca dolarına mal olacak, üstelik kamuoyuna da kötü bir imaj verecekti. Ancak egoların böyle bir işbirliğine yanaşıp yanaşmayacağı ayrı bir sorundu.

Bob Millard, Beattie'ye Peter Cohen'i aramasını sağlık verdi.

Kravis'in teklifi Cohen'in kabusunun gerçek olması demekti. Fakat Ross Johnson'ın aksine Cohen'in teslim olmaya hiç niyeti yoktu. Tabiatı değildi.

Kravis'in teklifiyle ilgili bilgiler geldikçe Cohen ve Hill, durumun korktukları kadar da kötü olmadığını anladılar. Bir kere teklifin tamamı nakit değildi. Hisse başına yalnıca 79 dolar nakit önermişti Kravis; geriye kalan, Kravis'in hisse başına 11 dolar değer biçtiği kağıtlardan gelecekti. Cohen ve Hill bu duruma sevinç çığlığıyla karşılık verdiler. "Bak..." dediler, "Kravis bizim nakitimizi hisse başına yalnızca 4 dolarla geçti." Cohen, Shearson'ın da "kağıt" öne sürerek bu teklife karşı koyabileceğini düşündü. Johnson'ın menkul kıymetlere muhalefeti aşılmalıydı tabii ki ama başka çare kalmadığına göre, bu artık sorun olmamalıydı.

Toz-duman yatışmaya başlayınca bir başka gerçek daha açığa çıkıyordu. Shearson Kravis'e karşı tek başına savaşamazdı. 90 doların üstünde bir teklif için 2.5 milyar dolar civarında hisse yatırımı –peşin ödeme– gerekiyordu. American Express'den gelecek parayla bile olsa Cohen, Shearson'ın tek başına böyle bir yatırımın altından kalkmasının hiç mantıklı olmayacağını biliyordu.

O öğleden sonra Cohen en yakın arkadaşlarından birinden telefon aldı, Salomon Brothers Başkanı Thomas Strauss'tan. Strauss, John Gutfreund'dan sonra bu işin ardındaki ikinci isimdi. Strauss'lar ve Cohen'ler sık sık birlikte tatile çıkarlardı. Bir keresinde Afrika'ya safariye gitmişlerdi, ayrıca ev ziyaretlerinde de bulunurlardı. Strauss, Shearson anlaşmasında Salomon'a da yer olup olmadığını merak ediyordu. Benzer düşünceler Cohen'in de aklından geçmişti bütün gün; Strauss, onun kabul edebileceği az sayıda adaydan biriydi. Ertesi gün öğle yemeğinde buluşmaya karar verdiler.

"Muhtemel ortakların evreni..." diye öğütlüyordu Cohen, Hill'e, "küçük ve hızla daha da küçülüyor." Kravis zaten bilinenleri kapmıştı: Merrill Lynch, Drexel ve Morgan. "Bir seçeneğimiz var: Sally veya First Boston," dedi Hill. "Sally'nin sermayesi daha büyük fakat LBO pazarında bir etkinliği yok. Hatta bu pazarda tam bir felaketler. Birleşmeler konusunda da pek tecrübeleri yok." First Boston'ın daha iyi hurda tahvil operasyonları vardı ve birleşmelerde daha tecrübeli olduklarını söylüyordu Hill. Wasserstein ve Perella yakın zamanda ayrılmış olsalar bile. Hill, First Boston'ı tercih etmekle birlikte boşuna çabaladığının farkındaydı. Wall Street'te dostlukların sözü çok geçerdi ve Cohen de ahbabı Tom Strauss'la şansını tepmek istemeyecekti.

Dick Beattie, Peter Cohen'e o gün saat dört sularında ulaştı.

Avukatın içinde bulunduğu, aslında zor bir durumdu. Firması Simpson Thacher & Barlett, Lehman'ı kırk yıldır temsil ediyordu ve Jack Nusbaum'un şirketiyle birlikte Shearson'ın iki büyük hukuk firmasından biriydi. En yakın sırdaşı Nusbaum olmakla birlikte Cohen için Beattie de değerli bir danışmandı. Beattie'nin RJR Nabisco savaşında Kravis'le çalıştığını öğrendiğinde alınan Cohen, en azından kendi rızasının sorulması nezaketini göstermesi gerektiğini düşünüyordu.

Cohen telefona çıktığında Beattie konuyu hassasiyetle ele alıp Shearson'ın patronunu, onun rızasını almaksızın, Kravis'i temsil ettiği yolunda uyardı. "Peter... arıyorum çünkü iletişim kanallarını elimizden geldiğince açık tutmak istiyoruz," dedi Beattie. "Bu teklif bir daha birlikte çalışmayacağımız anlamına gelmiyor."

"Henry Kravis konuşmak istiyorsa neden bu teklifi yaptı? Bunu yapmak zorunda değildi. Niye aramadı? Ben onu arayacaktım. Gülünç bu."

Beattie, Cohen'i sakinleştirmeye çalıştı. "Peter, birtakım stratejik nedenlerden ötürü böylesi daha iyi göründü. Fakat yine de konuşmalıyız. Böyle bir seçeneği dışarıda bırakmak için bir mazeret olamaz bu. Henry'yle konuşmalısın."

"Belki," dedi Cohen. Kabul etmeden önce durumu Johnson'a iletti. Johnson onu bütün öğleden sonra telefonlarla, posta işleriyle, yeni bilgisayar programlarıyla meşgul etmişti.

"Bak Peter..." diye söze girdi Johnson, "horoz dövüşü değil bu. Ciddi bir mesele ve Henry de ciddi bir adam. Biraraya gelip konuşmalısınız ve onun ne kadar ciddi olduğunu test etmelisin."

Cohen'le Kravis'in buluşması Salı sabahına ayarlandı.

Pazartesi öğleden sonra Johnson'ın yönetim anlaşmasının bir kopyasını okuduğunda Jim Robinson daha da panikledi. Korktuğundan da kötüydü bu: Veto hakkı, beleşçilik ve inanılmaz bir para, hepsi canını sıkmıştı. Fakat American Express Yönetim Kurulu Başkanını asıl endişelendiren, Wall Street'çilerin anlaşmanın "makyajı" dedikleriydi: Kamuoyu açısından –ki Robinson bu belgenin en sonunda açığa çıkacağından hiç şüphe duymuyordu– sözleşme tek kelimeyle berbat görünüyordu.

Bir gazetecinin elinde bu belge, ete kemiğe bürünmüş bir açgözlülük vesikası olup çıkardı. Robinson'a göre yedi adamın iki milyar doları paylaşmasının görüntüsü, kapıda bekleyen bir halkla ilişkiler felaketi demekti.

Değişiklik yapılması gerekiyordu, bu açıktı. Hem de sadece makyaj olsun diye değil. Anlaşma tek kelimeyle fazla zengindi; Johnson'a vadedilen paranın şimdi Kravis'i alt edecek bir teklife yönlendirilmesi gerekiyordu. Wall Street'teki en yakın dostu olarak bu nahoş haberi Johnson'a iletme görevi, doğal olarak, Jim Robinson'a düşüyordu.

Pazartesi gecesi Robinson, Johnson'ın ofisinde oturmuş, haberi ona elverdiğince yumuşak bir üslupla iletmeye çalışıyordu. "Olup bitenlere bakarsak..." dedi Atlanta ağzıyla, "daha uygun bir tarzda gelişmeleri yeniden değerlendirmeliyiz."

Johnson, biraz da itirazla, ne demek istediğini sordu. Yönetim anlaşmasıyla ilgili Steve Goldstone'un sözlerini hatırlıyordu: "Bu adamlar seni batırmaya, batırmaya, batırmaya çalışacaklar..." Johnson, Jim Robinson'a güvenirdi ama bir yere kadar.

"Buraya Peter Cohen'in sözcüsü olarak gelmediğini umarım," dedi Johnson "çünkü onlar bizi ortada bırakıp hepsini gerisin geri Shearson'a veremeyecekler."

"Hayır, bunlar benim düşündüklerim. Buraya dost olarak geldim."

"Bu çok başka, bu çok başka..." dedi Johnson. "Ne yapmak istiyorsun?"

"Yönetim anlaşmasından kaç kişi pay alacak?" diye sordu Robinson.

Johnson "Sekiz de olabilir, yirmi de..." dedi. Bu konuda fazla düşünmediğini söylüyordu.

Robinson "Belki daha netleştirmek istersin..." diye sordu.

"Umurumda bile değil," dedi Johnson. "Hep birçok çalışanın pay alacağını düşündüm. Mümkün olduğunca geniş bir topluluğa yaymak istiyorum."

Robinson bu düşünceyi hayata geçirmenin iyi bir fikir olacağını söyledi. Belki de en iyisi Davis Polk ve Champ Mitchell'ın hukuk şirketlerine, çalışanlar için pay sahipliği planı hazırlatmalıydılar. Johnson kabul etti. Sonraları, en başından beri niyetinin bu olduğunu söyleyecekti.

Çalışanların Johnson'ın zenginliklerinden pay alıp almayacakları, tabii ki, asıl mesele değildi. Asıl mesele makyajdı. Jim Robinson yönetim anlaşmasını bir kenara atamazdı. Fakat yöneticilere ve eleştirel kamuoyuna açıklandığında, hazmının kolay olmasını pekala sağlayabilirdi.

En azından öyle umuyordu.

"RJR ihalesinde KKR VE Shearson arasında çete savaşları" Salı sabahı *The Wall Street Journal*'ın kapağındaki başlık böyleydi.

Kravis haberi iğrenerek okudu. Her iki gazete de, yani *Journal* ve *The New York Times*, Cohen'le Cuma günkü görüşmesini ayrıntılarıyla anlatmıştı. Kravis'e göre iki gazete de, LBO'ların ağası olarak yeni türemiş bir rakibi ezmede ağır basan tarafın kendisi olduğunu düşünüyordu. Özellikle "tekelini" korumasıyla ilgili kendisine atfedilen sözler, Kravis sonradan bunları inkar edecekti, canını fena sıkmıştı. Gerçek ne olursa olsun, Shearson'ın onu basın yoluyla en hassas yerinden –kamuoyundaki imajı– vurmaya çalıştığı açıktı.

Yine de Cohen'in sözlerini *Journal*'da okuduğunda gülmekten alamadı kendini. Yaralı masum rolünü oynayan Cohen, Shearson'la görüşme sözünden sonra Kravis'in kendisini zorla anlaşmaya katmak istediğinden şikayet ediyordu. "Birlikte kayak yapmıştık, yakınlığımız vardı..." diyordu Cohen Kravis'le ilgili olarak, "burada düzeyli bir tutumun söz konusu olduğunu sanmıştım."

Kravis gözlerine inanamıyordu. Cohen'i arkadaşı olarak görmüyordu ki. Nasıl görsün, onu doğru dürüst tanımıyordu bile – arkadaşlarına böyle demişti. Bir zamanlar birlikte kayak yapmışlardı –Vail'de düzenlenen bir Shearson kayak etkinliğinde– ama, Wall Street'teki koşturmalar esnasında arasıra toslaşmaları saymazsak, "yakın" oldukları herhalde söylenemezdi.

"Bu adamın küstahlığı..." diye başladı, bitirmedi.

Salı sabahı yapılan kahvaltı toplantısında Cohen'le Kravis arasındaki hava bir et kombinasındakinden farksızdı.

Cohen daha erken gelmiş ve etrafı incelemişti. Tarafsız bir bölge seçmişlerdi, Plaza Hotel'in yemek salonu. Cohen şef garsona uzak bir masa sormuş –Kravis'le rahatça konuşabilecekleri bir masa– ve salonun boş bir köşesine götürülmüştü. Birkaç dakika sonra Kravis de gelmiş ve Cohen'in karşısında yerini almıştı. Birer kahve ısmarladıktan sonra iki adam doğruca konuya girdiler.

"Henry, seni arayacağımı söylemiştim. Gerçekten de arayacaktım," dedi Cohen. "Sözünde duran biri olduğumu düşünüyorum. Ama şimdi durumu daha da vahimleştirdin."

Cohen kavgacı olmakla birlikte gerçekçiydi de. Kravis'le sonuna kadar götürülecek bir savaşı Shearson pekala kaybedebilirdi. Uzlaşma önerdi. "Bu konuda açık görüşlüydük, Henry. Anlaşmadaki bütün payı kendimize saklamayı asla düşünmedik. Bu çok fazla. Biz makul bir sözleşme istiyoruz. Başarabilirsek bu herkesin çıkarına olur, bunu denemeliyiz. Şimdi neden birlikte bir şeyler yapmayı denemiyoruz?"

Kravis sordu: "Ne gibi?"

"Paylaşmak. Yarı yarıya."
"Bu olmaz." Kohlberg Kravis asla yarı yarıya anlaşmazdı. "Bu çok fazla."
Cohen "Daha farklı bir şey olması gerektiğini düşünmüyorum," dedi.
"Hayır, hayır." Daha fazla tartışmayacaktı.
Kravis yönetim anlaşmasını çıkardı. Jeff Beck'in bir ay önce kendisine söylediklerini düşünüyordu. Yönetim kurulunun kontrolünü istiyorlar. Johnson, Kohlberg Kravis tarzı bir alım istemiyorsa nasıl bir şey istiyordu?
"Bu senin normal anlaşman," dedi Cohen. "Hiçbir özelliği yok."
"Bu da ne demek şimdi?" diye sordu Kravis. "Bu yüzde 5, 10, 15, 30 mu, ne?"
"Evet, o civarda..."
Cohen bilerek Johnson'ın veto yetkisinden veya talep edip aldığı 2 milyar dolarlık yönetim anlaşmasından söz etmemişti. "Bir şeyler yaparsak..." dedi Cohen, "hepsini size sunacağız tabii ki."
Cohen konuşurken Kravis tartıyordu. Bu adamın kendi dengi olmadığına karar verdi. Kravis, Cohen'in kariyerinde ikiden fazla alım işi olmadığını biliyordu; Eric Gleacher ona "Çocuk Yatırım Bankeri Peter Cohen" diyordu. Yine de gerçekten güçlüymüş gibi pazarlık ediyordu. "Kendisini gayet iyi hissediyor," diye düşündü Kravis: "Yönetim onda olduğu için bütün kartların da kendisinde olduğunu düşünüyor. Sanıyor ki Ross Johnson'ın varlığı bizi durduracak."
"Peki, Çocuk Yatırım Bankeri..." dedi Kravis içinden, "kendini sıkı bir süprize hazırla." Kravis aylar sonra "Cohen'in bilmediği..." diye hatırlayacaktı, "bizim pirinç tarlalarının arasından dosdoğru geçmekte olduğumuzdu; hiçbir şey için durmadan ve yanımıza hızımızı kesecek mahkum almadan."

Cohen'le Kravis kahve fincanlarının üstünden birbirlerini süzerken

Johnson olaya el koymaya karar vermişti. Kravis'in teklifinin gerçek olup olmadığını ve gerçekse bunun kendi yönetim grubu için ne anlama geldiğini öğrenmek zorundaydı. Cohen'in, hayatının anlaşmasını Kravis'le paylaşmaya pek niyetli olmadığını biliyordu. Cohen'le Kravis iki buluşmada da ikisi sidik yarışına girmişlerdi. Belki de Kravis'le bir çeşit ortaklığa girmek mantıklı olabilirdi. Johnson'a göre bundan emin olmanın tek yolu Kravis'in kendisiyle görüşmekti.

Johnson telefon mesajlarına bakarken Steve Waters'ın adına rastladı. Şimdi Kravis'e çalışan eski Shearson'lı yatırım bankeri belki de iyi bir arabulucu olabilirdi. Birkaç dakika sonra Waters, Morgan Stanley'deki bürosunda ahizeyi kaldırdı. Johnson'ın kahkahasını duymak onu şaşırtmıştı. "Kendini yok dedirteceğini sanmıştım," dedi Johnson kikirdeyerek.

"Ross..." dedi Waters da ona takılarak, "bilirsin seninle her zaman konuşurum."

Johnson ona Kravis'le konuşmasının iyi olacağını düşündüğünü söyledi. "Evet. Henry'yi gerçekten görmelisin," dedi Waters. "O kadar da kötü bir adam değildir. İkinizin konuşması son derece mantıklı."

Johnson kabul etti. Sonra American Express'den Jim Robinson'ı aradı. Hamle yapmadan önce çevresini yoklamak istiyordu. "Dinle Jim... sanırım Henry'yle görüşeceğim, sadece söyleyeceklerini duymak için. Ne dersin?"

Johnson derdini anlatırken Robinson dinledi.

"Ben sadece insanların konuşmasının iyi olacağını düşünüyorum. Yaptığın belki doğru, belki de yanlış ama onların durumunu ben de kendi kulaklarımla duymak isterim doğrusu. Jim, sen nitelikli bir adamsın, ben de öyleyim. Sanırım bu da nitelikli bir yöntem." Johnson buradan çıkan mantıksal sonucu telaffuz etmemişti: Cohen'in Kravis'le "niteliksiz" münakaşası kimsenin işine yaramamıştı. Sözünü bağlarken, "Jimmy..." dedi, "A takımını sürmek istiyorum sahaya, amatörleri değil."

Robinson da onayladıktan sonra Johnson tekrar Waters'a döndü. Kravis'le buluşma aynı gün saat dörde ayarlanmıştı.

Cohen'le kahvaltının ardından Kravis karşı kaldırıma geçti ve önceki gece gelmiş olan Beattie ve Roberts'la Central Park'a yukarıdan bakan 42. kattaki ofisinde bir toplantı yaptı. RJR Nabisco'yla aralarındaki yegane engelin Peter Cohen olduğunda hemfikirdiler. Shearson'ın bu anlaşmada taraf olması için hiçbir neden yoktu. Ross Johnson'ın yönetim uzmanlığı vardı. Kohlberg Kravis'in ise satın alma uzmanlığı. Cohen büyük ücretlere karşı doymak bilmez bir iştah duyuyordu; LBO'larda vurgun yapmaya göz koymuştu ve tavrı kötüydü.

"Ellerindekini açmıyorlar," dedi Roberts.

Kravis doğruladı: "Evet, açmıyorlar."

Shearson'dan kurtulmanın bir yolu olmalıydı. Aşikar olan çözüm, anlaşmada onlara küçük bir rol vermekti. Kravis danışmanlık ücreti kabilinden bir şey ve belki de anlaşmadan bir pay verme fikrini destekliyordu. Fakat hisselerden büyük bir pay verilmeyecekti, hele yüzde 50'yi kontrol etmeye yaklaşan bir pay asla. "Belki yüzde 10," diye düşünüyordu.

Beattie ise o kadar emin değildi. Yüzde 10 kulağa pek de çelimsiz gelmiyordu. Ne de olsa Shearson'ın bu anlaşmada o kadar emeği vardı. Avukat fazla konuşmadı ama Cohen'in böyle bir teklifi hakaret olarak algılayacağından emindi. Aynı şekilde, bunun Henry Kravis'in umurunda olmadığını da biliyordu.

Cohen, Salomon Brothers'dan Tom Strauss ve John Gutfreund'la öğle yemeği yiyip Shearson'da bir yönetim kurulu toplantısına katılırken; Johnson da Nabisco işine fon toplamak amacıyla, Nine West'te gri takım elbiseli bir bankacı güruhuyla buluşmuştu. Mali kesintilerle ilgili gereksiz sorularıyla bankacılar tam bir baş belasıydılar. Johnson onları Shearson'dan Jim Stern'e havale etmeye çalıştı. Bankers Trust'tan Bob O'Brien başkanlığındaki bankacılar da, Johnson'ın kendi rollerinin önemini kavramadığı duygusuna kapıldılar. İşin içinde 13 milyar dolar olduğuna göre uslu uslu oturup sorularını dinlemesi gerektiğini düşünüyorlardı.

Ancak Johnson'ın aklında daha önemli şeyler vardı, en başta da Kravis'le yapacağı görüşme tabii. Saat dörde birkaç dakika kala Johnson tek başına asansöre bindi, Kohlberg Kravis 6 kat aşağıdaydı. Fakat asansörün kapıları arkasından kapanırken Kravis'in hangi katta olduğunu unutuverdi. 44'e bastı ama orası olmadığını hemen anladı. 42'yi denedi ve orada birkaç dakika arandıktan sonra firmanın arkadaki köşede olduğunu farketti. İçerde, Kravis'in odasına alındı. George Roberts'ı ilk defa görüyordu. Hava samimiydi: Johnson'ın onlarla bir alıp veremediği yoktu. Kravis'in ise onun yönetim uzmanlığına fena halde ihtiyacı vardı. Premier üzerine uzun uzun konuştuktan sonra Johnson, RJR Nabisco'yu nasıl yöneteceğini ana hatlarıyla anlattı. Konuşma genel konular üzerine gelişti: Üç adam birbirlerini anlamaya çalışıyordu. Kravis'le Roberts işletme felsefelerinden bahsederken Johnson onlardan etkilenmişti. Finansal yapılar ve fon toplama konusunda Cohen'in adamlarından çok daha bilgili görünüyorlardı. Johnson da kendi şirketi üzerine gözlemleriyle karşılık verdi. Avlarıyla ilgili bilgiye susamış kuzenler dikkatle dinlediler.

Ancak Johnson daha fazlasını istiyordu. Kohlberg Kravis'le işbirliği yapmanın sağlayacağı imkanlar, besbelli, merakını celbetmişti. "Şimdi Henry..." dedi, "siz bu işi alırsanız uçaklar ve golf sahalarını sorun etmezsiniz değil mi?"

"O konu bizim için önemli değil," dedi Kravis. "Ekstra bir uçak seyahati istersen, bu senin bileceğin bir şey." Kravis bu konularda Don Kelly'le konuşmasını önerdi. "Pekala... bu oldukça iyi," dedi Johnson başını sallayarak.

Roberts ise o kadar iyimser değildi. Bazen "buzhane" olarak tanımlanan George Roberts, Johnson'ın hareketli, iyimser tavırlarından soğumaya başlamıştı. "Doğrusunu isterseniz bir Ispartalı gibi yaşamanızı istemeyiz," dedi. "Fakat gerekçelerimizi de isteriz. Eğer olağan bir yolu yoksa insanların gidecekleri yere uçakla gitmelerine karışmayız. Herhangi bir anlaşmada yönetim kurulu başkanının bizimle uyumlu olması önemli. Peter Magowan'la bir konuş."

Magowan, KKR kontrolündeki Safeway Stores marketler zincirinin patronu ve Johnson'ın arkadaşıydı.

"Konuştum," dedi Johnson. "Sanırım varmaya çalıştığımız anlaşma biraz sıradışı." Johnson şirket yönetimini önemli ölçüde kontrol edebileceği bir yapı aradığını söyledi.

Roberts başını sallayarak "hayır" dedi. Kohlberg Kravis öyle çalışmazdı. "Yönetimin kontrolünün başkasında olduğu bir anlaşma istemeyiz," dedi Roberts. "Sizinle çalışırız. Fakat kontrolü kaptırmaya yanaşmayız."

Johnson niye öyle olduğunu merak etti.

"Paramız var..." dedi Roberts, "yatırımcılarımız var, bu yüzden işi kontrol etmeliyiz." Johnson'ın bakışlarından, almak istediği mesajın bu olmadığını fark etti Roberts.

"Bak, bu ilginç işte..." dedi Johnson. "Fakat samimi olmak gerekirse şimdiki halimle daha özgürüm."

Başarılı bir LBO'nun vazgeçilmez koşullarından olan maliyet düşürme konusu tartışıldı. Johnson, Roberts'ı hayrete düşürmeyi göze alarak, bütçe kesintilerini fazla önemsemediğini düşünüyordu. "Oraya mağara adamını koysanız maliyeti düşürür," dedi. "Bana para harcamasını bilen bir adam gösterin."

Devam etti: "Şimdiye kadar herhangi bir Ispartalı gibi yönettim işletmeleri. Fakat burada birinci sınıf bir yönetim takımından söz ediyoruz. Bizler hovarda değiliz. Bana bir limuzin alıp almamamız gerektiğini söyleyen salaklar istemiyorum. Bunların hepsi saçmalık. Kaygılanmanız gereken, sattığım tütünün veya başka varlıkların fiyatıdır. Önemli konularda iş yapmak istiyorum ben."

Önemli konular Premier gibi mevzulardı. Johnson dumansız sigaradan bahsetmeye başladı; iyi ve kötü taraflarından, test pazarlamasının durumundan. İşin sırrının, tütünü yakmasından ziyade ısıtmasında olduğunu söylüyordu. Derken, Premier'ini Kravis'in antika Doğu halısının üstüne düşürüverdi.

George Roberts dehşet dolu gözlerle Johnson'ın ayağının dibinde tüten sigaraya baktı. "Bakın, hiç yakmıyor..." diyerek sırıttı. Johnson o arada sigarasını yerden aldı. Roberts'ın camdan aşağı atlamak üzere olduğunu düşünüyordu.

Bir saattir konuşuyorlardı ki Johnson telefon etmek üzere dışarı çıktı. Bir dakika sonra özür dileyerek içeri girdi. "Jimmy'yle Peter'dı. Dostunuz Ted Forstmann'la görüşmeye geç kaldım da..." dedi. Sonra gülümsedi. Başka seçenekleri olduğunu bilmeleri bu adamlara koymazdı. "Evet, Teddy'yi biliriz..." diye karşılık verdi Kravis, o da gülümsüyordu. Demek Forstmann da bu işe gireceğini düşünüyordu.

Bu söz Roberts'ın üzerinde soğuk duş etkisi yaptı. Sonra da Ross Johnson'la ilgili her şey onu hayal kırıklığına uğrattı. Bir iş adamında olması gereken ciddiyetle alakası yoktu. Şimdi de buradan çıkıp Ted Forstmann'la mı görüşecekti? George Roberts kendisiyle oyun oynanmasını sevmezdi.

Çıkarken Shearson'la görüşmelerin sürdürülmesi gerektiğini belirtmeden edemedi Johnson. "İşleri hal yoluna koyarsınız umarım," dedi. "Sadece dürüst olun. Adil bir anlaşma yapın. Hiçbir taraf, diğer tarafa üstünlük sağlamaya uğraşmamalı. Biliyorsunuz, işleri yoluna koymak gerek. Başka türlü yürümez."

Johnson altıyı birkaç dakika geçe çıkarken Kravis ve Roberts harekete geçme zamanının geldiğine kanaat getirmişlerdi.

Jim Robinson cep telefonlarına sessizce lanetler yağdırıyordu. Gotham'da koşulları iyileştirmeye çalışan bir grup üst düzey şirket yöneticisinden oluşan New York City Partnership'in toplantısından henüz çıkmış olan Robinson, limuzininde bıraktığı telefonuna Henry Kravis'den gelen mesajı hayretle karşıladı.

Aracı kaldırımdan yola inerken akşamüstü trafiğinden beter olan tek şey Robinson'ın cebinin çekmemesiydi. Kravis telefona çıktığında sesi cızırtılarla kesiliyordu ama mesajı ayna gibi berraktı.

Bir teklif yapmak istediğini söylüyordu Kravis.

Teklif şuydu: Kohlberg Kravis, RJR Nabisco'yu devralacaktı. Karşılığında Shearson, Kohlberg Kravis'den bir defalık 125 milyon dolar tutarında bir ücret alacak ve kendisine şirketten yüzde 10 pay satın alma seçeneği sunulacaktı. Kravis geceyarısından önce cevap bekliyordu.

Jim Robinson bir başkasının cüzdanını görmekle heyecanlanacak türden bir adam değildi. "Henry, bu kulağa az geliyor..." dedi fakat ona geri döneceğine söz verdi.

Birkaç dakika sonra Cohen aynı teklifi duymak üzere Shearson'ın kurul toplantısından çıktı. Cohen fazla bir şey söylemedi ama sesinin tonundan pek beğenmediğini anlamıştı Kravis.

Ross Johnson neredeydi?

Ted Forstmann iki saattir bekliyordu ama adamdan ne ses vardı, ne seda. Bir gün boyunca düşündükten sonra Forstmann, Kravis ve hurda tahvil musibetine karşı haçlı seferine hazır olduğuna karar vermişti. Forstmann Little'ın bilgisayarları RJR Nabisco hakkında kamuya açık her türlü bilgiyi toplayıp işlemişti. Goldman Sachs'dan analistler sonuçları yazıcılardan kağıda dökmüşlerdi fakat vardıkları sonuç Forstmann'ın zaten bildiğini desteklemekten öteye gidememişti. Hisse başına 90 dolara bile RJR Nabisco iyi bir anlaşmaydı.

Forstmann Little'ın stratejisi açıktı, en azından ilk adımı. Kravis'in biraz da aceleye getirilmiş teklifi, firma için sahneye çıkıp RJR Nabisco'yu "kurtarmak" fırsatını sunuyordu. "Franchise" konuşması yüzünden basın zaten Kravis'e yükleniyordu ve Forstmann'ın danışmanları bundan faydalanmakta kararlıydılar. "Kendimizi allayıp pullamalıyız," demişti Geoff Boisi. O da tüm kalbiyle benimsemişti bunu.

Şimdi ihtiyaçları olan tek şey Ross Johnson'dı.

Johnson ancak altı buçukta varabildi Forstmann Little'a. Yanında da Tom Hill. Tokalaştıktan sonra Forstmann arkalarında üçüncü bir adam farketti.

Hill'i yanına çekti.

Başıyla üçüncü adamı işaret ederek, "Bu kahrolası da kim?" diye fısıldadı. Hill koyun gibi bakıyordu. "Fazla ayrıntıya girmeden söylemek gerekirse, Johnson'ın yanında gezer. Bizimle bir alakası yok."

Forstmann, bodyguard olduğunu düşündü. Bodyguardlar onun tarzı değildi. Bu iyiye işaret sayılmazdı. Forstmann, Hill'le Johnson'ı bir toplantı odasına götürdü. O da öyle gayrıresmi döşenmişti ki gören toplantı değil oturma odası zannederdi. Ahşap masayı oniki deri koltuk çeviriyordu. Bir köşede televizyon duruyordu. Duvarlarda Forstmann'ın sevdiği Büyük Buhran dönemi posterleri sıralanmıştı.

Yüzüne geniş bir gülümseme yayılan Johnson masanın başındaki koltuğa kuruldu.

"Müsabakadan henüz çıktım," diye başladı.

Ted Forstmann şaşırdı. "Ne?"

"Az önce Kravis'le görüştüm."

Forstmann tedirginliğini saklayamıyordu. "Bunu neden yapıyorsun?"

Tom Hill araya girdi. "Yapmamız gerekiyordu Ted," diyerek Forstmann'ı yatıştırmaya çalıştı. "Bir şey değil, gerçekten. Ben olsam önemsemezdim." Hill'e göre Johnson sadece zeminini sağlamlaştırıyordu.

Kravis'in adının geçmesi üzerine Forstmann "büyük vaazına" başladı. Neredeyse yarım saat boyunca hurda tahvillerin kötülüklerini, Henry Kravis'in günahlarını ve Forstmann Little'ın Wall Street'i nasıl kurtarabileceğini anlattı durdu. O sabah *The wall Street Journal*'da yayınlanan makalesine de özel olarak gönderme yaptı. Johnson dinlerken gizliden gizliye eğleniyordu.

Şu *Wall Street Journal* makalesi konusunu gerçekten de çok ciddiye alıyor bu adam, diye düşündü neşeyle. Forstmann'ın dünya görüşünü anladığını düşünüyordu. Henry Kravis bir şeytan. Ted Forstmann ise bir melek. Onun müşterileri mükemmeldir. O ücretlerle ilgilenmiyor. Bu adamı halka açılmak isteyenler için Tanrı göndermiş...

"Ah, evet. Anlıyorum."

Forstmann bitirdiğinde Nick Forstmann ve bir ortak, Steve Klinsky, Johnson'a şirketi hakkında sorular sormaya başladılar. Tütünün geleceği ne olacaktı? Hangi işler satılabilirdi? Konudan konuya atlayan cevaplarında Johnson neredeyse hiperaktif bir hava veriyordu. Besbelli bu işin üzerindeki baskı canını sıkıyor, diye düşündü Forstmann.

Tom Hill telefon etmek üzere odadan çıktı. Cohen, Kravis'in 125 milyon dolarlık teklifini naklediyordu. Hill, "Bu benim ortaklık önerime pek benzemiyor," dedi.
Cohen onayladı, "Benimkine de."
Yine de Hill teklifin cazibesini gözden kaçırmamıştı. 1987 yılında Shearson'ın birleşme danışmanlığı için elde ettiği gelirin yaklaşık yarısıydı bu ücret. Son çeyrekte Shearson'ın gelirlerinin düşmesi bekleniyordu ve Hill de durumu kurtarmak için Cohen'in büyük baskı altında olduğunu biliyordu. Tek celsede 125 milyon dolarlık bir doping baştan çıkarıcıydı doğrusu.
"Söylemeye bile gerek yok," dedi Hill, "eğer alırsak bu bankacılık faaliyetimizin sonu olur. Çekilebileceğimizin bir fiyatı olduğunu kabul etmek anlamına gelir. Bunu süslesek bile kimse yemez. Almamızın hiç yolu yok."

"Yine onlardı," diyerek toplantı odasına geri döndü Hill. "En aşağılayıcı teklifi aldık."
Forstmann'ın aklı karışmıştı. Hill'in Kravis'i kastettiği açıktı. Hill, Kravis'le kendi telefonunda mı pazarlık ediyordu. Neler oluyordu burada? Düşünceleri arasında kaybolan Forstmann, sağ omuzu üstündeki posterin ironisini anlayacak durumda değildi: "Vaktimi harcama," diyordu. "Boş konuşma, beş para etmez."
"Bunu konuşmamız lazım," diyordu Hill, Johnson'a. "Çünkü teklif senin açından o kadar da küçültücü değil."
Johnson ve Hill aceleyle oradan ayrılarak Forstmann kardeşleri dumura uğramış vaziyette bıraktılar. Johnson, Kravis'le mi anlaşma arıyordu? Öyleyse Forstmann'la niye konuşuyordu ki? Belki

sonra öğrenebileceklerdi: O akşam Hill, Forstmann'ın adamlarını
Nine West'e çağırarak güçlerini birleştirmeyi önerecekti.
  Yarım kalan toplantının ayrıntıları üzerinden geçerken Steve
Klinsky, Ted Forstmann'a sordu, "O adamın sağlıklı olduğuna
emin misin?"
  Forstmann, Johnson'ın tuhaf davranışlarını heyecanına verdi.
Böyle bir vakayla daha önce de karşılaşmıştı: Yani, kendi şirket or-
tamında güvende olan üst düzey bir yöneticinin Wall Street'in göz
kamaştırıcı hızından serseme döndüğünü. "Büyük baskı altında,"
diye açıkladı Forstmann. "Biliyorsun, gerçekten zor bir durumda.
Bu dünyadaki CEO'lara sempati besliyorum."
  Oysa Klinsky o kadar emin değildi. "Bana sorarsan o adam ka-
çığın teki."

───────────

Kravis'in 125 milyon dolarlık teklifinden bir saat sonra Dick Beat-
tie, Shearson'daki Bob Millard'la telefonda konuşuyordu.
  Beattie merakla sordu, "Teklifi duydun mu?"
  Millard, Beattie'nin zaten beklediği haberleri verdi. Dediğine
göre Cohen, Kravis'in teklifi yüzünden kafasını duvarlara vuru-
yordu. Aşağılanmıştı; çılgına dönmüştü; böyle bir şeyi hayatında
görmemişti.
  "Buna düpedüz rüşvet diyor," dedi Millard.
  "Tahmin etmiştim," dedi Beattie iç geçirerek.

───────────

Johnson, Cohen'in 48. kattaki ofisine döndüğünde onu öfkesin-
den çıldırmış buldu. Hill de bekletmeden ona katılmıştı. Kravis'e
bastıra bastıra lanetler yanetler yağdırırken Tom Hill o kadar mo-
rardı ki Johnson onu kalp krizi geçiriyor zannetti. Jim Robinson
da oradaydı.
  Bütün bu patırtı ve öfke bir yana, Kravis'in teklifi Shearson'la
Johnson arasında o ana kadar kendini göstermemiş bir çatlağı gün
yüzüne çıkardı. Kravis'in duyurusunun ardından neredeyse iki

gün geçmişti ama Johnson, Shearson'ın teklifini hâlâ açıkça kabul etmemişti. Robinson da Cohen de, konuyu gündeme getirmemekle beraber, Johnson'ın o öğleden sonra Kravis'le görüşmesinden açıkça rahatsız olmuşlardı. Johnson, Shearson'la mı kalacaktı yoksa Kravis'in tarafına mı geçecekti.?

"Ross, eğer onlarla gitmek istiyorsan bunu yapmakta tamamen özgürsün," diyordu şimdi Robinson. "Sana engel olmayız." Cohen de Robinson'ın görüşüne katıldı.

"Hadi canım," dedi Johnson, "herkes sakinleşsin bakalım. Bunu önce adamlarımla konuşmalıyım. Ne yapacağımıza ondan sonra karar vereceğiz."

Gece çöktüğünde 8. kat insan kaynıyordu: Shearson'ın adamları, Davis Polk, Jasck Nusbaum'un hukuk firması ve RJR. Hepsi de Kravis'in teklifini geçmek için yapılmış kaç haftalık çalışmanın tekrar üstünden geçiyorlardı. Johnson'sa yöneticilerini kendi ofisinde topladı. Horrigan, Henderson, John Martin ve diğerleri krem renkli sandalyelerine yerleşerek duvar boyunca dizildiler.

Kravis'in teklifini açıkladıktan sonra, "Durum bundan ibaret," dedi Johnson. "Burada tek taraflı karar verecek değilim. Oylayacağız. Siz ne yapmak istiyorsanız ben de onu yapacağım. Her birinizden görüşlerinizi söylemenizi istiyorum. İstediğiniz yola gidebilirsiniz. Fakat, beyler, şunu bilin ki kariyerinizi oyluyorsunuz. Henry ile de gidebiliriz, Jim'le de."

Büyük Macera'ya atılmaları için seçtiği adamlara göz gezdirdi Johnson. Henry Kravis'e çalışmanın nasıl bir şey olduğunu biliyorsunuz, diye açıkladı. Herkes başıyla onayladı. Biliyorlardı. Fakat, Johnson uyardı, Shearson'la kazanmanın getirecekleri de çok farklı değildi.

"Biliyorsunuz, eğer Shearson'la giderseniz..." dedi, "muhtemelen hepinize yol görünecektir." Shearson'ın Kravis'i yenme ihtimali o kadar uzak görünüyordu; Cohen'in savaşacak parayı toparlayabileceğinden bile emin değildiler. Eğer Shearson'la gidip kaybederlerse hepsi işinden olacaktı.

Konuşmasını dinlerken Ed Horrigan, sadakatlerini yeniden değerlendirmeleri konusunda Johnson'ın ciddi olduğunu biliyordu.

İkisi daha önce özel olarak konuşmuşlardı. Horrigan, Johnson'ın Kravis'le görüşmesini sorduğunda onun apaçık kararsızlığından ürkmüştü. "Vay be, adamlar gerçekten büyük," demişti Kravis ve Roberts'la ilgili olarak.

"Öyle mi?" diye sormuştu Horrigan duyduğuna inanamayan gözlerle.

Johnson'a altı kat aşağıda neler olduğuyla ilgili ayrıntılı sorular sormuştu. Bir açıdan bakıldığında; muhtemel tütün patronu, özgür iradeye sahip biri olarak Johnson'ın bu anlaşmadan nasıl bir çıkar sağlayabileceğinden şüpheleniyordu. Bir başka açıdansa şaşkın durumdaydı: Nasıl oluyor da Kravis karşısında korkudan tit tir titrerken bir anda bu orospu çocuğunu kucaklar hale gelmişti? Belki de sadece birkaç tahtası eksik Ross Johnson atabilirdi bu taklayı, ama aklı başında Ed Horrigan değil.

"Ne demek istediğini anlamıyorum," demişti Horrigan, "fakat bundan hoşlanmadım."

"Asıl ben seni anlamıyorum," diye karşılık vermişti Johnson. "Dünyanın en büyük işini bağlıyorum ve sen bundan etkilenmiyorsun."

Horrigan konuyu daha basit anlatmaya çalışmıştı. Demişti ki, "Bir defa bunun kurulda nasıl karşılanacağını düşün. Allah aşkına, şirketin satış değerini düşük tutacağı gün gibi ortada olan Kravis'le anlaşarak hissedarların menfaatlerini koruması gereken bir yönetim grubu bu görevini nasıl yerine getirebilirdi ki? "Kurul dosdoğru kıçımıza tıkar bunu."

Johnson ise aynı fikirde değildi. Kravis'in açıkladığı 90 dolarlık taban fiyatıyla hissedarların menfaati zaten korunmuş oluyordu. Ona göre önemli olan şimdi teklif yarışının kontrolden çıkmamasını güvence altına almaktı. Altına girdikleri borç şirketin yönetimini imkansız hale getirmemeliydi.

Horrigan, Kravis'le birleşmek üzere bir kelime bile daha duymak istememişti. "Onlar düşman..." demişti, "onlarla nasıl çalışabilirsin bir türlü anlayamıyorum."

Şimdi, odadaki herkes teker teker söz alırken Horrigan yine Kravis'i ve yöntemlerini yerin dibine batırıyordu. Doğru olan,

Shearson'la saf tutmaktı, zafer kazanma ihtimali ne olursa olsun. "Seni buraya getiren adamla evine dön sen," dedi Horrigan. "Biz ya Shearson'la çıkacağız ya da Shearson'la batacağız."

Diğerleri –Henderson, Ed Robinson, Sage– de onunla hemfikirdi. "Bak, biz seninleyiz," dedi John Martin. "Biz ortaklarımızı seçtik ve onların yanında duracağız."

Kriz sona ermişti. Kurul dağıldığında Johnson, Cohen'i davet etti. "Bizim hakkımızda birtakım şüphelerin olduğunu biliyorum," dedi. "Bize çok cömert bir teklif yaptın. Bunu takdir ediyorum. Sizinle birlikte olduğumuzu bir kez daha teyit etmek isterim."

Cohen besbelli minnet duyuyordu. "Güvenoyunuzu takdir ediyorum. Size temin ederim ki sonuna kadar birlikte olacağız."

Akşamki karmaşanın doruğunda Ted Forstmann 48. kata çıktı. Asansörden çıktığı anda Forstmann'ın içine kötü bir his doğdu. Ortalık insan kaynıyordu. Çoğu avukata benziyordu. Forstmann inledi. Nerede çokluk orada...

Forstmann yanında kardeşi Nick'i, avukatı Steve Fraidin'i ve Goldman Sachs'dan Geoff Boisi'yi de yanında getirmişti. Onlar da kargaşayı fark etmekte gecikmediler. Yatırım bankacılarıyla iş yapmaya alışkın olan Boisi, Cohen ve Robinson gibileri de etrafta koştururken görmekten şaşkına dönmüştü. Burada patron kim? merak ediyordu.

Forstmann grubu penceresiz bir toplantı odasına alındılar. Odada kiraz ağacından bir masa ve bir düzineden fazla avukatla yatırım bankacısı vardı. Cohen gibi Johnson da oradaydı. Shearson'ın orduları bekletmeden Forstmann'ı soru yağmuruna tuttular, çoğu da aynı konunun çeşitlemeleriydi: Henry Kravis'le nasıl savaşılır? Forstmann soruları bir kenara itti. Aynı frekansta olduklarından emin olana kadar bunu konuşmanın bir anlamı olmadığını açıkladı. O gün en az ikinci defa "büyük vaazına" başladı.

İlk olarak Kravis'in kusurları ortaya döküldü. Hurda tahvil yok. Köprü kredisi yok. Forstmann balon gibi şişerken farketti ki

Johnson'ın başı düştü düşecekti. Devam etti: Düşmanca teklif yok. O çılgın saçmalıklardan hiçbiri olmayacaktı. Vaaz dur durak bilmiyordu. Bir müddet sonra Cohen de Johnson'ı kapı dışarı takip etti. Forstmann, "Bu çok ciddi..." diyerek sözlerini bağlıyordu. "Çok şeyde ısrarcı değiliz. Fakat bunda kesinlikle ısrarcıyız. Bizimle misiniz?"

Forstmann etrafına baktı. Toplantı salonunun boşalmış olduğunu görünce beyninden vurulmuşa döndü. İlk gruptan yalnızca üç kişi kalmıştı. Forstmann başını kaşırken genç bir Shearson bankeri ahlaki görüşlerini lekelemeden Forstmann Little'ın hurda tahvillerle nasıl çalışabileceğini açıklamaya koyulmuştu. Forstmann'ın canı sıkılmıştı. Bu adam söylediklerinden hiçbirini duymamış mıydı? O sabah *The Wall Street Journal*'daki makalesini okumak zahmetine katlanmamış mıydı? Kiminle konuştuğunun farkında değil miydi? "Bekle, bekle, bekle..." dedi sinirle, "anlamıyorsun. Ben o işleri yapmam."

Sonra –dikkati dağılmıştı– durdu. "Herkes nereye gitti?" diye sordu.

Kimse bilmiyordu. Geride kalan Shearson bankerleri de odayı terk ettiğinde Forstmann ne yapacağını bilemez halde kaldı orada. Bekledi. Bir saatten fazla ne Johnson'dan, ne Cohen'den, ne Jim Robinson'dan, ne de Tom Hill'den bir haber çıkmadı. Geoff Boisi delirmeye başlamıştı. "Burada komik şeyler oluyor," diyerek uyardı.

Cohen bütün akşam Kravis'e ulaşmaya çalıştı. Önemliydi, kendisi ve Johnson, ona 125 milyon dolarlık "rüşvetin" her yönüyle yetersiz olduğu mesajını iletmeye karar vermişlerdi. Cohen, Kravis'in evine mesajlar bıraktı. Dick Beattie'yi aradı: Beattie, Kravis'in nerede olduğunu biliyor muydu? Biliyordu bilmesine ama Cohen'e söylemiyordu.

Onlar konuşurken Kravis aslında yakın bir restoranda, Le Grenouille'de smokinleriyle mükellef bir akşam yemeğinin keyfini çıkarmaktaydı. Orada, şimdi Charlie Hugel'ın özel komitesiyle çalışan Lazard'lı banker Felix Rohatyn ve Salomon'dan John Gutfreund'la sohbet ediyordu. Gutfreund, Kravis'in yanına oturmuş, diğerleri finansörü sorguya çekerken kıs kıs gülüyordu. Salomon'un Kravis'e açılan savaşta karşı tarafta yerini almak üzere olduğunu bir kere bile ağzından kaçırmamıştı. Kravis'le yemek lakırdısı onun basına yansıyan sözleriyle sınırlı kaldı. "Sanırım..." dedi Gutfreund, "finans sektöründen bir adam ilk defa aynı gün içinde hem *The Wall Street Journal*'a hem de *The New York Times*'a kapak oluyor."

Henry Kravis gülümsedi; John Gutfreund'dan pek hoşlanmazdı.

Yemekten sonra Kravis dairesine döndü ve Cohen'in aramasını beklemeye başladı. Kütüphanesinin penceresinden Nine West'in 48. katının ışıl ışıl olduğunu görebiliyordu. Hâlâ oradalar, diye düşündü.

Geceyarısını onbeş dakika geçe telefon çaldı. Arayan Johnson'dı.

Her zamanki canlı hali yoktu. "Henry, beni hayal kırıklığına uğrattın," dedi. "Onlara yaptığın çok sefil bir teklifti. Adil olacağını sanmıştım ama bu yaptığın adalete sığmaz. Hiç adil değil."

Johnson hâlâ diyaloğun mümkün olduğunu söylüyordu ama bu koşullarda değil. Kravis'in daha iyi bir önerisi varsa, hâlâ kabul edebilirdi.

Kravis şaşırmadı. Beattie'nin istihbaratı her zamanki gibi yine şaşmamıştı. "Güzel..." dedi. Hiç tartışacak havada değildi. "Öyle düşünüyorsan..."

Johnson telefonu kapattı ve Goldstone'a baktı. İki adam, Johnson'ın ofisinin hemen önündeki girişte oturmuşlardı. Cohen kapının dışında turluyordu.

Goldstone müşterisinin performansından memnun kalmamıştı. Nedeni basitti: Johnson'ın yapısı yüzleşmeye uygun değildi.

Adam fazla neşeliydi.

"Bak Ross, eğer burada niyetin Henry'ye taraf değiştirmeyeceğin mesajını vermekse, bunu yapmamış olduğunu bilmelisin," dedi avukat. "Sanırım onu tekrar arasan ve bunu daha açık söylesen iyi olur."

"Galiba derdimi tam olarak anlatamadım."

"Sanırım haklısın," dedi Golstone. "Biraz muğlak kaldı söylediklerin."

"Galiba onu tekrar arasam iyi olur."

"Evet, sanırım bu daha iyi olur."

Beş dakika sonra Johnson, Kravis'i yine aradı.

"Henry, belki de bir konuda yeterince açık değildim. Şunu söyleyeyim ki Shearson'la kalıyorum. Bizim ortak olmadığımızı hiçbir şekilde düşünmeni istemem. Ortağım olan insanları terk etmemi benden bekleme."

Kravis, Johnson'ın neden ikinci defa arama ihtiyacı duyduğunu merak ediyordu. Birilerinin onun iplerini elinde tuttuğuna kanaat getirdi. Acaba yönetim grubunu gerçekten kim yönetiyordu?

"Bunu zaten beklemiyordum," dedi Kravis. "Ross, şunu açık seçik söyleyeyim. Kimse seni ikiye bölmeyi aklından bile geçirmedi. Bizim istediğimiz bu değil."

Yalandı... Yani az çok. Fakat Ross Johnson'ı yabancılaştırmanın sırası değildi. Kravis kapattı, endişeliydi. Beklemeden George Roberts ve Dick Beatti'yle görüştü. Tekliflerinin reddi iyi değildi. Hisse başına 90 dolar gazetelerde hoş görünüyordu. Fakat Kravis acı bir şekilde farkındaydı ki devralacağı şirketin içini-dışını bilmeyen bir yönetim takımının analitik yardımı olmadan şimdiye kadar hiç büyük bir teklif yapmamıştı. Hoşuna gitmiyordu ama gerçek çok açıktı: Ross Johnson'a ihtiyacı vardı. Üstelik bu düzeyde bir teklif savaşı, kazananın milyarlarca dolarına mal olabilirdi. Kravis ve Roberts yeni bir yaklaşımın gerekli olduğuna karar verdiler.

Kravis, Johnson'ı Nine West'ten aradı. Bir dakika sonra Cohen çıktı telefona.

"Peter, sanırım konuşsak iyi olur," dedi Kravis. "Biliyorsun, sizi bölmeye çalışmıyoruz. Sadece bunu konuşmamız gerektiğini düşünüyorum."

"Güzel..." dedi Cohen, "hadi konuşalım."

"Neden sabah buluşmuyoruz?"

"Hayır, konuşmak istiyorsan şimdi konuşalım." Cohen, Ted Forstmann'ın bir arka odada beklediğinden söz etmemişti.

"Peter, gecenin bir vakti..."

"Hayır, söyleyecek sözün varsa bunu şimdi söyle. Yarın geç olabilir.

Kravis birkaç dakika sonra Dick Beattie'yi aradı.

"Görüşmek istiyorlar."

"Sabah kaçta?" Beattie yatmak üzereydi.

"Bu gece."

"Bu gece mi?"

Beattie üstüne ince bir ceket geçirdi, 5. Cadde'deki dairesinden çıktı ve bir taksiye atladı. Yolda Carlyle Hotel'e uğrayıp Roberts'ı aldı, sonra da Park Avenue'daki dairesinden Kravis'i. Taksi boş sokaklardan hızla ilerliyordu. Nine West'in önünde inen üçlü, dışarıya park etmiş limuzin kuyruğunu görünce durakladı. Kravis başını sallayarak, "Vay be..." dedi, "bütün dünya yukarda olmalı."

Shearson'ın başkan yardımcısı George Sheinberg, saat biri geçerken Kravis'in asansörden çıktığını gördü. Hünerli bir fotoğrafçı olan Sheinberg makinesini de yanında getirmişti. Bu sahneyi çekmek için tam makinesini kaldırıyordu –tarih yazılmaktaydı– ki birden duraksadı. Normalde batıl inançları olan bir adam değildi Sheinberg ama bu toplantıya uğursuzluk getirmek istememişti.

Kravis, Roberts ve Beattie asansörden çıkar çıkmaz Shearson'dan Jim Stern onları elle çağırdı. Stern bütün akşam boyunca, Forstmann'ların oturduğu odanın üç metre ötesindeki toplantı odasında, Salomon yatırım bankerlerinden bir ekip kurmaya çalışmıştı. Bir çift kilitli kapı, iki grubun birbirine girmemesini sağlayan en iyi yöntemdi. Aceleyle Salomon'un adamlarına geri dönen Stern, gecenin nasıl bir üçlü sirke döneceğini düşünmeden edemedi.

Shearson grubu Kravis'i beklerken Johnson'ın ofisinde hava elektrik yüklüydü.

Cohen, Jim Robinson ve Tom Hill dahil, yarım düzine kadar adam sinirli bir şekilde volta atıyorlardı. Her şey bir yana, olur da Kravis, Ted Forstmann'a rastlar diye Shearson'ın patronunun ödü kopuyordu. Öyle bir durumda nelerin olacağını yalnızca Tanrı bilirdi.

Johnson'ın odası kelimenin hem gerçek, hem de mecaz anlamıyla duman olmuştu. Johnson'ın alt dudağından bir cigarillo sarkıyor, Cohen'se ağzından hiç düşürmediği purolarından tüttürüyordu. Odanın durağan havasında bir duman tabakası asılı kalmıştı ama kimsenin umurunda değildi. Ne de olsa almaya çalıştıkları bir sigara şirketiydi. Johnson'ın masasının arkasındaki rafta Sun Tzu'nun Savaş Sanatı'nın bir nüshası vardı; Johnson'ın onu okuduğuna dair bir belirti ise yoktu. Duvarlardan biri boydan boya camdı: Güneye bakan manzara, karanlık RCA binasının ve PaineWebber'ın kırmızı neonlarının ötesinde aşağı Manhattan'ın göz kırpan ışıklarını sunuyordu.

Kravis, Roberts ve Beattie, Andy Sage'in boş odasının ve ahşap paravanların önünden geçerek yönetici suitine buyur edildiler. Kalabalık odada birkaç dakikalığına hoşbeş edildi. Jack Nusbaum, pijamasının üstüne ceket giymiş gibi görünen Beattie'ye takıldı: "Yataktan çıkmış gibisin Dick..."

George Roberts dumanlı havadan hemen rahatsız olmuştu. Gözünün önündeki sisi gayrı ihtiyari bir el hareketiyle dağıtmaya çalıştı. Gözleri yanarak bu durumdan bir espri çıkarmayı denedi: "Beyler iyi ki puro işine girmiyorsunuz," dedi Ed Horrigan'ı görür görmez. "Puro dumanı beni deli ediyor."

Roberts'ın kinayeli sözünün anlaşılması biraz zaman aldı.

Johnson'la Horrigan şaşkın gözlerle birbirlerine baktılar. Dumandan rahatsız mı olduğunu söyledi? Amerika'nın en büyük sigara şirketini almaya çalışan birinin ağzından böyle bir itiraf inanılmaz geliyordu; Roberts'ın bu potu, ilgili herkesin ağzını açık bırakacak bir gecenin başlangıcıydı.

"Gerçekten rahatsız ediyorsa..." dedi Cohen başıyla tüten purosunu göstererek, "senin için söndürebilirim."

"Evet. Rahatsız ediyor," dedi Roberts.

"Bu harika işte..." diye mırıldandı Horrigan.

Cohen odadan çıktı, birkaç saniye sonra da yanmayan bir puroyla geri döndü. Elinde tutarak Johnson'ın arkasındaki boş masaya geçti. Daha önce Cohen ve Robinson, Kravis geldikten sonra American Express patronunun ortadan kaybolmasının daha uygun olacağında anlaşmışlardı. Cohen, Robinson ve Kravislerin ahbap olduklarını biliyordu ve arkadaşıyla yüzleşmesi nedeniyle Robinson'ın muhakemesinin bulanmasını istemiyordu.

Robinson ve Johnson çıkmak üzere kalkarken Johnson gruba seslendi. "Siz bankerleri rahat bırakıyoruz. Umarım bazı sonuçlar çıkarabilirsiniz. Böylesi herkes için daha iyi olur. İhtiyacınız olursa, biz aşağıda holde olacağız."

Robinson da, "Kongre dahil bir sürü insanın gözünün bu sürecin üstünde olduğunu unutmayın," diye hatırlattı.

"Severek ve takdirle büyüttüğümüz bu işin zarar görmesini biz de istemeyiz," dedi George Roberts acı bir ifadeyle.

Robinson ve Johnson odadan çıkarken Cohen, Hill'le kendisinin, rakiplerini nasıl alt edeceklerini içgüdüsel olarak biliyordu. Öyle hissediyordu ki her Wall Street müzakeresinde aynısı oluyordu: Daha kıdemli olan ortak devlet adamı rolünü, yani "iyi polisi" oynarken daha genç olanı da uzlaşmaz adam, yani "kötü polis" rolünü keserdi. Yıllarca Cohen'in kendisi de Sandy Weills'in kötü polisini başarıyla oynamıştı, o kadar ki ikinci tabiatı haline gelmişti. Bu geceyse ilk olarak diplomat rolüne soyunacaktı.

Ne var ki, Kravis'in "rüşvet"ine kızgınlığından olacak, başlangıç performansı zayıf kaldı. Johnson'ın masasının arkasından Cohen, Shearson'ın Kohlberg Kravis'le ortaklık konusuna hep açık

yüreklilikle yaklaştığını vurguladı. Fakat sesinin tonu değişmemekle beraber Cohen'in kavgacı içgüdüsü kısa zamanda baskın çıktı. "Bu anlaşma bizim," dedi. "Biz bir yere gidecek değiliz. Ne sizin, ne de bir başkasının yanında ikincil bir rol oynayacak değiliz. Ross bizim yanımızda ve bu bize açık farkla avantaj sağlıyor."
Kohlberg Kravis'in teklifine gelince, Cohen devam ediyordu, "Biz rüşvet almaya meraklı değiliz. Böyle bir teklifi bir daha yapamayacaksınız. Çok küçültücü ve çok aşağılayıcı." (Sonraları Cohen de kabul edecekti ki "kimse onu asla bir devlet adamıyla karıştırmayacaktı.")

Beattie'nin yanında oturan George Roberts, ellerini kucağından hiç kaldırmadan serinkanlılıkla konuştu. "Peter, bunu iş adamlarına yakışır bir tarzda konuşmaya geldik. Neden bize birlikte nasıl çalışabileceğimizle ilgili bir fikir vermiyorsun? Bu imkanları ve nasıl bir hal çaresi bulabileceğimizi irdelemek isteriz."

Fakat Shearson'ın işi bitmemişti henüz. Tom Hill –soğukkanlı, iyi giyimli ve besbelli korkusuz– kötü polis sıfatıyla konuya girdi. "Yönetim şimdi Shearson Lehman'la kalma kararı verdi," diye başladı. "Dolayısıyla, aramızda bir anlaşmaya varmadığımıza göre, rekabetin hüküm sürdüğü bir alana giriyoruz."

Hill, kıyasıya bir savaşta Kravis'i bekleyen tehlikeleri açığa çıkarmak istiyordu. "Henry, daha önce haritası çıkarılmamış bir alana giriyorsunuz. Bu görülmemiş bir şey. Yönetim sizin tarafınızda değil. Bu ister istemez bir yığın soruyu akla getiriyor, özellikle de doğru rakamlara ulaşma yeteneğinizle ilgili."

Hill yüklenmeye başlamıştı. "Bu durum nasıl algılanacağınızla ilgili bir soruyu da gündeme getiriyor, dost mu düşman mı? Bu düşmanca bir teklif ve yatırımcılarınızın bu anlaşmayla ilgili çekinceleri olacaktır. Ayrıca gelecek şirket yönetimlerinin sizlerle nasıl iş yapacakları konusunda da ciddi sonuçlar doğuracaktır. Bildiğiniz gibi, RJR faaliyetlerini Güney'de ve Carolina'larda yürütüyor. Buralar Jesse Helms gibi bazı Kongre üyelerinin son derece güçlü oldukları seçim bölgeleri. Jesse Helms, eminim ki, bu şirket ve bağlı topluluklarının geleceğiyle yakından alakadar olacaktır."

Tehditler su götürmeyecek derecede açıktı. Hill durakladığında

her kafadan bir ses çıkmaya başladı. Kravis çılgına dönmüştü.
"Tom," dedi, "bu bir tehditse, çok gülünç. Burada oturup senin tehditlerini dinleyecek değilim."
"Jesse Helms'i aramak istiyorsan hiç durma Tom, misafirimiz ol," dedi Roberts. "Burası özgür bir ülke."
Avuçlarını açmış olan Dick Beattie kötü gidişatın önünü kesmeye çalıştı. "Tom, bu bizi bir yere götürmez."
İnsanlar zıvanadan çıkmadan Cohen müdahale etti. "Hey, hey. Gülünç olmayın," dedi. "Bu toplantının amacı bu değildi. Bu işe nasıl birlikte girebiliriz diye gelmedik mi buraya?"
Cohen'in uzattığı zeytin dalına sevinmekle birlikte, Shearson patronunun araya girmek için Hill'in sözünü bitirmesini beklediği Beattie'nin dikkatinden kaçmamıştı.

Saat ikiyi geçerken Forstmann'ların beklediği odaya habercinin başı uzandı. Ross Johnson onları görmek istiyordu. "Fraidin de gelsin mi?" Forstmann sordu.
"Hayır," dedi adam, "avukat yok."
Ted Forstmann ve kardeşi Nick bezgin bir şekilde koltuklarından doğrulup loş odaların önünden rehberlerini takip ederek Ed Horrigan'ın köşedeki odasına girdiler. İçerde Johnson, Jim Robinson ve Horrigan oturuyordu. Robinson, kırışmış bir smokin giymiş, kravatı aşağı sarkmıştı.
"Neler oluyor?" diye sordu Forstmann.
Jim Robinson konuştu: "Ted, nelerin olup bittiğini bilmeni istiyorum. Sana gerçeği söylemekten başka çaresi yok."
"Neymiş o?"
"Bizim taraf bir başka toplantı odasında Kravis'le görüşüyor."
Forstmann, Robinson'ın başının üstüne denk gelen bir noktaya dikmişti gözlerini. Midesine sıkı bir yumruk yemiş gibiydi. Bir süre için uygun sözcükleri aradı ve üçlü koltukta oturan kardeşinin yanına çöktü.
Hayal kırıklığı Forstmann'ın o anki duygularını anlatmaya ye-

tecek kadar güçlü bir sözcük değildi. İhanet daha yakın geliyordu. Bu insanların ilkeli olduklarından o kadar umutluydu ki. Kravis'i kendisinin gördüğü gibi görmelerini ve buna inanmayı o kadar istiyordu ki. Fakat hata etmiş olduğunu anladı.

Yavaşça, bir küfür seli, borsa fiyatlarını gösteren ağır hareketli şerit gibi bir şey geçti Forstmann'ın zihninden. Seni orospu çocuğu, diye düşündü. Seni lanet olası orospu çocuğu. Buraya geldim... Allah aşkına. Ve bu insanlar oturmuş, o küçük Kravis piçiyle konuşuyorlar.

Hiçbir şey söylemedi Forstmann.

Robinson devam etti: "Teddy, biz en iyisini yaptık, en doğrusunu değil. Akıllı iş yapmak lazım."

Forstmann suskunluğunu bozmadı.

"Ama bir yere vardığımızı sanmıyorum," dedi Robinson.

Johnson çıkış yaptı: "Evet, bir yere varacağını sanmıyoruz. Yönetim o adamlarla gitmeyecek."

Forstmann düşündü, öyleyse niye orada o adamlarla konuşuyorlardı? Ah, nasıl da nefret ediyordu yalanlarından. Bağırmak istiyordu, "Sizi aşağılık piçler!" Ama çenesini tuttu. Ortaklarına hep söylemişti, kendini kaybedersen işi de kaybedersin diye.

Jim Robinson'a baktı. "Pekala, bu beni ilgilendirmez," dedi, "ama doğrusu sizinle aynı fikirde değilim."

Bu kadarıyla bırakmak istiyordu ama beceremeyeceğini de biliyordu. Cesaretle söze girdi. "Onların üçüncü sınıf insanlar olduğunu düşünüyorum. Üçüncü sınıf insanlar olduklarını tekrar tekrar kanıtladılar."

Forstmann yine rica dolu gözlerle baktı. Biçimsiz bir durumdu. "Sosyal olarak arkadaşız, Ted," dedi Robinson. "Yalnızca sosyal olarak onları tanıyoruz." Durakladı. "Her neyse, gerçekten de endişe edilecek bir şey yok, bir çözüm olmayacaktır."

"Jim," dedi Forstmann, "çözüm olsun veya olmasın, bunu niye yapıyorsunuz? Bir türlü anlayamıyorum. Yani, biz varken bu adamlarla nasıl iş yapabilirsiniz? Bizim paramızın maliyeti yüzde dokuz. Hurda tahvile ihtiyacınız yok ki. Kravis'e ihtiyacınız yok. Onların yapmış olduğunu ben asla yapmazdım. Asla doksan dolarla açmazdım. KKR gelmemiş olsaydı seninle şimdi havadan sudan sohbet ediyor olacaktık."

Bir süre daha konuştular. Tenis ve golfle birkaç dakika oyalandılar acemice. "Eh," dedi Forstmann nihayet, "en azından durumdan haberdar ettiğiniz için teşekkürler."

"Evet," dedi Johnson, "en azından sana söylediğimiz için bize biraz kredi tanımalısın."

"Evet," dedi Forstmann. "Teşekkürler."

Boisi ve Fraidin'in yanına yelkenleri inmiş vaziyette geldi Forstmann. "Asla inanmayacaksınız," diyerek söze başladı.

"Gidelim öyleyse," dedi Fraidin hikayeyi dinledikten sonra. Avukat, kendisine böyle davranan insanların yanında kalıp iş yapmaya çalışmak için bir neden olmadığını söylüyordu. Fortmann böyle bir hokkabazlığa göz yummamalıydı, diye ekledi Fraidin. "Seni burada olmaman lazım."

Çocukların mahalle kavgasına müdahale eden sevimli bir amcaydı sanki Fraidin. Sekiz yıldan sonra Teddy Forstmann'a karşı korumacı hisler gelişmeye başlamıştı kendisinde. Biliyordu ki müvekkilinin Wall Street'e yaklaşımı birçok açıdan safiyane idi. Cohen ve Kravis gibi insanlarla aynı kulvarlarda koşmuyordu o ve, her ne kadar eleştirse de, aslında onları gerçekten anlamıyordu. Forstmann diğerlerini kendisi gibi dolambaçsız sanırdı; bu yüzden de, bu geceki gibi, nahoş süprizlerle karşılaşırdı.

Forstmann onayladı, "hadi bu lanet yerden gidelim" dedi ve kalkmaya yeltendi.

Geoff Boisi onu durdurdu. "Dur Ted. Nihayetinde hepimiz buradan çıkmak istiyoruz. Fakat bu durumu kendi lehimize çevirebiliriz. Yani, eğer kalırsak."

Karmakarışık atmosfer, şaşkın yüzler, Cohen ve Robinson gibi en tepedeki yöneticilerin varlığı Goldman bankerinin dikkatinden kaçmamıştı. Shearson ekibinde sezdiği umutsuzluk havasında bir fırsat görmüştü.

"Bu adamlar debeleniyorlar." dedi Forstmann'a. "KKR'la bir çözüme varamazlarsa bize gerçekten muhtaç olacaklar. Onlara kendi şartlarımızı dikte edebiliriz."

Forstmann arada kalmıştı. Kravis'le savaşmaya ve dünyaya hurda tahvillerin kötülüğünü göstermeye fena halde ihtiyacı vardı. Öte yandan, Johnson'ın doğruyla yanlışı, Forstmann Little'la Kohlberg Kravis'i ayırt etme kabiliyeti bile yoktu ve bu da canını çok sıkıyordu.
Beklediler.

---

48. katta, Johnson'ın dumanlı odasında hiçbir ilerleme yoktu. Teoride, bir tür ortaklıkta anlaşmak iki tarafın da çıkarınaydı. Uzun ve kamuya açık bir savaşta iki tarafın kaybedeceği çok fazla şey vardı. Fakat belli ki "ortaklık" kavramı taraflara farklı şeyler ifade ediyordu. Kravis'in hisseden yüzde onluk pay teklifini aşağılanma gerekçesiyle reddediyordu. Kravis ise fifty-fifty'ye yanaşmıyordu. "Bunu şimdiye kadar hiç yapmadık", dedi Kravis, "şimdi de yapmayacağız."

"Her şeyin bir ilki vardır", dedi Tom Hill. "Yani yirmi milyar dolarlık bir iş başka ne zaman çıkar? Hepimize yeter bu."

Jesse Helms vakası yüzünden Hill'e hala diş bileyen Kravis, ona dik dik baktı. "Kontrolünden vazgeçeceğimiz bir anlaşmaya yanaşmayız. Bunu yapamayız işte. Bu işler böyle." Bir saat boyunca, asla uzlaşamayarak ama düpedüz yüzleşmekten de kaçınarak konudan konuya atladılar. "Pekala", dedi Kravis Cohen'e, "kendinize nasıl bir rol biçiyorsunuz?"

"Finansmanı biz yapacağız. Tüm işin."

Kravis gözlerini devirdi. "Niye bırakmıyorsunuz da bunu biz yapalım? Siz de hisse ortakları olarak katılırsınız. Ne fark eder ki? Ücretlerden adil bir şekilde payınızı alacaksınız."

Kravis'le Roberts bir yerde tekrar Johnson'ın Shearson'la anlaşmasını sordular. "Kendi işimizi çözmeden yönetim anlaşmasını konuşmanın bir anlamı yok," dedi Cohen.

Roberts geri püskürttü, "Sizin anlaşmanızı bilmeden kendi anlaşmamızı nasıl şekillendirebiliriz? Cohen en kaba haliyle anlaşmalarının anahatlarını verdi."

Hiçbir yere varamıyorlardı.

George Roberts hikmet dolu bir uzlaşma denedi. Önerisine

göre Shearson grubu RJR Nabisco'yu tümden devralacak, sonra da gıda işini Kohlberg Kravis'e satacaktı. Bir yığın vergi dışı gelir yollarını kapsayan karmaşık bir teklifti; açıklaması birkaç dakika sürdü. Roberts, Shearson'ın RJR'nin gıda işini kaça vereceğini sordu Tom Hill'e. "Onbeş, onbeş buçuk," dedi. Onbeş buçuk milyar dolar.

"Öyleyse," dedi Roberts, "burada bir sorunumuz var. O iş ondört milyardan fazla etmez." Cohen ve Hill, doğrudan reddetmeden önce konuyu görüşmek üzere odadan çıktılar.

Ve böylece devam etti. Anlaşmazlık olan konuların haddi hesabı yoktu. Örneğin şöyle bir sorun doğmuştu: Devir sonrası, tahvillerin fiyat tekliflerini hangi yatırım bankası yapacaktı? Bir LBO yatırımının getirisi yanında bu işin muhasebesini yürütmek veya yönetmek de bir yatırım bankası için son derece iştah kabartıcıydı. Kravis'in doğal tercihi, hurda tahvil pazarını yaratan ve uzun süre elinde tutan Drexel'di.

"Drexel'e zırnık bile vermeyiz," dedi Cohen. "Söz konusu bile olamaz." Hele ki Drexel mahkemelik olmak üzereyken asla olmazdı. O zaman kim bilir başlarına neler gelirdi?

Saat üçe geldiğinde bir uzlaşmaya varılamayacağı açıklık kazanmıştı. Kravis ve Roberts çıkmak üzere kalkarken Cohen de Beattie'yi yanına çekti.

"Bak..." dedi Cohen, "burada bir etkinliğin olduğuna göre bu iş çığrından çıkmadan önce görüşmeliyiz. Yoksa gerçekten kontrolden çıkabilir."

Aşağıda, Kravis'le Roberts bir taksi çağırdı.

Taksi hareket ederken Henry Kravis'in tek düşünebildiği Tom Hill'i boğazlamaktı. Jesse Helms adı onu hâlâ hiddetlendiriyordu ve Dick Beattie ne kadar sakinleştirmeye çalıştıysa da Kravis bir türlü yatışmamıştı.

"O adamın bizi tehdit ettiğine inanabiliyor musun?" diyordu Kravis.

George Roberts'sa Hill'in sadece türünün kötü bir örneği olduğunu düşünüyordu. "Tom Hill'in nasıl biri olduğunu önceden bilseydin," dedi "ne söyleyeceğini harfi harfine tahmin edebilirdin."

Ross Johnson odasına döndüğünde Kravis'le durumun yumuşamış olmasını bekliyordu. İplerin koptuğunu öğrenince şoka uğradı. Cohen volta atarak Kravis hakkında ağza alınmayacak sözler sarfediyordu. "Bu kesinlikle imkansız," dedi Johnson'a, "onlarla iş yapamayız."

Johnson inanamıyordu. Dört görüşmenin ardından Cohen hala Kravis'le bir uzlaşmaya varamamıştı. Neler oluyordu burada? Herkesle anlaşabilen biri olarak kendisiyle gurur duyan Johnson, Cohen'in, özellikle böyle nazik bir durumda, bir anlaşma kotaramamış olmasına akıl sır erdiremiyordu. Kravis'le Cohen ateşle barut gibilerdi. O öğleden sonra Kravis'le görüşen Johnson, onun o kadar da zor bir adam olmadığını biliyordu.

Johnson, Cohen'in Kravis'i ne kadar mantıksız bulduğunu anlatan sözlerini dinledi. Sesinin renginden, görüşmelerin sonuçsuz kaldığına neredeyse sevindiği şüphesine kapılacaktı Johnson; böylece Kravis'i uzak tutup Shearson'la anlaşması için zemini sağlamlaştırıyordu belki de. Oysa Wall Street rekabetinden ziyade kendi şirketinin selametiyle ilgilenen Johnson, Cohen'in namından ciddi ciddi kuşkulanmaya başlamıştı. Tanrım, diye düşündü, burada gerçekten de bir şeyler yanlış gidiyor.

Odasına başına uzatan biri düşüncelerini böldü ve Ted Forstmann'ın çıkmak üzere olduğunu söyledi.

"Aman Tanrım", dedi Jim Robinson, "Teddy hâlâ aşağıda."

Cohen ve diğerleri Forstmann'ın önünü kesmek için koştururlarken Johnson ve Robinson yerlerinde kaldılar. "Kendimi tımarhane bekçisi gibi hissediyorum," dedi Johnson.

Geoff Boisi'nin bir dakika bile daha beklemeye tahammülü kalmamıştı. Forstmann'ın kavgacı yatırım bankeri yerinden kalktı ve sanki vahiy gelmiş gibi penceresiz toplantı odasından çıktı. Dışarıda kimsecikler yoktu. Birkaç boş odaya baktıktan sonra aradığını buldu.

Odanın birinde iki Shearson yöneticisi, Jeff Lane ve George Sheinberg, bir masaya oturmuş konuşuyorlardı. Boisi başını kapıdan içeri uzattı.

"Size bir şey söylemek istiyorum çocuklar. Onsekiz yıldır bu işteyim ve bu kadar çirkin bir davranışla ilk defa karşılaşıyorum. Tek kelimeyle rezillik. Bunu kabul etmemiz mümkün değil. Daha fazla katlanmayacağım."

Ve hışımla çıktı.

Ted Forstmann'ın canına yetmişti. Danışman üçlüsüyle paltolarını toplayıp veda edebilecekleri birisini aramaya başladılar.

Derken, uzun koridorun ucunda Forstmann, Cohen ve yarım düzinelik maiyetinin kendisine doğru hızlı hızlı yürüdüğünü gördü. İki grup, Forstmann'ın o akşamın büyük bir kısmını geçirdiği odanın önünde buluştu. "Hey ortak", dedi Cohen kollarını dostane uzatarak. "Hadi gidelim. Hadi konuşalım."

Forstmann anında çözdü neler olduğunu: Kravis'le ipler kopmuştu ve Cohen'in şimdi Forstmann Little'a ihtiyacı vardı.

O gece ikinci defa çığlık çığlığa bağırmak istedi Forstmann. Cohen'e baktı ve o ne demek istediğini tamamiyle anladı: Beni hasta ediyorsun.

Fakat Forstmann ayrılamadı oradan. Sonradan düşünecekti ki, lise romanslarına çok benzer bir deneyim yaşamıştı o anda. Her kızla yaşanan bir an vardır ki bilirsin —bir şekilde bilirsin işte— tam o sırada onu terk edecek olursan, bir daha asla toparlayamazsın. Forstmann, orayı terk edecek olursa bir daha asla geri dönüşü olmayacağını biliyordu. Henry Kravis de böylece tarihin en büyük ödülünü almış olacaktı. Ve kimse de gerçeği bilmeyecekti üstelik. İki grup da toplantı odasına geri döndü.

İçeride Forstmann sükunetini korumaya çalıştı ama her zamanki gibi beceremedi. Daha ileri gitmeden, "ortak" olmayı düşünmeden önce Cohen'in Forstmann Little'ın ne olduğunu iyice anlaması gerekiyordu. Forstmann Little'la Kohlberg Kravis arasındaki temel ayrılıkları anlamasını sağlamak zorundaydı. "Forstmann Little'la Kohlberg Kravis'in adını bir arada anamazsın," dedi Forstmann. "Biz kıyaslanamayız. On yıl önce bu işe başladığım zaman en iyisi olmak istediğimi söylemiştim. En büyük olmak umurumda değildi. En büyüğün en iyisi olduğunu düşünüyorsan, hadi yoluna. Sen Kravis'e aitsin. Bizim getirimiz, onların aldıklarını iddia ettiklerinin üç-dört katıdır."

Büyük söylevinde fazla ileri gidemeden Jim Robinson sözünü kesti. "Bütün bunları biliyoruz Ted. Doğru olduğunu da biliyoruz. Bu yüzden buradayız zaten."

Birkaç dakika sonra Ross Johnson da katıldı toplantıya. Forstmann ona döndü. "Demek istiyorum ki, eğer KKR'yla ilgili bir tereddütünüz varsa, bana göre değilsiniz. Olamazsınız." Forstmann ya hep ya hiç olması gerektiğini söylüyordu. Kravis'le işbirliğini düşünmek bile kendisiyle ortak olmaya engel bir haldi.

Boisi neye ihtiyaç olduğunu biliyordu. "Sanırım siz beylerin şunu anlaması gerekiyor: Eğer ilerleme kaydetmek istiyorsak bu insanlarla bir daha aynı masaya oturmamalısınız. Aynı mesajı iki-üç defa daha verdi ki adamlara kafasına iyice yerleşsin.

Boisi koltuğuna çökmüş olan Johnson'a baktı. Sağ elini kafasına dayamış oturuyordu, masanın ancak birkaç santim üstündeydi. Bitmiş görünüyordu. Arada, içinde berrak bir sıvı bulunan bardaktan birer yudum alıyordu. Johnson'ın lafı ağzında gevelediğini gören Steve Fraidin, önündeki bardakta su mu votka mı olduğunu gerçekten merak ediyordu.

"Ross" diye devam etti Boisi, "sanırım Teddy, Kravis'le işinizin kalmadığından emim olmak istiyor. Sanırım gözünün içine bakmanı ve kararını verdiğini söylemeni istiyor. Diğer işle bir alakan kalmadığını söyle ona. Yoksa burayı hemen terk edeceğiz."

Forstmann araya girdi. "Bitti mi? Çünkü bitmediyse, biz bitiririz."

Nihayet Johnson konuştu. "O adamlarla işimiz kalmadı. Yapmamız gereken bir şeydi. Yapılması gerekiyordu ve artık işimiz bitti. Yardımınıza ihtiyacımız var. Sizinle çalışmak istiyoruz."

Biraz daha konuşuldu –stratejiler ve taktikler, ve düşman kesilecek bir Henry Kravis'le nasıl başa çıkılacağı hakkında fikirler tartışıldı. Sonra birisi çıktı ve sabahın dördü olduğunu söyleyip "Kimsenin sabah işi yok mu?" diye sordu. Herkes aceleyle kalktı ve el sıkışıp asansöre yöneldiler. Bu arada Ted Forstmann, bir odada tek başına üç saatten fazla bekletilmesinden dolayı kimsenin kendisinden özür dilemediğini de düşünmeden edemedi.

Forstmann grubu Nine West'ten çıkarken serin sabah yeli yüzlerine vurdu. Dört adam, bir süre, her biri kendi düşünce alemine dalarak, 75. caddede öylece durdular.

Sessizliği Boisi bozdu. "Bu adamlarla çalışmak istediğinden emin misin," diye sordu Forstmann'a.

"Geoff," dedi Forstmann, "yönetim burada. Buradan başlamak zorundayız. En azından bunlarla çalışmayı denemeliyiz. Aynı düşünmüyor muyuz?"

"Bir danışman olarak konuşmak gerekirse, ki şu anda öyleyim zaten, bir fikrim var," dedi Boisi. "Onlara kızgın olduğunu söylemeni istiyorum. Bu konuda ciddiyim. Onlara, burada olanlardan hoşlanmadığımızı söylememiz gerekiyor."

Boisi'nin ne demek istediği açıktı. Peter Cohen'le hiç işi olsun istemiyordu. Ancak, Boisi'nin kendisine göre bir gündemi vardı. Procter&Gamble da dahil, Goldman'ın en iyi müşterilerinden bazıları bu anlaşmadan pay koparmaya çalışıyorlardı. Boisi merakla sordu,"Teddy, hiç alternatifin olduğunu düşünmedin mi? Yani demek istiyorum ki, neden bizimle bir şeyler yapmıyorsun? Goldman Sachs'la..."

"Geoff," dedi Forstmann, "üç alternatifim var. Bu adamlarla işbirliği yapabilirim. Sizinle birleşebilirim. Bu da kesinlikle mümkün. Ya da hiçbir şey yapmayabilirim."

Fraidin güldü. Sanki Wall Street'in paragöz atmosferinde hiçbir şey yapmama fikri ancak Ted Forstmann'dan çıkabilirdi.

"Geoff, beni ciddiye alıyorsun değil mi?" diye sordu Forstmann. "Hiçbir şey yapmamak konusunda. Ciddiyim, bir şey çıkmayacaksa hiçbir şey yapmam."

"Sanırım bunu Cohen'e anlatmalısın," dedi Boisi.

"Bunu danışman dediğin yapmalı," karşılığını verdi Forstmann. "Şu Cohen denen adamla mümkünse muhatap olmak istemiyorum."

BÖLÜM
11

Barış görüşmelerinin kesilmesi üzerine Cohen'in orduları savaş hazırlıklarına başladı. Kravis'in 90 dolarlık teklifiyle yönetim grubunun 75 dolarlık teklifi sil baştan değiştirilmek zorundaydı. Revize edilmiş analizlerden küçük bir yığın, her zaman hazır bulundurulurdu. Düşmanın elini böğründe bırakma hesapları yapıldı ve banka grubundan 15 milyar dolar temin etme görüşmeleri yeniden başlatıldı. Shearson hazinesinin bekçileri, teklifi yükseltmek için, batan geminin mallarını yağmalıyormuş gibi Johnson'ın hesaplarını tek tek değerlendiriyorlardı. "Tüm uçaklar, çatı katları, başkanlık, country club'lar, Atlanta genel merkezi", demişti Tom Hill, "Hepsine napalm yağdırılmalı."

Shearson fena halde ters köşeye yatmakla kalmamış, aynı zamanda Kohlberg Kravis'in ve danışmanları Drexel ve Merrill Lynch'in finansal gelişmişliğinin de gerisinde kalmıştı. Kravis'in teklife ayni ödemeli hisseleri dahil etmesi, ki bu hisse başına 11 dolar veya toplamda 2,5 milyar dolar demekti, Shearson'ın kolayca başa çıkamayacağı dahiyane bir hamleydi. Dan Good'un şirket yağmacılarının iki yıllık desteği Cohen'in hurda tahvil departmanını, şimdi çok da ihtiyaç duyduğu deneyimden mahrum bırakmıştı. Hurda tahvile çevrilebilen ayni ödemeli hisselerin dünyadaki pazarı 2,5 milyar dolar civarındaydı; yani, Kravis'in teklifi rahatlıkla ikiye katlayacaktı. Böyle bir güven bir gecede gelmezdi. Tom Hill ne kadar uğraşırsa uğraşsın, hisse başına 5 dolardan fazlasını piyasa nasıl kaldırır, bir türlü çözemiyordu; sonradan bu tutarı hisse başına 8 dolar olarak revize edecekti.

Cohen, Forstmann'la anlaşmayı şimdilik ertelemişti. Forstmann telefonlarla başını ağrıtmaya başlamıştı bile. Seri olmalıyız. Kravis'in armut mu topladığını sanıyorsun? Kravis'in neden dünyayı mahvettiği üzerine yirmi dakikalık bir söylev dinlemeden adamla konuşmak imkansızdı.

Çarşamba sabahı Cohen'in tam ortaklık listesinin başında Salomon yer alıyordu. Johnson o gün geç saatlere kadar uyudu, sonra da Cohen ve Salomon'un liderleri Gutfreund ve Strauss'la buluşmak üzere Battery Park City'deki Shearson ofislerine koşturdu. Ardından Cohen, Salomon'u da anlaşmaya katmak için Johnson'dan izin istedi.

"Sana bu konuda güvenmek zorundayım." Johnson sordu, "şenliğe ne katacaklar?"

"Çok şey..." dedi Cohen, en önemlisi de 3 milyar dolarlık sermayeydi. Teklif, Shearson'ın tek başına toplayabileceği rakamları aşmıştı. Eğer Johnson'ın ekibi kazanacak olursa, teklifi finanse edecek tahvillerin satışında çok değerli katkıları olabilirdi Salomon'un.

Cohen sordu, "Gelmelerine herhangi bir itirazın var mı?"

"Hayır, kesinlikle yok..." dedi Johnson. "Madem paraya ihtiyacınız var."

Forstmann Little'la Shearson güçlerini birleştirecekse yapılacak çok iş var demekti. O akşam Nick Forstmann Grand Army Plaza'yı büyük adımlarla geçerek RJR Nabisco ofislerine girdi. Kârlı bir ortaklığa başlayacaklarını ümit ediyordu.

Ağabeyinden sekiz yaş küçük olan Nick Forstmann jön gibi yakışıklı ve her daim iyi giyimliydi. Hurda tahviller ve Henry Kravis'le ilgili aynı görüşleri paylaşırdı. Nine West'in cam kaplı lobisine yürüyordu ki içerden, kendisine doğru yürümekte olan Kravis ve Roberts'ı gördü. Forstmann'ı gören Kravis gülümsedi; Nicky'nin nereye gittiğini biliyordu. Forstmann döner kapıya girdiğinde Kravis onu bir süre tutuverdi, genç adamı kıstırmıştı. Kravis'in gülümsemesi daha da yayıldı; rakipleriyle oynamayı severdi.

Kısa bir süre sonra serbest kalan Forstmann'ın yanakları al al olmuştu. Forstmann lobiye geçti. Kravis takıldı: "Burada ne arıyorsun Nicky? Bu işe neden bulaşmak istiyorsun?"

Forstmann, Johnson'ınkinden başka bir kata giden bir asansöre yönelirken Kravis kendini zor tutuyordu. Onları başından savmak istediğini düşündü. "Daha iyisini yapmalıydı," dedi gülerek.*

Çarşamba akşamı Johnson, Charlie Hugel onuruna düzenlenen Boy's Club'ın "yılın adamı" organizasyonunun protokolünden sorumluydu. Johnson söz konusu hayır kurumuyla New York'taki ilk yıllarından beri çalışırdı; ödül için Hugel'ı o önermişti.

Johnson, çılgın şakalar ve RJR'yi satınalma çabalarının akıbetini belirleyecek komitenin adamı olan Hugel'ı iğneleyen sözleriyle, mükemmel bir akşam yemeği konuşmacısıydı. Anlaşmayla ilgili başkaları da hazırdı orada: RJR Nabisco'dan John Greeniaus ve Jim Welch, Lazard Freres'den Ira Harris, Golf+Western'den Marty Davis. "Özel komite toplantısına hoş geldiniz," diyerek Johnson akşam yemeğini açtı.

Sonra Jim ve Linda Robertson'ın evine gitti ve iki adam geç saatlere kadar konuştular. Elinde içeçeğiyle pencereden aşağı-

---

* Forstmann, yanlış asansöre giderek Kravis'i yanıltmaya teşebbüs ettiğini yalanlıyor.

daki kente bakan Johnson, dinlenmenin keyfini çıkarıyordu. Hayırsız seksenli yıllardaki tekliflerde rahat yüzü görmemişti; hayırsız doksanlarda da bu işe heves uyandırmak iyice zorlaşmıştı. Şimdiki seviyelerinde borç ödemeleri yıkıcı olabilirdi. Atlanta, başkanlık, daireler, uçaklar –düşündükçe tüyleri ürperiyordu. Kazanıp yöneticilik yaşamıyla ilgili sevdiği her şeyden vazgeçecekse, kaybetmeyi tercih ederdi.

"Bu iş daha nerelere çıkacak?" Johnson yüksek sesle sordu. "Burada ciddi bir paradan söz ediyoruz. Jimmy, biliyorsun, bir iş ancak bir işin çıkardığını çıkarabilir. Ne kadar iyi olursa olsun, çok fazla ödersen, kaybedersin."

Johnson bu korkusunu Steve Goldstone'a açtığında avukat, Shearson'la ilgili gerçeği ona nazikçe söylemeye çalışmıştı. "Ross, bu onların parası," demişti. "Harcamak istiyorlarsa, bırak harcasınlar."

Şimdi, içeceğinden yudum alıp Jim Robinson'la meseleyi konuştukça "büyük macera"sının kontrolden çıktığını düşünmeden edemiyordu. American Express'in başındaki adama sordu, "Jimmy, bu işte ne kadar delilik var sence?"

Çok.

Johnson'ın dertli başı ağırlaştıkça RJR Nabisco'nun 48. katında minik bir kaos oyunu hüküm sürmekteydi. Shearson ve Salomon'lu yatırım bankerleri Nick Forsmann ve Geoff Boisi başkanlığında bir Goldman Sachs ekibiyle görüşüyorlardı. Bir aylık çalışmanın ardından Tom Hill'in kafasında belirli şeyler netleşmişti: Nasıl ilerleyecekleri, hangi işlerin satışa çıkarılacağı ve Johnson'ın neleri yapıp neleri yapmayacağı ile ilgili konular artık ortadaydı. Boisi'nin ise, besbelli, kendi bildikleri vardı. Daha çok varlık satılmalıydı ona göre, ve daha çabuk. Hill karşı geldi. İki banker kılıcını kuşandı, kısa bir süre sonra ortalıkta kıvılcımlar uçuşuyordu.

Nick Forstmann'a sorsanız, odanın iki bankerin egosuna küçük geldiğini söyleyebilirdi size. Boisi, Hill'i zorbalıkla alt etmeye çalışıyordu. Hill ise rakibinin kendi anlaşmasını yönetmeye çalıştığını düşünüyordu. Forstmann kalktı ve Hill'i bir kenara çekti.

"Bak Tom," dedi, "bu bir çete dalaşı değil, tamam mı? Bu işi nasıl kıvırabileceğimize bakalım." Fostmann ona bu küçük itiş-kakışı unutmasını önerdi.

Daha sonra Forstmann Boisi'yle asansörle aşağıya inerken, Goldman bankeri, hâlâ burnundan soluyordu. "Bunu niçin yaptın ki?" diye cevap istedi Boisi. "Ona ne dedin?"

Oysa Forstmann'ın yatırım bankerlerinin maço oyunlarına tahammülü yoktu. "Geoff, bu bir çete dalaşı değil," diye tekrarladı. "Bu anlaşmayı halletmemiz lazım, asıl konu bu."

Perşembe sabahı Tom Strauss, Salomon'un alım-satım katında John Gutfreund'un art-deko ofisinde birkaç yatırım bankeriyle birlikte RJR Nabisco konusunu görüşüyordu. Gutfreund önceki gece, bir şube açmak üzere Madrid'e uçmuş, anlaşmayla ilgili Salomon üst düzey yöneticisi olarak Strauss'u bırakmıştı. Bu devralma oyunu, devlet tahvillerinin alım-satımında kariyer yapmış olan Strauss için yeniydi. Çoğu zaman bu katta Gutfreund'un yanındaki masada otururdu. Orada, milyarlarca dolarlık tahville oynayan adamların bağırış-çağırışları arasında kendini evinde hissediyordu. Bu günlerdeyse büyük ölçüde danışmanlarının fikirlerine güvenmek zorundaydı.

Gutfreund'un telefonu çaldı. Sekreter "Henry Kravis," dedi. Strauss ahizeyi kaldırmadan ikinci telefon çaldı. Gutfreund'un kendisi Avrupa'dan arıyordu.

Strauss, önce Gutfreund'un telefonunu açacağını söyledi bağırarak. Başkanın sert sesini duymayı beklerken karşısına Henry Kravis çıktı. Nasıl olduysa yanlış telefonu açmıştı.

Daha Kravis ağzını açmadan, Strauss konuşmanın nahoş geçeceğini biliyordu. İki adam birbirlerini yirmi yıldır tanıyordu fakat o günlerde arkadaşlıkları küllenmişti. 1970'lerde Tom ve Bonnie Strauss'un, Henry ve Hedi Kravis'le yakın dostlukları vardı. "Henry

Hedi'yi boşadığında," demişti Strauss'un en yakın arkadaşlarından biri, "Tom ve Bonnie bu süreci çok yakından yaşadılar. Hedi'ye daha yakın durdular. Henry yeniden evlendiğindeyse bir kopma oldu." Sonuç olarak, demişti bu arkadaş, "Henry kendisini Tom'la Bonnie'nin ihanetine uğramış hissetti."

Kopmanın niteliğini sonraları daha iyi anlayan Strauss, "Bu tür durumlarda kadınların birbirlerine yakın durmaları çok doğal," demişti. Ancak, "Henry böyle şeylere pabuç bırakmaz," diyerek bu olayın RJR Nabisco anlaşmasına olan etkisini hafife almıştı.

Oysa iki tarafın da dostları aynı fikirde değildiler. Strauss'la Kravis arasındaki gerilimin etkisi, anlaşmayla ilgili stratejik müzakerelerde kendini gösteriyordu. "Anlaşma yapıldıktan sonra zarar gören bir sürü dostluk onarıldı," diyor bir gözlemci. "Ancak Tom'la Henry'nin ilişkisi asla eskisi gibi olmayacak."

O sabah Kravis eski dostu Tommy Strauss'tan bir şey istedi. Yumuşak ve uzlaşmacıydı, her bakımdan eski bir dost gibiydi.

"Tom, hepinizin bu işin içine girmek istemesini anlıyorum. Ama doğrusunu istersen, senin böyle yapmamanı tercih ederdim. Biz dostuz ve işleri karıştırmaman beni mutlu ederdi."

Kravis'in küstahlığına inanamamıştı Strauss. RJR Nabisco işi, Salomon'un yatırım bankacılığı alanına geçiş yapmasını sağlayacak o güne kadarki en iyi fırsattı. Üstelik Kravis bu iş için dört ayrı yatırım bankası –hiçbiri de Salomon değildi– kiralamamış mıydı? Strauss'un tedirginliği sadece RJR Nabisco'dan kaynaklanmıyordu elbette. "KKR yıllarca Salomon'u görmezden geldi," demişti Chaz Phillips. "Yatırım bankalarına beşyüz milyon dolar ücret ödediler şimdiye kadar, ama bunun ancak yüzde biri Salomon'a gelmiştir. Salomon'un aldığını da diğerleri istemediler."

Strauss, o sabah Kravis'le dalaşmayacak kadar centilmendi. "Bu bizim açımızdan kulağa çok mantıklı geliyor, Henry," dedi canlı bir sesle. "Sizinle bir şeyler yapmamızın önünü kapamıyor."

Strauss elinden geldiğince kısa kesti. Gutfreund hâlâ diğer hattaydı.

"Nankör," dedi Kravis telefonu kapatırken kendi kendine.
Son yıllarda Salomon'a birkaç proje havale etmişti oysa, ama Strauss yine de kendisine biraz olsun vakit ayırmıyordu. Onunla savaşa girmeden önce bir telefon etme nezaketi bile göstermemişti.
Kravis olanları aklından çıkarmaya çalıştı. Tasalanacak daha önemli konular vardı. Teklifi resmen ertesi gün, yani Cuma günü başlayacaktı. Ancak uzun sürmeyeceğini biliyordu; Cohen ve Johnson biraraya gelip tekliflerini masaya koyana kadardı hepsi. Bu gerçekleştiğindeyse teklifi yükseltmek için hazırlıklı olması gerekiyordu. Fakat bundan önce Johnson'ın şirketi hakkında öğrenmesi gereken daha çok şey vardı. Ve Johnson kendi tarafında olmadan Kravis durumu lehine çeviremeyecekti. İhtiyacı olan, RJR Nabisco'yu iyi tanıyan biriydi. Zeki biri.
Birkaç gün önce, 1987'de devraldığı Tampa şirketinin kurucularından Jim Walter'dan bir telefon almıştı. Walter, Tylee Wilson'la birlikte Anchor Cam'ın yönetim kurulundaydı ve söylediğine göre RJR Nabisco'nun analizinde yararı dokunabilirdi. Kravis tereddütlüydü; Wilson'ı tanımıyordu. Fakat günler geçip Johnson'la güç birliği ihtimali iyice azalınca fikrini değiştirdi.
Şimdi Florida, Jacksonville'de oturan Wilson'ı arıyordu Kravis. Wilson, RJR'deki başkanlık görevinden ayrıldıktan sonra oraya yerleşmişti. "Ah, sizinle konuşmak isteyeceğini biliyorum" dedi sekreteri ve yöneticinin bekletmeden onu arayacağına söz verdi.
Birkaç dakika sonra Wilson, American Heritage yönetim kurulu toplantısından çıkarak Kravis'i aradı. "Belki biraraya gelebiliriz," dedi Kravis kendisini tanıttıktan sonra, "sanırım birlikte mantıklı şeyler yapabiliriz."
"Harika," diye cevap verdi Wilson. Cuma sabahı saat ona bir buluşma ayarlandı.

Smith Bagley kolay sinirlenecek bir adam değildi. Kalıntıları sağa-sola dağılmış R.J. Reynolds ailesinin ileri gelen üyelerinden, tatlı ve nazik bir asilzadeydi. Georgetown salonlarının medeni çevresiyle Nantucket yazlıkları arasında keyifle mekik dokurdu. İki metrelik boyunun yarattığı ürküntüyü yavaş yürümesi, yavaş konuşması ve hafifçe çıkardığı kamburuyla telafi ediyor gibiydi. Henüz kırlaşmaya başlamış saçları, bir okul çocuğununki gibi karmakarışıktı.

Fakat Bagley o anda çılgına dönmüştü. R.J. Reynolds'ın torunu bir milyondan fazla RJR hissesinin sahibi olarak kendisini Reynolds aile terekesinin varisi gibi görüyordu. Ailesinin o kadar uğraş vererek kurduğu şirketi Ross Johnson'ın çalmasını oturup seyretmesi için lanetlenmiş olması gerekirdi herhalde. Çarşamba öğleden sonra Bagley, avukatının bürosunu arşınlayarak elini kolunu sallıyor, Arnold & Porter'ın Washington ofisinin ağırbaşlı sessizliğini yırtarcasına bozuyordu.

"Aşağılık piçler; o adi müdürler," diye bağırıyordu. O aşağılık adam şirketi hissedarların elinden alıp o kadar paranın üstüne konabilir. O para hissedarlara aittir. Bu o kadar yanlış ki. Bir şeyler yapmalıyız."

Fakat o da neydi? Smith Bagley o güne kadar şirket işleriyle çok da yakından alakadar olmamıştı. Greenwich, Connecticut'ta, Ted Forstmann'ların birkaç kapı ötesinde büyümüştü. Bir kültür mirasıymış gibi algıladığı Winston-Salem pek umurunda olmamıştı. Hayatının büyük bir kısmını iş dünyasından uzak geçirmişti. Orada edindiği tecrübeler hiç hoş olmamıştı; yetmişlerde Washington Group adında bir şirketin başındaydı, fakat şirket iflasın eşiğine gelmişti ve Bagley de hisselerin manipülasyonu ile suçlanmıştı. Beraat ettikten sonra, bir hayırsever olarak, RJR hisselerinden elde ettiği gelirle kurduğu vakıflarda etkin görev almıştı. Z. Smith Reynolds Vakfı'nın başkanlığını yapıyordu. Aynı zamanda Demokratik Ulusal Komite'de finans kurulunun başkan yardımcılığını da üstlenmişti ve Dukakis'in başkanlık seçim çalışmalarının son haftalarının yoğunluğuyla boğuşmaktaydı. Johnson daha kötü bir zamanda saldıramazdı.

Fakat Bagley püskürtmeye kararlıydı. Bir Reynolds olarak bu onun göreviydi. R.J. Reynolds'ın üçüncü çocuğu olan annesi Nancy Reynolds, şirketle resmi bağlarını kopardıktan sonra bile ona derin bir duyarlılık beslemeye devam etmişti. Yetmişli yılların başında şirketin adından "Reynolds"ın çıkarılmaması için savaş vermiş, yönetim kurulu üyelerine, özetle "cesedimi çiğnemeden asla" diyen mektuplar göndermişti. Seksenlerin ortalarındaysa, yetkili ağızdan bir şirket tarihçesi yayınlanması konusunda Tylee Wilson'ın adamlarına baskı yapmıştı. Ancak bazıları kitabı biraz fazla "yetkili" bularak konuyu hasır altı ettiler. Ancak Nancy Reynolds yine de, öldüğü yıl olan 1985'te yayınlandığını görecek kadar yaşadı.

Annesi gibi Bagley de şirketin en tepesindeki yöneticiyle ara sıra bir araya gelip konuşmak için bir konu bulurdu. Aşağı yukarı her sene bir defa Tylee Wilson'la yemek yemiş ve onu sevmişti. Bir yıl uğraştıktan sonra Bagley, o yaz Ulusal Demokratik Kongre'de Johnson'la buluşmayı başardı. Etkilenmemişti. "O piç," diye bağırıyordu şimdi. "Önce şirketi Atlanta'ya taşıdı, şimdi de içini boşaltıyor."

Fakat ne yapılabilirdi ki? Winston-Salem'de bir avukata danışmıştı bile ama kaldıraçlı alımı hukuki yollardan engellemek yerine kendisinin de bir teklif grubu organize etmesinin daha akıllıca olacağı tavsiyesini almıştı. Şimdi de Arnold&Porter avukatlarıyla seçenekleri tekrar gözden geçiriyordu. RJR Nabisco çalışanları ve emeklileri hisselerin belki yüzde 5'ini ellerinde tutuyorlardı. Johnson karşıtı bir girişime katılabilirler miydi? Mümkün, demişti avukat. Peki, aile ne yapabilirdi? Reynolds ailesinin üyeleri de bir yine yüzde 5-8 hisseye sahipti. Bu hisselerin hepsini aile-destekli bir teklif için seferber etme fikri Bagley'e cazip gelmişti ama böyle bir şeyi gerçekleştiremeyeceğini kendisi de biliyordu. Bagley ve annesinin çabaları haricinde, aile onyıllardır şirket işlerine bulaşmamıştı.

Teklifte telaffuz edilen rakamlar yükseldikçe karmaşık hislere kapıldığını itiraf etmekle birlikte Bagley, şirketin satılmasını hiç istemiyordu. Fakat eğer satılacaksa bile, bu Johnson için değil, hissedarlar için en iyi fiyattan olmalıydı. Bu bakımdan, Johnson'ın Kravis'le dillere düşmüş flörtü düpedüz dehşet vericiydi.

Bagley, Kravis'i yıllar önce görmüştü ve onun hakkında bayağı olumlu bir izlenimi vardı. Eğer Kravis'i Reynolds ailesinin temsilcisi olarak şirketin içini-dışını bilen biriyle biraraya getirse, Johnson'ın teklifinin önüne geçemez miydi acaba? Uzak bir ihtimaldi ama Bagley'in kaybedecek bir şeyi yoktu.

Ofisine döndü ve aceleyle Kravis'i aradı. Neler yaptığını merak ediyordu.

"Aile şirketiyle bir şeyler yapıyorum," dedi Kravis ve Cumartesi günü New York'ta kahvaltıda buluşmak üzere sözleştiler.

Bagley sonra Jacksonville'den arkadaşı Tylee Wilson'ı aradı. "Bak, bu işe girmeliyiz," dedi. "Ben ve avukatımla görüşmek istemez miydin?"

Tylee Wilson görüşmek istemez miydi? Bir zamanlar 15 milyar dolarlık bir şirketin tepesinde oturan bu adam şu anda iki işle iştigal ediyordu: Tek kişilik danışmanlık firması ve ite kaka giden bir marina. Wilson iki yıldır şirketteki eski arkadaşlarından Johnson'ın son yaramazlıklarının haberlerini alıyordu. O havalı playboyun nefis bir Amerikan şirketinin içine edişini seyretmek, Tylee Wilson'ın sinirine dokunuyordu.

Yönetim kuruluyla şirket politikasına dair oyunlar oynamayı prensip olarak reddetmesi nedeniyle atıldığını düşünür olmuştu Wilson. "Bile bile yalakalık yapamazdım," demişti arkadaşlarına. Tazminatının bir kısmıyla The Integrity* adını verdiği bir tekne almıştı. Şimdiyse Johnson'ı kendi yerine oturtmanın nasıl bir aptallık olduğu ortaya çıkmıştı. Ona karamsar bir tatmin duygusu verdi bu. Ama oraya geri dönmesi çok daha tatmin edici olacaktı. Öldü diye geride bırakılmış olan adam, krallığını bu kokuşmuş yönetimden kurtaracaktı.

Tylee Wilson görüşmek istemez miydi? Bu da sorulur muydu?

"Yarına ne dersin?" diye sordu Bagley'e.

Bagley kabul etti. Yalnız lojistik bir sorun vardı.

"Limuzin olacak mı?" diye sordu Wilson.

"Ah, tabii."

Bagley ve avukatı ertesi gün Jacksonville'e uçtular, saat altıda limuzinle menzillerine ulaştılar. Wilson onları kısa kollu gömlek

---

* Dürüstlük -ç.n.

ve kravatla karşıladı, ne de olsa kokteyl saatiyidi, ve ne içmek istediklerini sordu. Birkaç dakika sonra Kravis aradı ve sabaha Wilson için bir uçak göndereceğini söyledi. O gece iki adam Wilson'ın yerinde yemek yediler. Bagley, RJR'nin eski başkanından çok şey öğrendi. Wilson, Johnson rejimi altında yaşanan israfı anlata anlata bitiremedi. Dehşet verici ve hastalıklı sözcükleri bol bol sarfedildi. "Batırılmakta olan, büyük bir geleneğe sahip, büyük bir kurumdur," dedi.

"Kravis'in güvenilir bir yönetici olarak sana ihtiyacı var," diye sözü sadede getirdi Bagley. "Sen ona yönetimi, bense aileyi verebilirim. Birlikte Johnson'ı yenebiliriz."

Bir ittifak oluşturuldu. Aynı gece Wilson'ın evine döndüler, böylece Tylee'nin eşi Pat de onlara katıldı. Geç saatlere kadar içtiler ve eski Reynolds savaş öyküleri anlattılar. Eski güzel günlere dönmek ne güzel olacaktı, değil mi?

Cuma sabahı Wilson'ın New York'a gelmesini beklerken Kravis, *The Wall Street Journal*'da Kohlberg Kravis'in Wilson'ı özel danışman olarak tuttuğu haberini okuyunca az daha küçük dilini yutuyordu.

"Bu bilgiyi hangi cehennmeden almış olabilirler?" diye sordu Roberts'a. İkisinin de hiçbir fikri yoktu. Bildikleri kadarıyla Wilson uçakta kuzeye doğru yol almaktaydı. Belki uçağın pilotu?

Charlie Hugel aradığında Kravis'le Roberts hâlâ sızıntıyı düşünüyorlardı. Kravis telefonun hoparlörünü açtı. Hugel da Wilson'ın tutulması olayını okumuştu.

"Henry," dedi Hugel, "bunu gerçekten yapmaya niyetliysen, sana bir şey söylememe izin ver. Sakın tutma. Eğer tutarsan herkes çekilir. Arkalarına bakmadan kapıdan çıkarlar. Eğer yönetim konusunda bir endişen varsa bu şirkette bir sürü iyi adam var. Onları bulmana yardım bile edebilirim. Ama Tylee Wilson'ı tutmakla büyük bir hata yapıyorsun."

Kravis verdiği tüyo için Hugel'a teşekkür etti. Aynı sabah daha geç bir saatte o ve Roberts, Wilson'la iki saatliğine görüştü. Şirket hakkındaki bilgisinin eskimiş olduğunu ve intikam dürtüsüyle hareket ettiğini anlamakta gecikmediler. Söz konusu sızıntı, anladıkları kadarıyla Wilson kaynaklıydı. Sızıntı! Kravis böyle adamlara hasta olurdu. Wilson ayrıldığında Kravis ve Roberts, tereddütsüz adamdan kurtulmaya karar verdiler. Wilson'ın Kohlberg Kravis danışmanı olarak görevi, daha başlamadan sona ermişti.*

Perşembe günü öğleden sonra Peter Cohen limuzinine atladı ve Ted Forstmann'la görüşmek üzere üzere Tom Strauss'u almaya gitti. Salomon fifty-fifty ortak olarak Shearson grubuna katılmayı kabul etmişti; karar o gün öğleden sonra açıklanacaktı. Yolda Strauss, dalgayla karışık Kravis'in telefonunu anlattı.

Forstmann'ın ofisine alınan Cohen bir süre amaçsızca dolaşıp sanat eserleri, aile fotoğrafları ve kitaplardan oluşan koleksiyonu inceledi. Shearson başkanının kendisini tarttığını farketti Forstmann. Dost olma şansı açısından bakıldığında toplantı pek başarılı olamadı. Savaşa katılmak için sabırsızlanan Forstmann vaktinin çoğunu Kravis'i yerin dibine geçirmekle harcıyordu. Strauss, Forstmann'ın bu saplantısından asla kurtulamayacağını düşündü.

Geoff Boisi de oradaydı. Tom Hill, Goldman'ın danışmanı hakkında beslediği şüpheleri Cohen'e de iletti: Boisi ve adamları Nabisco işiyle alakalı gizli bilgilere yoğun ilgi göstermişlerdi – Hill'e göre fazla yoğun. Hill'in, Boisi'nin Procter & Gamble ve diğerleriyle olan bağlantılarından haberi yoktu ama, Forstmann'a akıl vermek dışında bu işle ilgili başka çıkarlarının olduğundan şüphe etmekteydi. Kendi adamlarına, Goldmann'daki meslektaşlarıyla çok fazla veri paylaşmamalarını tenbihlemişti.

Cohen, kendi adına, Boisi'nin Salı günkü ilk görüşmelerinde takındığı kabadayı tavırdan pek hoşlanmamıştı. Forstmann'ın

---

* Wilson sızıntının kendisinden kaynaklandığını reddediyor.

danışmanı olarak işi hakkında küçük bir sınava çekti bankeri. Boisi ikircikli cevaplar verince Hill'in haklı olabileceğini düşündü Cohen: Boisi, Goldmann liderliğinde bir teklif grubu için pekala bilgi topluyor da olabilirdi.

Cohen ve Strauss o gün Forstmann'ın ofisinden, Geoff Boisi'nin güdüleri hakkında derin şüphelerle ayrıldılar.

Cuma sabahı, şoförünün sürdüğü arabasıyla Long Island'daki evinden Manhattan trafiğine girerken Boisi haberi okuyordu. Gazeteler Salomon'un Shearson için ne kadar da iyi bir ortak olacağını anlatan haberlerle dolup taşarken Forstmann Little'ın esamesi bile okunmuyordu. Salı geceki fiyaskonun ardından Boisi için müşterisinin nasıl da sefil muamele gördüğü çok açıktı.

Araç telefonundan Forstmann'ı aradı, sesinden telefona uyandığı belli oluyordu. Cohen'le konuşmanın zamanı gelmişti. "Bu adamlara bize hiç de adil davranmadıklarını kesinlikle anlatmalıyız," dedi Forstmann'a. "Bu adam sana finansör gözüyle bakıyor. Ortak diyor ama bunun ne anlama geldiğini bilmiyor. Bir ortağa nasıl muamele edilir, öğretmenin zamanı geldi."

Telefonu çaldığında Cohen evde paltosunu üzerine çekmiş, kapıya yönelmişti. Ahizeyi kapmak üzere mutfağa koşturdu, Boisi'nin sesindeki soğukluğu hemen farketti. "Teddy'nin burada hiçbir şey yapma mecburiyeti yok Peter," dedi. "Siz doğru yönde bir adım atıp devam etmezseniz biz çekip gideriz... Biliyorsun, bu adamı kaybetmek üzeresin. Orada oturup da hiç alternatifi olmadığını düşünme, çünkü var. Biz ona yardımın alasını verebiliriz."

"Ne diyorsun?"

"Diyorum ki, eğer bu anlaşmayı sizinle yapmazsak bizim için başka seçenekler de var."

"Hoop, hoop," dedi Cohen. "Başka seçenekleriniz mi var? Bu da ne demek şimdi?"

Cohen ne anlama geldiğini çok iyi biliyordu. Hill haklı çıkmıştı: Goldman, RJR Nabisco işine bizzat girmek istiyordu. Cohen için bu Goldman bankeri, Shearson stratejistlerinin yüksek niteliklerine ulaşmaya çalışan bir köstebekten başka bir şey değildi. Cohen, kendi deyimiyle, "çıldırdı."

"Dinle, size ihtiyacımız yok," dedi Boisi'ye. "Teddy'ye ihtiyacımız yok. Kimseye ihtiyacımız yok. Biliyorsun, biz de kendi yolumuza gidebiliriz... Verilerimizin hepsini sizinle paylaştık, tüm sırları. Şimdi de başka seçenekleriniz olduğundan mı bahsediyorsun? Bu şimdiye kadar söylediklerinizin yüzde yüz zıddı."

Cohen kapattı, fakat bunun Goldman bankeriyle son ateşli konuşması olmadığını biliyordu. Aynı sabah Forstmann'ı aradı, birkaç saat sonra o da Shearson ofislerinde hazır olacaktı.

"Kiminle geleceksin?", diye sordu Cohen.

Forstmann kardeşini, Boisi'yi ve Fraidin'i, baykuş kılıklı avukatı saydı.

"Boisi'siz yapamaz mıyız?"

"Yapma Peter, o bizim danışmanımız, biliyorsun."

"Pekala, madem öyle. Ama bu adamdan bir daha telefon almak zorunda değilim. Tarzını sevmiyorum."

Öğleden sonra Forstmann grubu geldiğinde Cohen'in hâlâ dumanı tütüyordu. 19. kattaki tantanalı kütüphanede oturdular ve Cohen, Boisi'ye dönerek hemen konuya girdi: "Siz beylerin aranızda gizlilik sözleşmesi olup olmadığını öğrenmek istiyorum. Buradan çekip gitmekte özgür müsünüz? Öyleyse nasıl oluyor da burada bizimle oturuyorsunuz, anlamıyorum."

Hayır, dedi Boisi, ne Forstmann Little ne de Goldman böyle bir sözleşmeye imza atmamıştı. Fakat Boisi Cohen'i temin etti ki Shearson'ın sırlarından hiçbirini ifşa etmek gibi bir niyeti yoktu. "Peter, buna söz veririm."

"Bunu bir avukattan duymak isterim."

Boisi kaskatı kesildi. "Tam anlayamadım Peter. Sözümün yeterli olmadığını mı söylemek istiyorsun?"

"Sadece bunu bir avukattan duymak istediğimi söylüyorum."

Cohen tam karşısındaki sedirde oturan Fraidin'e döndü.

"Hey, avukat."

Not almakta olan Fraidin onu duymamış gibiydi.

"Hey sen. Avukat. Sana diyorum."

Profesör gözlüklerinin ardından gözlerini kırpıştıran Fraidin başını kaldırdı. Cohen'in kendisini sindirmeye çalıştığının farkındaydı. "Bana mı diyorsun? Sorun neydi?"

"Gizlilik sözleşmesi, yönetiminkinden ayrı bir teklif yapmanıza imkan tanır mı?"

Fraidin bir süre için sustu. Konuşmaya başladığındaysa sesi sakindi. "İki cevabım var. Birincisi, ben sizin avukatınız değilim. Size hukuki bir öneride bulunmayı düşünmem. Bu soruyu kendi avukatlarınıza sormalısınız. Jack Nusbaum'a sorun mesela. İyi bir avukattır. Diğerine gelince, müvekkilime, tabii ki, yeni bir girişime karar vermekte serbest olduklarını belirttim."

Cohen tepki vermedi. Bir dakika sonra özür dileyerek odayı terketti.

Forstmann duyduklarına inanamadı. "Hey sen, avukat?" Bu Cohen denen adam kendini ne sanıyordu? Koca purolu küçük sert adam. Bir psikiyatrist olsa bu adama kesin bayılırdı.

Forstmann, Cohen'in kafasının karıştığından emindi. Forstmann Little, RJR Nabisco'yla, şirketle ilgili gizli verileri ifşa etmesini men eden bir gizlilik sözleşmesi imzalamıştı. Fakat ne Shearson'la ne de yönetim grubunun herhangi bir üyesiyle böyle bir sözleşme yapılmamıştı. Yapılmayacaktı da.

Birkaç dakika sonra Cohen, elinde bir tomar bilgisayar çıktısı fotokopisiyle geri döndü. Cohen, bir Shearson-Salomon-Forstmann Little teklifinin böyle bir şeye benzemesi gerektiğini düşündüklerini söyleyerek Forstmann'a bir nüsha uzattı.

Forstmann sayfaları karıştırdı, fakat içindeki rakamlar ona hiçbir şey ifade etmiyordu. Nereye baksa karşısına hurda tahvil çıkıyordu, bu ıvır-zıvırın her sayfasına sinmişti. Forstmann Little'ın 3 milyar dolarını, rakamların arasında bir yerde, hurda tahvillerin arasında sandviç edilmiş buldu. Tüylerinin diken diken olduğunu hissetti.

Durum daha kötüleşmişti. Forstmann Little'ın teklif grubunu kontrol etmediği açıktı; ve her maddesinden belliydi ki Shearson'ın yegane amacı bunun önüne geçmekti.

Okuduğu şeyin hoşuna gitmediği Forstmann'ın her halinden anlaşılıyordu. "Bunun teklifin son şekli olduğunu düşünme," dedi Cohen. "Sizinle bu konuda tam mutabakat sağlamak istiyoruz." Forstmann başını sallıyordu. Bunun böyle gitmeyeceğini söyedi. Forstmann Little'ın yatırımcılarıyla belirlediği tüzük uyarınca firmanın, teklif grubunu kontrol etmek zorunda olduğunu Cohen'e anlatmaya çalıştı. Her Forstmann Little anlaşmasının yüzde 37'si alacaklılara vaat edilmişti. 10 ila 15'i de yönetime satılmıştı. Kalan yüzde 53'ü bile bölüşseler, Forstmann ve destekçileri çoğunluğu kontrol edeceklerdi. Bunu engelleyecek önerilerin anlamı yoktu. "Özel bir kastımız olduğundan değil Peter, fakat bu böyle yürümez."

"Tamam," dedi Cohen. "Tekrar deneyelim." Kalktı ve yine odadan ayrıldı.

Cohen çıkınca Forstmann, Boisi'ye döndü. "Geoff, bu konuda ne yapabiliriz? Konuşamıyoruz bile. Tavuk bokunu tavuk salatasına çeviremezsin ki. Anlaşacak bir konu yok. Biliyor musun? Bir türlü anlamıyorlar."

Dört adam başbaşa verip konuştular. Sonuçta, belki de Forstmann kendi sermaye oluşumunu Shearson'a önermeliydi. Forstmann bunun mükemmel bir fikir olduğunu düşündü. Ayrıca kırksekiz saattir aralıksız süren analiz maratonundan yorulmuştu artık. Kalktı ve Cohen'i aramaya çıktı. Holün ucundaki dumanaltı olmuş odada purosunu neredeyse yerken buldu onu. Avukatlar ve yatırım bankerleri kısa kollu gömlekler içinde duvar boyunca dizilmişlerdi.

"Peter bak, bu imkansız," dedi Forstmann. "Bittim tükendim artık. Ben gidiyorum. Ortak bir başlangıç noktamız bile yok. Bırak da biz bir şeyler hazırlayıp sana gönderelim."

Cohen kabul etti.

Dışarda, Forstmann'la Boisi, Forstmann'ın siyah Mercedes'inin arka koltuğuna yerleştiler. West Side otoyolundaki trafiğe çıktıklarında iki adam hararetli bir konuşmaya dalmışlardı bile. Birden Geoff, Forstmann'ın gözlerinin faltaşı gibi açıldığını farketti. Forstmann üstlerine gelen arabayı gördü ve bağırmak istedi, "Geoff, dikkat!" Ama çok geçti. Arabanın sol arkaya bindirmesiyle Mercedes sarsıldı.

Mercedesdekilere bir şey olmamıştı ama diğer sürücünün sigortası yoktu. Polisin gelmesi sanki saatler almıştı. Her şey Ted Forstmann'ın aleyhine gelişiyor gibiydi.

İspanya seferi başarıyla sonuçlanan John Gutfreund'un New York'a dönüşü kabus gibi oldu. Kötü hava koşulları nedeniyle Paris seferinin yönü değiştirilince uçağın Lyon'a inmesi önerilmiş, fakat uçuş ekibi kabul etmemişti. Londra ise sise gömülmüştü. Nihayet Brüksel'e inebildiler. Orada Gutfreund bir-otuzdaki New York uçağını yakaladı ve altıya birkaç dakika kala Kennedy havaalanına indi.

Kadife pantalon ve spor bir kazak giymişti, Shearson'ın ayarladığı bir helikopterle 15 dakika içinde Salomon'un aşağı Wall Street'teki ofislerine ulaştı. Oradaki kurul odasında kendisini iki danışmanı, uzun boylu emektar avukatı Peter Barrow ile hızlı konuşan Salomon yatırım bankeri Mike Zimmerman karşıladı. Ellerinde Johnson'ın yönetim anlaşmasının birer kopyası vardı.

"Buna asla inanmayacaksın," dedi Zimmerman.

Gutfreund kopyayı aldı ve okudu. Şaşkındı. Anlaşma, Cohen'in çıtlattığından çok daha kârlıydı. Eğer doğru anladıysa Johnson'ın yedi kişilik grubu, vergisiz, 1 milyar dolara, belki de daha fazlasına hak kazanacaklardı. Darrow, Gutfreund'la birlikte her ayrıntının üstünden geçti. Nasıl bir işe girdiklerini her yönüyle bilmeleri gerekiyordu.

Yarım saat sonra Shearson'a gelen Gutfreund, yönetim anlaşmasını Cohen'le de kısa sürede gözden geçirdi. "Bu anlaşma paketi daha düşük bir seviyede hazırlanmazsa hem benim için, hem de ekibim için çok büyük zorluklar çıkaracaktır," dedi Gutfreund. "Peter, bu çok çirkin."

"John, söz veriyorum, bu konu çözülecek," dedi Cohen. Fakat, teklifin yükselebileceği seviyeler hakkında daha net bir fikir edinmeden anlaşma paketinin gözden geçirilmesinin çok anlamlı olmayacağını da ekledi.

Rahatlamış olan Gutfreund kabul etti. Konu bir süre daha bekletilebilirdi.

Shearson ve Salomon bankerlerinden kurulu ekipler Cuma gecesi geç saatlere kadar ve Cumartesi gün boyunca çalıştılar. Her iki kurum da yabancı bankalardan fon taahhüdü alma yarışı içinde Londra ve Tokyo'daki aracı ve satışçılarını seferber etti. Jim Stern'in başını çektiği bir başka ekip de Forstmann'ın kabul edebileceği bir sermaye yapısı kurmaya girişmişti.

Cohen Cumartesi gününün büyük bir bölümünü Forstmann'ı aramakla geçirdi. Evini de ofisini de aramıştı. Forstmann öğle yemeğindeydi; öğleden sonra da çıkmıştı. Cohen onun mesajları aldığını biliyordu. Bütün hafta Forstmann acele etmesi için onu sıkıştırıp durmuştu. Şimdi, en çok ihtiyaç duyulduğunda ise ortadan kaybolmuştu. Cohen, Forstmann'ın kendini ağırdan satmaya çalıştığını tahmin ediyordu.

"Kendini naza çekiyor," diye söylemişti Tom Strauss'a.

Cohen'den gelen telefon mesajları biriktikçe Forstmann görmezden geliyordu. Uzun bir öğle yemeği yedi. Öğleden sonra da East River'ın öte yakasındaki Queens'te tenis oynadı. Kortta bir yandan diğerine koştururken Cohen ve RJR Nabisco üzerine tefekküre dalmıştı. Bu anlaşmanın gidişatı konusunda içi rahat değildi.

Bu gidişle dışarıda kalacağız. Çok fazla zaman harcıyoruz. Kravis'in boş durduğunu mu zannediyorsun? Harekete geçmeliyiz!

Korttan ayrılırken üç gündür kafasını meşgul eden düşünce onu hâlâ tedirgin ediyordu. Kravis'i alt etmeyi çok istiyordu ama bu anlaşma hiç de bir Forstmann Little anlaşması olacak gibi görünmüyordu. Bu iş düzgün yapılmalıydı.

Forstmann evine döndüğünde telefonunu çalarken buldu.

"Sana ulaşmaya çalışıyordum."

Cohen'in ses tonu gerginliğini yansıtıyordu. Bir şeyler söylüyordu ama Forstmann onu dinlemiyordu. Bu adamla aynı gemide olmak istemiyorum. Bu adamı sevmiyorum. Neden biraz olsun Jim Robinson'a benzeyemiyor? Kırk yıllık kani olur mu yani, diyordu kendi kendine, olmaz işte.

"Peter, mesajları aldım," dedi. "Fakat bütün gün dışarıdaydım." Cohen yanlış anlaşılma için özür diledi. "Sana iyi haberlerim var," dedi. "Tommy Strauss'un evindeydim. Sanırım kısıtlamalarınızı gerçekten karşılayacak bir yol bulduk. Bunu yapabiliriz. Biliyorum yapabiliriz." Cohen'le Strauss, ikincisinin Armonk, New York'taki evinde gayrıresmi bir akşam yemeği davetine katılmış ve Cohen, Forstmann'ı aramak için çıkmıştı.

Forstmann fonda köpek havlamaları ve çocuk bağrışlarını duyabiliyordu. Birisinin, belki de Cohen'di, şakayla karışık, "şu köpeği şuradan çıkarın," diye bağırdığını duydu.

O anda Forstmann, Cohen'e bir yakınlık hissetti ve Shearson yöneticisine bu kadar sert davrandığı için kendisini ayıpladı. İşte böyle olmalı, diye düşündü Forstmann. Köpekler ve çocuklar. Bu iyi işte, tıpkı bir aile gibi. Tam Forstmann Little tarzı.

Cohen, Forstmann'a yeni sermaye yapısını özetledi. Salomon ve Shearson, grubun payına yüzde 25'er katkıda bulunacak, kalan yüzde 50'yi de Forstmann Little alacaktı. Şirketin kontrolü de aynı oranlarda bölüşülecek, yani Forstmann Little onun da yarısına sahip olacaktı. Yeni teklif hurda tahvilin ağırlığını azaltıyor ve RJR'nin yeni yönetimi için Forstmann Little'a daha fazla söz hakkı vaad ediyordu. Yine aynı öneme sahip bir konu olarak, Forstmann Little borç yükünün de büyük bölümünü üstlenecekti –kabaca American Express kartıyla bir borç senedi arasındaki fark gibi bir şeydi.

"Bunu nasıl buldun, Ted?" diye sordu Cohen.

Forstmann gerçekten de şaşırmıştı. "Peter bu gerçekten de çok büyük bir adım," dedi. "Harika."

"Yarın buluşalım," dedi Cohen.

Forstmann'ın adamları bütün akşam Cohen'in teklifini incelediler. Herkes bunun ümit vadettiğinde hemfikirdi. Forstmann gece yarısından sonra Boisi'yi Long Island'daki bir akşam yemeği davetinde yakalayarak haberi heyecanla iletti.

Aynı akşam Forstmann'ın ortağı Brian Little, Uzak Doğu'ya yaptığı tatilden San Fransisco'ya döndü. Hong Kong, Tayland ve Bali duraklarında RJR Nabisco'yla ilgili gelişmeleri hırsla takip etmişti. Uçaktan iner inmez telefona sarılmış, Forstmann da ona Cohen'le olan son görüşmelerini anlatmıştı.

Shearson'la güç birliği fikri Little'ı hayal kırıklığına uğratmıştı. "Vay be," dedi, "bu şimdiye kadar yaptıklarımıza tamamen ters düşecek, bu adamlarla çalışmak." Little'ın çekinceleri bilançolardan daha derine gidiyordu. On yıldır Cohen'i tanıyordu. İkisinin Hamptons'da yazlıklarında komşuydular. Little'a göre Cohen, Wall Street'in en kötülerini temsil ediyordu; yıpratıcı, açgözlü bir dolandırıcıydı o. O adamla iş yapma fikri çok itici geliyordu.

"Teddy," dedi Little, "o adam bir eşkıya."

Forstmann, tasarlanan anlaşmanın "bir Forstmann Little anlaşması" olacağını temin etti. Fakat yine de Brian Little bu ortaklıktan heyecan duyamadı ve telefonu kapatmadan önce bir Forstmann Little ortağının Cohen için dile getirebileceği en büyük hakareti etti: "İş için neredeyse Henry Kravis'i bile ona tercih ederim."

Çoğu Amerikan şirketi –zehirli atıklar konusunda olsun, çeyrek dönemlik kâr payları konusunda olsun– kendi çizgilerini anlatması için sözcüler tutarlar. Çoğu haberci onları basın bildirilerini dağıtmakla görevli "uçaksavarlar" olarak bilir. Fakat sürekli dedikodu ve şirket içi haber akışıyla Wall Street'te birçok halkla ilişkiler profesyoneli önemli ölçüde güç toplayabilmiştir. Yükselişlerinin anlaşılır bir tarafı vardır: İş dünyası haberciliği 1980'lerde büyük devralma savaşlarına daha çok yer ayırdıkça, haber içeriğini manipüle etmenin önemi de giderek arttı. Onyılın sonunda, devralma savaşına giren herkes yatırım bankeri ve avukatların yanısıra bir de halkla ilişkiler firması tutar olmuştu.

Wall Street halkla ilişkiler pazarına yıllarca tek firma, Kekst&Co. ve çok iyi bağlantıları olan kurucusu Gershon Kekst, hakim oldu. Kekst sözcüleri hemen her büyük devralma olayında, resmi ve rutin basın bildirileri dışında o günün düşmanlarına çamur atarken görülebilirler. Gershon Kekst'in tavsiyesiyledir ki Kolberg Kravis neredeyse on yıl boyunca haber olmamayı başarmıştı.

Sonra, 1980'ler sona ererken Kekst'in hakimiyetine ilk ciddi tehdit geldi. Linda Robinson sıradan bir uçaksavar değildi. Uzun boylu, hallaç edilmiş sarı-kızıl saçlı, bilgiç gülüşlü bir kadındı. Çılgın bir çalışma temposu ve müthiş bir gevezeliği vardı. 1940'larda radyonun ünlü "Amos'n'Andy"sinin Amos'ını oynayan aktörün kızı olarak California'da büyümüştü. 1970'lerde başarısız bir evliliği olmuş ve aralarında bir akupunktur kliniği de olan bir sürü işle uğraşmıştı.

Ölümüne bir Cumhuriyetçi olarak Ronald Reagan'ın 1980'deki seçim kampanyasında basın sekreteri yardımcılığı görevini hileyle elde etmişti. Daha sonra eski ulaştırma bakanı Drew Lewis'in yönettiği bir şirkete girdi ve orada tanıştığı Jim Robinson'la evlendi. Bir grup arkadaşıyla New York'ta kendi şirketini kurduktan sonra kocasına duyduğu yakınlık düzenli olarak kamuoyuna yansır oldu. Bir defasında röportaja gelen bir kadın gazeteciye, kocasının pazularını okşamaya ısrarla devam ederek, "Ne kadar şirin değil mi?" diye sormuştu.

Kısa sürede korkulacak bir güce erişti, fakat bunun Jim Robinson'ın karısı olmasından kaynaklandığını düşünenler karşısında kedi gibi tüylerini kabartıyordu. Müşterileri arasında, Carl Icahn'la tutuştukları bitmez tükenmez savaşta danışmanlık yaptığı Texaco ve Drexel'den Michael Milken vardı. Tom Brokaw, Diane Sawyer ve Barbara Walters dostları arasındaydı. *The Wall Street Journal*'ın yayın yönetmeninin düğününe katılması gazete tarafından dikkate alınmıştı. *The Journal*'ın 1988'de bir kapak profilinde gözlemlediği üzere, "35'inde perde arkasındaki gücü, hepsi de istisnasız erkek olan birkaç süper avukat ve image-maker'ınkine ulaşmıştı neredeyse.

İlk LBO duyurusunun ardından birkaç saat içinde Ross Johnson'ın tuttuğu Linda Robinson, eski arkadaşının halkla ilişkiler çabalarını dağınık bulmuştu. Bir teması, bir uyumu, bir mantığı yoktu. Görevi almasının ilk haftasında çığ gibi gelen düşmanca telefonlarla başa çıkmaya çalıştı. Johnson yönetim grubunun baş sözcüsü olarak her daim telefonda gazetecilere içerden bol kepçe ayrıntılı haberler veriyordu.

Girişken tarzı, Salomon Brothers'ın kibar bir Güney Carolina'lı olan kıdemli halkla ilişkiler uzmanını kısa sürede soğuttu. Baker, Linda Robinson'ın çok konuştuğunu düşünüyordu. Robinson'ın *New York Times*'ta çıkmasını ayarladığı ve Cohen'le birlikte RJR ve Philip Morris anlaşmalarına karışan diğer zevatın profillerini veren habere karşı çıktı. "Böyle bir şeyi anlaşma olup bittikten sonra yaparsın," dedi Baker. "Linda, hepsi de bir avuç kahrolası aptal yuppie gibi görünecek."

Baker, Robinson'ın Cohen'i bir Pazar sabahı şovuna, "Bu Hafta David Brinkley'le Birlikte" programına çıkarmasından şüphelenince işler daha da karıştı. Salomon sözcüsü, kendi firmasının imajını yükseltme amacıyla Salomon'dan Ron Freeman'ın Ted Forstmann'la birlikte görünmesini ayarlamıştı ve Cohen'in bu adamın yerine geçmesini istemiyordu.

"Linda, Salomon olarak bizler, yönetime çalıştığın için sana katlanıyoruz," dedi Baker. "American Express başkanıyla uyuduğun için Shearson'dan yana tavır koyduğunu düşünmekten uzağım. Görünüşe göre burada bir çıkar çatışması olması gerekiyor. Ama ben böyle düşünmüyorum. Bu bir tehdit değil. Yalnızca şunu hatırlamanı istiyorum: Bu anlaşmadan sonra da hayat devam edecek."

Kendisini kaybetmesine ramak kalmasına rağmen Linda Robinson, bu tür bürokratik saçmalıklarla uğraşmak istemediğinden kontrolünü korudu. O daha büyük işler peşindeydi. Robinsonlar sosyal yaşamlarında çok meşguldüler; sürekli olarak şu veya bu maskeyi takınmak durumundaydılar. İki haftada bir zar zor birbuçuk geceyi evde birlikte geçirebildiklerini söylerdi Linda şakayla. Robinsonların yakın dostları arasında Henry Kravisler de vardı. Çiftlerin Connecticut'taki mekanları arasında sadece yirmi dakikalık mesafe vardı ve Linda, Kravis'in bu asil işe ilgi duymasını sağlamıştı. Fazla geçmeden birlikte ilk atlarını almışlardı. Adını Trilyon koymuşlardı ama birkaç hafta sonra Kravis ona bir lakap taktı: Kurabiye kırıntısı.

Kravis'in teklifini ilan etmesinden beri Linda Robinson, onun

Johnson'la ortak olması için sessizce lobi yapmıştı. "Linda her zaman Kravis'i kucaklamıştır," diyor Kravis'in yardımcılarından biri. "Bu insanları anlamalısınız. Hepsi de birbiriyle dost olmak ister. Böylece Kravis her gün Linda'dan telefon almaya başlar. O da onu dinlemeye başlar. Çöpçatanı oynuyordu Linda."

Linda Robinson'ın Kravis'le konuştukları meclisten dışarı çıkmıyordu tabii. Kocası ve Johnson dışında sadece Steve Goldstone bunlardan haberdar olurdu. Goldstone gittikçe daha da endişeleniyordu: Ellerindeki onca Wall Street ateş gücüne rağmen, Kravis'e ulaşmak için bir halkla ilişkilerciyi araya koymak ne kadar akıllıcaydı acaba?

Goldstone bir yerden sonra dayanamayıp "Linda, bu konularda dikkatli olmalısın," deme cesaretini gösterdi. "Grubun önceden üzerinde anlaşmadığı bir konuda konuşuyor olmayı istemezsin."

Linda'ysa avukata endişelenmemesini söyledi. Ne yaptığını biliyordu.

Salomon'lu tecrübeli bir yatırım bankeri olmakla beraber LBO'larda uzman olmayan Ron Freeman solgun ve sinirliydi. Sam Donaldson'ın kıyımı için Pazar sabahı televizyon şovuna çıkmıştı.

"Bu LBO'larda olup bitenlerin ahlaki niteliği diyelim istersen, onlardan bahsedelim," demişti Donaldson. "Eski günlerde şirketler refah ve insan çalıştırmak için kurulurdu, ve tabii hissedarlara kâr sağlamak için... Şimdiyse bir sürü insan şirketleri dağıtmak, azami parayı yapmak ve şehri terk etmek için bu işe giriyor. Ne dersin, bu ahlaki mi sence?"

"Sanırım kaldıraçlı alımın tek tanımı bu değil," diye cevap verdi Freeman. "Şirketlerin yeniden yapılanmaları çok farklı şekillerde olabiliyor. Örneğin, Birleşik Devletler'in en büyük ve en tanınan kurumlarından bazıları şaşırtıcı bir başarıyla kendilerini yeniden yapılandırdılar. Atlantic Richfield bunun güzel bir örneği. AT&T de bir diğer örnek. Uç vakalar bu genel yapılanma hareketinin sadece küçük bir kısmını oluşturuyor."

"Tek tanımın bu olmadığını ben de kabul ediyorum," dedi Donaldson. "Fakat belirli vakalar var ki orada insanlar peşinen şöyle diyorlar: Biz oraya gireceğiz, şirketi bölüp dağıtacağız, her birimiz ayrı ayrı daha yüksek parayı alacağız ve gideceğiz. Söyleyin Bay Forstmann, bu iyi bir şey mi?"

Brinkley şovuna çıkmadan önce Forstmann'ın tek şartı RJR Nabisco anlaşmasının tartışılmamasıydı. Gazetelerde konuya duyduğu ilgi belirtilmiş olmasına rağmen, pazarlıklara katılanlar dışında kimse bu ilginin ne kadar derin olduğunu bilmiyordu.

"Bazı durumlarda bu iyi olabilir," dedi Forstmann. "Her zaman o kadar da kötü değildir."

"İşçiler için ne diyeceksiniz, Bay Forstmann?"

"Onlar..."

"Sahi, kim onlar? Yani demek istiyorum ki işten atılacak olurlarsa."

"Hayır, konu bu değil, hem de hiç," dedi Forstmann. "Makalemde de belirttiğim gibi disiplin olmazsa zarar görecek kesimden biri de işçilerdir. Disiplin, yani yatırım disiplini tekrar ele alınması ve üzerinde konuşulması gereken bir kavram. Başlangıçta bu fikrin mucitleri, ki ben de onlardan biriydim, böyle bir disipline sahiptiler...Sonradan ise taklitçilerin yüzlercesi bu işe girdi ve onlar bu alana doluştukça disiplin aşınmaya uğradı. Sonuçta anlamsız bölünmeler gerçekleşmeye başladı."

"Burada sizi hedef göstermiyorum," dedi Donaldson bir süre sonra. "Sanırım sizin kendinizin yetiştirdiği, şu taklitçiler dediklerinizi hedef gösteriyorum. Şimdi, hiçbir kısıtlama olmadan böyle bir alanda neden serbestçe at koştursunlar ki?"

"Onların serbestçe at koşturduklarını düşünmüyorum. Ve eğer daha çok vaktimiz olsaydı ayrıntılarına girebilirdik... Burada yanlış giden şöyle bir şey var: İnsanlar hurda tahvil dedikleri yeni bir para kaynağı yarattılar..."

Kayıttan sonra Forstmann, Freeman'ı evine çağırdı ve ikisi kendilerini televizyonda seyrettiler. Programdan sonra Freeman kaynanasını aradı. "Yanındaki adam o kadar şirindi ki," diye anlattı Salomon bankerine. "Yahudi mi?"

Bir kahvenin ardından Forstmann, RJR Nabisco'yu gündeme getirdi. Önceki gecenin heyecanı yatışmaya başlamıştı. "Ron, biraraya gelebilir miyiz bilmiyorum. Sizler bu işi tamamen yanlış yapıyorsunuz. Bütün bu hurda tahviller, ayni ödemeli tahviller, bol sıfırlı rakamlar, şunlar, bunlar. Çılgınlık bu. Hem Johnson'la olan bu anlaşma da neyin nesi?"

"Hiç bilmiyorum," dedi Freeman. "Bu konuda kontrol bizde değil. Sessiz ortak gibi bir durumumuz var."

"Evet, işte bu, tüm zamanların en büyük işi. Ve Kravis de bu işi kapmak üzere."

Anayoldaki bir tıkanıklık yüzünden Forstmann o öğleden sonra Shearson'a bir saat gecikti. Yanında kardeşi Nick ve Fraidin de vardı. Arı gibi çalışan yatırım bankerlerinin arasından yönetim kurulu odasına buyur edildiler. Orada onları Peter Cohen ve John Gutfreund bekliyordu. Forstmann incelik göstererek Boisi'yi getirmemişti bu sefer.

Toplandıklarında Forstmann o günün sonunda, Kravis'le savaşmak üzere ortak bir anlaşmayla mı yoksa görüşmeleri temelli sona erdirmek yönünde bir gidiş biletiyle mi oradan ayrılacaklarını bilmiyordu. Fakat birkaç dakika içinde durum netleşecekti.

"İlk olarak, dün geceki bir yanlışlığı düzeltmek istiyorum," diye Cohen toplantıyı açtı. "Kafam biraz karışıktı. İsterseniz doğru rakamları şimdi vereyim."

Cohen, Shearson'ın sermaye yapısı önerisini açıkladı. Önceki gece anlattıklarıyla hiç alakası yoktu. Üstelik Forstmann Little borcun büyük bölümünü üstlenecekti. Aradaki fark muazzamdı. Forstmann, Cohen'in bilerek onu yanlış yönlendirdiğine ihtimal vermedi —kimse böyle bir şey yapmazdı. Onun yerine tecrübesizliğine verdi.

"Evet Peter, bu geçen gece konuştuğumuzdan oldukça farklı," dedi Forstmann, Cohen sözünü bitirdikten sonra. "Senin suçun olduğundan değil. Sadece biraz farklı işte."

"Evet, biliyorum."

Ted Forstmann uzlaşmanın canlı bir resmini çizdi, fakat içinden bunun son olacağını söylüyordu. Yine de, Cohen yönetim anlaşmasının ayrıntılarını anlatırken kendisini –hayret– dinlerken buldu. Cohen'in açıkladığı üzere, her bir tarafın, diğer tarafın veto gücü olduğu konularda, veto gücü vardı. Eğer yanlış anlamadıysa, Johnson ve yönetim takımı kendi işten atılmalarını bile veto edebiliyorlardı.

Delilik bu, diye düşündü Forstmann. Dünya liginde tüm zamanların su katılmamış amatörleri oynuyorlar. Milyarlarca dolar koyuyorlar ve yönetimden kurtulamıyorlar. Üstelik benim de aynı şeyi yapacağımı düşünüyorlar.

Cohen bitirdiğinde bir sessizlik oldu. "Çok daha iyisini yapabileceğimizi düşünüyoruz," dedi Gutfreund. "Bu yalnızca şu anda bulunduğumuz yeri gösteriyor."

Salomon başkanı Fraidin'e döndü. "Ne düşünüyorsun, Steve?"

Fraidin, Johnson'la yapılan bu düzenlemenin dışarıdan nasıl görüneceği konusunda Cohen'le Gutfreund'un hiçbir fikri olmadığını düşünüyordu. Resmin bütününü gözden kaçırıyorlardı. "Bu anlaşmanın, büyüklüğünden ötürü," dedi Fraidin, "çok yoğun bir şekilde siyasetçilerin ve Kongre üyelerinin incelemesine tabi tutulacağını düşünüyorum. Sanırım bundan kaynaklanacak tepkilerden bu odadaki her kurum etkilenecektir. Ve sanırım bunu aklımızdan çıkarmazsak iyi olur."

Devam etti. "Hesaplarıma göre bu yönetim sözleşmesi kabaca iki milyar dolar değerinde olacak. Doğru mu?"

"Hayır, hayır, hayır," Forstmann araya girdi. "Bu doğru değil." Aslında demek istediği şuydu: Bu doğru olamaz.

"Hayır, sanırım doğru," dedi Fraidin.

Gutfreund odaya göz gezdirdi. "Gerçekten öyle mi?"

Rakamları topladılar. Tüm teşvikler karşılanacak olduğunda anlaşmanın değeri 1.9 milyar dolara ulaşıyordu.

"Bu yönetim için kesinlikle çok büyük bir kâr," diye Fraidin gözlemini belirtti.

Evet, hemfikirdiler, gerçekten de öyleydi. Cohen anlaşma üzerinde tekrar çalışılması gerektiğini vurguladı.

"Bana ücretlerden bahsedin," dedi Ted Forstmann.

Gutfreund kıkır kıkır güldü. "Teddy'nin bu konuya geleceğini biliyorduk."

Cohen okumaya başladı. Önce bir başarı ücreti geliyordu. Devralma işi başarıyla gerçekleşecek olursa Shearson ve Salomon 120 milyon dolar alacaklardı. Arkadan, sermaye koyan herkese ödenecek yüzde 5'lik bir ücret geliyordu.

"O niye?" diye sordu Forstmann.

"Siz de bundan payınızı alacaksınız," dedi Cohen.

"Öyle mi?" dedi Forstmann.

Shearson, kaldıraçlı alımın ardından RJR Nabisco'nun varlıklarının açık arttırmayla satışı için 103 milyon dolarlık masraf hesaplamıştı. Ara ödeme taahhütleri için ödenecek bir ücret –23 milyon dolar– vardı. Forstmann Little, ara ödemelerdeki payı karşılığında 30 milyon dolarlık bir ücret alacaktı.

Forstmann listenin hiç bitmeyeceğinden korkmuştu. Sorular sordu fakat cevaplarını yazıyormuş gibi yapmakla yetindi. Fraidin'in, kendi payına, Cohen'e soracağı sorular vardı.

"Köprüyü çıkarmak için hurda tahvil kullandığınızda bundan bir kâr hissesi alacak mısınız?" diye sordu avukat.

"Oo, evet," dedi Cohen, "ondan yüzde üçbuçukluk bir ücret alacağız."Bu aşağı yukarı 425 milyon dolara tekabül ediyordu.

Forstmann kardeşlerin hayret dolu gözlerle birbirlerine baktıklarını farketti Fraidin. "Köprü ücreti olacak mı?" diye sordu Fraidin. Multi-milyarlık köprü kredilerin bedava gelmediğini biliyordu.

Cohen başıyla onayladı.

"Ne halt yemeye?" diye sordu Forstmann.

Jim Stern köşede duruyordu. Shearson'ın hurda tahvil şefinin bir haftadır uyumuyormuş gibi bir hali vardı. "Bir buçuk milyarın riskini almak isterseniz," dedi, "onu size bırakmaktan memnuniyet duyarız."

Sözlerdeki alay Forstmann'ın dikkatinden kaçmadı. Stern'e dik dik baktı.

"Kim olduğunu bilmiyorum ama –Peter kim bu?" Forstmann o kadar delirmişti kan beynine sıçramıştı sanki. "Belki benim kim olduğumu bilmiyorsundur da," dedi Stern'e. "Siz bir buçuk milyarlık yüklenicilik riskinizden söz ediyorsunuz. Oysa ben ebediyyen üç milyar koyuyorum." Forstmann'ın hiddeti artıyordu ve kimse onun tekrar "büyük söylevine" başlamasını istemiyordu.

Cohen araya girdi. Stern'i işaret ederek sordu Forstmann'a. "Çıkmasını istiyor musun? Odayı terk etsin mi?"

Mafya babası gibi, diye düşündü Forstmann. "Hayır, hayır," dedi. "Kalabilir."

Ücret tartışması yine başladı. "Peki," diye sordu Fraidin, "banka ücretlerinde ne olacak?"

"Evet, tabii," dedi Cohen. "Banka ücretleri de vardı." Shearson ticari bankalarına yüzde 2.5 ödemeyi tasarlıyordu –375 milyon dolar civarında.

"Yüzde iki buçuk, ha?" Bu, Nick Forstmann'dı, bakışlarını ağabeyine çevirmişti.

"Yüzde iki buçuk," diye tekrarladı Fraidin. Kulağa çok geliyordu.

Ama Cohen henüz bitirmemişti. "Hukuk işleri için de yetmişbeş milyon dolarlık ücret hesapladık." Fraidin'e döndü. "Galiba anlaşmayı bu haliyle benimsiyorsunuz."

"Doğrusu," dedi Fraidin, "bu benim tarzım değil."

Nick Forstmann dayanamayıp araya girdi. "Durun, durun. Bir dakika bekleyin," dedi. "Peter, bu adamlara niçin para ödüyoruz? Bunu anlamıyorum. Benim hesaplarıma bakacak olursak siz fazla para ödünç alıyorsunuz gibi geliyor."

Nick Forstmann rakamların sağlamasını yaptığında hesaplar tutmuyordu. Yanlış duymadıysa, kendi ön ödemelerinden sonra Shearson 19 milyar dolar toplamış oluyordu. Fakat RJR Nabisco'yu almak için 16.5 milyar dolara ihtiyaç var gibi görünüyordu. "İki buçuk milyar fazla topluyormuşuz gibi geliyor," dedi Nick Forstmann. "Bunu niye yapıyoruz ki?"

"Bu doğru mu?" diye sordu Gutfreund.

Nick Forstmann Steve Fraidin'e bir bakış attı. Bir şey söylemesine gerek yoktu. Bu adamlar ne yaptıklarını biliyorlar mıydı?

Mola verdiler. Nick Forstmann bir düzine Shearson ve Salomon bankeriyle aritmetik çorbanın içinden çıkmak için bir toplantı odasına çekildiler. Ağabeyiyle Fraidin odanın dışında konuyu görüştüler. Fraidin'e göre Cohen'in sunumu anlaşmaya imkan bırakmamıştı.

Fraidin odaya yalnız döndü. "Bakın, Teddy bazı yönleri yeniden değerlendirmek istiyor; ücretleri, sermaye yapısını, Ross Johnson'la ilgili durumu ve yönetim meselesini."

Kısaca, her şeyi.

"Ayrıca imtiyazlı dediğiniz şey ayni ödemeli tahvil. Belki bilmiyorsunuz ama o bunu asla kullanmadı.

"Tamam," dedi Cohen.

Cohen ve Tom Hill stratejilerini biraz daha gözden geçirdikten sonra Forstmann'lar dışarıya çıktılar, arabaları bekliyordu. Fraidin bir sonraki adımlarının ne olacağını sordu.

"Evet," dedi Forstmann, "hadi şehir dışına çıkalım ve Boisi'yi arayıp nerede olduğumuzu söyleyelim."

"Nerede olduğumuzu mu?" Fraidin sordu.

"Nerede olduğumuzu biliyorsun Steve," dedi Forstmann. "Dışarıdayız, geziyoruz."

BÖLÜM
12

LBO işi yapmak, bir bakıma ikinci el araba almaya benzer. Hedef şirkete ilişkin yıllık rapor ve genel dosyalar, reklam gibi kullanışlı bilgiler içerir. Ancak açıkgöz bir müşteri, akıllı bir muhasebecinin sayılarla istediği gibi oynayabileceğini bilir.

Araba müşterisi reklamda gördüklerinden daha fazlasını ister. Sahibiyle konuşmak, motorun kapağını kaldırıp bakmak, bir tur atmak gibi.

LBO işi yapanlar için, ayrıntılı bir inceleme eşit ölçüde önemlidir. LBO alıcısı, herhangi bir devralımcıdan öte bir şey olmak için avını iyi tanımak zorundadır. Başarısı; hedef şirketin borçlanabilme kapasitesinin kesin hatlarıyla belli olması, kesintiye gidilecek bütçeler ve borcun kısa sürede geri ödenmesi için satılabilecek işletmelere ilişkin hassas hesaplamalara bağlıdır. İkinci el araba benzetmesini bir adım daha öteye götürürsek; LBO alıcısı, arabanın kaç kilometrede olduğunu, yedek parça ihtiyacını ve gerektirdiği bakımı kesin ayrıntıları ile hesaba katmalıdır. Aşınmış bir krank mili ya da hatalı bir conta yani bankayı alacağını talep etmek üzere harekete geçirecek hafif bir yanılma payı hep vardır.

Aynı şekilde, LBO işinde de yanlış bir hesaplama ya da uygunsuz bir projeksiyon hem alıcı hem de satıcıyı borç batağına sürükleyebilir.

Ancak eğer adınız Henry Kravis ise ve direksiyonun başındaki adamlar ayakkabınızla tekerleklere şöyle bir vurmanıza bile izin vermiyorlarsa ne olur?

İşte Kravis böyle bir ikilem yaşıyordu. İhale oturumunda tüm kozlar Johnson ve Cohen'de olacaktı. Sadece her türlü gizli bilgiye erişmekle kalmamış, bunları didik didik inceleyecek bir ekip de oluşturmuşlardı. Paraların son kuruşuna kadar nerede saklandığını, işletmeye zarar vermeden hangi bütçelerden kesintiye gidilebileceğini, üretimi düşürmeden hangi tesislerin faaliyetten men edilebileceğini biliyorlardı. Başarının sırrı bilgiden geçiyordu ve Kravis'in içeriyi şöyle bir kolaçan etmesine izin verilmiyordu.

Özel komitenin en önemli görevlerinden biri, Kravis'in RJR Nabisco hakkında bilgilenmesine katkıda bulunmaktı. Lazard ve Dillon; Kravis'in Johnson ile en azından teorik olarak eşit rekabet edebileceği "dengeli bir oyun alanı" yaratmakla yükümlü hakemlerdi. Bunun zor bir görev olduğu uygulamada ortaya çıktı.

LBO işi yapanların hedef şirketi araştırma süreci, yasal ve mali inceleme olarak bilinir. Kravis yönetim kurulu ile birlikte çalışırken, yasal ve mali inceleme süreci hızlı gerçekleşti. Gizli belgeler hızla ortaya çıkarıldı; yöneticiler, nakit akışını iyileştirmenin ve genel giderleri azaltmanın en uygun yolları üzerine beyin fırtınası estirmeye her zaman hazır oldular. Kravis'in muhasebeci, avukat ve yatırım bankacılarından oluşan ekipleri; her türlü kuytu ve çatlaktan haberdar olduklarına ve atılacak, yontulacak ya da elde tutulacak tüm aktifleri belirlediklerine patronu ikna edene kadar; hedef şirketi iğneden ipliğe araştırır, didik didik ederlerdi. Yöntemsel, güç ve keyifsiz bir işti. Ancak Kohlberg Kravis'in LBO işindeki başarısının anahtarı birçok bakımdan buna dayanıyordu.

Kravis ve Roberts, 27 Ekim Perşembe günü Hugel ile buluşmuşlar, tez elden yasal ve mali incelemeye geçileceği yolunda güvence almışlardı. Johnson grubu dahil RJR yöneticileri ile mülakatlar yapılacaktı. Halka açık birçok anonim şirket gibi, RJR de Delaware'de ayrıcalıklı şirketti. Delaware geleneklerine bakılırsa, yönetim kurulu, Kravis'in araştırma ve incelemelerine yardımcı olacak kişileri tahsis etmekle yükümlüydü. Ancak Kravis'in süreç içinde anlayacağı gibi, bu kişilerin alıcı tarafla işbirliği yapmalarını öngören bir yasa yoktu.

Özel komite Kravis'e, 31 Ekim Pazartesi sabahı New York Plaza Oteli'nde RJR yöneticileri ile görüşmeleri başlatacak toplantıyı ayarlamıştı. Mülakatlar iki gün boyunca sürecekti. Johnson katılmayacaktı; Kravis verimli olmayacağını düşünmüştü. Ayrıca Ed Horrigan'ı da reddetti. Kravis'in ekibi tüm haftasonunu hazırlıklara ayırdı.

Johnson'ın yöneticileri ise sıradışı bir çapraz ateş taktiği izleyeceklerdi. Kravis tüm katılımcıları toplantı odalarından birinde karşılamayı, şirketin işletme felsefesi üzerine bir brifing verdikten sonra da, kendisinin kazanması durumunda yerlerinde kalmaları yönünde cesaretlendirmeyi planladı. Daha sonra da tüm yöneticileri, Paul Raether ve Kohlberg Kravis'in iş ortaklarının sorularını yanıtlayacakları ayrı bir odaya alacaktı. Raether mülakatlar öncesinde bile kötü bir ruh hali içindeydi. Özel komite tarafından gönderilen RJR Nabisco finansal verileri henüz o sabah ellerine ulaştığından doğru soruları sormak için yeterince hazırlık yapamamışlardı.

Saat 09:40'ta ilk yönetici, Planters Başkanı John Polychron geldi. Kravis, Polychron'un elini sıkarken, onun arkasında Harold Henderson avukatlarından ikinci bir kişiyi fark etti. Johnson'ın gözdağı numaralarına karşı tetikte olan Kravis hemen kuşkulandı: Bu adam casus muydu? Mülakatlara katılanlara gözdağı vermek ve sırların deşifre olmasını önlemek için mi gönderilmişti? Kravis karar veremedi. Ama adam içeri girdikten birkaç saniye sonra Polychron'u yalnız bırakarak odadan çıktı.

Bir sonraki ikili, Nabisco'nun başındaki John Greeniaus ve yardımcılarından Bill McKnight, saat bir gibi girdiler. Kravis ikiliyi rahatlatmak için sudan şeylerden söz etmeye başladı. Greeniaus'un, "Bak, anlamalısın. Ross Johnson ekibinin bir parçası değilim ben. Bu yedi adamdan biri değilim," diye özellikle vurgulaması Kravis için sürpriz oldu.

Kravis mülakatların yapılacağı odaya doğru Greeniaus'a eşlik eden Raether'a "Bu adama dikkat et, takoz olarak kullanabiliriz belki. Yardımcı olabilir," dedi.

Greeniaus mülakat masasındaki koltuğa yerleştiğinde Raether ümitliydi. Tam başlamak üzereydiler ki, genç bir Lazard ortağı bir mesajla içeri girdi. "Mülakat bittiğinde..." dedi Greeniaus'a, "Kırk sekizinci katta bekleniyorsunuz." Olumlu hava birden dağıldı. Raether, Johnson'dan gelen mesajın Greeniaus'a gözdağı vermek gibi bir anlam taşıyıp taşımadığından kuşkulandı. Her şey tam bir taktik oyunuydu. Ondan önce giren Polychron gibi Greeniaus da sorulara nazik yanıtlar verdi ve işbirliğine meyilli –ama çok da değil– göründü.

Harold Henderson'ın saat beşte mülakata alınması programlanmıştı. Tütün konusunda ayrıntılı bilgilere sahip olan Henderson özellikle faydalı olabilirdi. Saat beşe birkaç dakika kala, Kravis ve Dick Beattie, mülakat odasına bağlanan salonda Henderson'ı hararetle karşıladılar. Avukat kendini tanıttı ve Kravis'in elini sıktı.

"Sizinle bir dakika konuşabilir miyim Bay Kravis?"

İki adam boş süit odaya geçerlerken, Beattie dışarıda beklemede kaldı. Kravis birkaç dakika sonra odadan çıktı ve salondan aşağıya doğru yürüyerek uzaklaşan Henderson'ı izledi.

"Şimdiye kadar duyduğum en boktan şey."

"Ne?"

"Adam rengini açıkça gösterdi. Kazansa da, kaybetse de, çekilse de Ross'un yanında. Bizimle konuşmayacak. İlk kez böyle bir durumla karşılaşıyorum."

Pazartesi akşamı, Raether'ın tedirginliği artıyordu. Johnson'ın adamları kollektif hafıza yitiminden muzdarip gibiydiler. Kolay sorulara yanıt verdiler. Ancak iş kesinti yapılabilecek bütçeler hakkında bir yargı ya da görüş belirtmeye geldiğinde, "size bu konuda geri döneceğim," diyerek kabuklarına çekiliyorlardı.

Johnson yöneticilerinin parodisi Perşembe günü de sürdü. O akşam, tütün şefi Dolph von Arx'ın önderlik ettiği üst düzey yönetici üçlüsü mülakata alındı. Von Arx, iki gün önce *The Wall Street Journal*'da çıkan ve Kravis'in devralması halinde şirketten ayrılacağını bildiren sözlerini aktardı. Nereden bakılırsa bakılsın, Kravis'in bu adamdan yararlanması olanaksızdı.

"Bu konuşmalarda söyleyeceklerimin kulağınıza çalınmış olduğundan kuşkum yok," dedi Kravis. "Ve bu nedenle Bay Von Arx, sanırım sizinle konuşacak fazlaca bir şey de yok. Galiba grevi bırakıyorsunuz, gazeteden öğrendiğim kadarıyla, üst kademelerdeki sekiz arkadaşınız da sanırım sizinle birlikte hareket edecek."

"Yoo, hayır..." diye itiraz etti Arx. "Yazıyı bir kez daha okuyun. Onlar adına konuşmuyorum; onlar kendi değerlendirmelerini kendileri yapacak."

"Bu şirketi satın aldığım takdirde ayrılacak mısınız?" diye sordu Kravis.

"Kabul edeceğiniz gibi yönetime sadığım," dedi Von Arx. "Ancak sanırım konumumu yeniden değerlendireceğim."

"İlginç..." diye düşündü Kravis, bu insanlar bağlılıklarından ne çabuk vazgeçebiliyorlardı. Del Monte'den Bob Carbonell gibi bazı yöneticiler nazik davrandılar, hatta tavırlarında bir miktar işbirliği bile vardı. Ancak diğerleri adlarını bile hatırlamaktan aciz gibiydiler.

En beteri Ed Robinson'dı. Johnson'ın finans müdürü define değerinde bilgilere sahip olmalıydı. Şirketin Avrupa ve deniz aşırı fon operasyonlarına ilişkin elindeki gizli bilgilere paha biçilmezdi.

Salı günü saatler beşi gösterirken, Robinson'ın Kravis ile ortak zeminde hareket etmeyeceği artık çok açıktı. Adamın düşmanca duyguları, yazları kent caddelerine yayılan sıcak gibi doluyordu odaya.

"Söyleyeceklerimi duymak ister misiniz?" diye sordu Kravis.

"Hayır," dedi Robinson. "Bilmem gereken kadarını biliyorum."

Robinson mülakat odasında açıkça muhalif tavır sergiledi. Çoğu soruyu ya bilgisizliğe sığınarak geçiştirdi ya da yanıtı araştıracağını ve daha sonra bildireceğini belirtti. Raether mülakatın bir noktasında, varlığını Kravis'e talep olmaksızın gönderilen bir mektup yoluyla öğrendiği kiralama (leasing) kuruluşu hakkında soru yöneltti.

"Hangi kiralama kuruluşu?" diye sordu Robinson.

Ve geri adım atmadı. Özellikle kaçamaklı birkaç yanıt serisinden sonra, Raether'ın yardımcılarından Scott Stuart ellerini iki yana açarak, "Bu sessiz sinemayı sürdüreceksek evlerimize gidelim daha iyi," dedi.

Robinson'a kapıya kadar eşlik edildi. Son sorgulanan planlama müdürü Dean Posvar biraz daha olumlu yaklaştı. Posvar'ı savaş tutsağı gibi sorguya çekerek adını, sınıfını ve sicil numarasını vermesini beklediğini düşündü Raether. Son görüşme de bittiğinde hızla dışarı çıktı.

Mülakatların gözlemcisi Lazard Freres bankeri Josh Gotbaum'a "Yararı yok," diye fısıldadı. "Bir şey söyledikleri yok bu heriflerin."

Pazartesi sabahı Cohen ve Gutfreund'a veda telefonları eden Forstmann, işlerin sarpa sarmasından sorumlu olmadığını mırıldandı kendi kendine. Shearson ile iş yapmak, kariyerindeki en sıkıntılı deneyim olmuştu. Hurda tahvillerin işin içine katılması, onda ellerini yıkayıp bu işten sıyrılma isteği doğurmuştu. Tek üzüntüsü, Kravis'in ciddi bir rakiple uğraşmadan, büyük olasılıkla tarihin en büyük ödülünü havaya kaldıracak olmasıydı. Shearson onu durduramazdı. "İki taraf sonuçta bir ekip oluşturacak," diye düşündü. Beladan kurtulmanın iyi bir yoluydu bu, birbirlerine de layıklardı zaten.

Daha sonra Geoff Boisi arayarak, Boisi'nin RJR Nabisco'dan vazgeçmeyeceğini bildirdi. Goldman'ın en iyi üç müşterisi işten pay koparmak için aportta bekliyordu. Procter & Gamble, RJR Nabisco'nun bisküvi işini iştahla istiyordu. St. Loius'den Ralston Purina, yiyecek markalarından oluşan bir gruba göz dikmişti. Ve Castle & Cooke'un lideri David Murdock, Dole'un arşivlerine el atmak için can atıyordu. Müşterilerinin Johnson'ın şirketinden parça koparma niyetleri bir yana, kimse bu işi Boisi kadar tutkulu arzulamıyordu.

Shearson gibi Goldman Sachs da milyarlarca dolarlık yatırım

fonunu masaya koymak üzereydi. Yine de Goldman fonu, köprü kredilerine tahsis edilmek zorundaydı. Ağırbaşlı ve yaşlı Goldman, tarihinde ilk kez Shearson ve Merrill Lynch gibi para babası mega şirketler ile kafa kafaya rekabete girebilecekti. Fon Boisi'nin çocuğuydu ve RJR Nabisco teklifi hayata atılan ilk adım gibiydi onun için.

Tasarlanan Boisi konsorsiyumu bir rüya takımı olacaktı. Takımı tamamlamaları için gereken tek şey, tütün işini satın almakla ilgilenecek birisiydi. Bu kişi neden Ted Forstmann olmasındı? Forstmann'ı ikna etmeye bakıyordu iş. Ve Boisi, basılması gereken tüm düğmeleri biliyordu.

Boisi bütün gün boyunca, bu işi ilk planda düşünmelerinin nedenlerini tekrar ederek Forstmann'ın kafasını ütüledi. Kravis'in tüm Fortune 500 şirketlerini tehlikeye atmadan önce durdurulması gerektiğini sürekli vurgulayarak diretti. "KKR bu ihaleyi kazanırsa onu kimse durduramaz," dedi. "Boone Pickens, Carl Icahn ve sırt sırta vermiş tüm akıncılardan daha güçlü olacaklar."

Kurumsal Amerika'nın ayağa kalkacağını ve hurda tahvil kartelinin yeni savaşçısına alkış tutacağını söyledi. "Kravis'e darbe indirecek kişi, bu çamur güreşinin gerçek kahramanı olarak gövde gösterir. Bu kahramanın adı Ted Forstmann olmalı," diyordu. Bir tek Forstmann bu işin üstesinden gelmek için gerekli beceri ve güç bileşimine sahipti.

"Gücünüzün farkında değilsiniz," dedi Boisi. Forstmann Little'ın "ucuz" parası diğer rakiplerinin karşısında avantaj sağlıyordu. "Paranızın ne kadar güç kattığının farkında değilsiniz. LBO işinin anahtarı bu aslında."

Forstmann, Boisi'nin attığı yemden yavaş yavaş çöplenmeye başlamıştı bile. Kravis'e ve hurda tahvil bağımlılarına bir darbe indirmenin cazibesine kapıldı. Ayrıca, P&G gibi büyük ve güvenilir şirketlerle çalışma davetini reddetmek zordu gerçekten. Forstmann, sesli düşünmeye başladı.

"Kendi yasal ve mali incelememizi yapar da bu işin gerçekten ekonomik olduğunu görürsek, toparladığın bu çocuklar saldırgan katılımcılar haline gelecek," dedi ve düşünceye daldı. "Gerçek para oyuncularıyla karşı karşıyayız. Hepsi aynı dünyanın yolcuları. Kimse kartelin bir parçası değil. Dostum... çok şık bir iş olmaz mı gerçekten?"

"Evet," dedi Boisi ve gerçekten riskli de olmazdı. "Riskli bir işe girmeyeceğini biliyorum. Parametrelerini biliyorum. Ama şöyle bir düşün: Bu iş senin standartlarına uygun olursa, üstesinden geleceğimiz şeyleri bir düşün. Bu hurda tahvil serserileri üç-dört yıldır ortalığı kasıp kavuruyolar. Olayların akışını değiştirmek için bir fırsat bu."

Birden Revlon işi geldi Forstmann'ın aklına. Hurda tahvil karteli, Ron Perelman'ın Revlon'u devralmasına var gücüyle destek vermişti. Bu yenilgiden ve ele geçirmecilerin yol açtığı hasardan ötürü sorumluluk sancısı hissetti yeniden. Ama şimdi....

Forstmann'ın kafasında bir resim şekillenmeye başladı. "Hurda tahvil stokları henüz kentin girişinde..." diye düşündü. "Onları, bir defada ve sonsuza kadar durdurabilmek bizim elimizde. Köprüde pusu kurmamız ve barbarları püskürtmemiz gereken yer burası. Harika olmaz mı?"

Bu işi yapacaktı.

"Boşver Cohen'i. Ona ihtiyacımız yok..." dedi Forstmann. "Cohen o kadar deneyimsiz ki, başarısızlığa mahkum." Sonra kavganın adını koydu: Kravis'e karşı Forstmann. Drexel Burnham ve Merrill Lynch'in hurda tahvil stokçularına karşı iyi çocuklar: P & G, Ralston ve Castle & Cooke.

"Koşulları biliyorsun," dedi Boisi'ye. "Hurda tahvil yok. Bu boktan şeyden tek bir tane bile istemiyorum. Ve ihaleye davet edilmemiz şart."

"Tamam," dedi Boisi. Sol ayağını ve alacağı payı feda edebilirdi bu noktada.

"Ve Forstmann Little ihale grubuna karşı veto hakkına sahip olmalı," diye ekledi Forstmann. Boisi de onayladı.

Johnson'ın grubu, kendi başlarına bir fiyat teklifi toparlamanın peşindeydi. Haftasonunu Atlanta'da geçiren Johnson, Pazartesi akşamüstü New York'a geri döndü ve Cohen'in iş hayatından çekilip gitmesi gereken bir kurum olarak değerlendirdiği Texas'lı yatırımcı Robert Bass'ın temsilcileriyle görüştü. Sonrasında Johnson, Horrigan ve diğer RJR Nabisco yöneticileri; Shearson'ın duvar kağıtlarıyla süslenmiş yemek odalarından birinde Shearson ve Salomon ekipleriyle akşam yemeği için biraraya geldiler.

İhaleye en doğru yaklaşım konusunda iki ayrı düşünce oluşuyordu. Gutfreund ve Strauss tarafından yönetilen Salomon ekibi, dünyaya ve yönetim kuruluna gerçek olduğunu gösterecek hızlı bir fiyat teklifinden yanaydı. Kravis'in hisse başı 90 dolarlık teklifinin hemen üzerinde, 92 dolarlık fiyat yeterliydi. Borsa simsarının içgüdüsel tavrıydı bu: Hızlı fiyat ver, rakibinin çok az üzerine çık ve ne olacağına bak.

Steve Goldstone ve Tom Hill'in başını çektiği diğer ekip bu yaklaşımı basiretsiz olarak değerlendirdi. Kravis'in üzerine çıkmak, fiyatları yukarıya doğru tırmandıracak uzun bir ihale savaşının tetiğini çekmekten başka bir şeye hizmet etmezdi. Açık artırma, en son istedikleri şeydi. Sürecin bir şekilde kısa yoldan sona ermesini sağlamaları gerekiyordu: Kravis'i nakavt edecek ve kurulu ilk ve son defa olarak bağlayacak tek, net ve kesin bir darbe. Hisse başı 100 dolar, Hill ve Goldstone için olasılık alanı dışında değildi. Akşamın sonunda, Goldstone, grubun kendi fikrine doğru meylettiğini hissetti.

Perşembe sabahı, Hugel'ın komitesiyle birlikte çalışan avukat Peter Atkins'den bir telefon aldı Goldstone. Kravis'in teklifini açıklamasını izleyen bir hafta dolmuştu. Yasal ve mali inceleme başlamış olduğundan, Johnson'dan ne zaman bir teklif geleceği konusunda merak içindeydi Atkins. Goldstone, onun üzerinde bir fikir test etmeyi denedi. Etkili bir teklif verdikleri takdirde, yönetim kurulu bir birleşme anlaşmasını düşünür müydü? Aslında bir ihale zemini oluştururken, kurula yüksek bir fiyata ulaşma fırsatı tanırdı bu. Atkins, öneriye fazla kulak asmamış gibiydi. Mesajı açıktı: Kendi teklifini yap yeter, Steve. Kendi teklifini yap.

Daha sonra Goldstone fikri bir adım ileriye götürdü. Bir birleşme anlaşması karşılığında değeri düşeceği korkusu yaratarak ucuza kapatma. Hoşuna gitti bu fikir. Johnson da, anlamlı bir yaklaşım olabileceğini düşündü. Ancak Atkins'in yemi kapması için ne yapılmalıydı? Johnson'ın bu konuda bir önerisi vardı.

Johnson, Hugel ile karşılıklı konuşmalarından, yönetim grubunun rekabeti saf dışı bırakarak Kravis'le bir anlaşmaya gitme olasılığının kurulu korkuttuğunu ve Hugel'ın da bunun kaçınılmaz olarak düşük bir fiyat teklifine yol açmasından çekindiğini biliyordu. "Belki kurul iki taraf arasında başkaca görüşmelere gerek kalmadan yüksek bir teklif elde etme şansını kaçırmaz," diye akıl yürüttü Goldstone.

Ve Çarşamba sabahı, Atkins ile yeniden temasa geçti. "Bir fikrim var," dedi Goldstone avukata. "Sizinle bir birleşme anlaşmasını görüşmek isteriz. Beki ortak bir zeminde buluşabiliriz. Bu temelde ilerlemeye sıcak bakıyorsanız, size çok çok iyi bir teklif getirmeyi düşünüyoruz. Bir tür ön anlaşma teklifi."

"Bakın..." dedi Atkins, "bu teklifi neden şimdi vermiyorsunuz?. Kurul teklifinizle yakından ilgilenecektir." Atkins bir an düşündü. Bunu daha önce duymuştu sanki.

"Ama Peter, bu çok kolay değil..." diye karşılık verdi Goldstone. "Getirisi olmayan bir teklifi neden verelim ki? Karşılığında bir şey almıyoruz. Şu sıralar rakiplerimizle müzakerelere başlama şansımız var. Bu yolu seçer ve başarılı olursak, bundan çok daha düşük bir teklif bulabilirsiniz karşınızda. Rakiplerimizle konuşana kadar size bir teklifle gelmeyi düşünmüyoruz."

Blöf yapıyordu. Grubunun Kravis ile sonuç almak amacıyla görüşüp görüşmeyeceği konusunda Johnson'ın bir fikri yoktu. Kamuoyundaki söylentilere göre, olasılık düşüktü. Ancak Atkins bunu bilmiyordu. Goldstone, kendi korkusunu ona karşı kullanmak zorundaydı.

"Evet, etkili bir teklif..." dedi Atkins. "Bize gerçekten de özendirici bir öneride bulunuyorsunuz." Goldstone, avukatın kafasının üzerindeki ampulün yanma sesini neredeyse duyar gibiydi.

"Doğru."

"Biliyorum," dedi Atkins. "O zaman bize düşünmemiz için süre verin. Gerekli kişilerle görüşüp size geri döneceğim. Kafanızda öneri halinde bir birleşme anlaşması var mı?"

"Evet, var."

"Neden bana göndermiyorsunuz?"

Goldstone heyecanlandı. O akşam bir anlaşma metni iletmesi için Gar Bason'a talimat verdi ve hızla Shearson'daki akşam yemeğine gitti.

Goldstone vardığında, Salomon yöneticileri Gutfreund ve Strauss, Cohen'in ofisinde beklemekteydiler. Cohen'in yemek odası, Goldstone'un Atkins ile görüşmeleri hakkında gruba brifing vermesine uygun olarak şekilde düzenlenmişti.

Gutfreund hemen kuşkularını belirtti. Bir ön anlaşma teklifi mi? "Goldstone'un stratejisi, grubu hisse başı 90 doların üzerinde bir fiyat teklifine zorlar," dedi. Neden bu kadar yükseğe çıkılsındı? "Paramızı çarçur etmiyor muyuz?" diye sordu. "Bunu neden yapalım ki? Elimizde bir birleşme anlaşması bulacağımızdan nasıl emin olabiliriz? Bunun olma şansı nedir?"

Goldstone yüzde elliden az olduğunu kabul etti. Şaşkınlığa düşmüştü. Daha iki gece önce ön anlaşma teklifininin lehine konuşanlar başkaları mıydı yoksa? Avukat, Cohen'i anlamaya çalıştı ama beceremedi. Jack Nusbaum'un Gutfreund'un aşırı ödemeye ilişkin kuşkularını paylaştığını düşündü.

Yemekten sonra ofisine geri dönen Goldstone kaygılıydı. Atkins'i geri aramadı. İlk kez olarak, başta Gutfreund olmak üzere grubunun, yerine getirmeye niyetli olmadığı sözler verdiğinin farkına vardı. Gutfreund'un en temel ihale stratejisini anladığından bile emin değildi. Goldstone, artık çok dikkatli hareket etmesi gerektiğini biliyordu. Biraz fazla ileri gitmiş olabilirdi.

Salı akşamı mali ve yasal inceleme oturumu kapandığında, Kravis de, Roberts ile bir sonraki hamlelerine ilişkin planı tartışmak üzere Plaza'dan ayrılıp ofisine geri dönerken derin kaygılar içindeydi.

Verecekleri karar, girişimlerinin kaderini belirleyecekti. Johnson grubunun bir hafta önceki girişiminden bu yana hareket alanları daralmıştı. Hiçbir şey yolunda gitmiyor gibiydi. Mali ve yasal inceleme tam bir felaketti. Kravis ve Roberts, bir RJR Nabisco hakemine sağlanan finansal rehberliğin bir çıta boyu üzerinde, yaşamlarının en büyük pazarlığıyla yüz yüzeydiler.

Kravis'in kulağında yatırımcılarının çatlak sesleri uğulduyordu. Cuma gazeteleri, en büyük destekçilerinden bazılarının Kohlberg Kravis'in takındığı saldırgan tavırdan duydukları kaygıları belirten haberlerle doluydu: "Düşmanca" teklifler başlığı altındaki yazılarda, devlet emeklilik fonlarının olaya dahil edilmesi ve Oregon, Michigan ve Massachusetts'deki partizan politik çekişmelere kadar ne ararsan vardı. Kravis ve adamları yatırımcıları sakinleştirmeye çalıştılarsa da, üzerlerindeki baskı giderek artıyordu. Yatırımcılarını düşman bir alıcı olmadığına ikna etmek için, Eric Gleacher'dan Hugel'ı aramasını bile isteyebildi.

Kravis, Tom Hill ve yönetim grubunun, karşılaştığı zorlukta pay sahibi olduğundan kuşkulandı, haklı da çıktı. Kravis'in arkasındaki en etkili güçlerden biri; Massachusetts*, Oregon ve Iowa eyaletleri dahil olmak üzere, Kravis'in en büyük yatırımcılarını girişimlerden haberdar eden emeklilik fonu danışmanı, Los Angeles kökenli Wilshire Associates'den Doug LeBon'du. Kravis'in arkasındaki para kaynağının kabaca %25'i LeBon'un müşterilerinden sağlanmaktaydı. Kravis kritik önerisini açıklar açıklamaz, Wilshire müşterileri hareketlerinin yanlışlığı konusunda dört bir koldan baskı altına alındılar. LeBon; Wilshire'in müşteri anlaşmalarının düşmanca nitelikte işlerin arkasında olmayı yasakladığına hararetle işaret eden Harold Henderson dahil olmak üzere, RJR Nabisco yöneticilerinden gelen telefonlardan bunaldı.

Ancak tüm bu hayıflanmalardan hiçbiri, Kravis'i, basının tavrından daha fazla sıkıntıya sokmadı. Kohlberg Kravis'in ipi çekiliyordu. Tartışmalarla geçen haftayı izleyen Pazartesi, medyanın

---

* Michigan ve Massachusett Eyaletleri RJR'nin Güney Afrika'daki yatırımlarını ön sürerek Kravis'e desteklerini geri çektiler.

ilgisinde ilk büyük patlamanın yaşandığı gün oldu. *Business Week*'in kapağını "Borç yükü: Ele geçirme işi çok mu ileri gitti?" başlığı süsledi. *Time*, eleştiri dozu yüksek bir dosyaya ağırlık veriyordu: "Devasa hisse alımları". Basında çıkan tüm makaleler Kravis'i hedef alıyordu. *Newsweek*, en beteriydi: "New York'lu süper çiftin 'yüksek voltajlı' yaşamı" başlıklı yazı kapaktan girdi. Oscar de la Renta, Kravis'in Roehm'i dürüst bir kadın olmaya çağırması gerektiğini yönünde tehditler savurmuştu; ayrıca Kravis ve Roehm'in biyografilerini veren bir kutu da yapılmıştı. Basının saldırıları Kravis'i derinden yaraladı. California'da gözlerden uzak bir yaşam süren George Roberts da kapağı itibar zedeleyici buldu. Arkadaşları, kokteyllerde yanı başında biterek, çalışmalarının Amerika'ya yararını sormaya başlamışlardı.

Dikkat çekici olan, halka arzı izleyen onüç yıl içinde iki kuzinin, ilk kez böylesine büyük ve kıran kırana bir alım yarışının kulvarlarına itilmesiydi. Kravis uzun süredir sosyete sütunlarında alışılmış bir yüz olsa da, *Newsweek* ve *Time*'da boy gösteren renkli fotoğraflar ve makaleler biraraya geldiğinde, değişik bir tabloya işaret ediyordu. Bu tarz bir popülerlik iş hayatını mahvedebilirdi. Washington'ın gazabına uğrama düşüncesi de beyninin bir köşesini çoktan işgal etmişti bile.

"Siz New York'lular çılgınsınız," dedi. "Korkunç bir ortam var burada. Ringe çıkmış gibiyiz."

Yasal ve mali inceleme komitesi, endişe içindeki yatırımcılar ve basın, herkes üzerine geliyordu –bu gidişe dur demenin bir yolu olmalıydı. İkili, Johnson ile bağlantı kurmanın belki de artık zamanı geldiği fikrinde uzlaştılar. Konu hakkında görüş alışverişinde bulundukları tartışma, Kravis'i ortak bir alımın yararlarının rasyonel gerekçelerini savunma noktasına getirdi. "Jim Robinson'ı severiz," dedi. "Peter Cohen'i de severiz sanıyorum. Düşünürsen o kadar kötü de olmayabileceğini...."

Johnson'ı hor görmeyi bir kenara bırakması, Roberts'ın fikre sıcak bakmasına yetti. Shearson'ın gıda sektöründeki şirketlerinden geçim beklemediğini düşünüyordu. Cohen, bedeli görünce ilgisini yitirecekti. Roberts'a göre, işin yarısı şimdiden ona verilmeli ve geriye kalan miktarı için de gelecekte satın alma olasılığı saklı tutulmalıydı.

Johnson'a dizleri yerde yaklaşmayı mide bulandırıcı bulan Kravis, yine de doğru hamlenin bu olduğunun bilincindeydi. Netleşen manzaranın sıkıntısı içinde telefon mesajlarını incelemeye koyuldu. Her zamanki gibi Linda Robinson birkaç kez aramıştı. Jim Robinson'ın karısı Johnson'ın kulağına yerleşecek görünüyordu. Linda'nın savaş baltasını çıkarması sözkonusu değildi, bundan kimsenin kazancı olmazdı. Ahizeyi kaldırdı ve kulağına dayadı.

Linda Robinson, Kravis'in sesini duyduğuna sevindi. Bu kadın söz konusu olduğunda, tüm savaş –fısıltı halinde dolaşan isimler, parmakla işaretler, her şey, evet her şey- kontrolden çıkıyordu. Kravis'in bu işi Shearson ve Salomon ile birlikte yapmamasının hiçbir geçerli nedeni yoktu. Yapması için ise tüm gerekçeler hazırdı.

Linda Robinson sorunun ego çekişmesinden kaynaklandığını biliyordu. Kabadayı tavırlı Wall Street müşterilerine ince ayar yapmayı iyi bildiğini düşünüyordu. Sıkça olduğu gibi, Peter Cohen de Tommy Strauss da, Henry Kravis de, diğerleri de gerçek hedefleri olan RJR Nabisco'yu tamamen gözden çıkarmış gibiydiler. Aralarındaki anlaşmazlıkların hissedar hakları ya da vekalet sorumlulukları ile hiçbir ilgisi yoktu. Yoğun rekabet içindeki bir maço kliği ile çizgili takım elbiseleri içindeki Park Avenue kabadayıları arasındaki ihtiras mücadelesinden başka bir şey değildi tüm olan biten. İşlerin geldiği bu noktada, Cohen'in Kravis'e ya da Kravis'in Cohen'e asla teslim olmayacağından emindi. Kravis'in Strauss ile pazarlığa yanaşmayacağı ise kesindi. Hepsi, "kumdan şatonun kralı" olma peşindeydi.

"Birinin tüm bu saçmalıklara bir son vermesi gerekiyor," diye söylendi kendi kendine. Birbirine geçmiş bu duygular olmasa, düğüme kolaylıkla kılıç indirilebilirdi. Açıktı ki, bu ele geçirme savaşında bir kadının dokunuşuna ihtiyaç vardı.

"Bir çözüm bulunabileceğini sanıyorum," dedi Kravis'e. "Ross'-

dan ümidi kesme. Tüm yapmamız gereken sizi aynı odada buluşturmak. Biraraya gelmelisiniz dostum."

"Bilmiyorum, Linda..." diye yanıtladı Kravis. "Şu anda göz gözü görmeyecek bir yerdeyiz. Alış ve satış fiyatları birbirinden çok uzakta."

Linda Robinson bastırdı. "Biraraya gelmenizin mutlaka bir yolu olmalı. Ross sıkı çocuktur. Bir anlaşma zemini bulacağınızı biliyorum. Yaptığınız çılgınlık bence."

Kravis rıza gösterdi. "Tamam. Biraraya gelmemiz anlamlı olabilir belki..." dedi.

Linda Robinson, "Bir yolunu bulmaya çalışacağım," diyerek son noktayı koydu.

Linda Robinson Çarşamba sabahı Johnson'ı heyecanlı bir ses tonuyla aradı. "Bir şans daha vermemiz gerektiğini düşünüyorum. Bir şeylerin yoluna gireceğine inanıyorum. Sen ne düşünüyorsun?"

Johnson bu fikre sıcak baktı. O da Kravis ile güçleri birleştirmenin önünde herhangi bir engel görmüyordu. Cohen ne derse desin, Kravis şeytan değildi. Güçbirliği yapmadıklarında, hepsinin kaybedecek çok fazla şeyi olacaktı. Ve açıkçası Johnson, Shearson'ın uygun bir karşı teklif oluşturma becerisine beslediği güveni yitirmek üzereydi. Andy Sage, bankacıların yol almasını engelliyordu ve gösterilen çabaları beyhude buluyordu.

"Haklısın..." dedi Johnson. "Neden olmasın?"

Carolyne Roehm'in Plaza'da saat ikide ilkbahar kreasyonunu tanıtacağından söz etti Linda Robinson. "Moda gösterisinde Henry'yle karşılaşma olasılığım çok yüksek. Ne söyleyeyim ona?"

"Henry'ye görüşmelerin üst düzeyde yapılmamış olmasının hata olduğunu söyle. Son defasında Jim ve ben odada bulunmayarak hata ettik. Jim ve ben yeterdik, başkasına gerek yoktu. Bunu deneyelim ve ona son bir soluklanma fırsatı tanıyalım."

"Unutmadan söyleyeyim..." diye sürdürdü Johnson, "bu tamamen gizli kalmalı. Başka hiç kimse bilmemeli. Hiç kimse. Peter Cohen –belki de özellikle o- bile." Cohen ve Hill'in bu noktada sürece dahil edilmesi çok hatalı olurdu; Johnson, Steve Goldstone'a dahi söyleıneyecekti.

Johnson, Linda Robinson'a start vermeden önce American Express'den eşini aradı. Buluşmanın gerekçelerini bir çırpıda özetledi. Jim Robinson onay verdi.

Saat ikiye birkaç dakika kalmıştı ki, Kravis, asansörde kendisini 55. Cadde'ye kavuşturacak düğmeye bastı ve inip Plaza'ya doğru yola koyuldu. Otelin Büyük Balo Salonu'nda kalabalık bir toplulukla karşılaştı. Geniş salon boyunca patlayan flaşlar, parlayan dişler ve vahşice kabartılmış saçlar. Roehm'in ilkbahar kolleksiyonu için perdenin kalkmasını bekleyen kalabalıkta, beklentilerinin karşılanacağından emin bir hava egemendi. Doğru insanlar tam takım hazırdı: Kravis, profesyonel parti müdavimi Jerome Zipkin ve sosyetenin aşina kadın simaları Anne Bass ve Blaine Trump'ı gördü.

Ancak Kravis'in zihni o anda modanın ötesinde şeylerle meşguldü. Salona girdikten bir dakika kadar sonra Linda Robinson ile karşılaştı. Jim Robinson'ın karısı, Carolyne Roehm'in arkadaşı olmaktan öte, onun çizimlerine hayranlık duyan sadık bir izleyicisiydi. Kravis, endamlı sarışın kadını köşeye kadar gizlice izledi. Fark edilmemeye özen göstererek çevresine bakındı.

"Evet..." dedi. "Nasıl gidiyor?"

"Çalışıyorum," diye cevap verdi Linda Robinson. "İşe yarayacağını sanıyorum. Kafamdaki tek soru, sen ve Ross birlikte iş yapabilir misiniz? Sen, George, Ross ve Jim'i kapsayan bir şey oluşturmak durumundayım."

"Güzel. Yapıcı görünüyor."

"Şimdi..." diye ciddileşti Linda Robinson. "Becerirsek, rasyonel davranmanı istiyorum. Bizim çocuklara da rasyonel olmalarını telkin edeceğim."

Kravis en doğru tavrı takınacağına söz verdi.

"Ve Henry..." dedi Robinson, "Umarım işler boka sarmaz. Öyle olacaksa, bunu başka kanaldan da becerebilirsin."

Gösteri başlamak üzereydi. Kravis özür dileyerek ön sırada Oscar de la Renta'nın yanındaki koltuğa oturdu. Linda Robinson ise onların hemen arkasındaki koltuğa yerleşti. Roehm'in mankenlerinin kırmızı, lacivert ve beyaz mini etekli takımlar, bele oturan ceket-pantalon kombinasyonları, kısa kesimli ceketler ya da volanlı pelerinlerle podyumda salınmalarına, canlı müziğin "Georgia" ve "Hit the Road, Jack" ritmleri eşlik ediyordu. Roehm'in koleksiyonu gücünü her zamanki gibi gece kıyafetlerinden alıyordu -çizgili ipek kumaştan verev kesimli abiye elbiseler, şifon godeli narin yün krepler, eğimli smokinler ve dar straplez parçalar. Sadece aksesuarlar eleştiri konusu olacaktı. "Aşırı ağırlık verilen broşlar..." diye yazıyordu bir sonraki günün *Women's Wear Daily* gazetesi, "bunaltıcı boyun bağları ve podyumda yeri olmayan el çantaları."

Kravis memnundu. Gösteri boyunca de la Renta ile sohbet eder ve gülerken yüzünde gurur parıltıları seçiliyordu. Modeller son turlarını attılar ve Roehm sahneye çıktı, o da bir tur attıktan sonra kocasına el salladı. Alkışları kabul ederken, büyüleyici, uzun ve zarif görünüyordu. Kravis de karısına el sallayarak karşılık verdi.

Gösteri boyunca Kravis'in çevresinde fotoğrafçı eksik olmadı, mümkün olan her açıdan görüntüsü kaydedildi. Birinde, Linda Robinson öne eğilmiş, kulağına bir şeyler fısıldıyordu.

"Büyük bir iş bitirdiğin zaman, Henry..." diye mırıldandı, "işte o zaman çevreni saracak fotoğrafçı ordusunu düşün, sadece bunu düşün."

Kravis, havalı öpücükleri ve patlayan flaşları ardında bırakarak caddeye çıkıp ofisinin yolunu tuttu. Gösteri sırasında, Roberts, diğer ortaklarının Johnson ile yeniden masaya oturulmasına ilişkin değerlendirmelerini soruşturdu. Genel hava olumluydu. İki kuzin Jonnson ile yapacakları toplantıdan neler beklediklerini saptadılar; Kravis'in, beğenisini Roehm'in yanağına kondurduğu bir öpücükle ifade etmek üzere kulisi ziyaret etmesinden sonra da kırksekizinci kata geri dönen Linda Robinson'ı aradılar.

"Bak..." diye söze girdi Kravis, "zaman içinde bazı sorunlar aşılamayacaksa, birleşmenin bir anlamı olmadığı düşüncesindeyiz."
"Tamam..." dedi Robinson. "Sorunlar neler?"
Kravis öz sermayenin ve yönetim kurulunun çoğunluğunun kontrolünü talep ediyordu, ancak Robinson bu ikisinin eşit paylaşılmasında ısrar edince fazla direnmeden razı oldu. Barış için bu bedeli ödemesi gerekiyordu. Ancak üçüncü maddede uzlaşmaya yanaşmadı. Tahvil arzlarının defterlere işlenmesi Drexel'de olmalıydı. Bu boyutta bir alışveriş ancak bu yolla garanti altına alınabilirdi ona göre.
"Bak dinle, Linda..." dedi. "Bu çok çok önemli bir nokta. Anlamalısın. Drexel'in rolü bu olacak. Bu olmalı. Eğer bu sorun edilecekse, bu işe hiç kalkışmayalım."
"Salomon'un Drexel hakkında ciddi duyarlılıklar taşıdığını biliyorsun..." diye cevap verdi Robinson. "Bu iki firma kıyasıya rekabet halindeki tahvil ticareti piyasasında başa güreşiyor," dedi Kravis'e. "Bak, Ross bu pazarlığa yanaşıyor. Karşılık görürse elinden geleni yapmaya hazır. Herhangi bir sorun olmayacak."
Üç madde ve üç anlaşma. Kravis de Robinson da hızlı attıkları adımlardan cesaret kazanmışlardı. Telefonu kapatmadan önce, Kravis, ikincil önemde bir noktanın pazarlığına girişmeyi denedi. Linda Robinson ise, onun doğru yoldan saptığını düşündü.
"Henry... burada attığımız her küçük adımda, artık geri dönülmeyeceğini biliyorsun."
"Peki, peki..." dedi Kravis. "Yeten yeterlidir."
"Seni söz vermiş kabul edebilir miyim?"
"Evet," dedi Kravis, "Sen söz veriyor musun peki? Adamların bu noktaların hepsinde seninle mutabık mı?"
"Evet," dedi Linda Robinson. "Hiçbir sorun çıkmayacak."
Artık bir zirve toplantısının gerekliliği konusunda fikir birliğine vardılar.

Linda Robinson'dan Kravis ile görüşmesi konusunda duydukları Johnson'ın hoşuna gitti. Koşullar makul görünüyordu. "İşe bak..."

diye düşündü, Kravis daha bir hafta önce öz sermayede yüzde 10 derken şimdi elli-elliye çıkıyordu. Saat altıya randevu ayarlandı. Johnson'a, "Henry mutlak gizlilik istiyor," dedi Linda. "Onlar yatırım bankerlerine bir şey anlatmayacaklar. Hiç kimseye söylemeyecekler."

Johnson başıyla onayladı. Zaten onun da istediği buydu. Felaketten farksız Cohen-Kravis oturumları gibi sonlanmasına izin veremezdi. Johnson, saf dışı bırakılan ve enikonu yumuşak huylu yatırım bankerlerine yönelik tavrından dolayı Kravis'e takdirlerini sunmaya geliyordu. "Ne kadar az bilirlerse..." diye düşündü Johnson, işi bozma olasılıkları da o kadar düşük olur. Cohen ve Gutfreund'a karşı da benzer bir tavır gösterebilmeyi isterdi.

"Tek bir aksaklık var..." dedi Linda Robinson, "biliyorsun hayat devam ediyor ve bu gece Jim ve ben Gleacherlarda bir partiye katılmak zorundayız. Nasıl davranmalıyız?". Gleacher'ın bir zirve toplantısının kokusunu alması halinde, haberlerin çığ gibi yayılacağının her ikisi de farkındaydı.

"Herhangi bir şey yapma," dedi Johnson. "Saat sekiz gibi araman ve onlara belirli bir seviyeye gelindiğini söylemen yeterli olur. Gleach'e her şeyi tüm açıklığıyla anlatamayız."

Bir şeylerin yolunda gittiğini öğrenirse, roket gibi ateşleneceği kuşkusuzdu.

Kabalıktan nefret etmekle birlikte, Robinson da tek çözümün bu olduğuna katıldı. "Artık..." dedi, "Henry'yi aramanın zamanı geldi."

Önce doğrudan kendisi aradı. "Birazdan Ross seni arayacak ve üzerinde konuştuğumuz konuları karşılıklı teyit edeceksiniz. Dürüst müyüz?"

"Herhangi bir sürpriz ile karşılaşmayacağım, değil mi?" dedi Kravis.

"Yok, hayır."

"İyi."

Birkaç dakika sonra Johnson hattaydı.

"Henry..." dedi, "gel bu konuyu bir kez daha gözden geçirelim." Yönetim grubu adına Johnson ve Robinson olmalıydı, Kravis ve Roberts ise kendileri adına yer alacaklardı. "Tamam," dedi Kravis. "Ama kimse bilmemeli. Tek bir sözcük duyarsam, sizden bilirim. Çünkü benden çıkmayacak."

Plaza'da buluşmaya karar verdiler. Johnson haberleri Jim Robinson'a ilettiğinde, Amerikan Express'in lideri, Cohen'in dahil edilmesinde ısrarcı oldu. Aksi takdirde, patron ve karısını arkasından şeytanla toplantılar ayarlama telaşına düşmekle suçlayabilirdi. Johnson istemeden onay verdi.

Sonra, Johnson Cohen'i aradı. Çok dikkatli konuşmalıydı. "Henry ile konuştum," dedi Johnson. "Toplantı istiyor. Ne yapmamı önerirsin?"

"Git ve konuş," dedi Cohen. "Kendine ve adamlarına karşı borçlusun. Bence yerinde olur."

Cohen ve Robinson Nine West'e saat altı olmak üzereyken vardılar. Üçlü Plaza'dan içeri adım attığında, Johnson, Cohen'in egosunu kontrol altına aldığından emin olmak istedi. "Çok dikkatli hareket edilmesini istiyorum," diye uyardı Shearson başkanını. "Barut fıçılarının alev almasını istemiyorum."

Beşinci kattaki süit odaya önce Kravis ve Roberts girdi. Odanın dekorasyonu, otelin sahipleri Donald ve Ivana Trump'ın ortak zevkini yansıtan güzellikte yenilenmişti. Plaza, o gece ağzına kadar doluydu; yine de Kravis, bir tanıtım broşürü için odadan birkaç görüntü almak üzere gelen fotoğrafçıyı sabah sekize kadar dışarıda olacağını belirterek savuşturdu.

Kravis odada sinirli sinirli volta atıyordu. Bir ara, bazı sesler duyar gibi oldu. Cıvıltı gibi! Yatak odasına seyirtti ve kafeslenmiş bir çift muhabbet kuşuyla karşılaştı. Toplantı boyunca onların cıvıltılarına kulak verecekti.

Johnson ve peşinden Cohen ile Robinson saat altıda geldiler. Roberts, Cohen'in sürprizine karşın onları karşıladı ve el sıkıştı. Aradaki buzları eritmek için ve önceden tasarlanan rolüne uygun olarak, Shearson başkanına bir kutu Montecruz purosu sundu.

Kutuyu Cohen'e uzatırken, "Bir barış teklifi olarak kabul edin..." dedi. "Ancak burada içmemenizi istirham edeceğim."

Cohen gülümsedi. "Burada, arkada oturacağım ve duman sizi rahatsız etmeyecek şekilde içmeyi deneyeceğim."

İyi bir başlangıç sayılırdı.

"Dinleyin..." diye söze girdi Johnson gruba hitaben. "Adil bir başlangıç noktasına geri dönüp dönemeyeceğimizi görmeye çalışalım... Bu iş gülünç bir hal almaya başladı. Jim ve ben -ve de Peter- anlam taşıyacak bazı uzlaşma zeminleri bulunabileceğini düşünüyoruz. Her isteğiniz yerine gelmeyecek belki. Bizim her istediğimiz de olmayacak. Ama bir şeyler yoluna girecek. Hiç kimse bu toplantıdan bütün taleplerini almış olarak kalkmayacak."

Anlaşmanın ana hatlarını oluşturmaları yarım saat sürdü. RJR Nabisco Yönetim Kurulu'nun denetimi yarı yarıya paylaşılacaktı: Taraflardan hiçbiri denetim üstünlüğüne sahip olmayacaktı. Hisse senetleri de benzer şekilde ikiye bölünecekti, Jonhson'ın payı Shearson'ın elindekilere göre belirlenecekti. Cohen, Linda Robinson'ın gizli barış girişiminden habersiz olduğu için, hızla oluşan konsensusa şaşırdı ama belli etmedi.

Maliyetlere gelince, Kravis, dört yatırım bankasının her birine 25 milyon dolar ödemeyi planladığını, buna ek olarak, Kohlberg Kravis yüzde birlik mutat ödemeyi üstlenmeyi taahhüt etti. Kimsenin aritmetik yapmasına gerek yoktu: Toplam miktar 200 milyon doların üzerindeydi ve bu rakam Wall Street tarihindeki en yüksek birleşme maliyetinin üç katını aşıyordu.

"Devam edelim..." diye araya girdi Robinson. Birden dünyanın gözlerini üzerinde hisssederek çok açgözlü bir izlenim yaratmamaları gerektiğine dikkat çekti. Kravis kendi ödeyeceği miktarı yeniden gözden geçireceğini teoride kabul ederek sürpriz yaptı.

Kravis, hurda tahvilin etkisinin işin finansmanı için gerekli tahvil arzlarına yol açacağında ısrar ederek Drexel'e dikkat çekti.

Cohen sertleşti. "Neden Drexel?"

"Bak, Peter..." dedi Roberts. "Cebimizden iki milyarlık bir öz sermaye çıkacaksa, bu miktarda bir parayı köprü atılmadan masaya koyamayız sanırım." Roberts, Salomon'un tek başına da Shearson'la beraber de işin altından kalkacağına güvenmiyordu. "Bu alışverişi kendi başımıza yapıyor olsaydık –Shearson olmaksızın- seni düşünmezdik bile."

Cohen tahvillerin Drexel'in komutası altında satılması fikrinden hoşlanmadı ve bunu dile getirdi. "Ne menem adamlar olduklarını bilirsiniz. Drexel bir işin yönetimine ortak olursa, parsayı kendisi toplamaya bakar. Size zırnık koklatmaz."

Roberts böyle olmayacağı konusunda garanti verdi. "Yarısını siz alacaksınız. Tek bir tahvil satmadığınız takdirde de, yarısını siz alacaksınız. Anlaştık mı?"

Cohen tartışmayı kesti.

Diğer konular da gündeme geldi. Shearson'ın satılacak tüm RJR Nabisco aktiflerinin alım satımını yürütmek istediğini belirtti Cohen. Tom Hill, yalnızca bu işten 103 milyon dolar gelir öngörüyordu.

"Bunun anlamı yok," itiraz etti Roberts. "Her işi bu sektörde mevsimlik olan bir yatırım bankerine havale etmemeliyiz."

"O zaman..." dedi Cohen. "En azından danışmanlık ortağı olarak yer almak isterdik."

"Neden iki katı ödeyelim?"

"Yok, yok, hayır..." dedi Cohen. "Anlamadınız. Konu bu değil. Önemli olan, mezar taşında adının yer alması."

Büyük devirlerin tamamına ilişkin "mezar taşı" ilanlarında ismi geçen firmalardaki en etkin birleşme danışmanlarının adları sıralandı. Shearson herhangi bir ücret almayacaksa da, Cohen, satışlardan kredibilitesini artırmış olarak çıkmak istiyordu. Konu karara bağlanmadan kaldı.

Bir saat içinde toplantı sona erdi. Üç temel sorunda uzlaşma sağlanmıştı. Geriye avukatlarla biraraya gelme ve son ayrıntıların netleştirilmesi kaldı.

Johnson heyecan içindeydi. Tıkanıklık aşılmıştı! Büyük ölçüde Linda Robinson'ın sayesinde iş kotarılmıştı. "Mükemmel değil elbet..." dedi kendi kendine, ancak şirketini çekip çevirmesini olanaksız kılan kazanma-kaybetme gerginliğini önemli ölçüde ortadan kaldırdığı kesindi.

Kapıya yöneldiklerinde yüzler gülüyordu. Çıkarlarken, Robinson, karısının binicilik kulübünden arkadaşı Kravis'e yol vermeyi ihmal etmedi. "Karıma bir demet çiçek göndermelisin," dedi Robinson gülümseyerek. "Sizin için az ter dökmedi."

Gizli zirveyi şimdilik yalnızca altı kişi biliyordu. Kent merkezindeki Steve Goldstone'un içine kurt düşmüştü. Johnson'a ulaşamıyordu. Nine West'te hiç gören olmamıştı. Shearson'dan Tom Hill'i aradı.
"Bir şey duymadın, değil mi?"
"Hayır..." dedi Hill, "Peki sen?"
"Hayır, ama bir şeyler oluyor..."

Süit odada kalan Roberts ve Kravis'in içleri kıpır kıpırdı. Kravis, Dick Beattie'ye telefon etti ve aşağıda, Oak Roam'da, ortağı Casey Cogut'ın da katılacağı bir akşam yemeği için sözleştiler. Avukatlar balık, Kravis ve Roberts ise kutlama şerefine biftek ısmarladılar. Damak tadı konusunda titiz olan Roberts bifteği çok acılı bularak kenara itti. Yemek sırasında Kravis, avukatlara görüşmelerin geldiği noktayı kısaca özetledi. Grup, bir saat sonra yukarıda yeniden biraraya gelmek üzere dağıldı.
"İdeal çözüm değil tabii..." dedi Roberts avukatlara. "Ama bu da bir çözüm."
Yukarıya çıkarlarken Kravis'in telefonu çaldı. Cohen hattaydı.
"Bak bu garip..." dedi telefonu kapatırken.
"Ne o garip olan?" diye sordu Beattie.
"Tommy Strauss'u getiriyor. Gutfreund'u getireceğini düşünürdün, değil mi?"
"Strauss?" dedi Beattie şaşkın bir ifadeyle. "Tommy Strauss da nereden çıktı şimdi? Bu iş hakkında ne biliyor ki o?"
Kravis ne hissettiğini söylememeliydi. Beattie için eski arkada-

şıyla uğraşmak durumunda kalacağı günler yakındı.

Roberts ikinci bir çağrı aldı. Oak Room'dan bir görevli, akşam yemeğini odasına ısmarlayan kişinin neden Bay Roberts olduğunu soruyordu. "Bizde bu odada Bay Brown kayıtlı görünüyor." Roberts gülümsedi. Bay Brown, kayıt sırasında kullandıkları kod adıydı. "Odanın önüne koymanız yeterli" dedi.

Johnson, Nine West caddesi boyunca, Plaza'da yeniden biraraya gelecek grubun genişliği konusunda kaygılar besleyerek yürüdü. Goldstone çağrılmıştı ve kendisine eşlik edilmesi gerekirdi. Do layısıyla, Gutfreund ve Strauss'un da gelmesi bekleniyordu. Johnson hem gizliliğin korunması hem de geniş katılımın kaçınılmaz olarak yaratacağı büyük tartışma riskinin önüne geçilmesi için toplantıyı dar tutmak istiyordu. Ayrıca, Kravis'in Salomon liderlerine önem vermediği izlenimi taşıyordu.

Johnson, Jim Robinson'dan, Salomon liderlerinden yalnızca birinin görüşmeleri sürdürmesini talep etti. Nedense, Strauss üzerinde fikir birliğine varıldı. Shearson'ın avukatı Jack Nusbaum ile birlikte altı rakamında kalındı. Johnson durumdan hoşnuttu.

Goldstone geldiğinde, Johnson kendisine akşam Kravis ile geçen konuşmaları şevkle aktardı. "Her şey çok iyi gidiyor," dedi Johnson. "Artık Henry'nin yönetim sözleşmesini görmek isteyeceği bir noktaya ulaşmış durumdayız."

Goldstone hemen kuşkuya düştü. İki hafta önce paktın gizliliğini korumada kıskanç davranmıştı. Jim Robinson gibi Goldstone da, basına sızma olduğu takdirde ortaya çıkacak tablodan emindi. "Bunu Kravis'e göstermekle büyük bir risk alıyorsunuz," diye uyardı Goldstone. "Bu görüşmeler sonucunda istenen olmadığı takdirde, Kravis bunu, basın yoluyla bizi çarmıha germek üzere kullanabilir."

"Tanrı aşkına..." dedi Johnson, Goldstone'un kaygılarını bir kenara iterek. "Ortağımız olmak üzereler. Sizler ortak olacaksınız. Eteklerinizdeki taşları masaya dökmelisiniz. Sorunlar varsa, üstesinden gelmeye gayret etmelisiniz." Johnson, Goldstone'a paranoid düşündüğünü söyledi. Müvekkilinin ısrarı üzerine, Goldstone, Kravis'e sözleşmenin bir kopyasını göstermeyi kabul etti. Ama bu durum hiç hoşuna gitmedi.

Johnson grubunun altı üyesi hızlı adımlarla Plaza'ya geri döndüklerinde saat dokuzu gösteriyordu. İlk yirmi dakika içinde herhangi bir pürüz çıkmadı ve hukuki ayrıntılara ilgi duymayan Johnson giderek sabırsızlanıyordu. "Bana ihtiyaç duyulan bir konu var mı?" diye sordu Goldstone'a.

"Görüdüğüm kadarıyla beklemeniz için bir neden yok," dedi avukat.

Johnson çoşku içinde Nine West'e geri döndü, sandviçini bir çırpıda yedi, Sage ve Horrigan'a akşamın olaylarını özetledi. Daha sonra iki blok ötedeki dairesine yürüdü, duş aldı, traş oldu ve aceleyle sırtına bir mont geçirdi.

"Neden sen de gelmiyorsun ki?" diye sordu Johnson karısı Laurie'ye. "Gelmelisin bence. İlginç bir deneyim olacak. Eğleneceksin."

Salomon'dan Mike Zimmermann saat on gibi aradığında, Salomon Brothers'ın baş hukuk danışmanı Peter Darrow, Brooklyn Heights'daki odasında serilmiş oturuyordu. "Gutfreund Nine West-'te..." dedi Zimmermann, "ve seni en kısa sürede yukarıda bekliyor."

Darrow, RJR Nabisco'daki işini bir an önce bitirmeyi tercih ederdi. Sürekli hareket halinde olan John Gutfreund dışında kırk sekizinci kat terkedilmiş bir kasaba gibiydi. Salomon Başkanı katılımcı bir yapıya sahip değildi. Ancak bugün, daha önce Darrow'un asla tanık olmadığı kadar çılgın bir tablo çiziyordu.

"Neler olduğunu anlamıyorum, Peter..." dedi Gutfreund. "Plaza'da bir toplantı oluyor ve ben dışarıda kalıyorum. Nedenini bilmek isterim. Hemen bu toplantıya katılmanı istiyorum senden."

Darrow, "Tamam John, sorun değil..." diye yanıt verirken, John Gutfreund'un davet edilmediği kapalı bir toplantıya nasıl giriş yolu bulacağı hakkında hiçbir fikri yoktu. Gutfreund, ona üzerinde Kravis'in süitinin oda numarası yazılı bir kağıt parçası uzattı.

Darrow, 58. Cadde'yi hızlı adımlarla geçti ve beşinci kata çıkmak üzere otelin asansörüne bindi. Gutfreund'un kağıda yazdığı oda numarasını iki kez kontrol etti. Böyle bir numara yoktu. Bir süre amaçsızca dolandıktan sonra, iki kişilik bir odanın kapısında bekleyen çok uzun boylu bir adama gözü takıldı.

"Bu Henry'nin suiti mi?" diye sordu Darrow boynunu zorunlu olarak geriye kırarak.

"Evet bayım..." dedi adam, "buyrun geçin."

Darrow içeri adımını attığında, Tom Strauss, Kravis ve Roberts ile sıcak bir tartışmanın ortasındaydı. O anda farkında değildi ama Ross Johnson'ın özenle kazanılmış 20 milyar dolarlık barış paktındaki ilk çatlaklara tanıklık ediyordu.

"Bizim sermayemiz bu..." diyordu Strauss, "çıkış bizden başka birinin kontrolünde olursa, bu rakamları nasıl riske atarız?"

Strauss kabına sığmıyordu, doğrudan itiraz ediyordu. "Bu tahvillerin satışlarını Salomon ve Shearson'ın yürütmesi gerek," diyordu. Salomon bu işi yürütmeye hazırdı, yürütmeyi istiyordu, yürütecek deneyime sahipti ve yürütme hakkını talep etti. Haftalar boyunca hazırlık yapmışlardı ve üstlendikleri görevin Drexel'e tabak içinde sunulması adil olmazdı.

"Bu işi bizim yapmamız gerek," dedi Strauss. "Neden bizi denemiyorsunuz?"

Kravis de tahvillerin Drexel'in kontrolüne bırakılmasına ne kadar önem verdiğini anlattı usandırıcı bir dille.

"Bakın..." dedi, "Drexel bizim için her zaman birinci sınıf işler çıkardı. Herkesin olanaksız gördüğü bir zamanda Beatrice işini bitirdi. En iyisi onlar. Ucuzlar üstelik. Bu şimdiye kadarki en büyük alım-satım işi. İkinci bir şansa tahammülü yok."

Strauss, Salomon'un sermayesinin saygınlığı lehine kanıtlar gösterebilirdi ama odadaki herkes asıl hedefinin farkındaydı. Salomon, Drexel'den nefret ederdi. Tarihin en büyük tahvil arzını kaybettiklerinin arşivlerde yer alması, firması için derin bir utanç kaynağı olurdu. Beş yıl boyunca diğer her tür tahvilde güçlü olan Salomon, yüksek uzmanlık gerektiren –ve son derece kârlı olan– hurda tahvil alanına girmeye boşuna çabalamıştı. İç politika yüzünden sekteye uğrayan çabaları bir dizi felaketle sonuçlanmıştı. Gutfreund'un sürekli olarak hüsrana uğraması, piyasanın nabzını Drexel'in tutmasından kaynaklanıyordu.

"Seninle ters düşmek istemem ama bu işin hakkını vermiyorsunuz," dedi Kravis Strauss'a. "Çocuklar, siz burada bir şey yapmadınız."

Strauss konuşmanın bir yerinde, Salomon'un haftasonu boyunca bu tahvilleri satmanın en iyi yolunu bulmak için tahvil ticareti ile uğraşan altmış işadamıyla ilişki kurduğundan söz etti. "Onlara ne söyleyeceğim şimdi?" diye sordu. Kravis ve Roberts'ın gözleri yuvalarından fırlayacaktı. "Adamlarınız tüm haftasonu ordalarsa ne olmuş yani?" dedi Kravis. "Bu bir şey ifade etmez. En iyi ve en kalifiye insanlarla çalışmak durumundayız biz."

Peter Cohen zor durumda olduğunu hissetti. Daha önce Drexel'in seçimini şu ya da bu şekilde onayladığından, şimdi Strauss'un tutumuna yarım ağızla onay vermiş görünerek olasılıkları dengelemişti. Cohen'in Drexel'e güvenmemek için kendince geçerli nedenleri vardı. Beş yıl önce Shearson ve Drexel, Cohen'in Drexel'in sözünü yediğine inandığı bir ticari anlaşmazlık yüzünden mahkemelik olmuşlardı. Drexel'in sözleşmelerde belirtilen zararları karşılamayı reddetmesi, 1985 yılı gelirlerinden 50 milyon doların sorumluluğunu üzerine almak zorunda bırakmıştı Cohen'i. Drexel, Shearson'ın geleceğini rahatlıkla bağlayabileceği türden bir kuruluş değildi.

Kravis ve Strauss kendilerini tekrar ediyorlardı. Aralarındaki tartışma durulduğunda, Salomon'un bu yeni mızıkçılığına kimse çok fazla şaşırmadı. Bu kadar büyük çaplı bir işte, ayrıntılara girildiğinde çıkmazlara saplanılması kaçınılmazdı. Daha sonra bir uzlaşma zemini bulunurdu elbet. Ayrıca, uğraşılması gereken daha önemli bir konu vardı, o da yönetim anlaşmasıydı.

Goldstone elindeki anlaşma nüshasını göstererek Kravis'in karşısında salladı. "Bunu imzalamanızı isteriz."

"Dick'e göster," dedi Kravis.

Goldstone sayfaları epey bir karıştırdıktan sonra aradığı paragrafın üstüne baş parmağını bastırarak, "Bunu..." dedi, "bunu görüp anladığınızdan emin olmak istiyorum."

Johnson'ın iş üzerinde tam kontrol sahibi olacağını belirten paragraftı bu. Goldstone'un yanındaki koltukta oturan Beattie, söylenenin önemsiz bir ayrıntı olduğunu düşündü. İşin uygulamasında Kravis'in dümenin başına geçeceğini biliyordu. Olay bu kadar basit ve netti.

Beattie bir şey söylemeden anlaşmanın bir nüshasını aldı ve Casey Cogut ile göz gezdirmek üzere bir köşeye çekildi. Goldstone sinirliydi. "Bu belgeyi yalnızca bu alım satım işlemi kapsamında kullanacağınıza ve başkaca kimseye açıklamayacağınıza dair söz istiyorum sizden," dedi.

Beş dakika sonra Beattie, Kravis ve Roberts'ın yanına gitti, Cogut'ın da katılmasıyla dörtlenen ekip bitişikteki yatak odasına çekildi. "Buna inanmayacaksınız..." diye atıldı Beattie. Avukat, belgeyi hızla okuyup bitirdiğinde gözleri faltaşı gibi açılmıştı: Johnson'a tanınan veto hakkı ve daha da tehlikelisi Shearson'ın Johnson'a vaat ettiği astronomik ödemeler. "Bu belge hayatını çok zorlaştırır Henry..." dedi.

Cogut onayladı. "Bunun altına imza atarsak, tüm işi Ross yürütecek. Bunu kabul edemezsin."

Kravis şoktaydı. Cohen'in yatırım bankacılığı alanına girmek için can attığını bilirdi. Ancak pazarlıkta denetimin Johnson'a bırakılması? Daha önce hiçbir LBO'da böylesi bir duruma tanık olmamıştı. "Bu düpedüz çılgınlık..." dedi Kravis. "Cohen bunu nasıl yapabilir?"

Cogut ve Salomon'un avukatı Peter Darrow, Brooklyn Heights'dan komşuydular. RJR Nabisco oyununun Wall Street değil de Garden Place anlamında "sokak için iyi bir iş" olacağını söyleyip şakalaşmışlardı. Cogut, yatak odasından salona geri döndü ve toplantı dağılma sinyalleri verirken Darrow'a yaklaştı. Salomon'un avukatı, Kravis ve diğerlerinin kurul toplantısı yaptığı yatak odasına doğru yöneldi.

"Bunu görmüş müydün?" diye sordu Beattie, Darrow'a.

Darrow başıyla onayladı.

"Peki katılıyor musun?"

Salomon'un avukatı hazırlıklıydı. Goldstone anlaşmayı önüne koyduğunda Gutfreund'u aramış ve ne yapacaklarını sormuştu. Darrow çok dikkatli hareket etmeliydi. Salomon ile Kravis'in ortak hareket etmesi, Gutfreund'un "yakışıksız" anlaşma olarak ifade ettiği can sıkıcı bir duruma işaret etmesi bakımından önem taşıyordu. Ancak görüşmelerin bir şekilde sonuçsuz kalması durumunda; Kravis'in, Salomon'un hoşnutsuzluğunu, yönetim kurulunu kamuoyunun gözü önünde tepelemek amacıyla kullanacağından kuşku duymuyordu.

Darrow belgenin "açık sorunlar" taşıdığını ve yeniden yazılmasının yerinde olacağını söyledi Beattie'ye. Gutfreund ve Warren Buffett'ın belgeye muhalefetlerini aktardı. Daha fazlasını söyleyemezdi. Beattie birkaç dakika sonra salona geri döndü ve Goldstone'u bir köşeye çekti.

"Bu konuya kaç kişinin dahil olduğunu söylemiştin?"

"Şimdilik yedi kişi" dedi Goldstone, ancak Johnson yüzlerce çalışanı işin içine katmayı düşünüyordu.

"Bunun çok fazla olduğunu biliyorsun."

"Bu konuyu Ross ile konuşmalısın."

"Doğru..." dedi Beattie, "Evet ya da hayır diye fikir beyan etmeden önce bu konuyu enine boyuna düşünmeliyiz."

Goldstone başıyla onayladı, ancak belgenin çok ayrıntılı değerlendirme gerektirdiğine işaret etti. "Maddelerin teker teker incelenmesi çok önemli..."

RJR Nabisco'da birkaç saat sonra yeniden biraraya gelmek üzere toplantıya ara verildi. Dalgınlığa düşen Goldstone ve Jack Nusbaum, Beattie'den yönetim anlaşması metnini geri istemeyi unuttular.

"Lafını bile etmediler," diye anımsıyor Casey Cogut. "Biz de sümen altından çıkarmadık."

Kravis, Roberts, Beattie ve Cogut'ı taşıyan asansörün kapısı kırk sekizinci katta açıldığında, yolcuları bir sürpriz bekliyordu. Görüşmelerle ilgisi olmayan bir alay insan oradan oraya koşuşuyordu. Linda Robinson'ın elinde bir basın bülteninin taslak metni vardı ve telaşlı görünüyordu. Kravis, Laurie Johnson ile tanıştırılmanın şaşkınlığını yaşıyordu. Gevşemiş, tazelenmiş görünümü, elinde viski kadehi ve göğüs cebinden fütursuzca sarkan mendiliyle Johnson'a ilişti gözü. Beyaz tenis süveteri içinde şık görünen Ed Horrigan da oradaydı. Bir dizi çetin müzakere beklentisi içindeki Kravis grubu, daha çok dostane bir tanışma toplantısını andıran böyle bir ortamla karşılaşmanın tedirginlikle karışık şaşkınlığını yaşıyordu.

Kravis ve Roberts, br hafta önce tartışmaların düğümlendiği yer olan Johnson'ın ofisine alındılar. Johnson samimi bir edayla kuzinlere birer kadeh içki önerdi ancak olumlu karşılık alamadı. Beattie, Johnson'ın sekreterine aceleyle kaleme aldığı bir anlaşma taslağının metnini uzatarak tape etmesini istedi. Cohen ve Strauss'dan iz yoktu.

Kravis ile Roberts, bir süre, Johnson'ın ortak yapacakları işler hakkındaki gevelemelerini dinlediler. Johnson neşeliydi ve gülerek konudan konuya atlıyor; Premier, Atlanta merkez ofisi ve satışa çıkardığı Nabisco'nun durumu gibi bir dizi konuda ahkam kesiyordu. Yeni ortakları ile tanıştığına memnun olmuştu. Bir köşede oturan Jim Robinson ve Ed Horrigan ise daha çok dinlemeyi tercih ediyor, sohbete nadiren katılıyorlardı.

Yaklaşık bir saat RJR Nabisco'nun üstün noktalarını tartıştılar. Tartışmanın bir yerinde, Davis Pok'un avukatı Gar Bason'ın teriyere benzeyen başı içeri uzandı. "Başka bir hukukçu olmadan bu odada işimiz ne?" diye Beattie'ye çıkıştı. Müşterisini savunmak için oradaydı ancak ilgisini yitirmek üzereydi.

Kravis uzun süredir beklediklerine dikkat çekti. "Bizi tutan ne?" "Bilmiyorum..." dedi Johnson. Ancak sonrasında özellikle istekli davranmadı; işi bağlama oturumları hep zaman alırdı.

Kısa bir süre sonra Cohen de toplantıya katıldı. Strauss ve Gutfreund ile tahvil arzı sorununa bir çözüm yolu bulmaya çalışıyordu.

Roberts yerinde doğrularak sordu: "Nerede kalmıştık?"

"Tartışarak bir çözüm yolu bulmaya çalışıyoruz," diye açıklama getirdi Cohen.

Aslında Cohen son bir saatini Salomon'un Drexel'e itiraz nedenlerini anlamaya çalışmakla geçirmiş ve uzlaşma zemini bulma çabaları sonuçsuz kalmıştı. Cohen, Salomon gibi ticaret kültüründen gelmiyordu ve bazen Gutfreund'un yürüttüğü fikirlerdeki ince noktaları anlamakta güçlük çekiyordu. Mola vermenin zamanıydı, yorgun düşmüştü.

Daha sonra, uzun gecenin müzakerelerine katılan herkes, teker teker, Drexel sorunu olarak adlandırılacak konunun değişik versiyonlarını masaya koyacaktı. Jim Robinson, Drexel'in olası suçlamasına dikkat çekecekti. Salomon'un resmi duruşu, sermayesini başka bir firmanın elllerine teslim etme kaygısını masaya koymaktı. Garip bir açıklamaydı bu, çünkü kendisi Shearson ile tam da böyle bir uygulamayı planlıyordu. Johnson, Kravis'in bu şekilde Drexel'in kontrolü altına gireceğini ileri sürecekti.

Aylar sonra Tom Strauss, temelde yatan anlaşmazlığı itiraf etti. Dananın kuyruğu, borsa simsarının ezoterik dünyasında kopuyordu. Bir tahvil arzına birden fazla banka imza koymayı kabul ettiğinde, defterleri tutmak için önce bir banka seçilmesi gerekiyordu. Tahvil satışının temel kayıtları fiziksel olarak, arz süresince denetimi elinde bulunduran ve tahvillerin bölüşümünü yapan bankada saklanır. The Wall Street Journal ve diğer finansal yayınlarda yer alan bir sonraki mezar taşı ilanlarında (sendikasyon ilanı çn.) adı –sol köşede– öncelikle yazılacak firmanın ön planda olduğu algılanır. Mezar taşının "solunda" olmak, tahvil dünyasında güçlü bir sembolik anlama işaret eder.

Kravis toplantıya katılmadan önce, Strauss ve Cohen defterleri Salomon'un tutması konusunda fikir birliğine vardılar. Shearson sol, Salomon ise sağ tarafta yer alacaktı. Defterler fiziksel olarak Shearson'da saklanacaktı. Strauss, Salomon'un bu düzenlemeden rahatsız olmadığını; çünkü tahvil dünyasındaki imajları bakımından Salomon'un Shearson'ı, aslında dümenin kimde olduğu herkes için aşikar olacak ölçüde göldede bıraktığını savundu.

Ancak aynı kurguda Drexel solda yer aldığında, tamamen farklı bir mesaj verilmiş olacaktı. Salomon sağda olmakla bile Shearson'a baskın çıkabilecekken, Drexel'in tahvil ticaretindeki gücü, aynı etkinin oluşmasına engel olacaktı.

"Drexel'i sola alırsak..." dedi Strauss, "biz ikinci planda algılanacağız."

Sonraki gündemi algılanma konusu işgal etti. Tahvillerin Johnson ya da diğer bir devralıcı firmaya satışının kimin denetiminde yürüyeceğine ilişkin algılanma sorunu ayrıntıydı. Johnson'ın işinde sahip olduğu tam ortak statüsüne ve yatırım bankacılığı üzerine kesilen ahkamlara karşın, Salomon'un öncelikli misyonu Oreos'u satın almak değildi. O, tahvil satıyordu. Ve Johnson'ın çıkarlarına –gerçekte tüm iş yaşamına– darbe indirmenin ve nefret ettiği Drexel'in arkasında yer aldığı algısını önlemenin peşindeydi. Tüm bu maşizm, tüm bu açgözlülük, hissedar değerleri üzerine bütün bu tartışmalar şu noktaya bağlanıyordu: Firmalarının adı *The Wall Street Journal* ve *The New York Times*'ın arka sayfalarındaki hisse senedi tabloları arasında sıkışıp kalacak bir mezar taşı ilanının sol tarafında değil de sağ tarafında yer alacağından, John Gutfreund ve Tom Strauss; tüm zamanların en büyük kaldıraçlı alım işine çomak sokmak niyetindeydiler.

Saat iki sularında Cohen, Johnson'ın ofisindeki Kravis ve Roberts ile "akvaryum" biçiminde tasarlanmış köşedeki konferans salonunu dolduran Salomon ekibi arasında mekik dokuyordu. Ortak bir zemin aradı ümitsizce. Primini Kravis ile paylaşmak konusunda kuşkuları olsa da Cohen, o gece, iki tarafı uzlaştırmak için elinden gelen çabayı harcadı.

Ancak, Gutfreund hiçbir anlaşmaya yanaşmadı. "Drexel'in kararını hiçbir şekilde kabul edemeyiz," dedi monoton bir ses tonuyla Salomon'un başkanı. "Onları ortak görmekten memnun oluruz. Ancak bu işi Drexel'e teslim edecek kadar da eli açık olamayız."

Cohen, arkadaşı Strauss'u samimi bir konuşma havasına çekmek için çeşitli girişimlerde bulundu. Her defasında, Mike Zimmermann ya da Salomon'un diğer bankerlerinden biri kendini göstermek için öne atılıyor ve konuşmaya tuz biber ekiyordu. Cohen, nereye gitseler birbirlerinden ayrılmayan, yapışık sosisler gibi görmeye başladı Salomon yöneticilerini. İçlerinden herhangi biriyle bir an için bile yalnız kalmak mümkün değildi.

Yalnız bir defasında Cohen kontrolü kaybetti. Zimmermann, Salomon'un piyasadaki namı üzerine grubun bilinen disturlarından birini çekiyordu. "Bizim adımız Salomon Brothers," diye söze girdi. "Bize bu şekilde davranmaya nasıl cüret ediyorlar?" Bu Cohen'in bardağını taşıran son damla oldu ve bankerin boğazına sarılacak gibi ileri atıldı. "Neden söz ediyorsun sen? Beyler, Southland ve Revco üstündeki ışıkları henüz tam olarak söndürmüş değilsiniz, bunu biliyorsunuz. Kaygılanmakta son derece haklılar. Demek istediğim şu ki, yahu siz, burada ne yapmaya çalıştığımızın farkında mısınız?"

Cohen aklına gelen her olasılığı denedi. Salomon'un kiralanmasına ilişkin ekstra maliyetin Kravis'e geri ödenmesi. Tarafsız bir bölgede üç firmanın satışı birlikte yürütebilecekleri bir işlem odasının oluşturulması vb. Salomon'un konumunda en ufak bir kıpırdanma gördüğünde nefesini tuttu. Anlaşma ışığının parladığı anlarda, Salomon bankerlerinden biri Drexel hakkında ağzına geleni söyleyerek her şeyi berbat edebilirdi. "Ne yapıyoruz ki biz? Bu heriflerin topu sahtekâr. Dolandırıcı bunlar!" diyebilirdi. Ve grubun tamamı, Drexel'in suratına inen darbenin sarhoşluğuna kapılabilirdi.

Cohen'in iş yaşamındaki girişimleri ilk kez bu kadar sonuçsuz kalıyordu. Dayanıklılığı ile övünen Shearson lideri, bu kez tükendiğini itiraf etmek durumundaydı. İki haftadır aralıksız savaş halindeydi. Artık uyumak istiyordu. Sabahın ikisinde tarihin en büyük kaldıraçlı alım işleminin en can alıcı konularını müzakere masasına yatırmanın bir alemi yoktu. O halde neden buradaydılar?"

Gece ilerlerken, Kravis'in finans bilgisinin etkisi altında kalan Johnson, onun düşüncesine meyletmeye başlıyordu. "İşin ehli gerçekten onlarsa..." diye düşündü Johnson, neden Drexel ile yola çıkılmasındı? "Peter, bu işi kim iyiyse ona yaptırmak zorundayız. Her kim oldukları umurumda değil..." dedi. "Daha iyi bir fikir varsa, hemen onun peşine düşelim."

Johnson'ın tavrı Kravis'e cesaret verdi. "Neden dışarı çıkıp uzlaşmanın tadını çıkarmıyorsun?" dedi konuşmanın bir yerinde. Johnson burada her şeyden önce müşteri değil miydi? Kendi yatırım bankerlerinin kendi istekleri doğrultusunda hareket etmelerini isteyemez miydi? Johnson, şansını deneyeceğini söyledi.

Salondan ayrıldı ve yirmi dakika sonra geri döndü. "Onlarla konuştum."

"Ve?" Kravis merak içindeydi.

"Neler olup bittiğini gerçekten bilmiyorum."

"Burada kararları kim veriyor anlamıyorum?" diye köpürdü Kravis.

"Bilemiyorum..." diye karşılık verdi Johnson. "Salomon tam takım dışarda...."

Akşam boyunca pek fikir beyan etmeyen Jim Robinson, bir çözüm yolu gördüğünü düşünüyordu. Gutfreund, Plaza'daki tartışmaların dışında kalmaktan rahatsız olmuştu. "Kırıldığını düşünüyorum," dedi Robinson. "Neden onunla başbaşa konuşmayı düşünmüyorsunuz?"

"Doğru..." dedi Kravis. "Neden onu getirmiyorsun?"

Söz döndü dolaştı Gutfreund'a kimsenin ulaşamayacağına geldi. Sırra kadem basmıştı. Azametli bir edayla odadan dışarı çıkarken, "Hangi cehennemde acaba?" diye sordu Johnson. Öncelikle güvenlik elemanlarına soruşturttu, yürüyüşe çıkmış olduğunu söylüyorlardı.

"Eğer Gutfreund suratını ekşitmişse..." diye düşündü Johnson, peşinden bir dalkavuk göndermek durumu iyice içinden çıkılmaz hale getirirdi; öyleyse iş başa düşüyordu. 57. caddede purosunu tüttürürken buldu onu. Derin düşünceler içinde yitip gitmiş gibiydi Gutfreund.

"Hadi John... yukarı çıkman ve Henry ile bir süre görüşmen iyi olacak," dedi Johnson. "Bu iş rayına girdi gibi görünüyor."

Kravis ve Roberts, Johnson'ın ofisinin bekleme odasında Gutfreund ile biraraya geldiklerinde saatler üçe yaklaşıyordu. "Burada mantıklı olmaya çalışıyoruz," dedi Kravis. "Pazarlığı sizin çocukların yürütmesi neden bu kadar önemli ki?"

"Çünkü işin uzmanı olduğumuzu düşünüyorum," dedi Gutfreund. "Çünkü bizimkiler bu konuya hatırı sayılır bir zaman harcadılar. Bu işin üstesinden layıkıyla gelebiliriz ve biz yapmalıyız... Bu işi bizim üstlenmemizi gerektiren bir sürü neden var... Firmamız yakın tarihte ağır bir darbe aldı."

Kravis biliyordu: Defterleri Salomon'a teslim etmekten kaçınmasının bir nedeni de buydu. "Mike Milken'a çok saygı duyarım..." diye devam etti Gutfreund, "ancak Salomon Brothers olarak bu işi bu koşulla sürdürmeye kararlıyız."

Gutfreund'un kımıldamadığı açıktı, ancak Kravis de ona doğru hamle yapmıyordu. Gutfreund odadan ayrıldığında, Roberts karamsar düşüncelere dalmıştı. Dick Beattie içeri girene kadar geçen beş dakika içinde, Johnson'ın mini barının önünde Kravis ile konuşmayı denedi.

"Bak bu çılgınlık..." dedi Roberts. "Bütün bir geceyi mezar taşı ilanındaki yer tartışması ile geçirdik. Peki asıl meselelerde nasıl uzlaşmaya varacağız? Hadi anlaştık diyelim, bu adamlarla nasıl çalışacağız? Herkes, bu işin bitirilmesi dışında her şeyle ilgileniyor. Ego ve pozisyon koruma manevralarından başka bir şey yok görünürde."

Konuşması sürerken sıkıntısı giderek belirginleşiyordu. "Buraya gelirken kafamda işi bitireceğimiz düşüncesi vardı," diye mırıldandı bezgin bir sesle. "Ama şimdi..."

"Sana inanıyorum," dedi Kravis, başını onaylar tarzda sallayarak. "Tamamen haklısın."

Beattie de müşterilerinin hayal kırıklığına katıldı. "Yönetim anlaşmasında karara bağlanması sonraya bırakılan bir dizi sorun var, biliyorsunuz. Bunları aşamazsak asla bir noktaya varamayız."

"Şimdi evlere dağılalım ve biraz uyuyalım," dedi Roberts. "Bu, tam bir çılgınlık."

Kravis, Cohen'in yanına gelerek sabahın ilk ışıklarıyla yeniden toplanmaları gerektiğini söyledi. Roberts ve Kravis, sabah kahvaltısında Milken'in ayağını kaydırmak isteyen borsa simsarı Peter Ackerman ile buluşarak tahvillerle konusunda uzlaşma zemini bulmaya çalıştılar. Belki de Ackermann, Gutfreund'u tatmin edecek bir fikir ortaya atabilirdi.

"Hazır olduğunda beni evden ara," dedi Cohen.

Kravis ekibi asansörü çağıran düğmeye henüz basmıştı ki, Gutfreund'un arkalarından seslendiği duyuldu. "Dick, Dick, bir saniye bekle. Konuşmamız lazım." Beattie, Salomon Başkanı'nı sakinleştirmeye çalıştı. "Herhangi bir ilerleme yok, John."

Beattie kurşun askerler gibi birlikte hareket eden Salomon bankerleri ile konuşmak için geriye doğru yöneldiğinde, Kravis ve Roberts hareketsiz kalmayı tercih etti. "Drexel'i neden bu kadar kolluyorsunuz?" diye sordu içlerinden biri. "Hepsi kocaman adamlar. Kendilerini koruyabilirler."

"Bakın..." dedi Beattie, "Peter Cohen gece boyunca sizi savundu. Drexel'in adamları da bizim ortaklarımız. Bize karşı hep iyi davrandılar. Onları incitmek istemeyiz."

Beattie, Salomon'un LBO piyasasına girme girişiminde uğradığı başarısızlıklardan söz etmedi. Kravis'in pek yakında bu teklifi Salomon'dan çok annesine hazırlatmayı tercih edeceğini de söylemedi. Kravis'in Strauss tarafından aldatılmış olma paranoyası içinde olduğunu hiç anlatmadı. Her şey o kadar karışıktı ki.

Kravis ve Roberts hareket ettiğinde Johnson henüz ayrılmıştı. Gar Bason iki tarafın imza koymaya ikna olacağı bir anlaşma memorandumu hazırladı ve Johnson'a çıkmak üzereyken ayak üstü paraf attırdı. Kravis ile Salomon arasındaki buzların gün ışığında eriyeceğinden emindi. Açıkçası Kravis'in yaklaşımı Shearson'a kıyasla daha yerindeydi.

Shearson grubunun birçok üyesi sabah beşe kadar gecenin gelişmelerini değerlendirdiler. Sabahın ilk ışıklarıyla birlikte, Salomon ekibinin iki üyesi Peter Darrow ve Mike Zimmermann'ın sekiz saattir kuzu gibi bekleyen taksiye doğru yöneldiği görüldü.

"Özür dilerim, beyler..." dedi taksinin şoförü kendilerini Brooklyn Heights'da indirmek üzere kaldırıma yanaştığında. "Lütfen bu faturayı imzalar mısınız? Görmeden kimse inanmayacak."

Cohen kendini 5. Cadde'deki dairesine attığında şafak söküyordu. Yatak kendisini adeta mıknatıs gibi çekiyordu ama hemen uykuya dalamayacağını da biliyordu. Yatak odasına girdiğinde karısı uyandı ve gecenin nasıl geçtiğini sordu. Cohen'in kendini bu kadar engellenmiş hissettiği anlar çok nadirdi. Kariyerinde ilk defa savaşan taraflar arasında köprü kurmayı becerememişti. Oysa bu övündüğü yeteneklerinden biriydi. Karı koca yaklaşık bir saat boyunca yatakta oturarak gecenin gelişmelerini konuştular, sesleri giderek kısıldı ve uykunun kollarına düştüler.

Yatağın yanıbaşında duran telefonun sesi, Cohen'i derin uykusundan çekip aldı. Zar zor açabildiği gözleriyle saate bakmaya çalıştı. Sekiz olmuştu. Ahizeyi kulağına dayadığında Henry Kravis'in sakin sesiyle karşılaştı. Buluşmaya hazırdı.

Kravis'i yeniden görmeyi beklemiyordu Nedense Kravis'in kafası pek net değildi. Jim Robinson'ı aradı. "Neyle uğraşıyorsan..." dedi Cohen, "hemen bırak ve Nine West'e gel."

Cohen, Jeff Lane'i aradı ardından. Shearson'ın iki numaralı yöneticisi, Cohen'in yokluğunda şirketle tek başına ilgileniyordu ve başını kaşıyacak zamanı yoktu; RJR oyununda henüz tam sahne almamıştı. Şimdi, Cohen'in ona ihtiyacı vardı. "Gerçekten tükenmek üzereyim," dedi Lane'e. "Gerektiği kadar açık düşünemiyor olabilirim. Taze bir beynin desteği gerek."

Saat dokuzda, Johnson'ın ofisinde küçük bir grup oluşmuştu. Salomon grubunu Gutfreund ve Strauss temsil ediyordu. Kravis ve Roberts, beş dakika sonra göründüler. Cohen, Johnson ortaya çıkana kadar aşağıya, kendi ofislerine geçmeyi önerdi. Onbeş dakika sonra, henüz gelmemiş olduğu için Johnson'ı dairesinden aradıklarında, uyuya kaldığını anladılar. Cohen, dokuz onbeş gibi aşağıya, Kravis'in ofisine indiğinde, gözünü güçlükle açabilecek kadar yorgundu. Kravis ve Roberts'ı Dick Beattie'nin yanında buldu. Peter Ackerman kahvaltıda Kravis'e, arzu ettiği takdirde pazarlıktan çekilebileceğini söyledi. Kravis böyle bir şey istemiyordu. Bir uzlaşma aranıyordu ve Ackerman, Gutfreund'u razı edebileceğini düşündüğü bir öneriyle gelmişti. Tahvil arzları ikiye ayrılabilirdi: İlkinde Drexel solda ve Shearson sağda, ikincisinde ise Salomon solda ve yine Shearson sağda yer alabilirdi. Benzer düşünceler bir önceki gece de telaffuz edilmişti, ancak Kravis şimdi bu fikrin akla uygun olduğunu düşündü.

Cohen can kulağıyla dinlemeye gayret etti ancak öneriyi tam olarak anladığından emin değildi. Yarım saat bile geçmeden Kravis'in uzlaşma noktasını, Jack Nusbaum, Jim Robinson ve Steve Goldstone'dan oluşan gruba aktarmak üzere yukarı yeniden yukarı çıktı. Gutfreund ve diğerlerinin Ackerman'a yönelttiği soruları kısa yanıtlarla geçiştirdi.

"Bakın..." dedi Cohen, "pes etmek üzereyim. Belki bir başkası şifreyi kırabilir. Belki bir başkası aşağıya inip ne yapılabileceğini görüp karar vermeli."

İkinci sorti için Jeff Lane ve Jack Nusbaum seçildi. Aşağıda, Kravis, ikiliyi başka bir odaya aldı ve Ted Ammon'dan kafasındaki uzlaşmayı açıklamasını istedi. Lane ve Nusbaum konuşulanlardan en ufak bir şey anlamıyor gibiydiler.

Linda Robinson, Modern Sanat Müzesi'nin biraz yukarısındaki dairesinde, sekreterinden gelen telefonla uyandı. "Biraz önce Henry Kravis aradı. Önemli olduğunu söyledi," dedi sekreter.

Uykuya dalalı henüz üç saat bile olmamıştı. Sabahın altısında yastığa kafasını koyarken, gözlerini yeniden açtığında pazarlığın karara bağlanmış olmasını ümit etmişti. Kravis'i aradı ve hemen ulaştı.

"Nasılsın, koç?" diye sordu Kravis.

"Bilmiyorum, Henry..." diye karşılık verdi Linda Robinson uykulu bir sesle. "Saat dokuzu kırk geçiyor. Nasıl gidiyor?"

"Bir toplantı yaptık hepsi bu. İyi gitti ama ortada net bir şey de yok."

"Kravis olta atıyor," diye düşündü Robinson.

"Neler olduğunu bilmiyorum..." dedi, "ama araştırıp seni arayacağım."

Linda Robinson ahizeyi yerine koydu, hemen ardından da yeniden kaldırıp RJR Nabisco'daki ekibi aradı. Kravis'in, Drexel'in pazarlıkta yer alması isteğinde direttiği ve toplantının bir sonuca bağlanmadan dağıldığı söylendi kendisine. Herkes suçu Kravis'e atıyordu. "Yoo, olamaz..." diye düşündü Robinson.

Johnson'ı aradı. Henüz evdeydi ve Nine West'te hızla kötüye giden durumdan haberdar değildi. "Gerçekten de iç açıcı değil..." dedi Robinson, "raydan çıkmak üzereler."

Arkasından Kravis'i tekrar aradı. "Herkes gerçekten dengesini yitirmiş. Bu adamlarla buluştuğunuzda neler oldu, Allah aşkına?"

"Adamların gerçekten sıkı."

"Evet, senin rotayı kaybettiğini söylüyorlar."

Johnson nihayet saat on gibi ofisine ulaştığında; Cohen, Gutfreund ve diğerlerini hararetli bir tartışmanın içinde buldu. Kravis'in defterlerin Drexel'in denetiminde olması yönündeki ısrarının yanısıra, şimdi de yönetim anlaşması ve başka yeni konular üzerine sorular ortaya attığını bildirdiler. "Önerdiğin yönetim anlaşmasından nefret ediyorlar," dedi Cohen. "Üstelik bunu koz olarak kullanıyorlar."

Şaka yollu da olsa duyarlı noktalarına temas edildiğini hemen fark ederdi Johnson. Cohen'in Kravis'e karşı açtığı cepheye kendisini de katmak istediği açıktı. Bir an kafası karışan ve hiddetlenen Johnson, Kravis'e karşı alınacak tavrı değerlendirmekte olan grubun yer aldığı geniş konferans salonunda bir koltuğa yerleşti. Ortada dolaşan laflar, çoğunlukla Kravis'e bela okumaktan öteye gitmiyordu.

İşin tamamını kapmaya çalışıyorlar! Bizi ekarte edecekler! Kıçımıza kazık sokuyorlar! Kıçımıza kazık sokuyorlar!

Bu sözler Johnson'a bir şey ifade etmiyordu. Meselenin asıl özü gücün kimde toplanacağdı, bunu biliyordu. Yönelttiği sorulara aldığı karşılıklar, sorunları tartışmaya açmanın önünü kesen Wall Street gevelemelerinden öteye gitmedi. "Lanet olası sorunun ne olduğunu anlayabilmiş değilim," diye homurdandı.

Strauss tahvil arzlarının iki koldan sürdürülmesinin lojistik bir kabus olduğunu açıklamaya çalıştı. "Belasını versin..." diye başladı Gutfreund, "abesle iştigal ediyorlar. Kendi başımızın çaresine bakmalıyız. Bu adamlarla iş yapmamız mümkün değil."

Johnson ofisine geri döndüğünde bezgin ve bıkkın bir haldeydi. Saçma tartışmalarla zaman harcamak istemiyordu. Tahvil arzını yapacak banka gibi bir tartışma yüzünden anlaşmanın suya düşmesi gibi bir salaklığa inanamıyordu. İnsanlar pazarlığın yürümediğinden yakınıyordu. Johnson giderek sinirleniyordu.

"İncir çekirdeğini doldurmayan lafazanlıklar!" diye gürledi. "Şirket kimsenin umurunda değil. Kimse çalışanları düşünmüyor. Tanrım! Yaşatmamız gereken bir şirketimiz var. 140.000 insandan sorumluyum ben. Bu geminin yürümesi gerek!"

Gün ilerlerken Johnson, bir ışık -herhangi bir ışık- bekliyordu. Barış anlaşması suya düşemezdi. Düşmemeliydi. "Bu da geçer..." diye düşünmeyi tercih etti.

Akvaryumda işler giderek çıkmaza giriyordu. Kravis'in Drexel üzerindeki ısrarı sürdüğü takdirde, ortaklıktan vazgeçme kararına varıldı. Eğer ortaklık suya düşecekse, fiyat vermenin tam zamanıydı. Kravis 90 dolarlık teklifini ilan edeli on gün olmuştu, Gutfreund ile Strauss henüz bir anlaşma zemini ortaya koyamamışlardı ve yönetim ekibinin teklifi henüz hazır değildi. Acilen 92 dolarlık bir karşı teklifle fiyatı yükseltmeyi önerdiler.

"Bu bize gerçeklik kazandırır," dedi Strauss. "Oyuncu olarak kayıtlara geçmemiz şart. Tahtada teklifimiz görülmeli." Cohen de

Jim Robinson da fiyata itiraz etmedi. Odadakilerden tek ciddi itiraz Steve Goldstone'dan geldi.

Goldstone'a göre taktiğin hedefi açıktı: Borsa simsarları jargonunda buna "belanı bul" teklifi denirdi. Cohen ve Gutfreund, Kravis'e o denli hınç biliyorlardı ki, suratının tam ortasına bir teklif patlatmak için yanıp tutuşuyorlardı. Goldstone bu adamlara ve şişkin egolarına sessizce lanet yağdırdı.

Büyük masanın yanında durdu ve sesini yükselterek yeni bir fiyat teklifi fikrini ortaya attı. Bir şirkette yönetimin, değerinin düşeceği korkusu yaratarak hisseleri ucuza kapatmaya çalıştığı iddiasıyla açılan bir davaya, Atkins ile birlikte katılmıştı. Shearson 92 dolar fiyat verirse, böyle bir iddia gündeme gelebilirdi. İki dolarlık bir sıçrama engellerin aşılmasına yetmezdi. Vurucu olmayan bir fiyat teklifi, özel komite ile dirsek temasının sonu olabilirdi. Atkins ve Hugel, yönetimlerinin zorda olduğunun farkına varacak ve var güçleriyle destek vereceklerdi.

"Bu Henry'yi korkutmaya yetmez," dedi Goldstone. "Henry bu işten çekilmez. Sadece kızdırır o karar. Tüm yaptığınız Henry'yi gaza getirmek ve özel komite ile dirsek temasından vaz geçirmek. Bu şekilde stratejik avantajımızı yitiriyoruz. Bence bu... heba edilmiş bir fiyat teklifi."

Gutfreund, Goldstone'un söyledikleri üzerinde fazla düşünmeden onay verdi. Ross Johnson'ın çeki yazabileceğini ileri sürdü, ancak söz konusu olan hâlâ Salomon ve Shearson'ın çek defteriydi. "Bu senin paran değil!" diye çıkıştı. "Nasıl bir yol izleyeceğimizi biliyoruz."

Goldstone ve Salomon yöneticileri bir süre için fiyat verme stratejisine ilişkin sıcak bir tartışmaya kilitlendiler. Goldstone, Pillsbury Yönetim Kurulu toplantısı için halen Minneapolis'te bulunan Tom Hill'in de orada olmasını ve kendisine destek vermesini isterdi. Nihayet Goldstone'un ortağı Dennis Hersch öne doğru eğilerek arkadaşının kulağına bir şeyler fısıldadı.

"Hey, sakin ol!" dedi Hersch. "Kararlarını vermişler. Onların dava vekili değilsin."

Goldstone hiddetle Johnson'ın ofisine daldı. Ağzından tükürükler saçarak Johnson'a durumu özetledi, bankerlerin bir karşı teklif hazırlığı içinde olduklarını da ekledi. "Bu ciddi, çok ciddi bir hata ve bize zarar verecek..." dedi Goldstone. "Ancak onları durdurmam mümkün değil. Savaş baltalarını çıkarmışlar. Beni dinlemiyorlar bile."

Goldstone, Gutfreund hakkında konuşmayı sürdürürken Johnson dinlemekle yetindi. Hâlâ ilgisiz kalmakta ısrar ediyordu. Bu bir müzakere süreciydi ve tüm müzakereler sıcak geçerdi. "Er ya da geç..." diye düşündü, sular durulacak.

Robinson, Cohen ve Nusbaum; saat on birde aşağıya inip, Kohlberg Kravis'i son bir kez ziyaret etmek üzere anlaştılar. Kravis'in ofisine vardıklarında, önce Robinson girdi söze.

"Müzakerelerdeki iyi niyetini takdir ediyoruz," dedi. "İkimiz de bir iş bitirmek istedik. Herkes elinden gelen çabayı gösterdi. Ancak ortaya çıkan sorunların aşılabileceğini sanmıyoruz. Bulunduğun noktada ısrarcı olursan, tartışmaları sürdürmemizin bir anlamı yok sanırım. Yollarımızı ayırarak ilerlemek zorundayız."

Kravis hayret içindeydi. "Peter'e bu sabah verdiğimiz teklife yanıtınız nedir?" diye sordu.

Robinson tepeden tırnağa diplomatı oynuyordu. "Mümkün olmayacak," dedi ayrıntılara girmeden. Ve ardından bombayı patlattı:

"Alternatif bir fiyat teklifi süreceğiz."

"Ne?" diye gürledi Kravis. Bildiği kadarıyla, müzakereler hâlâ sürüyordu. "Neden?"

"Kazanabiliriz ya da kaybedebiliriz..." dedi Robinson, "ancak kaybetsek bile bu, şirketimiz ve yatırımcılarımız açısından en uygun yapı içinde olacak."

Robinson grubu ofisten ayrıldığında Kravis ateş püskürüyordu, George Roberts da.

"Kahretsin!" diye gürledi Roberts, "Ross Johnson'ın kıçı yemedi buraya aşağıya gelip gözlerimizin içine bakmaya ve kendi ağzıyla söylemeye. Aslında bu heriflerle birleşmediğimize memnunum. Asla yürümezdi bu evlilik."

Cohen, Kravis'in ofisinden dışarı çıktı ve Kohlberg Kravis'in bekleme odasından yukarıda beklemekte olan grubu aradı.

"Devam edin," dedi. Birkaç dakika içinde Dow Jones News Service'e 92 dolarlık teklif geçilmişti bile.

Yönetim kurulu teklifinin şaşkınlığa uğrattığı tek kişi Kravis değildi. Johnson allak bullak olmuştu. Konferans odasındaki fikir alışverişinin teoride kalacağını düşünmüştü. Kimsenin, Goldstone'un uyarısını göz ardı ederek yeni bir fiyat vereceğine inanmamıştı. Kravis'in verdiğine bu kadar yakın bir fiyat... Özellikle de onun onayı olmadan...

Banttan geçen haberi görür görmez Johnson "Ne yapıyoruz?" diye hışımla Goldstone'un üstüne yürüdü. "Böyle bir aptallık görmedim! Eşek şakası gibi! Tüm müzakereler sonuçsuz kalmışsa, teklif vermenin ne yararı var? Bir birleşme anlaşması elde etmeniz imkansız. Bu Kravis'i öfkelendirmekten başka hiçbir işe yaramaz!"

Linda Robinson akşam üzeri kırksekizinci kata çıkarak Kravis ile bir telefon görüşmesi yaptı. Çok öfkeliydi Kravis. "Bunu yaptıklarına inanamıyorum!" diye köpürdü. "Neden biraz daha zorlamayı denemediler ki?" Birkaç dakika süren konuşma boyunca kızgınlığı hiç azalmadı. Linda Robinson kendi tarafının tavrından rahatsız olarak ve bir miktar da utanarak, sadece dinledi.

Olayların akışından şaşkına dönen Johnson ofisinde kalmayı tercih etti. Gutfreund ya da Cohen ile konuşamazdı; her ikisi de, Kravis'e gününü göstermiş olmanın sarhoşluğu içindeydi. Johnson'ın tabiriyle "ateşe işeyen" Kravis ile konuşmasının da bir anlamı yoktu. Daha 17 saat önce bir barış anlaşması sağlamak üzere harekete geçmişti. Strauss, Cohen ya da Wall Street'ten başka birini davet etmeyi istememişti. İki çuval incir berbat olmuştu. Şimdi de, kendi ortakları Piece de Resistance, ona haber bile vermeden 20 milyar dolarlık bir teklif ortaya atıyordu. Bir gece smokinler içinde casinoya girip aynı gecenin sabahında paçavralar içinde ayrılan adam gibi hissetti kendini. "Daha da kötü..." diye düşündü Johnson. Kaderi üzerindeki tüm kontrolünü kaybetmişti.

Johnson iyice daraldığı sıralarda, Goldstone, grubun yeni teklifi hakkında bilgi vermek üzere Peter Atkins'e telefon ediyordu. Telefon çaldığında Atkins, Skadden Arps'daki bir özel komite toplantısından yeni çıkmıştı. Goldstone sesindeki sıkıntıyı gizlemeye çabaladı. Önceki gün katıldığı bir önalım teklifi toplantısından sonra, Atkins ile konuşmaya biraz utanıyordu. Goldstone bir ucuza kapatma numarası olduğuna yemin edebilirdi.

Atkins'e haberleri geçtikten sonra, avukattan sürpriz bir yanıt alacağını düşündü. Açıklamaya çalıştı ancak cesareti kırılmıştı. Sözlerini bitirdiğinde bir süre delici bir sessizlik hüküm sürdü hatlarda. Atkins, bu kadar düşük bir fiyat artırımı sürprizi ile nasıl baş edeceğini düşünüyor olmalıydı.

"Okey..." dedi avukat sonunda. "Seni duyuyorum."

Yönetim grubunun 92 dolar fiyat teklifinden hoşnut olmayan tek kişi Goldstone değildi. Minneapolis'de Hill, Pillsbury'nin Yönetim Kurulu toplantısından çıkarken, Cohen son haberleri aktarıyordu. "Hata yapıldığını düşünüyorum," dedi patronuna. Şimdi bir müzayede süreci başladı ve müzayedelerde, açık artırmayı açan taraf teklif sahipleri üzerinde her zaman kontrol sağlar. Hill aylar sonra geçmişi hatırlarken "Karşı bir teklif ile geldiğimizde..." diyecekti, "yönetim kurulu, bizi tıknefes yakaladığının farkındaydı."

Sonra herkes bir yerlere dağıldı. Cohen akşamı New York Borsası'nın Yönetim Kurulu toplantısında geçirdi. Strauss ve Gutfreund bir uçak kiralayarak, Salomon müşterileriyle bir haftasonu gezintisi için Palm Beach'e uçtular. Johnson öfkesini ofisinde dindirmeye çalıştı. Linda Robinson binadan çıkmadan önce Kravis'in suitinde mola verdi.

"Bir şeyler yapmak zorundayız," dedi. "Treni tekrar rayına sokmalıyız."

Kravis bu işten ümidini kesmişti: "Bu tren yeniden nasıl raya oturtulur bilemiyorum," dedi. Rafa kaldırılabilirdi ancak. Görüşmelerin orta yerinde Cohen cebinden bir silah çıkarmış ve odayı kurşun yağmuruna tutmuştu. Böyle insanlarla nasıl verimli bir tartışmaya girilebilirdi ki?"

"Sen teklifini yaptın," dedi Jim Robinson'ın karısı Kravis'e. "Bu noktada artık kendi başınasın."

Frank Benevento yaşamı boyunca finansla yatıp kalkan biriydi. Johnson ve Sage'in danışmanıydı ve sayılara hakimiyetini ifade etmek için finans mühendisliği gibi terimler kullanmayı pek severdi. Benevento önde gelen Wall Street danışmanlarının maddi yapıları üzerine yoğun bir çalışmayı yeni bitirmişti. Perşembe akşamı son çalışmalarından elde ettiği verilerle Johnson'ın ofisinin kapısını çaldı. Wall Street'te en son geçerli yüzdelik ücretlere göre ve bu alım satım işleminde yatırım bankacıları ve avukatlara ödenecek yüklü miktardaki ücretler ışığında kendi faturasını çıkardığını söyledi Benevento.

Tutarı yirmi dört milyon dolardı.

Johnson bayılmamak için kendini zor tuttu. Herkes bir şeyler koparma peşindeydi. Müdürler emeklilikleri ve araç sigortalarına ilişkin küçük hesapların, Kravis ve yatırım bankacıları kendi paylarının, Salomon tahvillerin. Frank Benevento'nun istediği 24 milyon dolar da hepsinin üzerine tuz biber ekmişti.

"Bu adamın başka bir yerde 24 milyon doların yanına bile yaklaşması mümkün değil," diye düşündü Johnson. Ona istediği rakamı şirkete fatura etmesini söyledi. İşler normale döndüğünde icabına bakılırdı.

Johnson Cuma sabahı Albany dışında bir hastane ziyareti için kuzeye uçtu. Aynı günün akşamını komadaki oğlunun başında geçirdi. Bruce Johnson'ın durumu hiç iç açıcı değildi. Albany'den Westchester'a sevkedilirken sağlığı ciddi ölçüde kötüleşmişti. Westchester'daki hekimlerin güvenilir olduğu yönündeki ısrarına karşın, Albany'deki meslektaşları hareket etmemesinin daha doğru olacağına inanıyorladı. Bruce'un vücut ısısı yüksek seyrediyordu. Johnson gün boyunca hekimlerle durumu konuştu, ancak onların da söyleyecek fazla bir şeyleri yoktu.

Kravis de, Cuma gününü oğluna ayırdı. Massachusetts'deki özel Middlesex kolejinde veli görüşme günüydü ve bu Kravis için oğlunu görme fırsatıydı. Sonrasında, gece boyu süren katı görüşmelerden ve basındaki eleştirilerin tamtamlarından kaçabilmek ümidiyle çiftlik evinde dinlenmeye çekildi. Medyanın saldırıları karşısında kendini kuşatılmış hissediyordu. En ümitsiz anlarında, RJR Nabisco'ya sahip olma isteğinin gücünü sorgulaması yeterli oluyordu. Bu uğurda parya olmaya değer miydi?

Cuma akşamı Kravis, basının o ana kadarki en güçlü saldırısı ile karşılaştı. *Business Week*'in kapağını "Kral Henry" başlığı süslüyordu. İçerdeki başlığı bir çırpıda okudu: "KKR'den Kravis'i –RJR Nabisco savaşından galip çıksa bile– önlenemez bir düşüş bekliyor." Carolyne Roehm, kapağı 7. Cadde'deki ofisinde gördü ve dehşete düştü.

Kravis kamuoyu nezdinde çocukların ırz düşmanı ilan edilmiş gibi tepki gösterdi. Somurtkan bir ifadeyle içine kapandı. Roehm tüm haftasonu onu neşelendirmeye çalıştı ama nafileydi. Şaklabanlık yapmayı, mıncıklamayı ve güldürmeyi denedi. Bu kapağı poster boyutunda bastırıp evin duvarına asmaları gerektiği konusunda şakalar yaptı. Linda Robinson arayarak teselli etmeye çalıştı. Hiçbiri sökmedi. Kravis kilitlenmişti.

Daha sonra, en kötü halinde, daha iyi hissetmesini sağlayacak bir şey oldu. Ne olduğunu kendisi de bilmiyordu ama görünen o ki, kamuoyu rüzgarları lehine esmeye başlıyordu.

Johnson'ın Kravis'in önüne sürdüğü yönetim anlaşmasının içeriğine ilişkin tüm tartışmalar, iki hafta içinde fazla bir değişikliğe uğramamıştı.

Gutfreund'un metindeki "yakışık almayan" noktalara yönelik itirazlarına, Jim Robinson'ın önerilerine ve dahil olan herkesin yeniden müzakere edilmesi yönündeki beyanlarına karşın, herhangi bir adım atılmamıştı. Peter Cohen'i kaygılandıran daha önemli unsurlar vardı. Bu konuya ilişkin sorumluluğu Jack Nusbaum'a devretmişti, o da firmadan bir ortağına yüklemişti. Müzakereler karmaşık geçecek ve zaman alacaktı; oysa herkes Kravis'e ateş etmekle meşguldü.

Tüm bu kargaşanın durulacağından emin olan Gutfreund acele etmiyordu. Anlaşmayı Davis Polk'da muhafaza etmekte olan Johnson'ın hukuk danışmanları da acele etmiyorlardı. Steve Goldstone, anlaşmaya ilişkin müzakerelerdeki söz hakkını garip bir şekilde Johnson'a devretmişti. "Ross yetişkin bir insan," demişti Goldstone sonradan. "Pes etmesi gereken noktayı bilir. Kararı kendisinin vermesi gerekiyor."

Anlaşmanın gündelik sorumluluğu Goldstone'un asistanı Gar Bason'da kaldı. Bason, Cohen'in Gutfreund'a verdiği söz ne olursa olsun, işini yalnızca Johnson'ın çıkarlarını gözetmek olarak algılıyordu. Salomon'un kavgaya dahil olmasını izleyen bir hafta süresince, Bason tüm zamanını Gutfreund'un yardımcılarını onaylamaları yönünde sıkıştırmakla geçirdi. "İmzaladınız mı?" diye soruyordu. "İmzaladınız, değil mi?"

Bason, Goldstone'a ümitsizliğini anlatıyordu. "Bizi kazıklıyorlar!" diye gürledi bir keresinde. Bason'ın taleplerinden tedirgin olan Salomon'un baş hukuk danışmanı Peter Darrow da, Goldstone'a şikayetlerini iletecekti. "Adamınız Bason kafamı davul etti," dedi Darrow. "Sanki hiç değişiklik olmayacak gibi hareket ediyor. Değişiklikler olacak, haberi olsun."

Goldstone'un kavgadan bir çıkarı yoktu. "Anlaşıldı," dedi. Anlaşma bekleyebilirdi.

Anlaşmadaki değişikliklerin kısa sürede gerçekleşmesini isteyenler, halkla ilişkilere en çok önem veren Jim ve Linda Robinson'dı. İkisi de anlaşmanın Johnson'ın suratında patlama potansiyelinin farkına varmışlardı. Ancak değişiklik için baskı yapabilecek kişi olan Jim Robinson, bu yönde bir adım atmadı. Sonuç olarak, her şey olduğu gibi kaldı. Anlaşma, geri sayıma geçmiş bir saatli bomba misali kuzu gibi yatıyordu yerleştiği rafta. Cuma akşamı olan oldu ve bomba patladı.

Linda Robinson, çalan telefonu açtı. Gedikli bir *New York Times* muhabiri olan James Sterngold, Cumartesi günü için yönetim anlaşmasına yer veren bir haber hazırlıyordu. Sterngold her şeyi bildiğini söylüyordu: 2 milyar doları, karşılığı ödenmeden yararlanılan hizmetleri, hatta Salomon'un muhalefetini. Linda Robinson'ın ilk aklına gelen tepki, anlaşmanın açıkça tartışılması oldu ancak basına karşı ihtiyatlı davranan Goldstone tarafından engellendi. Kocasına Sterngold'dan gelen telefondan söz ettiğinde, Kurumsal Amerika'nın dışişleri bakanı gayet net bir tepkiyle yetindi: "Allah kahretsin!"

Cuma akşamının ilerleyen saatlerinde Peter Cohen bir lumizinin arka koltuğunda evine doğru yol alıyordu. Uzun ve sıkıntılı bir hafta geçirmişti, barış görüşmeleri kesintiye uğramasına rağmen, Johnson ve Kravis'i yeniden biraraya getirme ümidini hâlâ koruyordu. İki taraf arasında kalıcı bir düşmanlık yoktu, ayrıca Drexel ve Salomon'un el sıkışmaması için de bir ciddi bir engel göremiyordu.

Times'daki haberin olası yansımalarını olaydan haberdar olur olmaz anladı. Pakttan bir haber sızdıysa, öten kuşun tek adresi olabilirdi. Cohen hemen Dick Beattie'yi aradı.

"Neler oluyor?" diye yanıt istedi.

"Bilmiyorum, Peter..." dedi Beattie. "Nasıl olduğu konusunda bir fikrim var. Ancak benden değil, onu söyleyebilirim."

"Bu anlaşmayı Sterngold'a sen sızdırdın!"*

"Hayır Peter, yapmadım. Yapamazdım. Daha yeni koydum evrak çantama." Evrak çantası ayağının dibinde açık halde duruyordu. "Peter, her şeyin kontrolü bende değil..." dedi Beattie. "Henry her şeyi herkese dağıtıyor."

Gerçekten de Kravis, yatırım bankacıları ile Perşembe akşamı yaptığı toplantıda anlaşmayı ayrıntılı olarak masaya yatırmıştı. Kravis, danışmanlarının çenelerinin sıkılığına bir an için bile güvenmezdi. Yine de, yönetim anlaşması onların da bilgi sahibi olması gereken bir konu gibi görünmüştü. Beattie'ye göre, bir düzine da-

---

* Cohen böyle bir tavır içinde olmadığını söylüyor.

nışmandan herhangi biri sızıntının kaynağı olabilirdi.
Cohen telefonu kapadığında öfkesi yüzünden okunuyordu. RJR Nabisco savaşında cepheler genişliyordu. Rüzgarların yönü değişiyor ve Peter Cohen'in suratına doğru sert esmeye başlıyordu.

Cuma günü Ted Forstmann'ın teklif oluşturma grubu suyun yüzeyine çıkmaya hazırdı. İlk olarak şirketin en güçlü rakiplerine duyarlı finansal bilgileri vermekte tereddüt eden Hugel'ın özel komitesi itiraz etmişti Forstmann grubu ile samimi ilişkiler kurulmasına. Ancak Geoff Boisi'nin inadı ve ısrarı günü kurtarmıştı. Boisi grubun eline verilen her belgenin yalnızca belirli üyeler tarafından gözden geçirilecek şekilde şifreleneceği bir teknik ve mali inceleme sürecine rıza göstermişti.

Yine de görüşmelerdeki tıkanıklığın aşılması, Hugel'ın aklına gelen bir fikirle mümkün olabildi: Forstmann Little faktörü. Hugel, Forstmann Little faktörü karşısında ikisinin güç birliği yapacağından emindi. Bu durum çok manidardı. Öyleyse, Forstmann'ın varlığı açık artırmada sürülecek peylere canlılık kazandırırdı.

Forstmann, haliyle, zor bir doğum olacağından emindi. Cuma gününü, Lazard Rockefeller Center'da grubunun oluşumunu bildiren bir basın bülteni üzerinde çalışarak geçirdi. Bültende grubun ihaleye "davet edilmiş" olduğunun yer almasında ısrar etti; Forstmann'ın beyaz şapkasını giymesi için çok önemliydi bu. Ancak yönetim kurulu sonuç olarak nötr kalınması gerektiğini düşünüyordu. Forstmann'ın ihaleye katılması ne kadar isteniyor olursa olsun, kazanmaya yakın adaylar arasında görülmeyecekti.

Ancak Forstmann geri adım atmıyordu. "Benim davet edilmem şart. Anlamıyor musunuz?" dedi Lazard danışmanlarına. "Bu ya bültende yer alır ya da beni unutun."

Tartışmalar tüm akşam boyunca sürdü. Sonlara doğru, Forstmann tam köprüleri atmanın eşindeydi ki, Atkins ortamı yumuşattı. "Memnuniyetle karşılandı" ifadesine ne buyurulurdu? Kurul Forstmann'ın ilgisini memnuniyetle karşılayacaktı. Forstmann kabul etti.

Bir mola sırasında Forstmann ofisi ile bağlantı kurdu ve Jim Robinson'dan bir mesaj geldiğini öğrendi. Birkaç dakika sonra onu aradığında, Robinson'ın yumuşak Georgia aksanı ile karşılaştı.
"Teddy, sana duyduğum saygıyı bilirsin..." diye söze girdi Robinson. "Sen kendi işini yaparsın, ben de benimkini. Şimdi de sana işini nasıl yapacağını söyleyecek değilim. Ancak buradaki havanın sen ve Geoff Boisi'nin birlikte bir şeyler planladığınız şeklinde olduğunu bildirmek istedim. Bu haberi duyan bizim çocukların hop oturup hop kalkmaktan bacaklarının ağrıdığını bilmeni isterim."

Forstmann bunu bilmiyordu ama Cohen'in öfkeli olduğu mesajını aldı. "Onlar, senden, bizimle iş birliğine gitmediğin takdirde başka kimseyle ortak hareket etmeyeceğin sözünü almış olduklarını düşünüyorlar. Kenarda kalmayı kabul etmiş olduğunu söylediler."

Forstmann derin bir soluk aldı. "Jimmy, çok yazık. Benim dürüst bir herif olduğumu bilirsin," dedi. Forstmann Little'ın önünde üç seçenek olduğunu Cohen'e üstüne basa basa vurguladığını aktardı Robinson'a: Shearson ile güçleri birleştirmek, tek tabanca girmek ya da dışarıda kalmak. "Açıkçası, son seçenek tercihimdi –bu konuyu unutup işime bakmak istedim. Şimdi ise ne yapacağımızdan emin değilim."

"Biliyorum..." dedi Robinson. "Ama sahaya inmeyeceğini sen kendin söyledin."

Forstmann oyun dışı kalmakla neyi kast ettiğini açıklamaya girişti; faydası olmayacağını bile bile. "Dinle Jim... henüz nasıl tavır alacağımızı gerçekten bilmiyorum. Eğer katılmaya karar verirsek, bundan ilk haberdar olacak kişi sensin."

İki saat sonra Forstmann, Robinson'ı yeniden aradı. Yeni bir ihale grubunun oluştuğunu haber veren basın bültenini okudu American Express patronuna.

Robinson güldü. "Gosh, telefonumun bir etkisi oldu sanırım." Forstmann, Robinson'ın önceki itirazına ikinci bir karşılık vermemişti.

"Size iyi şanslar dilerim," dedi Forstmann.
"Size de..." diye karşılık verdi Jim Robinson.

Cumartesi sabahı ilerleyen saatlerde, Johnson Atlanta'daki evinde uyuyordu. Aşağıya indi ve yerden *The New York Times*'ı aldı. İş dünyasıyla ilgili sayfalara göz gezdirirken sol alt köşedeki bir habere takıldı.

"Nabisco yöneticileri satıştan büyük kazanç bekliyor," yazıyordu başlığında.

Yönetim anlaşmasını asla diğerleri gibi hırsın sembolü olarak görmeyen Johnson, haberin herhangi bir inandırıcılık taşımayacak kadar vahşi bir dille kaleme alındığını düşündü. Yazıda anlaşmanın 2 milyar dolar değerinde olduğu gibi absürd iddialar yer alıyordu. Tüm teşviklerle birlikte ancak böyle bir rakama ulaşılabilirdi; ama gelinen noktada, doksanların altına çekilen fiyat teklifleri ile bu asla mümkün değildi. Ayrıca herkes anlaşmanın yeniden müzakere edileceğini biliyordu.

"Son derece gülünç..." dedi yüksek sesle. Buna kimse inanmazdı. İnanırlar mıydı, yoksa?

O sırada Connecticut'ta bulunan Jim ve Linda Robinson'a ulaştı. "Bu saçmalığa aklı başında kimse inanmaz," dedi onlara. "Bu eşeklikten başka bir şey değil."

Linda Robinson haberin bu kadarla kalacağını düşünmüyordu ancak Johnson'a bundan söz etmedi. "Ross, konu bir PR (halkla ilişkiler) sorunu değil..." dedi. Önlerindeki ikilemin menzilini kavratmak zorundaydı Johnson'a. "Bu başlı başına bir sorun. Anlamıyorsun. Bunu göz ardı edemezsin. Senin mahvına neden olabilir bu."

O gün Johnson'ın telefonu susmak bilmedi. İlk arayanlardan biri, yönetim anlaşmasının mimarı Andy Sage'di. Sage, *The Times*'daki haberi okumuş ve üzerinde fazlaca kafa yormamıştı. "Ha, ondan mı bahsediyorsun..." dedi. "Tamamen varsayımlara dayanıyor, kimse ciddiye almaz bu yazıyı."

Sage bankanın durumu hakkında konuşmak istedi. Shearson'ın banka finansmanı konusunda herhangi bir adım atmamış olmasından kaygı duyuyordu. "Kafalarını kırmak istiyorum," dedi. "İşle ilgilendiklerine inanmıyorum."

Johnson'ın duymak istediği de buydu. Ortakları Shearson ve Salomon'un sınırlarını fark etmeye başlaması, tüm düşüncelerinin önüne geçti. "George ve Henry'yi gördükten ve dinledikten sonra, bir miktar geride olduğumuzu söylemeliyim..." dedi Sage'e.

O sabah Connecticut'taki evinde *Times*'ı okuyan Charlie Hugel'a da telefonlar geliyordu. Onun hattını Johnson'dan açıklama talep eden hiddetli müdürler işgal ediyordu. *The Times*'daki haber doğru ise, yönetim kurulu anlaşmadan bihaber olma, dolayısıyla da aptal konumuna düşme riski ile karşı karşıyaydı. Basındaki haberlere prim vermeyen Hugel bile telaş içindeydi. Johnson'ı aradı Atlanta'dan.

"Dinle Charlie..." dedi Johnson. "Hepsi palavra. Tek kelimesine bile inanma."

Makalede yer alan iddiaların yanlışlarını tartıştılar bir süre. Sonunda Hugel, "Dinle..." dedi, "konu hakkında açıklayıcı bir mektup yazar mısın bana, bazı telefonlar alıyorum da..."

"Tabii..." dedi Johnson. Ertesi gün, Goldstone, Hugel'a ithafen bir mektup kaleme aldı ve altına Johnson'ın imzasını attı. "Cumartesi günkü *New York Times*'da, şahsım ve yönetim grubunun diğer bazı üyelerinin, grubumuza ait hisselerin satışından aşırı kazançlar elde edebileceği şeklinde doğruluk payı olmayan bir takım iddialar yer almıştır..." diye başlıyordu mektup. "Hal böyle değildir ve yazıya ilişkin düzeltmelerde bulunmak isterim."

Johnson ayrıca, grubunun LBO'lardaki alışılmış tazminat düzenlemelerini uyguladığını belirterek devam ediyordu. Ayrıca grubun satın alacağı hisse senetlerinin çoğu çalışanlara dağıtılacaktı. "Finans ortaklarımız ile hisse senetlerinin dağılımı üzerinde bir anlaşmaya vardığımızda, New York ve Winston-Salem'deki avukatlarımızdan bu senetleri çalışanlarımıza dağıtma yollarını araştırmalarını rica ettim; sözü geçen kişiler de bu araştırmaya aktif olarak katıldılar."

Charlie Hugel, Johnson'ın mektubunu dikkatle okudu. John-

son ile üç hafta süren –Johnson'ın ona sepetin yarısını önerdiği konuşma dahil- müzakerelerin tamamında Hugel, çalışanlara hisse senedi verilmesi ile ilgili bir söz duymamıştı. Bir önceki gün, *The Times*'daki haber üzerine konuşurlarken bile tek kelime etmemişti Johnson.
Hugel'a göre Ross Johnson yalan söylüyordu.

The Times'daki yazının en büyük sürprizlerinden biri, Salomon'un yönetim anlaşması hakkında kuşkuları olduğunu ileri süren pasajdı. Cumartesi günü, Gutfreund bu iddiayı tekzip etmek ve hiçbir Salomon yöneticisinin muhabire demeç vermediğini temin etmek üzere Johnson'ı aradı. "Bir şey söyleyeyim mi Johnny, senin kafeste ötmeyi seven bir kuş var sanırım..." dedi Johnson. Bu kadarıyla yetindi; insanların hatalarını yüzlerine vurmaktan hoşlanmazdı.

Steve Goldstone içinse fark etmezdi. Salomon referansını okuduğunda öfkeden kudurdu. Aklına ilk olarak, Salomon'un yönetim anlaşmasını, istediği değişikliklerin geçmesini sağlamak amacıyla basına sızdırdığı geldi. Bu düşünceden hemen vazgeçti. "Gutfreund bile..." dedi kendi kendine, "bu kadar aptal olamaz."

Aynı günün akşamı da Cohen ile konuşurken, "Sally'yi olaya dahil etmek durumundayız..." diye yakındı. "Yapılması gereken değişiklikler varsa kolları sıvayalım. Ama kamuoyu önünde bu tarz çekişmeler bizim cephede ciddi bir yarılmayı gösteriyor. Bu sonumuz olabilir."

Cohen, Salomon'un sorun olmayacağı konusunda ısrarcı olsa da, Goldstone pek emin değildi. Daha sonra, Gar Bason, Cohen'e gönderilmek üzere yazdığı bir mektup taslağını gösterdi:

Sevgili Peter,
Son günlerde basında çıkan ve yönetim grubu finans ortaklarının Ross'a ve hepimizin mutabık olduğu yönetim ortaklık yapı-

sına tam destek vermediği şeklindeki haberlerden derin kaygı duymaktayız. Ross ve ekibi, senin ve Tom'un (Strauss) verdiği güvenceye dayanarak herhangi bir tereddüt taşımamaktadır. Yine de gazetelerin baş sayfalarını kaplayan söylentiler hepimize zarar vermektedir. Bu nedenle, Shearson ve Salomon'un varolan yapıya destek verdiğini belirten birer kısa not yazmanızı rica etmek için bu mektubu kaleme alıyorum. Yeni bir teklif ile devam etmeye karar verilmesi halinde, bu düzenlemelerin aramızda tartışma konusu olması doğaldır.

Saygılarımla,
George R. Bason, Jr.

Cumartesi günü, Ted Forstmann yeni grubunu kendisine resmen bildirmesi için Johnson'la boş yere bağlantıya geçmeye çalıştı ve sonunda çareyi Connecticut'taki Jim Robinson'a telefon etmekte buldu. "Jim, sadece Ross'a ulaşmaya çalıştığımı bilmeni istedim. Bende bütün numaraları yok. Ona ulaşmaya çalıştığımı söyler misin kendisine?"

"Kendin arasan daha iyi olur sanırım." Robinson'ın keyfi yerinde görünüyordu.

"Gosh, bunu tercih ederim."

Robinson, Forstmann'ın yeni grubunu ima etti. "Hâlâ bizimle birlikte misin, Ted? Demek istiyorum ki, birlikte bir şeyler yapabilir miyiz? Mümkün mü bu?"

Bir fikir düştü aklına Forstmann'ın. Johnson neden Forstmann grubuna katılmasındı? Shearson da bir rol oynayabilirdi. Forstmann Little'ı Shearson'ın ne idüğü belirsiz yapısına sokuşturmaya çalışmak yerine, "sıcak para" işinde Shearson için de neden bir oda ayırmasındı?"

"Biz sizinle çalışırız..." dedi Forstmann. "Hiç sorun olmaz. Forstmann Little tarzı yapmak zorundayız. Allahın belası hurda tahvil yok. (yani palavra yok). Ama sizi aramızda görmek isteriz."

Robinson ona Johnson'ın numarasını verdi ve Johnson Cumartesi akşamı Forstmann'ı aradı. "Ross..." diye söze girdi Forstmann, "yaptığımı hoşgörü ile karşılayacağını umarım. Olanların perde arkasını sana anlatmak istedim ama ulaşmadım. Tanrım, seninle konuşmam mümkün olmadı."

Johnson *The Times*'daki yazıya atıfta bulundu. "Pazarlığım basına sızdırıldı," dedi. "Sen bir şey bilmiyordun, değil mi Ted. Yoksa..?" Forstmann sözlerdeki imayı kaçırmadı.

"Ross, haberim yoktu... Seni temin ederim ki, benden değil. Bundan iğreniyorum ayrıca. Bu çok pis ve alçakça bir şey."

"Peki..." dedi Johnson, "Eğer yaptıysa, Bay Kravis'in icabına bakmanın bir yolunu bulacağım."

Forstmann konuyu yeniden kendi grubuna getirdi. "Biliyorsun Ross, bu işte en iyi biziz. Senin tarzın insanlarız. Servetimi nereden yaptığımı biliyorsun. GM, IBM, GE."

"Evet, John Welsh, John Akers..." diye devam ederek General Electric ve International Business Machines'in genel müdürlerini sırayla saydı Johnson. "Kendileri ile golf oynarım."

"Bu hurda tahvil işlerine karışan heriflerle birlikte hareket ettiğin için suçlamıyorum seni," dedi Forstmann. "Ama benim işimde hurda tahvile, kolay paraya yer yok."

Johnson güldü. "Portföyümde hiç hurda tahvil yok."

Forstmann heyecanına izin verdi. Ümit verici bir durumdu bu. "Bak..." dedi, "Jim bu işte birlikte olup olmadığımızı sordu. Ben de evet dedim. Kimseyi yolda bırakmaya çalışmıyorum. Ayak oyunu yapmıyorum. Korumamız gereken bir namımız, itibarımız var."

"Namınızı biliyorum."

"Ross söylediklerimi ciddi olarak düşün. Jimmy ile konuş. Çok dürüst bir adamdır. O sana anlatır. Birlikte çalışmamız çok iyi olur. Sen anahtarsın bu işte. Bize katılacağını umuyorum."

"Teddy, düşünmem gerekiyor."

Forstmann yaklaşımını kişisel bir yakınlaşma ile tamamladı. "Ross, oğlun için çok üzgün olduğumu söylemek isterim. Kahretsin. Gerçekten çok üzgünüm." Johnson'ın teşekküründen sonra devam etti: "Biliyorsun, biz ikimiz, bu iş bittikten sonra da buralarda olacağız. RJR Nabisco'yu kimin satın aldığından daha önemli şeyler de var."

"Haklısın."
"Dostluğumuzun sürmesi önemli."
"Tabii ya..."
Johnson'ın "beş bacaklı fil" adını taktığı Ted Forstmann grubu ile güç birliğine hiç niyeti yoktu. Forstmann'ın ihaleyi kazanması hayatta mümkün görünmüyordu.

Pazar gününü dinlenerek geçirdiler. Atlanta'da, Johnson, bir tomar gazeteyi hatmetti, sonra da televizyondaki futbol ve golf karşılaşmalarını izledi. Connecticut'ta, suratsız bir Henry Kravis, kurulun *The Times*'daki garip yazıdan haberdar olup olmadığını merak ederek geçirdi günü. Forstmann'ın yeni grubuna pek önem vermedi; deneyimleri konsorsiyumların kazanmak için çok hantal kaldıklarını söylüyordu. New Jersey'de, Peter Cohen, oğlunu New York Giants'lerin maçına götürdü ve büyük olasılıkla o gün Meadowsland'de 15'er dakikalık dört devrenin tamamı boyunca uyuyan tek babaydı.

O akşam bir grup bankacı ve hukukçu, gelecek haftanın stratejisini çizmek üzere Cohen'in 5. Cadde'deki dairesinde biraraya geldiler. Cohen, Geoff Boisi ve RJR Nabisco'yu tek başına almanın peşinde olmadığı yönünde kendisine defalarca garanti veren Ted Forstmann'a verdi veriştirdi. Bir dava açma olasılığı gündeme geldi, ancak reddedildi. Jack Nusbaum, hoşnutsuzluklarını ifade eden bir mektup yazmayı önerdi. Goldstone ve Peter Darrow bunda yarar görmedi, ancak Cohen aldığı darbenin hesabını sormaya kararlıydı.

Pazar akşamı Ted Forstmann East River'daki dairesinde, zamanında İtalyan ulusal tenis takımında çalışmış bir masörün maharetli dokunuşları ile yorgunluk atıyordu. Forstmann'ın masaj seansı, halkla ilişkiler danışmanı Davis Weinstock'un telaşlı telefonlarıyla defalarca kesintiye uğradı. Weinstock, muhabirlerin sorularına verdiği yanıtlardaki düşmanca tonun, Shearson'ın Forstmann Little'a kızgın olduğunu gösterdiğini söyledi. "Neden bilmiyorum..." dedi Weinstock, "senin bir terslik yaptığını iddia ediyorlar."

Forstmann bir an düşündü. Yönetim anlaşmasını sızdırmakla suçlanıyor olmalıydı. "Bu kahrolası Kravis insanları benim öttüğüme ikna etmişse..."

Forstmann, Weinstock'un telefonlarını yanıtlamak üzere yerinden sıçradıkça masörü sıkıntı basıyordu. "Yerinizden kalkarsanız nasıl masaj yapabilirim ki?"

"Maurizio..." dedi Forstmann. "Sorun olduğunu biliyorum. Ama benim daha büyük sorunlarım var."

Sonunda Forstmann ne olup bittiğini anlamaya karar verdi. Atlanta'dan Johnson'ı aradı. Laurie Johnson açtı Whitewater Creek Road'daki evin telefonunu. "Selam, Laurie. Ben Ted Forstmann."

"Nasılsın, Ted?" Sesini duyduğuna gerçekten sevinmiş görünüyordu.

"İyi, iyi. Ross orada mı?"

"Bir konferans görüşmesi yapıyor."

"Yarım dakikasını alacağım. Gelmesini rica eder misin?"

Laurie Johnson ahizeyi yerine koydu ve bir dakika sonra geri döndü. "Ross konferans biter bitmez arayacak seni." Forstmann telefonu kapamaya fırsat bulamadan soru geldi, "Orada havalar nasıl Ted?"

Hava üzerine sohbet konuyu Deepdale'in yeşilliğine getirdi. Yaklaşık on dakika lafladılar. Forstmann ahizeyi yerine koyarken Johnson'ın ne tatlı bir karısı olduğunu düşünüyordu.

Laurie ile sohbet sırasında, kocası diğer hat üzerinden Cohen ve Goldstone ile görüşüyordu. Forstmann'dan gelen telefondan söz edince, ikisi de alarma geçtiler. Bunun tek bir anlamı olabilirdi: Forstmann, Johnson için bir oyun tezgahlıyordu.

"Bakın, sizinle birlikteyim çocuklar..." diye vurguladı Johnson. "İş birliği yapmak istemediğiniz kimselerle ben de iş birliği yapmam."

"Neden Ted'i arayıp da, seni zor durumda bırakmadan durumu biz aktarmıyoruz?" önerisinde bulundu Goldstone. Johnson'ın

Forstmann ile baş edebileceğinden kuşkuluydu.

"Olur, sizce en iyisi neyse onu yapın."

Goldstone hemen bebek yüzlü kiralık katille ilgili yeni bir iş için Gar Bason ile görüştü.

Otuz dakika sonra Ted Forstmann'ın telefonu çaldı. Arayanın Johnson olduğunu düşündü. Ona söyleyecekleri belliydi: Ross, seni temin ederim ki bu pis sızdırma işi hakkında bir şey bilmiyorum. Böyle şeyler bizim tarzımız değil. Nefret ederiz bu numaralardan.

Ama telefonu açtığında tanımadığı bir sesle karşılaştı: "Ben, Davis Pork and Wardwell'den Gar Bason. Bay ve Bayan Johnson'ı temsil ediyorum ve onlara yönelik tacizlerinize son vermenizi sağlamakla yetkiliyim. Evlerinden arayarak kendilerini rahatsız ediyorsunuz. Artık Bay Johnson'a doğrudan ulaşmayı denemeyin. Bay Johnson ile aranızdaki her tür iletişim bundan böyle benim aracılığımla olacak."

"Sizin kim olduğunuzu bilmiyorum..." diye karşı ateşe geçti şaşkın Forstmann, "ama bir şey söylememe izin verin. Bay Johnson'ı, garip bir şeyler oluyorsa bunun kaynağı ben değilim demek için aradım. Bayan Johnson ile golf ve yöneticisi olduğum, ayrıca Ross Johnson'ın üye olmasına aracılık ettiğim kulüpteki çimenler üzerine konuştuk. Şunu da bilmenizi isterim ki, dün Bay Johnson'ı Jim Robinson'ın talebi üzerine aradım."

Artık Forstmann'ın ses tonu sertleşiyordu. Peter Cohen ve puroları, Henry Kravis ve avukatları ve tabii hurda tahviller ile yaşadığı tüm nahoş hikayeler bilincine akın ediyordu. "Size şunu da söyleyeyim. Bunu kimin tezgahladığını bilecek kadar tanıyorum avukatları. Bu Ross Johnson'ın işi değil. Avukatların idareyi ele aldığı belli. Tanrım herkese yardım et. Bugün dünyada yanlış olan da bu. Senin gibi adamlar ve çevirdiğiniz dolaplar."

Forstmann henüz tatmin olmamıştı. "Bu tavrı son derece kaba buluyorum. Şuna emin olun ki, bu tantana bittikten sonra Bay ve Bayan Johnson ile yine vakit geçiriyor olacağım. Ve şunu da bilin ki, bu kabalığınızı onlara anlatacağım."

Ve telefonu kapattı.

BÖLÜM
13

7 Kasım Pazartesi sabahı Skadden Arps'da biraraya gelen RJR Nabisco müdürleri, asık suratlı ve gergin bir ekipti. Üç hafta boyunca Ross Johnson'ın şirketi 20 milyar dolarlık bir sirkin nadide parçası haline getirmesini giderek artan bir dehşet içinde izlemişlerdi. Kurulda, buna izin verdikleri için kendilerini salak hissedenler birkaç kişiyle sınırlı kalmıyordu. Yönetim anlaşmasının ifşa edilmesi çoğunda soğuk duş etkisi yapmıştı ve Pazartesi itibariyle, artan bir Johnson karşıtlığının kurula egemen olmasına ramak kalmıştı: Müdürler bundan böyle Johnson'ın arkadaşları değillerdi, onun lehine hareket edemezlerdi ve kendilerini giderek güç kazanan kamuoyu kasırgasının kucağına attığı için ona içerliyorlardı.

Vernon Jordan dahil olmak üzere, yönetim kanadının teklifindeki ayrıntılardan dehşete düşen bazıları, haftasonu boyunca Charlie Hugel'ın telefonlarını çaldırmıştı. John Mocomber'in tepkisi ahlakiydi "Bu kadar iğrenç, bu kadar yakışıksız!" diye kükremişti.

Hugel, Marty Davis'i kendisi aradı. *"The New York Times'ı* gördün mü?" diye sordu Davis.

"İnanıyor musun?" diye yanıt istedi Hugel. "Bu korkunç bir şey. Yanlış olduğunu, doğru olmadığını söylüyor ama bilmiyorum...."

Johnson'ın gizli anlaşmasına ilişkin haberler; izleyen günlerde, çalışanlar, hisse sahipleri ve medyada sağır edici boyutlara ulaşabilecek Johnson aleyhtarı bir tepkinin baskısını yaşamakta olan kurul için bardağı taşıran son damla oldu.

Gazete haberlerinin kesintisiz tamtamları duyuluyordu: 2.5 milyon dolarlık altın paraşütler, RJR yöneticileri lehine verilen ve şu anki değeri yaklaşık 50 milyon dolar tutan 526.000 adet hisse senedi Johnson'ın kaybetmesinin mümkün olmadığını, her koşulda kazanacağını gösteren tablonun mürekkebi saçılmıştı bütün gazetelere. Durumu daha da çıkmaza sokan; dolgun danışmanlık sözleşmeleri, her birine verilen 1.500 hisse senedi dahil Johnson kanalıyla kurula bahşedilen lütuflara dair gazetelerin kulağına çalınanlardı. Johnson'ın katıksız hırsının dehşetli manzarası ihaleye katılacakların kamuoyu önündeki kıran kırana mücadelesi ile birleşince, kaldıraçlı alımların yarattığı huzursuzluktan zaten rahatsız olan bir ulusun sinir sistemine şok etkisi yapıyordu. Hugel, başından beri Johnson karşıtı ve LBO karşıtı nefreti kusan mektup yağmurlarıyla zaten bunalmıştı.

"Bu insider trading'de (içerdekilerin işlemleri) son nokta," diye yazıyordu eski bir tütün işçisi. "Bu özel ve ayrıcalıklı grup, RJR Nabisco şirketinin yönetimi ile birlikte hareket ediyor. Sonuç olarak biz, bu ayrıcalıklı küçük grup tarafından onların çıkarları lehine aldatılmakta ve kullanılmaktayız. Kendi çıkarlarınız için, Johnson'ın kuşku uyandırmadan paçayı sıyırması için yataklık etmeniz dışında, Johnson'ın yediği haltlar ile silahlı bir soygun arasındaki farkı algılamakta zorlanıyorum." Diğer mektuplar, Hugel'ı Johnson ve tüm yönetim grubunu teşvik etmekle suçluyordu. "Bir şekilde..." diye yazmıştı bir Winston-Salem elemanı, "bu dünyada hisse senedi fiyatından daha yüksek bir değer de olmalı."

Öfke çemberi RJR Nabisco topluluğu ile sınırlı kalmıyordu. Nashville'li bir hissedar, "Bu açgözlü oruspu çocukları ne şirketi ne çalışanları ne de hissedarları düşünüyor. Gücünüz yetiyorsa onlarla savaşın!" diye yazmıştı. Boston'dan bir başkası ise şöyle diyordu: "Bu insanların meslek yaşamları boyunca hissedarları güçlendirmek için harcadıkları çaba, kendi cepleri için yaptıkları manipülasyonların yanında devede kulak kalır. İnsanların bağlılık duygularını kökünden söküp atmaktan başka Winston-Salem'deki topluluk için ne yaptılar ki? Daha fazla satış veya daha uygun maliyette üretim için tesisler mi kurdular, daha çok sayıda insan istihdam edip onları mı eğittiler?"

Müdürler, Smith Bagley'in bir mektubundan özel bir not çıkarmışlardı. Kızgın Reynolds varisi, yaklaşmakta olan ihalenin hakemliği için uzman bir jüri heyeti oluşturulmasını talep ediyordu. "Bazı komite üyeleri ve Bay Johnson arasındaki yakın ilişkiler..." göz önüne alındığında komitenin "hissedarların çıkarlarını korumada" gerçekten yeterli dirayeti gösterip gösteremeyeceğini sorguluyordu. Bagley'in istekleri uygulamaya sokulamayacak olsa da gazetelerde yayınlandığında baskının bir diş daha artmasına neden oldu.

Ulusal ölçekte; RJR Nabisco savaşı, LBO borçlarının ülke için taşıdığı tehlike hakkında yeni bir tartışmayı alevlendirdi. Ünlü şirket birleşmesi avukatı Martin Lipton müşterilerine gönderdiği bir kısa memoda "Ulusumuz uçurumun kenarına doğru körlemesine koşuyor," uyarısında bulunuyordu. Lale soğanları, Güney Denizi köpükleri, piramit yatırım tröstleri... Texas bankaları ve geçmişin tüm diğer finansal çılgınlıkları gibi sonuç hüsran olacaktır."

Federal Reserve (ABD Merkez Bankası) Başkanı Alan Greenspan, Kongre'yi, bir durgunluk halinde LBO borçlarının ne olacağı konusunda bankaları bir kez daha düşünmeye çağırmaya zorladı. Nakit sirkülasyonu kontrolörü, federal banka müfettişlerine, LBO borçlarını daha ayrıntılı inceleme talimatı verdi. Senato azınlık lideri Bob Dole ve diğer siyasiler, vergi hukukunda LBO'ların kontrol altına alınmasını sağlayacak reformlara duyulan ihtiyacı dile getirerek çatlak sesler çıkarmaya başladılar.

Kasım ortasında iki büyük sigorta şirketi Metropolitan Life Insurance ve ITT Corporation'a bağlı Hartford Insurance, RJR Nabisco aleyhine dava açtı. İki fırmanın elindeki RJR tahvilleri, öz sermayedeki artışa karşın düşüş göstermişti. "Tahvil sahiplerinin uğradıkları kayıp, RJR Nabisco yönetimine ve kaldıraçlı alımların diğer liderlerine haksız kazançlar sağlayacaktır," diyordu Metropolitan Life Yönetim Kurulu Başkanı John Creedon. (Federal Reserve Bank eski Başkanı Paul Volcker kendisini arayarak tek bir sözcük söyledi: "Bravo.") Şirketin sosyal güvenlik yöneticilerine LBO fonlarına yatırım yapmayı durdurma emri veren ITT Başkanı Rand Araskog, LBO'ları genelde "etik dışı" olarak değerlendirdi.

Business Week'deki bir başyazının başlığı, "RJR sirki neden bu kadar tehlikeli?" diyor ve haciz olaylarını anımsatıyordu. "Bu dehşetli manzara yalnızca 'tehlikeli' olarak görülemez," diye devam ediyordu. "Bu tam da gereksiz yönetmeliklerle serbest pazarın elini kolunu bağlamak isteyenlere koz veren bir davranış biçimi. RJR dahil tüm LBO'lar, finansal ve ekonomik değerlerine göre yapılmalı, çocukça tavırlarla değil."

Kaygılarını yüksek sesle dile getirenlerden pek azı, tansiyonu yükselen kavganın etkilerini RJR Nabisco çalışanları kadar şiddetli hissediyordu. Atlanta ofisinde çalışanlar, öğle tatillerini şirketin yayınladığı günlük haber özetlerini asık suratlarla okuyarak geçiriyorlardı. Yalnız bırakılmış, tedirgin ve geleceklerinden endişeli personel, Wall Street'teki olayları izleyerek ve Johnson aleyhtarı propoganda üreterek boş zamanlarını tüketiyordu. Bir Johnson parodisinde "Mantoba'da küçük bir limonata standıyla atıldı hayata," yazıyor ve devam ediyordu: "Sonra, annemi sattığını biliyorum. Gerisi kolay geldi."

Gerçekte merkez ofis personeli, Johnson'cı Standard Brands kıdemlileri ve Reynolds "çiftçileri" arasında bölünmüştü. Kararsızların çoğu, yönetim anlaşmasının ifşa edilmesi üzerine topluca Reynolds cephesine katıldı. "Vagonları kuşattık..." diyordu haşin bir denetçi şakayla karışık, "ve Kızıldereliler içerde."

Atlanta Constitution'ın birinci sayfasında yayınlanan bir karikatür elden ele dolaşıyordu. Yulaf kasesi içindeki bahtsız bir insan grubunu gösteren karikatürde, kabın kapağı bir Shredded Wheat kutusu gibi çizilmişti. "Kıyılmış RJR Nabisco Çalışanları" yazıyordu kutunun üzerinde, "Liste fiyatı: 25 milyar dolar."

Ülke çapındaki RJR Nabisco çalışanları, işlerini kurtarmanın yollarını arıyordu. Winston-Salem'deki sigara fabrikasının ikinci vardiya çalışanları, ellerine geçirdikleri hesap makinesiyle bir satış teklifi için 140.000 çalışandan kaçının ölmesi gerektiğini hesaplamaya başlamışlardı.* Chicago'daki Nabisco Un Mamulleri denetçilerine, 14 fırının tümü için 3.8 milyar dolarlık bir satış teklifi gelmişti.

İşçiler hiçbir yerde Winston-Salem'deki kadar moralsiz değildi. Kutsal tütün şirketlerinin Johnson ve Horrigan'a oyuncak olması yetmemişti. İkisinin test edilmeden pazara sürdükleri dumansız sigara vahşi bir ölümü yaşıyordu. Premier, neredeyse üstüne para ödenerek satılan ilk sigara olarak tarihe geçti. Test edilerek pazara verildiği St. Loius ve Arizona'da trafik saatinde radyo diskjokeylerinin alay konusu Premier'di. Reynolds Tobacco'nun büyük ümitlerle ürettiği dumansız sigara tüm zamanların en büyük yeni ürün fiyaskosu olarak anılacaktı. Ve yöneticiler, ölüyü ümitsizce diriltmeye çabalarken, Horrigan ile Johnson, New York'daki LBO cephesinde savaş veriyordu.

Ed Horrigan kendi kalesini emniyete almak için *The Times*'daki haberi "spekülatif" olmakla suçlayan kısa bir yazı gönderdi. Horrigan'ın yazısının parodisi, gerçeğinden daha çok okuyucu buldu. "Parayı alıp kaçmaya karar verdik," diye başlıyordu ve şöyle devam ediyordu: "Böylesine güzel bir budala kafalılar takımına CEO olmak onurdu. Ross'u ve beni zengin ettiğiniz için teşekkürler. Sizler olmadan bunu asla başaramazdık."

Özel komitenin beş üyesinden biri olan Hugel'ın Johnson'a yönelik yargıları sınırları zorluyordu. Arkadaşının başlangıç dürtülerinden emin olmayan Hugel'ın kuşkuları, bir dizi değişken olayın etkisiyle haftalar ilerledikçe arttı: Kârdan pay teklifi, yönetim anlaşması ve şirketin hisse başına 82 dolar ile 111 dolar arası bir değere sahip olduğu yönünde aldığı imzasız kısa not ile iyice kafası karıştı. Hugel bu imzasız notla Johnson'ın karşısına çıktığında, "orta sınıf bir memurun varsayımları" yanıtını aldı. Hugel o kadar emin değildi.

Hugel'ın rahatsızlığı, Pazartesi günü *The Times'da* yayınlanan ve Johnson'ın yeni ihale grubu oluşturan Forstmann Little'a dava açacağını bildiren yazıyı okuduğunda iyiden iyiye arttı. Hugel, geri durarak Forstmann'ın savaşa katılmasına izin verdiğini düşündü; Johnson ve Cohen'in Forstmann aleyhine açacakları davanın lehine hareket etmeyecekti. O sabah, Johnson'a gönderilmek üzere bir mektup hazırladı ve hemen yolladı.

"Bu komitenin gerçekleştireceğiniz bu tarz bir eyleme kesin karşı duracağından emin olun," diyordu Hugel mektubunda. "Şikayet nedeniniz ne olursa olsun, bu komite, Forstmann Little grubunu RJR Nabisco için güvenilir bir teklif sahibi olarak görmektedir. Bu grubun aktif katılımı durumunda RJR hissedarlarının çıkarları, sizin girişiminize gerek olmaksızın, kontrolümüzdeki süreç dahilinde en iyi şekilde korunacaktır. Grubunuzun bu yönde bir girişimde bulunmayacağına dair teyidinizi en kısa sürede tarafıma ulaştırmanızı rica ederim." Goldstone, Hugel'a, dava açma olasılığının düşük olduğunu belirtti ancak yarım ağızla grubu sorgulayan bir yazı da yazdı.

Her yeni açıklama Hugel'ın zihninde gelişmekte olan Johnson imajını pekiştirdi. Hugel, onun mezun olduğu Lafayette College'da idare heyeti başkanıydı. Johnson'ın hayır işlerine pek katkıda bulunmadığını hatırladı. Hugel 36 yıldır aynı kadınla evliydi ve Johnson'da gördüğü değişikliklerin Laurie'den kaynaklanabileceğini düşündü. Zengin ve ileri yaştaki adamların güzel ve genç ikinci eşler almasına "Jennifer Sendromu" denirdi ve Hugel, ileri yaştaki kocaların Jennifer'lerine göstermek için sıklıkla aptalca şeyler yaptıklarını düşündü. Laurie Johnson, Susan Gutfreund, Linda Robinson ve Carolyne Roehm gibi hırslı kadınların –bu gibilere New York'ta "kupa eşleri" denirdi– eşlerine işlerindeki başarılarına, elde ettikleri ihtişama göre not verdiklerini düşündü.

Diğer komite üyelerinden Brooks Kardeşler kılıklı Yale mezunu Macomber, Cassini kılıklı Manitoba eğitimli Johnson'a oldum

---

* Smith Bagley ile görüştüler ancak bir sonuç alamadılar..

olası güven duymazdı. Macomber, Celanese'den 2 milyon dolarlık kıdem tazminatıyla yara almadan kurtulmuştu ve Johnson'ın 2 milyar dolarlık anlaşması karşısında sersemledi. Hugel gibi o da, temel iş değerlerini esas alan eski ekole bağlıydı ve Johnson'ın yaptığını tüm yöneticilere kara çalmak olarak değerlendirdi. Ayrıca kurulun yetkilerine sonuna kadar inanırdı. Johnson'ın gizliden gizliye kendilerini devirmeye çalışmasını nefretle karşıladı.

Johnson'ın en hiddetli yöneticisi birinin kendine yakın olduğunu hissetti. Johnson, arkadaşı olan Gulf+Western'den Marty Davis'i yönetime alalı henüz bir yıl olmuştu. Ancak Davis kimsenin dostu değildi. Pervasız, Bronx doğumlu, liseden terk bir adamdı ve film işine Sam Soldwyn'da ofis boy olarak başlamış, Gulf+Western'in Paramount biriminin başına kadar yükselmişti. İnsanları tahrik etmesi ve teklifsiz ilişkiler kurmasıyla *Fortune*'un "Amerikanın en belalı patronları" listesine girmeyi başarmış, tabii bu arada ürkütücü bir nam edinmişti. Gulf+Stream'in lideri olarak, şirketin Carl Icahn gibi düşmanlarını sindirmişti. Ayrıca dağınık bir holding olarak eline geçen şirketi, bir medya ve finans gücüne dönüştüren hamleleri yapmıştı. İşlere hakkı olan değeri verirdi ve hisse başına 75 doları onur kırıcı veya beceriksizlik ya da her ikisi olarak değerlendirmişti.

NCR'dan Bill Anderson hurda tahvillerden, şirket düşmanlarından ya da işi iş olmaktan çıkaran diğer modern nakaratlardan haz etmezdi. NCR'da, "emanetçileri" –çalışanlar, tedarikçiler ve büyük bir şirket ile birlikte hareket eden, ona bağlı olarak yaşayan topluluklar- gözeten temiz bir felsefe telkin etti. Anderson, diğer kurul üyelerine "emanetçi literatürü" dağıtacak kadar ileri gitti. O da, tüm bu dehşet manzaralarından yorgun düşmüştü.

Isıyı en şiddetli hisseden müdür Albert Butler'dı. Kurulun kenti ve çalışanlarını sattığını düşünüyor, Winston-Salem'de Johnson aleyhtarı partizanlığı sürekli olarak yüzüne vuruluyordu. O ve Wachovia'dan John Medlin kent merkezinde bir kulüpte öğle yemeklerini yerlerken, kızgın bir edayla kapıdan içeri giren Paul Stricht "Kurul buna nasıl izin verebilir?" diye yanıt istedi. "Bunu nasıl yapabilir?" Butler ve Medlin, seçim şanslarının olmadığını açıklamaya çalıştılar sabırla, ancak Sticht'in duymak istediği bu değildi. Bunu kimse duymak istemiyordu.

Kurulun Pazartesi günkü toplantısına, olayların kontrolden çıktığı yönünde, ifade edilmeyen bir itiraf hali egemendi. Durumu kendi kontrolleri altına alma zamanının geldiği konusunda fikir birliğine vardı müdürler. Davis ve Macomber'ın sıkıştırması ile, kurul bankacıları kendilerine ait bir yeniden yapılanma planı üzerine çalışmaya başladılar. Kurul teorik olarak, tüm fiyat tekliflerini geçersiz sayabilir ve hissedarlara bir defaya özgü aktiflerden ödeme yapmak yoluyla şirketi bağımsız olarak yeniden yapılandırabilirdi. Uygulamada ise kurul, ikisinin güç birliği yapması halinde bir alternatif olarak Johnson ve Kravis'in önünde salınmak için bir kulüp olarak yeniden yapılanma ihtiyacındaydı.

Pazartesi gündeminde daha da önemli husus, Peter Atkins'in üç grubun -Johnson, Kravis ve Forstmann- her biri için prosedürler hazırlayarak resmi bir ihale esasları dizisi düzenlemiş olmasıydı. Genellikle kuralların çoğu standarttı; tüm teklif sahipleri birkaç gün içinde onaylarını bildirdiler. Anahtar nokta teslim tarihiydi: on bir gün sonraya denk gelen 18 Kasım Cuma, saat beş.

O günün akşamı esaslar yayınlandığında, Johnson sıkıntıyla koltuğuna yığıldı. Resmi ihale süreci, grubunun son taktik avantajını çiğneyerek, tüm teklif sahiplerini aynı kefeye koyuyordu. Hugel'ı arayarak, birleşme anlaşması için son bir yapıştırıcı unsur bulmayı denedi. Yeniden yapılanma düşüncesi gibi bunun da blöf olduğunu düşündü. "Charlie, kendi kazdığın kuyuya kendin düşeceksin..." dedi Hugel'a. "Yeniden yapılanmayla asla doksan dolara ulaşmazsın."

LBO karşıtı tepkiler yeniden doruğa tırmanırken, Kravis, bunun firmasının namı ve itibarında geri dönüşü olmayan hasarlara neden olabileceğinden kaygı duymaya başlamıştı. Roberts ile birlikte, bu durumun önüne geçmek için ne yapabilecekleri konusunda eski arkadaşları Gershon Kekst ve Marty Lipton'a danıştı. Konsensus şuydu: Çok az şey. Gazete başlıkları kongre üyelerine saldırıyordu, biliyorlardı ve Kravis, savaş bittikten sonra bir anti-LBO yönetmeliğinin yürürlüğe girme olasılığının da farkındaydı. Bu konu üzerinde düşünmemeye çalıştı. "Bizi basında çarmıha germekten öte bir şey yapamazlar..." dedi Kravis, "onu da yaptılar zaten."

Business Week kapağından hâlâ canı yanan Kravis, kamuoyu araştırmasındaki oklardan kendi payına üzüntü duyan karısından basına karşı alacakları tavır üzerine konferans dinledi. "Henry, basını sev ya da sevme, onlarla bağlantı kurmak zorundasın. Ne zaman bağlantı kuracaksın?" diye sıkıştırdı Roehm. "Anlamadığın şey şu, basın bağlantısını bir kenara itiyorsun. Kendi hikayeni çıkartmak zorundasın, yoksa asla anlatılmayacak."

"Ama..."

"Aması yok..." dedi Carolyn Roehm. "Saldırıya uğradın. Ortaya çıkıp öykünün kendine düşen tarafını anlatmalısın. Yoksa senin değil onların öyküsü anlatılacak."

Karısının tavsiyesini dikkate alan Kravis, Roberts ile birlikte, o hafta içinde *New York Times*'dan bir muhabir ile görüşmeye karar verdi. Gazetecinin kafasında kapsamlı bir söyleşi vardı; ancak Kravis, Peter Cohen'e "franchise" sözcüğünü asla telaffuz etmediğinin anlaşıldığından emin olduktan birkaç dakika kadar sonra oturumu bitirdi. Kekst sözcüsü Tom Daly, ikilinin "aşırı psikolojik baskıdan bunaldıklarını" öne sürerek, söyleşinin "ani ve soğuk tavırlı" sonu için özür diledi.

Kravis'in tek endişesi basın değildi. RJR'nin derinliklerini etraflıca anlaması için rehberlik edecek akıllı bir adama ihtiyaç duyuyordu hâlâ ve tekliflerin teslimine yalnızca on bir gün kala ümitsizliği giderek artıyordu. Eric Gleacher'ın önerisi üzerine, zirai dev ConAgra Yönetim Kurulu Başkanı Charles M. Harper ile şirketin yönetimi üzerine bir görüşme yaptı; işe yaramadı. Kravis çeşitli Nabisco faaliyetlerini satın alma karşılığında bu işe yatırım yapmak isteyen Pepsi yöneticileri ile de iki görüşme yaptı. Pepsi yöneticilerinin daha sonra şirket yönetimine katkıları olabilirdi ama şu an için yardım edemezlerdi. Son olarak bildik bir ad çalındı Kravis'in kulağına: Paul Sticht.

Kravis aradığında, Sticht, LBO'lara duyduğu nefreti ile Ross Johnson'a olan nefretini dengelemeye çalıştı. Sticht, LBO'ları "birkaç hırslı insan dışında kimseye hayrı olmayan ulusal skandal" olarak değerlendirdi. Ama Winston-Salem'in kudurmuş anti-Johnsonizmiyle, doğru yolun Kravis'e yardım etmekten geçtiğine ikna oldu. Bu arada berberi de Kravis'i destekliyordu.

Akşamüstü saat dörtte Simpson Thacher'da buluştular. Sticht lobi ya da asansörde Johnson ile karşılaşma korkusuyla Kravis'in ofisine gelmeyi doğru bulmadı. Kravis, Sticht'i dahi bir kıdemli, "gerçek bir centilmen" olarak değerlendirdi ve Tylee Wilson'ın belirttiği gibi Johnson'a karşı gösterdiği açık sertlikten bir iz görmedi tavırlarında. Şirket ve çalışanlarını gözettiği açıktı. Sticht'in yeni RJR Nabisco ile bağlantısı yoktu ve şirket hakkında elinde bulunan bilgiler beş yıl öncesine dayanıyor görünüyordu. Yine de Kravis basit bir gerçeğin farkında vardı: Elinde Sticht'ten iyisi yoktu. İki adam el sıkıştı ve Paul Sticht, Kohlberg Kravis'in ekibine katıldı.

"Biri Henry'nin ateşini ölçüyor," dedi Johnson haberi duyduğunda. "Ateşi var galiba."

Haber Pazartesi basına sızdığında, Peter Cohen'in Forstmann Little'a mektubu, Ted Forstmann'ın papyonuna bir kurşun gibi saplandı:

Sevgili Ted,
RJR Nabisco'yu ele geçirmeyi amaçlayan bir grubun öncülüğünü yaptığınıza ilişkin basında çıkan haberlerden son derece hayal kırıklığına uğradım, doğrusu hayretler içinde kaldım.
İki hafta öncesinde, RJR Nabisco için bir teklif vermeyi düşünen yönetim grubunun üyeleri olarak Jim Robinson, Ross Johnson ve şahsım ile görüşme talebinde bulunduğunuzu hatırlayacaksı-

nız. Bize katılma isteğinize ilişkin ifade ettiğiniz gerekçelerin hafızanızda olduğuna eminim.

Ortağımız olma yönündeki güçlü isteğinizi göz önünde bulundurarak ve aşağıda belirtilen spesifik temsilin güveniyle; ekonomik modellerimiz, ayrıntılı finansal düzenlemelerimiz, öngörülen fiyat teklifi stratejimiz ve olası elden çıkarmalara ilişkin ön düşünceler dahil olmak üzere, öngördüğümüz işlemlerin tüm yönlerini sizinle tartışmakta sakınca görmedik.

Goldman Sachs'a, imzaladığınız gizlilik anlaşmasının maddeleri ile bağlayıcı hale gelen sizin ve onların ifade ettikleri teminatlara dayanarak, görüşmelerimize temsilciniz olarak katılma olanağı tanıdık. Bununla birlikte, Goldman Sachs'ın, bazı gıda şirketlerini muhtemelen onları ikna etmek için bizden edindiğiniz bilgilerle size katılmaya ikna ettiği görülmektedir.

Sizi, eylemlerinizi çok dikkatli değerlendirmeye davet ediyorum. Yakın tarihli tartışmalarımız dahil iş ilişkilerimiz, sözleşmeye dayalı ilişkilerin etik sapmaları ya da ihlallerini içermeyecek bir davranış hukukunu varsaymaktadır.

Shearson ve RJR Nabisco yöneticileri, altına girdikleri taahhütlere saygı gösterme niyetindedirler. Sizden de benzer bir tavır beklemekteyiz.

Bu mektubun içeriğini çok dikkatle değerlendireceğinizi ümit ediyorum.

İçten sevgilerimle,
Peter

Cohen'in mektubu Forstmann üzerinde beklenen etkiyi yaptı ve ertesi gün yanıtı geldi.

Sayın Bay Cohen,
7 Kasım 1988 tarihli mektubunuzla ve bu mektubu basına aleni olarak dağıtmak yoluyla, Goldmann, Sachs & Co. ve Forstmann Little'ın etik değerlerine karşı sorumsuz ve hatalı bir saldı-

rı programı başlattığınız anlaşılıyor. Dolaylı olarak, RJR Nabisco'yu alma düşüncesiyle bize katılan Procter & Gamble, Ralston Purina ve Castle & Cooke'un etik değerlerine de saldırıda bulunmaktasınız. Farkında olduğunuz üzere, itibarımıza saldırarak, bizim için en değerli şeye saldırmaktasınız. Eylemlerinizin arkasındaki niyetin, bizi ihale sürecinin dışında bırakmak ve Shearson Lehmann ile bazı RJR yöneticilerinin şirketi düşük bir fiyata satın almasını sağlamak olduğuna inanmaktayız. Bu "taktiğe" başvurmak durumunda kalmanız, birlikte çalıştığınız RJR Nabisco yönetiminin RJR Nabisco hissedarlarının çıkarlarını korumakla yükümlü olması nedeniyle ayrıca üzücüdür....

Hatırlayacağınızdan emin olduğum üzere, tartışmalarımız sırasında, sizinle bir anlaşmaya varamadığımız takdirde, kendi işlemlerimizi değerlendirme hakkını saklı tuttuğumuz konusunda sizi bilgilendirdik. Önümüzde üç seçeneğin olduğunu size defalarca açıkladık: Birincisi, standartlarımız ile uyumlu düzeltmelere gidildiği takdirde önerdiğiniz işlemlere dahil olmak; ikincisi, RJR ile ilgili her türlü faaliyetin dışında kalmak; ya da üçüncüsü, Özel Komite tarafından böyle bir teklif istendiği takdirde kendi teklifimizi oluşturmak. Özel Komite, grubumuzun ilgisini memnuniyetle karşılayacağını bize bildirdiğinde, bu teklifi değerlendirme seçeneğini izlemeye karar verdik....

Forstmann Little grubunun RJR Nabisco'ya ilgisi, RJR Nabisco hissedarlarının açık çıkarınadır ve şirketin özel komitesi tarafından uygun karşılanmıştır. Ayrıntılı değerlendirmeler sonrasında bu işlemin sabit finansal standartlarımıza uygun olmadığına kanaat getirirsek, bir teklif öne sürmeyeceğiz. Bununla birlikte, Forstmann Little ve sermaye ortaklarının çıkarlarına zarar vermeye yönelik tehdit girişimlerinize hiçbir şekilde izin veremeyiz.

Forstmann Little & Co. şirketi, mümkün olan en yüksek çalışma standartları ve mutlak dürüstlük ilkeleri göz önünde bulundurularak özenle tesis edilmiştir. Bu işlem boyunca da her bakımdan bu standartlara uygun hareket ettik; bu bakımdan öğütlerinize ihtiyaç duymuyoruz.

Ürettiğiniz bu düzmece polemiğin bu mektupla sona ermesini

umarım. Sizden farklı olarak, bu mektubu basına verme niyetinde değiliz.
İçten sevgilerimle,
Theodore J. Forstmann

Cohen, Goldman Sachs'ın saygıdeğer kıdemli ortağı John L. Weinberg dahil olmak üzere Forstmann'ın ihale ortaklarından her birine benzeri mektuplar göndermişti. Weinberg'in yanıtı üst düzey bir devlet görevlisinin kıdemsiz mesai arkadaşını azarlamasını andırıyordu.

Sevgili Peter,
7 Kasım 1988 tarihli mektubunuzu aldım, yaklaşık aynı zamanda da basından bir görüşme isteği geldi; dolayısıyla, mektubunuzun bizimle iletişime geçmekten çok halkla ilişkiler amaçlı olduğu açıkça ortada. Ayrıca beni pek iyi tanımadığınız da ortada. Aksi takdirde, zamanınızı ve benim zamanımı hakaretler ve tehditlerle harcamazdınız sanırım.
Kanımca mektubunuz yanıtlanmaya değmiyor. Ancak çalışma arkadaşlarım size yazılı bir karşılık vermemin uygun olduğu konusunda beni ikna etmiş bulunuyor.
Mektubunuz esas itibariyle hatalar içermektedir ve tamamen haksızdır. Goldman Sachs, Forstmann Little'ın RJR Nabisco ile imzaladığı gizlilik anlaşmasının hiçbir maddesini ihlal etmiş değildir. Bildiğiniz üzere toplantılarda kişisel olarak bulunmadım; ancak yönetimden ya da Shearson'dan bağımsız olarak devam edebileceğimiz ve bu olasılığı aktif olarak düşündüğümüz şeklindeki çok net mesajımızın size açıkça iletildiği bilgisi, çalışma arkadaşlarımca tarafıma aktarıldı. Golden Sachs, Shearson ya da RJR Nabisco ile, kendisini bu seçenekten ya da RJR Nabisco'ya Şirket ve hissedarları tarafından uygun görülecek tekliflerde bulunmaktan alıkoyacak herhangi bir anlaşma imzalamamıştır.
Bu görüş, Şirket'in bağımsız müdürleri tarafından da açık ola-

rak paylaşılmaktadır. Bugün kamuoyu önünde yeniden teyit edildiği üzere; komite, Forstmann Little, Golden Sachs ve çalıştığımız son derece saygın şirketlerin ilgisini memnuniyetle karşılamaktadır.

Goldman Sachs ile iyi ilişkiler kurma yönünde sözde ilginizi ciddiye almak olanaksız değilse de güç olmaktadır. 7 Kasım tarihli mektubunuzda yer alanlar, ona benzer saldırılar ya da bu mektubun örneklerini bizimle iletişime bile geçmeden ve yanıtımızı almadan basına dağıtarak istismar yoluna gitmeniz, sizin için firmalarımız arasında herhangi bir ilişkiye vesile olmaz. Bu mektup alışverişini tırmandırmanın kimsenin çıkarına olmadığı kanaatindeyiz; bu nedenle de bu mektubun kopyalarını basına göndermeyi düşünmüyoruz.

Mektubunuzun tarzına ve içeriğine şiddetle itiraz ediyorum; şahsıma, Geoff Boisi ya da Goldman, Sachs & Co.'ya herhangi bir konuda ders verecek temele sahip değilsiniz. Ayrıca bu taktik manevralarınız, yalnızca endüstrimiz hakkında birçok kişinin paylaştığı olumsuz izlenimi güçlendirmeye yarar. Bu taktiklerin bir son bulacağına inanıyorum.

Saygılarımla,
John L. Weinberg

Hugel, Forstmann ve Weinberg'den gelen mektupları birer birer okuduktan sonra Jim Robinson, Cohen'i arayarak kesin bir ifadeyle Shearson'ın yazı yazma sanatının başka örneklerini görmek istemediğini söyledi.

———

Çarşamba sabahı Del Monte'nin Başkanı Bob Carbonell, Johnson'ın New York ofisine fırtına gibi daldı: "Ross, olan bitene inanmayacaksın."

Carbonell, Forstmann Little'ın sürdürdüğü yasal ve mali inceleme süreci kapsamında Dole'un gönderdiği yönetici ekip tarafından Plaza'da sorgulanmıştı. Yöneltilen sorular Dole'un Del Monte'nin servet değerinde gizli bilgilerini elde ettiğini bariz bir şekilde ortaya koyuyordu: Yükleme programları, üretim tahminleri, her şey. Carbonell'e göre, Del Monte'nin rekabetçi konumu ciddi tehlike altındaydı.

İkisi de özel komiteden birilerinin dilinin sürçtüğünü düşündü. Övündükleri güvenlik prosedürleri işlememişti ve sonuç olarak, Dole'un, Del Monte'nin en gizli dosyalarına burnunu sokmasına olanak tanınmıştı. Johnson artık çileden çıkmak üzereydi. Kravis ya da Cohen ile kavgaya tutuşabilirdi. Bunlar adil kavgalardı. Ancak, saf tembellikten ve saf ehliyetsizlikten kaynaklanan bir darbenin acısını çekmek; bu kadarı fazlaydı.

Hugel önceki gün Rusya'ya uçmuştu, ancak bu Johnson'ı durdurmadı. John Martin, ABC'den Roone Arledge'ı arayarak ağın Moskova'daki ofisinin telefonlarını çaldırdı. Moskova'da, Hugel; Johnson'ın telefonuna yanıt vermek üzere hızla otelinden ayrıldı, sokaklardan koşar adım geçerek ABC'nin ofisine ulaştı. RJR Nabisco, Rusya'da bile rahat bırakmıyordu. Hugel üst düzey bir Pepsi yöneticisi ile buluşmak üzere kaldığı otelin lobisine koştu ve Pepsi'nin ihaleye girme yollarını tartıştı. Ardından Kremlin'de Sovyetler Birliği Ticaret Komisyonu Başkanı dahil olmak üzere çeşitli üst düzey temsilcilerle görüştü. Hepsi, Wall Street'deki büyük savaş hakkındaki son gelişmeleri merak ediyordu.

Johnson öfkesinin faturasını özel komiteye çıkartırken, Hugel şimdi sadece dinliyordu: "Bunların alayının kahrolası aptallar olduğunu anlıyorum artık!" diye bağırıyordu Johnson'ın Atlantik okyanusu ötesinden yankılanan sesi. "Burada, kıçımıza kazık sokmaları için bu adamlara 28 milyon dolar ödeniyor. Yasal ve mali incelemeyi doğru yapmamaları için de tabii. Bu beni gerçekten yaralıyor, Charlie. Bu kahrolası şirketin haklı ya da haksız olduğunu anlamak için bu bilgilere gerek yok ki. Bu herifleri şişirmek için ne çok uğraşıyorsunuz, şirketin köküne kibrit suyu ekiyorsunuz söyleyeyim sana! Bu hiç adil değil."

Hugel konuyla ilgileneceğini söyledi, ardından da komitedeki yardımcı üyelerinden biri arayarak tüm olanları "teknik karmaşa" olarak niteleyip Johnson'dan özür diledi. Olayın bir de dipnotu vardı. Birkaç hafta sonra Carbonell, Dole merkez ofisindeki görevlinin yanlış adrese postaladığı bariz olan bir Federal Express paketi aldı. İçinde Del Monte'nin finansal verilerinin fotokopilerini buldu. Johnson için durum gayet açıktı: Dole verileri tüm dünyadaki yöneticilerine göndermişti. Bu konuda bir şeyler yapmak için artık çok geçti, doğal olarak.

New York Halk Kütüphanesi; kentin ortasında, merkez tren istasyonunun güneyindeki kirli Manhattan sokaklarında Partenon gibi yükselir.

Binanın girişinde kent bloklarının iki katı uzunluğuna erişen heybetli bir taş görürsünüz. Sabır ve Sebatı temsil eden bir çift masif aslan tarafından iki yandan kuşatılan bu taş New York'ta güzel sanatlar mimarisinin en iyi örneklerinden biri sayılır.

10 Kasım Çarşamba kütüphane için özel bir gündü. Literary Lions'ın sekizinci yıllık akşam yemeği kutlamalarında, edebiyat dünyasının en parlak yirmi ışığı da yer alıyordu. Astor, Trump ve Bass gibi isimler, onur konukları olarak davet edilen Art Buchwald, George Higgins gibi ünlü yazarlar ve Richard Reeves gibi New York sosyetesinin en üst tabakasından simalar o akşam aslanların arasından birbiri ardına teşrif ediyorlardı. Kokteyller dağıtıldı; ardından da üç ayrı okuma odasında, Christopher Plummer'ın Stephan Leacock'dan okuduğu kısa öykü eşliğinde akşam yemeği verildi.

Ay gökyüzüne yükselirken davetliler ve onur konukları, binanın üçüncü katı boyunca uzanan uzun bir taş salon olan McGraw Rotunda'ya smokinler ve göz alıcı giysiler içinde teşrif ettiler. Herkes oradaydı. Nancy ve Henry Kissinger ağır adımlarla geçtiler. Jacqueline Onassis siyah-beyaz döpiyesi içinde göz kamaştırıyordu. Kütüphanenin para kasası olarak bilinen John Gutfreund, şarap rengi giysisi içinde son derece çekici görünen karısı Susan ile birlikte geldi. Gutfreund, karısı Carolyne Roehm ile kolkola içeri girerken gördüğü Kravis'e el salladı.

Aniden salonda bir uğultu yükseldi. Kameraların flaşları çaktı ve kargaşanın kaynağını görmek üzere tüm kafalar bir anda yükseldi. Orada, şenliğin tam ortasında Kravis'in konuştuğu kişi, Peter Cohen'den başkası değildi.

Kameralara gülümsemekten ikili ancak kısa bir süre konuşabilecek zaman buldu. Bir gözünü kalabalıktan ayırmayan Kravis, "Olanlar korkunç..." dedi. "Biliyorsun, aramızda çok kötü şeyler geçmedi."

Cohen seçeneklere açık kapı bırakan bir karşılık verdi.

"Ne yapacağımızı bilmiyorum," dedi bu kez Kravis. "Gerçekten bilmiyorum."

En rahat tavırlarını takınarak, New York sosyetesinin spotları altında bir dakika kadar ayakta durdular.

"Yaptıklarının sonuçları çok kötü olacak," diye üsteledi Kravis. "Sen yapman gerekeni yapıyorsun. Biz de yapmamız gerekeni yapacağız."

Kravis, Cohen'in yanından ayrılarak kolunda Roehm ile yemeğe doğru ilerledi. İlerlerken *New York Daily News* köşe yazarı Billy Norwich'i gördü uzaktan. Geçtiğimiz Eylül, Kravisler'in Metropolitan Müzesi'nde verdikleri davete çağrılacakların listesini hazırlamıştı Norwich ve kırgın bir dille, finansörü "basından nefret etmekle" suçlamıştı sütununda. Kravis basına dayanabildiği kadar dayanmaya çalışmış, özellikle de karısına sarktığını düşündüğü Norwich'den haz etmemişti.

Roehm karşılaşmanın pek hoş olmayacağını anlayarak kocasının dümenini eline almayı denedi. "Gel, Henry..." diye fısıldadı. "Yemeğimizi yiyelim."

Ama çok geçti. Norwich'i gören Kravis'in yüzü al al oldu. Köşe yazarı ona doğru yürürken aralarında laf atışması başladı. Kravis, Norwich'e "Bok herif" dedi. Ardından da sesini yükselterek "Dizlerini kıracağım senin!" diye seslendi. Birkaç kişi söylenenleri duyarak o yöne döndü.

Tam o sırada, sosyetenin gülü Brooke Astor yaklaştı yanlarına ve "İçki aldın mı?" diye sordu.

"Evet, aldım..." dedi Kravis.
"Sana sormuyordum," diye karşılık verdi Astor. "Billy'ye sormuştum."
Astor'un bilinçli ya da bilinçsiz müdahalesi fırtınayı kopmadan dindirdi. Kravis oradan uzaklaşarak yemek salonuna girdi. Konuşmaya kulak misafiri olan Dick Beattie, Kravis'in şaka yaptığını düşündü. Norwich'e eşlik eden Meredith Etherington-Smith adlı bir İngiliz gazeteci ise öyle düşünmedi ve *Women's Wear Daily*'de olayı nakletti.
"Tam anlamıyla şok oldum," diye yazmıştı. "Bir aşağı sınıf davetinde bu tarz bir davranış sürpriz olmayabilir ama Literary Lions'da kesinlikle..."

Yönetim grubu içinde de tansiyon yükselmişti. O zamana kadar gösterilen performansın yetersizliği hesaba katıldığında karşılıklı suçlamaların filizlenmesi çok doğaldı. Salomon bankerleri -Sosisler- aşağılayıcı tavrını saklama yönünde pek çaba göstermeyen Tom Hill'den tiksinme noktasına geldiler. Sosisler, Hill'in telefonlarına yanıt vermiyorlardı. Mike Zimmerman'a, bir bankerin anlattığına göre "hizmetçi" muamelesi yapmıştı. Hill'i yapmacık, waspy* ve nevi şahsına münhasır bir "tip" olarak görüyorlardı.
"Şu bok solucanı yani Hill dediğiniz adamın elinde Wall Street'in en büyük şirket birleştirme merkezi var," diye hatırlattı Chaz Philips çalışma arkadaşlarına bir gün. "İşlem merkezinin dört yıl önce Sally'ninkinden çok daha küçük olduğunu hatırlatmak isterim." Bankerler, Philips'e kafayı yemek üzereymiş gibi baktılar.
Sosisler, Cohen için sabit bir dehşet kaynağıydı. "Bütün bu adamların kim olduğunu biliyor musun?" diye sormuştu Andrea Farace'a, ofisinin Salomon bankerleri ile dolup taştığı bir akşam. "Nereden geliyor bunlar? Ne bok yiyorlar?" Cohen de Gutfreund'u kenara çekip "kısa bir görüşme" yapmak istemişti. Ancak mümkün değildi.
Bu arada Johnson danışmanların bitmek bilmeyen geçit töreni karşısında hayrete düşüyordu. Cohen bir düğün alayının peşine

takılmış gibiydi. "Peter..." dedi bir noktada, "Kızıldeniz'de yanlış yöne saptığınız kesin."

Gutfreund, Steve Goldstone'un özel komiteye yönelik tavrından giderek tedirginlik duymaya başlıyordu. Goldstone grubun tek kanalı olarak Peter Atkins'i bırakmıştı ve Gutfreund, onun, Skadden avukatına hiç danışamamasına son derece kızgındı. Gutfreund, adamlarından Goldstone'un geçmişini araştırmalarını istedi; konuşmaya değecek bir şeyler çıkmadı. Gutfreund, Cohen'den Salomon'un danışmanı Peter Darrow'un Atkins ile konuşmasına izin verilmesini istedi birkaç kez. Gerçekte Salomon yöneticileri, Johnson ekibinin tamamına olan inançlarını yitirmişlerdi. Yönetim anlaşmasında ortaya çıkan fiyaskodan Johnson'ı sorumlu tutuyor ve suçluyorlardı. Bazıları hızla büyüyen açgözlülük irinini örtmek için, Johnson'ın tahmin ettiğinden daha büyük bir sıkıntı içinde olduğunu homurdanıyorlardı.

Johnson'ın yedi kişilik yönetim grubu için Nine West'deki yaşam neredeyse gerçeküstüydü. Her zaman bir güvenlik fanatiği olan Johnson, ofislerinde günlük dinleme aygıtı kontrolü yaptırırdı; Kravis'in ofisini dinleme teklifini geri çevirdi. Toplantılar sıklıkla yüksek perdeden vızıldamalarla kesiliyordu: John Martin'in yardımcısı Bill Liss, bir düzine kadar muhabir ile sürekli bağlantı halinde olduğundan tüm üst düzey yöneticilerin mesaj cihazları bulundurması için ısrar etmişti.

Tüm bu keşmekeş içinde Johnson'ın yardımcıları kendilerini garip bir şekilde izole edilmiş hissediyorlardı. "Bir bankacı para toplamaktan söz ediyorsa, o sizin işçinizdir," diyecekti Sage. "Çek yazmaya başladığında, siz onun işçisi olursunuz." Sage kendini o kadar yalnız hissediyordu ki, zaman öldürmek için ofisine televizyon getirmişti.

Bu arada Johnson'ın umutsuzluğu büyüyordu. Büyük Macera'sında hiçbir şey planladığı gibi gitmiyordu: Kravis'in tuzağı, ba-

---

* WASP, beyaz anglosakson protestan karşılığı olarak kullanılan bir kısaltmadır. 'Beyaz Türkler' şeklindeki ifadeye benzetilebilir. –çn

şarısız barış görüşmeleri, yönetim anlaşması üzerine kopan gürültü, dolambaçlı Del Monte sorunu, basında her gün ele güne maskara edilmesi. Shearson, giderek kontrolü ele geçiriyordu. Bu savaşın keyifli hiçbir yanı kalmamıştı. "Güneş batana kadar hiçbir şey belli olmaz," diye homurdandı Johnson. Derken yemekler geldi ve herkes akşam yemeğini yiyerek çene çalmaya koyuldu. Gece yarısı ofiste yemek yemek Johnson'ın her zaman son tercihi olurdu.

Johnson'ın canını en çok sıkan nokta ihalenin geldiği noktaydı. Kazansalar bile güzelim Ferrarisi şasesine kadar borca gömülebilir ve önümüzdeki uzun yıllar boyunca direksiyona kelepçelenebilirdi. Bir strateji oturumu sırasında Johnson'ın kederi öyle bir noktaya geldi ki; yatırım bankerlerinden biri Ed Horrigan'ı kenara çekerek patrona moral aşılayacak bir konuşma yapmasını önerdi. Bankere göre, grubun ruhani liderinin kavgada pes etmesi yakışık almazdı.

"Bundan kaçamayız," dedi Horrigan Johnson'a. "Kaçıp gitmektense dayak yemiş, kan içinde ve başı önde geri dönmeyi tercih ederim. Bu şirketi, minimum baş ağrısı ile üst düzeyde yönetmeyi bilen birileri varsa o da biziz, sen ve ben. Yenileceksek, bunun düzeyli bir savaşta olmasını isterim. Kazanmalısın, Ross. Namın, kaybetmek için fazla iyi."

"Savaşçı Ed" Horrigan savaş açıyordu ama Johnson'ın gücü tükenmişti. "Anlamıyorsun. Hep kazanmak zorunda değiliz, Ed." dedi. "Poker bu. Aklının karşısına onurunu koyamazsın."

10 Kasım Perşembe günü Johnson, Jüpiter'de sakin bir haftasonu geçirmek üzere New York'tan ayrıldı. Charlie Brown havaalanındaki yeni hangarının görkemli açılışında bulunmak için Atlanta'da mola vermekte sakınca görmedi. Gerçekte açılışta hiçbir şey planlandığı gibi olmadı. Davetlilerden hemen hiçbiri davete icabet etmemişti: Ne kent kamu görevlileri ne yakındaki hangarda çalışanlar ne de yaralarını yalamakla meşgul RJR Nabisco kurmayları. Görünen oydu ki kimse Johnson ile herhangi bir şey yapmak istemiyordu. Akşam kısa kesildi ve çalışanlar artan yiyecekleri evlerine götürdüler.

Johnson o haftasonu, Moskova'dan henüz dönmüş olan Hugel'dan bir telefon aldı. Hugel, RJR Nabisco ile ilgili yeni SEC (ABD'nin SPK'sı) dosyalarının bir kopyasını görmüştü. O dosyalardan Johnson'ın Andy Sage'in yıllık 250 bin dolar olan ücretini 500 bin dolara yükselttiğini öğrendi. Bu dosyayı okuduğunda sinirleri gerildi. Hugel kurulun bu artışı asla onaylamış olmadığından emindi.

"Temmuz'da onayladılar," dedi Johnson. Hugel, Temmuz toplantısının notlarına baktı ve böyle bir şey görmedi. Johnson'ı yeniden aradı. Johnson bu defa artışın Eylül'de, Temmuz ayına geriye dönük olarak onaylandığını açıkladı.

Charlie Hugel inanmadı. Bir hafta içinde Ross Johnson'ın ikinci kez yalanını yakaladığını düşündü.

"Seni zengin edeceğim, Johnny!"

Johnson'ın sözleri Greeniaus'un beyninde adeta yankılanıyordu. Johnson ile yaptığı hayati görüşmeden bu yana radikal ancak geri dönüşü mümkün olmayan bir yola girmişti. Nabisco'daki insanlara ya da onları akıntıya sürükleyecek adama sadık olma arasında bir tercih yapması gerekiyordu. "Seni zengin edeceğim, öyle mi?" Greeniaus, Johnson'ın bunu nasıl becereceğini merak etti ve bu paranın her şeyi daha iyi yapıp yapmayacağını sordu kendine. John Greeniaus'u iyi hissettirecek şey para değildi; onun bütün hedefi Nabisco'yu iyi yağlanmış bir makine haline getirmekti. Şimdi Johnson bu makineyi almak ve parçalar halinde satmak istiyordu.

İlk kez uyuşmuş hissetti kendini. Uyuşukluk, öfkesinin iyice artmasına yol açıyordu. Her şey o kadar açık ve netti ki. Johnson'ın Nabisco ve Del Monte'yi ayrı ayrı, bit büyüklüğünde, satışı kolay operasyon birimleri şeklinde yeniden organize etmesinin; bu yaz tütüncülere 300.000 adet hisse senedi dağıtırken Nabisco'daki insanlara neredeyse hiç hisse vermemesinin; Horrigan'ın her zaman ondan yana olmasının nedeni hep ortadaydı. Johnson'ın bu işi çoktandır tezgahladığına ve herkesi de kandırdığına karar verdi Greeniaus. Şimdi de sözde Greeniaus'u kollamaya ve yeni bir ortak cennete mutlu iniş izni sağlamaya söz veriyordu. Johnson'a asla inanamazdı artık.

Greeniaus bu LBO işinin düşüncesinden bile nefret etmeye başlamıştı; yönetim grubuna katılmak üzere davet edilmemiş olmasına da aynı derecede içerliyordu. Acı dolu karmaşık duygular içindeydi. Sonunda, her zaman olduğu gibi, John Greeniaus'un kızgınlığı soğuk aklın egemenliği altına girdi. Dengesini yitirmenin alemi yoktu; temkinli davranacaktı.

LBO ilan edildiği gün, Nabisco'nun New Jersey merkez ofisine geri uçmuştu. Birkaç gün sonra özenle zarfladığı gizli bir planlama belgesini "acil" olarak Charlie Hugel'a postaladı.

"Ancak fantezi sayılabilecek bir planın ilk bölümü..." diye düşündü Greeniaus. Johnson'ın şirketi ele geçireceğinden neredeyse emindi. Johnson hiçbir rakibin keşfedemeyeceği türden bilgilere sahipti. Kurul cebinde sayılırdı. Ancak bu çok gizli ve lezzetli lokma Johnson'ın gerçek rengini görmelerini sağladığında, müdürlerin her şeyin farkına varacaklarını düşündü Greeniaus. Başka bir grup Nabisco için Johnson'dan daha iyi bir teklifle geldiğinde onlara yardımcı olacak ve düşmanla suç ortaklığına girecekti.

Nabisco Finans Müdürü Larry Kleinberg'i ofisine çağırdı. Nabisco'yu masaya yatıracaklarını ve motorun devrini artırarak yeniden keşfe çıkacaklarını söyledi. Onu büyük parti için giydirip süsleyecekler, paradan nasıl tasarruf edilebileceğini ve nakit akışının nasıl hızlandırılacağını herkese göstereceklerdi. Diğer teklif sahipleri Nabisco'nun gerçek potansiyelini gördüklerinde potu yükseltebilir ve Johnson'ı haklayabilirlerdi. Ve onlar kazanırlarsa, Nabisco'yu ellerinde tutabilirlerdi. "Uzun menzilli bir atış" diye düşündü Greeniaus, ama şirketi kurtarmak için tek şansları buydu. Kleinberg'le konuşurken bunun bir varolma savaşı olduğunu söyledi: "Hadi, tüm yeteneklerimizi oyuna yansıtalım."

Greeniaus yeraltında gerilla savaşına hazırlanırken, birliklerini hoşnut etmek için çeşitli güçlüklere katlandı. Sıkıntı içindeki Nabisco yöneticilerini eğlendirmek için ofisine bir dizi Johnson aleyhtarı karikatür ve yazı astı. Bir karikatürde boşanma davalarına bakan mahkemenin yargıcı genç adama soruyordu: Oğlum, sigara içen bir eşle mi yoksa içmeyen bir eşle mi yaşamayı tercih ederdin? Hemen yanında Greeniaus'un yanıtı vardı: Kim bilir, sigara içmeyen bir eşle yaşamanın daha iyi olduğu konusunda yanılmış olabiliriz.

Kravis sahnede göründüğünde Greeniaus kampanyasını yürütmeye ciddi olarak başlamıştı. Dillon ve Lazard'da özel komite bankerlerine tanıştırıldığında ise, RJR Nabisco'ya ilişkin anlattıklarıyla akıllarını başlarından aldı. "RJR Nabisco Ekibi'nin kaç kişiden oluştuğunu tahmin edin," diye sordu. Tahminler geldi hemen: Sekiz, on, belki bir düzine. "Yirmi dokuza ne dersiniz? dedi Greeniaus. "Yılda yedi ila on milyon dolarlık bir maliyete peki?"

Ünlü "Jack Nicklaus ve milyon dolarlık iş" anektodu ile onların hislerini okşadı ve esprileriyle hayran bıraktırdı. Vijay Amritraj kimdi ve RJR Nabisco ekibinde ne arıyordu? Castle Pines'daki villa, Palm Springs'deki dinlenme tesisi ve New York'taki daireyle ilgili hikayelerle hoşça vakit geçirmelerini sağladı. Greeniaus'un çılgınca yöntemi şuydu: Kurul bankerleri ne kadar masraf kısabileceklerini görürlerse, talep edecekleri "adil" rakam da o kadar yüksek olacaktı.

Bankerlerin ağzına çalınan parmak parmak ballarla geçen üç hafta sonunda, Greeniaus atağa kalkmaya artık hazırdı. Fikrini, önemini hemen kavrayan Lazard'dan Josh Gotbaum'a açtı. "Bunları yalnızca özel komiteye anlatacağız," dedi Greeniaus. "Yönetimin ve Ross'un kulağına gitmemeli. Söyleyeceğimiz tek bir şey, işimizi kaybetmemize yol açabilir." Gotbaum, plana ilişkin tek bir sözcüğün bile Johnson'ın kulağına gitmeyeceği konusunda garanti verdi.

Greeniaus, 14 Kasım Pazartesi günü Skadden Arps'da özel komiteye konuşmayı programına aldı. Tesadüf bu ya, aynı gün Johnson da yasal ve mali inceleme süreci kapsamında kurulun sorularına yanıt vermek üzere komitenin karşısına çıkacaktı. Greeniaus kurul toplantısına giderken yolda, Nine West'de durdu.

Greeniaus'u fark ettiğinde, "Johnny!" diye bağırdı Johnson.

"Bizimle gelsene. Özel komite karşısında uygulayacağımız strateji üzerinde çalışıyoruz."

Dehşete düşen Greeniaus akvaryum formunda tasarlanmış konferans odasına kadar izledi Johnson'ı. Yuvarlak masanın etrafına dizilmiş Steve Goldstone ve yönetim grubu hararetli bir tartışmanın içindeydi. Johnson yaklaşık bir aydan beri yönetim grubuyla ilk kez bir toplantı yapıyordu, herkesin konu hakkında bir fikri oluşmuştu. Horrigan her zamanki gibi kavgacı bir yaklaşımı savundu: "Bu piçlere yeni bilgilerden tek bir harf bile vermeyelim." Johnson sükunet ve nezaket arasında tereddüt etti. Greeniaus, keşfedilme korkusuyla buz gibi oturdu koltuğunda.

Skadden'a gitme vakti gelip çattığında Johnson ulaşım için herhangi bir ayarlama yapılmamış olduğunu fark etti. Greeniaus'a dönerek Nabisco limuzinlerinden tahsis ettirmesini istedi. Emir yerine getirildi. Skadden'a doğru birlikte yola koyuldular; vardıklarında küçük bir odaya alındılar. Hugel kurula götürmek üzere Johnson'a eşlik etmek için geldiğinde, Greeniaus tedirgin ve kafası karışık bir halde oturuyordu. Sahip olduğu tüm cesarette, Johnson'ın yanında kurulun karşısına çıkmasının yeri yoktu.

Hugel şaşkın bir bakışla baktı ona. "John, sen bu gruba dahil değilsin değil mi?"

"Yok, hayır..." dedi Greeniaus.

"Tamam, bekle o zaman..." dedi Hugel.

Greeniaus derin bir nefes alarak koltuğuna döndü.

Konferans odasında göz gezdirerek ve insanlara dikkatle bakarak, "bu odada bir muhbir var..." dedi Hugel. "Bir muhbir var ve onun kim olduğunu bulacağım."

Johnson'ın kurul karşısında konuşmasını bekleyen kurul üyelerinde açık bir sinirlilik hali görülüyordu. LBO krizinde yirmi yedinci günü ve kendilerini rehine gibi hissediyorlardı. Hugel'ın öfkesi komitenin üç hafta önceki ilk toplantısından bu yana kesintisiz olarak süren basına haber sızdırmalarla ilgiliydi. Lazard'dan

Felix Rohatyn, Hugel'ı sakin olmaya davet etti. Sızmaların herhangi bir yerden olabileceğini söylüyordu ve cadı avları ancak varolan tansiyonu şiddetlendirmeye hizmet edecekti.

Özel olarak bazı müdürler, Hugel'ın yalnızca basit bir ikiyüzlü olmadığını düşünüyorlardı. Hugel diğer teklif sahiplerinde olmayan bir avantaja sahipti; Johnson ile düzenli olarak görüşüyordu ve bu durum komiteyi jüriyle karşı karşıya bırakabilirdi. Kurul danışmanları iki kez konuyu gündeme getirmeyi denemiş, ancak sonuç alınamamıştı. Hugel gazetelerle yaptığı bir dizi söyleşide diğer konuların yanında, kurulun en yüksek nakit girdisini içeren teklifi hurda tahvillere ve diğer menkul kıymetlere tercih edeceğini altını çizerek belirtmişti. "Nakit nakittir" diyordu.

İngiltere müdürü Ronnie Grierson'dan gelen bir mektup, o sabahın tatsız havasına tuz biber ekti. Tüm müdürlerin tanıdığı Grierson, herhangi bir davadaki yükümlülüğünden son derece endişeliydi. Kurul toplantılarına Londra'dan konferans telefonu yoluyla katıldığında, diğerlerinin ufak sorunlar olarak gördüğü sorular yönelterek görüşmelerin hızını kesiyordu; defalarca sözünü kesmek zorunda kalmıştı Hugel. Bununla birlikte, diğer müdürler Grierson'un kaygısını paylaştılar. Tüm kurul üyelerine, ileri bir tarihte mahkemeye sunmak istemedikleri takdirde not almamaları söylendi.

Grierson, Johnson ve yönetim grubunun tamamının istifa etmesini istiyordu. Satın almaya kalkıştıkları bir şirketin yönetiminde kalmayı sürdürmenin "son derece uygunsuz" olduğunu ileri sürdü. Hugel bu talebi konusunda Grierson ile daha sonra konuşabilirdi; ama şu anda herkes bu durumu çok taciz edici bulmuştu. Saflara hücum etmenin sırası değildi.

Johnson ve Horrigan kurul karşısında yerlerini aldıklarında havada bir düzelme olmadı. Yönetim anlaşması sorulduğunda Johnson, *The Times*'ın yanlış haber aldığını, kâr payının diğer LBO'lardakinden yüksek olmadığını ileri sürdü. Tütün işindeki maliyetlerde kesintiye gitmenin yolları sorulduğunda, Johnson ve Horrigan bunun mümkün olmadığını belirttiler kesin bir dille. Düşmanlık sınırındaki tavırları kurul ile herhangi bir uzlaşma noktası bulmalarına olanak tanımadı.

Johnson ve Hugel arasında büyümekte olan çatlak, görüşmenin bir yerinde görünür hale geldi. Kurul, teklif sahiplerinin RJR Nabisco aktiflerini "önceden satmalarına", yani işletmelerin ihale sona ermeden üçüncü kişilere satılması şeklindeki anlaşmalara muhalefetini birçok kez belirtmişti. Johnson kendi grubu adına bunu kabul etmediğini söylediğinde, Hugel alaycı bir gülümsemeyle "Herkes yapar bunu..." dedi.

"Sözüme itiraz mı ediyorsunuz?" diye kükredi Johnson. "Bu tamamen yanlış. Bu ifadenizi geri almanızı istiyorum. Belki Shearson yapıyordur, Sally yapıyordur, ancak bizim yapmadığımızı söyleyebilirim size." Hugel devam etmedi ancak bazı dostlukların ömrünün bu ihalenin sonunu görmeye vefa etmeyeceği anlaşılmıştı.

Başarılı LBO'ların omurgası bir dizi porejeksiyondan oluşur: Kazançlar, satışlar ve en önemlisi nakit akışı. Projeksiyonlar, bir şirketin rahatlıkla geri ödeyebileceği borçların miktarını ortaya koyarlar, bu nedenle de teklif oluşturmanın anahtarı kabul edilirler. Ve doğru bir teklif, LBO için her şey demektir: Fiyat ne kadar yüksekse, borç da o kadar yüksektir. Çok fazla borç yükü en sağlıklı şirketi bile batırabilir.

Kravis The Plaza'da gerçekleştirdikleri yasal ve mali inceleme oturumlarından bir dizi güvenilir projeksiyonla ayrılmayı ümit ediyordu. Kazanmaktansa kaybetmemeye oynayan adamları, giderek bir kafa karışıklığı bataklığına sürüklenmişti. Tekliflere ilişkin son teslim tarihinden sadece dört gün önce, o Pazartesi, Kravis, Del Monte hakkında bazı şeyler, Nabisco hakkında çok az şey biliyor, Horrigan'ın tütün işi hakkında ise neredeyse hiçbir şey bilmiyordu. Kravis'in projeksiyonlarını biraraya getirme işi, Upper West Side'da bakımsız bir dairede kalan otuz yaşındaki Scott Stuart'a düşmüştü. Çoğu gün on sekiz saat çalışarak RJR Nabisco için dört ayrı projeksiyon geliştirmişti ve teoride en azından sonuncusu işe yarar görünüyordu.

Özel komite aracılığıyla RJR Nabisco'dan elde edilen rakamlarla işe başladı. Doğrudan Johnson'dan geldikleri için kuşkulu rakamlardı bunlar. Normalde, Stuart'ın bu rakamları rafine hale getirmesi, yönetim ile haftalar boyu beyin fırtınası oturumları düzenlemesini gerektiriyordu. Ancak yönetimin katılımını istemedi, buna karşılık Drexel ve Merrill Lynch'deki tütün endüstrisi analistlerinin yardımına başvurdu. Morgan Stanley ve Wasserstein Perella'daki bankerlerle yaptığı çalışma, yeni revizyonlar getirdi. Bit bit çalışarak, bilgisayar verileri elde etti. Bunların güvenilirliğine inanmak isterdi; ancak bir tahmin çalışmasından daha kesin olmamasından korktu.

Stuart'ın analizindeki esneyen delikler açıldığında, temel rakamlara ilişkin sonuçların elde edilmesi mümkün olmamıştı. Mükemmel bir dünyada Stuart, tüm ilgili rakamları hesaba katmadan asla projeksiyon geliştirmeye kalkmazdı. Ancak başka seçim şansı yoktu: Zaman kısıtlıydı ve mutlaka birşeyler ortaya çıkarması gerekiyordu. Üç hafta boyunca Stuart, Dillon ve Lazard'daki bankerleri taciz etmesine karşın hiçbirini boş bulamadı. Başlangıçta ona duvar ördüklerini de düşündü. Sonraları RJR Nabisco dahilindeki sorunları fark edecekti. En yüksek düzeylerin altındaki hiç kimse resmin bütününe vakıf değildi. Ed Robinson gibi bilgi sahibi olanlar; yalnızca ad, sıra ve seri numaraları veriyordu.

Pazartesi günü paniği giderek artıyordu Stuart'ın. Dillon Read'e bağırarak, Lazard'a bağırarak, Atlanta'daki "veri odası" boyunca emekleyen kendi muhasebecileri ve avukatlarına bağırarak kayıp rakamların peşine düştü her gün. "Veri odası mı? Hıh!" Bu kavram Stuart'ı güldürdü. Evet, veriler vardı: Düzenlenmesi aylar değilse de haftalar sürecek bir dizi kaba rakam. Çince olsa daha kötü olmazdı yani.

Aslında ihtiyacı olan rakamlar atla deve değildi: RJR Nabisco'nun kasasındaki nakit miktarı, toplam borç tutarı, Johnson'ın yönetim grubuna verdiği altın paraşüt kıdem tazminatlarına ilişkin ödemeler. Kravis ve Roberts'ın tekliflerini saptamaları için gerekli temel maddeleri biraraya getirdiğini düşündü Stuart. Her iki patronunun da projeksiyonların henüz masalarına gelmemiş olmasından sabırsızlanmaya başladıklarının farkındaydı.

Kayıp rakamlar o kadar kritikti ki, Stuart elindekileri de tam olarak anlayamadı. Özellikle bir rakam her şeyi çorbaya çevirdi. RJR Nabisco'dan elde edilen ilk projeksiyonlarda "Diğer Nakit Kullanımları" başlığı altında bir bölüm vardı. Yanında, on yıl geriye uzanan ve 300 milyon dolar ile 500 milyon dolar aralığında değişen bir dizi rakam yer alıyordu. Bu rakamların ne anlama geldiği konusunda bir fikri yoktu Stuart'ın. "Diğer kullanımlar" ne demekti? İçeriye ya da dışarıya nakit akışı mı? Toplamalı mıydı? Çıkarmalı mıydı? Yok mu saymalıydı? Yoksa... Beş yüz milyon dolar, Kravis'in yok sayılmasından hoşlanacağı türden bir toplam değildi. Toplama ve çıkarma arasındaki hareket sahası yaklaşık 1 milyar dolardı; kabaca hisse başına 96 dolar ile 92 dolarlık teklifler arasındaki farka denk düşerdi bu. Yaklaşık üç hafta boyunca bu rakamlar, Stuart'ın IBM kişisel bilgisayarının siyah ekranı üzerinde bütün beyazlığıyla parlayan iri bir elmas parçası gibi, kimsenin açıklık getiremediği bir kategori olarak öylece durdu. The Plaza'da Ed Robinson'a bu rakamları sorduğunda, cehaletini mazeret gösterdi. Özel komiteden herkes bihaberdi bu rakamlardan. "Diğer Nakit Kullanımları", Stuart'ın dört gün içinde çözmesi gereken gizemler listesinin ilk sırasındaydı artık.

Daha sonra, Pazartesi günü, Dillon Read ortağı Blair Effron'dan bir telefon geldi Stuart'a. "John Greeniaus ile bir görüşmeyle ilgilenir miydin?" diye soruyordu Effron. Greeniaus'un özel komiteye bilgi verme oturumu yeni sona ermişti. "Sanıyorum ki..." dedi Effron, "bu çocuk sana bütün hikayeyi anlatmak istiyor."

Stuart teklifi Paul Raetcher'a açtı. "Evet, neden olmasın?" diye yanıtladı Raether. "İlk turda kendilerinden başka kimse yardımcı olmamıştı."

Kentin ortasındaki bir otelde, Carlton House'da, o akşam için bir randevu ayarlandı. Raether, Stuart ve diğer bir arkadaşını toplantı odasına götürdü; yuvarlak bir masanın etrafına yerleştiler. Greeniaus yanında Larry Kleinberg olduğu halde hazır ve nazırdı.

"Başlamadan önce..." diye söze girdi Greeniaus, "size sormak istediğim birkaç şey var."

"Haydi, başla..." dedi Raether.
"Sizler, yönetim grubu ile halen görüşüyor musunuz?"
"Hayır."
"Ross Johnson ile?"
"Hayır."
"Peki, bundan sonra görüşme gibi bir niyetiniz var mı?"
"Bildiğim kadarıyla hayır."
"İyi..." dedi Greeniaus. Kumsal temizdi. "Size anlatmak istediğim birkaç şey var."

John Greeniaus'un iki buçuk saat süren konuşması sırasında, Raether'ın LBO işinde on yıl içinde duyduğu en şaşırtıcı öykülerden biri dile geliyordu. Greeniaus, tek bir insafsız darbede, Nabisco'nun faaliyet sırlarını ve tüm stratejilerini, zayıf noktalarını ve aptallıklarını ortaya seriyordu.

"Bakın..." dedi, "şimdiye kadar kimse bize bu işletmede nakitin nasıl döndüğünü sormadı. Size yapılabilecek bir sürü şey olduğunu söyleyebilirim."

Nabisco'nun gerektiğinde faaliyet gelirini tek bir yıl içinde yüzde 40 artırabileceğini belirtti Greeniaus gizli olarak. Kâr marjları yüzde 11'den yüzde 15'e yükselebilirdi. "Nakit akışı..." diyordu, yılda 816 milyon dolardan 1.1 milyon dolara çekilebilir.

"Devam edin..." dedi Raether inanmaz bir tavırla.

"Hayır, anlamıyorsunuz..." karşılığını aldı Greeniaus'dan. "Düsturumuz bu şirketi sağlam bir temel üzerinde yürütmek. Bu grubun kazançlarının yüzde on beş ya da yüzde yirmiye çıkmaması için gerçekten hiçbir geçerli neden yok. Aslında öyle olması bana sorun yaratır. Yüzde yirmi, her çeyrek vermeyi beklediğim miktar. Gelecek çeyrek, bu işletmelerin doğurduğu ek nakitten kurtulmakla uğraşacağım. Kazançlar çok yüksek olacak. Tanrım, onları aşağıya çekmek için para harcamam gerek." Wall Street'in geleceğe ilişkin tahminler için deli olduğunu söyledi Greniaus, herşey o yüzdendi.

Raether hayretten küçük dilini yutmak üzereydi. "Nereye harcamayı düşünüyorsunuz bu fazlayı?"

"Ürün tanıtımı, pazarlama..."

"Bu para doğru yere harcanıyor mu peki?"

Greeniaus kikirdedi. "Aslında... hayır."

Johnson'ın Nabisco fırınlarının modernizasyonu için 4 milyar dolar harcama planından söz etti. "Sözde teknoloji ..." diye alay etti Greeniaus –Johnson, tütünden gelen nakit için bir çıkış yolu bulamıyordu. "Tüm bu parayı harcamanız gerekmez," diye vurguladı. "Harcanan paranın hiçbir getirisi yok."

Greeniaus, Johnson'ın kutsal ineklerini tırısa kaldırdı ve onları birer birer boğazladı. Nabisco Ekibi: İsraf. Golf turnuvaları: Kötü bir taklit. "Her yıl on milyon dolar Dinah Shore'a harcamak zorunda mıyım? Barut mu satıyor orası? Hayır. Ama şirket zorluyor beni buna. Kafamda boza pişiriyorlar."

Toplantıdan ayrıldığında, Raether'ın başı fırıl fırıl dönüyordu. Bekledikleri şafak buydu işte. "Bu rakamlara inanırsanız daha iyi edersiniz," dedi Greeniaus çıkmak üzereyken, "çünkü tevdi etmeniz gerekebilir." İma açıktı: Kravis kazandığında Nabisco yönetilecekti, satılmayacaktı. Toplantıdan ayrılırken bulutların üzerinde, adeta uçuyordu Greeniaus.

Raether aceleyle geri dönerek toplantıyı Kravis'e rapor etti. "Tezgaha gelmediğimizi umarım," dedi Kravis. Greeniaus'un Johnson'ın yemi olabileceği geçmişti aklından.

"Hayır. Bu herif dürüst," dedi Raether.

Kravis, Greeniaus'un ne tür bir adam olduğunu düşündü. Hain miydi kahraman mı? Raether, kendi satınalma modellerini Greeniaus'un varsayımlarına göre yeniden uyarlamak için zaman kaybetmedi. Bir sonraki gün vuracakları darbe açıktı. Greeniaus'un tüm söyledikleri doğruysa, Kohlberg Kravis, teklifini doksan başı rakamlardan 100 dolara kadar yükseltebilirdi.

Salı günü Johnson, Başkan ile bir buluşma için Washington'a uçtu. Gerçekten o gün Ronald Reagan'ı görmek üzere çağrılan birkaç yöneticiden biriydi; ABD Anayasası'nın iki yüzüncü yıldönümü kutlamaları için Beyaz Saray'ı ziyaret edecek bir komite oluşturulmuştu. Johnson, başkan yardımcısıydı. Öğle yemeğinin ardından görevlilerin eşliğinde Reagan'ın ofisine teşrif etti ve başkanın elini sıktı.

"Ross..." dedi başkan, "sana yardımcı olamam ancak son günlerde kamuoyunun dikkatini çektiğinin farkındayım."

Johnson gülümsedi. Bu defasında hazır bir cevabı yoktu. Gazetecilere poz verildikten sonra, grubu, başkanın personel şefi Kenneth Duberstein ve ulusal güvenlik danışmanı Colin Powell ile bir görüştü. İkisi de satış işlemini sordular. Johnson, Wall Street'in tarzı üzerine birkaç espri yaptı.

Ancak başkanla sohbet bile Johnson'ın artan kötümserliğini ortadan kaldırmaya yetmedi. Daha sonra, New York uçağına binmek üzere ayrılırken, Archer Daniels Midland Başkanı Dwayne Andreas ve komite başkanına doğru döndü. Andreas arkadaşıydı; Johnson daha sık görüşmek istediğini söyledi. "Evet, Dwayne..." dedi, "birkaç hafta sonra sanırım daha çok boş vaktim olacak."

Ted Forstmann'ın masasının üzerindeki bilgisayar hesapları acı gerçeği söylüyordu. Hisse başına 85 dolarda, RJR Nabisco teklifi için rahattı Forstmann. O zaman iş, nakit yoluyla ve hurda tahvil olmadan, Forstmann Little tarzına uygun finanse edilebilirdi. Doksanda hâlâ oluru vardı, ancak yatırımcı gelirlerinde keskin bir düşüş olurdu. Kurumlar söz verilen yüzde 35'lik minimum kazancı elde etmek için Fostmann Little ile birlikte para koyuyorlardı. Doksanın çok üzerine çıkıldığında, yatırımcılara yüzde 20'den fazlasını ödemek mümkün görünmüyordu. "Kahretsin! Hazine bonoları yüzde 11 verdi," diye şakaya vurdu işi. Manzara utanç vericiydi.

Bir teklifi haklı göstermeye yeterli olacak şekilde kazançları artırmanın tek yolu vardı. Doksanların kuzeyine, ancak hurda tahvil satışıyla yeniden finanse edilebilecek bir Goldman Sachs köprü kredisiyle çıkabilirlerdi. Düşüncesi bile irkiltti Forstmann'ı, ne var ki Geoff Boisi bu fikri hararetle savunuyordu. Forstmann tüm hafta sonunu, hurda tahvillerdeki ani düşüş seyrinin sıkıntısıyla geçirdi. Genç Goldman bankerlerinin anlattıklarından bir şey anlamıyordu. "Ben İngilizce konuşuyorum, onlarsa sanki Türkçe konuşuyorlar..." diye yakındı.

Ancak Forstmann, bu tarz bir kredinin risklerinin farkında olacak kadar anlıyordu söylenenleri. Her çeyrekte, Goldman, krediyi yeniden finanse etmek için gerekli tahvil satışını yapamadığı takdirde kredinin faiz oranları yükselecekti. Sonra daha da yükselecekti. Her şey yolunda giderse, krediyi RJR Nabisco'daki nakit akışıyla geri ödeyebilirdi. Ancak Goldman herhangi bir nedenle tahvilleri satamadığında, Forstmann Little tamamından sorumlu olacaktı. Aslında Forstmann, tüm kavını Goldman'ın tahvilleri boşaltması üzerine oynamaya zorlanıyordu; şirketin lekeli kayıtları hesaba katıldığında riskli bir bahisti bu.

Boisi son derece heyecanlıydı, köprüyü çok istiyordu. Güvenilir olduğu konusunda Forstmann'a garanti veriyordu. Goldman'ın tahvilleri satamama olasılığı, binde birden fazla değildi.

"Tamam..." dedi Forstmann, "o zaman buraya yaz." Sözleşmeyi kast ediyordu.

"Hayır, Teddy..." diye karşılık verdi Boisi. "Acil bir durumda kaçma hakkımız olmalı."

Forstmann'ın giderek artan sıkıntısında en kötü noktaydı bu. Tütün tartışması kendini yapış yapış hissetmesine neden oldu. Gençlere hizmet sunan sektörlerin geleceğinin tartışıldığı bir ortamda uyuşturucu satıcısı gibi hissetti kendini. En azından bankalarla işler yolunda gidiyordu. Cumartesi akşamı Forstmann, Manufacturers Hannover'de ağzına kadar dolu bir oditoryumun önünde, gri takım elbiseli bir bankerler topluluğunu, ihtiyacı olan 10 milyar doları ya da daha fazlasını ortaya sürmeye teşvik etmişti.

Sonuç olarak, her defasında hurda tahvillere geliyordu konu. Evirdiler, çevirdiler, evirdiler, çevirdiler. Bir noktada, Boisi ellerini yukarıya doğru açarak Forstmann'a sordu:

"Nesin sen, papaz mı? Bu konuda bir tür dini inanç mı taşıyorsun?"

Forstmann açıklamayı denedi. "Goeff, gidilecek bir yer yok. Ben bir savaşçıyım ama bu zımbırtının üstesinden gelemiyorum."

The Wall Street Journal için yazdığı makalenin bir kopyasını çıkararak Boisi'ye doğru salladı. "Gerçekte buna inanıyorum, bunu bil!"

Salı akşamı Brian, Little Forstmann'ı kenara çektiğinde, yoğun bir tartışma sürüyordu. "Sanırım sen, Nicky ve ben konuşmalıyız." İki adam Forstmann'ı yakalayarak hep birlikte Little'ın ofisine çekildiler.

Üç ortak nahoş konumlarının farkındaydı. Hurda tahvilleri kullanmadıkları takdirde kazançlar yeterli olmayacaktı. İçlerinden hiçbiri bunu yapmak istemezdi. Ancak çıplak gerçek, olsa bile yapamayacaklarını gösteriyordu. Forstmann'ın hurda tahvil karşıtı eleştirileri onları köşeye yapıştırmıştı. Bu noktada hurda tahville finanse edilen köprü kredisiyle yola çıkmak, herkesin alay konusu olmaya davetiye çıkarmak demekti. "Gerçek ortada, hurdasız bu iş yapılamaz..." dedi Little.

Kasvetli bir hava egemendi. "Bu noktada kesip atmalıyız sanırım..." dedi Ted Forstmann.

Haberi Boisi ve üç ortağına bildirdi. İlk dalgalanma yatıştıktan sonra Forstmann Little'ın ihaleden geri çekilme nedenlerinden ayrıntılı olarak söz eden uzun bir basın bülteni kaleme aldı. İhale sürecine ve hurda tahvillere saldıran bir yazıydı; bir sonraki sabah yayınlatmayı planladı. Aynı akşam Peter Atkins'i arayarak ona da okudu.

Atkins, Forstmann'ın bülteni yayınlatmasına izin vermemesi gerektiğini hemen kavradı. Hurda tahvil satıcıları, LBO borçları ve anti-LBO yürütmeliği olasılığı konusunda stres yaşayan bankacılık sektörüne yanlış mesaj gönderiyordu. Tekliflerin teslim tarihine yalnızca üç gün kala, bankacıları kızdırmanın alemi yoktu. Forstmann başkaldırabilirdi, ancak Atkins bu hareketin diğer iki teklif sahibini engellemesine izin veremezdi.

Forstmann silahlarına sıkı sıkıya yapışmıştı, ilkeleri için başkaldırdığını tüm dünyanın bilmesi gerektiğinde ısrarlıydı. Sinirleri altüst olan Atkins, Hugel'ı International Hotel'de Combustion Engineering'in toplantısından çekip aldı. "Bu basın bültenini değiştirtmemiz gerek!" dedi avukat. "Gerçekten kötü görünüyor."

Forstmann'a ihaleye birinci sırada girme olanağı tanıyarak kuralları çiğnediğini düşündü Hugel ve Atkins gibi o da geri çekilme kararından rahatsızlık duyuyordu. "Atımız ölüyor..." dedi Hugel. "Üstelik..." diye ekledi Atkins, "herkesin gözü önünde ölüyor."
Sonunda Hugel ile Forstmann kafa kafaya vererek saatlerce bülten üzerinde tartıştılar. "Bunu dağıtmak zorundayım," diye ısrar etti Forstmann. Forstmann Little'ın korunması gereken bir namı var," diye yineledi. Hugel meydan okudu. Forstmann ikna ile yola gelmezse, belki şantajla sonuç alınırdı.
"Ben de kendi basın bültenimi yayınlarsam ne olacak?" diye hamle yaptı Hugel.
"Ne demek istiyorsun? Ne yazacaksın ki?"
"Düşmanca davrandığını ve etik dışı bir tarzın olduğunu yazacağım."
"Bunu yapamazsın."
"Dene bakalım..." dedi Hugel. "Yarın gazete manşetlerini süsleyeceğini garanti ediyorum."
Ertesi sabah Forstmann Little & Co. kısa, öz ve tek cümlelik bir basın bülteni yayınlayarak, hiçbir açıklama yapmadan RJR Nabisco ihalesinden geri çekildiğini bildirdi.

BÖLÜM
14

Pazartesi sabahı Peter Atkins, Skadden Arps'ın üst katlarındaki bir konferans salonunda özel komitenin beceri ve yeteneklerini sınıyordu. Atkins'in inşa ettiği ihale çatısı faaliyetteydi artık. Üç yatırımcı grubu –Forstmann Little bir sonraki güne kadar oyundan ayrılmayacaktı– son tarih olan Cuma gününe doğru dört nala ilerliyordu. Atkins tekliflerin hem kurulu hem de huzursuzlukları giderek artan hissedarları tatmin edeceğinden emindi. Gizlilik anlaşmaları yürürlükteydi. Yasal ve mali inceleme süreci ilerliyordu. Her şey kontrol altındaydı, ancak toplantıya getirilen ve önüne konan bir mektup Atkins'in keyfini kaçırdı.

Soğuk bir bakışla göz gezdirdi belgeye. Yeni bir teklifti bu. Sonuç alma bakımından ümitsiz ve zamanlama açısından çok geç olduğunu düşündü. "Belirsiz" ve "kısa ömürlü", zihnine sıçrayan ilk sözcükler bunlar oldu.

Atkins bu tür durumlara engel olmayı umut etmişti. First Boston anteti altındaki beş sayfalık teklif işleyen makinenin dişlileri arasına çomak sokmak için kaleme alınmıştı adeta. Mektubun ciddiye alınmamasını umuyordu. Ancak bunu sağlamak için ne yapması gerektiğini de bilmiyordu.

Mektubu masaya koydu ve etrafında toplanmış müdürlere dönerek "Burada uğraşmamız gereken bir şey daha var..." dedi.

Amerika'nın en büyük şirketlerinin gelişigüzel evlilikleri Wall Street'in gelişmesini 1980'ler boyunca mahmuzlarken, bir Wall Street firması, diğerlerine göre daha büyük ele geçirme işlemleri başlatmış ve daha taktiksel yenilikler yaratmıştı. 1934'de kurulan ve 1970 sonlarına kadar uyuşuk ve ikinci sınıf bir sigorta şirketi olan First Boston, büyük ölçüde Bruce Wasserstein ve Joe Perella'nın zeka ve cesaretleri sayesinde, kısa sürede büyük yatırım bankaları listesinin ön sırasına fırlamıştı.

Şiş göbekli, dağınık saçlı ve gömlek etekleri uçuşan Wasserstein ile uzun boylu, derin bilgili Perella; First Boston'ın Park Avenue'daki camlarla kaplı merkez ofisinin içinden çıkılması güç labirentinden, şirket ele geçirmeleri çağının ilk süperstarları olarak kamuoyu önüne çıkmayı başarmıştı. Gerçekten de, 1980'lerin tüm önemli devir kavgalarında –Getty, DuPont, Gulf– onların parmak izleri vardı. Bu iki adam yatırım bankacılığını uyuşuk centilmenlerin işi olmaktan kurtarıp günümüz Wall Street'inde sağlıklı bir biçimde büyüyerek gelişen ve hummalı faaliyet gerektiren dinamik bir alan olmasına anlamlı katkılarda bulunmuşlardı.

Wasserstein ve Perella aylar süren gizli kapaklı manevralar sonucunda 1988'in soğuk bir Groundhog günü First Boston Yönetim Kurulu ofislerine doğru kararlı adımlarla yürürlerken, avukatları tarafından hazırlanmış kısa istifa mektupları da yanlarındaydı. İkili o sabah yeniden sokağa döndüğünde Wall Street'in en büyük ve en ünlü şirket birleşmesi departmanı karmaşa içindeydi. First Boston'ın sayıları yirmiyi aşan önde gelen alımsatımcıları –Wasserstein'ın özenle biraraya getirdiği ekibin krem tabakası– ikilinin yeni kurduğu şirket olan Wasserstein Perella&Co. saflarına geçmek için kapıya üşüştüler. First Boston'ın en iyi müşterilerinden çoğu da akıma uygun hareket etti.

Henry Kravis RJR Nabisco için benzersiz fiyat teklifini hazırlamaya girişirken sağ yanında Bruce Wasserstein oturuyordu. O zamana kadar önde gelen Wall Street yatırım bankalarının tamamı ve çok sayıda ufak yatırım bankası, RJR Nabisco çimenlerinde otluyordu. Tüm firmalar, sadece First Boston hariç. Wasserstein'sız bir First Boston, belirsizliğe sürüklenmeye mahkum görünüyordu. Kral Arthur artık Camelot'u artık terk etmiş, Yuvarlak Masa da tarihe karışmıştı.

Mızrak savaşı için kesinlikle berbat zamanlardı.

Atkins kurul üyelerine garip mektubun birer kopyasını dağıtırken, sıkıntısından sorumlu olan adam beş blok ötede sinirli bir halde oturuyordu. Otuz sekiz yaşındaki James Maher, yaşamının en eziyetli döneminde sekizinci ayını geride bırakmıştı. First Boston yatırım bankasının ve şirket birleşme departmanının ortak başkanı olarak, Wasserstein'ın ayrılması sonrasında geriye kalan parçaları toplamak ona düşmüştü.

First Boston'ı kurtarma mücadelesinin Maher için işten de öte bir anlamı vardı. Wasserstein ve Perella, Maher'ın on yıllık patronları olmaktan öte, en yakın dostlarıydı. Ayrılmaları onda kızgınlık ve kafa karışıklığı yarattı. İki firma arasında aniden alevlenen yoğun rekabet, Maher'ın yarasının derinleştirmekle kaldı sadece. Artık varlığını sürdürmesi on yıl süreyle kendisine sırdaşlık yapmış iki adam ile gündelik çatışmalar içine girmesine bağlıydı. Eski üstlerine darbe indirme hissi First Boston'ın diğer alımsatım uzmanlarının da ortak ve sessiz çığlığına yol açtı.

İstifaların üzerinden sekiz ay geçmişti ve Mahler artık ümitsizliğe kapılmaya başlamıştı. Dayanılmaz gelgitler, çok büyük iniş çıkışlar yaşıyordu, inişler çok daha fazlaydı. Hepsi gelip aynı noktaya dayanıyordu: First Boston, RJR Nabisco pazarlığında yer almamış tek büyük yatırım bankasıydı. Bu, küçük düşmekten de beter bir durumdu. Tarihin en büyük ele geçirme öyküsü yazılırken tribünlerde kalmakla First Boston tüm rakipleri ve müşterilerine berbat bir mesaj göndermişti. Maher yanılmıyordu: Departmanının geleceği tehlikedeydi.

İhalede son teslim tarihinden sadece dört gün önce Maher'dan gelen teklif bir yudumda yuvarlanan keskin bir içki gibi olacaktı. Özel komite finansal ayrıntılı tekliflerin Cuma gününe hazır olmasını istiyordu. Bu iş Kravis ve Cohen'in haftalarını almıştı; First Boston ise henüz daha tek bir bankayla bile konuşmuş değildi. Ancak Maher bir şekilde bir miktar çaba göstererek sahaya çıkabilse, departmanını çöküşten kurtarabileceğini biliyordu. Başarısız olması halinde ise Wall Street'te mizah konusu olacağından kuşkusu yoktu.

Bazıları, ateş kullanmadan sigara içen New England'lı Maher'ın First Boston'daki 170'i aşkın birleşme uzmanının başına geçmekle eşsiz bir şans elde ettiği düşüncesindeydi. Ne bir doğal lider ne de amigoydu. Başlıca özelliği çalışma arkadaşlarının hayretle karşıladığı metanetiydi. İnce ve kendisiyle dalga geçen bir mizah anlayışı, nadir olarak patlayan öfke nöbetlerine eğilimi (yakın arkadaşları çene damarları atmaya başlayınca onu engellemek gerektiğini bilirlerdi) olmakla birlikte, bazıları Maher'ı sabırlı olarak değerlendirirdi. Wall Street'te ender rastlanan bir özellik olarak da alçak gönüllüydü.

Maher, Massachusetts'de kayışla dövülen bir orta sınıf çocuğu olarak büyüdü; babası yerel bir makine atölyesinin başındaydı. Satış müdürü olarak görev yaptığı bisiklet yedek parçası üreticisi çürük gidon desteklerinin güçlü çağrısının verdiği gazla yokuş aşağı kaymaya başlarken; 1975 yılında Columbia İşletme Fakültesi'ne girmişti. Daha sonra First Boston'ın küçük birleşme departmanında kendine bir yer edindi. Wasserstein'dan bir hafta sonra başlamıştı işe. First Boston'daki gri atletler ve kestane rengi pantalon askıları kültürü içinde, tarak değmemiş saçlarıyla sürekli hareket halinde olan Wasserstein, Maher'ı büyüledi. "Böyle bir karakter tanımamıştım. Başka bir gezegenden gelmiş gibiydi," diye anımsayacaktı sonradan. "Bruce içinden çıkılmaz bir labirent gibiydi sanki."

Ünü yayılırken, Wasserstein, personel ve çıkar çatışmaları konularında Maher'ın tavsiyelerine çok sık başvurduğundan ona bir lakap bile takmıştı: Bay Yargı. Ona kalırsa Maher, First Boston'da Wasserstein'a bağırma cüreti gösterebilen ender kişilerden biriydi. Çalışma arkadaşları, Maher'ın Wasserstein'ın ofisinden çıkarken zaman zaman ciğerinden patlayarak gelen "Seni bok herif!" naralarını hâlâ hatırlıyorlar. Jim Maher'ı Bruce Wassertein'dan başka kimse bu kadar çileden çıkaramazdı.

Mahler'ın tüm sağ duyusuna karşın Wasserstein onu asla bir üst düzey alımsatım uzmanı olarak görmezdi. Wasserstein'a göre, Mahler ele geçirme taktiklerinden yoksundu. Büyük ele geçirmelerde zaman her şey demekti ve Maher'ın harekete geçmeden önce strateji oluşturmak için saatler, hatta günler harcadığını düşünür; bunu gereksiz bulurdu. Maher'ın böyle kararsız göründüğü zamanlarda, Wasserstein ve diğerleri arkasından "Hamlet" diye dalga geçerlerdi.

Wasserstein ve Perella'nın başarısı, ikilinin First Boston yönetimi ile çatışmaya girmesini kaçınılmaz kılacaktı. First Boston, pikap arabasına binen, New Jersey'de yirmi yıldır aynı evde oturan, ciddiyet kumkuması ve eski bir borsa simsarı Peter Buchanan tarafından yönetiliyordu. Çoğu kişi Buchanan'ın, Wasserstein ve Perella'nın Porsche'li hız dünyasını ve Hamptons'daki malikanelerini anlamakta güçlük çektiğini düşünürdü. 1987 yazında Wasserstein birtakım kanıtlara dayanarak, kendisi ve Perella'nın First Boston'ın en önemli varlıkları olduğuna inandı. Wasserstein First Boston'ı, trading işinden ticari bankacılık alanına geçmeye zorladığında, bir barut fıçısını ateşlemiş oldu. Buchanan ve diğer üst düzey yöneticilerin infilakı, Wasserstein ve Perella'nın zihinlerine ayrılma fikrinin tohumlarını atacaktı. Yakın çevrelerinin de onları izleyeceği varsayılıyordu.

Perella fikri ortaya attığında ve Wasserstein da buna katıldığında, ayrılmalarına en güçlü muhalefet Maher'dan geldi. Bütün kış boyunca Wasserstein'ın kendisine ve işe aldığı yatırım bankacılarına karşı sorumlu olduğunu vurguladı Maher. Özellikle, Wasserstein'ın yeni bir firmayı yönetmenin altından kalkamayacağından korkuyordu. Maher, First Boston'ın çıkarlarına öncelik vermeyen diğer grup üyeleri Tom Hill ve Eric Gleacher'ın da Wasserstein'ı ayrılması için teşvik ettiklerinden kuşkuluydu. Maher kan kaybetmiş bir First Boston'ın rakiplerine bulunmaz fırsatlar sunacağını biliyordu.

Wasserstein için bardağı taşıran son damla Ocak 1988'de, Buchanon'ın politikaları gözden geçirmesi ve firmanın çizgisinde herhangi bir değişikliğe gidilmeyeceğini açıklaması oldu. Midelari bulanan Wasserstein ve Perella'nın kafasında ayrılma fikri iyice olgunlaştı. Maher'ın sonu bir Japon restoranında çizildi. Wasserstein ve en yakın danışmanları dört saat boyunca kendi firmalarını kurmanın artı ve eksilerini tartıştı. Wasserstein kesin bir çizgi çekiyordu. "Karar vermek zorundayız," dedi. "Kim var?"

Sırasıyla, Perella, Bill Lambert adındaki sakallı bir borsacı ve çemberin beşinci elemanı Chuck Ward tercihlerini Wasserstein ve yeni firma lehine kullandı.

Maher tereddüt etmedi. "Ben dışında kalıyorum." İtirazının Wasserstein'ın hevesini söndüreceğini ümit etmişti. Ancak değişen bir şey olmadı.

Bir süre tartıştıktan sonra "Peki. Gelin birer kadeh içelim ve konuşalım," dedi Wasserstein." Kimse aksini söylemedi ama Maher'ın davet edilmediği açıktı.

"Peki..." diye araya girdi Maher, "bana sonra bilgi verirsiniz."

"İyi de..." dedi Wasserstein "sen olayın dışındasın." Sözcükler tokat gibi patlamıştı Maher'ın suratında. On bir yıllık arkadaşlık bir çırpıda unutulmuş gibiydi. Tam da Maher'ın Wasserstein'dan bekleyebileceği türden bir tavırdı; bu iki yıldızı izlememe kararının haklılığı acı bir deneyimle kanıtlanıyordu böylece. Maher aylarca merak içinde bir işaret bekledi. Sonradan "tipik bir Bruce tavrı" diyecekti.

Chuck Ward son bir hamleyle ikna etmeyi denedi Maher'ı. "Bizimle gelmelisin..." dedi yarım ağızla. "Bruce'u kontrol edebilecek tek kişi sensin."

O Şubat sabahında Wasserstein ve Perella istifalarını verdiklerinde, Maher kırk üçüncü kattaki ofisinde oturduğu yerden masasını temizliyordu. Arkadaşlarıyla yeni bir başlangıç yapmayacaksa, arkada bıraktıkları parçaları toplamanın da anlamı yoktu. First Boston'ın şirket birleşmesi alanındaki çabaları, Wasserstein ve Perella demekti. Onlardan önce hiçbir şey yoktu. Ve Maher ayrılmaları sonrasında da geriye hiçbir şey kalmamasından endişe ediyordu. Ne yapacağını bilmiyordu. Ancak bu ofislerde daha fazla kalamayacağı açıktı.

Bruce Buchanan çağırdığında, Maher istifa mektubunu tasarlıyordu. First Boston'ın şefi doğrudan konuya girdi: Maher'ın Wasserstein'ın yerini almasını ve birleşme departmanı dahil olmak üzere yatırım bankacılığı bölümünün başına geçmesini istiyordu. Maher'ın sadakatine ve hedefsiz çalışma arkadaşlarını yalnız bırakmaktan duyduğu suçluluğa hitap ederek, doğru düğmelere bastı Buchanan. Maher birkaç saat boyunca durumu değerlendirdi. Wasserstein ve Perella'nın ayrılık haberlerinin yayılması sonrasında tüm çevresi bir kaosun egemenliği altına girdi; kalıcı hasarı önlemek için hızlı hareket etmek zorundaydı. Karısını aradı. Daha sonra derin bir soluk aldı ve Buchanan'ın teklifini kabul etti.

Maher'ın korktuğundan beteri oldu. First Boston'ın önde gelen anlaşma düzenleyicileri önderlerini izleyerek yeni kurulan şirkete kapağı attılar. Her gün Maher'ın bir mesai arkadaşı elinde istifa mektubuyla ofisin kapısını çalıyordu; bu haftalarca sürdü. Son on yıl boyunca onca emekle kurdukları departman ağır bir saldırı altındaydı. Maher bilinen ofis moral destekleri ile karşı saldırıya geçti: Cuma akşamüstü bira ve cips partileri, moral veren kısa konuşmalar, tişörtler. (Wasserstein ve Perella'ya "Sadece hayır".) Haftalarca günde onsekiz saat çalıştı, gemiyi kurtarmak için kıdemli bankacılar ve genç yıldızların görüşlerine başvurdu.

Maher bu cephede savaşırken Wasserstein, First Boston'ın varlıklı müşteri listesini kuşatma altına almıştı bile. Time Inc. ve yatırımcı Ronald Perelman dahil bir çoğu yeni şirkete kaydı. Yardımcıları Maher'ın bankerlerine iş teklifleri götürürken, Gleacher ve Hill de, First Boston'ın çökmesinin an meselesi olduğu varsayımıyla şirketin en büyük müşterilerinin kapısını aşındırıyordu.

Hareketli bir birleşme sezonuna denk düşen First Boston'daki karışıklığın, şirketin performansı üzerinde olumsuz bir etki oluşturması kaçınılmazdı. Günlerden bir gün, çanlar ilk kez Maher için çaldı. Rakipleri onun aşırı bir davranışta bulunabilecek kadar derin yara almış olduğunu görerek, First Boston müşterileriyle bir şekilde karşılaşmaları halinde bu durumu koz olarak kullanmaları gerektiği sonucuna vardılar. Tom Hill bunu çok iyi biliyordu. O yılın ilkbaharında American Standard için Black & Decker adına düşmanca bir satın alma teklifi sunan Shearson'ın şirket birleşme departmanı şefi, Maher'ı son dakika kurtarma misyonunun başında görünce hayrete düşmüştü. First Boston müşterisi olan Kelso & Co., Black & Decker'ın teklifinin üzerine çıkarak American Standard'ı almayı kabul etti. Hill'in müşterisi savaşmak ya da geri çekilmek arasında karar vermek zorunda kaldı. "Jimmy'nin sorunlarını bildiğimden ısrar edeceğinden eminim," demişti Hill. "Ele geçirme işi First Boston için korkunç bir parti demektir." Maher'ın niyetini tarttıktan sonra Hill, müşterisine ihaleden çekilmesini tavsiye etti. Maher'ın savaş şoku altındaki mangaları için Wasserstein'dan sonra da bir yaşam olabileceğinin elle tutulur ilk işaretiydi bu.

First Boston'ın diğer cephelerdeki ilerleyişi o kadar kolay olmadı. Maher'ın Chicago ofisi, sadece bir İngiliz devralım firmasının düşmanca teklifi ile hırpalanmalarını görmek için, Illinois'li hububat şirketi Staley Continental'ın arkasında durmaktan vazgeçti. Kriz krizi izledi: Temmuz ayında, Maher'ın LBO grubunun tamamı kendi şirketlerini kurmak üzere ayrıldı.

Hassas nokta, First Boston'ın o bahar en eski müşterilerinden biri olan Koppers'ı savunması oldu. Maher'ın karşısında Tom Hill'in yönettiği Beazer'ın satın alma teklifi vardı. Yirmiyedi yaşındaki yeniden yapılandırma ustası Brian Finn, Koppers'ın işlerinin üç ayrı firmaya satışını kapsayan karmaşık bir savunma planını kurdu. Ancak Koppers yönetimi planı çok belirsiz bularak reddetti ve kendi satın alma şirketine teslim oldu.

Maher her gece bitkin bir halde Riverside Drive'daki dairesinin yolunu tutuyordu. Karısı ve dört çocuğu dışında çok az kişi gerginliğinin izlerine tanık oluyordu. Maher görünüşte sakindi. Departmanın aranan günah çıkarma papazı olarak kalmıştı.

Bir arkadaşının yerinde ifadesiyle, "herkesin kayığını bağlamak istediği bir iskele" idi.

Yeni rakiplerinin eleştiri yağmuruyla işler daha da sarpa sardı. Wasserstein'ın kimliğini açıklamayan bir yardımcısı o yaz *The Wall Street Journal*'a First Boston'ın seri devralım yenilgilerini yorumlarken "Biz orada olsaydık, böyle şeyler olmazdı... Ama First Boston'dakiler maaşlarını almaktan öte bir şey düşünmüyorlar," dedi. Maher öfkeden patladı. En iyi arkadaşları onu şirketi satmakla suçluyorlardı. Maher'ın yardımcısı Kim Fennebresque karşı ateş açtı: "Wasserstein Perella & Co. hoş bir şirket olmakla birlikte, temelde bir tek ürün firmasıdır..." dedi *Investment Dealers Digest*'a ve firmadaki 30 bankerin "Bruce'un (tüm müşterilerin) işleriyle yakından ilgilendiği" izlenimi yaratmaya çalıştıklarını ileri sürdü. (Fennebresque, hoş firma ifadesinin Wasserstein ekibinin içine ukde olacağının farkındaydı. "Yatırım bankacılığında bu, şişman bir kız için çok fazla da terlemiyor demeye benzer..." diye de açıklama getirmişti.) Yorumları okuyan First Boston çalışanları, bir son dakika golü atmışçasına sırtını sıvazladılar Fennebresque'in.

Fennebresque'e yanıt gelmekte gecikmedi. Maher, Wasserstein'ın yardımcısı Chuck Ward'dan öfke kusan bir telefon aldı. "Adamlarını kontrol edemiyor musun?" diyordu Ward.

Ve böylece devam edip gitti. Bir zaman, First Boston'ın alt düzey bankacıları arasında Wasserstein Perella'dan Ward tarafından gönderilmiş görünen düzmece bir memo dolaştı. İğnelemelerle süslü metin, First Boston bankerlerini yeni firmaya iltica etmemeye ikna etmeye çalışıyordu. "Burada taşınması gereken çok çanta var ve etrafta çok sayıda çanta taşıyıcısı yok," diyordu memoda ve başvuru sahiplerine beraberlerinde gargara, dizlik ve Vazelin getirmeleri öğütleniyordu. "Neden diye soracak olursanız..." diye devam ediyordu, "burada çarkın nasıl döndüğünü bilmiyorsunuz."

Sonbaharda, First Boston Wall Street birleşme danışmanları arasında sürekli üst sıralarda gösterilirken, moraller aşağıyı işaret ediyordu.

Kadercilere göre, Wasserstein artıklarından ikinci sınıf elemanlara kalan First Boston, Wall Street'te alt sıralara düşmeye mahkumdu. Kurucuları ayrıldıktan sekiz ay sonra, departmandaki bilgi akışı suskunluğa gömülmüştü ve yeni bir iş için rekabete girmek Wasserstein Perella'nın kalkan tokadına karşı koymaya çalışmak demekti.

Çekici yeni iş sahasının başındaki yirmi yedi yaşındaki banker Fennebresque, Maher'ın en yakın sırdaşı haline geldi. Çevik bir avukat olan Fennebresque'in şeytani mizah duygusu Maher'ın katılığına karşı denge ağırlığı görevi görüyordu sanki. Fennebresque o sonbahar, departmanının "dümensiz bir gemi" gibi oradan oraya savrulduğunu düşündü. Etkili ve çarpıcı bir hamle yapma şansları mutlaka olmalıydı. "Kaptanımız henüz fırtınalı bir denizle karşılaşmamıştı. Gereken derinlikte olduğumuzdan kuşkuluyduk," diye anlatıyor Fennebresque.

Daha sonra, 17 Ekim'de, Wasserstein'ın istifasını açıkladığından bu yana gösterdiği gayretlere karşı en sert rüzgarı alıyordu Firston Boston. Türünün tarihteki en büyük örneği olan Philips Morris'in Kraft için verdiği 11 milyar dolarlık teklif, şirketler dünyasını sadece yerinden zıplatmakla kalmamış; Philip Morris, Wasserstein Perella'yı tek danışman seçerek, daha önceki bankeri First Boston'ın çenesine nakavt edici bir yumruk da indirmişti.

Bilgisayarının ekranından geçen haber başlığına gözü takıldığı sırada, ofisinde bir iş adayı ile görüşüyordu Jim Maher.

"PHILIP MORRIS'İN FİYAT TEKLİFİ........". Dow Jones Haber Servisi'nin başlığı orada durdu.

"Hayır, olamaz..." dedi Maher kendi kendine. "Olamaz...olamaz...hayır...." Birkaç saniye yerine çakılı kaldıktan sonra ekrana kilitlendi gözleri. Sadece küçük çaplı bir devir işinden söz ediyor olması için dua ediyordu.

Daha sonra başlığın tamamı geldi: "PHILİP MORRIS'İN FİYAT TEKLİFİ. KRAFT'I SATIN ALMAK....."

"Kahretsin!"

First Boston'ın tarihin en büyük devir işleminin dışında kalmasından öte bir acı hissediyordu Maher. Wasserstein'ın bilmem kaçıncı kez rolünü çalmasından da öte bir şeydi bu. Philip Morris'in First Boston'ı reddi akut ve kişisel bir aşağılama anlamına geliyordu Maher için: Tütün devi onun müşterisiydi. Philip Morris'in 1985'te General Foods'u alma işini Maher'ın bizzat kendisi yürütmüştü. Wasserstein'ın en büyük müşterilerinden birini çaldığını görmenin acısıyla kıvranırken, suçlanacak tek kişinin kendisi olduğunu biliyordu. Departmanı birarada tutma çabalarına o kadar çok zaman ayırmıştı ki, diğer sorumluluklarını gözardı etmişti. Tüm departmanı bir vücut darbesi almıştı ve artık en iyi müşterilerine bile güvenemeyeceği First Boston'ın kafasına dank ediyordu.

Maher yakından tanıdığı bir Philip Morris yöneticisini, Ehud Houminer'ı aradı. Soğukkanlılığını korumaya çalıştı. "Biliyorsun Ehud, hayalarımıza hokkalı bir darbe bu." Houminer yatıştırıcı sözler söylemeye çalıştı ancak gelecek işler için herhangi bir söz veremezdi. Aynı hafta içinde aradığı tüm Philip Morris yöneticileri ile de benzer konuşmalar geçti.

Ross Johnson'ın hisse başı 75 dolarlık fiyat teklifi bilgisayar ekranında aşağıya doğru akarken, Fennebresque, bir an için bunun tipografik bir hata olduğunu düşündü. War Games (Savaş Oyunları) filmindeki genç bilgisayar dehası geldi aklına. "Quotron'uma çılgın bir hacker saldırdı. Bu gerçek olamaz!"

Maher saldırı planı oluşturmak üzere acil bir toplantı çağrısı yaptı. First Boston Wall Street'teki diğer yatırım bankaları gibi en uygun özel komiteyi temsil ederek ya da büyük bir ürüne alıcı olarak bir nebze varlık göstermeyi amaçlıyordu. Kısacası, getiri sağlayabilecek herhangi bir şey olabilirdi.

İzleyen birkaç gün boyunca RJR Nabisco aktiflerinin potansiyel alıcılarına yüzlerce telefon yağdı. Oyunun ilk perdesi açıldığında First Boston'ın dışarıda kalması başlangıçta Maher'ı telaşlandırmadı. Sahneye çıkmanın bir yolu bulunabilirdi. RJR, düzinelerce şirketin satın alma stratejilerinin analizi için yatırım bankalarına başvurmasını gerektirecek kadar büyük bir işti. Kolları sıvadı ve Marlboro izmaritlerini ardarda söndürerek telefonlara sarıldı.

Önce First Boston'ın RJR Yönetim Kurulu'nu temsilen yer alıp alamayacağına baktı, ancak Lazard ve Dillon tutulmuştu bile. Tom Hill'i aradı. "Shearson'ın ek sermayeye ihtiyacı var mıydı?" Hill "Hayır," dedi. Maher, Ted Forstmann ve Geoff Boisi'yi aradı. Her ikisi de cesaret aşılamadı. Kapılar Maher'ın suratına bir bir kapandı.

Johnson'ın teklifini izleyen gün Maher'ın eski çalışanlarından bazıları hâlâ söylenmeye devam ediyordu. Cuma akşamüstü Gary Swenson daldı Fennebresque'in ofisine. Swenson, Long Island'lı Fennebresque'in dayanılmaz bulduğu bir Orta Batı ılımlılığı taşıyan, yirmi yıllık bir First Boston çalışanıydı.

"Bu işte treni kaçırmak üzere olduğumuzun farkındasın, değil mi?" dedi Swenson.

"Ne demek istiyorsun?" diye karşılık verdi Fennebresque.

"Bizim dışımızda Wall Street'teki herkesin start yerinde bir atı var. Bir tek biz kaldık hipodromun dışında. Es geçildik diyorum size. Yapmamız gerekeni biliyorum. Bir grup kuralım ve kendimiz bitirelim bu işi. Tümünü satın alalım. Buranın buna ihtiyacı var. Bu yerin kaderini baştan aşağı değiştirebilir bu."

Fennebresque fikri önce ciddiye almadı. Çok büyük, çok çılgıncaydı. Ama Swenson konuştukça, heyecanını cazip buldu. Birleşme departmanında yeni bir göreve başlayalı bir hafta olan eski First Boston yöneticisi David Batten dahil birçok bankeri aradı.

Batten, Swenson'ın kaygılarını paylaştı. Şirketin Londra ofisinden dört gün önce döndüğünden, "havada belirgin bir özgüven eksikliği" bulduğunu hatırladı. Batten çalışma arkadaşlarına dönerek "Bu yerin dürtüklenmeye ihtiyacı var. Kahretsin ki, henüz treni kaçırmış değiliz. Herkes kadar başarma şansımız var" dedi.

Grup Fennebresque'in ofisinde beyin fırtınası seansına çekildi. First Boston İsviçre'deki bağlı şirketi Credit Suisse'den ve iki firmanın ortak girişiminden nakit sağlayabilirdi. Üç firma biraraya geldiğinde gerekli para toplanabilir ve bir teklif grubu oluşturabilirdi. Denemeye karar verdiler.

Fennebresque heyecanlıydı. Ofisinden çıkmakta olan Maher'ı

aradı. Planlarını aktardı. Maher olurunu görüyor muydu? Fikri bir an zihninde tarttı Maher. "İtirazım olmaz," dedi. Fennebresque tipik bir Maher tavrı olan bu yanıtı çıldırtıcı buldu. "İtirazım olmaz mı?" Nasıl bir tepkiydi bu? Bu büyük bir fikirdi! Ama yanıt tam da Maher'ın kişiliğini yansıtıyordu. Fennebresque kimbilir kaç kez masanın başına geçip insanları canlandırıp harekete geçirecek bir konuşma yapmasını rica etmişti Maher'dan? "Ruhunda heyecan yoktu bu adamın."

Fennebresque bir grup kurdu ve RJR Nabisco için fiyat vermek üzere bir konsorsiyum oluşturmaya ilgi duyabilecek LBO alıcılarına telefon etmeye başladılar.

Ertesi hafta güzel haberlere şiddetle ihtiyaç duyan Maher'ın kulağına birtakım hoş şeyler çalındı. Sürpriz olarak, Philip Morris'i araması işe yaramıştı. Kraft savaşına kilitlenmiş olsa da şirket, RJR Nabisco'ya ilişkin olası bir teklif analizi için First Boston'ı tuttu. Maher Philip Morris'in RJR Nabisco'yu alma şansının düşük olduğunu biliyordu. Ross Johnson ile iyi bir anlaşmaya varılırsa, Kraft işi rafa kaldırılabilirdi. O takdirde Fisrt Boston, Philip Morris'i RJR Nabisco için kurulacak konsorsiyumun temel taşı olarak kullanabilirdi.*

Maher'ın en yakın danışmanları Philip Morris tarafından seçilmeyi özellikle hoş buldular. Bu gelişme RJR Nabisco savaşında kendilerine bir çırpıda mevzi açarken, Wasserstein'ın Kraft darbesinin tadını çıkarma beklentisini de boşa çıkartıyordu. "Bu

---

* İhale yarışının ilk günlerinde Hamish Maxwell, Philip Morris-RJR Nabisco kombinasyonunu konuşmak üzere en azından bir kez Ross Johnson ile görüşmüştü. Johnson daha sonra Maxwell'in RJR ihalesine en küçük bir ilgi göstereceğini sanmadığını söylemişti. Böyle bir birleşme anlaşması zaten antitröst yasasına takılırdı.

mükemmel!" diye aşka geldi Fennebresque. "Bruce'u Kraft işinde hallediyoruz. RJR işinde hallediyoruz. Philip Morris ile ilişkimizi koruyoruz. Ve RJR işine dalıyoruz. Harika!"

Bu arada Fennebresque ekibinin, Maher'ın Philip Morris çevresinde kurmayı planladığı konsorsiyumu toparlama şansı düşüktü. Fennebresque milyarder yatırımcı John Kluge ile birkaç kez biraraya gelmişti ancak görüşmeler bir yere varmıyordu: Johnson'ın yönetim sözleşmesinin ifşası, Kluge'nin kaçındığı bir hırs cilası kazandırmıştı işe.

Maher, birkaç gün sonra, Philip Morris'in Kraft ile dostça bir alım satım zemini bulmak üzere olduğunu, dolayısıyla da RJR Nabisco işini kovalamaya pek hevesli olmadığını öğrendi. Başarısızlıkla biten Kluge görüşmelerini izleyen haberler, Maher'ın midesine bir yumruk gibi indi. En büyük korkusu artık kaçınılmaz bir hal alıyordu: First Boston yüzyılın ele geçirme işinde saha dışı kalan tek Wall Street firması olacaktı.

First Boston'da RJR işine soyunan ekip birkaç günü korku içinde geçirdi. Firmanın hurda tahvil şefi Greg Malcolm, ekipteki egemen ruh halini espriye vurdu. "Otobüsün peşinden koşan köpekler gibiyiz," dedi mesai arkadaşlarına. İma açıktı: First Boston, RJR savaşına katılmaya kalkışmakla ligin dışına çıkıyordu.

Bankerlerin zihinleri bu fikirlerle meşgulken, First Boston yönetimi hakkındaki kuşkular yeniden filizlendi. Bilinci ürkütücü kuruntuların işgali altındaki Fennebresque, iddiasız bir işi küçümseyerek reddetmek üzere Minnesota'ya uçtu. Yeniden aynı First Boston olabilecek miyiz? diye merak ederken buldu kendini. 'Bruce hepimizi özel hissettirdi. Görkeminden yansıyanların tadını çıkarmamak elde değildi. Bu duyguyu yeniden yaşayabilecek miyiz acaba?'

Maher'ın enerjik haline Fennebresque dışında pek az kimse tanık olmuştu. Dışarıdan bakanlar için her zamanki gibi cansız ve durağandı. İçinde ise korku ve endişe yüklüydü. RJR Nabisco işinden pay kapabilmek için bildiği her yolu denemiş ve hiçbir sonuç elde edememişti. İnsanların arkasından fısıldadıklarını duyar gibiydi. First Boston savaşı kaybetti. Wasserstein'sız asla eskisi gibi olamazlardı. "İtibarımız bu işe bağlıydı," diye anlatıyor Maher. "Bu işte yer almamız çok önemliydi."

Maher'ın seçenekleri tamamen tükenmiş değildi. Özellikle bir fikir ilgisini çekiyordu. Brian Finn, bir Cuma akşamüstü geç saatlerde yeni bir projeyle dalmıştı ofisine. Üstelik Maher'ın sekreterine bir süre telefon bağlamamasını da tembihlemişti.

Finn gülümseyen bir yüzle "telefonları açarsan kıçına tekmeyi yersin," demişti patronuna. "Şimdi çeneni kapa ve bütün dikkatini bana ver."

Maher, First Boston'ın en parlak genç yıldızlarından biri olan Finn'e özel bir sempati beslerdi. Finn saatlerini devralım taktiklerine kafa patlatmakla geçiren küstah bir sayı kurdu olarak, bilgisayar hackerlarının Wall Street versiyonuydu. Rakamlara olan aşkı, çocukluğunda ateşli bir New York Mets taraftarı olarak sayı ortalamaları hesaplayarak başlamıştı. First Boston'ın devralım yapılandırmaları üzerine uzman olan Finn, düşmanca ele geçirmelere karşı yaratıcı savunmalar inşa etmek amacıyla şirketin bilançoları üzerinde oynayarak onlara yeni biçimler veriyor ve kabul gören birleşme stratejilerinin sınırlarında devriye geziyordu. Şimşek hızında çalışan zihnini açık etmeyen oğlan çocuğu suratı, karışık kahverengi saçları ve buruşuk takım elbisesi ile, Bruce Wasserstein'ın gençliğini anımsatıyordu bir miktar. Finn aslında Wasserstein'ın gözdeleri arasındaydı ve şirketten ayrılan akıl hocası ile Maher arasındaki zorlu bir halat çekme oyununun hedefi olmuştu. Maher ile bir şişe cinin dibini gördükleri uzun bir akşam sohbeti sonrasında Finn kararını vermiş, "Sonuçta Jimmy'yi bu durumda bırakıp gidemem..." demişti.

Finn masasında okunmamış halde duran iki sayfalık bir memoya çekti Maher'ın dikkatini. Long Island'daki yeni evine doğru bir saat direksiyon sallarken aklına gelen bir fikri o sabah yazıya dökmüştü. Maher memoda ortaya konan stratejiyi karmaşık, eksik ve son derece uzun menzilli buldu.

Yalnızca iki ay sonraya denk düşen 31 Aralık'a kadar yürürlükte kalacak vergi yasasındaki gizli bir boşluğa dayanıyordu. Finn'in planının ilk aşaması, taksitli borç senetleri olarak bilinen bir tomar menkul değer karşılığında RJR Nabisco'nun gıda işletmelerini elde etmeye yönelikti. En azından teorik olarak First Boston bu kağıt değerleri büyük bir bankaya götürebilir ve karşılığında, parasallaşma (monetization) adı verilen bir işlemle para alabilirdi. Fikrin güzelliği, senetler üzerindeki vergilerin, yasadaki boşluk sayesinde 4 milyar dolarlık bir vergi tasarrufu sağlanarak on ila yirmi yıl sonrasına ertelenebilmesiydi. Planın ikinci aşamasında First Boston, Nabisco'yu ihaleye açarak, kazançların yüzde 80'ini RJR hissedarlarına aktarabilir ve geriye kalanı saklı tutabilirdi. RJR Yönetim Kurulu milyarlarca dolar tasarruf edebilir, ayrıca bu beklenmedik kazancı vergiden muaf olarak hissedarlarına aktarabilirdi. First Boston daha sonra, RJR'nin geriye kalan tütün işletmelerini, 15 milyar dolarlık klasik bir LBO ile ele geçirebilirdi.

1986 ve 1987 yıllarındaki vergi yasası kısıtlamalarına tepki olarak Wall Street vergi konseyi tarafından keşfedilen taksitli menkul değer boşluğu ilk olarak, Campeau Corporation'ın Federated Department Stores'u devralmasını izleyen çeşitli işletme satışlarında kullanılmıştı. Vergi tasarrufları sağlamadaki üstün başarısı nedeniyle, Eylül 1988'de Kongre tarafından iptal edildi. Ancak yasa koyucular yasaya yıl sonuna kadar geçerlilik tanımış ve First Boston ile şirket satın almayı düşünen diğer kurumlara küçük bir fırsat penceresi açmışlardı. Finn, tarihin en büyük ele geçirme işini tam da bu açık pencereye doğru yönlendirmeyi öneriyordu.

Maher kuşkuluydu. Bu çapta bir işin çok fazla dışında kalmaktan ve çok fazla yadırganmaktan endişeliydi. Şimdiye kadar bu ölçekte bir işte taksitli menkul değerler kullanılmamıştı. Maher, taslak planı uygulamaya elverişli bir seçenek haline getirebilmek için yüzlerce sorunun çözülmesi gerekeceğini biliyordu.

Çözüm getirilmesi gereken birçok nokta olduğunda hemfikirdi Finn.

"Öyleyse..." dedi Maher, "çözelim."

Kluge grubu ile görüşmelerden sonuç alınamayınca, First Boston'ın ihale ortağı arayışı çamura saplanmıştı. Atıl geçen bir haftadan sonra 9 Kasım'da, Dave Batten'ın camdan duvarlı ofisine Leon Kalvaria teşrif etti. Kalvaria puro çiğneyen bir Rodezyalıydı ve ortak arayışında sonuçsuz kalan yardımlarda bulunmuştu.

"Kahretsin..." diye homurdandı Kalvaria, "pes etmeyelim". Batten ile birlikte muhtemel ortaklar listesini yeniden masaya yatırdı ve bir kez daha göz gezdirdiler. Aramayı unuttukları kimse var mıydı? İki banker isimleri sırayla çizdiler, sonunda Batten'ın atladığı bir ismi yakaladılar: Resource Holdings.

"Bunlara ne buyrulur?" diye sordu Kalvaria.

"Kim ki bunlar?"

"Jay Pritzker."

Bu isim Batten'a cesaret vermedi. Chicago'lu saygın yatırımcı ve Hyatt otellerinin sahibi olan Pritzker'ın şirket devralımlarına çok yüksek paralar ödemeye gönülsüz olduğu bilinirdi. First Boston onlarla bağlantı kurmaya bile zahmet etmemişti. Ancak zaman ilerliyordu. İhaleye teklif vermek için önlerinde dokuz gün kalmıştı. "Neden olmasın?" dedi Batten. "Hadi arayalım."

O gün ilerleyen saatlerde, Resource Holdings Yönetim Kurulu Başkanı Jerry Seslowe'a ulaştı Kalvaria. Uzun kirpikli, tıknaz bir muhasebeci olan 42 yaşındaki Seslowe, Wall Street'te düşük bir grafik çizmişti. Big Eight'in muhasebe firması Peat, Marwick, Mitchell & Co.'da, Pritzker ve diğer büyük yatırımcılarla birlikte çalıştığı 11 yılın ardından kendi küçük yatırım firmasını kurmuştu. Resource Holdings, zamanının büyük bölümünü Pritzker ve Denver'lı milyarder Philip Anschutz için yatırım seçenekleri değerlendirmeye, geriye kalan vaktini ise diğer yatırımcılara harcamaktaydı: Indianapolis'li şehir dışı makro market kralı Melvin Simon ile Cincinnati'li yatırımcı Carl Lindner ve diğerleri. Wall Street'te, müşteri listesi ancak evini çekip çevirmeye yeten bir ikinci lig oyuncusu olarak bakılırdı Seslowe'a.

Seslowe, Kalvaria'nın atışını sabırla bekledi. Genç Rodezyalıdan hoşlandı, First Boston'ın bu işe bir yerinden dalmayı çok istediğini biliyordu. Ancak Kalvaria'nın fikri, ümitsizlikten kaynaklanan bir gözü karalık duygusu uyanırdı Seslowe'da.

"Çılgın olmalısın," dedi Kalvaria'ya. "Bu işe böyle bir tarihte girişmek fazla geç olur bizim için. Leon, evine git bence."

Kalvaria inat ediyordu ama Seslowe tek kelime daha işitmek

istemedi. "Boşver, Leon. En iyisi evine git sen."

Kalvaria kısa zamanda "Finn'in vergi fikri" olarak adlandırılacak olan bu olağanüstü stratejiden daha sonra söz edecekti. Ertesi gün Seslowe'a yeniden ulaşmayı denedi.

"Jerry, bir ilerleme kaydettik. Hissedarlara ek nakit olarak sekiz ila on dolar sağlayacak ve KKR ya da Shearson'da olmayan bir vergi yapımız var. Oraya gelip sunum yapabilir miyiz?" Seslow yumuşadı. "Tamam, gelin."

Fennebresque ve Kalvaria, ertesi sabah tam bir saati Seslowe'a fikirlerini anlatmaya ayırdılar. First Boston bankerleri –Pepsi'den söz ederek– fikirle ilgilenecek başka büyük müşterileri bulunduğunu da ima ettiler. Sunumdan etkilenen Seslowe fikri geliştirmek için çalışacağını söyledi ve "Keşke iki hafta önce arasaydınız çocuklar..." diye de ekledi.

Jay Pritzker, Seslowe'un New York hattı üzerinden cızırdayan sesini can kulağıyla dinledi.

Altmışaltı yaşındaki Pritzker Amerika'nın en sert yatırımcıları arasında adı geçen bir ailenin başındaydı. Üçüncü ve dördüncü bypass ameliyatı sonrasında bile enerjisini koruyan kısa boylu bir adamdı. 1881 yılında Kiev'den Chicago'ya göçmüş Rusya doğumlu bir eczacının büyük oğlu olan Pritzker, 40 yıl içinde kârlılığı kadar çeşitliliği ile de ünlü bir ticari imparatorluk kurmuştu. Hyatt oteller zinciri ve içinde hazır betondan Ticketmaster'a kadar altmışın üzerinde işletmeyi barındıran yelpazesiyle kapalı kutu bir holding olan Marmon Group iki merkezde odaklanmıştı. Kontrollü davranan ve manşetlerden uzak kalmaya dikkat eden Pritzkerlar 1980 ortalarında Braniff Airlines'ı iflasın eşiğinden döndürme girişimiyle, sonu hüsranla bitecek müthiş bir sansasyon yaratmışlardı.

O sabah Jay Pritzker, Jerry Seslowe'un First Boston'ın sıradışı vergi stratejisinin ayrıntılı aktarımını kuşkulu bakışlarla dinliyordu.

"Ama Jerry, her şey için çok geç..." dedi Pritzker. Resmi tekliflerin son teslim tarihine yedi gün vardı. Ancak Seslowe diretti. Muhtemel rakipleri Shearson ve Kravis'i tartışırlarken, Seslowe, Pritzker'ın ilgisinde bir canlanma sezdi. Pritzker uzun zamandır bir Henry Kravis hayranıydı ve onun RJR'ye yönelik yoğun ilgisinden etkileniyordu.*

"Henry bu işte varsa..." dedi Jay Pritzker, "belki de bazı şeyler....."

Milyarderlerin arkadaş edinme yolu birdir.

Jay Pritzker'ın en yakın arkadaşlarından biri ve danışmanı olan yumuşak huylu Texas'lı yatırımcı Melvyn N. Klein, 1970'li yıllarda Wall Street'te çalışırken arkadaşlık kurmuştu Henry Kravis'le. United Technologies'in eski başkanı Harry Gray ile 1988'in ilk aylarında bir yatırım fonu oluşturmuştu. Fonun üçüncü ortağı ise Jay Pritzker liderliğinde bir ortaklıktı. Aynı yılın ilkbaharında Klein, yakınlarda artırıma gidilmiş 500 milyon dolarlık sermaye gücünü arkasına alarak, Federated Department Stores savaşı dahil bir dizi büyük çaplı devralma girişimlerinde bulunmuştu.

Şubat ayında, sınırlı sorumlu bir Gray Klein ortağı olan Daniel Lufkin, Pritzker ve Gray Klein'ın RJR Nabisco LBO'sunu araştırmasını önerdi ve bu plana 'Paravan Projesi' adı verildi. Klein ve Pritzker aylarca önerinin analizi üstünde çalıştı. Aralarında Ross Johnson'ı tanıyan olmadığından Klein, Kravis ile ortak bir yöntem izlemenin doğru olacağını ileri sürmüştü ve 4 Mayıs günü sabah kahvaltısında Kravis'e bu fikrini açma fırsatı buldu. Johnson ile yaptığı bir görüşmenin ayrıntılarına atıfta bulunarak, "Buna hiçbir şekilde yanaşacağını sanmıyorum," demişti Kravis. Böylelikle

---

* Jay Pritzker'ın dikkatini RJR Nabisco'ya ilk çeken ilk kişi Jerry Seslowe değildi. Smith Bagley de araya bir takım aracılar koyarak yatırımcının yardımcılarından biriyle görüşmüş, ancak sonuç alamamıştı.

Paravan Projesi de rafa kalkmıştı. .

Johnson'ın ilk teklifinin açıklandığı Ekim ayında, Klein, Kravis'i yeniden aramış ve Kravis'in şirkete yönelik satın alma girişiminde küçük bir pay edinmenin ilgisini çekeceğini vurgulamıştı. Kravis de düşüneceğini söylemişti.

Pritzker Cuma akşamı Klein'ı Texas'dan aradı. "Mel, RJR konusunda Henry Kravis'e karşı yükümlülüğümüz nedir?" Klein böyle bir bilgisi olmadığını ama araştıracağını söyledi. Aynı günün akşamüstü Pritzker, First Boston ile güç birliği yapmanın artı ve eksilerini kafasında tartıya koyarken, Klein da Kravis ile bağlantıya geçti.

"Seninle açık konuşmak istiyorum," dedi. "Jay Pritzker, RJR Nabisco için üçüncü şahıs olarak güç birliğine gidecek gibi görünüyor."

"Teşekkürler Mel..." dedi Kravis. "Takdirle karşılarım."

O Cuma akşamüzeri ofisinde bir toplantıya hazırlanan Maher için ümitler süratle tükenmekteydi. RJR Nabisco işinde dışarıda kalmanın utancından kurtulmanın tek yolu, Finn'in alışılmadık yeniden yapılandırma önerisinden geçiyordu. Ne yapılması gerektiğine karar vermek üzere Finn'i ve fikirlerine önem verdiği birkaç kişiyi daha aradı. Dışarıda güneş batmak üzereydi. Duruma çok uygun bir mecazdı gerçekten.

Finn toplantı için daha ayrıntılı bir plan serisi kaleme almıştı. RJR'yi ele geçirme işinde taksitli ödeme planından yararlanarak, vergi tasarruflarından sağlanan 4 milyar doların ödemesini 2000 yılı sonrasına bırakan bir projeksiyon hazırladı. Finn'e göre her şey yolunda gittiği takdirde, First Boston ödemelerden 300 milyon dolar dolayında –şimdiye kadar alınmış en yüksek birleşme danışmanlığı ücretinin dört katı– bir kazanım elde edecekti. Ancak Finn, Maher'ın bununla yetinmeyeceğini biliyordu. Hazırladığı memoda, "M & A'nın pazar payı üzerinde dramatik bir etkiyi" ve "paha biçilmez halkla ilişkiler/franchise kazançlarını" kapsayan

"yan kazançlar"dan söz etti. Kısacası Finn, bu işin üstesinden geldikleri takdirde Bruce Wasserstein adını bir daha asla duymak zorunda kalmayacaklarını ileri sürdü.

Finn giderilmesi gereken bazı pürüzler olduğunu kabul etti. Ancak 3.5 milyar dolarlık bir vergi ertelemesi –alçak gönüllü bir senaryo– şimdiye kadar görülmemişti. Finn'in hesaplamalarına göre, bu tek işlem yıllık federal bütçe açığını yüzde 2 yukarıya çekerdi. First Boston böyle bir öneriyle geldiğinde, RJR Nabisco Yönetim Kurulu'nun konunun politik yansımalarını da hesaba katmak durumunda kalacağı kesindi. "Bunu Washington'ın hazmetmesi zor gerçekten," dedi Finn.

Ancak küstah ve genç banker Kongre'nin araya girmeye hevesli olmadığını ileri sürdü. Yasa koyucular, taksitli ödeme planından yararlanma süresini özel olarak yıl sonuna kadar uzatmıştı. Ve Kongre yaklaşan ihale süresince tatilde olacaktı. Bir LBO için özel oturum düzenlenir miydi ki? "Hiçbir şey yapamazlar..." dedi Finn.

Finn'in fikrinin hayata geçmesinde ortağa gerek olup olmadığı sorusunun yanıtı belirsizliğini hâlâ koruyordu. Bazıları tek tabanca olmak lehinde görüş bildirdi. Maher o kadar emin değildi. Saygın bir ortak, Maher'ın ihtiyaç duyduklarına inandığı bir meşruiyet kazandırırdı.

Maher'ın arzusu gerçeğe dönüşmek üzereydi. Odanın dışına karanlık çöktüğünde Leon Kalvaria gelen bir telefonu yanıtlamak üzere ayağa kalktı. Arayan Jerry Seslowe'du. Jay Pritzker'ın eski muhasebecisinin sesi heyecanlı geliyordu. "Leon, konuyu Jay ile görüştük. Biz varız. Harekete geçebiliriz."

Finn, Rockefeller Center'a bakan soluk renkli konferans odasında oturuyordu ve öfkeliydi. "Bu herifler bize neden bu kadar acı çektiriyorlar? İşin içinde olduğumuz için mutlu olmaları gerek."

Salı sabahıydı, tekliflerin son teslim tarihine sadece üç gün vardı. Finn ve First Boston'dan üç çalışma arkadaşı ayrıntılı sunumu yapmak üzere Lazard ofislerine gelmişlerdi. Lazard'ın süitinin ancak bir fare deliği kadar olması Finn'i hep hayrete düşürürdü. "Zemin halısı 1932'den beri değişmemiş olmalı..." diye düşündü. First Boston, teklifini bir şirketi satın alma operasyonundan çok yeniden yapılandırma olarak ifade ediyordu. Maher, RJR Nabisco yönetiminin içgüdüsel olarak şirketin bağımsızlığı yönünde tercih yapacağını iddia ediyordu ve radikal olmakla birlikte yeniden yapılandırma önerisi, Kravis ya da Cohen'in tekliflerine göre yutulması daha kolay bir hap olabilirdi. Boston ve Pritzkerlar, yönetim kuruluna ilk olarak gıda işletmelerinin satışı üzerinde çalışmayı, elde edilecek kazançları hissedarlara aktarmayı ve tütün işine dokunmamayı öneriyorlardı.

Toplantı ilerlerken Finn, masadaki iki bankeri kafasında tarttı. Lazard'dan Luis Rinaldini'nin yükselen bir yıldız olma arzusu taşıyan keskin ve iyi bir konuşmacı olduğunu biliyordu. Dillon Read'den John Mullin, 1970 öncesi Wall Street kalıntısı, eski kafalı bir "beyaz ayakkabılı" ve hız çağı seksenlerin liginde forma giymesi zor bir banker izlenimi bıraktı Finn'in kafasında.

"Yönetim kurulunun bu tarz bir karmaşık işlemde yer alacağını sanmıyorum," diyordu Rinaldini, "Washington'la bağlantılı riskler ortadayken..." Lazard bankeri kafasıyla onayladı. "Çok riskli bu. Tarzları değil. Cesaretinizi kırmak istemeyiz tabii ki..."

"Bırakın bu işleri..." diye düşündü Finn. Olan bitenin farkındaydı. "Herifler rahatsız oldu. Kendi işlerine çomak koyacağımızı düşünüyorlar. İşi maskaralığa vurduğumuzu düşünüyorlar." Finn, gerçek sorunun farkında olduğunu düşündü. "Onların işini onların yerine biz yapıyoruz. Bunu kendilerinin düşünmeleri gerekirdi. İşlerini çaldığımızı düşünüyorlar."

Özel komite First Boston'ın ilgisini memnuniyetle karşılayacağı yerde küçümseyerek yaklaşıyordu. Finn işlerin beklediğinden çok daha çetin geçeceği ürküntüsü içinde ayrıldı toplantıdan.

Maher, Peter Atkins'in mektubunu tiksinerek okudu.

Yönetim kurulu First Boston'a yasal ve mali inceleme şansı tanımayacaktı. First Boston bir teklif vermek istiyorsa, yedeğinde sadece bir yıllık rapor ve bir tomar kağıtla ile kör uçuş yapmak zorunda kalacaktı.

Adil görünmüyordu. Tekliflerde son teslim tarihine yalnızca iki gün kala, Çarşamba günü, "Ne yapacağımızı bilmiyorum..." dedi Maher hayal kırıklığını yansıtan bir sesle Atkins'e. "Cuma günü üzerinde düşüneceğiniz bir teklifle geleceğimizi umuyorum. Hayatınızı kolaylaştırır mı zorlaştırır mı bunu bilemem artık."

Atkins yorumsuz kaldı. "İstediğiniz gibi yapın."

First Boston'ın sıra dışı teklifine ilişkin haberler Perşembe sabahı gazetelerinde su yüzüne çıktı. Fazla ayrıntı verilmemişti ancak ciddiye alan yok gibiydi. Bruce Wasserstein konu ile ilgili tüm konuşmalarda First Boston'ın yaklaşımını tiye alıyordu. *The Wall Street Journal*'ın Cuma baskısında adı belirtilmeyen bir yönetim kurulu danışmanı teklife "Mickey Mouse" benzetmesi yaparak saldırıyordu.

Shearson cephesinden Tom Hill, First Boston'ın "teklifini" aşağılamakla yetindi. "Maher her yola başvuracak kadar çaresiz..." diye düşündü. Taksitli ödeme planının bu çapta bir devir işinde asla iş yapmayacak, sadece dikkat çekmeye yönelik bir numara olduğuna inanıyordu. Hill, Seslowe'un hafif sıklet bir amatör olduğunu düşündü. "Bu işe Abbott ve Costello dışında herkesi almışlar..." diye espri patlattı Hill, "onlar da ölü zaten."

Hill ve Salomon Sosisleri, Jay Pritzker'ın aniden alevlenen RJR Nabisco ilgisinin arkasında Ira Harris'in oltasını görüyorlardı. Şimdilerde kurula danışmanlık yapan Harris, Hill'in "kan kardeşler" yakıştırmasını hak edecek kadar yakındı Pritzker'a. Pritzker'ın kavgaya karışmasının rastlantı olmadığına karar verdi Hill; özel komite Forstmann Little'ın yerini dolduracak bir maskeye gereksinim duydu ve Harris, Pritzker'ı öne sürdü. Nine West'de John Martin, 'Şişko Ira'nın işlerinin içine etmek üzere donunu sıyırdığını" bağıra çağıra ilan ediyordu. Gerçekte Harris, Pritzker ile daha o Pazartesi konuşmuş, First Boston ve Pritzkerların lafının dinlenmesini teşvik etmek üzere özel komite toplantısında boy göstermişti. Ancak bu destek bile Atkins'in yeni gruba en küçük bir bilgi vermesini sağlayamadı.

İki gün kalmıştı. Beklenen gün yaklaştıkça Johnson'ın keyifsizliği de artıyordu. Basında yer alan yaralayıcı saldırıların kurul üzerinde yapacağı etkiden kaygılanmaya başlamıştı. Çarşamba günü Hugel'ı telefonla aradı.

"Charlie, bu işi sen yürüteceksen... en uygun teklifi verdiğimiz takdirde oyun oynamaya kalkışmayacağın ve tüm ayrıntılarda gereksiz yere üzerimize gitmeyeceğin konusunda söz almak istiyorum senden," dedi.

"Tamam, söz."

"Tekliflerin açılması sırasında orada olacak mısın? Bir saçmalık olmaz umarım."

"Orada olacağım," dedi Hugel. "Teklifleri şahsen ben açacağım."

"Basına sızmalar konusunda kuşkuların varsa neden müdürleri arayıp kendin söylemiyorsun?" diye devam etti Hugel. Ertesi gün Johnson müdürleri aramaya koyuldu. Yaklaşımı hep aynı oldu.

Aradığı her müdüre vicdanının rahat olduğunu, yanlış bir iş yapmadığı için gece rahat uyuyabildiğini söyledi. Her ne olursa olsun yönetim grubunun senedi düzenlediğini, önemli olanın da bu olduğunu belirtti. Yöneticilerle görüşürken dikkati yönetim anlaşmasından çok paranın ödenme takvimi üzerine çekmeye çalıştı.

Johnson teslim tarihine yaklaşan günlerde akşamlarını Jim ve Linda Robinson'ın dairesinde fiyat stratejileriyle cebelleşerek geçirdi. Çoğu akşam, aşağıda şirkete ait bir dairede yaşayan Horrigan da onlara katılıyor ve Linda etrafta boy göstererek içki servisi yapıyordu. Johnson İskoç'tu; Jim ise bir kadeh şarap alırdı. Horrigan, Linda'nın "geçkinlerin içkisi" diye takıldığı sert likörde ısrarlıydı. Linda'nın kendisi ise çilek aromalı sodasını yudumluyordu.

Bir gece kuşu olan Johnson genelde Robinson çiftini gece iki ya da üçe kadar uykusuz bırakıyordu. Saatler ilerledikçe Linda oturma odasındaki kanepeye yığılıp patlamış mısırını atıştırıyor ya da köpeklerinden birini okşayarak uyuklamaya başlıyordu. Dört köpek de adlarını "Amos'n'Andy" karakterlerinden alıyordu: Kral Charles Spaniel, Algonquin J. Calhoun'du, diğer ikisi ise Ruby Begonia ve Lacy idi.

Kocası ve Johnson arka odalardan birine geçtiklerinde, yönetim anlaşması hakkında konuştuklarını gayet iyi biliyordu Linda Robinson. Anlaşmanın aşırı sancılı ve uzun süren doğumunun aksine, Robinson ve Johnson gecenin ilerleyen saatlerinde kafa kafaya veriyor, yumuşak bir üslupla bıkmadan her şeyi yeniden gözden geçiriyorlardı. Jim Robinson istediği değişikleri elde etmede fazla zorlanmamıştı; basının tepkisi kendisine yeteri kadar yardımcı olmuştu.

16 Kasım Çarşamba günü anlaşma yeni şekliyle Peter Cohen'in ofisindeki toplantıda onaylandığında, Johnson kendi grubunun payından %6,5 kesintiye gitmeye ve teşvik primlerinde keskin bir indirime razı olmuştu. Anlaşmanın yeni ve ayrıntılı hükümleri, 15.000 RJR Nabisco işçisine tahvil dağıtılmasını öngörüyordu. Sonraları yönetim grubunun üyeleri, Johnson'ın kendi payında yaptığı kesintiyi öne sürerek kendilerini savunacaklardı.

Gerçekte işin rengi başkaydı. "Bu noktada, Ross gerçekten diğerlerinin parasını deşifre ediyordu," diye anlatıyor Steve Goldstone. Tüm pazarlıklar boyunca, Johnson ve Horrigan hisse senetlerinden kendi paylarına %1 almayı planlıyorlardı. Goldstone %1 lik payın 5 ila 7 yıl içinde 75 milyon ile 100 milyon dolar arası değer kazanacağını düşünüyordu; ayrıca Goldstone'a göre, Johnson yenilenen anlaşmada hâlâ bu payı ele geçirmeyi arzuluyordu.

Goldstone ve Gar Bason, Robinson ile ilgili bir konu geçtiği vakit Johnson'ı imalı cümlelerle yokluyorlardı. "Buradan ne zaman Robinson'la birlikte çıksan, 50 milyon dolar eksik parayla geri dönüyorsun." Johnson avukatına 19 Kasım'a denk gelen hafta sonunu Robinsonlar'ın çiftliğinde geçirmeyi planladığını söylediğinde Goldstone, "Sakın gitme, bu sefer elinde avcunda hiçbir şey kalmadan geri döneceksin..." demişti.

Kravis cephesinin John Greeniaus'un açıklamalarına kayıtsızlığı uzun sürmedi. Çarşamba akşamı Dillon Read'den gelen telefon Scott Stuart'ın aklında kalan sorulara da cevap oldu.

Stuart'ın duydukları şaşırtıcıydı. Stuart dikkatsizlik yapmış, RJR Nabisco'nun kullanıma hazır nakdini 450 milyon dolar fazla tahmin etmişti. Altın paraşüt ödemeleri Stuart'ın tahmininden 300 milyon dolar daha fazlaydı. Ve en büyük korkusu olan "diğer nakit kullanımları" konusu doğru çıkmıştı: Kendi tahminlerine yansıyan nakitten 550 milyon dolar daha fazlası şirket dışına akmıştı. Zararın büyüklüğünü hesaplamak için hesap makinesine ihtiyaç yoktu. Geleceğe dönük tahminlerinden 1.3 milyar dolar düşülmeliydi. Kabaca hisse başına 6 dolar. Stuart bu haberleri ofise taşıdığında Paul Raether şaşkınlıkla "Ne oldu?" diyebildi. Kimse bilmiyordu. Stuart derin bir utanç içindeydi.

Basından gelen eleştirilerle zaten cesareti kırılan Kravis, Perşembe sabahı Stuart'ın haberlerini alınca iyice sarsıldı. Durumun etkisi sadece kendi projeksiyonlarına yönelik değildi. Kravis bununla başa çıkabilirdi ama asıl tehdit altında olan kamuoyunun onlara duyduğu güvendi. Bu kadar ciddi rakamlarda yanılgıya düşülmüşse geri kalan projeksiyonlarda nasıl güven verici olabilirlerdi? Daha bilinmeyen ne yanlışlar vardı? Bir aya yakın çalışmaya dayanan bütün analizler, ansızın kafasında büyük bir soruya dönüşmüştü.

Bu korkunç durum son teklif tarihine çok az bir süre kala ortaya çıkmıştı ve düze çıkmak için de hiç zaman yoktu.

"Tanrım..." dedi Goerge Roberts. "Bu şirket hakkında gerçekten ne biliyoruz?"

Kravis Cuma sabahı ofisinde morali dibe vurmuş grubunu topladı. Herkesin aklında dolanan düşünceler aynıydı. Tarihin en büyük teklifi tam karşılarındaydı fakat onlar RJR Nabisco hakkında gerçekten ne biliyorlardı? Fabrikaları ziyaret etmemişler, bir elin parmağını geçmeyecek kadar az sayıda yönetici ile konuşmuşlardı. Ellerinde sadece bir yığın yıllık rapor, hükümet dosyaları ve bolca bilgisayar çıktısı vardı. Ve ne üzücüydü ki sahip oldukları her şey, sadece güven kaybetmelerine yol açmıştı. Grubun kaygıları diğer konulara da sıçrıyordu. Bu kadar büyük çapta bir girişim güvenle yapılabilir miydi? Sinirli hurda tahvil müşterileri KKR tahvillerini almak isteyecekler miydi? Roberts konuyu yaşam tarzlarına getirdi. Hepsi sakin ve düzenli bir hayat sürüyordu. RJR Nabisco'yu satın almak; kamu alanında dalgalanma, Washington celseleri ve şirketi yönetmek için benzeri görülmemiş bir taahhüt anlamına geliyordu. "Bu şirket daha çok uzun yıllar iş hayatında kalacak, bu denli yüksek bir tansiyona gerçekten ihtiyacımız var mı?" dedi Roberts.

"Gerçekten bu kumarı oynamak istiyor muyuz?" diye destek verdi Paul Raether.

Konuşmalar alışılmış gidişat içinde seyrediyordu. Tartışma en düşük kademedeki Scott Stuart ve Cliff Robbins'le açılıyor, bütün odayı dolaştıktan sonra da Roberts ile noktalanıyordu. Turun her tamamlanışında grubun sıkıntısı biraz daha büyüyordu. Başlangıçta fiyatların yükselmesini en çok Kravis ve Raether arzu ediyordu. İkisi de 97 ve 98 dolar aralığındaki teklifden memnundu. Roberts ayılar cephesindeydi (Borsada fiyatların düşeceği beklentisine göre hareket edenler çn.) ve 93 doların üzerinde bir teklife sıcak bakmıyordu. "Niye teklifi 91-92 dolar aralığında tutmuyoruz ki?" diye atıldı.

Saat 14:30 civarlarında Dick Beattie idareyi ele alarak bir öğretmen edasıyla söze girdi. "Çocuklar, eğer çabuk davranmaz ve bir cevap vermezseniz, ihalenin dışında tutulacaksınız. Orayı aramak ve ek zaman istemek durumunda kalacağım."

"Tamam..." dedi biri. "Bize on beş dakika daha ver."

Formalitelerin hazırlanması için yapılacak avukat seçimi normalde rutin bir iştir fakat First Boston'da bu konu soruna dönüştü. Tüm büyük firmalar RJR Nabisco için kolları sıvamış gibiydi. O kadar çok red yanıtı aldılar ki, Meyer'in yardımcıları, ülke çapında faaliyet gösteren indirimli satış mağazaları Jacoby & Meyers'i aramaları gerektiğini söyleyerek aralarında şakalaştı. En sonunda Meyer Winthrop Stimson Putman adlı az bilinen bir grubu seçmeye karar verdi. Şirketin öncelikli görevi, Perşembe akşamı gönderilmek üzere resmi bir teklif mektubu taslağı hazırlamak olacaktı. Araştırma o kadar zaman aldı ki Finn avukatlara Cuma akşamına kadar bilgi veremedi.

Winthrop ekibi, Cuma sabahı sekizde bir mektup taslağı ile First Boston'a geldi. Maher ve teğmenleri taslak üzerinde çalışırlarken, avukatlar meraklı bir bekleyiş içindeydi. Jüri birkaç dakika içinde fikir birliğine vardı: Mektup tam bir felaketti.

Kapalı kapıların ardında "Bu zırvalık!" diye böğürdü Fennebresque. "Bu tam bir çöp!" diye onayladı Finn. Kafasını iki yana sallayarak, "bir bok anlaşılmadığını" söyledi.

Canından bezmek üzere olan Maher avukatları gönderdi, ardından da First Boston'dan bir ekip beş sayfalık mektubu hazırlamak için yukarıdaki yönetim odasında toplandı. Zor görünüyordu ancak Maher çok da kaygılı değildi. Koca bir gün vardı önlerinde.

Yukarıda, sahne tam bir çıfıt çarşısıydı. Yarım düzine Winthrop avukatı mektubu yeniden düzenlemeye girişti. Bir First Boston mangası yeni versiyonu hazırlamaya koyuldu. Taslaklar yazılıyor, yırtılıp atılıyordu. Yeni avukatlar sıraya giriyordu. First Boston ekibinin elemanları nöbet değiştiriyordu. Öğle saatlerinde Jerry Seslowe ve ortaklarının katılması kakofoniye yeni bir boyut kazandırdı. Öğle yemeği ısmarlandı. Yazılan her yeni taslak şöyle bir gözden geçirildikten sonra çöpü boyluyordu. Kapalı maddelerin ifadesinde seçilen sözcükler üzerine ateşli tartışmalar koptu. Tüm bu keşmekeşin ortasında her değişikliği ve ileri sürülen her fikri çala kalem yazıya aktaran Finn'in sekreteri ise tam bir huzur adasıydı. Akşamüstüne doğru tartışan avukatlar ve bankerlerin tepesinde giderek bir duman tabakası oluştu. Önemli noktalar saptandı, sonra unutuldu; konuşmalar kimsenin izini süremediği daireler içinde dolandı durdu. Kağıttan bir uçak dumanlı havayı yardı.

Seslowe böylesini hiç görmemişti. First Boston'ın adamları en ayrıntı noktalarda bile uzlaşmış görünmüyordu. Şirketin tamamı için mi yoksa gıda işi için mi teklif vereceklerdi? LBO mu yoksa bir yeniden yapılandırma mı olacaktı? Seslowe bir köşeye çekilerek hayretle kafasını salladı. Chicago'da kalan Tom Pritzker'ı ve bu işe bakan deneyimli avukat Hank Handelsman'ı düşündü. Mantra gibi, "Hank ve Tom burada olanları görmediği için mutluyum en azından..." diye tekrarladı. "Tam bir felaket."

Jay Pritzker'ın odadan içeri girse bu işten cayacağından kuşkusu yoktu. Sessizce çekip gideceklerine garanti verdi ortaklarından birine. Pritzker ile o ana kadar yaptığı görüşmelerde, Chicago'lu yatırımcıya her şeyin yolunda olduğu mesajını vermişti. Seslowe, Pritzker'ın bu işe kalkışmasına kendisinin vesile olduğunun çok iyi farkındaydı; zorunda kalmadıkça sözünden dönmeyecekti.

Günün ilerleyen saatlerinde, Seslowe, First Boston'ın 20 milyar dolarlık bir kaldıraçlı alım işinin üstesinden gelebileceğinden kaygılanmaya başladı. Sırrını açtığı bir ortağına, "Wasserstein ve Perella olsaydı çok daha güvende hissederdim kendimi. Bu adamlar onların eski hallerinin bir gölgesi sadece."

Yeniden gözden geçirilmiş mektubun bir kopyası Maher'ın ofisine ulaştığında, son teslim zamanı olan saat beşe iki saat vardı. Maher sessizce okudu metni. Mektup herhangi bir hedefi olmadan konudan konuya atlıyordu; laf kalabalığı kargaşasına düşmüştü. First Boston'ın kuruldan tam olarak bir ya da üç işlem mi, birleşme mi yoksa yeniden yapılandırma mı istediği açık değildi.

Maher maun çalışma masasına bir tekme atarak ve sıkılı yumruğunu masanın üstüne indirerek patladı: "Şimdiye kadar gördüğüm en boktan şey!" dedi. "Şunu doğru dürüst yapamaz mıyız? Berbat bir şey bu!"

Maher mektubu kaldırdı, sekreterinin masasının yanından seri adımlarla geçti ve üç kat merdiven çıkarak kalabalık yönetim kurulu odasına daldı. Maher'ın ruh durumlarını yakından bilen Finn, patronunun sıkılı çenesinde saklı öfkeyi hemen fark etti.

"Asıl noktayı kaçırıyorsunuz!" dedi gruba Maher. "Şimdi beni dinleyin lütfen. Ne yapacağımız açık." Sonra, otuz dakika boyunca Finn'in sekreterine yeni bir mektup dikte ettirdi. Biri kesmeye yeltendiğinde, Maher sesini yükseltti ve homurdandı. Seslowe gördüğü sahneye inanamıyordu. Bir oda dolusu düşük rütbeliyi disipline eden subay gibiydi. Bir süre için Pritzker'a telefon etmenin ve ona ihaleden çekilmesini tavsiye etmenin eşiğine geldi gitti.

Teslim saatine dakikalar kalmışken Maher ve avukatlar, verecekleri teklifin şirketin tamamını mı yoksa sadece tütün operasyonunu mu kapsayacağını tartışıyorlardı hâlâ. "Tartışmalar sadece imla ve ifade biçiminden kaynaklanmıyordu," diye anımsıyor Seslowe. "Teklifin alacağı biçime karar verilmemişti henüz."

Saat beşe birkaç dakika kala, Maher Skadden Arps'ı arayarak Atkins'e mektubun birkaç dakika gecikebileceğini bildirdi.

Maher ahizeyi yerine koyduktan sonra, "Henüz Pritzker'ın onayını almadığınızı unutmayın," dedi Seslowe.

Maher için bu kadarı çok fazlaydı.

"Chicago! Chicago ile temasa mı geçmeliyim? Altı üstü bir mektup bu! Bana bir nefes alma şansı verin!"

"Tanrım, ne zaman yola çıkacağız!"

Ed Horrigan'ın ağzından köpükler çıkmak üzereydi. İki saat boyunca, beyaz ceketli baş katipler ısmarladıkları akşam yemeklerini yiyip ardından kahvelerini yudumlarken, Johnson ve maiyeti Shearson'ın şal desenli duvar kağıtlarıyla kaplı yemek odasında popolarını serip oturmuşlardı. Buraya tekliflerini tartışmak üzere gelmişlerdi ancak o ana kadar tüm yaptıkları menüleri elden ele geçirmekten ibaretti.

Johnson gördüklerine inanamıyordu. Oda her zamanki gibi ağzına kadar doluydu. Belki bir düzineyi bulan tam takım Shearson ekibine, John Gutfreund liderliğindeki dokuz kişilik Salomon ekibi ile Johnson ve adamları eklenmişti. Gelmeden önce sandviçleri ve çorbaları mideye indiren Gutfreund ekibi ayrı bir masaya oturdu. "Milletin nasıl yemek yediğini izlemeye geldik" diye takıldı Gutfreund espri karışık.

Johnson, Horrigan ve Sage o sabah Cohen'in ofisine geldiklerinde Shearson liderini masasında otururken bulmuşlardı. "Tamam çocuklar..." demişti Cohen. "Fiyat ne olacak?"

Johnson gülümseyerek, "Çuval dolusu" diye yanıtladı.

Cohen sekreterinden telefona bakacak birini bulmasını istedi. Horrigan, Shearson liderinin dış kapının mandalıyla ne işi olduğunu düşündü. Gizli bir silah? Bir dakika sonra Cohen ahizeyi kaldırdı. "Efendim?" dedi. Horrigan merak içinde dinledi.

"Evet, karımla konuştuk. Paltoyu boş ver. Ceketle gideceğiz."

Üç saattir orada oturuyorlardı ama teklif hakkında henüz tek kelime edilmemişti. Yemek sürdü de sürdü. Saat bir buçuk olduğunda Johnson bile sabırsızlanmaya başlamıştı.

"Tanrım! Kahrolası bir rakama ihtiyacımız var. Vakit ilerliyor."

"Teklif nerede?"

Steve Goldstone, Gar Bason'ın sesindeki hiddeti duyabiliyordu. Saat ikiyi geçmişti ve Shearson grubu henüz bir nihai teklif üretmiş değildi.

Goldstone, Bason'ı öğleden sonra kısa bir süre için Davis Polk'da bırakarak Shearson'daki tartışmalara göz atmaya gitmişti. Sakin bir akşam yemeğinde biraraya gelen Cohen, Gutfreund ve yaklaşık 30 adamı, beyaz masa örtülerinin ortasında teklif yapılarını tartışır, garsonları bekler ve çini tabakları tıklatırken bulunca şaşkına döndü. Sahne bir strateji oturumundan çok ziyafeti andırıyordu.

"Gar, gelmek üzere."

"Hey, hadi..." diye rica ederken Bason'ın sesindeki gerginlik gayet net hissediliyordu. "Bir rakama ihtiyacımız var. Zamanla yarışıyoruz. Steve dinle beni... kafalarını toplamazlarsa hiç teklif veremeyeceğiz."

Goldstone ortağının abartmadığını biliyordu. Üç saatten daha az zamanları vardı ve bu kadar kısa süre içinde nihai bir rakam olmadan tamamlanamayacak bir düzine temel belgeyi –taahhüt mektupları, borç belgeleri ve diğer örtülü belgeler- hazırlamak durumundaydı. Kelime işlemciler üç hukuk firmasında hazır bekletiliyordu.

Beklenen rakama ancak saat üçü biraz geçe ulaşılabildi. Manhattan boyunca sıralanan yarım düzine banka, hukuk bürosu ve muhasebe firmasında; faiz oranları, ödeme takvimleri ve diğer temel oranları toplamak üzere uçuşuyordu parmaklar. Dörde çeyrek kala, avukat, banka mektubu ayrıntılarının yerine oturduğunu görebildi. Ancak, üç parmak kalınlığındaki teklif paketinin kent merkezi dışındaki 55. sokak ve 4. caddedeki Skadden Arps'a zamanında varamayacağı çok açıktı.

Zamana duyarlı kent merkezi teslimatlarının lojistiği, Wall Street'teki tüm hukuk firmaları için tanıdık bir durumdu. Metro konu dışıydı. Tek bir dumanlı ray kıvılcımı, Lexington Caddesi'nin altındaki küf kokulu tünellerde kuryenin saatlerine mal olabilirdi ve cep telefonlarına güvenilmezdi. Ayrıca Bason, Lexington hattındaki en yakın metro istasyonunun Skadden Arps'dan dört koca blok uzakta olduğunu biliyordu. Taksiyi ve East River boyunca uzanan kalabalık ekspres yolu tercih etti.

Dördü yirmi geçe genç avukat, Salomon'un baş hukukçusu Peter Darrow, Richard Truesdell adındaki yirmi altı yaşındaki Davis Polk ortağına ve diğer iki avukata kent dışına bir yolculuk önerdi. Avukatların taşıdığı çeşitli temel dökümanlar eksikler içerdiğinden, dört hukukçu geriye kalan rakamları taksinin içinde tamamlamak durumunda kaldı. Citibank ve Bankers Trust avukatları, nihai kredi dökümanlarının kopyalarıyla birlikte Skadden Arps'daki ekibin karşısına çıkacaktı. Bason dışarı çıkarlarken NEC marka bir cep telefonu uzattı Truesdell'e.

On beş dakika sonra dört avukat koltuklarında hummalı karalamalar yaparken, araba 14. sokakta yoğun trafiğe saplanıp kaldı. Bason, Davis Polk'ta gözlerini saatten ayırmadı. Shearson'dan dönen Goldstone, Johnson ve Horrigan ile birlikte onlara katıldı. İçlerindeki tek rahat adam Johnson'dı; manzaraya baktı ve gülümsedi. "En azından biraz eğlenmeye gidiyoruz."

Goldstone beş dakikada bir Truesdell'e telefon etti: "Şu an neredesiniz? Kaçıncı bloktasınız?"

Araba otuzlu ve kırklı sokaklarda yoğun trafiğe daldığında Davis Polk'da kaygılı bakışlar zuhur etmeye başladı. Geri sayımın on beşinci dakikasında taksi ekspres yoldan Birinci Cadde'ye kıvrıldı. On dakika sonra, Cuma kördüğüm olmuş trafiğinde girdiği 55. sokak ve Birinci caddede kağnı hızına düştü, en nihayetinde de olduğu yere çakıldı kaldı.

Goldstone isterinin sınırındaydı. Horrigan ise tamamen kendinden geçmişti. "Niye bu kadar uzun sürüyor?" diye homurdandı.

Goldstone panik içinde telefona sarıldı. "Arabadan inin ve koşun!" diye bağırdı Tuesdell'e. Dört avukat kendilerini taksiden aşağı attılar ve iki uzun blok ötedeki Skadden Arps'a doğru hızla koşmaya başladılar. O andan itibaren Johnson'da ipler kopmuştu, gülmekten yerlere yatıyordu. "Umarım adam kroşçudur çünkü başka türlü saat beşte ipi göğüslemeleri mümkün değil..." dedi Goldstone'a.

Goldstone'un gözleri akrep ve yelkovana kilitlendi. Başaramayacaklardı. Birkaç saniye sonra Bason'a Atkins'in yardımcısı Mike Gizang'dan telefon geldi. "Teklifi fakslıyoruz. Hemen elinize ulaşacak..." dedi Bason.

Katipler teklif mektubunu sayfa sayfa faks makinesine besledikleri sırada Goldstone, Truesdell'in hatlarda yankılanan soluk soluğa sesini duydu.

"55. sokak, İkinci caddedeyiz!"

Dakikalar ilerliyordu. Charlie Hugel kaygılı bir sesle Johnson'ı aradı. "Teklifiniz nerede Ross?" diye soruyordu Hugel. "Teklifiniz nerede?"

Johnson'ın keyfi tıkırındaydı, ciddi görünmeye çalıştı: "Üzerinde düşünüyoruz henüz, Charlie."

Horrigan dehşet içindeydi. "Buna inanabilir misin! Bu kadarına da inanmam gerçekten imkansız!" Orada olan Andy Sage'in de manzara karşısında dili tutulmuştu. "Düz atış yapmayı bilmeyen gangsterler bunlar."

Truesdell'in nefes nefese kalan grubu Skadden Arps'a ulaştığında, fotoğrafçılar ve televizyon kameralarından oluşan bir ordu kesti yollarını. Çevrelerini kuşatan haberciler soru yağmuruna tututuyordu. Avukatlar karşılarındaki orduyu can hıraş yararak lobiye daldılar.

İçeride bankacıların izi bile yoktu. Avukatlar boyunlarını sağa sola çevirerek ve kendi eksenleri çevresinde dört dönerek soruyorlardı: "Nerede bunlar?" Banka avukatlarını sima olarak tanıyan tek kişi olan Darrow, hayvanat bahçesinde kaybolmuş bir çocuk gibi lobiye seğirtti.

Birkaç saniye sonra Goldstone, Truesdell'e ulaştı.

"Richard, hangi cehennemdesiniz!"

"Asansörde!"

Kırk beşinci kattaki danışma görevlisi dört avukatı bir üst kata yönlendirdi. "Bekle, bekle, bekle!" Bason'ın sesi Truesdell'in telefonunda çınladı. Bason tercihli hisse senetlerindeki temettü oranını son kez kontrol etmelerini istedi. Rakam iki kez kontrol edilirken çok değerli saniyeler geçti.

Truesdell ve üç yoldaşı bir üst katta asansörden dökülür dökülmez yolları olağanüstü bir güvenlik koruması tarafından kesildi. Bir dakika sonra Truesdell refakatçi eşliğinde danışma bölümüne ulaşarak grubun teklifini içeren klasörü Peter Atkins'e uzattığında, zor ayakta duruyordu. Banka mektupları ancak kırk beş dakika sonra ulaşacaktı.

Darrow saatine baktı, 17:01'di. Tarihin en büyük kaldıraçlı alım teklifi gecikmişti. Kimsenin fark etmemesi için dua etti.

Casey Cogut koltuğunun altında Kohlberg Kravis teklifiyle fotoğrafçıları atlatarak beşe on dakika kala Skadden Arps'ın lobisinden içeri süzüldü. Yukarıda güvenlik korumasından kaytardı ve birkaç dakikasını almak için Atkins'i aradı. Atkins geldiğinde Cogut koridorda yere çömelmiş, bir son dakika değişikliği yapmak için teklif paketindeki kağıtları karıştırıyordu.

Cogut resepsiyon bölgesine kimsenin girmesine izin vermeyen korumaya baktı. Tesadüfen orada bulunan bir Skappen Arps ortağı korumaya bağırıp çağırıyordu: "Ben buranın ortağıyım! Kahrolası ortağıyım! Bırak da gireyim!"

Cogut hiçbir şey söylemeden Atkins'e klasörü uzattı ve olay yerinden ayrıldı.

Son teslim saatinin üzerinden tam iki saat geçmiş, yedi olmuştu; ne var ki First Boston'ın teklifi henüz gelmemişti. Maher mektubun kopyalarını Chicago'daki Jay Pritzker'a faksladı. Yatırımcı ve avukatları hâlâ küçük değişiklikler istiyorlardı. Teslim saatinin geçmesinden sonra üzerlerindeki baskı bir miktar azalmıştı ancak Maher'ın sabrı tükenmek üzereydi. Bu amatörlüktü; mektubun gönderilmesini istedi.

Chicago'da ise Pritzker, First Boston'ın yetkinliğinden kuşku duymaya başlıyordu. Saat yedide, gösterdikleri tüm çabanın heba edilmesi karşısında ne kadar şaşkın olduğunu haykırıyordu Jerry Seslowe'a. "First Boston'ın görevini yaptığına inanıyor musun?"

Seslowe, Pritzker'ın çekilmenin eşiğinde olduğunu anladı. Yatırımcı akşamüstü boyunca Seslowe'u bu teklif nedeniyle utanç duymak istemediği konusunda uyardı. Teslim saatinin geçmesi ve mektubun pejmürdeliği kaygılarının yelkenine rüzgar doldurmuştu.

"Bak, Jay..." dedi Seslowe. "Eskisi gibi olmadıkları açık. Ama hâlâ çok iyiler. Burada iyi bir yapı kurmuşlar."

"Devam etmemiz gerektiğine emin misin?" diye sordu Pritzker. "Jerry, şu noktada cayarsak sence bizim için ne kadar utanç verici olur? Çekilmeli miyiz? Neden valizimizi toplayıp eve dönmüyoruz?"

"Başaracaklarını sanıyorum hâlâ..." dedi Seslowe. "Devam edelim." Aslında o kadar emin değildi bu söylediklerinden.

Saat dokuzda Maher'ın kaldırabilme haddi dolmuştu. Pritzker'a, avukatlarının New York'da bulunmaları halinde gelecekteki karışıklıkların önlenebileceğini ileri sürdü ve mektubun gönderilmesini talep etti.

Kopyalar basılırken avukatlar hâlâ değişikler öneriyordu. Kendilerine bağrılarak çenelerinin kapanması rica edildi. First Boston'ın

boş koridorlarında çınlayan bağırışlarla birlikte tüm diplomasi oyunları da rafa kalkıyordu.
"Çıkın dışarı! Çıkııııııın! Unutun bunu! Hadi! Hadisenize! Çıkın buradan!"

First Boston bankerleri Brian Finn ve Scott Lindsay, saat dokuz buçukta beş blok öteden Skadden Arps'a doğru yorgun adımlarla yol alırken, televizyon kameraları ve muhabirler çoktan gitmişlerdi. Hava soğuktu ve ikisi de perişan haldeydi. Hukuk firmasının uçsuz bucaksız koridorları, Atkins'in köşe ofisine doğru ilerlemeye çalışan Finn ve Lindsay kadar sessizdi.

Avukatlar orada değildi. Finn beklemeyi önerdiğinde Atkins'in sekreteri patronunun toplantıda olduğunu ve rahatsız edilmek istemediğini söyledi. Finn kadına mektubu uzattı. İki adam bir telefon numarası bırakarak hızla uzaklaştı.

BÖLÜM 15

RJR Nabisco'yu yalnızca Ross Johnson ve Henry Kravis istemiyordu. Cuma günü Federal Express aracılığıyla ve faksla başka teklifler de geldi: Tuhaf, beklenmeyen mektuplar, Wall Street tarzı garip telefonlar... RJR Nabisco ihalesi tamamlandığında Hugel'ın komitesi saçma teklifleri bir kenara ayıracak ve tabii ki bunlar Lazard ya da Dillon Read tarafından listeden çıkartılacaklardı. Maryland'den biri hisse başı 126 dolar, toplamda da 28.4 milyar dolar önermişti. Winston-Salem'den bir hissedar, onu hisse başı 127 dolarla geçmişti. Mektubunda "Bunun için yardımcı olabilecek bir bankayı henüz bulamadım ama teklifimi kabul ederseniz pek çoğunun bana yardım etmeye hazır olacağından eminim," diyordu.

Hugel'ın favorisi Toronto'lu bir bankerinden gelen teklifti. Bunu, Cuma akşamı kırkyedinci kattaki konferans salonunda, gülerek, yönetici ve bankacılara dağıttı. Adam hisse başı 123 dolar öneriyor ve ekliyordu: Özel komitenin her bir üyesine, oyu için 7 milyon dolar ödeyecekti, "Şirkete verdikleri yıllara duyduğu saygıyı göstermek için..." Diğerleri de 5'er milyon dolar alacaklardı.

Teklifler geldiğinde Peter Atkins ahşap oymadan ördek koleksiyonu ile doldurduğu odasında çalışıyordu. Koridorun sonundaki gürültülü ofisde çalışan profesyonel duruşma avukatı Mike Mitchell da Atkins'in yanındaydı. Atkins o akşam yaşananların bir gün mahkemede tekrar dile getirilme olasılığının farkındaydı; Mitchell bu nedenle, kurallara göre hareket edilmesini sağlamak üzere ordaydı.

Haberciler, avukatlar, bankacılar ve yöneticiler, Atkins'in ofisinde koşuştururken, Mitchell bir köşede durmuş gülümsüyordu. Manzara ona bir Charlie Chaplin filmini anımsattı. Yönetim grubuna ait banka dökümanlarının gelmesi yaklaşık bir saat aldı. On dakikada bir Jim Maher arayıp mektubunun her an ellerine geçebileceğini söylüyordu.

Avukatlar iki teklifi de gözden geçirdiklerinde nihayet rahatlayabildiler.

İhale daha kapanmamıştı.

Kravis hisse başına 94 dolar, toplamda 21.62 milyar dolar teklif etmişti.

Johnson hisse başına 100 dolar, toplamda ise 23 milyar dolarla onu geçmişti.

Bu kolay olacaktı. Saat dokuz olduğunda, Atkins, yatırım bankacılarını yollamış, yöneticilere de gidebileceklerini söylemişti. Komite Pazar günü Johnson'ın kazandığını resmi olarak açıklamak üzere toplanacaktı. Bu arada, ihaleye katılan gruplar Cumartesi günü gelerek teminatlarını açıklayacaklardı. Her iki grubun teklifi de yüksek miktarda ayni ödemeli hisse senedi teminatı içeriyordu. Bu bir formaliteydi ama Atkins hiçbir noktayı atlamazdı.

First Boston'ın teklifi geldiğinde Atkins zaman kaybetmeden okudu. Bunu da önceki saçma teklifler gibi reddetmeyi umuyordu. Maher'ın teklifi yarı şekillenmiş bir fikirden öte değildi. Finansmanı yoktu: Maher'ın bir bankayla görüşüp görüşmediği bile belli değildi. Brian Finn'in hazırladığı kademeli satış stratejisiyle, 105 ila 118 dolar arasında bir fiyata ulaşabileceklerini belirtiyordu.

Teklifin anahtarı vergilerdi ve Atkins vergi uzmanı değildi. Daha bakar bakmaz kolay kolay çürütemeyeceğini anladı. Eğer Maher dediğini yapabilirse -ki Atkins'in buna inanmak için fazla nedeni yoktu- Fist Boston'ın teklifi diğerlerini 3 milyar dolar geçebilirdi. Bu Skadden'daki vergi uzmanlarının işiydi.

Plan kontrol edilene kadar Atkins ve bir düzine iş arkadaşı akşam yemeği için camlarla çevrili konferans salonuna toplanarak Maher'ın tuhaf fikrini tartıştılar. Çin yemeği kutuları geniş meşe masada sıralanmıştı. İçlerinde düzinelerce sivriltilmiş kalem bulunan yuvarlak kalemlikler yemeklerin arasında boy gösteriyordu. Salon bonzai ağaçlarıyla bezenmişti. Pencereden Manhattan'ın yukarı doğusu ve ötesinde de haftasonuna hazırlanan Harlem görünüyordu. Maher'ın dokuz sayfalık teklifi dağıtıldı ve bir yandan yemeklerini yiyen avukatlar incelemeye koyuldu.

Saat onbir gibi takımın 36 yaşındaki vergi uzmanı Matthew Rosen da gruba katıldı.

Rosen otuz-küsur yaş çoğunluğundan bir avukattı: İtalyan takım elbise, püsküllü loafer, modern sanatlarla tıkıştırılmış bir ofis... Para avcıları sınıfına katıldığını ve devralımlardaki vergi boşluklarını yakalayarak milyarlar kotardığını söylemeye utanan, yetmişlerin halk hareketi öncülerindendi.

"Davanın bir numaralı tanığı olmak ister misin?" dedi Mitchell.

"Sen neden söz ediyorsun?"

Mitchell, Rosen'a First Boston dosyasını uzattı. "Oku şunu..." dedi. "Hepsi vergi."

Matt Rosen şöyle bir baktı ve Maher'ın umutsuz teklifini incelemek üzere toplantı salonlarından birine çekildi. First Boston'ın teklifi geçerliliği kesin olmayan berbat vergi düğümlerine dayanıyordu. Rosen teklifin kaderinin –ve tabii tüm ihalenin– bu varsayımların güvenilirliğine dair vereceği karara bağlı olduğunu farketti. Atkins ve Mitchell'a dört milyar dolar verginin ertelenebileceğini söylemek tamamen ona kalmıştı. Kıdemli avukatlar bu tavsiyeye mutlaka uyarlardı. Rosen, Maher'ın teklifi dikkate alınırsa yeni bir oyuncunun ortaya çıkacağını ve sürecin muhtemelen kaosa sürükleneceğini biliyordu.

Görevinin ciddiyetini aklından çıkarmayarak teklif mektubuna konsantre olmaya çalıştı. Fakat Maher'ın vergi tahminlerini okudukça midesi bulanmaya başladı. Risk yeteri kadar fazla değilmiş gibi Rosen daha da endişelenilecek bir şey farketti. First Boston teklifinde inanılmaz bir faktörle karşı karşıyaydı: Vergi ertelemesi de dahil olmak üzere teklifin temeli, aslında kendi fikirlerinden oluşuyordu.

Rosen da işte bundan korkuyordu. 31 Aralık itibariyle Wall Street'teki kademeli satışlar oldukça iyi gidiyordu. Yatırım bankaları kademeli satışlara kredi vermek için can atıyordu. Brian Finn, First Boston'da en az dört-beş devralım işi için aynı yaklaşımı uyguluyordu ve Finn'in favori vergi avukatı Matt Rosen'dı.

Birbirine kişilik olarak çok benzeyen iki adam geçen yıllarda yakın arkadaş olmuşlardı. Finn'in Rube Goldberg'i yeniden yapılandırma fikirlerinden pek çoğu karmaşık vergi stratejilerine dönüşmüştü. Özellikle de Finn bir araç telefonu alıp uzun eve dönüş yolu boyunca Rosen'ın başının etini yemeğe başladıktan sonra, sonuç için saatlerce tartışmışlardı. Finn, Rosen'ın en zor vergi problemlerine bulduğu yaratıcı çözümlere önem verir; Rosen da Finn'in pratik zekasını takdir ederdi. Genç vergi avukatı, First Boston'la Pepsi şişeleme işini almak isteyen General Cinema'nın taksitli satışı için çalışıyordu. Ve şimdi Rosen kendi fikirlerini yargılamak durumundaydı.

Rosen ve Finn RJR Nabisco konusunu özellikle tartışmamışlardı. Finn farazi konuşmuş –şöyle olsaydı ne olurdu– senaryolarıyla anlatmıştı durumu. Bir tür zihinsel tenis maçı oynamışlar, Rosen hangi şirketleri tartıştıklarını bilmeden vurmuştu toplara. Ancak Rosen, First Boston'ın teklifini okuduğunda, bunun son konuşmalarından biçilmiş bir elbise olduğunu hemen anladı.

Çıkar çatışması. Rosen düşüncesinden bile nefret ediyordu ancak bunun kendisi için de geçerli olduğunu biliyordu. RJR Nabisco ihalesinin geldiği bu berbat noktada Finn'le çalıştığının duyulması an meselesiydi. Rosen bir arkadaşına yardım etmek uğruna kariyerini riske atmaması gerektiğini söylüyordu içinden. Fakat böyle büyük bir kaldıraçlı alım ortamında, uygunsuzluğun yalnızca görüntüsü bile kendisi kadar zarar verici olabilirdi.

Kırk beş dakika sonra Atkins geldiğinde Rosen hâlâ bu zor durumu düşünüyordu. Deneyimli avukat teklifin uygulanabilirliği hakkında görüş almak için daha fazla bekleyemedi.

"Ne düşünüyorsun?" diye sordu.

Rosen derin bir nefes aldı. "Bazı teknik problemler var. Düzeltilmesi gereken noktalar var. Yetersiz bir teklif olduğu söylenemez. Eğer düzeltilip şekillendirilerek halledilip edilemeyeceğini soruyorsan, evet halledilebilir."

Rosen daha fazla içine atamadı ve Finn'le olan durumunu da anlattı. Altı ay önce onu düğününe çağırmış olan Atkins'e güveniyordu. "Peter, biliyorsun bu durum benim için çok tanıdık. First Boston'da bu tarz teklifler üzerinde çok çalıştık."

Atkins o an için Rosen'ın endişesini bir kenara bıraktı.

"Boşver şimdi... Tekliften ne haber?" dedi. "Uygulamada engel çıkaracak problemler neler?"

Rosen birkaç tane işaretlemişti. Öncelikle finansman konusunun üzerinde durulmamıştı, milyarlarca dolar gerekiyordu. First Boston'ın sene sonunda oluşacak vergi boşluğuna kadar –sadece kırk iki gün sonra– işi tamamlayabileceği meçhuldü. Böyle kısa bir süre zarfında, geçen her gün önemliydi. First Boston, Federal Ticaret Komisyonu tarafından uzun bir anti-tröst incelemesine tabi tutulursa işler rayından çıkardı. RJR'nin hangi işlerinin kimin olacağı da açık değildi. Rosen, First Boston'la üzerinde çalışılması gereken ayrıntıların bunlar olduğunu söyledi.

"Halledilmeyecek şeyler değil Peter... temelde uygun buldum." Aslında "Fazla uygun..." diye düşündü Rosen. "Kafamdaki beş altı nokta halledilebilirse yasal olarak bu işin olabileceğine inanıyor muyum?"- duraksadı- "Evet, sanırım olur."

Peter Atkins, Rosen'a güvenmişti. Genç avukatın çıkar çatışması endişesini fazla önemsemedi; bu ikisinin arasında kalacak bir sırdı. Atkins teklifin uygun olmadığına dair genel bir görüşün yayılmasını engellemek için, tavsiyesini Lazard ya da Dillon'la çalışan avukatlardan birine iletmesini istedi. Rosen ertesi sabah ilk iş olarak bunu yapacağını söyledi.

Her ikisi de sorun çıkartan First Boston teklifini bir kenara atabilmek için Rosen'ın saptadığı aksaklıklar üzerinde durdu. Ama Rosen vazgeçmedi, bu fikrin işe yaramayacağı iddia edilemezdi.

Cuma gecesi geç saatlerde bitkin avukatlar birer birer şehir dışındaki evlerine doğru yola çıktılar. Skadden ofisi artık sakindi. Caddeler sessizdi. Konferans salonunda yarı yenmiş Çin yemekleri öylece duruyordu.

Yalnızca Atkins ve Mitchell kalmıştı. Atkins ofisinde, maket ördeklerin arasında öylece oturuyordu. Rosen ertesi gün Brian Finn'le konuşacağını söyleyerek erken gitmişti. Finn'le konuştuktan sonra fikrini değiştirmezse, iki avukat ne yapacaklarını yeniden belirleyeceklerdi.

"Yapabileceğimiz başka bir şey göremiyorum," dedi Mitchell. Atkins'in masasındaki First Boston teklifine sabit gözlerle bakarak, "Böyle bir şeyi nasıl görmezden geliriz?" diye sordu.

Atkins başını salladı. Mitchell'e baktı ve içini çekti. "Olması gereken bu."

Birkaç saniye sessizlik oldu. Bu iki adam hukuk aşkının biraraya getirdiği eski dostlardı. Rosen'ın Finn'le konuşmasını beklerken kararlarını verdiler; her şeyi Pazar sabahı toplanacak özel komisyonun onayına bırakacaklardı. Mitchell durumun ne kadar kritik olduğunun farkındaydı. "Bunun olacağını kim tahmin edebilirdi ki?" dedi.

Cuma gecesi Kravis, grubunun ertesi sabah Skadden Arps'a davet edildiğini duyunca heyecanlandı. Komisyonun ne istediği belli değildi ama Johnson'ın grubuyla görüşme yapılmadığı söyleniyordu. 94 dolarlık teklifken doğan keyifsizlik uçtu, gitti. "Tanrım..." dedi Kravis "galiba iyi durumdayız."

Drexel'in teklifleri inceleyen bir numaralı adamı Peter Ackerman'ın Beverly Hills'e dönmek üzere uçağa bindiğini duyduğunda Kravis ekibi bir an panik yaşadı. Ackerman'ın oturumda konuşmacı olması gerekiyordu. Bir başka sorun da Bruce Wasserstein'la ilgili olarak ortaya çıktı. Kravis gazetelere sızma olayından sonra Wasserstein'a güvenmiyor ve toplantıya katılmasını istemiyordu. Ted Ammon, Dick Beatti'ye Wasserstein'ın asistanı Mack Rossof'un bazı teminatları açıklaması için toplantıya gelmesi gerektiğini söyledi.

"Rossof'u arayıp toplantıya Bruce olmadan gelmesini sağlamalısın," dedi Ammon.

"Ben mi? Neden ben yapmak zorundayım?" diye karşılık verdi Beattie.

"Sen yapmak zorundasın."

"Yo, hayır..." dedi Beattie gülerek, "sen yap. O senin yatırım bankacın. Ben bu işte yokum." Sonunda Wasserstein'a ihtiyaç olmadığı iletildi.*

Cumartesi sabahı saat yedide, yaklaşık iki düzine yatırım bankacısı ve avukat, Kohlberg Kravis'in ofisinde toplanmıştı. İki saat sonra Kravis grubu Skadden Arps'daydı. Yukarı çıktıklarında yönetim kurulunu görmek için bakındılar. Kravis koridorda Ira Harris'e rastladı. Kısa konuşmaları sırasında, Kravis, Harris'in yüzünde duruma dair bir ipucu aradı; anlamlı bir tebessüm, bir omuz silkmesi ya da başka birşey... Yönetim grup çağrılmış mıydı? Durumları neydi? Ama Harris tam bir kapalı kutuydu.

Kravis grubu, iki yatırım bankacısı, Lazard'dan Bob Lovejoy ve Dillon Read'den John Mullin'in bulunduğu geniş konferans salonuna alındı. Wasserstein'ın yardımcısı Mack Rossof ikiliyi gördüğü anda kötü bir hisse kapıldı. Felix Rohatyn neredeydi? Ya Ira Harris? Rossof'un gördüğü üzere, bu B takımıydı. Kötüye işaretti!

Kravis de karşısındakilerin birinci takım olmadığını farketmişti. Skadden Arps'ı Bill Frank adındaki genç bir avukatın temsil etmesi onu ürkütmüştü. Yapılan pazarlık hakkında ne biliyordu? Atkins neredeydi? Kravis o anda yönetim kurulu toplantısının eş zamanlı yapıldığını farketti. Giderek endişeleniyordu.

---

* Wasserstein Skadden Arps'a gönderilecek teknik ekipte yer almak için bir neden göremediğini söyleyerek, bu durumu inkar etti.

Kravis'in bankacıları ve avukatları, bir saati aşkın bir süre özellikle teminatları vurgulayarak, teklifin her bir unsurunu ayrıntılarıyla açıkladılar. Wall Street kurallarıyla köşe kapmaca oynayan, pratiğe dönük hamlelerdi hepsi. Kravis'in ekibindeki yarım düzine yatırım bankacısı ve ticari banka temsilcisi uzmanlık alanlarında açıklamalar yaptıkça, toplantı tekdüze bir şekilde uzayıp gidiyordu.

Scott Stuart, Kravis'in projeksiyonlarını sıralarken Bob Lovejoy sözünü kesti. Stuart'ın okuduğu veri Lovejoy'un elindeki kağıtlarla uyuşmuyordu. Eğer özel komite işini yapmış olsaydı, herkes aynı projeksiyonlarla çalışıyor olurdu.

Lovejoy endişeli bir bakışla "Güncel bilgilere sahip değilmişsiniz gibi görünüyor," dedi.

Stuart "Özel komite hangi rakamları kullanıyordu?" diye sordu. İki adam rakamları karşılaştırdı. İkisinin de kafası karışmış gibiydi.

Odanın diğer tarafında Dick Beattie'nin beyninde şimşek çaktı. Yanında oturan Cliff Robbins'e hemen bir not yazdı: "Bizim rakamlar yanlış, bir şeyler yapmamız lazım."

O andan itibaren Kravis'in takımı pandomime başladı. Lobiye inen asansörden küfürler ve bağrışmalar geliyordu. "Rakamlarla oynuyorlar. Bu rezillik. Bize doğru bilgi vermediler. Aldatıldık."

Kravis, Roberts ve Beattie lobide ne yapacaklarını düşünüyorlardı. Kendilerini yönetim kurulunun peşinde sürüklenirken bulurlarsa ne yapmaları gerektiğini daha önce tartışmışlardı. Şimdi, yanlış bilgilendirilmiş olmak, ellerine koz geçmesini sağlamıştı. İtiraz edebilirlerdi. Eğer Kravis'e doğru bilgi verilmediyse, ihale hatalı demekti. Öyleyse bu süreç daha fazla uzamadan durdurulmalıydı. Beattie merkez tren istasyonunun karşısındaki ofisine geri döndü ve hemen kısa bir mektup yazarak Peter Atkins'e gönderdi. "John Mullin ve Bob Lovejoy'dan, bazı finansal konularda RJR yönetiminden yanlış bilgi almış olabileceğimizi öğrendik....(eğer böyleyse) edineceğimiz yeni ya da düzeltilmiş bilgiler ışığında teklifimizi tekrar tartışmak istiyoruz."

Bu kibar sözlerin altında net bir mesaj vardı. Birkaç dakika sonra Atkins öfkeyle telefona sarılarak Beattie'yi aradı. Henry Kravis'den gelen bu uyarıyı gözardı edemezdi. Beattie'nin protestosu

ihalenin temiz raporunda kara bir leke olacağı için de kızgındı.
"Bunu yazıp yollamanız yerine benimle konuşmuş olmanızı dilerdim," dedi Atkins. "Bunu ciddiye alacağım."
Atkins, Kohlberg Kravis'e şimdilik yeni bir bilgi vermek istemiyordu. Yatırım bankacıları, Lovejoy ve Mullin, Beattie'nin mektubunu, bilgi akışına dair bir sorun olmadığını ileri sürerek- Beattie bunu tuhaf bulmuştu- yanıtladı. Kravis'in ekibinde kafalar karışmıştı. Kızgındılar ve yönetim kurulunun kararını beklemekten başka çareleri yoktu.
Öğleden sonra Beattie'ye Atkins'den ikinci bir telefon geldi. "Dick, bu gece size ihtiyacımız olmayacak. Adamlarını eve yollayabilirsin," dedi Atkins.
Beattie bir an korkuya kapıldı. "Diğer tarafa da aynı şeyi mi söylediniz?"
"Evet."
Beattie rahatladı. Ama biraz...

O sabah, Skadden Arps'da Peter Cohen'in ekibi de aynı sorgulamadan geçti. Ira Harris liderliğindeki üçlü komite teminatların gerçek değerini anlamaya yönelik sorularıyla insanları topa tuttu. Toplantı sakinleştiğinde Lazard'dan Luis Rinaldini, Tom Hill'den nakit akışına dair projeksiyonların kopyalarını istedi. Projeksiyonların teminatları değerlendirmek için çok önemli olabileceğini söyledi.
"Olmaz..." dedi Hill. Projeksiyonlar yönetim kurulunun gizli silahıydı. Yani Johnson'ın en önemli kozuydu.
"Neden olmasın?" dedi Rinaldini merakla.
Hill açıklamaya çalıştı: "Onlar özel mülkiyetimizdir. KKR'ye vermeyeceğinizi nereden bilebiliriz?"
"Hadiii...." dedi Rinaldini.

Jim Maher, Cumartesi sabahı uyandığında başarıya uzak olduklarını düşündü. First Boston'ın teklifinin kabul edilme şansının fazla olmadığını biliyordu. Yönetim kurulunun ilgisini, en fazla, ihale sürecini bir şekilde genişletmeyi düşündürtecek kadar çekebilirdi.

Bütün sabah dairesinde volta atarak telefon bekledi. Saat on bir gibi beklediği telefon geldi. "Bir mektup alacaksın," dedi Peter Atkins. "Teklif taslağınızla ilgili sorunlar var. Bazı şeyleri netleştirmemiz lazım."

Atkins her zamanki gibi anlaşılması güçtü. Fakat Maher bu telefonun iyiye işaret olduğunu düşündü. Hatırını sormak için aramıyordu. Öte yandan Atkins teklifi reddetmek için zemin hazırlıyor da olabilirdi.

Beş dakika sonra bir ulak mektubu getirdi. Sorular vergi yapısına ilişkin temel ve teknik noktalarla ilgiliydi. Gerekli yasal ve mali incelemeyi yapmadan Maher bu soruların çoğunu cevaplayamazdı. First Boston'ın planın yürüyeceğini garanti edebilmek için daha fazla bilgiye ihtiyacı vardı.

Öğleden sonra Atkins vergi konusundaki daha karmaşık soruları için birkaç kez daha telefon etti. Maher bunların pazarlığa tabi olması gerektiğini düşünüyordu. "Peter, bunları bir anda halledemeyiz..." dedi. "Karşılıklı oturup çalışmalıyız."

Maher bir ara Brian Finn'i arayıp Atkins'den gelen mektubu okudu. Finn duyduklarından hoşlanmamıştı.

"Sanırım neden bizimle çalışamayacaklarını anlatmak için genel bir rapor hazırlıyorlar," dedi.

"Hayır, sanmıyorum. Atkins'le yaptığımız konuşmalardan böyle bir izlenim edinmedim."

"Umarım sen haklısındır..." dedi Finn.

İki adam ne yapmaları gerektiğini tartıştı. Normalde Atkins'in mektubuna yazılı cevap gönderilir ya da First Boston'ın vergi uzmanları Skadden'ınkilerle görüşürdü. Şimdiyse her iki seçenek de uygun görünmüyordu. Görüşmeler zaman alırdı ve vakit nakitti.

Finn son kozunun Matt Rosen olduğunu düşündü. Vergi avukatını tanımak bir avantaj olabilirdi. "Neden Rosen'ı arayıp şu soruların iç yüzünü öğrenmeyeyim ki?"

Bir telefon konuşması işlerine yarayabilirdi. Maher kabul etti.

Finn öğle üzeri Rosen'ı aradı. Avukatın sesi yorgun geliyordu. Finn nabız yoklayarak "Beni endişelendiren bir durum var, işi alamadığımızı anlatan bir rapor hazırlıyor gibi görünüyorsunuz..." dedi.

"Sana ne olduğunu anlatamam ama merak etme durum böyle değil," dedi Rosen.

Finn bir parça rahatladı. Rosen'ın ona yalan söyleyeceğini düşünmüyordu. Vergi avukatı Finn'e düzinelerce soru sordu. Finn çoğuna cevap vermedi. "Üzerinde çalışılmadan bu soruların cevabını veremem," dedi.

Finn biraz daha üstelemeyi denedi. "Hadi Matt, biz birbirimizi biliyoruz. Olmayacak duaya amin demek için burada değiliz. Neler döndüğünü bana söylemelisin. Bunları öğrenmeden iyi bir iş çıkartamam."

Telefonu kapattığında Finn hâlâ endişeliydi. Rosen teklifin güzelliğinin farkında olmalıydı. Ama yirmi milyar doları riske atıp onu savunur muydu?

Cumartesi Jim Robinson'ın elliüçüncü doğum günüydü ve Robinsonlar Connecticut'taki otuzbeş dönümlük çiftliklerinde ihalenin sonucunu bekliyordu. Saat üç sularında, Jim Robinson, Ross ve Laurie Johnson'ın geldiğini görünce şaşırdı.

Johnsonları görmek, Robinson'a şehir hayatından bir süreliğine uzaklaşmaktan bile iyi geldi. Johnson bir kanepeye uzanıp gazete okudu ve televizyonda futbol izledi. Dördü de kurul çalışmalarından başka hiçbir şey düşünemiyordu. Tüm öğleden sonra ve akşamüstü ümitle telefon beklediler ama gelmedi.

Robinson'ın evinde o akşamki yemeğin menüsü Çin yemeği ve telefon ahizeleriydi. Beş ayrı telefon hattı vardı ve Linda üç tanesini masaya getirmişti. Yemek boyunca Johnson ve Robinson bilgi alabilmek için uğraştılar. First Boston teklifi hakkında söylentiler vardı ama sonuç belli değildi.

Özel komite ve yönetim kurulunun ertesi gün biraraya geleceklerini biliyorlardı. Komite teklifleri oylayacak ve yönetim kurulu da muhtemelen onaylayacaktı. Laurie Jim Robinson'ı ağırlık çalışırken görüntüleyen portrenin asılı olduğu odada buldu onları. Johnson toplantılar hakkında bir şeyler öğrenmek için RJR Nabisco operasyonlarındaki bir kaynağa başvurdu: Yirmidokuz sene birlikte çalıştıkları sadık bir elemanından yöneticileri New York'a götürecek uçağın kalkmadığı haberini aldı. Kurul toplantısı iptal olmuş görünüyordu.

"Tuhaf..." diye mırıldandı Johnson. "Neden iptal etsinler ki?"

Komitenin kararının gecikmiş olduğunu ya da toplanıp bir karara varılmadığını düşündü. Anlamı şuydu: Sonuç yakında açıklanacaktı. Ve kazanan yoktu. Johnson ve Robinsonlar First Boston'ın garip teklifi ve yeniden yapılanma lehine tüm tekliflerin geri çevrilme ihtimalini tartıştlar. "Garip bir durum..." dedi Johnson Robinsonlara. "Ama gecikmenin sebebi her ne olursa olsun, bu bizim için kötü haber."

Linda Robinson, eşi arkadaşlarını ziyaret etmek üzere Florida'ya gittiği için Manhattan'daki dairesinde yalnız olan Cohen'e haberleri iletti. Johnson'ın karamsarlığına karşın çiftlikteki grup hâlâ ümitliydi. Kurulun uçuş planının ertelenmesinden yola çıkarak kesin sonuçlara varmak için erken olduğuna karar verdiler.

Yemekten sonra Linda kocası için kendi yaptığı doğum günü pastasını getirdi. Beyaz kremayla kaplanmıştı ve havuçluydu. Oreolar, bisküviler, bal, tarçın ve Teddy Graham çikolatalarıyla süslenmişti ama ilk göze çarpan pastanın üstündeki mumlardı. Yakından bakınca bunların aslında, yakılmış ve duman halkaları çıkartan Winston ve Salem sigaraları olduğu görülüyordu.

Hugel Pazar sabahı onu çeyrek geçe komiteyi topladığında, konferans salonundaki herkes ne yapılacağını biliyordu. Matt Rosen'ın vergi yorumları, First Boston teklifinin ve hisse başına önerdiği 118 dolar gibi yüksek bir rakamın gözardı edilemeyeceğini ortaya koyuyordu. Maher'ın ekibine süre verilmesi için ihalede ikinci raundun yapılacağı açıklanacaktı. Yönetim grubunun 100 dolarlık teklifi dahil tüm teklifler geçerliliğini yitirmişti.

Cumartesi öğleden sonra, Rosen'ın Finn'le yaptığı konuşmanın ardından Atkins ve Mitchell son kararı vermişlerdi. Herkes buna sevinmedi: Dillon Read'den Fritz Hobbs, Maher'ın teklifinin tutarsız olduğunu düşünüyordu ve dile getirdi. Ancak her zamanki gibi kimse avukatlarla fazla ters düşüp aleyhine dava istemiyordu. Beattie'nin endişeli mektubu da ikna edici bir etkendi. Birkaç çalışma arkadaşı, First Boston'ın teklifinin ikinci raundu gerekli kıldığını, böyle olunca da Kravis'in yasal yollara başvurarak ihaleyi protesto etmesinden kurtulduklarını söyledi.

Charlie Hugel da ikinci raund fikrinden memnun kalmamıştı. First Boston'ın teklifi sağlam bir zemine oturmuyordu ve Johnson ile Kravis'in birleşeceklerini düşünüyordu. "Eğer uzatırsak ve First Boston çekilirse bu iki adam biraraya gelecekler; o zaman bizim elimizde ne kalacak? 93'e geri döndük..."

Marty Davis şiddetle karşı çıktı. Bu yarışı uzatmak kurulun yararınaydı. İhaleye katılanları yorup çılgın bir rekabete itmek, yeniden yapılanma fikri için zaman kazanmak demekti.

Konu daha şimdiden iki adamın arasında sorun olmuştu. Davis, Çarşamba öğleden sonra Hugel'ın Reuters'e verdiği demeçte ihalede son günün Cuma olduğunu ve uzatılmayacağını açıklamasına çok sinirlendi. Hemen Hugel'ı aradı. "Reuters'deki de neydi öyle?" diye bağırdı. "Bu bizim kararımız değil, bu doğru değil."

"Ben böyle bir şey demedim," dedi Hugel.

Davis inanmadı. Hugel'ın bir bebek kadar saf ya da Johnson'ın piyonu olduğunu düşündü. Belki her ikisi birden. Ama Marty Davis öyle değildi. Özel komiteye başkanlık ediyordu; en iyi para getirecek ve yönetim kurulunun işine gelecek kararı almaktan yanaydı. Beattie'nin mektubunun ihale süresini uzatmak için tek başına yeterli neden olduğunu savunmak için hazırlanmıştı.

Yöneticiler fazla tartışmadan karar verdi: İhalenin süresini uzatmak, almaları gereken bir riskti. Rosen vergiyle ilgili faktörleri açıklamakla görevlendirilmişti. Briann Finn'le olan arkadaşlığı konu edilmedi*

---

* Finn-Rosen bağlantısı ertesi hafta First Boston'ın Rosen'ın çalışmalarıyla ilgili görüşmek istemesiyle tekrar gündeme geldi. Finn ve Rosen'a göre Atkins, Rosen'ın uygunsuz bir durumu saklamaya çalıştığı yolundaki iddiaları veto etti.

Hugel ve diğer yöneticiler Rosen'ı sıkı sıkı sorgulamakla birlikte, sonunda tavsiyelerine katıldılar. Bir an önce kurtulmak isteseler de iş henüz bitmemiş görünüyordu. Öğle arasında Atkins, Maher'ın ne kadar zamana ihtiyacı olduğunu öğrenmek üzere dışarı çıktı.

Cumartesi gecesi Maher rahatlamıştı. Atkins'in konuşmalarından First Boston'ın ilk adımında başarılı olduğu kanısına varmıştı. Pazar sabahı Atkins aradığında şaşırmadı.

"Eğer hazırsanız kurul size bir şans daha vermek istiyor," dedi Atkins. "Hazırlandınız mı ? Ne kadar zamana ihtiyacınız var?"

Maher kabul edilmeyeceğini bildiği halde iki hafta istedi. Atkins Pazar'dan itibaren bir hafta –sadece sekiz gün– önerdi. Maher yaklaşan Şükran Günü tatilinin ödeme taahhütlerini zorlaştıracağını belirterek on gün istedi. Atkins kabul etti. Süre 26 Kasım Salı günü saat beşe kadar uzatılmış oldu.

Ahizeyi yerine koyduğunda Maher gülümsüyordu, "Sana göstereceğim Mickey Mouse..." dedi içinden.

Pazar sabahı Long Island'daki evinde Jerry Seslowe, Skadden Arps'daki işleri kafasından atmaya çalışarak Pazar gazetelerini karıştırıyordu. Yaklaşmakta olan fırtınayı düşünerek içeride olduğuna sevindi.

Telefon çaldı. Arayan Maher'ın yardımcılarından Scott Lindsay'di. "Peter Atkins gizlilik anlaşması imzalamak üzere sizi çağırıyor. İlk adımı attık!"

Seslowe hemen BMW 325'ine atladı ve ıslak caddelerde hızla sürdü. Bir saat sonra Brian Finn'le Skadden Arps'da buluştu. Atkins'in yüzü dışarıdaki havadan farksızdı.

Avukat saldırgan davranıyordu. Seslowe ihaleyi uzatmak ve Atkins'in işini zorlaştırmakla suçlandığını hissetti. Atkins'in ayakta duramayacak kadar yorgun olduğu ve eve gitmek istediği her halinden beliydi. "Yetmiş iki saattir uykusuz herhalde..." diye düşündü Seslowe. Atkins'in asistanı Mike Gizang ise adeta kukla gibi duruyordu.

"Evet, başlıyoruz..." dedi Atkins. "Teklifinizi ciddiye alıyoruz. Yeni bir Forstmann Little istemiyoruz. Çok gürültü yaptılar ama masaya oturmadılar. Sizin ciddi olduğunuza inanıyoruz."

Seslowe başını sallayarak onayladı.

Atkins "Bunu imzalayın," diyerek Seslowe'un önüne gizlilik anlaşmasını koydu.

"Bir avukat incelemeden önce hiçbir şey imzalayamam..." dedi Seslowe.

"İyi..." dedi Atkins sertçe. "Ben gidiyorum."

"Ama imzalayamam..." dedi Seslowe.

"İmzalamanız gerek."

Seslowe, anlaşmanın bir kopyasının Pritzker'ın Chicago'daki avukatı Hans Handelsman'a yollanmasını rica etti. Atkins acele etmesi gerektiğini belirterek izin verdi.

Az sonra Handelsman telefondaydı ve belgede değişik yapılması gerektiğini söylüyordu. Seslowe çatılmış kaşlarıyla karşısında duran Atkins'e göz atarak Handelsman'ın sözünü kesti. "Gerçek dünyadan konuşalım Hank... bunu ya şimdi imzalayacağız ya da gideceğiz. Hayır, Hank... şimdi. Üç saniyen var. Peter Atkins burada, şimdi imzalamamız gerekiyor."

Öğleyin ekip Kravis'in ofisinde toplandı. Beklemekten başka yapacak bir şey yoktu. Bankacı ve avukatların çoğu konferans odalarından birinde toplanmış, New York Jets'in Buffalo'yla oynayacağı maçı konuşuyorlardı. Biri patlamış mısır alıp dağıttı. Los Angeles'da kısa bir süre kaldıktan sonra New York'a dönen Drexel avukatı Peter Ackerman, bir ara dışarı çıktı ve bir kucak dolusu kitapla geri döndü. Kravis gününü odasında volta atarak geçirdi.

"Ne zaman birşeyler duyacağız?" dedi Kravis. "Kahretsin ne zaman duyacağız!" Evde kalıp kendini Richard Rhodes'ın "Atom Bombası Yapmak" adlı kitabına vermeye çalışan Paul Raether bir ara Dick Beattie'yi aradı.

"Neler oluyor?" diye sordu.

"Bilmiyorum..." dedi Beattie. "Ne yapmamı istersin, arayayım mı?"

"Hayır arama..." dedi Reather. "Şu anda en son isteyecekleri şey bizim telefonlarımızla uğraşmak olacak."

Robinson'ın çiftliğinde de gergin bekleyiş hali sürüyordu. Dört arkadaş arasında komitenin çalışmalarını kafasından atabilmiş gibi görünen yalnızca Johnson'dı. Günün çoğunu kanapede gazete okuyarak geçirdi. Öğleden sonra boyunca haber gelmediğinde, hatta Linda Robinson sonucu öğrenmek için telefon etmekten umudu kestiğinde dahi yüzünde tebessüm vardı.

"Endişelenme Linda..." dedi. "Eninde sonunda haber verecekler."

Ancak içten içe o da karamsarlaşıyordu. Kurul toplantısının iptal edilmiş olması kafasını kurcalıyordu. Sırf bu haber bile ihalenin net bir şekilde sonuçlanmayacağını gösteriyordu, en azından bugün. Yönetim anlaşması üzerine yayılan bu kadar haberden sonra ihale iyice kızışmış olmalıydı.

"Eğer ihale kapandıysa biz öldük. Kurul oyunu bize vermez."

Saat dört sularında iki çift New York'a dönmek üzere hazırlandı. Dışarıda şiddetli bir fırtına vardı. Hava öyle kötüydü ki onları geri götürecek helikopter kalkamadı bile. Yağmur devam edince otomobillere bindiler, Robinsonların arabasını şoför kullandı. John Martin o gün beyaz Range Rover'ı ile gelmişti, Johnsonlar da onunla geri döndü.

Hava yüzünden Hutchinson Parkway'de trafik felç olmuştu. Küçük konvoy kağnı hızıyla ilerliyordu. Öndeki arabada, Linda Robinson elinde cep telefonu, hâlâ kaynaklarından haber almaya çalışıyordu. Araba New York sınırına girince telefon çekmeye başladı. Linda'nın ulaştığı bir muhabir komitenin basın açıklamasını okudu. Hayretle dinleyen Linda birkaç dakika sonra telefonu kapatıp kocasına döndü:

"Buna asla inanmayacaksın..."

On beş dakika boyunca Linda, Martin'in araç telefonunu aradı ama ulaşamadı. Fırtına iletişimi engelliyordu. Nihayet Mamaroneck'i geçtiğinde hat açıldı.
Range Rover'ın içi bir anda şiddetli bağırtılarla doldu.
"Soyulduk!" diye bağırdı Martin. "Soyulduk!"
Johnson bir anda zafer umutlarının söndüğünü gördü. "Buraya kadarmış..." dedi karısına. "Elveda!!."

Linda Robinson haberi canlı yayında bir başka muhabire anlatırken, Dick Beattie televizyondan dinliyordu. İkili bir yarış olacağı zannedilirken Kravis'in üçüncü sırada olmasına şaşırdı. "Orospu çocuğu!" dedi.
Röportaj bittiğinde Beattie telefonunun çaldığını duydu. Açtı, Peter Atkins'in hiçbir şey söylemesine fırsat vermeden "Bana söyleyeceğini ben sana söyleyeyim..." dedi. Üç teklifi ve yenilenen tarihi sıraladı.
Beattie bir aydır ilk defa Atkins'in sükunetini kaybettiğini duydu. "Kahretsin!" dedi Atkins. "Nasıl öğrendin bunu?"
Beattie yalnızca güldü.

Johnson ve Robinsonlar, Jack Nusbaum'un hukuk firması Wilkie Farr & Gallagher'da toplanan yönetim ekibine katıldı. Kalabalık ve kızgın Salomon yatırım bankacıları da oradaydı. Sosisler, eski iş arkadaşları Ira Harris'e sinirlenmişlerdi. First Boston-Pritzker grubunu getirip, zaferi ellerinden kapmakla suçluyorlardı. "Alçak! alçak!" "Bu adam bizi neredeyse becerecekti."
Jim Robinson kendine has devlet adamı edasıyla, kızışan tartışmayı sakinleştirmeye çalıştı. Nusbaum olaylara iyimser bir bakışla yaklaşmak istedi. "Aslında iyi durumdayız," dedi. "First Boston yarı yolda kalacak ve biz yine önde olacağız."
"İnanmıyorum..." dedi Johnson "Üst fiyatımızı biliyorlar." Yöne-

tim kurulunun çalışmalarıyla ilgili sevimsiz bir haberden öte bir durumdu bu. Kurulun hiçbir şekilde teklifi kabul etmeyeceğinin göstergesi olduğunu söyledi. "Bu çok açık," diyordu Johnson, her şeyden vazgeçip eve dönmeye hazırdı. Gruba tekrar teklifte bulunmama şanslarının olduğunu hatırlattı. "Boşverin, biz üstümüze düşeni yaptık. Dürüst davrandık. Şimdi bizi küçük düşürüyorlar. Çekip gidelim, bunu hissedarlarına kendileri açıklasınlar."

Bu kadarı abartıydı. Ama Peter Cohen dinledikçe doğru olmasından korktu. Johnson'ın ne kadar büyük bir sorumluluğu üstüne almakta olduğunu farketti. Belki de yöneticilerin büyük bölümü ona arka çıkmayacaktı.

John Gutfreund "Kurulun sana gerçekten karşı olduğunu mu düşünüyorsun, Ross?" diye sordu.

"İlişkiler böyledir..." dedi Johnson. Dava açma tehdidi en yakın arkadaşlıkların bile kuyusunu kazıyordu. "Bana karşı değiller," diye açıkladı Johnson. "Kendilerini düşünüyorlar. Bu ikisi farklı şeyler."

Nine West'te Kravis "yaşasın!!!" diye bağırsa mı yoksa kafasını duvarlara mı vursa bilmiyordu. Johnson ve Cohen onları geçmişti. Kravis hiçbir zaman yönetim kurulunun 100 dolara çıkacağını düşünmemişti. First Boston'ın teklifinin uzun vadede batacak olduğunu düşündükçe öfkesi geçti.

Öğleden sonra Roberts'la birlikte First Boston teklifi hakkında bilgi edinmeye çalıştılar. Bu teklif herkesi şok etmişti. Kravis "Nereden çıktı bu adamlar?" diye söylendi. Başta Maher'ın ne yapacağını anlamamışlardı. Teklifin ayrıntılarını öğrendikçe hiç de sağlam bir zemini olmadığını gördü. Kurulun Maher'a şans tanıması inanılmazdı. Ona göre First Boston'ın yıl sonuna kadar planını uygulamasına imkan yoktu. Kravis bu durum için sonsuz bir minnettarlık hissetti. Roehm'i aradı ve rahatlamış bir sesle "Hâlâ yarıştayız..." dedi.

Akşamüstü Kravis, Roberts ve Beattie bir sonraki adıma karar vermek üzere Kravis'in ofisinde toplandılar. Berbat bir durumda oldukları görüşünde hemfikirdiler.

Ancak Roberts'ın aniden ortaya attığı fikir hiç de fena değildi. "Durun bir dakika..." dedi Roberts. "Biz aslında olmak istediğimiz yerdeyiz."

Kravis ve Beattie meraklı gözlerle dinliyorlardı. Roberts devam etti:

"Ne yapacağımızı bilmiyoruz. Bu bir gerçek. Sessiz kalalım. Devam edip etmeyeceğimizi açıklamaya gerek yok. Bırakalım bu işte olmadığımızı düşünsünler."

"Haklısın..." dedi Kravis. "Eğer ihaleye tekrar katılmayacaksak, ortalığa çıkıp gürültü koparmanın alemi yok. İkinci raunda daha güçlü gireceksek de neden bilmelerine izin verelim? Kaybedersek fazla sıkıntıya girmemiş oluruz."

Plan kafasında şekillenince, Roberts gülümsedi. Yanlış bilgi vermek için ilk adres Wasserstein ve boşboğaz yatırım bankacılarıydı. "Sanırım Bruce'a güzel bir şov hazırlamalıyız," dedi.

İlk adım basın açıklaması oldu. Pazar gecesi şirket açıklama yaptı. "Alternatiflerimizi düşünmeliyiz, alacağımız yeni bilgiler ışığında bundan sonraki tavrımızı belirleyeceğiz, tabii eğer devam edersek."

Kravis eve döndüğünde yorgun ve sıkıntılı görünüyordu. Yarıştan çekilmekten söz etti. Carolyne Roehm sezgilere inanan bir kadın olarak, kocasının yüzündeki gerçek duyguları aradı. Gerçekten öyle miydi? Hayatının en büyük davasından vazgeçme konusunda ciddi miydi?

Kravis güçlüklerden yılıp kaçacak gibi görünmüyordu. Kocasının sözlerinin altında yeni bir çözüm yattığını sezdi Roehm. Onun bu fırsatın ikinci kez elinden kaçmasına izin vereceğini sanmıyordu. Düşündükçe daha da emin oldu. Henry Kravis'in kesinlikle bir planı olmalıydı.

BÖLÜM
16

Pazar sabahı teklif sahipleri kendi otopsilerine başladıklarında Wall Street'e tuhaf bir sessizlik çöktü. Finans piyasası da, yatırım bankacıları da sakinleşmişti. Kapalı kapılar ardında Wall Street'in devir makinası durdu. Nedeni basitti: RJR Nabisco ihalesinde kazanan tarafa 15 milyar doları aşkın yardım taahhüt eden ticari bankalar, kendilerini sağlama alana kadar işlemleri askıya almışlardı. Tüm bağlantılar ertelenmiş, gözler RJR Nabisco'ya çevrilmişti. Hiçbir bilgiye ulaşamayan borsacılar alım-satım limitlerini aşmış, beklemekten öteye gidemiyorlardı. Wall Street o sabah, haydutların kavgası nedeniyle tüm kasabanın kepenk indirdiği vahşi batı sokaklarını anımsatıyordu.

Jim Maher sıntarak "Mickey Mouse, Mighty Mouse oldu!" dedi.
Pazar sabahı Wall Street sakinleşmişti ama First Boston'da olan

biten hiçbir şey için sakin denilemezdi. Maher'ın grubu için heyecanlanmış ifadesi çok hafif kalırdı, adeta pompalanmıştı. Kimsenin –kendilerinin bile– ummadığı bir iş başarmışlardı. Kazanmasalar bile bu zafer duygusunu kolay kolay unutmayacakları kesindi.

Saat sekizde yardımcıları olayı kutlamak ve önlerindeki zor haftaya hazırlanmak üzere Maher'ın ofisinde toplandı. "Arkadaşlar..." dedi hurda tahvil uzmanı Greg Malcolm, "Treni yakaladık."

Ofistekiler kahkahayı bastı. Maher ise buna bayıldı. Bu ortamda gerekli olan da ekibin coşkusuydu. Özellikle de bu işte diğerlerini altetmek için... Başarabileceklerinden emin değildi ama sonuna kadar gideceklerdi.

Kahkahalar durulduğunda Maher işe döndü, takım liderleri arasında görev dağılımı yaptı. Wall Street tarihinin en büyük kaldıraçlı alım için geri sayım artık gerçekten başlamıştı, önlerinde yalnızca sekiz gün vardı. Maher bu işin Bruce Wasserstein olmadan da zirveye çıkabileceklerini göstermek için bir sınav olacağını biliyordu.

Maher'ın kulağı en delik elemanı Kim Fennebresque, Nabisco işletmelerini satarak First Boston'ın ne kadar kazanacağını araştıracaktı. Briann Finn bütün ekipleri yardım edecekti. Greg Malcolm'un işi en zoruydu, finans ekibinin başındaydı. Malcolm'un ekibinin görevi bankaların gırtlaklarına kadar LBO borçlarına battıkları bir dönemde RJR Nabisco'nun tütün işlerini satın almak üzere 15 milyar dolar bulmakla bitmiyordu. Finn'in ödeme planına arka çıkacak bir de banka bulmaları gerekiyordu. Bu öncekilerden çok daha riskli bir girişimdi. Malcolm taksitler için bir bankayı 15 milyar dolar borç vermeye ikna etmek zorundaydı. Odadaki herkes bunun önlerindeki en büyük güçlük olduğunu biliyordu.

Maher daha sonra Jay Pritzker'la öğle yemeği yiyeceği kırkdördüncü kattaki yönetim kurulu salonuna gitti. Pritzker Chicago'dan o sabah dönmüş ve bağlantının kilit adamı Jerry Seslowe ile görüşmüştü. Seslowe, Pritzker'ın grubun Cuma günkü Keystone Kops performansı konusunda hâlâ yakınmasına şaşırmadı. Pritzker, "Bunu egzersiz olsun diye mi yapıyorlar?" dedi.

Toplantı salonunda Seslowe, Fennebresque'i bir kenara çekerek açıkça sordu: "Bunu oyuna devam etmiş olmak için mi yapıyorsunuz? Mahcup olmak istemiyorum, Jay de istemiyor. Burada dayanağım sizlersiniz. Hoş ve boş sözleri bırakın. Bu konuda ciddi misiniz?" Fennebresque ciddi olduklarını belirtti. Bu işe aptal durumuna düşmek için girmemişlerdi.

Öğle yemeği boyunca Maher, Pritzker'a programı anlattı ve RJR Nabisco'nun muhtemel getirilerini tartıştılar.

Pritzker'ın Corpus Christi'den yardımcısı Mel Klein'ın eski arkadaşı Henry Kravis ile görüştüğünü duyunca şaşırdı. Kravis Pazar gecesi Klein'a "Ne yapacağımızı tam olarak bilmiyoruz. Henüz düşünüyoruz," demişti. Masadaki herkes Kravis'in teklif verip vermeyeceğini merak ediyordu, 94 dolarlık teklif şaka olmalıydı. Kravis'in, ayak oyunları, politikalar ve reklamların ortaya kolduğu iğrenç durumun iyice ayyuka çıkmasından yorulduğunu düşünüyorlardı. Klein ne olursa olsun ortaklık ihtimali olup olmadığını anlamak için Kravis'le görüşeceğini söyledi. Pritzker, Maher'a "Bizden yapmamızı istemediğin hiçbir şeyi yapmayacağız. Sadece onunla konuşmamız gerektiğini düşündük," dedi.

Maher onayladı. 25 milyarlık bahsi Kravis'le bölüşse mutlu olmaktan da öte seviçten havaya uçardı. "Burada bir yatırım yapmak istiyoruz. Benim için sorun yok. Durumumuz hakkında endişelenmeyin," dedi.

Pritzker'ın söyleyeceği bir şey daha vardı. Pritzker isminin başlıklarda kullanılmamasını istiyordu. Grubu her zaman için First Boston temsil etmeli, yalnızca onun adı geçmeliydi. Bu isteğin fedakarlıktan mı yoksa küçük düşme korkusundan mı kaynaklandığı belli değildi.

Pazartesi günü Johnson'ın canı hâlâ sıkkındı. "Kazık yedik, Charlie..." diyerek Hugel'a dert yandı. "Bunu herkes biliyor."

Hugel "Bu yüzden kendimi gerçekten kötü hissediyorum ama yapabileceğimiz hiçbir şey yoktu. Olması gereken buymuş..." dedi.

Johnson "Bence kazık yedik," diye yineledi.

Hugel "Avukatların söylediklerini yaptık. Hisse başı 110 dolar potansiyeli olan bir teklifi geri çeviremezdik."

Hugel'ın söylediği hiçbir şey Johnson'ın gittikçe artan öfkesini dindirmeye yetmiyordu. Giderek kendini daha da kötü hissediyordu. Kendi kurulu, sığındığı insanlar ve arkadaşları tarafından aldatılmıştı. Steve Goldstone doğru söylemişti. Onlar artık arkadaşları değildi. O zaman buna inanmak istemediği gibi şimdi de sindiremiyordu. Ama içten içe doğru olduğunu da sezinliyordu. Kendi yönetim kurulunun desteğini kaybetmişti.

Macomber'ı anlayabiliyordu. Uzun zamandır Johnson'dan pek hoşlanmıyordu. Ama ya Marty Davis? Johnson'ın duyduğu kadarıyla ona sırtını dönenlerin başında geliyordu. Bill Anderson? Albert Butler? İçinden yükselen ses "sahte bağımsız komite" diyordu. Hepsi de Wall Street yöneticilerinin esiri olmuşlardı. Özellikle de Johnson'ın "sırıtan adam" adını taktığı ketum avukat Atkins'in. Hepsinden çok Ira Harris'e içerliyordu. Harris'in kendisi hakkında orada burada konuştuğunu duymuştu. Harris'i onbeş yıldır tanıyordu. Bu hepsinden daha üzücüydü.

Kötü bir anında Laurie'ye, şirketin tahsis ettiği daireyi temizlemeye başlamasını söyledi. Birlikte eşyaları ayırdılar. Bazıları Atlanta'ya, bir kısmı Colorado'daki eve, bir kısmı da Florida'ya.

İkinci raunda hazırlanmak için yapılabilecek çok az şey vardı. Johnson 100 dolarlık teklifften daha yukarı çıkılamayacağını biliyordu. Jim Robinson'a "İkinci defa da ne yaparsak yapalım beklentimiz başlangıçtaki kadar yüksek olamaz. Belki nakit unsurları değiştirerek biraz akılları karıştırabiliriz. Ama hiçbir şekilde bulunduğumuz noktayı değiştiremeyiz," dedi

Salı öğleden sonra Johnson'ın ruh hali yine değişti. Kurulla başa çıkmak için yeni bir fikirle Goldstone'u Nine West'e çağırttı. "Söyle onlara eğer kesin bir anlaşma yapılmazsa biz bu işte yokuz. Hep onlar bizi sıkıştırdı, neden biz de onları sıkıştırmayalım? Biz teklif veren taraf olarak sahip olduğumuz gücü kullanmıyoruz. Kuralları hep onlar koyuyor. Neden biz de bazı kurallar koymuyoruz?" dedi. Goldstone oyun oynamak için çok geç olduğunu biliyordu. İhale çok fazla deşifre edilmişti, oyun oynanacak durum kalmamıştı. Atkins'i aramadı ve ertesi gün Johnson'ın düşünüp taşınmadan bir şey yapmasını önledi. Çarşamba öğleden sonra Johnson eşyalarını toplayarak Şükran Günü'nü geçirmek üzere Gulfstream jetiyle Florida'ya uçtu.

Ortalık durulduğunda casuslar harekete geçti. Pazartesi sabahı Dick Beattie, Shearson'ın borsa simsarı Bob Millard ile konuştu. İki arkadaş yaklaşık beş haftadır diyaloglarını gizlice sürdürüyordu. Millard eldeki istihbaratlar bakımından Beattie ile yarışabilirdi. Borsa simsarı, Beattie'nin –dolayısıyla da Kravis'in– Peter Cohen hakkındaki en büyük istihbarat kozuydu.

O sabah Beattie'nin sesi hiç olmadığı kadar kederli geliyordu. "Tebrikler..." dedi avukat. "En iyi teklifi siz yaptınız."

Sonra First Boston sürprizini konuşmaya başladılar. Beattie First Boston teklifinin tamamen düzmece olduğunu söyledi. "Bu işi düşündük, kesinlikle yürümez. Saçmalıktan başka birşey değil..." dedi.

Millard, Kravis'in bir sonraki adımının ne olabileceğini sordu. Beattie bilmediğini ve First Boston'ın vergi stratejilerini inceleyeceğini söyledi.

"Bu iş hakkında epey bilgimiz var. Yardımcı olabileceksek, tabii ki evet..." dedi.

Millard bu teklife oldukça şaşırdı. Beattie pes etmiş gibiydi. Kravis sanki ihaleden çekilmiş gibi konuşuyordu. Millard biraz tereddüt ederek bir öneri getirdi. "Neden Peter'ı arayıp tebrik etmiyorsun? Seninle konuştuğuna çok sevinecektir."

Millard, Cohen'le konuşmasının yararlı olabileceğini düşündü.

O gün öğleden sonra Beattie telefon edince, Cohen, JFK uluslararası havaalanına doğru ilerlemekte olan limuzinini geri döndürdü. Ertesi gün Brüksel'de yapılacak olan Carlo De Benedetti'nin

Société Générale de Belgique toplantısına yetişmesi gerekiyordu.
Beattie "Sizin teklifiniz kazandı, Peter. İyi işti doğrusu..." dedi.
"Teşekkürler. Peki şu First Boston olayı hakkında ne düşünüyorsun?"
"Çılgınlık. Yürümez o iş. Analizleri kendimiz gözden geçirdik. Şimdi de başka bir alım satım işi üzerinde değerlendiriyoruz. Başaramazlar. Bu senenin sonuna kadar mümkün değil."
Cohen "Biz de böyle düşünüyoruz," dedi. "Bizi gerçekten sıkıştırdılar. Bu arada siz ne yapıyorsunuz?"
Beattie "Bilmiyorum..." diye cevap verdi. "Burada herkesin keyfi kaçtı. İkinci raund için ne yapacağımızı bilmiyoruz. Hiçbir şey yapmayabiliriz de. Hepimiz tatile gideceğiz. George San Francisco'ya dönüyor. Sanırım Henry de kayağa gidecek."
"Ben de birkaç gün izinli olacağım ama büyük ihtimalle önümüzdeki haftadan sonra. Sanırım Karen'la birlikte East Hampton'a gideceğiz. Buradan uzaklaşmam lazım. Gerçekten çok yorgunum," dedi Cohen.

Kapattıktan sonra Beattie bir süre telefona baktı. Yalan söylememişti. Cohen'i yanıltmak istememişti. Hepsi doğruydu: Kravis gerçekten de ne yapacağını bilmiyordu. Öte yandan Cohen'in kuşkulandığını da düşünmüyordu. Eğer Cohen, Kravis'in yarıştan çekildiğini düşündüyse, varsın düşünsündü.

Dick Beattie bunun Cohen'le epey uzun bir zaman için yaptıkları son gayrı resmi konuşma olacağını bilmiyordu.

Kamuoyuna göre RJR Nabisco satışı çığrından çıkmıştı ve üçüncü bir grubun ortaya çıkışı, ihaleyi tam anlamıyla açık yarış haline getirmişti. Ama Lazard Freres ve Dillon Read ofislerinde, ofis koridorlarında böyle bir coşku yoktu. Yönetim kurulu danışmanlarına göre First Boston'ın teklifi pek de iyi bir haber değildi. İçlerinden sadece birkaç kişi Maher'ın ekibinin sekiz gün içinde tutarlı bir teklif taslağıyla gelebileceğine inanıyordu.

Daha da endişelendirici olanı Kravis'in tavrının belli olmamasıydı. 94 dolarlık teklifi herkesin kafasını karıştırmıştı. Altında ne yatıyordu? Kravis kaybetmeye mi çalışıyordu? Pazar günü ikinci bir teklif yapmayabileceklerini bildirmeleri de iyiye işaret değildi. Başından beri komitenin taktiği iki alıcıyı da yarışta tutmaktı. Ellerinde iki tane varken bir üçüncüyü istediler, hatta daha fazlasını. Kısacası komite hissedarlar için en yüksek edere ulaşmaya çalıştı. Eğer First Boston ve Kravis ikinci raundda çekiliyorlarsa, önlerinde tek bir alternatif kalıyordu: Ross Johnson.

Bu durum komite bankacılarının başkanı Felix Rohatyn'i zor duruma düşürüyordu. Dillon ve Skadden ile yaptığı çalışmalarla iki adım belirledi. Birincisi, Kravis yarışta tutulmalıydı. Ne pahasına olursa olsun Salı günkü ihalede yer almalıydı. İkincisi, Johnson tek başına masaya oturşa bile fiyatı yükseltmek için kullanılabilecek, borçlanma ve satış yoluyla finanse edilerek hissedarlara ödenecek büyük tutarlar içeren yeni bir sermaye planı oluşturulmalıydı.

Kravis'i yarışta tutma kampanyası Pazartesi başladı. Öğleden sonra Lazard'dan Bob Lovejoy, Paul Reather'a telefonda "Yarışa dönmek için ne istiyorsunuz?" diye sordu.

Raether, Kravis'in ihaleye katılmasının daha fazla gerçek bilgi ile sağlanabileceğini söyledi. "İlk olarak tütün işindekilerle görüşmek istiyoruz ve Ed Horrigan'ı da orada istiyoruz. Onun planlarını duymak istiyoruz. Eğer burada herhangi bir tasarrufa gidilemiyorsa, bunu onun ağzından duymak istiyoruz," dedi.

Raether, John Greeniaus'un Nabisco ile ne yapabileceğini görmüştü. Horrigan ve Johnson'ın tütün işinden aynı tasarrufu elde etmek için gizli bir plan yaptıklarından şüphelendiğini söyledi. Lovejoy "Bizim böyle bir plandan haberimiz yok. Eğer varsa bize yalan söylüyorlar demektir. Bir planları olmadığını söylediler," dedi.

Pazartesi akşamı Lovejoy, Kohlberg Kravis'in ofisinde Reather ve Scott Stuart ile görüşmelere başladı. RJR Nabisco'ya dair her türlü bilgiye ve Johnson'ın haftasonu yaptığı teklife dair kısmi bilgiye sahip olan Lazard ekibi, Kravis için yenilenmiş bir projeksiyon hazırlamıştı. Lazard bankacıları Kravis'e, Johnson'ın şirketi hakkında dışarıdan görünenden daha fazla bilgi bulunduğu mesajını iletmiş oluyorlardı.

Barış işaretli bir yüzükle dolaşan otuz küsur yaşlarındaki Lazard bankacısı Josh Gotbaum, Raether'a tütün işinden yılda 150 milyon dolar daha elde edilebileceğini söyledi. Bu oldukça iddialı bir tezdi. Bu miktar on yıla yayıldığında hisse başı 8 ya da 9 dolara denk düşüyordu, dolayısıyla Kravis hisse başı 100 doların üzerine çıkabilirdi. Lovejoy mesajının yerine ulaştığını düşündü.

Aslında Raether tam anlamıyla ikna olmamıştı. Kravis'i masada tutmanın Lazard bankacılarının çıkarlarına uygun olacağını bildiğinden, tavsiyelerine temkinli yaklaşıyordu. Öte yandan iletilen yeni mesajın kendini daha iyi hissetmesini sağladığını da kabul etmeliydi. Bir ara Stephen Golub adındaki Lazard bankacısı Raether'ı kenara çekti. Raether onu yıllardır tanır ve güvenirdi.

Golub "Hayatımda hiç bu kadar para harcayan bir şirket görmedim. GM'de çalıştım –fazla harcama konusunda hatırı sayılır– ama GM bunun yanında fakir kalıyor. Ne yaparsanız yapın temkini elden bırakmayın," dedi

---

"Ayağa kalkmaya zahmet etmeyin beyler..." diye söze girdi Horrigan konferans salonundan başını uzatır uzatmaz. "Hepimiz neden burada olduğumuzu biliyoruz."

Horrigan Salı sabahı Kravis ekibinin sorgulamasına savaş elbiselerini kuşanarak gelmişti sanki. Kohlberg Kravis'in bir düzineden fazla bankacı ve avukatı ile özel komite üyeleri, RJR Nabisco'nun New York ofisinde masa başındaydı. Horrigan deliye dönmüş gibiydi ve henüz bir dakika geçmeden nedeni anlaşıldı. Masaya bir gazete makalesini fırlatarak "Anladığım kadarıyla bu sabah beni arkadan kuşatmışsınız," dedi. Greensboro (N.C.) *News and Record*, Kravis'in kazandığı takdirde Horrigan ve Johnson'ı işten atacağını yazıyordu. Bu yeteri kadar kötü değilmiş gibi haber Paul Sticht'le yani Horrigan'ın baş düşmanıyla yapılan bir röportajla su yüzüne çıkmıştı.

Kravis sakince "Bu konuda hiçbir şey bilmiyoruz," dedi.

"Paul Sticht'in söylediğini biliyorum. Gazeteci ile konuştum," dedi Horrigan.

Kravis haberi olmadığını yineledi. "Sorumsuzca bir açıklama ve tamamen yanlış."

Horrigan, Paul Sticht aleyhine tirada başladı: Tütün şirketini nasıl batırdı, Horrigan'ın ekibi onu tek başına nasıl diriltti... "O yaşlı bunağın geri dönmesine göz yumarsanız hepinize bol şans dilerim. Bu sefer işleri daha da batırır. Yanlış yapıyorsunuz," dedi.

"İyi..." dedi Kravis. "Ama biz buraya iş konuşmaya geldik."

Horrigan bir süre daha tütün endüstrisi ve Reynolds hakkında konuşmaya devam etti. Kravis'in ekibi ardı ardına sorular sordu ama Horrigan yardım edecek gibi görünmüyordu.

Cliff Robbins "Giderleri azaltmak için ne yapabiliriz?" diye sordu.

"Hiç birşey..." diye yanıtladı Horrigan.

Paul Raether "Sen ve Ross bu işi nasıl halledeceksiniz?" diye sordu. "Planlarınız nedir? Burada bir miktar kısıntıya gitmek gerekiyor."

"Hayır, yapamayız..." dedi Horrigan. "Çok sıkı bir operasyon yaptık. Kimseye para yedirmiyoruz."

Robbins "Peki ya bu kadar insan, bütün bu masraf hesapları?" diye sordu.

"Şirket merkezinde kimse yok."

Horrigan taş duvar gibiydi. Kravis ve arkadaşları dört beş farklı biçimde aynı soruları tekrarladılar ama Horrigan giderlerin kısılabileceği fikrini her defasında reddetti.

Robbins elde ettiği projeksiyon taslaklarını göstererek "Rakamlardan söz edelim," dedi. "Rakamlar konusunda daha iyi birşeyler yapamaz mısın?"

"Yoo, hayır."

"Daha iyisini çıkartamaz mısın?"

"Hayır. Yapabileceğimizin en iyisini yapıyıoruz."

Kravis "Yani projeksiyonlar sizin projeksiyonlarınız..." dedi.

"Kesinlikle..." diye yanıtladı Horrigan. "Yapabileceğimiz hiçbir şey yok. Hepsi bu kadar. Daha iyisini yapamayız, daha kötüsünü de." Premier ve diğer projelerin önemini anlatmaya koyuldu.

Robbins "Shearson'a başka bir analiz verdiniz mi?" diye sordu. "Onlara bize vermediğiniz bir şey verdiniz mi?"

"Hayır..." dedi Horrigan "hiçbir şey vermedik."
Robbins Doral markasındaki indirimli fiyatı yükseltmeyi önerdiğinde, Horrigan patladı: "Bunu yapın kahrolası da taban fiyat yükselsin!" Genç ortağın başka bir sorusunu yanıtlamayı reddetti.
Kravis bir ara yeniden konuşmayı denedi: "Biliyor musun bu gerçekten büyüleyici. Daha iyisi olamazdı. Demek daha fazla kısamazsın. Şunu söylemeliyim ki bu durumda 94 teklif edeceğiz, eğer giderleri bundan fazla kısamıyorsak..."
"Hiç ümit yok..." diye yineledi Horrigan. "Yapamayacağımızdan eminim."
Kravis de, "Bu da çok iyi. İlk teklifimizi zaten çok yüksek bir fiyattan yapmışız. Daha fazlasını teklif edebileceğimizi sanmıyorum," diyerek görüşmeyi noktaladı.

Kravis, Horrigan'ın performansından hiç hoşlanmamış bir halde öğle yemeği için aşağı indi. Yemeği aralarında Jay Pritzker, Mel Klein ve Jerry Seslowe'un da bulunduğu bir grupla yiyecekti. Bu buluşmadan fazla bir şey ummuyordu. Klein günlerdir iki grubun biraraya gelmesinin çok iyi olacağını savunarak buluşma için ısrar ediyordu. Yine de Maher'ın tuhaf teklifinin ciddiyetini tartmak için fırsat olabilirdi.

Mel Klein spaghetti'sini yerken bir yandan da RJR Nabisco'dan ve nakit akışından söz ediyordu, sesi gayet coşkuluydu. First Boston'ın vergi stratejilerini ve işe nasıl uygulanacağını anlattı. Performansı geliştirebilmek için tek yolun Pritzker grubunun Henry Kravis ile işbirliği yapması olduğunu söyledi.

Kravis "Peki ya First Boston?" diye sordu.

Klein her koşulda memnun olacaklarını belirtti.

"İyi o zaman..." dedi Kravis "hangi zeminde çalışmak istersiniz?"

"Ortak olacağız. Yarı yarıya."

Kravis başını iki yana salladı. "Hayır, olmaz. Çıkarımız olsa dahi ki olduğunu sanmıyorum, %25'den fazlasına izin vermeyiz.

Bizimle yatırım yapabilirsiniz ama işi biz yürütürüz ve kontrol bizde olur."

Pritzker "Hayır, bu şekilde yürümez. Bunda bir çıkarımız yok," dedi.

Uzlaşma ihtimalinin çok az olduğu ortadaydı. Kravis kazanma şanslarının fazla olmadığını düşündükleri sonucuna vardı. Aksi takdirde neden ortaklık teklif etsinlerdi? Yemekten sonra telefonla aradığı Beattie'ye buluşmanın ayrıntılarını anlatırken gülüyordu.

"Bu adamlardan birşey çıkmaz," dedi.

Salı günü öğleden sonra Kohlberg Kravis ekibi tatil için dağılmaya başladı. Roberts San Fransisco'ya uçtu. Ted Ammon Dominik Cumhuriyeti kıyılarına gitti, Scott Stuart Barbados'u seçti. Raether Şükran Günü'nü ailesiyle birlikte Lost Tree'de geçirmek üzere Florida'ya uçtu. Kravis Çarşamba öğleden sonra 14:30'da Roehm ve üç çocuğuyla Vail'e uçmak üzere plan yaptı.

Kravis evden ayrılmak üzere hazırlanırken Linda Robinson'dan bir telefon geldi. Linda Connecticut'a doğru yol almakta olan limuzininden arıyordu. İş için aramadığını söyledi. Daha önce birlikte bir at almışlar ve ikincisini almak üzere konuşmuşlardı. Şimdi alabilecekleri bir at bulmuştu. "Bu hafta içinde bir karar vermeliyiz. İnsanlar o atı almak için sırada bekliyor," dedi. "Her şey çok kötü, değil mi? Çok uzadı..."

"RJR'ı mı kastediyorsun?"

"Evet."

"Ben o kadar da kötü bulmuyorum."

"Neden? Tanrım! Ne korkunç..."

Kravis, Robinson'ın atlar için aradığına inanmadı. Tekrar teklif götürüp götürmeyeceğini merak ediyordu. Kravis ilk defa abartmaya karar verdi. Linda Robinson'ın yarıştan çekildiği haberiyle kocasına koşmasını istedi:

"Yoo... O kadar berbat değil, Linda. Çok iyi durumdayız. Üçüncüyüz. Bu pozisyonda olmak harika!" Kravis bu iğnelemenin istediği etkiyi yapmış olduğunu umdu. Samimiyetini tekrar takınarak "Yoruldum..." diye devam etti. "Öğleden sonra gidiyorum. Şükran Günü için Carolyne ve çocukları Vail'e götürüyorum. Bekleyemeyeceğim. Adamlarıma da tatilde bu konuyu kafalarına takmamalarını öğütledim. Gelecek hafta ne yapacağımızı gerçekten bilmiyorum. Belki teklif bile götürmeyiz."

Aylar sonra Linda Robinson, ısrarla, Kravis'in yarıştan çekileceğine bir an bile inanmadığını söylüyordu: "Henry beni kandırmaya çalıştı. Bunun için çok uğraştı."

Çarşamba öğleden sonra John Martin'in asistanı Bill Liss'e, RJR Nabisco'nun medya planlamacılarından bir telefon geldi. Şirket *Time* dergisinin en büyük reklam verenlerinden biriydi. *Time*'daki bağlantılarından, derginin "Wall Street'te Hırs" başlıklı bir başsayfa haberi yayınlayacağını ve kapakta yalnızca F. Ross Johnson'ın olacağını duymuştu. *Time*'ın reklam departmanı, nezaket gereği önemli müşterisini negatif bir durum için uyarmıştı. Müşteri isterse reklamını geri çekebilirdi.

Liss, John Martin'i aradı. O da haberleri Linda Robinson'a iletti. Üçü de endişeliydi: İhaleye bir haftadan az kalmışken, vurucu bir *Time* kapağı tam da ihtiyaçları olan şeydi. Hemen durdurulmalıydı. Robinson ve Martin önlerindeki tek kozlarının yine Johnson olduğunda hemfikirdiler. Tüm büyük yayın organları görüşmek istemişti ve o hepsini reddetmişti. Liss'e, Johnson'la özel bir röportajı pazarlık aracı olarak kullanmasını söyledi. Belki –sadece belki– Johnson'ın kapak olmasını önleyebilirlerdi.

Liss zor durumdaydı. Özel komite kurulduğundan bu yana, tüm dünya medyası ile ilişkilerde basın sözcüsü olmuştu. Ama Johnson'a sadıktı. Martin kendisine emir verdiğinde Johnson'ı pazarlamak için işe girişti.

Robinson ve Martin'in direktifleri üzerine Çarşamba akşamı *Time*'ın Atlanta bürosu şefi Joe Kane'i arayarak Johnson'ı kapak yapmamaları karşılığında onunla özel röportaj fırsatı önerdi. Kane bunun kendi kararı olmadığını söyledi. Liss en azından Johnnson'ı diğerlerinin resmiyle birlikte basmaları için teklifini yineledi. Kane yapamayacağını belirterek New York'taki patronlarını aramasını önerdi.

Florida'da ise Johnson ilk röportajını vermek istediğinden pek emin değildi. Tavsiye almak üzere o sırada Castle Pines şenliklerinde olan arkadaşı Jack Mayers'ı aradı. Mayers *Time*'ın eski yayın yönetmeniydi. "Sence buna değer mi?" diye sordu.

Meyers haberi *Time*'ın eski muhabirlerinden Frederick Ungeheuer'in hazırlayacağını öğrendi ve Johnson'a röportajı kabul etmesini önerdi. "Bunda olumsuz bir taraf görmüyorum," dedi. Johnson zaten darbe yemişti. Daha kötü ne olabilirdi ki? Kabul etti. "Beni bilirsin. Onlara hikayeyi olduğu gibi anlatacağım," dedi.

Ungeheur Cuma sabahı bir görüşme için Jüpiter'deydi. Martin ve Linda Robinson röportajdan önce Johnson'a taktik verdiler: "Kesin birşey ifade etmek yok, hissedar değerlerini vurgula, yönetim anlaşması konusunda zor sorular gelebilir..."

Bir gece önce Robinson, Peter Cohen'e röportaj haberini verdi. Acilen çağırılmış ve Brüksel'den hemen dönmüştü, yol boyunca sadece uyumuştu. O da Steve Goldstone gibi Johnson'ın umulmadık birşey söylemesinden endişeleniyordu. Ama Robinson, Johnson'ı iyi hazırladıklarını söyledi.

Ertesi şabah Johnson, Ungeheuer ile Jüpiter Hilton'da buluştu. *Time* muhabiri RJR Nabisco başkanını her zamanki gibi buldu. Ungeheuer haberi hemen yazdı —Pazartesi'ye hazır olmalıydı— Linda Robinson nasıl gittiğini öğrenmek için Johnson'ı aradı.

"Keşke bilseydim..." diye cevapladı Johnson. "Bunlar gazeteci. İstedikleri sonuca varır, istedikleri gibi yazarlar."

Tatili ailesiyle geçiren Maher Cuma sabahı First Boston'daki ofisindeydi. Ekibinin çoğu orada kalmış, Şükran Günü'nü, yakınlardaki şarküteriden aldıkları hindiyi aliminyum tabaklarda yiyerek geçirmişti. Pazar sabahı ortam tam bir cemaat evine benziyordu.

Etraf boş pizza kutuları ve Çin yemeği artıklarıyla doluydu. Geceyarısı yaşanan beyin fırtınası sırasında bir düzine kurşun kalem sağa sola saçılmıştı.

John Greeniaus'un üç gün önce ortaya çıkmasıyla ekip bir hayli yol almıştı. Greeniaus daha önce Kravis'e muhbirlik yapmıştı, şimdi de aynı şeyi First Boston için yapıyordu. Kim Fennebresque Nabisco şefinin adeta gölgesi haline gelmişti. Kazandıkları takdirde kendisini şirketin başına geçirmesini istiyordu Fennebresque. Greeniaus ise bu konuda ölçülüydü; daha sonra halledilecek bir meseleydi.

Tylee Wilson da First Boston ekibine katılmıştı. Smith Bagley'i de yanına alarak Salı sabahı Fennebresque ile buluşmuştu. Bagley gruba araştırmacı olarak katılmak istiyordu. (First Boston, onun namından yararlanabileceğini düşündü.) Wilson da henüz saptanmamış CEO adaylarına dahil olmak istiyordu. Bagley elendi, Wilson listeye alındı.

Wilson First Boston'a verilen RJR dokümanlarına yoğunlaştı. Rakamları yorumladı, tuzakları açıkladı, çıkış yolları aradı. First Boston'ın kazanmasından pek umutlu olmamasına rağmen büyük bir şevkle katılmıştı ekibe. Fennebresque onun hakkında pek emin olamamıştı ama katılmasını sağlamıştı. Daha sonra "Wilson, Winston-Salem'e büyük bir ihtişamla geri dönmek istiyor," diyecekti Fennebresque. "Bizden CEO iltihabının söküp atmamızı istiyor."

Tylee Wilson engellerle karşılaşmıştı. Yöneticilerle lobi yapmak istediğinde başvurabileceği iki arkadaşı vardı, John Medlin ve John Clendenin. Wilson, "Hugel'a bu adamların ciddi olduğunu söyleyebilir misiniz?" diye sordu. "İlginç bir konseptleri var. Sanırım işe yaraması zor ama masada göründüğünden daha fazlası var." First Boston tütün yöneticilerinden biriyle görüşmek istediğinde, yalnız gelmesini istediler. "Olmaz..." dedi Wilson. "Eğer ben gelirsem bu insanlar susar. Horrigan'a gidip de Tylee Wilson'la konuşulanları aktarırlar mı?"

Bazı gelişmelere rağmen Maher oldukça endişeliydi. Eğer Greg Malcolm'un banka ekibi Finn'in ödeme programı için bir kaynak bulamazsa, diğer hiçbir hazırlığın önemi kalmazdı ve Malcolm'un işi de pek iyi gitmiyordu. Finn'in planına her banka burnunu sokmuştu. Ancak ihaleye katılan üç büyük şirket sayesinde, bankalar zaten kapasitelerini aşan yükün altına girmişlerdi. Citibank sadece planlarına bakmak için 5 milyon dolar talep etmişti. İşler iyi gidiyor gibi görünmüyordu.

Maher düşünmek için tekrar ofisine girdi. Belki geri adım atmak için çok geçti. Bazı işler bir şirketin Wall Street'teki hayatında dönüm noktası olurdu. Wasserstein ve Perella'nın kariyerlerini yükselten, oysa şimdi nerdeyse unutulmuş olan Coroborandum, Pullman ve Conoco işlerini düşündü. Bunlar sayesinde First Boston bugünkü ya da en azından herkesin gitmesinden önceki konumuna ulaşmıştı. RJR Nabisco'nun First Boston'ı eski parlak günlerine geri döndüreceğini ummuştu ama artık bu umutlar da hızla suya düşüyordu.

"Belki de çekip gitmeliyiz," diye düşündü Maher. "Zararın neresinden dönsek kârdır..."

Vazgeçme ihtimali birden ürküttü. Rezil olmak bile hissedeceklerini anlatmaya yetmezdi. Bütün gün sessizce bunları düşündü. Cuma öğleden sonra yine bir parça umutlandı.

Greg Malcolm aradı. Sesi heyecanlı geliyordu. Chase Manhattan ödeme planını görmeyi kabul etmişti. Malcolm "Adamın sesinden anladığım kadarıyla gerçekten şansımız olabilir," dedi. Maher ellerini ovuşturdu.

Cuma akşamüstü Johnson golf oynadı. Daha sonra Laurie'ye, John Greeniaus'u ve eşini akşam yemeğine davet etmeyi önerdi. Greeniauslar Şükran Günü'nü Palm Beach'de The Breakers'da geçiriyorlardı. Johnson, yardımcısının Nabisco'nun geleceği hakkında ne düşündüğünü öğrenmek, ayrıca onu ciddiye aldığını belirtmek istiyordu. "Onun için hiç kolay değil..." dedi Laurie'ye.

Fennebresque ile Florida'dayken her gün görüşen Greeniaus, Johnson'ın Concord'una saat 07.30'da geldi. Sersemlemiş bir haldeydi. İki adam neredeyse iki haftadır konuşmamışlardı ve şimdi Greeniaus Johnson'ın sorularından çekiniyordu.

Ön tarafta Atlantik, arka tarafta Intracoastal Waterway'in yeşilliğiyle Concord'un içine girdiklerinde Greeniaus, Johnson'ı her zamanki gibi buldu. Johnson az önce *Time* 'ın kendisiyle röportaj yaptığını söyledi. Belki kapak bile olabilirdi. Başsayfa! Heyecanlanmıştı. Herkes kapak olamazdı. "Humeyni kadar kötü değilim ama yine de başsayfada olacağım," diye espri yaptı.

Johnson her zamanki gibi konuşmayı tekeli altına almıştı. Greeniaus'u bir yere oturttu ve ona Nabisco'nun satışıyla kendisini inanılmaz fırsatların beklediğini anlattı.

"Daha az alsak bile Nabisco'nun uygun bir şirketle birleşmesini isteriz. Bu satış sana ve ekibine zirveye çıkma şansı verecek. Gerçekten büyük bir fırsat!" dedi.

Greeniaus başıyla onayladı.

"Senin için işine yarayacak birşeyler yapabileceğimden eminim," dedi Johnson. "Adamların için ise, ilerlemenin pek çok farklı yolu var John... Kraft, Philip Morris, Nestlés, Unilever ya da bir başka yerde. Çünkü Nabisco'daki gibi yetenekler oralarda yok."

Johnson, Nabisco, Reynolds ve Del Monte arasında güçlü bir bağ olmadığını söyledi. Ortak hiçbir şeyleri yoktu. Sinerji yoktu. Fikir ya da eleman akışı olmuyordu. Onları ayırmak en mantıklısıydı. " Anlıyorsun, öyle değil mi Johnny?"

Greeniaus yine başını salladı. Johnson bunu onaylamanın bir işareti olarak kabul etti.

Akşam olduğunda, Greeniaus'a ihaleyle ilgili düşüncelerinden bahsederken, yönetim kurulu üyesiymiş gibi konuşuyordu. 100 dolar çok yüksek bir teklifti. Johnson bunun üzerine çıkabileceklerini düşünmüyordu.

"Bazı şüphelerim var, Johnny..." dedi Greeniaus'a. "Bu kadar yukarı çıkabileceğimizi sanmıyorum. Çok fazla nakit istiyorlar. En büyük sorunum yatırımcıları 100 dolarda kalmaya ikna etmek. John Gutfruend gibi kısa vadeli yatırımcılar 97-98 gibi daha düşük fiyatları tercih ediyorlar."

Johnson hisse başı 100 doların üstüne çıkmayı hiçbir şekilde düşünmediğini belirtti. Finansal açıdan bakıldığında mantıklı görünmüyordu. "Yapabileceğimiz her şeyi yaptık. Son on günde daha fazla fiyat vermemizi sağlayabilecek bir değişiklik görmüyorum," dedi.

Gitme zamanı geldiğinde gece yarısını çoktan geçmişti. Greeniaus kalktı. Beş saatten fazla süren konuşmada Johnson, Greeniaus'a neler yaptığını sormamıştı. Johnson'ın Greeniaus'un söylediklerinden hatırladığı tek şey "Ross... umarım kazanırsın," sözleri olmuştu.

İhale konusundaki hevesi günden güne artan Paul Raether, Cuma günü Geoerge Roberts'a evinden ulaştı. Roberts'ın ikinci raund için hevesini ölçmek istiyordu.

"Bilmiyorum, Gee..." dedi Roberts. "Kafamı bu konudan uzak tutmaya çalışıyorum. Bunları konuşmaktan bıktım."

"Henry ile konuştun mu?"

"Hayır, pek konuşmuyoruz."

Roberts problemdi. Raether bunu biliyordu. Diğerlerinin RJR Nabisco için duyduğu heyecanı hiçbir zaman tam anlamıyla paylaşmamıştı. Kohlberg Kravis'te şirketin motorunu yönetmesiyle gururlanırdı. Ama RJR yarışında çok yavaş davranıyordu. Raether son raunda girerken Roberts'ın ancak başlıyor olmasından korkuyordu.

"Teklifimizi 1 ila 5 dolar kadar artırabiliriz," dedi.

Roberts'ın ağzına kilit vurulmuş gibiydi. Raether söylediklerinin etkili olduğunu sanmıyordu.

Kravis gerindi, Colorado havasından derin bir nefes aldı. Ross Johnson'la yaptığı bilek güreşinden uzaklaşmak iyi gelmişti. İki gündür RJR Nabisco'yu kafasından atmıştı. Raether ve Roberts ile de fazla konuşmamıştı.

Vail'deki yeni evlerinde geçirdiği ikinci Şükran Günü idi. İki yıl önce kayak tatili için geldiğinde burada bir dağevi almayı düşünmüş ve eşini arayarak fikrini sormuştu. Kayak yapmayı ikisi de seviyordu. Fikir akıllarına yattı. Birlikte bir sürü ev baktılar. Hiçbiri tam istedikleri gibi değildi. Sonunda sağ yamaçta, dışarıdan bakıldığında felaketi andıran bir eve geldiler. Kravis ve Carolyne içine girmediler bile. Aldılar, restore ettirip döşediler. Kravis'in o evi istemesinin nedeni içinde bulunduğu arazide de kayak yapabilecek olmasıydı.

Sonuçta taş, ahşap ve camın Tyrolean tarzındaki birleşimi, bir sene önceki Şükran Günü'nde tamamlandı. Eve "Ahşap cennet" ismini verdiler. Kravis bu yeni evi çok seviyordu. Karla kaplı kavaklarla çevriliydi ve dışarıdan çam kokusu geliyordu. İçeride 17. yüzyıla özgü Fransız şöminesi vardı ve 7 metre yüksekliğindeki yamaçlara bakan kubbeli pencereleriyle gerçekten güzel bir evdi.

Kütüphanenin kaplamaları Hawai'den toplanmış Koa ağacından, Avusturyalı bir usta tarafından birkaç ayda yapılmıştı.

Oraya vardıkları andan itibaren Kravis, Nabisco ile ilgili konuşmayı tamamen kesmişti. Sadece bir defa Roehm konuyu açtı. "Ne yapacaklarını düşünüyorsun?" diye sordu.

Kravis'in cevabı kısa oldu: "Bilmiyorum..."

Roehm yine kocasının yüzünde bir ipucu aradı ama bulamadı. Sonradan "Pokerde en büyük elini oynuyordu..." diyecekti. "Donuna kadar sürdü masaya, bana karşı bile."

Şükran Günü'nde üçüncü evlilik yıldönümlerini de kutladılar. Carolyne, Kravis'e iki haftalık siyah bir Labrador aldı. Hediyeyi verirken bir de kendi resmini ekledi. Kravis'in Kristi adında sarı bir Labrador'u daha vardı. Onu da iki yıl önce yılbaşında Roehm almıştı.

Kravis'in çocuklarından biri "Adını ne koyacaksın?" diye sordu.

Kravis bir an düşündü. "RJR Nabisco işini kazanırsak adını Nabisco koyarız. Kazanamazsak başka bir isim bulmamız gerekir," dedi.

Çocuklar Nabisco ismini pek tutmamışlardı. İçlerinden biri "Neden Oreo koymuyoruz?" diye sordu.

Cumartesi sabahı Paul Raether telefon ettiğinde Kravis yamaca doğru yol alıyordu. "George'la konuştun mu?" diye sordu Raether.

"Hayır, ya sen?"

"Evet, dün."
"Ne düşünüyor?"
"Devam etmek istediğinden pek emin değil."
"Ya sen ne düşünüyorsun?" diye sordu Kravis.
"Ne düşündüğümü biliyorsun. Bu konuda hep George'dan daha istekli oldum," yanıtını verdi Reather. Roberts'ın ne kadar uzlaşmaz olduğundan söz ettiler ve Pazartesi günü bir strateji hazırlamak üzere buluşmaya karar verdiler. Kravis "Biliyorsun, George Pazartesi sabahından önce dönmek istemez," dedi. George New York'tan öyle nefret ederdi ki California'dan son ana kadar ayrılmazdı. "O halde Pazartesi akşamı buluşmamız gerekiyor," diye cevap verdi Reather.

Haftasonu geldiğinde Şükran Günü tatilinin başlamasıyla sakinleşen ortam giderek ısınıyordu. Tüm haftasonu Shearson ve yönetim ekibine, her yerden aynı mesaj ulaştı:

"Kravis orada olmayacak."
"Kravis geri dönmeyecek."

Tüm kaynaklardan, Kravis'in yatırım bankacılarından da avukatlarından da aynı söylenti yayılıyordu. Connecticut'ta dinlenmeye çekilen Jim ve Linda Robinson da söylentileri duymuştu. Linda ile Kravis arasındaki garip diyalogları buna yordular. Hammps'da tatil yapan Peter Cohen de duydu ve o da Dick Beattie ile olan konuşmasını hatırladı. Tom Hill duyduğunda Long Island'ın kuzey kıyısındaki evindeydi. O da Bruce Wasserstein ile konuşmalarını anımsadı. Söylenti Salamon Sosisler'in tamamına ve de Lazard ve Dillon Read'e kadar yayıldı. Johnson haberi Florida'da Linda Robinson'dan aldı. Herkes aynı şeyi duymuştu. Kravis katılsa bile yüksek bir fiyat telaffuz etmeyecekti.

Tek sorun şuydu: Gerçekten inanmışlar mıydı?

Jim Maher'ın ekibi tüm haftasonu hararetle çalıştı. Salı son gündü. İhaleye katılan değişik yatırımcılar arasında S&W Berisford adında bir İngiliz şeker firması vardı. Jay Pritzker Berisford'un %11 hissesine sahipti. Şirket Jerry Seslowe'a finansal danışma için ödeme yapmıştı.

Seslowe, First Boston'ın ihtiyacı olan 1,2 milyar doların 100 milyonu için Berisford'la anlaşma imzaladı. Cumartesi günü grubun vergi avukatları Nabisco'yu almak için en az 250 milyar dolar gerektiğini söylediler. Bunun en azından yarısının Pritzker ya da First Boston'la ilişkisi olmayan üçüncü bir taraf tarafından verilmesi gerekiyordu. Seslowe'un aklına hemen Berisford gelmişti.

İngiliz şirketinin yöneticilerinden ikisi New York'taydı ama kimse onları bulamıyordu. Seslowe, Berisford'un Londra'daki finans direktörüne telefon etti. Neden adamlara bir türlü ulaşamadıklarını sordu. Aldığı yanıt ikisinin de ortodoks yahudi olduğuydu. Sebat gününde çalışmazlar, telefonlara bile cevap vermezlerdi. Seslowe bütün gün bekledi. Güneş battıktan sonra Berisford'un ABD işlerini yöneten Henry Zuckermann'dan telefon geldi.

"Howard, iki gün içinde halletmemiz gereken bir iş var..." dedi Seslowe.

"Bu kadar önemliyse bu akşam buluşmaya ne dersin?"

"Çok iyi olur."

İki Berisford yöneticisini o akşam Fennebresque karşıladı. Onları konferans salonuna alırken First Boston'ın genç ortaklarından birinin fısıldadığını duydu. Berisford Yönetim Kurulu Başkanı Ebhraim Margulies'e dönüp baktı ve bu yüz ifadesini hemen tanıdı. Alfred Hitchcook'un 1950'li yıllardaki televizyon programını hatırlatıyordu. Margulies ünlü İngiliz yönetmene çok benziyordu.

Fennebresque'in yiyecek-içecek ekibi kırk beş dakikalık bir sunum yaptı. Daha sonra Maher'ın yardımcısı söz aldı. Bu adamların Salı gününe kadar karar vermiş olacaklarını düşünüyordu. Yirmi dakika sonra Howard Zuckermann, Fennebresque'i bir kenara çekti.

"Bu işi yapacağız," dedi.

Fennebresque anlamadı. "Neyi yapacaksınız?" diye sordu.

"125 milyon dolarlık ödemeyi."

Zuckermann pizza kutusunu eliyle kenara iterek Berisford'un Londra ofisine yatırım talimatı faksladı. Fennebresque gözlerine inanamamıştı. Hayatında hiç bu kadar seri çalışan bir adam görmemişti.

Briann Finn, Hank Handelsman'a dönüp "Bu adamların ne yaptığımız hakkında bir fikri var mı?" dedi gülerek.

"Aslında pek yok. Neden sordun?" diye cevap verdi Handelsman.

"Çünkü önemli. 125 milyon dolar verecekler, bunu neden yapsınlar ki?"

Handelsman hayatımda duyduğum en aptalca soruydu dercesine baktı Finn'in suratına, "Jay de onlara bunu sormuştu..." dedi sadece.

Pazartesi sabahı Lazard'da, Felix Rohatyn, 32C'de kurul danışmanlarıyla bir toplantı yaptı. 32C şirkette konferans salonlarının kralı olarak bilinirdi. Kabartmalarla kaplıydı.

Son otuzaltı saatte yapılacak çok iş vardı. Herkes Kravis hakkındaki endişe verici söylentileri duymuştu. Bu yeteri kadar kötü değilmiş gibi bir de First Boston'dan sevimsiz haberler geliyordu. İki grubun ertesi günkü ihaleye katılıp katılmayacağından kimse emin olamıyordu.

Şimdi yeniden yapılanma üzerinde her zamankinden fazla durmaları gerekiyordu. Luis Rinaldini plan yapmak için saatlerce çalışmıştı ve işe yarayacağını düşünüyordu. Diğerleri, Rohatyn de dahil, şüpheliydi. Bundan sonra şirkete ne olacaktı? Ve en önemlisi kim yönetecekti? "Yönetimi arkanıza almadan bu işi nasıl götürürsünüz?" diye uzun bir nutuk atmaya başladı.

Johnson tek aday olduğunu duysa, mutlu olurdu. Macomber bundan önce iki defa RJR Nabisco'yu ele geçirme girişimlerine katılmış, engellenmişti. Şimdi aynı Macomber özel komitede yer alıyordu. Yeniden yapılanma fikri haftalar önce ortaya geldiğinde, Macomber, Hugel'a Johnson'ın devre dışı bırakılması halinde şirketin yönetimine talip olduğunu söylemişti. Beş komite üyesi ara-

---

* Macomber yönetime talip olduğunu yalanlıyor.

sında yeniden değerlendirmeyi en çok savunan kişinin Macomber olması tesadüf değildi.*

Danışmanlar risk almak gerektiğine karar vermişlerdi. Eğer yeniden değerlendirme sonucunda hisse başı 100 dolara ulaşılacaksa, bunu teklif sahiplerinin bilmemesi için bir neden yoktu. Bu şekilde bir taban fiyat belirlenebilir, bunun altındaki her teklif reddedilebilirdi. Bu blöftü. Aynı mesaj üç tarafa da yollanmalıydı. Bir kumar oynanacaktı. 100 dolar taban fiyat, teklif sahiplerinden en az birini duraksatırdı.

Kurulun 11 saatlik uğraşısının ilk durağı yönetim grubu oldu. Pazartesi 12:30'da Tom Hill'in başkanlığındaki Shrearson-Salomon ekibi Dillon Read'de kurul danışmanlarıyla buluştu.

Hill kuruldaki bankacılara aşırı kibirli görünmüştü. Kravis'in yarıştan çekildiğinden emindi, First Boston'ın teklifi ise "balon"du. Golf arkadaşı Rinaldini'yle konuşurken kurulun Kravis ve Johnson'ı elemek için yeni bir oyuncuyu teşvik ettiğini ima etmişti. "Hill hep kibirlidir. Ama o gün biraz daha fazla kibirliydi," diye anımsıyor komite bankacılarından biri.

Dillon ve Lazard, Hill'in grubundan birkaç mesaj aldı. İlk mesaj "teminatlarınızı sağlamlaştırın" oldu. Shearson'ın, Kravis'in teminatlarındaki gibi yeniden başlatma mekanizmaları yoktu. Bunlar belli bir fiyat üzerinden alım-satım yapılacağının güvencesiydi. Shearson'ın hisseleri alıcıyı piyasayla başbaşa bırakıyordu. Bu durumda hisse değerleri yükselebilir ya da düşebilirdi. Kurul danışmanları 100 dolar barajını da açıklamıştı, daha azı reddedilecekti.

Hill iletiler için teşekkür etmek yerine hepsiyle adeta kavga etti. Teminatlarında hiçbir sorun olmadığını söyledi. Ya yeniden yapılanma? Sadece blöftü. Hill o gün bütün kozların elinde olduğunu düşünüyordu. Bankacılar tartışmayla vakit harcamadılar. Hill onları dikkate almamayı tercih ettiyse, bu onun sonu olurdu.

Pazartesi öğleden sonra Felix Rohatyn, Pazar akşamı New York'a dönen Jim Robinson ve Henry Kravis'e de aynı mesajları iletti. Kravis, Rohathyn'a "Ne yapacağımızdan emin değiliz," dedi.

"Teklif götürüp götürmeyeceğimizi bile bilmiyorum. Bu kadar kötü reklamdan sonra..."

Rohatyn, Kravis'i ihaleye katılması için teşvik etti. "Kazanmak prestijinizi artırır, Henry. Zaten zarar göreceğiniz kadar gördünüz. Çekilmeniz halinde daha iyi bir imaj oluşmayacak."

Pazartesi öğleden sonra, finale 24 saat kala, Kravis'in ekibi hâlâ toplanmamıştı. Reather Florida'dan dönüşte kızını yeni bir özel okula kaydetmek üzere New England'a gitmişti. O sabah Manchester, Verimont'ta bir züccaciye dükkanından bir şeyler almış, öğleyin ise kızının odasında askıları takmıştı. Roberts Midwest semalarında uçaktaydı. Her ikisi de öğleden sonra geldi.

O akşam Henry Kravis, Roberts, Reather ve şirketten bir düzine adamı yemeğe çağırdı. Londonderry Markizi'nin sert bakışları altında zaferin şirket için ne anlama geleceğini konuştular. Finansal ayrıntıların üstünde pek durmadan, olayın Washington'daki yankılarından, medyanın ilgisinden ve RJR Nabisco gibi büyük bir şirketi bünyeye katmanın zorluklarından söz ettiler. Firmanın sadece onbeş satın alma elemanı vardı. Sekiz ya da dokuz eleman istihdam etmelerini gerektiren bir şirketi satın almak isterler miydi?

Roberts, Raether'ın şaşkınlığına tepki vermedi.

"Hiç teklif götürmeyelim," dedi bir ara.

"Yapma, George... hadi. Bunu başarabiliriz. Yeni teklif götürmesek bile en azından eski durumumuzu korumalıyız," dedi Raether.

Zorlanabilecekleri noktaları bir kez daha ele aldılar ama teklif meselesi çözülmemiş olarak kaldı. Ertesi gün durum kendini gösterecekti.

Pazartesi günü First Boston düğümü çözülmeye başlamıştı. İlk duraksayan Jerry Seslowe oldu. Pritzker'ın yardımcısı yatırımcılarından 600 milyon dolar toplamıştı. 400 milyona daha ihtiyaç vardı. Bu miktarın neredeyse tamamı, First Boston ile yapılacak toplantıya ve RJR Nabisco'ya ait finansal verilerinin yeniden incelenmesine bağlıydı. Seslowe, First Boston'daki gruba Pazartesi öğleden sonra bir sunum yapmak üzere hazırlanmıştı. Daha sonra da resmi sözleşmeler imzalanacaktı.

Satış konusunda hep temkinli davranan Skadden Arps, Seslowe'un planını kabul etti. Ancak Seslowe'un adamları önce bir gizlilik anlaşması imzalayacaklardı. Seslowe itirazların gelmesine fırsat bırakmadan anlaşma metnini tüm yatırımcılara faksladı.

Maddelerden biri RJR hisse senedi satışlarını sınırlandırıyordu. Seslowe'un yatırımcılarının neredeyse tamamı faal borsacılardı ve RJR pozisyonunu piyasadan toplamışlardı. Martin Gruss gibi New York yatırımcıları, bu anlaşmayı imzalayarak kendi pozisyonlarını kilitlemiş olacaklarını söylediler Seslowe'a. Hisselerin değeri bir şekilde düşerse büyük kayıplara uğrayabilirlerdi. Seslowe'un yatırımcıları birer birer çekilmeye başladı.

Bu ani tepki karşısında "Hayır hayır..." diye haykırmaya başladı Seslowe. "Bu tamamen saçmalık! Olacak iş değil. First Boston'la görüşmedikleri sürece yatırıma katılmayacaklar. Bu bir felaket!"

Skadden Arps anlaşmayı değiştirmeyi reddetti. Seslowe yapabileceği tek şeyi yaptı, panikledi. Pazartesiden Salı'ya sürekli taahhütleriyle uğraştı. Yatırımcıların tümünün elinde hisse yoktu. Maher ve Pritzker, Seslowe'un saat beşte parayı bulmuş olarak gelmesini ümit ederek, diken üstünde beklediler.

En azından banka işi sağlamdı. Bütün engellere rağmen First Boston'ın banka ekibi başarıya yaklaşmıştı. Kolay olmamıştı tabii. Tüm büyük bankalar Kravis ya da Shearson'ın grubuna yardım etmeyi taahhüt etmiş, hiçbiri üçüncü gruba, First Boston'ın zayıf teklifine arka çıkmaya hevesli olmamıştı. Japon bankalarının kendine özgü sorunları vardı. Tokyo'dan bir bankacı, Dave Batten'a "Sizinle çalışmayı çok isterdik ama zaten diğer iki grupla da çalıştığımız için İngilizce bilen elemanımız kalmadı," demişti.

Greg Malcolm bir şekilde Credit Suisse ve de bir Fransız bankasından işin tütün kısmı için teminat almayı başarmıştı. Sadece Chase Manhattan'ın incelemeyi bitirmesi kalmıştı.

Pazartesi öğleden sonra Malcolm'a, First Boston'ın ödeme projesinde bankalarla irtibatını sağlayan David Maletta'dan bir telefon geldi. Malcolm, Chase Manhattan'ın imzaladığını düşündü. Oysa Maletta, "Büyük bir problem var..." dedi.
"Sorun nedir?"
"Chase kabul etmedi."
"Şaka yapıyorsun."
"Hayır, yapmıyorum."
"Ne oldu?"
First Boston, Chase Manhattan'ın tüm bürokratik kademlerini teker teker geçmişti ama kredi bölümü başkanında takılmıştı. Malcolm afallamıştı. Jim Maher haberi duyduğunda gözlerini kapadı ve "Başımız belada..." dedi.

Pazartesi günü *Time* dergisinin manşeti Linda Robinson'ın korktuğundan da beterdi: "Hırs Oyunu". Ross Johnson'ın eli çenesinde düşünceli bir resmi bütün kapağı kaplıyordu. Linda Robinson kapaktaki spotu bir çırpıda okudu: "Bu adam tarihin gelmiş geçmiş en büyük kaldıraçlı alımında 100 milyon doları cebine indirebilir. Satın alma çılgınlığı çok ileri gitmemiş mi?"

En az kapak kadar kötü olan Johnson'a en büyük zararı kendisinin vermiş olmasıydı. Peki ya yönetim anlaşması? "Benim işim adamlarım için en iyi sonuç verecek pazarlığı yapmak." Böyle büyük bir yönetici böyle bir ödülü hak ediyor muydu? "Bu bir çeşit tekel." Bir sürü insan işini kaybetmeyecek miydi? "Elbette... ama çalışanlarım, özellikle de Atlanta'dakiler her yerde ihtiyaç duyulacak türden profesyoneller: Muhasebeciler, avukatlar, yöneticiler. Onları ekmek paralarından ediyor değilim. Büyük miktarlarda tazminat düzenlemelerimiz var."

Bu pek de doğru değildi. Özel komite her teklif sahibinin birleşme taslağında çalışanları koruyacak garantiler getirmesini istemişti. Yönetim kurulu ise buna şiddetle karşı çıkmıştı. Bu önemli bir noktaydı çünkü işçiler uzun süredir çalışanların hakları için lobi yapıyorlardı.

Özel komite üyelerinden Ward Miller uzun zamandır Johnson'la çalışıyordu. Eski başkan yardımcısı da Johnson'a karşı saldırıya geçmişti. Miller 1961'de hukuk fakültesinden mezun olduğunda Standard Brands'de işe başlamıştı. Şimdi Nabisco'nun devredilmesi halinde işten atılacak eski iş arkadaşları için üzülüyordu. Teklif raundları arasında ortam sakinleşince bu konu için bir şeyler yapma fırsatı doğmuştu.

Tüm yöneticilerin birkaç noktayı düşünmeleri konusunda ısrar etti: RJR Nabisco çalışanlarının ödemleri üç yıllığına garanti altına alınmalı, RJR Nabisco'nun yeni yöneticileri nedeniyle 35 mil uzağa taşınmak zorunda kalan işçilere tazminat hakkı verilmeli, emeklilere sağlık hizmetleri devam ettirilmeliydi.

Kohlberg Kravis avukatları Miller'ın fikirlerinden hoşlanmamakla birlikte onunla pazarlığa oturdular. Yönetim kurulunun avukatları fikirlerinde diretiyorlardı. Miller kurul üyelerine tek tek giderek durumu anlattı. Johnson'ın konuyla ilgilenen tek çalışanı John Martin oldu. Haziran'da şirkete giren bir adama dolgun bir ücret vermek için lobi faaliyetlerine girişmişti.

Johnson Pazartesi öğleden sonra Hugel'la konuştu. "Bunun adil bir yarış olup olmadığını sormuyorum bile. Eğer özel komitedeki adamlara güvenip güvenmediğimi soruyorsan, cevabım hayır..." dedi.

Hugel adil bir yarış olacağına dair söz verdi Johnson'a. Ama yine yeniden yapılanma geyiklerine başladığında Johnson sözünü kesti. "Yapma Charlie... Bu iş cidden sıkıcı olmaya başladı," dedi.

Salı sabahı otel odasında Hugel, Johnson'ın telefon etmesine çok şaşırdı. Saate baktı, altıyı on geçiyordu. "Ne yapıyorsun?" diye sordu Hugel. Ancak bütün gece uyumadığı zamanlar Johnson sabah saat altıda uyanık olabilirdi.

"İhalede ne olacağını kestirmeye çalışıyoruz," dedi Johnson. Shearson grubu bölünmüştü. Çoğu Kravis'in katılmayacağını düşünüyordu, pek azı ise –Johnson gibi– onun aşılamaz bir teklifle geleceğinden korkuyordu.

Johnson Hugel'ı yoklamak istedi: "Ne yapacaklarını bilmiyorum..."

Hugel "Bana bir şey sorma. Ben de senin kadar biliyorum," diye kestirip attı.

Salı sabahı First Boston'ın teklifi hâlâ belirsizdi. Seslowe saatlerce Maher'ı kendi payına düşeni yapacağına ikna etmeye çalıştı. Bu arada Mel Klein, Pritzkerları haberdar ediyordu. Jay Miami'deki bir yat için pazarlık ediyordu; scuba dalışta küçük bir kaza geçiren Tom, kulağının rahatsızlanması nedeniyle uçağa binememiş ve Los Angeles'da bir otelde kalmıştı. Baba-oğul Seslowe'un kendilerini dolduruşa getirmesinden korkuyorlardı, 400 milyon dolar öyle bir çırpıda cebinizden çıkarabileceğiniz bir para değildi; Pritzker için bile.

"Karar vermeye hazır ol," dedi Klein. "Bugün büyük gün."

O sabah Maher ve adamları Chase Manhattan'ın üst kademe yöneticileriyle para planı üzerinde çalışırken tam anlamıyla savaş veriyorlardı. Bir arpa boyu yol alamamışlardı. Klein'ın ortağı Harry Gray bankanın yöneticisiyle telefonda görüşmüştü ama adam bir saat içinde Rusya'ya gidiyordu ve konuyu uzmanlarına bıraktı.

Maher'ın morali bozulmuştu. Arka çıkacak bir banka bulamadıkları takdirde Finn'in fikri yalnızca bir fikir olarak kalırdı. Beklentilerini düşürmeye karar verdi. Eğer ödeme planına fon oluşturmaya yanaşacak bir banka bulamazsa, First Boston, planın güvenilirliği için bir kefil bulmak aramak zorunda kalacaktı. Maher, kurulu projenin yürüyeceğine ikna edebilecek her türlü yola başvurmaya hazırdı.

Mel Klein, Bankers Trust'a başvurdu. Ama bu işe ayırabilecekleri biri olmadığı cevabını aldı. Bunun üzerine, öğleyin, Harry Gray, Citibank'ı bir kez daha denedi ve yine olumsuz yanıt aldı. Saat ikide başka bir ekip First Boston'ı altedecekti.

Bu iş bitmişti.

Dağınık First Boston dökümanlarını üç parmak kalınlığında bir cilt haline getirme işi, 31 yaşındaki kısa boylu, kumral, tez canlı Gordon Rich'e düşmüştü.

Pazartesi öğleden sonra First Boston teklifinin akıbeti konusunda Rich'in hâlâ bir fikri yoktu: Birleşme, sermayeye katılma ya da farklı bir şey. Maher'ın ofisinde toplandıklarında "Zamanımız kalmadı," diye çıkıştı. "Şimdi ofisime gideceğim ve allahın cezası teklifi yazacağım. Teklifin ne olduğunu söylemezseniz, kararınızı değil yazdığım şeyi göndereceğim," dedi ve hızla dışarı çıktı.

Salı günü öğlen saat birde Rich kırk dördüncü kattaki salonda toplantıya katıldığında hâlâ sakinleşmemişti. Rich'in döküman paketi masada elden ele dolaştı. Her avukatın döküman hakkında söyleyeceği bir şeyler vardı. Konuşmalar uzayıp gidiyordu. Bazıları uyuklamak üzereydi. Gordon Rich avukatları dinliyordu. Keyfi kaçana kadar dinledi 38 avukatı, sonra patladı:

"Eğer hayati bir önemi yoksa daha fazla dinlemek istemiyorum. Önemsiz son dakika değişiklikleri umurumda değil. Bu benim yöntemim!" dedi.

Pazartesi gecesinden Salı sabahına kadar Atkins'e yollayacağı materyal için First Boston koridorlarını arşınlamıştı. "Kesin sesinizi!" diye bağırdı avukatlara. "Biz böyle yapıyoruz. Bir sorununuz varsa Maher'a söyleyin!"

Salı öğleden sonra Rich tek başınaydı. Gerekli verileri 24 saat önce kendisine teslim etmeleri için dört gündür bu insanlarla uğraşmıştı. Şimdi sadece bir kaç saat kalmıştı ama gereken belgelerin yarısı hâlâ ortada yoktu.

Rich ofisinin önünden geçen herkesi kolundan yakalıyor ve sunumun onlara ait kısmının ne zaman hazır olacağını soruyordu. Umutsuzluğu doruk noktasına çıkmıştı ki Briann Finn'i bulmayı başardı. Bazı nedenlerden dolayı –Rich bunların ne olduğunu daha sonra hatırlamayacaktı– Finn'le konuşmak çok önemliydi. Mike Rothfeld adında bir avukat başını Rich'in ofisinden içeri sokup Finn'i çağırdığında Rich avazı çıktığı kadar bağırdı:

"Hayır. Onu şimdi alamazsınız, çıkın dışarı!"

Finn çıkmak için ayaklandığında, Gordon Rich kendini kaybetti. Gri telefonunu kaptı. Kordonunu sonuna kadar çekerek olanca gücüyle fırlattı. Hem telefon hem de ahize dağılmıştı. Finn ve Rothfeld telaşla geri çekildiler.

Gordon Rich daha sonra odasından çıkarak kırkbirinci kattaki boş ofisleri dolandı. Çok yorgundu. Binadan çıkmayı düşündü. Muhtemelen kovulacağını düşünerek ofisine geri döndü ve beklemeye devam etti.

Citibank ekibi First Boston'a geldiğinde saat ikiydi. Başka işleri için gittikleri New York'un kuzey banliyösündeki bir işyerinden geliyorlardı.

Önlerinde topu topu üç saat vardı ve Fennebresque'in protokolü düşünecek hali yoktu, ekibi hemen boş bir toplantı odasına aldı. Başkana durumu açıkladı. "Birkaç saat içinde bir teklif götürmemiz gerek, bankalardan biri bizi son anda yarı yolda bıraktı. Bu teklifin finanse edilebilirliğine şüphe yok. Şu tıkanıklığı bir aşsak banka kadar paramız olacak. Bize yazabileceğiniz en iyi mektubu vermenizi istiyoruz."

Fennebresque doksan dakika boyunca First Boston'ın stratejisini anlattı. Anlaşılamama ihtimaline karşın, daha önce yazdığı bir özeti dağıttı. "Bunun gibi birşeyler işte..." diye de ekledi; "teklif tekliftir, isteyenin bir yüzü kara..."

Finn bütün gün odadan odaya dolaştı. Sandviç atıştırıp soruları yanıtladı. Onun görevi çoktan bitmişti. Artık iş dolarlara ve sentlere kalmıştı. Saat üç gibi koridorda Hank Handelsman ile karşılaştı. Pritzker'ın avukatı öfkeliydi.

"Finn, büyük bir sorunum var."
"Ne oldu?"
"Çeyrek milyar dolar eksiğimiz var."
"Ne dedin?" diye haykırdı Finn. "Sen neden söz ediyorsun?"
"Seslowe parayı alamadı."

Avukat içinde bulundukları açmazın derinliğini anlatırken, birkaç dakika koridoru arşınladılar. Maher'ın ofisinin önündeki boş bir masada durdular. Finn içerde, kederli Seslowe'u görebiliyordu, dokunsan ağlayacak gibiydi. Finn ve Handelsman'a doğru yürüdü Seslowe. Gözlerindeki öfkeyi görebiliyorlardı.

Seslowe perişan bir halde odada volta atarken Handelsman, Finn'e dönerek "Jay'den para isteyebilirim," dedi. "Ama fazla umutlu olduğumu söyleyemem."

"Bilemiyorum ama o mektubu karşılıksız yollayamayız..." diye homundandı Finn.

İkisi de biliyordu ki Pritzkerlar parayı denkleştirir de kazanırlarsa, borcun çoğunu birkaç gün içinde çıkartırlardı; bankalar ve yatırım kurumları birlikte çalışmak için sıraya dizileceklerdi. Ama şimdi para vermiyorlardı.

"Başka şansın yok..." dedi Finn. "Jay'i aramalısın yoksa işimiz biter. Öz sermayemiz olsa bile bu tutar çok yüksek. Mektup olmadan en fazla bir kartopunun cehennemdeki şansına sahibiz... kırmızı kar yağarsa..."

Maher da gerçek taahhütler olmadan teklif götürmeyi reddediyordu. Para taahhüdünün olmaması yeteri kadar kötüyken, üstüne üstlük parayı da denkleştirememişlerdi, tam bir kara mizahtı yaşadıkları. Mel Klein portföyündeki bütün yatırımcıları aradı ve 5 milyon ordan 10 milyon burdan, bir şeyler toplamayı başardı. İhalede tekliflerin son teslim tarihine bir saat kala hâlâ 200 milyon dolar eksikleri vardı. Herkes –Klein, Maher, Finn, Handelsman– paranın gelebileceği tek bir yer olduğunu biliyordu. Oradan da gelirse tabii...

Mel Klein telefonla Pritzker'a bağlandığında Jim Maher'ın masasındaki saat dört çeyreği gösteriyordu. Baba-oğula telekonferans bağlantısıyla ulaşmışlardı.

Klein kısaca durumu açıkladı. "Taahhüdü şimdi yapmak zorundayız. Kimse son beş dakikada çek yazmaz."

Telefonun öteki ucundan çıt çıkmıyordu.

"Jay, Tom... biz buradayız. Gitmeye hazırız. 200 milyon dolar için taahhüde ihtiyacımız var."

Jay Pritzker sordu: "Başka şansımız yok mu?" Klein bu meblağın Pritzker ailesinin şimdiye kadar taahhüt ettiği en yüksek tutarın iki katı olduğunu biliyordu. Pencereden dışarı baktı. "Jay, şu anda Florida'dasın. Tom sen de California'da. Havanın kararmaya başladığını bilmem görebiliyor musunuz?" Masasında somurtan Maher'a döndü. "Jim Maher'a bakıyorum. First Boston teklifini sunabilmemizi sağlayacak bir şey duymak için bekliyor. Bu da Resource Holdings öz sermayesini desteklediğinizi beyan etmenize bağlı."

Telefonda yine bir sessizlik oldu. Tom Pritzker "Bu çok fazla," dedi.

"Biliyorum beyler. Sizinle konuşmamın sebebi de bu."

Jay Pritzker yine sordu: "Başka alternatif yok mu?"

"Hayır bu noktada yok. "

"Etik açıdan First Boston için bunu yapmamız mı gerekiyor?" Klein bir an düşündü. Maher'a baktı ve "evet," dedi.

"First Boston da böyle olması gerektiğini mi düşünüyor?"

"Evet."

Uzun bir sessizlik oldu. Mel Klein nefesini tuttu.

"Baba..." diye söze girdi Tom Pritzker.

"Biliyorum..." dedi Jay Pritzker. "Tamam. Yapacağız."

Klein bir anda rahatladı. "Teşekkürler, beyler!"

Telefonu kapattı ve Maher'a döndü: "Oldu bu iş! Pritzkerlar taahhüt vermeyi kabul etti!"

Maher'ın gün boyunca gülümsemek için ilk defa bir nedeni olmuştu.

Salı sabahı saat 11.00'de yatırım bankacılarıyla biraraya gelen Kravis ve Roberts teklif götürüp götürmemeye henüz karar vermediklerini söylediler. Her ikisinin de kafasında bir fikir şekillenmişti ama bunu anlatacakları son kişiler yatırım bankacılarıydı. Biri Peter Cohen'e yanlış bilgi ulaştırabilirdi.

Kimse First Boston'la ilgilenmiyordu. Kravis banka bağlantılarından, Maher'ın büyük sorunlar yaşadığını duymuştu. Mel Klein telefondaydı ve First Boston'ın Kohlber Kravis'in teklifinde küçük bir paya aday olduğu izlenimi veriyordu. Kravis bunu zayıflık işareti olarak algıladı. Çeşitli taktiklerle, Atkins ve kurul avukatlarının First Boston'ın para planının işe yaramazlığı konusunda hemfikir olduğunu öğrenmişti. Dick Beattie de ayrıca, vergi avukatlarını arayarak, onların da ağız yoklamalarını istemişti. First Boston'a "boşuna uğraşmayın" dendiği söyleniyordu.

Daha sonra Kravis ve Roberts kendi ofislerinde bir yuvarlak masa toplantısına katıldılar. Ortaklar kısır döngü olarak adlandırdıkları bu konuşmalardan artık bıkmışlardı. Scott Stuart'tan başlayarak her biri sonuca ilişkin görüşlerini anlattı: Katılmalı mıyız? Stuart ve Cliff Robbins teklifi vermeleri gerektiğini savunuyorlardı. Ted Ammon tereddütlüydü. San Francisco'dan ortakları Bob MacDonnell; Oreo, Nabisco ve Ritz gibi markaların değerlerini anlatarak ihaleye katılma yönünde ikna etmeye çalıştı. Paul Raether katılmaya zaten hazırdı.

Henry Kravis de öyle. Bir haftadır görüşünü kendine saklamıştı, şimdi de son hamle için hazırlanıyordu. Odadakilerden hiçbiri şaşırmadı. Kravis'i iyi tanıyanlar böyle bir işin peşini asla bırakmayacağını biliyorlardı. "Katılırsak kazanmaya oynarız," dedi Kravis.

En son George Roberts konuştu. "Hepimiz kendimize şu soruyu sormalıyız: Bu kadar baş ağrısına gerçekten değer mi? Bu ağrıyı gerçekten çekmek istiyor muyuz? Washington'dan ve ortaklarımızdan büyük tepki alacağız."

Roberts konuşurken odadaki herkesin suratına teker teker baktı. "Bu şirketin başının belaya girmesi, asla görmek istemeyeceğim bir durum olur. Her şey bir anda mahvolabilir. Bu ihaleye girmemiz gerektiği görüşüne katılmıyorum."

Roberts'ın konuşması işi çıkmaza sürüklemişti. Kravis ve Roberts'ın ters düşmesi pek sık rastlanan bir durum değildi. Odadakilerin çoğunun yüzünde endişeli bir yüz ifadesi vardı. Şimdi ne olacaktı?

Sessizliği bozan Kravis oldu. "Biz bu şirketi kurarken, kararları George'la birlikte almayı öngördük; aksi takdirde hiçbir işte yokuz," dedi. Sonra Roberts'a döndü. "Sanırım biraz dışarı çıkıp aramızda konuşmamız lazım." Roberts başıyla onayladı.

İş tahtıravallide kimin ağır basacağına kalmıştı. Sonra Jamie Greene söz aldı. Greene San Francisco'lu bir elemandı ve Kravis'in RJR Nabisco'yu alması halinde ihtiyaç duyacağı milyarlarca doları toplamakla görevliydi. Kravis'in ekibinde Greene'nin fikirlerine ayrı bir önem verilirdi. "Bir dakika... bekleyin bir dakika!" dedi Greene. "Bu ihaleye katılmamız gerektiğini düşünüyorum, George. Elbette kolay olmayacak. Ama yine de çok iyi bir iş çıkaracağız."

Roberts'ın günlerdir duymayı beklediği net sözler bunlardı ve tüm havayı değiştirdi. Birkaç dakika içinde teklif götürmeli miyiz sorusu, yerini ne kadar teklif etmeliyiz sorusuna bıraktı.

Roberts "Tamam. Bu işi yapacaksak sağlam yapmalıyız. Konuştuğumuzdan çok daha az nakitle olmalı. Günün sonunda kurul üç ya da dört dolar fazla nakde bakmayacak. Daha büyük değerlere bakacak..." dedi.

"Bekledikleri fiyata yakın olursak kazanırız," diye devam etti Roberts.

Saatlerce teklifin finansal yapısını nakitten arındırmaya çalıştılar. Teminatları artırmaktan yanaydılar. Banka teminatlarını artırıp hissedarlara ödenecek nakiti kıstılar. Dick Beattie arada bir endişeli bir yüzle başını içeri uzatıyor ve "Hadi artık verin şu teklifi..." diye sızlanıyordu. "Zaman gittikçe daralıyor."

Son kez başını uzattığında Roberts gülümseyerek takıldı. "Git hadi, tek yapacağın şey birkaç rakamı değiştirmek. Biz sana haber veririz."

Peter Cohen o gün öğleden sonra Shearson Yönetim Kurulu toplantısındaydı. Teklif edecekleri fiyata dair herkesin kendine göre bir görüşü vardı. Johnson'ın yardımcıları, Benevento ve Sage hisse başı 110 dolar civarında öneriyorlardı ama her zamanki gibi kimse onları dinlemedi. Önemli olan Cohen ve John Gutfreund'un ne dediğiydi.

Cohen 102-103 dolar civarında bir fiyatı uygun gördüğünü belirtti. Gutfreund ihalenin iyice kızışmasından endişeliydi ve teklifi 97-98 dolara indirmekten yanaydı. Sonunda farkın ortasını buldular. 100 dolar –önceki teklifin aynısı– kurulu şaşırttı. Sürenin uzatılması sayesinde teklifi biraz yükseltebileceklerini düşünmüşlerdi.

Johnson'ın *Time* dergisine verdiği demeçle zaten yeteri kadar öfkelenmiş olan kurulun daha fazla tepkisini çekmek istemiyorlardı. Sonuçta yalnızca 1 dolar artırarak 101 dolara çıkardılar.

Teklifin stratejisi daha sonra tartışılacaktı. Cohen ve diğerleri Kravis'in çekildiğine gerçekten inanmışlar mıydı? Cohen'in avukatı ve aynı zamanda sırdaşı olan Jack Nusbaum "Kesinlikle oyun oynuyorlar," dedi. "Hiç şüphe yok. Kim aksini iddia edebilir ki?" Nusbaum'a göre, ipucu, Dick Beattie ile Cohen'in yaptığı telefon konuşmasıydı. "Bizi inandıran buydu. Beattie o yönde konuşmuştu. Peter da inandı... Kravis'in orada olmayacağını düşündük. Tek rakibimizin First Boston olduğunu düşündük."

Salomon bankacısı Chaz Philips, KKR'nin çekildiğine en çok Hill'in inandığını anlatıyor. Hill bundan pek hoşlanmasa da onaylıyor. "Henry'nin Vail'e gitmesi konuyla pek ilgilenmediği yönünde bir izlenim yarattı. Aslında bu çok iyi bir aldatmacaydı..." diyor Hill ve devam ediyor: "Peter, KKR'nin teklif vermeyeceğine gerçekten inanıyordu. Buna hakikaten inanmıştı." Hill'in anlattığına göre, Cohen Brüksel'den New York'a döndüğünde, Dick Beattie ile yaptığı konuşmaya dayanarak "KKR'nin artık bu yarışta olmayacağı sonucuna vardım," demişti.

Hill, Nusbaum ve diğerlerinin bu yöndeki açıklamalarına rağmen Cohen, Kravis'in çekildiğine asla inanmadığını söylüyor ısrarla. "Hep orada olacağını düşündüm," diye anlatıyor: "Hill çekildiklerinden emindi. Böyle bir varsayım yapmayalım dedim... Her sene Şükran Günü'nde Vail'e gidiyor. (Bu Kravis'in ikinci Vail tatiliydi.) İşi yürütmek için ihtiyacı olan tek şey bir faks makinası."

Tartışma bir yana, yönetim kurulunun neye inandığını son teklif gösterecekti. RJR Nabisco'yu isteyen her rakip, zaten telaffuz edilmiş olan 100 doların altına inemezdi. Cohen'in haftalar önceki rakamın yalnızca 1 dolar üstündeki teklifi yönetim kurulunun yarışa dahil olmayacağının üstü kapalı teyidi olurdu. Nusbaum "Bu ölümcül bir hata olur," dedi.

First Boston'da Fennebresque tüm öğleden sonrayı Citibank ekibiyle geçirdi. Gereken tek şey, Finn'in fikrinin uygulanabilir olduğuna dair bir sözdü. Kendini doğumhanenin kapısında umutla bekleyen bir baba adayı gibi hissetti. Salonun dışındaki telefon on dakikada bir çalıyordu: "Yazı nerede kaldı? Kahrolası yazı nerede kaldı?"

"Bekleyin, bekleyin..." diye yatıştırmaya çalışıyordu Fennebresque. "Almaya çalışıyoruz."

Citibank grubunun başkanı odadan çıktığında saat 16.30'du. Fennebresque dışarıda volta atıyordu. Mektubu alıp adamla tokalaştı. "Teşekkürler. Çok teşekkürler."

Hemen teklif dosyasına dahil edilen mektup Skadden'a iletildi. Tüm bu gelişmeler sırasında Jim Maher düşünceliydi. Teklif istediği gibi olmamıştı. Para programı umduğu kadar iyi değildi. Yine de kahramanca bir iş çıkarmışlardı. Kazanma şansları fazla yoktu ama asıl büyük bahsi zaten dokuz gün önce oynamışlardı.

"Kahretsin!" dedi. "Belki yine aynısı olacak."

George Roberts başıyla selamlayarak Kohlberg Kravis'in toplantı salonuna girdiğinde, beşe birkaç dakika vardı.

Wall Street'in en yüksek maaş kategorisinden bir düzine yatırım bankacısı, endişeyle Kohlberg Kravis'in teklifini bekliyordu. Hepsi aynı şeyi merak ediyordu: Kravis ve Roberts ölü bir teklifle mi geleceklerdi yoksa gerçekten kazanmak mı istiyorlardı? Sonraları, her biri, KKR'nin yapacağı hamleyi öngörmekle övünecekti ama gerçekte hiçbiri emin değildi. Cevap odadaki her bankacı için 10 milyonlarca dolar ücret anlamına gelebilirdi.

Roberts, yanıbaşındaki Kravis ile hüznün resmi gibiydi. Başını hafifçe sallıyordu, gözleri mahzunlaşmış, elleri cebindeydi. Gruba cenaze merasimi tonuyla konuştu.

"Üzgünüz..." dedi. "Bu işten vazgeçmeye karar verdik. Bizim için çok fazla." Mesajının daha iyi algılanması için bir an durdu. "Teklif götüremeyeceğiz."

Oda sessizliğe büründü. 100 milyon dolarlık ücret buhar olup uçmuştu.

Sonra Roberts derin bir nefes aldı. "Ne kadar teklif ettik Henry?"

dedi, "sanırım 106'ydı. Öyle değil mi?"

Kravis başını salladı. "Sanırım evet."

Dick Beattie, oyun anlaşıldığında bankacıların verdiği tepkiyi asla unutmayacaktı. "Gözlerinde dolar işaretleri dönüyordu sanki.." diye anlatıyor. Her biri "Yaşasın, yine oyundayız!" der gibiydi.

Canlanmışlardı. Tekrar sandalyelerine oturdular, arkalarına yaslanıp beklemeye koyuldular.

BÖLÜM
17

Shearson cephesinde moraller yerindeydi.

Time'ın kapağına, aleyhte yayın kampanyasına, şirket yöneticilerinin olumsuz tavrına, velhasıl tüm olan bitene rağmen Cohen de Hill de zaferden emin görünüyorlardı. Kimse Kravis'e pek şans tanımıyordu. Komite Jim Maher'ın garip teklifini kabul ettiği takdirde First Boston kazanacaktı. Bunun gerçekleşebileceğine kimse pek inanmıyordu ancak olur mu olurdu. Maher'ın vaat ettiği kârla kimse yarışamazdı. "İyimser bir ruh hali vardı," diye hatırlıyor Jack Nusbaum. "Ya, (First Boston tarafından) havaya uçurulacaktık ya da kazanacaktık."

Yönetim grubu Salı günü akşama doğru, teklifin tesliminden bir saat sonra dağıldı. Cohen ilk haberleri saat sekizden sonra alabileceklerini düşünerek, karısı ve çocukları ile yirminci evlilik yıldönümlerini kutlamak üzere yemeğe çıktı.

Sekizde Willkie Farr'a dönmüştü bile. John Gutfreund Salomon bankacılarından oluşan bir grubu şehir merkezindeki et lokantası

Christ Cella'ya götürmüş, burada Citibank'ın Başkanı John Reed ile karşılaşmıştı. İkisi de sekizde Willkie Farr'daydılar.

Saat altıya kadar arayan olmamıştı.

Saat yediye kadar arayan olmamıştı.

Saat sekiz olmuş, hâlâ kimse aramamıştı.

Wilkie Farrr'da özellikle endişelenen biri yoktu. Gutfreund ve Jim pokere başladılar.

Salomon bankacılarından bazıları bir kenara çekilip *Car&Driver* ve *Road and Track* dergilerinin son sayılarını karıştırmaya koyuldular. Dokuzda Cohen ve Nusbaum, şehir merkezine ve tabii Salomon grubuna oldukça uzak düşen bürosunda bekleyen Goldstone ile telefonda görüştüler. Üçü de giderek kaygılanıyordu. Eğer Kravis reddedildiyse ve First Boston elendiyse, şimdiye dek bir şeyler duymuş olmaları gerekirdi. Gutfreund da pokerde kazanıyor olmasına karşın –Trust bankacılarından Stern ve Bob O'Brein'dan 400 dolar tokatlamayı başarmıştı– giderek sabırsızlanıyordu. Gutfreund her zamanki gibi belirsizlikten nefret ediyordu. "Neler olup bittiğini nasıl bilemeyiz..." diye homurdandı.

Jim ve Linda Robinson, Manhattan'ın göbeğindeki lüks Marriot Marquis lokantasına attılar kendilerini. Linda'nın müşterisi ve iyi arkadaşı olan Texaco lideri James Kinnear, bir başka Boys Club kutlamasında ağırlanıyordu.

Robinsonların masasındakiler arasında Texaco ile de çalışan, Morgan Stanley'den Eric Gleacher vardı. Gleacher, Jim Robinson'ın smokininin cebinden fırlayan telsiz telefonun antenini fark ederek sırıttı.

Yemekten önce Linda Robinson kısa bir konuşmayla gerginliği yatıştırmaya çalıştı.

"Eee..." diye sordu Gleacher'a, "sizin teklifiniz ne oldu, ne kadar verdiniz?"

Gleacher itiraz etti. Linda'nın oyun oynamak isteyeceğini tahmin etmişti. Belki de Linda, Henry Kravis'in kaçtan teklif verdiğini ona söyleyeceğini düşünmüştü.

"Yapma, bitti artık..." diye ısrar etti. "Bana söyleyebilirsin."

Gleacher omuzunu silkti. Eğer o oynamak istiyorsa, kendisi de oynayacaktı. "Doksandört" dedi ifadesiz bir yüzle. "Teklifi yükseltmediler."

Durakladı ve sordu "Siz kaçtan verdiniz?"

"Sence?"

"Başlangıçtakine yakın birşeyler."

"Ya..." dedi Linda Robinson, "oldukça yakın."

Kohlberg Kravis'de toplananlar için beklemek azap olmaya başlamıştı.

Koridorlar volta atan yatırım bankacılarıyla doluydu. Beklemekten başka yapabilecekleri bir şey yoktu. Birkaç saat sonra pizzalar söylendi.

Daha sonra, dokuzdan birkaç dakika önce, Dick Beattie'ye Peter Atkins'den telefon geldi. "Sizin ve ekibinizden birilerinin buraya gelmesini istiyoruz" diyordu.

Beattie heyecanını dizginlemeye çalışıyordu. "Sadece biz mi çağrılıyoruz?" diye sordu. "Diğer taraf da davet ediliyor mu?"

"Böyle soruları yanıtlayamam."

İki avukat Skadden'da kimlere ihtiyaçları olacağını görüştüler birkaç dakika. Şimdilik sadece avukatlar ve üst düzey elemanlar –seçme filo– yeterliydi. Pizzaların yolunu gözleyen Beattie'nin son bir endişesi vardı.

"Yiyeceğiniz var mı?"

"Var" dedi Atkins.

Beattie telefon haberini Kravis'e iletti. Kravis heyecanını tuttu, bunu daha önce de yaşamışlardı. Skadden'da kendilerine ihtiyaç olmadığı söylenen Kravis ve dört genel ortak, akşam yemeği için doğu yakasındaki İtalyan restoranı Campagnola'ya yöneldiler.

Onlar giderken Beattie aceleyle avukatlar, yatırım bankacıları ve ortaklardan oluşan mangayı Skadden Arps'a gitmek üzere topladı.

Yönetim grubunun lobiye göndermesi muhtemel gözcülere karşı şüphe uyandırmamak için, ikişer ikişer çıktılar. Aşağıya indiklerinde Cliff Robbins güvenlik görevlisine bir şeyler tembihlemek için yanlarından ayrıldı. Johnson'ın da binaya girmesi halinde Kravis'in derhal haberdar edilmesini istiyordu Robbins.

Kravis telefon için masasından çağrıldığında yemeğini henüz ısmarlamıştı. Beattie arıyordu.
"45 dakika içinde burada olmanızı istiyorlar."
"Yemek yiyoruz. Geliriz."
"İyi durumdayız" dedi Beattie. "İşler iyi görünüyor. Felix burada seni bekliyor."
Kravis ilk kez kendisine zafer hissini yaşama izni verdi. Masasına döndü ve heyecanla haberi aktardı. "İşler iyi görünüyor" dedi gülümseyerek. Artık herkes zaferin avuçlarında olduğunu hissediyordu.

İkinci bir telefon için çağrıldığında Kravis yemeğinin yarısındaydı, arayan yine Beattie idi.
"Nerede kaldınız yahu?"
"Yemeğimizi bitirebiliriz diye düşünmüştüm."
"Felix sabırsızlanıyor."
"Geliyoruz. Geliyoruz."
"Haydi Henry, işi çabucak bitirip buradan çıkmak istiyorlar."
"Tamam, tamam. Şimdi oradayız."
Kravis hafif keyifsiz döndü masaya. "Hemen şimdi gitmemizi istiyorlar" dedi. "Galiba Felix bu gece eve erken gitmek niyetinde."

Yemeklerini alel acele bitiren beş genel ortak, Kravis'in mavi Mercedes 500'üne sığıştı. Birkaç dakika içinde Skaddden'a vardılar. Merdivenlerden çıktıktan sonra Kravis, Roberts ve Raether, Felix Rohatyn, Ira Harris ve Peter Atkins'in bulunduğu konferans salonuna götürüldüler.

Kravis'in gözleri yönetim grubunu aradı ama hiç kimse yoktu. Rohatyn bir dizi açık konuyu sıralamaya başladı. Lazard ve Dil-

lon'ın, Kravis'in teklifine dahil edeceği teminat hakkında daha fazla bilgi edinmek istediğini söyledi. Başka konular da vardı, ama ufak tefek şeylerdi. Ardından Rohatyn sordu:
"En iyi teklifiniz bu mu?"
"Evet" dedi Kravis.
"Öyleyse, teminatlarda anlaşabilir ve finansa ilişkin konuları halledebilirsek, teklifinizi özel komiteye götürmeye hazırız."
Kravis de Roberts da gülümsedi.
Kazanacaklardı.

Altı haftalık sinir savaşından sonra, Kravis ve Roberts artık zaferin eşiğine gelmişlerdi. Geriye sadece iki dizi nihai görüşme kalmıştı. Kravis'in avukatlarından Robert Spatt, birleşme anlaşmasını görüşmek üzere yukarı, konferans salonuna çıktı. Yatırım bankacıları teklifin teminatlarını açıklamak üzere bir başka odaya alınmışlardı. Lazard ve Dillon onları soru yağmuruna tutuyordu. Son soruları da, Drexel'in seçilmesi halinde Kravis'in ne yapacağı oldu.

Kravis her iki görüşmenin de birkaç saate kadar biteceğini düşünüyordu. Komitenin ertesi sabah tavsiye mektubunu sunmak üzere toplanması planlamıştı. Yapacak başka hiçbir şeyleri olmayan Kravis ve Roberts, oturup arkalarına yaslandılar.

Görüşmeler sürerken Atkins yukarıdaki odasına çıktı.

Bir dizi telefon mesajı kendisini bekliyordu. İlk önce Jim Maher'a yanıt verdi. Bütün patırtıya rağmen, First Boston'ın nihai teklifi erken gözden çıkarılmıştı. Pratik olarak, üzerinde anlaşılan teklif hakkındaki antitröst onaylarının zamanlaması gibi temel sorular yanıtsız kalmıştı. Ölümcül hata ise ödeme mektubuydu; First Boston'ın bunu karşılayacak somut bir teminatı yok gibiydi. Gerçekte Maher'ın gönderdiği teklif okunurken komitedeki yatırım bankacıları arasında kahkahalar kopmuştu. Fennebresque'in elde etmeye çalıştığı Citibank mektubu New York, Harrison'daki Mamaroneck Bulvarı'nda yer alan Citibank bürosundandı. Başkan yardımcılarından biri tarafından imzalanmıştı. Komite bunu neredeyse hiç beklemiyordu.

Maher Batı Yakası'ndaki apartman dairesinde daha fazla bekleyememişti. "Peter..." dedi Atkins aradığında, "burada oturup duruyorum ve bu beni öldürüyor. Daha beklemeli miyim? Yoksa gidip yatayım mı?"

"Yoo..." dedi Atkins. "Sanırım yatabilirsin."

Maher o anda gerçeği anlamıştı. Bir mucize daha gerçekleşmemişti.

"Çok kötü..." dedi.

Maher yardımcılarından Gordon Rich'i aradı. "Sanırım işimiz bitti Gordon, sanırım işimiz bitti" dedi.

Neden aramıyorlardı? Atkins neredeydi?

Akşam ilerlerken, Steve Goldstone bürosunu arşınlıyordu. "Haber gelmemesi kötü haberdir..." diyordu kendi kendine. Bir şeyler kötü gitmişti. "Belki de First Boston'ı ciddiye alıyorlar" diye düşündü. "Tanrı korusun, belki de Kravis'in teklifini..."

Neredeydiler?

Goldstone volta atarken çalışma arkadaşlarını sinir eden huyuna başladı. Stresli zamanlarında, iki numara kalemlerin arkasındaki silgileri sıkardı. Bazen bunu öylesine şiddetli yapardı ki pembe noktacıklar kopup odanın içinde seker ve insanların alnına çarpardı. O gece Goldstone'un bürosunun tabanı çok sayıda silgi parçası ile doldu.

Saat dokuz buçuğa geldiğinde Goldstone belirsizliğe daha fazla dayanamadı. Önce ortağı Dennis Hersch'i evinden aradı; telefonu açık tutan Hersch, böylece Goldstone diğer telefondan Atkins'i aradığında konuşmayı dinleyebilecekti. Jim Maher ile konuşması biten Skadden avukatı, birkaç dakika içinde aradı.

"Peter, bekleyen bir sürü insan var" dedi Goldstone. "Bu gece bir karar verecek misiniz? Beklememize gerek var mı?"

"Adamlarınızın bu gece beklemesi için hiçbir neden olmadığını söylemeliyim" dedi Atkins. "Sizinle yarın temas kurarız."

Kelimeler Goldstone'un yüzüne bir bardak buzlu su gibi çarptı.

"Sen ne diyorsun? Bu da ne demek?" Siniri Goldstone'un sesine yansımıştı. "Dışarıda mı bırakıldık?"
"Bak..." dedi Atkins, "tüm söyleyebileceğim, size bu gece ihtiyacımız olmadığı. Adamlarına eve gitmelerini söyleyebilirsin."

Goldstone'un konuşması Willkie Farr'da toplananlar arasında elektroşok etkisi yarattı. Poker unutuldu, otomobil dergileri bir kenara atıldı. Nusbaum'un bürosunda oyalanan grup kaygılı bakışlarlarla sorular sormaya başladı.
Bu ne demek?
Neler oluyor?
Birkaç dakika sonra ikinci ve daha büyük şok geldi. Bir gazeteci Nusbaum'u aramış, Kravis'in az önce Skadden Arps'a davet edildiği bilgisini vermişti. Peki ya Shearson?
"Hayır" diye kekeledi Nusbaum, "Çağrılmamışız."
Nusbaum yıldırım çarpmışa dönmüştü.
Kravis?
Buna inanamıyordu. Peter Cohen de inanamıyordu. Tek bildiği bir şeylerin kötü, çok kötü gittiği idi.
Willkie Farr'daki danışmanlar arasında kargaşa baş gösterdi. Neler olduğu, ne yapılması gerektiği hakkında herkesin bir fikri vardı. Pokerde kazandıklarını cebine dolduran Goldstone birinin –herhangi birinin– derhal Skadden'a gitmesini istiyordu.
"Lanet olsun!" dedi Goldstone öfkeli öfkeli. "Oraya gidin. Biriniz gidin. Burada oturup kendi kendimize oynuyoruz. Oraya birini gönderelim..."
Nusbaum hemen düşündü. Derhal bir şeyler yapmak gerekiyordu. Bir mektup. Evet, yanıt buydu. Pek çok avukatın şikayet durumlarında yaptığı gibi öfkelerini yazıya dökmenin önemli olduğunu biliyordu. Cohen ve yatırım bankacıları etrafında küfredip bağrınırken, Nusbaum dikte ettirmeye başladı.

Linda Robinson acil bir telefon görüşmesi için masadan çağrıldığında Bob Hope, Boys Club'taki akşam programını bitirmek üzereydi. Linda özür dileyerek kendisini Marriot'un mutfağına attı ve görüşmesini yaptı.

Döndüğünde Linda Robinson'ın sinirli olduğunu farketmişti Eric Gleacher. "Bu gece nerede olduğumuzu öğrendi..." diye düşündü. Program anında sona erdi. Robinsonlar kalktılar.

Linda'nın Morgan Stanley bankacısına söyleyecek bir çift sözü daha vardı. "Gleacher..." dedi. "Sen lanet olası yalancının tekisin." Dudaklarında bir gülümseme izi belirdi.

Gleacher, Jim Robinson'ın karısının gözlerinin içine baktı.

"Linda... anlamıyorsun değil mi? Bu şirketi Ross Johnson'a vermeleri imkânsız."

Johnson, Horrigan ve RJR Nabisco'nun diğer yetkilileri haberi aldıklarında Nine West'te içkilerini yudumlayarak zaman öldürüyorlardı. Haberler adım adım gelmişti ve durum kötüydü. Atkins, Goldstone'a eve gidebileceğini söylemiş, buna karşılık Kravis, Skadden'a çağrılmıştı. Daha da kötüsü, halen özel komiteyi temsil ettiği farz edilen Bill Liss arayıp kendisinden ertesi sabah bir kamuoyu açıklaması istendiğini söylemişti. Yenilginin işaretleri şaşmazdı.

"Bu kadar. Işıklar söndü!" dedi Johnson. "Korktuğumuz gibi, sayanora..."

Goldstone, Kravis'in Skadden Arps'da olduğunu duyar duymaz Atkins'i yeniden aradı. 20 milyar dolar ve onca insanın kariyeri söz konusuydu, hatta belki de kendi kariyeri. Atkins onu beklemeye aldı. Avukatın odası kısa sürede Goldstone'un ıztıraplı sesiyle doldu.

Goldstone yönetim grubunun aldatıldığında ısrar ediyordu. Monoloğunu heyecansız bir şekilde uzattıkça uzatan Goldstone, saat onbire birkaç dakika kala, Atkins'in Jack Nusbaum'dan bir protesto mektubu alacağını söyledi. Öfkeli bir mektup olduğunu söyledi

Goldstone. "Ama Peter, anlaman gerek. İnsanlar burada sinirden duvarlara tırmanıyor. Gerçekten hayal kırıklığına uğradılar." dedi.
Mektup saat on birde Atkins'in odasına gelmişti. Avukatın söylenmesini kesecek bir bahane bulduğuna sevinerek, "Şimdi aldım" dedi.
"Sizi daha sonra ararız."
Atkins telefonu kapatarak Nusbaum'un mektubuna baktı. Avukatın şirketinden, Willkie Farr & Gallagher'den gönderilmişti.
"Beyler,
Geçtiğimiz saatler boyunca, yönetim grubu adına sunulan teklif hakkında, bu akşam erken saatlerden itibaren başka bir grupla görüştüğünüz haberini basın kanalıyla öğrenmiş bulunuyoruz; eğer haberler doğru ise, görüşmelerin ilerlediğinden söz ediliyor.
Yönetim grubunun tüm süreç boyunca dezavantajlı bir konuma itildiğine ve şimdi eğer başka teklifçiler ile görüşüyorsanız bizimle de görüşmeniz gerektiği konusunda ısrar etmek durumunda olduğumuza; böylece tıpkı 18 Kasım'da kazanan teklifimize karşı diğer gruplara yanıt verme hakkı tanındığı gibi, bize de, teklifimizi aşan tekliflere yanıt verme şansı tanınması gerektiğine inanıyoruz.
Size bugün verdiğimiz mektup, teklifimizin tüm unsurlarını tartışmak konusundaki isteğimizi yansıtıyor. Bu isteğimizi yeniliyor; ihale sürecini sürdürmenizi ve eğer mümkünse, tüm mevcut tekliflerin tüm taraflara gün ışığında bildirilmesini bekliyoruz.
Yönetim grubunun üyeleri aşağıda ismi bulunan şahsın bürosundadırlar ve işbu mektuba telefonla yanıt beklemektedirler.
Saygılar,
Jack Nusbaum."
Atkins elinde mektup kalakaldı, somurtmaya başladı.
Ertesi gün yine çok uzun bir gün olacaktı.

Protesto Willkie Farr'daki grubu sakinleştirdi ve yanıt beklemeye başladılar. Koridorlarda yorgun insan grupları durmadan konuşmaya devam ediyordu. Goldstone, Nusbaum'un konferans odasında bir köşeye oturmuş, *Manhattan inc.* dergisinin son sayısını okuyordu. Birkaç kişi uyuyakalmıştı. Shearson'dan George Sheinber ortalıkta dolanarak bir avuç dolusu puro dağıttı. Bir saattir sinir bozucu bir sessizlik hüküm sürüyordu.

Nine West'de, Robinsonlar, Horrigan'ın köşe ofisindeki gruba katıldılar. Çiftin giysileri Johnson'ın bir dizi şakasına vesile oldu. İkisini "bir şişe beyaz, bir şişe de kırmızı şaraba" benzetti.

Beklemekten başka yapacak bir şey yoktu. Johnson ara ara Charlie Hugel'a otel odasından ulaşmaya çalıştı.

Hugel'ın bu olanlardan bir anlam çıkarabileceğini düşünüyordu. Yemeği kaçıran Hugel acıkmıştı. Onbiri biraz geçince Skadden'dan ayrılarak Regency Oteli'ndeki suitine gitti, sonra da lobiye inerek bir restoran aradı. Açık hiç yer bulamayınca, midesi kazındığı halde yatmaya hazırlandı. Birkaç dakika sonra telefon çaldı. "Bay Johnson sizinle görüşmek istiyor" diyordu sekreter.

Numarayı çevirip Johnson'ın cevap vermesini beklerken, telefonun bir başkasının aradığını gösteren kırmızı ışığı yandı. Johnson'ın sekreterini beklemeye aldı, diğer hattı açan tuşa bastı. Arayan Peter Atkins'ti. Goldstone'un öfkeli telefonunu kısaca özetledi Atkins.

Sonra da yönetim grubunun atakta olduğu ve kendisiyle temas kurabilecekleri uyarısında bulundu. "Paçaları tutuşmuş" dedi Atkins.

"Johnson bunun için arıyor" diye düşündü Hugel. O arada Johnson'ın aradığını gösteren kırmızı ışık söndü. Hugel ahizeyi kaldırdı ve Nine West'i aradı.

Johnson telefonu eline aldığında üzgün olduğu anlaşılıyordu. Ancak ağzından çıkan ilk sözler, tarihin en büyük mağlubiyetiyle hiç bağdaşmıyordu.

"Altın paraşütleri iptal ettiğinizi öğrendik" dedi Johnson. "Bu doğru mu?"*

Hugel şaşırdı. Acaba Johnson'ın söylediğini doğru mu anlamıştı?

---

* Johnson, Hugel'a tazmitnatları sorduğunu yalanlıyor.

Altın paraşütler? Şirketinin kaderi söz konusu olan Johnson, ayrılma koşullarıyla yakından ilgiliydi. Hugel onu bu konuma Ed Horrigan'ın kışkırttığını düşündü. Bu, Horrigan'ın tarzıydı.

"Çok saçma..." dedi Hugel. "Neden böyle yaptığımızı düşündün ki? Her neyse, Ross... aslında şimdi hiçbir şeyden endişelenmiyorum, biliyorsun sadece şirketin geleceği hakkında kaygılanıyoruz o kadar."

"Yani?" diye sordu Johnson, içgüdüsel olarak tartışmadan kaçınmak istercesine, "neler oluyor? Adamlarımızın eve gönderilmesini anlıyorum. Bunu biraz açıklamak ister misin?"

Hugel kıkırdadı. "Sabahki telefon görüşmemizi hatırlıyor musun?"

"Evet."

"Tekliflerini sundular."

"Bomba gibi tekliflerini demek istiyorsun."

"Evet."

"Ne kadarlık bir bomba?"

"Bunu gerçekten söyleyemem." Sadece Johnson ile konuşmasının ihale sürecini çiğnemek olduğunu ikisi de biliyordu.

"Beş dolar civarı bir şeyden mi söz ediyoruz?" diye sordu Johnson.

"Evet."

"Altı mı demek istiyorsun?"

"Bildin."

Johnson inanmadığını belli eder şekilde güldü.

"Peki, tamam. Diskalifiye olduk!" dedi. "Sonuna geldik. Hayırlı olsun."

Horrigan'ın bürosunda Jim Robinson ile yalnız olan Johnson telefonu kapadı. Haberi hazmedene kadar kısa bir sessizlik oldu. Sonunda "Bitti..." dedi.

İki adam birlikte, Linda, Horrigan ve diğerlerinin sabırsızlık içinde bekledikleri salona çıktılar.

"Ee, haberler nasıl?" diye sordu birileri. "Ne dediler?"

"Bitti işte..." dedi Johnson sessizce. "İyisi mi, buraya kadarmış diyelim."

Johnson bir kakofoni saldırısına uğradı. "Ne demek istiyorsun? Ne demek istiyorsun? Ne dediler? Ne kadar teklif etmişler?"

Horrigan şirkete, Kravis'e, tüm olanlara anında öfkelenmişti. Odadaki herkes, Hugel'ın ne dediğini, neler olduğunu öğrenmek istiyordu.

"Bakın, söyleyemem" dedi Johnson. "Charlie'nin güvenine saygı göstermeliyim. Ancak..." diye ekledi, "fark çok yüksek."

Birkaç dakika sonra Johnson, Peter Cohen'i ve Willkie Farr'daki grubu aradı. Jack Nusbaum onu konferans odasındaki bir telefona bağladı.

"Bitti" dedi Johnson. "KKR kazandı."

Oda uğultuya boğuldu. Johnson, Horrigan grubunda olduğu gibi öfkeli bir soru yağmuruna tutuldu.

"Ne demek onlar kazandı?" diye sordu Cohen. "Koşullar ne? Ne teklif ettiklerini biliyor muyuz? Ne olmuş?"

"Söyleyemem" dedi Johnson. "Ancak fiyatın bizimkinin oldukça üzerinde olduğunu biliyorum."

Öfkelenen Cohen ve diğerleri daha fazla bilgi almak için Johnson'ı sıkıştırdılar. "Fazla bir şey anlatamam" dedi Johnson son olarak. "Ancak dört beş dolarlık bir fark olduğuna inanıyorum. Beş dolarlık bir farkın üstesinden gelemeyeceğinizi söyleyebilirim. Gerçekten ağır silahlarını getirmişler."

Johnson'ın talimatıyla Linda Robinson gece yarımda gazetecileri aramaya başladı. Birine, "Bitti" dedi. "Elendik. Başka teklif olmayacak."

Peter Atkins de gece yarımda Goldstone'u aradı.

"Bak Steve, görüşlerinizi grubumuzla görüştüm" dedi. "İhale sürecinde uygulanan adalete ilişkin görüşlerinizin kabul görmediğini söylemeliyim. Müşterilerimizin ilk turda yüksek fiyat vermeleri, ikinci turda artırma gerekliliğini ortadan kaldırmaz. Ortada bir adalet sorunu yok." Atkins, yeniden ihale açılmayacağını açıkça ifade etti.

"O kadar da kesin değil" diye yanıtladı Goldstone sakin bir sesle. "İkinci teklifimizi dinlemekle yükümlüsünüz. Yasa böyle diyor. İdareciler bunu yapmak zorunda. Bize öylece sırt çeviremezler. Yeniden teklif vermek istiyoruz."

Goldstone haklıydı bir bakıma. İhale sürecini bağlayan kurallar yoktu. Var olan tek prosedür 1980'lerin ortalarındaki ele geçirme savaşları sırasında ortaya çıkan ve sürekli değişen hukuksal yapıydı. Genellikle Delaware Ticaret Mahkemesi tarafından verilen kararlarda yöneticilerin ihaleyi adil bir düzen içinde yürütmeleri gerektiği söyleniyordu. Ancak ihalenin nasıl sona erdirileceği belirtilmiyordu. 1980'lerin sonlarında bir dizi şirket bu sorunla başarısız bir şekilde boğuştu. 1988'in sonunda Federated Department Stores'un 6 milyar dolarlık ihalesi, sona erdirme yonundaki kararlı çabalara karşın haftalarca uzadı, kapalı artırmaya gidildi. Sonuçta, teklifler, biri hariç, hiçbir tarafın karşılayamayacağı kadar yükselince artırma kapatıldı.

Atkins ve Goldstone hep aynı şeyleri söyleyerek ve tenis topu gibi görüşlerini birbirlerinin yüzüne vurarak neredeyse bir saat konuştular. Gülünç olan, Goldstone'un Shearson ve Salomon'un yeniden teklif sunmak gibi bir talepleri olup olmadığını bile bilmemesiydi. Johnson kesinlikle istemiyordu. Artırmak isteseler bile Goldstone, ihaleyi yeniden açtırmayı başaramazsa, böyle bir şansları olamayacağını biliyordu.

Johnson ne derse desin Peter Cohen'in kaybedeceği çok şey vardı.

Johnson'ın telefonundan birkaç dakika sonra telefona saldırdı ve gazetecileri, Kravis'in teklifi hakkında bilgi sahibi olabilecek herkesi aradı. Savaşmak istiyordu, ancak öncelikle neye karşı savaşacağını bilmeliydi. Kısa sürede Kravis'in teklifi hakkındaki söylentilere ulaştı. Görünen oydu ki Kravis, Shearson'dan daha az para önermiş ancak daha fazla teminat sunmuştu.

Cohen başlangıçta bunu anlayamadı. Johnson, Hugel'ın her zaman "Para konuşur" dediğini söylerdi. "Eğer Kravis teklifini teminatlarla doldurmuşsa, kurallar değişmiş olmalı" diye düşünüyordu Cohen. Yine!

Teklifte "kağıt" kısmını artırma fikri Cohen'ı vurmuştu. Eğer Kravis bunu yapabiliyorsa, Shearson neden yapamasındı? Yardımcısı Andrea Farace'ı aradı ve kağıtları kabartan, nakiti de düşüren yeni bilgisayar çıkışları istedi. Yeni bir teklifi ele almak için henüz çok erkendi. Bu, eğer olursa, daha sonraki aşamaydı. Ancak Cohen'e göre tüm seçenekleri araştırmaları gerektiği açıktı.

Açık olan bir şey daha vardı: Geri çekilme kararı için henüz erkendi. Cohen Johnson'ı arayarak basın açıklamasını ertelemesini söyledi.

"Çok geç artık..." dedi Johnson. "Yaptık bile."

"Bak... bu akşam, bir seçim akşamı gibi" dedi Cohen. "Teslim olmak için yeterince bilgi yok elimizde. Muhtemelen kaybettik, ama daha fazla şey öğrenene dek bekleyelim."

Johnson öfkelendiğini gösteren bir ses tonuyla "Kahretsin Peter! Allahın belası anlaşma yapıldı ve bitti!" diye üsteledi. "Ne halt etmeye yeni bir açıklama yapmamızı istiyorsun?"

"Yoo... öyle değil. Yeni bir teklif verebileceğiz gibi görünüyor."

"Nasıl verecekmişsiniz?"

"Dinle... istediğimiz kadar teklif götürebiliriz."

"İyi de ne teklif etmek istiyorsun?"

Cohen'in hiçbir fikri yoktu; sadece seçenekleri açık tutmak istiyordu. Johnson afallamıştı. Shearson'ın bu geç saatte artırmaya gitmek istemesini anlayamıyordu, atı alan Üsküdar'ı geçmişti. Onun böyle bir arzusu kesinlikle yoktu.

Johnson aynı şeyleri anlatan Goldstone'u aradı. "Ross, bu onların parası..." diyordu avukat. "Eğer artırmak istiyorlarsa, izin vermelisiniz... Bu aşamada, şirketi işletmeye karar vermediğiniz sürece, artırmalarına izin vermelisiniz."

"Ama bitti..."

"Ross, bunu söyleyemezsin. Devam etmek zorundasınız. Bu gece artırmak zorundalar. Yarını yok bu işin."

Johnson bütün bu olan bitenin saçmalık olduğunu düşünüyordu. Geçen altı hafta boyunca hep olduğu gibi, rüyamsı bir durumdu. İstemeye istemeye yeni bir basın açıklaması yapmayı kabul etti. Gece bir otuzda, sinirli Linda Robinson, gazetecileri arayarak önceki açıklamayı iptal etti. Kimisi uykuya dalmıştı bile. Sadece aralarında *The New York Times*'ın da bulunduğu bir avuç gazete, haberi son baskılarına sokuşturmayı başardı.

Johnson bu çark edişi düşünürken, elinde bilgisayar çıkışlarını sallayan Frank Benevento telaşla içeri girdi. Benevento heyecanlıydı. "Eğer Kravis teklifinin nakit kısmını düşürmüşse, teminat payını oldukça artırmış olabilir" diyordu. Yani aslında riski artırmadan teklifin değerini artırmış olabilirdi.

Johnson şüpheliydi. Nakitin yerine değeri meçhul teminatları koymak ona anlamlı gelmiyordu. "Bunu nasıl böyle değerlendirebilirsin, Frank?"

"Sen değerlendirmezsin" dedi Beneveto. "Ama görünen o ki, onlar yapmış."

"At pisliği bu..." dedi Johnson. "Hiçbir manası yok. Charlie her zaman paranın konuşacağını söylemiştir. Hangi akıllı dünyayı böyle görebilir?"

Saat üç civarında Johnson evine gitmek üzere yola koyuldu, neredeyse hiç kafa yormamış olmak istediği bu kaldıraçlı alım işiyle ilgili en ufak bir şey düşünmek istemiyordu artık. Ölmüş eşeği diriltmek isteyen Cohen ve Benevento'ya hiç hak vermiyordu. Çok fazla enerji harcamak ve çok az uyumaktan yorgun düşmüş, hayal kırıklığına uğramış birinden bekleyeceğiniz sözlerdi söyledikleri.

Johnson'ın gördüğü kadarıyla, yılan ölmüştü. Ortada sallanıp duran, kuyruğuydu sadece.

Şimdi odasında yalnız olan Goldstone kolay kolay pes etmeye niyetli değildi. Johnson'ın ne istediğini umursamıyordu. Kazanmak istiyorlarsa teklif vermeleri gerekiyordu. Hem de şimdi.

Willkie Farr'ı aradı ve aklından geçeni anlattı. Atkins ihaleyi yeniden açmaya niyetli değildi. "En iyi teklifinizi kararlaştırın ve hemen arayıp bildirin. Sonra da sizi aramalarını bekleyin, bakalım ne olacak? Ayinesi iştir kişinin, lafa bakılmaz. Mektubu filan boşverin. Sadece artırın."

"Dur bir dakika..." dedi John Gutfreund. "Neler olduğunu bilmiyoruz. Kendi kendimize karşı yükseltmek istemeyiz." -

Gutfreund da Cohen gibi fena halde kazanmak istiyordu. Ancak ortaya milyarlarca dolar koyan iki yönetici tekliflerini böyle gözü kara şişirmeye de hiç niyetli değildi Tek bildikleri Kravis'in sadece bir dolar önde olduğuydu. Johnson daha önce de yanılmıştı. Onun bulanık tavsiyesi üzerine hisse başına beş dolar artırırlarsa –bu 1 milyar dolardan fazla demekti– parayı kaybetme riski doğardı. Enayi konumuna düşer, üstelik kendi şirketlerinin eleştirilerine maruz kalırladı; açılacak davalar da cabasıydı. "Bak, neye karşı artırdığımızı bilmeden artırmayacağız" diye tekrarladı Gutfreund.

Gutfreund, Kravis'in 105 ya da 106 dolara çıktığına bir an bile inanmamıştı. Altı hafta boyunca komitenin ihtiyaçlarını anlayamayan Goldstone'un beceriksizliğinden bıkan Salomon lideri, Johnson'ın da söylediğinden daha fazla şey bildiğinden şüpheleniyordu.

Gutfreund, "Davis Polk'un bizden bilgi sızdırmak için Ross Johnson ile işbirliği yaptığından fazlasıyla endişeleniyorum" dedi Goldstone'a. "Ross teklifin ne olduğunu biliyor. Ve ben de öğrenmek istiyorum. Sor ona, hem de şimdi."

"Hayır, bilmiyor" diye yanıtladı Goldstone. Yalan söylemiyordu; Johnson ona Hugel ile yaptığı konuşmanın tüm detaylarını aktarmamıştı. "Dinle, sadece artırmak zorundasınız."

Tom Hill, "Steve..." diye araya girdi, "Henry'nin teklifini bilmemiz gerek."

"Bilip bilemeyeceğimiz meçhul" dedi Goldstone. "Ve biz öğrenmeye çalışırken KKR geceyi birleşme anlaşmasını tamamlamakla geçiriyor. Şimdi harekete geçmemiz gerek."

Tartışmalar sürüp giderken Goldstone, Shearson ve Salomon'u da ihaleye çekmenin yolunun teklifi öğrenmek olduğunu anladı. Atkins'i tekrar aradı. Bu kez telefonda basbayağı bağırıyordu.

"Bu ahlaksızlık! Bize diğer tarafın ne teklif ettiğini söylemeniz gerekir!" diye ısrar ediyordu Goldstone. "Teklifler çok yakın, yeniden teklif sunmadan önce bilmemiz gerek."

"Bak..." dedi Atkins, "Neden Ross Johnson ile konuşmuyorsun? Sana hiçbir şey söyleyecek değilim. Johnson ile konuş. Hugel ile görüştü."

Goldstone telefonu kapadı, kafası karışmıştı. Atkins neden Johnson'ı aramasını söylüyordu? Johnson hiçbir şey bilmiyordu. Yoksa biliyor muydu?

Goldstone, Nine West'ten çıkmadan yakaladı Johnson'ı. "Ross, Hugel ile konuştuğunda neler söyledi?" diye sordu. "Neler oluyor orada?"

Hâlâ Hugel'ı koruyan Johnson sorudan kaçtı. Daha önce sözünü ettiği "dört-beş dolarlık farkı" yineledi.

"Steve, bitti artık..." dedi Johnson.

Telefonun ahizesini kaldıran Goldstone Willkie Farr'daki grubu aramaktan çekiniyordu. Gutfreund'un sesini duyar gibiydi; Salomon yöneticilerinin aşağılaması bu konuda ipucu veriyodu. Her şeye rağmen son bir kez aradı. Aldığı cevap ise değişmedi. "Tam rakamı bilmek zorunda değilsiniz. Yükseltin yeter."

Sonuçta hiçbir şeye ulaşamadı. Goldstone ahizeyi yerine koyarken, Dennis Hersch'in halen hatta olduğunu fark etti. Hersch bütün gece pijamalarıyla telefonun başında oturmuş, kahve üstüne kahve içerek Goldstone'un yaptığı bütün konuşmaları dinlemişti. "Tanrım! Yüksek Mahkeme'de değilsin Steven..." dedi. "Ama iyi denemeydi."

Saat üçe geldiğinde Willkie Farr'daki grup fazlasıyla yorulmuştu. Savaşçı ruhlarının yerini asık suratlar almıştı. Gün ışıdığında Kravis'in muhtemelen birleşme anlaşmasını imzalamış olacağını biliyorlardı. "Belki de..." diyorlardı başlarını sallayarak, "imzalamıştır bile." İnsanlar yavaş yavaş çıkmaya başladı.

Gutfreund, Cohen'e yaklaştı. "Büyük bir işbirliği yaşadık, Peter" dedi. "Beraber iyi çalıştık. Zevk aldık ve çok şey öğrendik. Bir dahakini mutlaka alalım."

"Bir dahakini alacağız" dedi Cohen.

Dört blok ötede, Skadden Arps'da, görüşmeler sabahın ilk saatlerinde de sürüyordu. Avukatlar ve yatırım bankacıları son detayları ele alırken Kravis, Roberts ve Raether konferans odasında zaman öldürüyorlardı. Kravis heyecan içindeydi. Şirketi almışlardı. Sonunda, iş tamamdı.

Saatler ilerledikçe rahatsızlıkları arttı. Bu kadar uzun süren neydi? Sonra, gece yarısını biraz geçe, Bruce Wasserstein Tokyo'daki ortağı Joe Perella'nın telefonuna cevap vermek üzere çıktı. Roberts, "Şu küresel bankanın, Wasserstein Perella'nın, bize söylecekleri var" diye espri yaptı. Diğerleri gülmeye başladı.

Wasserstein'ın telefonu kapatmasıyla gülücükler dudaklarda dondu kaldı. Perella az önce Kohlberg Kravis'in teklifini açıklayan bir ajans haberi okumuştu. Wasserstein telefonu Kravis'e uzattı. Kravis donuk bir yüzle Perella'nın okuduğu haberi dinledi. Birkaç dakika sonra fakstan haberin kopyası geldi.

Etresi günkü *Wall Street Journal*'ın erken baskısı gibi görünen haber, yönetim grubunun teklifinin hisse başına 101 dolarda kaldığını, Kravis'in teklifinin hisse başına 103 dolar ya da üstü olduğunu ileri sürüyor ve Johnson'ın ertesi gün yeni bir teklif sunabileceğini ima ediyordu.

"Yeni bir teklif sunacaklar da ne demek?" diye bağırdı Kravis. "İhale bitti, artırma kapandı."

Roberts şaşkındı. Kuşkusuz birileri, muhtemelen özel komiteden biri, yönetim grubunu daha yüksek bir teklife teşvik etmek için detayları sızdırıyordu. İhalenin kapanmış olması gerekiyordu. Kravis de, Roberts da harcanmaya gelemezdi.

Kravis'in ekibi, şirket bankacılarının teklife ilişkin teminatların ince ayrıntılarını görüştüğü konferans salonuna daldı. "Allah kahretsin!" diye bağırdı Roberts, haberi göstererek. "Bizimle dalga geçiliyor ve bundan hiç hoşlanmadım!"

Lazard ve Dillon bankacıları isyan ediyorlardı. Beattie, Casey Cogut'u da yanına alarak Atkins'i aramaya koyuldu. Bu ciddi bir güvenlik ihlali söz konusuydu. Perella haberi Tokyo'da gördüyse, muhtemelen Shearson ve Salomon da görmüştü. Eğer yönetim grubu savaşa dönmek istiyorsa, bu kez hangi fiyata karşı yarışacaklarını biliyorlardı.

Beattie ve Cogut'a merdivenler boyunca, sızdırmadan rahatsız olan komitenin iki bankacısı, Lazard'dan Bob Lovejoy ve Dillon Rear'den Fritz Hobbs da eşlik etti. Dört adam yaklaşık yarım saat boyunca Atkins'in kapısında beklediler. Skadden avukatlarından Mike Gizang kapıyı koruyor ve içeri girmelerine izin vermiyordu.

Sonunda Lovejoy ve Hobbs, Gizang'i iterek odaya girmeyi başardılar. Neredeyse bir düzine Skadden avukatı ayakta dikilmiş hararetli hararetli tartışıyorlardı. Atkins dağınık masasında oturuyordu. İki bankacı hemen Goldstone'un öfke dolu protestosu hakkında bilgilendirildi.

Kendisi de eski bir avukat olan Lovejoy avukatların tırnak yeme alışkanlıklarını iyi bilirdi. Aşağıda bıraktığı George Roberts için daha da endişeleniyordu. "Yönetim grubu ile ne halt yemeye konuşuyorsunuz? Onlarla temas halinde olmamanız öngörülmüştü. KKR ile anlaşmayı bitirmiş olmalıydınız. Bunlar aptalca tehditler. Neden bu kadar ciddiye alıyorsunuz?"

Atkins birşeyler mırıldandı ma cevap niteliğinde pek bir şey söylemedi. Aşağı inip Kravis ve Roberts ile konuşmak üzere kalktı.

Beattie ve Cogut, Atkins'in odasının önünde, Mike Mitchell ve diğer avukatların asık suratlarla koşuşturmasını izlediler. İki avukat şaşkın şaşkın birbirine baktı.

Neler oluyordu?

Beattie onun bildiğini düşündü.

"Diğer taraf size zor anlar yaşatıyor olmalı" diye Mike Gizang'i yokladı. Beattie, Gizang'in ifadesinden Shearson'ın karşı saldırıya geçtiğini anlamıştı. Birkaç dakika sonra Atkins dışarı çıktığında Beattie karşısına dikildi.

"Birkaç sorun var" dedi Atkins yeniden ofisine yönelerek. "Bazıları çıldırmış durumda."

Atkins, Kravis'in avukatlarının peşinden Kravis, Roberts ve diğerlerinin beklediği alt kattaki konferans salonuna indi. Beattie, "Kohlberg Kravis, Shearson'ı cesaretlendirecek sızdırmalara taviz vermeyecektir" dedi. "Teklifimiz kabul edilmek üzere değerlendirilmiyor. Bu bir rezalet ve biz buna daha fazla tahammül göstermeyiz."

Beattie yukarıdayken, şirket sekreteri Ward Miller'ın yöneticileri ya yedi buçuktaki özel komite toplantısına ya da saat onbirde tüm kurulun katılacağı toplantıya çağırdığını duymuştu.

"Bakın" dedi Raether, "yedi buçuk toplantısını siktir edin. Hepsini kaldırın ve buraya çağırın."

"Bunu yapamayız" dedi Atkins kesin bir dille, "Adamlar uyuyor."

Kravis kızgındı. "Biz kurallara göre oynadık. Ama kahretsin ki, birisi teklifimizi öğrendi, kullanılıyoruz."

"Kullanılmıyorsunuz" dedi Atkins. "Kesinlikle kullanılmıyorsunuz."

"Ama bu!" dedi Kravis haberin kopyasını sallayarak. "Demek istediğim şu... Bu nasıl olabilir?"

İkna olmayan Kravis ve Roberts sonraki adımlarını düşünüp taşınmak üzere konferans salonlarından birine çekildiler. Wasserstein da onlarla odaya girmek için hamle yaptı. Kravis'in Wasserstein'a artık güvenmediğini bilen Casey Cogut, kapıyı ünlü strateji uzmanının yüzüne kapadı. "Afedersin Bruce, bu özel bir toplantı..." dedi Cogut ciddiyetle. Raether gülmekten çatlıyordu.*

Kravis grubu Shearson'dan gelecek karşı hücum tehlikesinin ciddi olduğuna karar verdi. Bu, sonuçta, aynı durumda olsalar, kendilerinin de yapabileceği bir şeydi. Kravis de Roberts da, Cohen'in teklif vermesini engellemenin imkansız olduğunu anlamıştı; ancak kurulun yeni teklifleri için bir son teslim tarihi koymakta acele etmesini umuyorlardı. Son saat olarak, öğleden sonra bir, yani ertesi sabah yapılacak kurul toplantısından sadece iki saat

---

* Kravis, Wasserstein ile ilgili olarak: "Bu adamın hiçbir yerde etrafımızda olmasını istememiştik. Bu problemden, anlaşmanın daha başında, Beck ve Wasserstein telefonla konuşup bilgi sızdırdığında korkmuştum," demişti.

sonrasını belirlediler. Bu, yönetim grubuna, saldırmak için sekiz saatlik zaman tanıyordu. Bu arada Kravis şimdiye dek vazgeçmiş olmalarını umuyordu.

———

Vazgeçmemişlerdi.
Cohen o sabah uyandığında vücudundaki her kemik RJR Nabisco için dövüşmek için çığlık atıyordu. Tahmin ettiği şeyi doğrulayan Andrea Farace'ı çağırdı: "Kağıt" ekleyip fiyat düşürerek ödeyecekleri parayı aslında hiç artırmadan tekliflerinin değerini yükseltmişlerdi. Cohen, Tom Strauss ile temas kurdu ve Salomon yöneticilerinin de dövüşmeye hazır olduğunu öğrendi.
Ardından Nusbaum'u evinden aradı. "Yeni teklif vermemizin önünde bir engel var mı?" diye sordu.
"Hiçbir şey."
"İşte bunu yapmak istiyorum..."

BÖLÜM
18

"Bugünün..." diye başladı Peter Atkins, "bir yönetim kurulu odasında geçen her gün kadar şeffaf ve dolu olması önemli."

Saat sekize çeyrek vardı; Çarşamba sabahı, 30 Kasım. Müdürler Skadden Arps'a akmıştı ve Atkins onları, otuzbeşinci katta penceresiz bir konferans odasında topladı. Odanın beyaz duvarları yavan çağdaş sanat ürünleriyle süslüydü. Charlie Hugel; uzun, atnalı biçiminde ve açılmış kurşunkalemlerle dolu kalemliklerle bezeli, meşe ağacından yapılma konferans masasının baş tarafındaki bir sandalyeye oturdu. Keyfi yerinde gibiydi; homurdanan midesini yatıştırmak için bir sokak satıcısından elma almıştı.

Hugel'ın sağına Marty Davis, soluna Atkins, Bill Anderson, Albert Butler ve John Macomber oturdu. Bob Schaeberle, Juanita Kreps, Vernon Jordan ve John Medlin de oradaydı. Masanın diğer ucuna, Dillon Read ve Lazard'dan bankacılar yerleşti. Bankacıların arkasında bir büfe hazırlanmıştı; masa ayçöreği, bagel, krem peynir, portakal suyu sürahileri ve kahveyle tepeleme doluydu.

"Hissedarların çıkarlarına en uygun karara varmayı denemeliyiz," diyordu Atkins. "Bu sürece saldırılar olacak. Davalar açılacak, belki teklifçiler tarafından bile." Atkins devam etti ve "biricik temel uyarı" olarak nitelediği şeyin altını çizdi: Olacaklarla ilgili her türlü soruya verilecek tek uygun yanıt vardı: Yorum yok. "Gizlilik ne pahasına olursa olsun korunmalı," dedi.

Atkins, ardından, müdürleri önceki gece gelişen olaylar hakkında bilgilendirmeye başladı. Jack Nusbaum'un mektubu yüksek sesle okundu ve Goldstone'un çılgın çağrılarının ayrıntıları aktarıldı. First Boston teklifinin hızla nasıl geçersizleştiği dile getirildi. Kravis'in teminatlarına ilişkin görüşmeler ve Dow Jones haberi Tokyo'da su yüzüne çıktığında sızıntı olduğu yolundaki yakınmaları anlatıldı.

"Bize ultimatom verdiler," dedi Atkins. "Saat bire kadar teklifleri değerlendirilmezse, geri çekecekler."

Felix Rohatyn müdürlerin yüzlerinde Kravis'i seçebiliyor olmanın rahatlığını görebiliyordu. Müdürler toplantı için biraraya gelip *Time* kapağı ile ilgili dehşetli tepkileri karşılaştırdığında, herkes fısıltıları duyabiliyordu... Korkunç görünüyor. Nasıl böyle bir aptallık yapabildiler... Bu adamın her şeyi söyleyebileceğini bilmeliydim... Neden onu Patagonya'ya göndermediler ki...

Ross Johnson ulusal bir hırs simgesi haline gelmişti. O odadaki hiç kimse, şirketi Johnson'a teslim etmek istemiyordu. Eğer açık farkla en yüksek teklifi veren o olsaydı, kazandığını ilan etmekten başka seçenekleri kalmayacaktı. Birçoğu tercihlerinin net olmasından dolayı gizliden gizliye kıvanç duyuyordu.

Yönetim kurulu ve danışmanlar, üç saat boyunca, son on günde yaşananları tekrar gözden geçirdi. Lazard ve Dillon tekliflerin ayrıntılarına daldı, özellikle her iki tarafın verdiği teminatların kendine özgü niteliklerine odaklandılar. Londra'dan telefonla bağlantı kuran Ron Grierson kılı kırk yaran onlarca soru sordu; herkes, bu soruların ardında mahkeme korkusunun yattığını biliyordu. 11:00'e birkaç dakika kala toplantının hızı kesildiğinde, Hugel, diğer müdürlere birkaç yeni haber verdi. Kısa bir aradan sonra, Henry Kravis ve George Roberts, yönetim kuruluna hitap etmek

için davet edilecekti.
Küçük bir şey daha vardı.
"Ross Johnson oradaydı."

Johnson o sabah uyandığında göğsünden ağır bir yük kalkmış gibiydi. Bütün bu kavganın bitmesi, bir anlamda iyiydi. Şimdi en azından herkes yaşamına devam edebilecekti. "Bugün..." dedi Laurie'ye, "yönetim kurulu toplantısına katılacağım, yarın da Atlanta'ya geri dönüyoruz."

Dokuz sularında plazaya girip ofisine doğru ilerledi. Kısa süre sonra Cohen aradı; sesi heyecanlıydı. "Bir teklif daha vereceğiz. Biraz daha yükselmeye ne dersin?" diye sorduktan sonra daha az nakit, daha çok çok kağıda dayalı bir rakam söyledi. "Bu rakamların tümü iş yapar. Var mısın?"

Johnson şaşırma yeteneğini yitireli uzun zaman oluyordu. Artık bir Wall Street yöneticisinin ağzından çıkan hiçbir şey onu afallatamazdı. "Bu rakamların doksan, altı ve dört gibi işe yarayacağını mı söylüyorsun?" diye sordu, önceki tekliflerine atfen.

"Kesinlikle!" diye yanıtladı Cohen. "Senin açından şirketi yönetmek daha iyi olacak, çünkü daha az nakit kullanacağız."

Johnson bir an düşündü. "Neyse ne..." dedi. "Oraya gidip ortalığı karıştırmak istiyorsan, git ve karıştır." Tek çekincesi, ekibinin, anlaşmayı bu düzeyde kârlı kılmak için şart olan bütçe kesintilerini yapabileceğini artık garanti edememesiydi.

"Şu anda mucizeler diyarında olduğuzu düşünme," dedi Cohen'e. Johnson kendi cenazesine katılmış gibiydi. Bu artık Shearson'ın oyunuydu.

Johnson kurul toplantısı için Skadden'a, 11.00'e birkaç dakika kala ulaştı. Yanında Horrigan, Harold Henderson, Jim Welch ve Bob Carbonell vardı. Kaybettiklerinden emindi ama yine de eğleniyordu. Cohen el bombasını fırlattığında olacakları görmek için sabırsızlanıyordu. Bir ay boyunca kapitalist hırsın simgesi olarak maskara edildikten sonra, müdürlerin terlemesini seyretme fırsatına hayır diyemezdi. "Topu oradan oraya atmalarını görmek eğlenceli olacak," diye kıkırdadı. "Biraz kıvransınlar bakalım."

Cohen'in ekibi de hazırdı. Jack Nusbaum, onbire birkaç dakika kala Skadden Arps'ın lobisinde Johnson'ı karşılayacaktı. İhalenin yenilenmesini talep eden ikinci bir tehditkâr mektup getirmişti – önceki gecekine yanıt alamamışlardı hâlâ. Nusbaum ve Johnson, birlikte, kurul toplantısına dalacak ve duvarı delmeyi deneyeceklerdi.

Ama Nusbaum geldiğinde Johnson ortalıkta yoktu. Yukarı çıkmadan önce on dakika bekledi. Orada Johnson'ın ekibini gördü; kurul toplantısının üç kat altında, otuzikinci kattaki konferans salonunda çene çalıyorlardı.

Johnson'ın keyfi yerindeydi; toplantıya kabul edilmeyi beklerken gülüyor, espriler patlatıyordu. "Çılgınlık değil mi bu?" diye sordu Nusbaum'a. Johnson ne bekleyeceğini bilmiyordu ama Nusbaum'a bir konuda söz verdi. "Kaptırdığımızı geri alacağız."

Nusbaum ise havasında değildi. Beklerlerken sinirli sinirli odayı adımlıyordu. Saatine baktı. Onbiri çeyrek geçiyordu; kurul vaktinde toplanmışsa, Kravis'in teklifini oyluyor olabilirlerdi. Daha fazla bekleyemezdi, süre doluyordu.

Atkins'in ofisini aradı. Mesajı basitti: Eğer müdürler Johnson'ı kendi yönetim kurulu toplantısına almayı reddederlerse, mektubu onsuz da iletebilirlerdi. Nusbaum telefonu kapatıp onbeş dakika daha bekledi. Atkins yanıt vermedi.

Nusbaum, Shearson'daki Cohen'i aradı. Sesi, alışık olmadık biçimde gergindi.

"Bak Peter, engelleniyoruz. Ross'u içeri sokmuyorlar. Toplantı bizsiz devam ediyor. Eğer daha yüksek bir teklif vereceksek, şimdi verelim."

Cohen dinliyordu. "Seni ararım."

Onbiri oniki geçe, Kravis ve Roberts, yanlarında Raether ve Beattie olduğu halde toplantı odasına girdiler.

Dörtlü, o sabah saat 09.45'te Skadden'a gelmişti; birleşme anlaşmasını imzalayıp RJR Nabisco'yu satın almayı ummuşlardı. Bunun yerine, onlara resepsiyonda birer koltuk gösterildi. Ekibin yatırım bankacıları teker teker damlıyordu. Wasserstein oradaydı. Gleacher da gelmişti; önceki gece davet edilmediği için öfkeliydi. Sürgünden dönen Jeff Beck de oradaydı. Bir süre sonra Casey Cogut; Roberts, Kravis ve Raether'ın, geveze bankacıların kulak menzilinden uzak bir yerde konuşabilecekleri boş bir oda aramaya başladı.

Üç adam da giderek sinirleniyordu. Sabahki gazeteler Johnson'ın grubunun çekilmediğini yazıyordu. Şimdiye dek onlardan bir ses çıkmamıştı. Kurulun kararını merakla bekliyorlardı. Sonunda Hugel içeri girerek müdürlere hitaben bir konuşma yapmalarını istedi.

Kurul odasına girerlerken Kravis ve Roberts hazırdılar. Johnson'dan veya başka bir şeyden şikayet etmenin zamanı değildi. Eğer kurulu kazanacaklarsa, şimdi tam zamanıydı. Davis, Hugel, Macomber ve diğerleri – her biri, Kohlberg Kravis anlaşmasının güvenli, sağlam ve hem çalışanların hem de hissedarların çıkarına olduğuna ikna edilmeliydiler.

Müdürler sustu ve Roberts stratejilerinin ana hatlarını çizdi. "Kohlberg Kravis'in niyeti RJR Nabisco'yu yok etmek değil," dedi. Kazanırlarsa şirketi olabildiğince korumayı planlıyorlardı. Şirket varlıklarının yaklaşık yüzde 20'si satılacaktı. Hissedarlar, teminat olarak dağıtılacak olan yüzde 25'lik bir eşit hak hissesi aracılığıyla, kârdan pay sahibi olabileceklerdi. Roberts bunun sağlam bir anlaşma olmasını istediğinin altını çizdi. Wall Street tarihinin en büyük satışı, teminatlardaki ufak tefek ayrıntılarla vakit kaybedilecek bir iş değildi. Çalışanlara özel önem vereceklerdi. Kohlberg Kravis şirketlerinde 300 binden fazla çalışan vardı ve şirket, onları mutlu etmenin değerini biliyordu.

Yumuşatmak için birebir ve kaliteli bir sunum oldu. Roberts ile Kravis, onbeş dakika boyunca soruları yanıtladı. Paul Sticht'in görevi ne olacaktı? "Sadece geçici bir başkan," dedi Roberts.

"Saat bir nasıl?" diye sordu müdürlerden biri.

"Çok iyi..." dedi Roberts.

"O zaman bu saate olabildiğince uyalım," diye konuştu Kravis. Sonra Hugel ve Atkins, Kravis ekibini başka bir odaya kadar takip ettiler. Hugel nihai oylama yapılmadan önce bir dizi konunun görüşülmesi gerektiğinde ısrar ediyordu. Bunlar, örneğin taşınma masrafları gibi personel ödenekleriyle ilgili, İkinci Program denilen konulardı. Yirmi dakika boyunca, bir çalışanın ödeneğe hak kazanmak için ne kadar uzağa taşınması gerektiğine kadar, karmaşık birçok konuda görüştüler. Şaşkın Raether'a göre bunlar tam deli işiydi. Roberts, bir ara, "Aman Tanrım!" der gibi Kravis'e döndü ve gözlerini devirdi.

Sürenin bitimine bir saat kalmıştı.

Taşınma masrafları gibi ciddi sorunlar halledilmişti; Beattie, kurulun nihai oyunu beklemeleri için Kravis ve Roberts'ı boş bir odada bıraktı. Kurul odasından ancak altı metre ötede, stratejik konumda bir oda seçmişlerdi. Köşede duran biri yönetim kurulu odasına girip çıkan herkesi görebilirdi. Birkaç dakika sonra Beattie küçük odanın kapısında belirdi, büyük beyaz bir saksıda duran iki metre boyundaki Kenthia palmiyesinin yanından geçerek stratejik köşede konumlandı.

Yarım saat boyunca kurul toplantısına girip çıkan avukat ve bankacıları seyretti. Birçoğunun arkadaşıydı ve arada sırada içlerinden birini köşeye çekmeyi başarıyordu. Öğleden birkaç dakika önce ortalıkta bir hareketlenme olduğunu gördü. Endişeli yüz ifadeleriyle avukatlar, karıncalar gibi bir içeri bir dışarı gidip geliyorlardı. Beattie nihayet birini kolundan yakaladı: "Neler oluyor?"

"Ross ve Nusbaum burada," dedi avukat aceleyle.

Beattie bir küfür savurdu. Öfkeliydi ama şaşırmamıştı. Atkins ve komite, oniki saattir ayak sürüyordu. Johnson'ın yeni bir teklif getirmesi an meselesiydi. Beattie, Kravis ve Roberts'ın huzursuz bir halde beklediği küçük odaya döndü.

Roberts haberi iyi karşılamadı. "Kahretsin, neler oluyor burada!" diye bağırdı. "Akşam dokuzbuçuktan beri burada bekliyoruz ve aptal yerine konuyoruz. Bizi kullanıyorlar!"

Shearson'da ise Cohen'in ofisi arı kovanı gibiydi. Tom Hill ve bir düzine adam içeri dışarı mekik dokuyordu. Cohen masasında oturmuş purosunu tüttürüyor, yeni bir bilgisayar programıyla uğraşıyordu. Nusbaum aradığında bir rakam hazırlamıştı bile. Salomon'dan Gutfreund ve Strauss'u aradı; onlar da Gutfreund'un art deko ofisine kapanmışlardı. Gereken tek şey Johnson'ın onayı ve bu arada, başardıkları takdirde, yönetim anlaşmasını daha da budama vaadiydi.

Cohen her iki talebi Davis Polk'tan Steve Goldstone'a aktardı; o da bunları Skadden'daki Johnson'a. Johnson, Cohen'in aklındaki teklifi düşündüğünde gülmeye başladı. "Ciddi olamazsın." Olayların tam anlamıyla dışında kalmıştı ve yönetim anlaşmasında gerekirse değişiklik yapılmasını onaylıyordu.

On dakika sonra Cohen, Nusbaum'a döndü.

"Bu teklifi ver," dedi. Ardından, nakit ve kağıt, bir dizi rakam sıraladı.

Nusbaum'un nefesini tuttu, neredeyse boğulacaktı. "Tamam," dedi.

Teklif hisse başına 108 dolardı. 25 milyar dolar.

Nusbaum'un başı döndü. Teklif vermek istemek bir şeydi, bunu kurula iletmek başka bir şey. Bir saattir Skadden Arps'daydılar ama görmezden geliniyorlardı. Bir şekilde yeniden teklif vermek için baskı yapmalıydılar. Nusbaum saatine baktı. Öğleyi geçmişti. "Bizi burada istemiyorlar, Peter..." dedi. "Bu işten kötü kokular gelmeye başladı."

"Teklifi almazlarsa..." dedi Cohen, "biz iletmesini biliriz." Yönetim kurulu, kamuoyuna yapılacak bir duyuruyu görmezden gelemezdi. Bir basın toplantısı düzenlenmeliydi.

Birkaç dakika sonra Nusbaum, Atkins'in ofisini ikinci kez aradı.

"Bay Atkins'e söyle..." dedi sekretere, "yeni bir teklifimiz var ve kamuoyuna da duyuracağız."

Nusbaum, "Belki bu dikkatlerini çeker," diye düşündü.

Çekti de.

Nusbaum'un telefonundan birkaç dakika sonra Atkins, mesajı kurul odasında almıştı. Mike Mitchell'i kaptı ve iki adam, hızla dışarı çıkıp Kravis'in aylak yatırım bankacılarıyla dolu bekleme salonundan geçerek Skadden'ın merdivenlerinden aşağı indi. Otuzikinci kata geldiklerinde sağa dönüp koridorda ilerlediler. Nusbaum, içinde sadece bir masa ve bir telefon olan odada tek başınaydı. Ortada ne sandalye, ne tablo vardı; sadece, iki blok ötedeki Queensboro köprüsünün manzarası.

Atkins, Nusbaum'un gergin olduğunu görebiliyordu.

"Bakın... elimde hukuk danışmanlarımın hazırladığı mektup var," dedi Nusbaum. "Onu size vereceğim ama lütfen dikkate almayın. Burada bulunmamın asıl nedeni, teklifimiz."

Kimsenin önünde bir bloknot bile yoktu. Mitchell ajandasından bir parça kağıt yırttı ve Nusbaum'un söylediklerini yazdı: Hisse başına 84 dolar nakit, hisse başına 20 dolar imtiyazlı ayni ödemeli hisse senedi ve hisse başına 4 dolar değiştirilebilir borç senedi. Yirmi beş milyar dolar.

"Vurgulamak isterim ki..." dedi Nusbaum "her konuda müzakereye açığız."

Atkins başını salladı. Mitchell'la birlikte ofisten çıkarlarken yüzlerinde imalı bir gülümseme vardı.

"Çok ilginç bir gün olacak," dedi Mitchell.

Nusbaum telefona sarıldı, haberi bir an önce iletmek ister gibiydi. "Ne olacağını bilmiyorum," dedi Cohen'e. "Ama sanırım artık yeniden devredeyiz."

Yönetim kurulu odasının dışında, Beattie, koridorlarda bilgi peşinde koşturuyordu. O ana dek Johnson veya adamları ortalıkla görünmemişti; sadece bina içinde olduklarına dair doğrulanamayan haberler vardı. Nusbaum'la konuşmasını bitirip dönmekte olan Atkins'i yakaladı.

"Johnson ve Nusbaum neyin peşinde?"

"Şey..." dedi Atkins. "Bize verdiklerini dikkate almak zorunda

kalacağız."
"Peki ne verdiler?"
"Söyleyemem."
"Hadi Peter, çocuklar geceden beri burada. Kullanılmaktan yoruldular. En iyi teklifimiz masada. Böyle devam ederse çekilecekler. Ve çekilirlerse, sen de benim kadar iyi biliyorsun ki diğer taraf istediğini yapmakta serbest kalacak."
"Biliyorum..." dedi Atkins ve kurul odasına girdi.

O sabah Mel Klein ve Pritzker'ın diğer üç yardımcısı, La Guardia'da, American Airlines uçağı ile Chicago'ya uçmaya hazırlanıyorlardı. Havayolu şirketi dört yorgun adama yan yana koltuklar veremeyince, bir sonraki uçağı beklemeye karar verdiler. Klein, Amiralin Kulübü'ne gitti ve yapacak başka bir şeyi olmadığı için Jim Maher'ı aradı.

Maher ihalenin henüz kapanmadığı haberini verdi. Kravis hisse başına 106 dolar gibi bir şey öneriyordu ve kazanacak gibiydi. Pritzker ekibi heyecanlanmaya başlamıştı.

"Acaba bu bir fırsat mı?" diye düşündü Klein. Jay ve Tom'a ulaşabilirler miydi? Teklifin nakit kısmı yükseltilebilir miydi?

Birkaç dakika içinde birbirleriyle dalga geçmeye başladıklarını farkettiler.

"Üzgünüm Mel..." dedi Maher, "bu iş bitti."

Atkins, Kravis ve Roberts'ın beklediği küçük ofise döndüğünde saat bire yirmi vardı. O konuşurken içerideki hava buz gibiydi. "Yeni bir gelişme var ve sizin saat bir sınırınıza uyamayacağız. Uzatma istiyoruz."

"Kesinlikle olmaz!" diye bağırdı Kravis.

Roberts'ın yanıtı da aynı sertlikteydi. "Bunu yapmayacağız." Roberts öfkelendiğinde dudakları incelip iyice gerilirdi. "Bu terbiye-

sizlik..." dedi öfkesini güçlükle dizginleyerek.
"Peter, bizimle oynanmasına izin vermeyeceğiz" dedi Kravis. "Dün gece bizi kurula tavsiye edeceğini söyledin, elimizde bir anlaşma var ve her şey yolunda. Ama şimdi teklifimiz ortalığı kızıştırmak için kullanılıyor. Sana daha fazla zaman vermiyoruz."
Beattie araya girdi. "Durun biraz." Avukat, Atkins'e döndü. "Peter, bize birkaç dakika izin verir misin?"
Atkins dışarı çıktı. Kapı kapandığında Beattie, Kravis ve Roberts ile, daha büyük bir grupta asla kullanmayacağı bir ses tonuyla konuştu.
"George, Henry... biraz sakinleşin," dedi Beattie. "Adamlar büyük baskı altında. İşlerin doğru halledildiğinden emin olmak istiyorlar. Ve böyle davranarak onlara yardımcı olmuş olmuyoruz,"

12:50'de, bir manşet, Dow Jones Haber bandı boyunca ilerledi. Ülke çapındaki yönetim kurulları ve borsa binalarında, yatırımcılar ve brokerlar, bandı şaşkınlıkla izliyorlardı.
"RJR YÖNETİM GRUBU TEKLİFİ HİSSE BAŞINA 108 DOLARA ÇIKARDI."
Bir dakika sonra, Beattie, Kravis ve Roberts ile konuşmasını yarıda keserek acil bir telefona cevap verdi. Arayan Kohlberg Kravis çalışanlarından biriydi.
"Teklifi yenilediler."
"Kim?"
"Yönetim grubu."
"Ne!"
"Yönetim grubunun teklifi az önce banttan geçti. 108'e çıkmışlar."
"İnanmıyorum. Şaka mı yapıyorsun sen?"
"Ne yazık ki hayır."
Beattie telefonu kapatıp Kravis ve Roberts'a döndü.
"Buna inanmayacaksınız. Ama bantta 108'e çıktıkları geçmiş."
Kravis oturmak zorunda hissetti kendini. En çok korktuğu şey gerçek olmuştu ama yine de bunun tam bir sürpriz olmadığını ka-

bul etmeliydi. Yeni bir teklif hazırlamak için bütün bir gece ve sabah Johnson'ındı.

Zafere yirmi dakika kala, her şey değişivermişti.

İhale sona ermemişti. Şirket artık onların değildi. Dünya hiç adil değildi.

Birdenbire geride kalmışlardı: 108 dolara 106 dolar.

Sövgüler odayı doldurdu. "Bizimle imzalamayacaklar!" diye bağırdı Raether, bir gözü saatteydi. "Tanrım, şimdi ne yapacağız?"

Sonra, öfkeleri, kabardığı kadar ani bir hızla duruldu. Hem Kravis, hem de Roberts Cohen'in ne yaptığını kavramışlardı. Oniki saattir ilk kez, yönetim grubunun hangi konumda olduğunu biliyorlardı. "Belki de..." diye düşündüler, bunu kendi çıkarlarına kullanabilirlerdi. Ustaca davranmak gerekliydi. Artık çekip gitme tehditleri savuramazlardı. Tam yirmibeş dakika bir sonraki hamlelerini tartıştılar ve biri çeyrek geçe, Atkins'i çağırdılar.

"Verdiğimiz süreyi uzatmaya hazırız," dedi Kravis. "Ama bir koşulumuz var. Bugüne kadar yaptığımız masrafları karşılayın, bir saat daha kalalım." Mantıklıydı. Kravis, güçlü bir konumda olduğuna inanıyordu; yönetim grubunun teminatları görüşülmemişti ama onunkiler değerlendirilmişti. Paniğe kapılıp teklifi yükseltmek için bir neden göremiyordu; gerekirse bunu daha sonra yapabilirlerdi. Böylece yönetim kurulu üzerinde baskı kuruyor ve aynı zamanda, ne olursa olsun bir şeyler kapmayı garanti ediyorlardı.

"Masraflarınız ne kadar?" diye sordu Atkins. Raether hesabı yapmıştı bile. Aslında toplam masraf 400 milyon dolara yaklaşıyordu ama Raether fazla zorlamamak için sadece 45 milyon dolar istedi.

"Sanırım bunu özel komiteye kabul ettirebilirim," dedi odaya giren Hugel. Birkaç dakika içinde de kurulun onayıyla geri döndü. Anlaşma oracıkta, sarı bir bloknota yazılıverdi. Beattie gülümsedi. Sonuç ne olursa olsun, parasını alıyordu.

Altmış dakika beklemek için 45 milyon dolar. İnanılmazdı ama Atkins ve Şirket, bunun iyi bir anlaşma olduğu görüşündeydi.

Jack Nusbaum Queensboro köprüsüne bakan boş ofiste kırkbeş dakika boyunca bekledi. Zaman zaman Cohen ile konuşuyor, komitedeki yatırım bankacılarının teknik sorularını yanıtlıyordu.

Sonra, saat biri birkaç dakika geçe, Atkins telefon etti. Nusbaum 108 dolarlık teklifini ortaya atarken, tüm unsurlarının müzakereye açık olduğunu vurgulamıştı. "Şimdi..." dedi Atkins, "bu işi bitirme zamanı. En yüksek ve en iyi teklifinizi istiyoruz. Mümkünse onbeş dakika içinde."

"Biraz daha uzun sürebilir."

"Elinizden geleni yapın."

Nusbaum birkaç saniye sonra Cohen ile telefonda konuşuyordu. "Oldu," dedi. "Girmeyi başardık. En iyi teklifimizi istiyorlar."

"Vaktimiz ne kadar?"

"Onbeş dakika."

"Bu pek fazla sayılmaz."

"Biliyorum."

Koridorda, Johnson, yeni bir teklif davetini sevinçle karşıladı. Uzun zamandır teklif düzeyleriyle ilgili endişe duymuyordu. Nusbaum'a döndü: "İşi bitirelim."

Derin bir nefes alma sırası Cohen'deydi.

O gün içinde ikinci kez tekinsiz sulara girmekteydi. Kravis'in kaçtan teklif verdiği konusunda hâlâ fikri yoktu. Hızla, ofisinde bekleyen Hill ve diğerleriyle görüştü; sonra Salomon'dan Gutfreund'u aradı. Gutfreund daha saldırgan bir teklif talep ettiğinde şaşırmıştı. Hızlı düşünmeliydi. Hangi noktaya çıkarlarsa çıksınlar, yönetim kanadının daha fazla fedakarlık yapması gerekecekti. Johnson mutlaka ödün vermeliydi.

Goldstone'u aradı. "Yüzonbeşe kadar çıkabiliriz" dedi avukata. "Sanırım bunu yapmamız şart. Öne geçmek istiyorum. Bu işi bitirmenin zamanı geldi."

Goldstone kendini çimdiklemek istedi.

Yüzonbeş mi? Daha altı hafta önce, Shearson, Johnson'a, bu şirketin en fazla yetmişbeş edeceğini söylüyordu.

Cohen'in anlattığına göre, Shearson'ın devam edebilmek için ihtiyaç duyduğu şey, Johnson'ın yönetim anlaşmasından iki puan daha düşerek yüzde 4'e, başlangıçta alması gerekenin neredeyse yarısına inmesiydi. "Şimdi..." dedi Cohen, "Ross'un bunu kabul edip etmeyeceğini bilmek istiyorum."

Goldstone bu rakamın da talebin de saçma olduğunu düşündü. Yine de Johnson'a aktardı. Johnson, Cohen'in aklında ne olduğunu duyduğunda sinirden kıkırdamaya başladı.

"Tanrım, bu çılgınlık!" diye bağırdı. "Buna iyi bir yatırım denir mi? Bunu yapması gerektiğini sanmıyorum, ya sen?"

Goldstone, artık işin suyunun çıktığını düşünüyordu.

"Dinle Ross, bunu yapmak için sadece şirketi satın almanın dışında da nedenleri var" diye açıkladı. Shearson'ın başarılı bir anlaşmadan kapacağı 200 milyon dolar ücretten söz etti. Tarihin en büyük birleşmelerinden birini tamamlamış olmanın getireceği eşsiz iş fırsatlarını anlattı. Johnson'ın sorunu şuydu: o gerçek dünya, gerçek para ve gerçek yatırımların mantığıyla düşünmekte ısrar ediyordu. "Ama aslında..." dedi Goldstone, "burası gerçek dünya değil. Burası Wall Street."

"Bence delilik..." diye karşı çıktı Johnson.

"Bir şey daha var..." diye devam etti Goldstone. "Kabul etmeye hazırsan, tazminatında önemli birtakım düzenlemeler isteyecekler. Yapacak mısın?"

"Her şey şu anda belli olacak," diye düşündü Goldstone.

"Elbette... neden olmasın?" diye yanıtladı Johnson alaylı bir kahkahayla. Zaten her şeyi vermişti. Yüzde 20'yi hedefleyen yönetim grubunu budanma operasyonu yüzde 8.5'tan başlamıştı, şimdi ise yüzde 4 idi işte. "Ama daha fazla inersek..." dedi Johnson, "onlara borçlu çıkacağız." Kıkırdadı. "Steve..."

"Evet?"

"Unutma. Sıfırın altına inemeyiz."

Goldstone telefonu kapatıp Cohen'i aradı. "İstediğini aldın. Devam et."

Cohen rakamları son kez gözden geçirdikten sonra grubun yeni teklifini Skadden Arps'da bekleyen Nusbaum'a iletti.

Wharton İşletme Okulu, Columbia Hukuk Fakültesi mezunu ve New York'un en büyük hukuk şirketlerinden birinin asli ortağı Jack Nusbaum'un, Peter Cohen'in yeni teklifine tepkisi kısa ve netti: "Aman Tanrım!"

Telefonu kapatıp haberi Atkins'e yetiştirdi. Ross Johnson, Shearson Lehman ve Salomon Brothers, tekliflerini hisse başına 112 dolara çıkarmışlardı. Hesap-kitap yapacak vakit yoktu; ama görünüşe göre teklif, 25.76 milyar dolar kadardı. Saat 13:24'te Atkins haberi kurula duyurdu.

Shearson'ın yeni teklifi Atkins'in durumunu ciddi biçimde güçleştirmişti. Bir tarafta, hisse başına 106 dolarla Kravis vardı. Onun teminatları görüşülmüştü ve danışmanlar, teklifin gerçek değerinin Kravis'in söylediklerine yakın olduğundan emindi. İyi, sağlam bir teklifti bu. Ama aynı zamanda ikinciydi.

Diğer tarafta, yönetim grubunun hisse başına 112 dolarlık teklifi vardı. Cohen'in teminatları Kravis'inkilerin bulunduğu noktaya kadar getirilmemişti; üstelik yönetim grubu, Dillon ve Lazard'dan daha bir gün önce aldıkları tavsiyeye kulak asmamış görünüyordu. Teminatları "hafif" kalmaya devam ediyordu; yani Shearson'ın vaat ettiği fiyattan satılacaklarını garanti eden hiçbir "düzeltme" mekanizması yoktu. Cohen tekliflerini 112 dolar olarak ifade etmişti, ama Atkins'e göre aslında teklif 105 dolar kadardı. Kesin değeri saptamak ise zaman isterdi. Ve Kravis'in saat 14:00'ye kadar verdiği sürenin dolmasına yarım saat kala, Atkins böylesi bir lükse sahip değildi.

"Evet..." diye düşündü Atkins, Kravis belki de blöf yapıyordu. Ama ortada 25 milyar dolar varken bunu yapması mümkün müydü? Kravis'in verdiği süreyi yeniden uzatması gerektiğini düşünmeye başladı.

Atkins ve yönetim kurulunun diğer danışmanları köşedeki bir ofise dalarken, kurul odası dışındaki stratejik tünelinde bekleyen Dick Beattie'nin uysal mavi gözlerine yakalandılar. "Bir şeyler oluyor," diye düşündü Beattie, kapıya doğru sinsice yürümemek için kendini zor tutuyordu.

İçeride, danışmanlar hararetli bir tartışmanın ortasındaydılar. "KKR'ye bir şeyler vermelisin," diyordu Dennis Block. Kurulun yatırım bankacılarıyla çalışan bir avukattı. "Masada duranı korumak zorundasın. Teklifçileri hepten kaçırmak istemiyoruz."

Yönetim grubunun teminatlarını görüşürken Kravis'i de masada tutmanın bir yolunu bulmalıydılar. Adama zaten masraflarının karşılığı olarak 45 milyon dolar ödemişlerdi. Daha ne sunabilirlerdi ki?

Ira Harris'in aklına bir fikir geldi: Kravis'e bir birleşme anlaşması sunun. Verdiği süreyi bir hafta uzatmasını sağlayın. Tüm masraflarını karşılayın –neredeyse 400 milyon dolar– ayrıca, akit bozma tazminatı olarak hisse başına 1 dolar, yani 230 milyon dolar daha verin. Johnson'ın grubu bu bir hafta içinde Kravis'in teklifini aşmayı başarırsa, bu para ödensin. İş bu noktaya gelirse, Kravis bir teklif daha getirme hakkına sahip olsun.

"Evet..." dedi Block. "Böylece KKR'yi elimizin altında tutarız."

Skadden avukatı Mike Mitchell o kadar emin değildi. "Dinleyin, bantta 108 dolar geçiyor bile. KKR bunu öğrenecek. Shearson'dan daha yüksek bir teklif almak için onları kullandığımızı düşünecekler."

Mitchell'ın endişesi bir tarafa, tek çözüm bu gibi görünüyordu. Kravis hiçbir koşulda kaybetmeyecekti. Elinde bir birleşme anlaşması olacak ve masrafları ödenecekti; karşılığında hiçbir şey vermesine de gerek yoktu. Bu çözüm için en iyi neden ise gün gibi açıktı: Süre dolmak üzereydi.

Saat ikiye birkaç dakika kala, Atkins ve yanındakiler, Kravis ile Roberts'ın beklediği ofise girdiler. Atkins, iki kuzenin, birer buz bloku gibi göründüklerini düşündü. Çeneleri sımsıkı kapanmış, yüz ifadeleri her türlü anlamdan yoksundu.

Mitchell tekliflerini açıkladı. Kabul edecekler miydi?

"Kesinlikle hayır..." dedi Kravis. "Siz neden söz ediyorsunuz! Buraya bu şirketi almaya geldik. Bir anlaşma istiyoruz. Bu odayı terkedersek geri dönmeyiz. Bize elveda diyebilirsiniz!"

Her zamanki gibi Beattie mantığın sesi gibiydi. "Diğer taraf nerede?" diye sordu. "Böyle bir şeyi onlara da öneriyor musunuz?" Yanıt yoktu. Beattie bunu zaten biliyordu.

"Bantta yönetimin 108'e çıktığını okuduk," dedi Beattie. "Doğru mu?"

Atkins açık vermemesi gerektiğini biliyordu. Cohen'in 112 dolara kadar çıktığını açıkça söyleyemezdi.

"Buna güvenmeyin," yanıtını verdi.

Beattie düşünmek için birkaç dakikaya ihtiyaçları olduğunu söyledi ve Atkins ile yanındakiler dışarı çıktı.

Kravis, Atkins'in blöf yaptığını düşünüyordu. Elbette ki Cohen hâlâ 108'deydi. Neden bir kez daha artırmış olsundu? Atkins'in bıçak üzerinde yürüdüğüne karar verdi; ellerindeki son kuruşu da almaya çalışıyordu. Kravis, yönetimin 108 dolarlık teklifine eşdeğer bir teklif getirirlerse kazanacaklarını hissediyordu.

"Beraberlikten averajla kazanacağız," dedi Kravis. "Bizim anlaşmamız daha sağlam. Üstelik Johnson'dan daha güveniliriz. *Time*'daki haberden sonra yönetim kurulu ona soğuk bakıyor. Beraberlik bize kazandırır."

Kravis şimdi yeterince bastırırlarsa kurulun teslim olmak zorunda kalacağına bahse girebilirdi. Teklifleri kafesteki kuş gibiydi ve kurul bunu uçurmayı göze alamazdı.

Raether ve Ted Ammon, hisse başına 2 dolar daha dediler – ayni ödemeli kağıtlarda fazladan 1 dolar ve değiştirilebilir borç senetlerinin ödeme sürelerinde uzatma. Bunun mali bir hokkabazlık olduğunu biliyorlardı, ama kurulun tartışacak zamanı da yoktu. Kravis "Ancak 2 dolar eder," dese bile ona inanırlardı. İkiyi beş geçe, Atkins'i çağırdılar.

"Peter..." dedi Kravis, "teklifini kabul etmeyeceğiz."

Avukat Budha maskesi takmış gibiydi, yüzünde en ufak bir tepki yoktu. "Teklifinizle ilgili bir gelişme var mı?" diye sordu.

Kravis teklifi 106 dolardan 108'e nasıl çıkaracaklarını açıkladı. Atkins çıktığında Kravis ve Roberts, artık yönetim kurulunun birkaç dakika içinde karar vereceğini düşünüyorlardı.

Atkins ve kurul danışmanları afallamıştı; Kravis'in önerilerine balıklama atlayacağından emindiler.

Şimdi ne olacaktı?

İkiyi on geçe, Hugel, yönetim kurulunu tekrar yerlerine oturttu. Atkins hemen söze girdi: "KKR son teklifini az önce sundu" dedi. Nakit olarak hisse başına 80 dolar, 18 dolarını imtiyazlı hisse olarak ve 10 dolarını da değiştirilebilir borç senedi olarak.

Dennis Block bir şeye takılmıştı.

"Zaman sınırlaması var mı?" diye sordu.

Atkins bir an düşündü. "Hayır..."

Talih kuşu gülmüştü işte. Kravis ve Roberts yeniden süre tanımayı unutmuşlardı. Lazard ve Dillon'ın, yönetim grubu teklifindeki teminatları değerlendirmek için birkaç saate ihtiyaçları vardı. Kravis'in dikkatsizliği sayesinde şimdi bu süre önlerindeydi.

Ama önce birleşme anlaşması sorunu halledilmeliydi. Yönetim grubu ciddiye alınmak istiyorsa, kurulun, Cohen'in de Kravis'in kabul ettiği anlaşmaya razı olacağına dair garanti alması gerekirdi. Bu garantiye, İkinci Program maddeleri de dahildi. Nusbaum'un imzalaması için bir taslak anlaşma mektubu hazırlandı. "Eğer mektubu imzalamazlarsa," dedi Hugel, "KKR'yi kabul ederiz. Ama imzalarlarsa, tavsiyeye ihtiyacımız olacak."

Otuzikinci katta bekleyen Nusbaum'a mesajı Mike Gizang iletti. Metin sarı kağıt üzerine yirmibir satır olarak karalanmıştı. Nusbaum okuduktan sonra Cohen'i aradı; o da Salomon Brothers'daki Gutfreund ve Strauss ile bir tele-konferans ayarladı. Anlaşma hemen kabul edildi ve birkaç küçük değişiklikten sonra, Nusbaum metni Gizang'e uzattı.

Kravis'in konumu yönetim kurulu odasına girip çıkanları gözlemek için mükemmeldi; üstelik erkekler tuvaletine giden en kısa yolun üzerindeydi. Gün boyunca, ne zaman bir müdür tuvalete yönelse, Kravis hemen yardımcılarından birini peşine takıyor, pisuvar sohbetinden bir şeyler yakalamaya çalışıyordu. Roberts; Hugel ve Vernon Jordan'ı tuvalet yolunda yakaladığında, "pisuvar devriyesi" faaliyeti nihayet işe yaramıştı.

Saat üçü geçiyordu; Kravis ve Roberts neredeyse bir saattir bekliyorlardı. "Neler oluyor?" diye sordu Roberts.

Hugel kurulun Kravis'in teklifini henüz tartışmaya başlamadığını söyledi.

"Ne demek istiyorsun?" diye bağırdı Roberts, kulaklarına inanamıyordu.

Öyle öfkeliydi ki, kurulun iki üyesini tuvalete dek takip etti ve Hugel ile Jordan rahatlamaya çalışırken, onları sıkıştırmaya devam etti. "Kurul toplantı yapmıyorsa orada ne diye toplandınız?"

Hugel açık vermiyordu; hukuki gecikmelere dair bir şeyler geveledi. Birkaç saniye sonra Jordan ile birlikte kapıdan çıktılar, Roberts bir adım arkalarındaydı. Kravis kapıda bekliyordu.

"İçeride neler oluyor?" diye çıkıştı.

Arada kalan Hugel duraksadı. "Yapmayın çocuklar..." dedi, "bize biraz daha zaman verin."

"Bu iş yeterince uzadı," dedi Kravis.

"Çözeceğiz," dedi Hugel. "Hallolacak."

Kravis, "Ne kadar sürer?" diye sordu.

"İki saate ihtiyacım var. Sadece iki saat verin. Halledeceğiz."

Hugel gülümseyerek Jordan'a işaret etti; bankacılar, 1.80'in üzerindeki boyuyla bu adamın yanında cüce gibi kalıyordu. Hugel, "Ross zıvanadan çıkarsa diye onu da yanımda getirdim" diye gülümsedi.

Aşağıda, otuzikinci katta, Johnson ve yönetim grubunun geri kalan üyeleri, öğleden sonrayı hem şakalaşarak hem de başdöndürücü hızla gelişen olaylardan kopmamaya çalışarak geçirdiler. Saatler ilerledikçe büyük serüvenlerinin şimdilik ters yola girmesine yol açan Wall Street yöntemlerine yönelik hayretlerini tartışmaya başlamışlardı.

Johnson için özellikle ilginç olan, teklifçilerin, ayni ödeme teminatları adıyla bilinen ve hurda tahviller için buldukları çeşitli kullanım alanlarıydı. Yönetim grubunun, nakit yerine "ayni ödemeye yüklenmesi", onu hâlâ ürkütüyordu.

"Hey!" diye seslendi Johnson, "neden tamamen ayni ödemelilerle çalışan yeni bir şirket kurmuyoruz? Acaba bu yöntemle reklamverenlerin hepsine borcumu ödeyebilir, hatta *Time*'da sayfa satın alabilir miyim? Bunları ayni ödemeli hisse ile yapabilir miyiz?"

"Demek istediğim şu ki..." diye devam etti Johnson, "ABD basınından daha iyi bir kağıt keşfetmiş durumdayız. Üstelik Wall Street bunlarla kaynıyor. Ve kimse bu işin farkında değil. Dünya Bankası'nın dahi ayni ödemeli hisseden haberdar olduğunu sanmıyorum. Bu şeyle üçüncü dünyanın borç krizini bile çözersin. İşte sana yepyeni bir para birimi..."

Johnson artık kendini tutamıyordu. Baskı makinesi taklidi yapmaya başladı. "Çak-a çak-a çak-a. Bas ve bırak uçup gitsin."

Yeni şirketlerinin adını bile koyabilirlerdi. Pekala "A.Ö.H ve Ortakları" olabilirdi. Şirketin anayasası, Johnson'ın Wall Street'te üç altın kural olarak adlandırdığı ilkeleri içerebilirdi: "Asla oyunu kurallarına göre oynama. Asla nakit ödeme. Ve asla doğruyu söyleme."

Kurul odasında Hugel ve müdürler, yönetim grubunun teminatlarına değer biçme sorununu tartışıyorlardı. Kimse uzun görüşmelere hevesli değildi. Dennis Block'un bir önerisi vardı: Cohen, Kohlberg Kravis'in birleşme anlaşmasını aynen kabul etmeye hazırdı. Neden onların teminatları konusunda da aynı şeyi yapmasınlardı? Block sarı bir not defterine bir mektup yazdı, Lazard'dan Bob Lovejoy da mektubu aşağıya, Nusbaum'a iletti. Birkaç dakika sonra Lovejoy kurul odasına geri döndü.

Anlaşma hâlâ ortada yoktu.

Kurul kararsızlık içindeydi. Üç saat önce, RJR Nabisco, Kravis ve Roberts'a verilmenin eşiğindeydi. Johnson 112 dolara çıktığı halde odadaki bütün müdürlerin hâlâ Kravis'le iş yapmak istediği açıktı. Tek sorun tahtadaydı: Johnson 112, Kravis 108.

"112 değerinde olduğunu söylüyorlarsa, bunun aksini kanıtlamadan 108'i alamazsın," diye ısrar ediyordu Mike Mitchell. "Herkes istese bile durup dururken 108'i kabul edemezsin. Yönetim grubuna gidip tekliflerinin gerçekten 112 dolar edip etmediğini öğrenmemiz gerek."

Yoğun bir baskıydı bu, her müdürü farklı bir biçimde etkiliyordu. Charlie Hugel'ın Gut'u azmıştı; sakat gibi topallıyordu. Gut haplarını almayı unutmuştu. Sekiz yıl önce kalp ameliyatı olmasından bu yana tek bir sigara içmeyen Albert Butler, John Medlin'in paketine uzandı. "Tanrı aşkına, ver şunlardan bir tane!" İki Kuzey Carolina'lı, kısa süre içinde paketi bitirip başkalarından otlanmaya başladılar.

Sonunda da Cohen'in adamlarıyla masaya oturmaktan başka çare bulamadılar. Dörde on kala, Lazard'dan Luis Ronaldini, gönülsüzce, yatırım bankacılarını aşağıya, yönetim grubunun teminatlarını görüşmeye götürdü.

Kravis ile Roberts, huzursuzluklarını yenmek için yürüyüşe çıktılar. Binadan ayrılarak güneye, Park Avenue'ye doğru ilerledikten sonra sağa sapıp Nine West'e yöneldiler. Yürürlerken Roberts gelip geçenlerin ne marka sigara içtiklerine bakıyordu. Birkaçı Winston veya Salem tüttürüyordu; ama onların en az iki katı kadar insan Marlboro'yu tercih etmekteydi. "Üçte bir, hiç fena değil..." diye takıldı.

Kravis, kırkikinci kattaki ofisine döndükten sonra birkaç telefona yanıt verdi. Arayanlardan biri de First Boston'dan Jim Maher idi.

"Seni kutlamak için aramıştım," dedi Maher.

"Ofise döndüm çünkü artık daha fazla dayanamıyordum," diye yanıtladı Kravis.

Yorgun ama rahattı. "Dinle..." dedi, "siz olmasaydınız hâlâ orada olamazdık. Çok teşekkür ederim."

"Bu iyiliği unutma," diye kıkırdadı Maher.

Kravis ve Roberts, saat beş sularında Skadden Arps'a döndüler. Eski bir futbol kazası nedeniyle çok fazla ayakta durduğunda beli ağrayan Dick Beattie yerde kıvrılıp uyuyakalmıştı. Paul Raether bir süre *Wall Street Journal*'ı okumaya çalışmış Beattie'nin horlamasından kurtulmak için başka bir odaya kaçmak zorunda kalmıştı.

"Kimseyi gördün mü, duyduğun bir şey var mı?" diye sordu Kravis.

"Ne yazık ki hayır..." dedi Raether.

Roberts, Beattie'yi dürtüp bir keşif gezisine daha gönderdi. "Kahretsin Dick, git de şu Peter Atkins'i bul" diye homurdandı. "Bu kadarı saçmalığın daniskası artık!"

Dakikalar sonra, Beattie koridorlardan birinde Atkins'i köşeye çekmeyi başarmıştı.

"Peter, bu adamlar çekip gidecek..." dedi. "Dalga geçmiyorum. Çekilecekler. Gerçekten..."

"Dick..." dedi Atkins, "Sabırlı olmalarını söyle."

Beattie, kurul odasının dışındaki mevzisine çekildi. Çift kanatlı kapılardan yatırım bankacıları girip çıkıyor, yakındaki merdivende bir aşağı bir yukarı koşturuyorlardı. Beattie kurulun Cohen ve Johnson ile görüşmekte olduğunu anladı birden. Kravis ve Roberts'a söylediğinde, kendi gözleriyle görmek istediler.

Tam onlar geldiğinde kurul dağıldı. Kapıya doluşan müdürler tuvalete doğru yürümeye başladılar. Lazard bankacısı Bob Lovejoy, Roberts ve Raether ile konuşmak için yanaştı. "Yavaş gittiğini biliyorum..." dedi, "ama sonuca yaklaşıyoruz."

George Roberts artık dayanamadı. Toparlayabildiği tüm öfkeyle Lovejoy'a patladı. "Ne işler çeviriyorsunuz! Bizi kazıklıyorsunuz siz! Ne yaptığınızı biliyoruz. Orada Johnson ile görüşüyorsunuz. Buna daha fazla dayanamam!"

Beklenmedik saldırı karşısında afallayan Lovejoy, Roberts'ı yatıştırmaya çalıştı. "George, yanlış düşünüyorsun. Bana güven. Size iyi niyetle yaklaşıyoruz. Dezavantajlı bir konuma itilmiyorsunuz. Aslında durumunuz hiç fena değil."

"Bana hiç öyle gelmiyor," dedi Roberts. "Kendini benim yerime koy. Akşam dokuzbuçuktan beri buradayız!"

Birkaç dakika sonra Lovejoy geri çekilme manevralarına girişti. Raether onun "Tanrım..." diye mırıldandığını duydu, "buraya geldiğime pişman oldum..."

Beş dakika sonra Lovejoy boş bir ofiste Kravis ve Roberts'ı buldu. Yanında Felix Rohatyn vardı. Belli ki Roberts'ın konuşması etkili olmuştu.

Rohatyn, sakin bir sesle "Johnson ile görüşmüyoruz," dedi Roberts'a. "Sadece teklifinin ne olduğunu anlamaya çalışıyoruz. Durumu netleştirmek için."

Kravis ve Roberts, bir kez daha oturup beklemeye başladılar.

Üç kat altta, giderek sabırsızlanan Johnson da, artık pek "Mutlu" görünmeyen adamlarıyla yürüyüşe çıkmıştı. Dışarı çıkarken, kurul ile teminatları görüşen Nusbaum ve diğerlerinin kaygılı yüzlerini gördü: Artık avukatın yanında destek olarak Steve Goldstone, Shearson'dan Jim Stern ve Salomon'dan Chaz Phillips vardı. Johnson müdahale etmedi ama yanlarından geçerken duyabilecekleri bir tonda söylendi.

Saat yedi olduğunda artık Johnson'ın canına tak etmişti. Kendisine ihtiyaç olup olmadığını sordu Goldstone'a. Avukat hayır deyince de Johnson'ın grubu, Horrigan'ın sevdiği lokantalardan, doğu 52. Cadde'deki Scarlatti'ye gitmek üzere hazırlandı. Çıkmadan önce Johnson, Nine West'te kalan John Martin'i aradı.

Martin "Şansımız ne kadar?" diye soruyordu.

"Bize vermeyecekler..." dedi Johnson.

Dakikalar sonra, Johnson, binanın lobisinde göründüğünde televizyon kameralarından oluşan bir sürünün ortasına düşmüştü bile.

"Kim kazandı?" diye bağırıyordu gazeteciler. "Kim kazandı?"

"Hissedarlar..." dedi Johnson hiç istifini bozmadan.

Kurul odasında bulunanlar Kravis grubunun gün boyunca kapılarını dinlediğini düşünmeye başlamıştı. Odadan çıkmak, Kravis'in adamlarıyla kuşatılmak demekti. Albert Butler'ın dediği gibi, tuvalete gitmek, bir alıcıyla burun buruna gelmek gibi bir şeydi. Müdürlerin çoğu dışarı çıkmak yerine dişlerini sıkmayı tercih ediyordu. Sonunda Hugel artık dayanamadı ve kapıyı açıp tuvalete yöneldi. Pisuvarlardan birinde, Kravis'in genç adamı Scott Stuart yanaşıverdi.

"İçerisi nasıl gidiyor?" diye sordu Stuart.

Hugel'ın aklına ilk gelen, ellerini kaldırıp "Kim bilir?" demekti ama bunu yapmak utandırıcı bir kazaya neden olabilirdi.

"Endişelenme..." dedi, "yakında biter."

Kurul altıyı on geçe yeniden toplandı. Luis Rinaldini yönetim grubu ile gelinen noktayı aktardı. Genelde istediklerini almışlardı ama önemli bir istisna hariç. Cohen ve Gutfreund, tekliflerinin teminat kısmına düzeltme mekanizması koymayı reddetmişlerdi; bunun kendilerini on milyonlarca dolara mal olacak teminatlara mahkûm edeceğini söylüyorlardı. Bunun yerine, Shearson ve Salomon'un, teminatların belirtilen değerlerde işlem görmesi için "ellerinden geleni" yapacağı yolunda şerh koymuşlardı.

Felix Rohatyn durumu kurula özetledi. "Düzeltme sorunu olan 110 küsura karşı 108. Ama bu düzeltme olmadan, 110 erimeye başlıyor. Ne Lazard ne de Dillon'ın yönetim grubu teklifinin önde olduğunu söyleyeceğinden emin değilim."

Müdürler düzeltme sorunu hakkında son bir kez daha yönetim grubuna gitmeye karar verdiler. Rinaldini, Jim Stern'i aradı. Son kez soruyorlardı, yönetim grubu düzeltme mekanizması uygulamayı kabul edecek miydi? Stern reddetti.

Sonunda, Kravis ile masaya oturma zamanı gelmişti.

Atkins ve yanındakiler, Shearson'ın yanıtını beklemeden, Nusbaum'a altı saat önce verdikleri yeni bir teklif fırsatını Kravis'e de tanıma kararı almışlardı. Masanın etrafına sıralanmış asık suratlı müdürler Kravis'in işleri kolaylaştırmasını umuyorlardı. Atkins yanındaki grupla birlikte odadan çıkarken, John Medlin'in söyleyecek son bir sözü vardı. "Söyle..." dedi, "onlara yanaşmak için nakit bir dolara daha ihtiyacımız var."

Atkins ve grubu köşedeki ofise girerken yorgun Kravis bambu kanapede, sağ elini başına dayamış oturuyordu. Roberts hemen yanındaydı, dudakları gerilmişti. Kuzenlerin başlarının üzerinde, avukatlardan birinin yaz tatilinde ödül olarak kazandığı devasa bir mavi Marlin asılıydı; Raether ve Kohlberg Kravis'den üç yönetici, Beattie ve Cogut'un kuşatması altında, duvara sıralanmışlardı. Karşı duvarda renkli balıklarla dolu bir akvaryum şırıldıyordu.

Atkins kurulun Kohlberg Kravis'e son bir teklif şansı tanıyabileceğini söyledi. "Şimdiye kadar yapmadıysanız, en iyi teklifi getirme zamanı şimdi geldi."

Sessizlik.

Kravis ve Roberts konuşamayacak kadar şaşkındı. Beattie ve Cogut, hayretle birbirlerine baktılar. Son bir teklif mi? Bunları beş saat önce geride bırakmamışlar mıydı?

Felix Rohatyn'in sesi boşluğu doldurdu.

"Bu ciddi bir öneri. Karşılıksız bırakmamak için elinizden geleni yapmalısınız. Sonra, Rohatyn, Kravis'in gözlerinin içine baktı: "En yüksek ve en son teklifinizi istiyoruz."

"Bu gördüğüm en saçma şey!" dedi Kravis. "Teklifimizi beş saat önce verdik!"

Yarım saat kadar sonra Beattie ve Cogut akvaryumlu odadan çıkarak Atkins'i aramaya koyuldular. Onu kurul odasının dışında bir duvara yaslanmış buldular.

Beattie, Kohlberg Kravis'in son teklifini masaya koymadan önce iki koşulu olduğunu söyledi. Birincisi; bir birleşme anlaşması hazırlanacak ve teklifin bir parçası olarak müdürlere iletilecekti. "Çünkü artık bunun bitmesini istiyoruz," diye açıkladı Beattie. İkincisi ve en önemlisi, Kravis ile Roberts, kuruldan bir söz istiyorlardı: Eğer tekliflerini verirlerse ne Johnson, ne de yönetim grubunun başka bir üyesi son kurul toplantısına katılamayacaktı.

"Eğer Johnson veya yönetimden başka birinin dahil olduğu bir kurul tarafından incelenecekse, yeni bir teklif vermeyeceğiz," dedi Beattie.

"Neden ama?" diye sordu Atkins.

"Nedeni çok açık, Peter. Ross kalkıp yeni bir teklif daha getirir de ondan." Cogut araya girdi: "Biz X desek, o X artı bir der. Son teklif hep onda olur."

Atkins bu sözlerde doğruluk payı olduğunu kabul etmeliydi. Bunu düşünmemişti. İki avukata geri döneceğini söyleyerek yardım istemeye gitti.

Beş dakika sonra Atkins, Mike Mitchell ve Dennis Block ile boş bir ofise kapanmıştı. Üçlü, Wall Street'in en tecrübelilerindendi. Ama bu sorun onları bile sersemletmişti: Bir yönetim kurulu üyesinin kurul toplantısına katılması nasıl engellenebilirdi?

"Onları dışarıda tutamayacağımız çok açık," dedi Block. "Ne yapacağız?"

Hukuk kitapları raflardan indirilip karıştırıldı ama yanıt yoktu. Johnson'ın toplantıya katılmaya hakkı vardı. Toplantıyı onsuz yapmak bir davayı göze almak demekti. "Onu dışarıda tutmanın hiçbir yolu yok," dedi Mitchell.

Dakikalar geçiyordu.

Kovulabilir miydi? Bunun çok pis bir iş olacağına karar verdiler.

Atkins umudunu yitirmeye başlamıştı. 25 milyar dolarlık anlaşmanın kaderi pamuk ipliğine bağlıydı.

Sonra aniden Mitchell beyninde bir kıvılcımın çaktığını hissetti: "Katılıp katılmayacaklarını neden onlara sormuyoruz?"

Çok basitti. Belki Johnson toplantıya katılmak istemeyecekti. Atkins, Goldstone'u koridorda buldu. Skadden avukatı kurulun az sonra toplanarak teklifleri oylayacağını belirtti; sonra da "Sizinkiler orada olacak mı?" diye sordu çaktırmadan.

"Bir saniye..." dedi Goldstone. "Bir bakayım..."

Goldstone birkaç dakika sonra başka bir soruyla döndü: "KKR'ciler katılıyor mu?"

"Hayır."

"O zaman hayır, KKR yoksa biz de katılmayı düşünmüyoruz."

Atkins derin bir nefes aldı. Goldstone, istemeden de olsa, Kravis'in teklifini son kez artırması için zemin hazırlamıştı.

Kimse Johnson'a, son yönetim kurulu toplantısına katılmak

isteyip istemediğini sormamıştı. O sırada Johnson ve adamları birkaç blok ötede, ilk içkilerini yudumluyorlardı.

Her ikisi de New York siyasetinde aktif olan Dick Beattie ve Felix Rohatyn, Atkins'i beklerken kurul odasının dışında bir duvara yaslanmış, şehir okullarının nasıl iyileştirileceğini konuşuyorlardı. Sonunda Atkins döndü ve "Yönetimin toplantıda olmayacağına dair garanti veriyoruz," dedi. Beattie duvardan hızla koparak Kravis'in beklemekte olduğu akvaryumlu odaya yöneldi.

Kravis bir kez daha odayı adımlarken düşünüyordu: Kaçtan teklif versek?

Bu kez tartışma gergindi. Odadaki herkes anlaşmanın –ve muhtemelen bütün işlerinin– kaderinin söz konusu olduğunun farkındaydı. Hisse başına elli sent az ya da fazla, her şeyi belirleyebilirdi. Teklif zaten, zırdeliler hariç herkesin rahatsızlık duyduğu düzeylere çıkmıştı. Kravis ve Roberts, o gün içinde birçok kez çekilmeyi düşünmüşlerdi. Yanlış bir adım bundan sonraki kariyerleri açısından da ölümcül olabilirdi.

Scott Stuart, Roberts'ın yanındaki kanepede oturmuş bilgisayarı tuşluyor, Kravis odada volta atıyordu. "Hadi eve gidelim," dedi Stuart. "Burada oynatılıp duruyoruz."

Paul Raether kalmak istiyordu ama tekliflerini yükseltmek için bir neden de göremiyordu. "Bu saçmalık," dedi. "Sanırım onlara bu işin buraya kadar olduğunu söylemeliyiz."

Odada gezinip durdular, sonunda tekliflerini yeniden yükseltmeyi kararlaştırdıklarında kimse şaşırmadı. Karar oybirliğiyle alınmış görünüyordu. Son bir artış yapacaklardı, nakitte hisse başına elli sent ve toplamda yaklaşık 115 milyon dolar.

"Herkesin içi rahat mı?" diye sordu Roberts.

Başlar bir yukarı bir aşağı sallandı.

Ardından bir ses duyuldu: "Hayır, benim değil."
Sesin sahibi Jamie Greene idi. San Fransisco'lu bu genç yönetici, iki gündür ikinci kez strateji değişikliğinden sorumlu olacaktı. "Bunu gerçekten yapıp yapmamamız gerektiğini bilmiyorum," dedi Greene. "Ama eğer yapacaksak, gelin şunu bir dolar nakit yapalım. Buraya kadar çıktık. Bu ihaleyi kazanmak istiyoruz."
"Sanırım haklı..." diye karşılık verdi Roberts. "Öyle yapmamız gerek. Buraya kadar geldik. Bu şirkete sahip olmak istediğimiz konusunda netiz. Bu noktada dar görüşlü davranmayalım."
Kravis de katıldı ve Greene'in istediği artış hemen onaylandı.
Son konu, mühletti. Kravis grubu bu konuyu bir kere unutmuş, süreç altı saat uzamıştı. Bu sefer unutmayacaklardı. Birisi yarım saat önerdi. Roberts onbeş dakika diyordu.
"Hayır George..." dedi Beattie, "Onbeş dakikada hiçbir şey yapılmaz." Otuz dakikada karar kılındı.
Beattie son teklifi bildirmek için Atkins ve Rohatyn'i çağırdı. İlk konuşan Kravis oldu. "Şimdi son teklifimizi açıklıyoruz, Cliff okuyacak." Akvaryumun yanında oturan Robbins'e işaret etti. Genç yönetici Roberts ve Kravis tarafından imzalanmış anlaşma teklifini okuyarak Atkins'e uzattı. Teklif kabul edilirse, Atkins anlaşmayı Hugel'ın imzasıyla geri getirecekti.
"Otuz dakika içinde imzalanmış olarak geri istiyoruz," dedi Roberts.
Kravis başını salladı. "Evet. Yarım saat sonra gidiyoruz."
Atkins yüzünde anlamsız bir ifadeyle çıktı; Rohatyn de peşinden yürüdü. Saat 20:15'ti. Fitil ateşlenmişti.

Üç kat altta, Steve Goldstone açlıktan ölüyordu. Gün boyunca hiçbir şey yememişti. Komiteyi Lexington Caddesi'nde bir Çin lokantasında beklemeye karar verdi.
Çıkarken Jack Nusbaum'a döndü.
"Ne düşünüyorsun?" diye sordu. "KKR mi?"
Nusbaum başını salladı.

Rohatyn ve yatırım bankacıları, ellerinde son teklif, kurul odasının bir köşesine üşüştüler. İlk bakışta Johnson'ın grubu açık farkla kazanmıştı: 112 dolara karşı 109 dolar. Ama Wall Street'te işler nadiren bu kadar basittir. Cohen ve Gutfreund'un düzeltme mekanizması koymayı reddetmesi, gerçek tekliflerinin daha düşük olduğu anlamına geliyordu.

Rohatyn birkaç dakika sonra kurula "İki teklif de..." dedi, "108 ile 109 arasında. Bu kadar yakın; üstelik daha önce görülmemiş miktarlarda teminat söz konusu. Bugüne kadarki iş tecrübeme göre, teklifler aslında eşit. Mali açıdan ikisi de adil. O kadar yakınlar ki, birinin diğerinden açık bir biçimde üstün olduğunu söyleyemeyiz."

Dayanılmaz bir sıcaklık yayıldı.

Müdürlerin duymak istediği son şey buydu. Artık bir karar vermek zorundaydılar, hem de hemen. Aslında odadaki herkes, kurulun gönlünün kimden yana olduğunu biliyordu. Sorun, bu duygu için hukuken savunulabilir bir gerekçe bulmaktı.

Rohatyn kurulun karar vermesine yardımcı olmak için iki teklif arasındaki yarım düzine farka işaret etti. Müdürlerin talep ettiği gibi, Kravis, hisselerin yüzde 25'ini hissedarların elinde bırakmaya söz vermişti. Shearson ise kurul bankacılarının ısrarına rağmen sadece yüzde 15'i kabul etmişti*. Kravis, Nabisco'nun sadece bir kısmının satılacağını söylüyordu; Shearson ise hepsini satacaktı. Shearson'ın, teminatlarını bir düzeltme ile garanti edemeyişi de vurgulandı. Yönetim grubu ayrıca, taşınma masrafları gibi personel haklarını garanti etmekte esnek davranamamıştı: Cohen bu

---

* Tom Hill ve diğerleri daha sonra, özel komitenin, hissedarların elinde hisse bırakma gerekliliğinden hiç bahsetmediğini iddia edeceklerdi. Ama kanıtlar aksini gösteriyor. Birden fazla kişiye göre, Lazard ve Dillon, Pazartesi günü Hill ile görüşürken bu konuya değinmişlerdi. O görüşmeye katılan Salomon'dan Chaz Philips, bankacıların uyarılarını anımsıyor; ama grubunun kendine fazla güvendiği için bunlara kulak asmadığını itiraf ediyor. "Hiç aldırmadık..." diyor Chaz.

maddelerin RJR Nabisco'yu satın alacak olanlarla görüşülmesini istemişti.

Kuruldaki her üye seçimini gerekçelendirmek için bu farklılıklarından birine yaslanıyordu. John Medlin düzeltmeyi seçti. "Shearson'ın elimizden geleni yaparız demesi yeterli değil," dedi. "Yirmibeş milyar dolarlık bir anlaşmada bu yapılmaz. O teminatların kaçtan işlem göreceğini bilmemiz gerek."

Herkes başını sallıyordu. Al Butler, Winston-Salem hisselerine yatırım yapan arkadaşlarını düşündü ve hisse eşitsizliğine değindi. Juanita Kreps, Kravis'in çalışanlara daha adil davranma vaadlerini hatırlattı. Bill Anderson da bundan hoşlanmıştı. "KKR'nin çalışanlara daha iyi bakacağını söyleyebilir miyiz?" diye sordu.

Herkes başını salladı.

Korumalar gün boyunca resepsiyonda tutulan Kravis ekibinin yaygaracı yatırım bankacılarını sonunda serbest bırakmışlardı. Aralarında Gleacher, Wasserstein ve Beck'in de bulunduğu Wall Street birleşme sosyetesinin bu kaymak tabakası, zamanlarını şakalar ve dedikodularla geçirmişti. Şimdi önlerindeki set açılmıştı ve Kohlberg Kravis grubunun beklemekte olduğu köşe odanın kapısına yığıldılar. Casey Cogut bir kez daha kapıyı yüzlerine kapadı.

Onlar kurulun kararını beklerken, Kravis ve Roberts, bir oyun oynayarak artık çatırdamaya başlayan gerilimi biraz azaltmak istediler. Odadaki herkes ceketini, bilgisayarını aldı ve tek kelime etmeden ayağa kalkıp kapıya yürüdü. Bankacıların arasından geçip aşağıya, koridora indiler; sanki gidiyorlardı.

Bankacılardan bir teki bile buna inanmadı.

Kimse o anda terkedecek kadar çılgın olamazdı.

Yarım saat dolmak üzereydi. Felix Rohatyn kurul odasından çıkıp Kravis ve Roberts'ın yanına koşturdu.

"On dakikaya daha ihtiyacımız var," dedi.

"Hadi, yapma..." dedi Roberts. "Olmaz."
"Bu kadarına katlanın..." diye ısrar etti Rohatyn. "Böyle bir anda buralarda olmanız sizin çıkarınıza."
"Gerçekten on dakika mı?" diye sordu Roberts.
"Evet."
"Pekâla..." dedi Kravis, "on dakika daha." On dakika için 25 milyar dolarlık anlaşmayı kaybetmek istemiyordu.

Beş dakika sonra kurul odasındaki tartışmalar dinmişti.
"Zaman doluyor," dedi Hugel. "Oylamaya sunuyorum."
İlk konuşan Marty Davis oldu. "KKR'ye verelim derim."
"İkinci," dedi John Macomber.
"Katılanlar?" diye sordu Hugel.
Eller havaya kalktı.
"Katılmayanlar?"
Havada tek el bile yoktu.
"Kararımız," dedi Hugel. "Oybirliğiyle alınmıştır."

Atkins kurul danışmanlarıyla birlikte Kravis grubunun yanına gitti. Teklifin bir nüshası da elindeydi. Hiçbir duyguyu açığa vurmayan ifadesiz bir yüzle kağıtları açarak onay bekleyen küçük bir maddeye işaret etti. "Dick, nedir bu?" diye sordu Kravis, Atkins'in niyetini anlayamamıştı.

Beattie eğilip değişikliğe göz attı. RJR Nabisco yöneticilerinin ayrılma koşullarıyla ilgili bir şeydi. "Evet..." dedi, "kabul ediyoruz."

Atkins sözleşmeyi katlayıp Kravis'e uzatırken, "İşte imzalı sözleşmeniz" dedi, sesi titriyordu. "Kutlarım, şirket sizin."

Kravis uyuşuverdi. Bu iş için onca zamandır mücadele veriyordu. Son altı haftada dört kilo kaybetmişti. Anlaşmayı Atkins'in elinden alırken, sadece "Mükemmel..." diyebildi. Roberts hiç konuşmadı; yapmaları gereken işleri düşünüyordu.

Herkes heyecanla birbirini kutladı. Bir dakika kadar sonra Kravis, Cliff Robbins'e dönerek, "Tüm bankacıları bir konferans odasına topla ve onlarla kal," dedi. "Hiçbirinin telefon etmesine izin verme. Özellikle de Wasserstein'a dikkat et."

Atkins daha sonra ekibiyle üç kat aşağı, Shearson grubunun yanına gitti. Nusbaum, Stern ve diğerlerinin beklediği konferans odasına girdi. Steve Goldstone Çin lokantasından aranmıştı; telefonun diğer ucunda dinliyordu. Goldstone ahizeyi eline aldığında, midesinin düğümlendiğini hissetti.

Atkins'in ses tonu kasvetliydi.

"Steve, ben Peter..."

"Merhaba."

"Üzülerek söylüyorum ki kurul, KKR ile bir birleşme anlaşması imzaladı. Teklifler tam anlamıyla eşitti. Ama kurul diğer bazı nedenlerden ötürü KKR'yi tercih etti."

Goldstone uyuştuğunu hissetti.

"Diğer nedenler neydi acaba, söyleyebilir misin?" diye sordu duygusuz bir tonla.

Atkins gerekli tüm bilgilerin birkaç gün içinde sunulacak olan SEC (ABD'nin SPK'sı) dosyasında yer alacağını belirttikten sonra omuzlarını silkeleyerek dışarı çıktı.

Goldstone aradığında Scarlatti'deki Johnson beklemedeydi. "Hey, Ross..." dedi avukat. "Bil bakalım ne oldu?" Johnson sesinin tonundan anlamıştı.

"Sürpriz!" dedi Johnson. Belirsizlik nihayet sona ermişti. Çok yorgundu.

"KKR kazandı."

"Pekâlâ..." dedi Johnson birkaç saniye sustuktan sonra. "Nine West'te toplanıp görüşelim."

Johnson masasına dönerek haberi verdi. "Canım yemek istemiyor," dedi. "Geri dönüp ekibi toplayalım."

Charlie Hugel kutlamalar arasında Kravis'i yakalayarak boş bir ofise çekti. "Kutlarım..." dedi, "çok iyi bir şirket satın alıyorsunuz. Ama şunu bilin ki bir hata yaptınız."
"Neymiş o?" diye sordu Kravis.
"Paul Stitch. O konuda dikkatli olun. Kuruldaki birçok kişinin siniri bu yüzden bozuldu.
Kravis başını salladı.
"Ağır ağır gidin," dedi Hugel. "Burada iyi adamlar var. Geçiş sürecinde size yardım etmek için elimizden geleni yapacağız."
Daha sonra Hugel gutlu ayağını sürüyerek lobiye indi. Oradaki bir güvenlik görevlisi, dışarıda kaynaşan kameralardan kurtulması için onu arka kapılardan birine götürdü. Hugel otomobiline henüz varmıştı ki kendisini farkeden kalabalık ona doğru koşmaya başladı. Durumu gören güvenlik görevlisi otomobilin kapısını hızla çarptı –ama Hugel'ın ayağına. Öyle canı yanmıştı ki bağırmak istedi. "Böylesine sancılı bir süreç için çok uygun bir son..." diye düşündü.
Kamera ekipleri Hugel'ın peşinde koştururken, Kravis ve Roberts, ön kapıdan rahatça çıktılar ve akşamı, yakınlardaki İtalyan lokantası II Nido'da geçirdiler.

Park Avenue'daki dairelerinde Carolyne Roehm bütün akşam telefonun başında beklemişti. Saat 22:36'da –o anı asla unutmayacaktı– telefon nihayet çaldı.
"Aldık!" dedi Kravis.
Roehm bir sevinç çığlığı attı: "İŞTE BU KADAR!"

Johnson yenilgiyi kabullenmişti. Nine West'e geldiğinde ilk işi barı açmak oldu. Ardından elinde viski kadehi, yöneticileriyle teker teker konuştu, sırtlarını sıvazladı ve iyi bir mücadele verdikleri için onları kutladı.

"Artık işimizin başına döneceğiz," dedi Tim Robinson'a. Robinson, eşi Linda ve Steve Goldstone ile gelmişti. "Artık yeni sahipleri var. Terslik çıkmasını istemeyiz. Oyun bitti. İşi uzatmalara kadar götürdük. İster gözümüze dirsek atmış olsunlar, isterse kıçımıza tekme vurmuş, artık önemli değil. Skor belli. Hayatımıza kaldığı yerden devam edelim."

Ama herkes bu kadar kolay kabullenemiyordu. İlerleyen saatlerde Ed Horrigan'ın yüzü giderek asıldı, acı duyuyordu. Uzun kariyeri boyunca bir işten diğerine geçen Johnson'ın aksine, o yıllardır Reynolds'daydı. Winston-Salem'in temel direği olmaya alışmıştı. Johnson'ın uyarılarına rağmen kaybedebileceklerine hiç ihtimal vermemişti.

"Kıçımıza tekmeyi yedik!" diye yakındı Johnson'a.

"Çok çaba harcadığımızı biliyorsun Ed," dedi Johnson. "Kahretsin, buna en çok üzülen benim. Ama bütün olanları bir kenara bırakmalıyız. İşimize dönüp şirketleri toparlamalıyız." Devam etti: "Büyük bir sosyal dönüşüm olacak, bunu iyi izleyin. Bir süre idare edecekler. Sonra insanlar yeni sahiplere yönelecek. Bilirsin, Kral öldü, yaşasın Kral meselesi."

Horrigan'ın öfkesi daha da arttı. Bir ara Johnson, koridorda Horrigan ile John Martin arasında patlak veren kötü bir tartışmaya müdahale etmek zorunda kaldı. Günah keçisi arayan Horrigan, Martin'in basına yönelik tavrına kızıyordu. "Sen dünyanın gelmiş geçmiş en beceriksiz, en azgelişmiş orospu çocuğusun!" diye bağırdı.

"Ed..." dedi Martin, "Sen kendi sonuçlarına ulaş, ben de kendiminkilere."

İki adamın yumruk yumruğa gelmesinden korkan Johnson, hızlı davranarak onları ayırdı. "Beyler, şimdi bunun hiç zamanı değil. Çok iyi bir ekiptik. İyi iş çıkardık. Ortada hata yapan biri varsa, o da benim."

Horrigan ve Martin öfkeyle birbirlerine bakıyorlardı. "Hadi, yapmayın..." dedi Johnson, "el sıkışın bakalım."

"Ben onun o boktan elini sıkmam!" diye gürledi Horrigan.

Gece yarısını geçtiğinde Goldstone, Robinsonlar, Ross ve Laurie Johnson dışında herkes gitmişti. Akvaryumlu konferans odasındaki masanın etrafına oturmuş konuşuyorlardı. Linda ertesi sabah dağıtılacak basın açıklamasında Johnson'a yardım ediyordu.

Goldstone, Johnson'ın hüzünlenmeye başladığını farkedebiliyordu. "Bunun bedelinden bahsetmiştik, hatırlıyor musun?" dedi Johnson, avukata dönerek.

Goldstone gülümsedi. Sundurmadaki o gün, Florida güneşinin batışını izlediklerini hatırladı, aradan çok uzun zaman geçmiş gibiydi.

Johnson bir kahkaha attı. "Evet, acıklı bitti. Tıpkı söylediğin gibi... Ama sana o zaman dediğim şeyi tekrarlayacağım. Başka ne yapabilirdim, bilmiyorum... Hissedarlar için en iyisi buydu. Yapılması gereken de."

Johnson'ın şoförü Frank Mancini ayağa kalkmış, grubun dağılmasını bekliyordu. Johnson doğruldu. "Hadi eve gidelim."

SON SÖZ

❦

Ertesi sabah Ross Johnson Atlanta uçağına atladı. Ayrılmadan önce bir basın açıklaması yayınladı; metinde, diğer şeylerin yanı sıra, "en iyi teklifin kazandığı" vurgulanıyordu. Linda Robinson metnin bir kopyasını Peter Cohen'e ulaştırdığında Cohen çileden çıktı. Steve Goldstone'a telefon açtı. "Bu metin dışarı çıkarsa öldük demektir," diyordu. "Bu açıklama bizi mahveder."

Goldstone bir an için sersemledi. O zaten öldüklerini düşünüyordu. İhale kapanmış, artırma bitmişti. Goldstone telefonu kapattıktan sonra, güneye ilerleyen uçaktaki Johnson'ı aradı. Johnson artık gerçekten bıkmıştı. Altı haftadır ilk kez ayaklarını yere basmaya karar vermişti. Birkaç dakika sonra Cohen ile telefonda görüşüyordu. "Artık bitti Peter..." dedi Johnson. "Artık yeter. Şimdi hangi amaca hizmet ediyoruz ki? Bu ısrarlar ne şirketin ne de hissedarların çıkarına... Artık bitti!"

Yine de Cohen, Hill ve Shearson'ın diğer adamları, Kravis ile durumu eşitlemenin bir yolunu aradı günlerce. Dava açmayı düşündüler. Elbette, sonunda, hiçbir şey yapmadılar. Kravis'in zaferinin ilan edilmesinden beş gün sonra, Shearson Lehman Hutton, RJR Nabisco savaşını resmen sona erdiren bir basın açıklaması yayınladı.

Çarşamba akşamı Jim Maher eve erken gitmeyi düşünüyordu, tam o sırada Kim Fennerbresque, aceleyle ofisine daldı. "John Greeniaus gelmiş, bizimle görüşmek istiyor..." dedi. Nabisco yöneticisi alt katta bir konferans odasındaydı. Maher birkaç dakika sonra başlayacak bir görüşmesini iptal ederek Fennebresque ile aşağı indi.
"Sürpriz!"

Maher'ın nutku tutulmuştu. Çarşamba'nın doğumgünü olduğunu neredeyse unutuyordu. Oda; balonlar, pasta, şampanya ve arkadaşlarıyla doluydu. Fennerbresque bir kadeh uzatarak "Aralık ayında patrona bir içki ikram etme fırsatını asla kaçırmam..." dedi, Wall Street'teki Ocak ikramiyelerine atfen. "Son iki haftadır çok sıkı çalışan herkes adına, bize esin veren liderliğiniz için teşekkür ederim."

RJR Nabisco deneyimi, Maher'ın adamları için lütuftu. Felaket tellallarına rağmen, First Boston, 1989'un ilk altı ayında diğer Wall Street şirketlerinden daha fazla birleşme anlaşması bağlamıştı. Jay Pritzker ile çalışmanın karşılığı, Pritzker ile ilgili bir dizi iş olmuştu; bu sürecin zirvesi ise, aynı yıl American Medical International'ın 1.6 milyar dolara, First Boston-Pritzker ortaklığı tarafından satın alınmasıydı. Eylül 1990'da, Maher, First Boston'ın başkan yardımcılığına getirildi.

Kravis kariyerinin en büyük zaferini kazandığı günün ertesinde annesinin sekseninci yaşgünü için Florida'ya uçtu. Bir sonraki gün ise yeni ödülünü incelemek için kuzeye, Atlanta'ya geçti. Yenilgiyi kabul eden Johnson onu havaalanında bekliyordu.

"Evet..." dedi Johnson, "kutlarım dostum. Canavar gibi bir şirketin sahibisin."

Johnson'ın Mercedesiyle Galleria'ya gittiler. Johnson ona şirket merkezini gezdirdi ve kendi ofisini Kravis'in almasını istedi. "İstediğin bir şey varsa burada olacağım," dedi. "Herşey senin, şirket artık sana ait."

"Ross, Ross, ağır ol biraz..." dedi Kravis, şirketin daha aylarca el değiştirmeyeceğini hatırlatarak. "Sen şirketi yönetmeye devam et."

Öğleden sonra Kravis, Winston-Salem'e uçarak Ed Horrigan ile buluştu. Horrigan da en az Johnson kadar rahattı ama kısa süre sonra, bu rahatlığın farklı nedenleri olduğu anlaşıldı. Tıpkı kendisinden önce Johnson'ın olduğu gibi, Kravis de Horrigan'ın tütün alanındaki uzmanlığına ihtiyaç duyuyordu; böylece Kravis'in yüreklendirmesiyle, Horrigan Kohlberg Kravis ekibinin –şimdilik geçici– üyesi olmayı kabul etti.

Bir hafta sonra Horrigan, New York'tan Kravis'i aradı. "Şunu belirtmek isterim ki artık iki numara olmayacağım," diyordu Horrigan. "Şimdiye dek üç kişiyle çalıştım ve üçü de tarih oldu: Paul Stitch, Tylee Wilson ve Ross Johnson. Ya yönetim kurulu başkanı olurum ya da ayrılırım."

Böylece karmaşık bir süreç başladı. Banka kreditörlerine yapılacak her büyük sunumdan önce, Horrigan, eğer yönetim kurulu başkanı olmayacaksa katılmayı düşünmediğini söylüyordu. Şirketle birlikte olmayacaksa, bankacıları yanlış yönlendirmek istemezdi. Kravis adımlarını ustaca attı ve Horrigan'ın geleceğinin henüz belli olmadığını söyleyip durdu. Ama üçüncü seferinde Kravis'in sabrı taşmıştı. "Konuşman gerektiğini sanmıyorum," dedi. "Neden istifa etmiyorsun?"

Horrigan Şubat ortalarında istifa etti. Buna karşılık Winston-Salem'de sekreterli lüks bir ofis, New York'ta şirkete ait daireyi ya da Palm Beach civarındaki evi satın alma şansı ile 45.7 milyon dolarlık bir altın paraşüt elde etti. Kazandıklarının bir kısmını daha sonra Atlanta'da bir şeker şirketini almaya harcadı.

---

9 Şubat 1989, saat 08.00'de, Kravis, devasa bir para akışı için kasanın ağzını ardına kadar açtı. O sabah Drexel Burnham Lambert, söz verdiği gibi 5 milyar dolarlık çek getirdi. Kohlberg Kravis, banka hesabından RJR Nabisco'nun hesabına 2 milyar dolar transfer

etti. İmalatçı Hanover Trust Co., dünya bankalarından 11.9 milyar dolar toplayarak Kohlberg Kravis'in geçici hesabına aktardı.

Elde 18.9 milyar dolar vardı; satışın nakit kısmını ödemek için gereken miktar. ABD mali sisteminde akan en büyük para nehriydi bu. Federal Reserve Bank 1 milyar doların üzerindeki miktarları aktaramıyordu; bu nedenle bankalar paraları 800-950 milyon dolarlık parçalar halinde aktardılar. Akış öyle büyüktü ki, sistemin içinde dolaşırken ABD para tedarik istatistiklerini kısa süreliğine şişirdi.

Dick Beattie'nin şirketi Simpson, Thacher & Barlett'ın otuzuncu katındaki konferans salonu 200 avukat ve bankacıyla ağzına kadar dolmuştu. Akışı dikkatle gözlüyor, kolların doğru zamanda gövdeye katılıp, kilitlerin doğru zamanda açılıp açılmadığını kontrol ediyorlardı. Saat 10.45'te nihayet bitmişti. Para el değiştirmişti; tabii RJR Nabisco da.

Johnson o gün resmen istifa etti ve 53 milyon dolarlık altın paraşütünü açtı*. Sahip olduğu en havalı Gulfstream jeti –ki birleşme savaşından hemen önce sipariş etmişti– onu ilk seyahatinde Jupiter'e uçurdu. Johnson ayrılmadan önce son bir açıklama yayınladı: "Geçtiğimiz Ekim ayında başlattığımız süreç hissedarlarımız için faydalı olmuş, şirketlerimizin mali gücünü kanıtlamıştır."

Yine de, dünyada en çok RJR hissedarının yaşadığı Winston-Salem'de, bütün para kasabaya aktığı halde Johnson'a teşekkür eden yoktu. Kravis'in zaferinin hemen ardından pankartlar açılmaya başlanmıştı bile. "Güle güle Ross, hoşgeldin KKR." Şubat ayı ortalarında, kasabaya posta yoluyla yaklaşık 2 milyar dolarlık çek geldi. Winston-Salem, artık her zamankinden çok, "gönülsüz milyonerler şehri" idi. Para nehri, son RJR hisselerini de alıp götürmüştü. İnsanların parasını yöneten yerel borsacı ve bankacılar, çılgına dönmüş müşterilerinden telefonlar alıyordu. "Hissemi satmayacağım!" diye hıçkıranların sayısı az değildi: "Babam RJR hisselerini asla

---

* Toplam miktar *Business Week* tarafından hesaplanmıştır.

satma demişti..." Hepsine, sabırla, bunu yapmaları gerektiği söylendi. Dünya değişmişti.

Çeklerin gelmesinden kısa bir süre sonra kasaba dışından mali danışmanlar, Winston-Salem sakinlerine yeni zenginliklerini nasıl kullanacaklarını önermek üzere oraya üşüştü. Reynolds parkında sileceklerin altına sıkıştırılan broşürlerde ve Holiday Inn'deki seminerlerde, borsacılar, insanların, kendilerine gülen talih kuşunu yeniden piyasada değerlendirerek zenginliklerine zenginlik katabileceklerini, bunun için yardıma hazır olduklarını söylüyorlardı. Sık sık kuşkulu yanıtlar aldılar: "Hisse senedi almamızı mı istiyorsunuz?"

"Anlamalısınız..." diyordu emekli borsacı Nabby Armfield Jr. "Reynolds bir kağıt değil, dindi." Armfield halkın hüsranını ifade etmek üzere şarkı bile yaptı; parça yeraltında bir numara oluverdi. "Kardan Adam Frosty" şarkısının müziğiyle söylenen güfte şöyleydi:

Kardan adam F. Rossie'nin bir düşü vardı,
Sütün kaymağı sana, bana ise krema.
Hey siz hayal tacirleri, buyrun size anlaşma.
Siz samanı yüklenin, ben savururum buğdayı.

Aralık ayında Johnson her müdüre bir düzine gül gönderdi, bir de not iliştirdi: "Tebrik ederim, iyi iş çıkardınız. Hissedarlar kazandı." Son kurul toplantısından önce onlarla bir akşam yemeği yedi; katılan herkes nazikti ama değişen fazla bir şey yoktu. John Macomber intikamcı bir ruh hali içindeydi; yönetim grubunun 1988 ikramiyelerini budamayı önerdi. Bob Schaeberle, Nabisco'nun parçalanmasından bahsederken gözyaşlarına boğuldu. Marty Davis özel komite üyelerinin her birine 250 bin dolar ödeme önerisini bastırdı.

Eleştirilerin asıl darbesini Winston-Salem müdürleri yedi. Yüksek sosyeteden bir kadın yılbaşı daveti listesinden John Medlin ve Albert Butler'ın isimlerini silmişti. Tütün işçilerinden biri Medlin'in üzerine yürüyerek öfke kusmuştu: "Keşke bankanda bir milyon dolarım olsaydı, hepsini bir anda çekip canına ot tıkardım."

Diğer müdürler için yaşam çok daha keyifli devam etti. *USA Today*, Charlie Hugel'ı 1988'in iş dünyası kahramanları listesine aldı. Hugel'a ait Combustion Mühendislik şirketi, ertesi yıl bir İsviçre firması tarafından alındı ve Hugel, yeni yönetim altında tanıdık bir ünvan üstlendi: İcra yetkisi olmayan yönetim kurulu başkanı. John Macomber, ABD Eximbank'ın başına geçti. Vernon Jordan, RJR'nın yeniden oluşturulan kurulundaki yerini korudu ve Medlin'in yanında yer aldı.

Paul Stitch, RJR başkanı olarak üçüncü dönemine girdi ve genel merkezin Winston-Salem'e taşınacağını ilan ederek (ki bu doğru değildi) kargaşa yaratmakta gecikmedi. Çok sevdiği şirket uçaklarıyla bir kez daha dünyayı gezdi, sonra da Glass Menagerie'deki eski ofisine yerleşti. Ross Johnson'ın sonunu görmekten memnundu; ama bedelinin çok ağır olduğunu kabul ediyordu. Dönüşünden birkaç gün sonra bir ziyaretçisine "Kendimi kötü hissediyorum," diyordu, "Keşke hiç olmasaydı."

Stitch, elbette, RJR'nın geçici yönetim kurulu başkanı olarak kukla yöneticiydi. Kravis grubu, ortakları ve güvendiği RJR yöneticilerinden oluşan bir "İcra Komitesi" ile onu sımsıkı kuşatarak, bir yaramazlık yapmasını önledi. Kravis grubu ayrıca kalıcı bir yönetim kurulu başkanı arayışını da hızlandırdı.

9 Mart Perşembe akşamı, Jim Robinson, dairesindeyken, uzun zamandır sağ kolu olan Louis Gerstner'dan bir telefon aldı. Gerstner, American Express seyahat çekleri üzerinde imzası olan dinamik bir yöneticiydi. "Sabah seni görmem gerek," dedi Gerstner. Robinson programının sıkışık olduğu özürüne sığındı ama Gerstner acil bir durum olduğunu söylüyordu. Ertesi gün şafak söktükten hemen sonra Robinson'ın dairesinde görüşmek üzere sözleştiler. Gerstner bombayı patlattı: RJR Nabisco'ya yönetim kurulu başkanı oluyordu.

Sabahın daha geç saatlerinde, afallamış Robinson limuzininde ilerlerken Henry Kravis aradı. Satın alma kralı, Gerstner'ı ayarttığı için özür diliyor ve bunun American Express için fazla sorun yaratmadığını umuyordu. Jim Robinson tam anlamıyla diplomatı oynadı: "Verdiğin karardan ötürü seni tebrik ederim Henry..." dedi. "Tek bir hata yaptın, o da önce bana teklif etmemekti." İkisi de güldü ama sözlerdeki iğne Kravis'in gözünün önünde parlıyordu.

Wall Street küçük bir yerdir ve Kravis, mücadele sırasında alınan yaraları sarmak için elini çabuk tuttu. Şubat ayında bir zirve toplantısı yaparak Peter Cohen ile barıştı, hatta Tom Hill'i, Northwest Havayolları'nın satın alınması konusunu araştırmak için görevlendirdi. Kravis ile Tom Strauss arasındaki ilişkiler ise hâlâ gergin. Anlaşma imzalandıktan kısa süre sonra Strauss'lar, Park Avenue'da, Kravislerin hemen yanındaki bir daireye yerleştiler. Salomon yöneticisi evi yeniden dekore ettirirken Kravis'in duvarında bir çatlak belirmişti.

Kravis, Linda Robinson ile ilişkileri yumuşatmak için de adımlar attı. Gerstner olayından kısa bir süre sonra Linda, Henry Kravis'in kendisini aradığı mesajını aldı. Duymazlıktan geldi. Ardından, Kravis'den hoş bir notla birlikte seramikten yapılmış küçük bir köpek kulübesi geldi; Kravis, Robinsonların köpek kulübesinde beklediğini yazıyordu. Linda Robinson birkaç gün bekledikten sonra, Kravis'e on kilo köpek maması yolladı. Her şey unutulmuştu. İkisi hâlâ "Trillion"un sahibi.

Ücretler ise, elbette, Wall Street'in yaralarını sarmak için fırladı. İlerleyen aylarda RJR Nabisco savaşının kazanan tarafında olan şanslı şirketlere para yağdı. Drexel Burnham, 3.5 milyar dolarlık bir krediden 227 milyon dolar kopardı. Hurda tahvil satışından ise daha da fazla. Merrill Lynch, kredi finansmanındaki rolü nedeniyle 109 milyon dolar kazandı. 200 bankadan oluşan bir grup, açtığı 14.5 milyar dolar krediye karşılık 325 milyon dolar elde etti. Kohlberg Kravis ise, yatırımcılarından 75 milyon dolar aldı. Morgan Stanley ve Wasserstein-Perella, 25'er milyon doları kasalarına koydu. Kravis bağışların kapsamını duygularını incitmiş olabileceği kişilere kadar genişletti. Geoff Boisi'nin Goldman Sachs'ı, Del Monte'yi satma işini üstlendi; Felix Rohatyn'in Lazard Freres'i ise aynı işi şirketin ESPN'deki (spor kanalı) payı için yaptı.

Kravis'in anlaşmayı kutlamak için verdiği yemek ise çok uzun zaman hafızalardan silinmeyecek cinstendi. Pierre Hotel'in büyük balo salonundaki yemeğe davet edilen dörtyüzü aşkın yatırım bankacısı, avukat ve şirket dostu açılışı ıstakozla yaptı; ardından morel soslu dana eti ve son olarak, Nabisco ürünleriyle süslü, bir metre yüksekliğindeki pasta geldi. İçki olarak ise Dom Perignon ikram edildi.

"KKR dostlarını birlikte görmek harika..." diye açtı geceyi Dick Beattie. "Hepimizi biraraya getirmek sadece bir milyar dolara mal oldu."

Beattie formundaydı; dostu da düşmanı da iğneliyordu. "Orada Jeff Beck'i görüyorum..." diye devam etti. "Jeff, hatırlatmak isterim ki bu yemek kayıtlara geçmeyecek." Kahkahalar arasında Beck'in sesi yankılanıyordu: "Sen onu Wasserstein'a söyle, Wasserstein'a!"

RJR Nabisco, çılgın köpeğin galiba son basamağı oldu. Ocak 1990'da, *Wall Street Journal*, Beck'in renkli geçmişinin büyük ölçüde uydurma olduğunu öne süren uzun bir inceleme yayınladı. Yatırım bankacısının madalyalı bir Vietnam kahramanı ve bir milyar dolarlık bir servetin vasisi olduğuna dair hikayeler, yıllarca gerçekmiş gibi anlatılıp durmuştu. Bu öykülerin bazıları elinizdeki kitabın yayınlanmamış ilk versiyonlarına dahi girebildi. Ama doğrulama sürecinde Beck'in hikayeleri kanıtlanamadı, bu nedenle de kitaptan çıkarıldı. *Journal*'daki inceleme yazısı ile gerçek herkesin hafızasına kaydoldu. Yazının yayınlanmasından hemen sonra, Bay Beck, Drexel'den istifa etti.

Zaferi izleyen aylarda Henry Kravis her yerde boy gösteriyordu. Partilerde, yeni sosyetedeki hayranları, "Kral Henry'ye yol açın!" diye bağırışıyorlardı. Mayıs ayında Henry Kravis, Roehm ve bir grup arkadaşı Hindistan'ı gezerek, Başbakan Rajiv Gandi ve Jaipur Mihracesi ile yemek yediler. Kravis ve Roehm; yasemin, sümbülteber ve güllerden yapılmış kalın kolyeler taktılar. Bir fil festivalinin onur konukları oldular; hayvanların rengarenk, altın kostümler içindeki geçit törenini izlediler. Mavna ile nehir gezisine çıktılar, sitarlarla yapılan serenadları dinlediler ve açık ateşte pişirilmiş etler yediler. Mihrace'nin sarayında, tepesi yaseminlerle bezenmiş buz blokları, vantilatörlerle soğutuluyordu. "Tanrım..." dedi Oscar de la Renta, "Eğer arınma bu değilse nedir?" Dedikleri gibi, hayat güzeldi.

Ancak Kravis'in zafer turu kısa sürdü. Ağustos ayında Kohlberg, bir dizi birleşme yatırımı sürecinden hileyle dışlandığını öne sürerek Kohlberg Kravis aleyhine dava açtı. Böylece Kravis'in Jerry Kohlberg ile içten içe alevlenen çatışması su yüzüne çıkmış oldu. Dava 1990 yılı başında, kamuoyuna açıklanmayan bir uzlaşmayla sonuçlandı. Kohlberg'in davasından kısa süre sonra Kravis, üç birleşmede borç ödemelerini kaçırdı veya yeniden düzenlemek zorunda kaldı (bunlar arasında Owens –Illinois de vardı– böylece, kamuoyu yaşadığı sorunlardan haberdar oldu. *New York Times*, manşetten "Borç Evinde Çatlaklar" diye duyuruyordu.

Kravis yok yere patırtı çıkarıldığında ısrar etti ve dikkatini Avrupa'daki hedeflere yoğunlaştırdı. Ancak RJR savaşının patlak vermesinden bir yıl sonra, hâlâ yeni bir şirket satın alamamıştı. Rekabet sertliğini koruyordu ve Kravis, RJR işi sırasında kamuoyuyla ilk temasının ardından, Northwest Havayolları kavgası gibi basının yoğun ilgi gösterdiği mücadelelere girmek istemiyordu. Gazeteler ve rakipler ilk kez Kravis'in formdan düştüğü yönünde spekülasyon yapmaya başladılar.

RJR'de, Lou Gerstner, Johnson'ın imparatorluğunun altını oyma konusunda vakit kaybetmedi. Dick Beattie'yi de yanına alarak sekiz şirket uçağından yedisini ve şirkete ait bir düzineyi aşkın ev ve daireyi sattı. Sadece Johnson'ın değerli hangarı satılamamıştı. "Fazla görkemli..." diye yakınıyordu Beattie Eylül 1989'da. "Müşteri bulamıyoruz."

MicKinsey & Co'nun danışmanları Atlanta'daki merkeze üşüştüler, her şeye değer biçtiler; bu arada birçok insanı soğuttular. Çalışanlar kendilerini işgal altında hissediyorlardı. Birçoğu için bu, bardağı son damla oldu. Kravis Nisan ayında genel merkezin New York'a taşınacağını duyurduğunda yöneticilerin sadece yüzde 10'u gitmeyi kabul etti. Reddedenlerden biri, "Artık bir şirket için değil bir yatırım için çalıştığımı hissediyorum," diyordu.

Yatırımın ne kadar kârlı olduğu ise hâlâ belirsizdi. Şirket, askıdaki 3.34 milyar dolarlık borcunu ödedikten sonra, 1989'da 1.15

milyar dolar net zarar açıkladı. 1990'ın ilk yarısında ise, 330 milyon dolar açık verdi. Yine de çok önemli olan nakit akışı sağlamdı; ayrıca bazı gıda yatırımlarını elden çıkararak yaklaşık 5 milyar dolar elde etti. (Del Monte konserve gıda işi, Bob Carbonell'in dahil olduğu bir gruba satıldı. Carbonell, yeni şirketin başına geçti.)

John Greeniaus 1989 yılında Nabisco'nun işletme kârını yarı yarıya, nakit akışını ise üç kat artırarak sözünün adamı olduğunu kanıtladı. Dinah Shore bütçesi yarı yarıya budandı, birçok sponsorluktan çekilindi, RJR Nabisco Takımı da koşulsuz satışa çıkarıldı. Nabisco'nun gelirlerini korumak güçtü ama Greeniaus, Kravis'in favorilerinden biri oldu. Daha sonra şirketin yönetim kuruluna atandı.

Fakat Reynolds Tobacco'nun durumu kötüydü. Mart 1989'da, RJR, Premier'i batırdı. Sonraki aylarda 2300 işçinin işine son verdi. Kargaşadan faydalanan Philip Morris, yıl içinde RJR ile arayı daha da açtı. Sağlık cephesinden gelen saldırılar ise şiddetlendi. Sağlık ve İnsan Hizmetleri Bakanı Louis W. Sullivan'ın salvoları nedeniyle RJR, Uptown adlı yeni bir markayı rafa kaldırmak zorunda kaldı. Winston-Salem'in komşusu Greensboro bile anti-sigara yönetmelikleri furyasına katıldı.

Yine de sektör 43 yaşındaki New Yorklu bankacı Jim Johnston'ın yönetimi altında muazzam para kazanmaya devam etti. Reynolds Tobacco'nun eski pazarlama sihirbazı Johnston, 1984 yılında hileli bazı paketleme yöntemlerine karşı çıktığı için atılmıştı. Geri döndüğünde bu yöntemin uygulanmasını durdurdu ve zarar hanesine 430 milyon dolar yazdırdı. Ama üretim ve dağıtım alanlarını güçlendirdi. Ağır bir istikrar programının da etkisiyle, sektörün işletme kârı, 1990 yılının ilk yarısında yüzde 46 arttı.

RJR Nabisco'nun sağlığına yönelik ilk ciddi tehdit 1990'da, üstelik de Wall Street'ten geldi. İhalenin o son, umutsuz saatlerinde garanti altına alınan çok önemli "düzeltme" mekanizmasına göre, 4 milyon dolarlık kağıt, Nisan 1991'e dek başlangıçtaki gerçek değerleriyle yenilenecekti. Son tarih yaklaşırken, hisseler çok düşük seyrediyordu; öyle ki, gerçek bir "düzeltmenin" bedeli milyarlarca doları bulacaktı ve bu, şirketi batırmak için yeterliydi. Kasvetli anlardan birinde ortamı yumuşatmak isteyen George Roberts, acil bir kurtuluş yolu bulunmazsa, "Barbarlar Kapıda" filminin ikinci bölümünün "Hunların Kaçışı" adıyla çekileceğini söyleyiverdi.

Kohlberg Kravis itibarı sayesinde darboğazı aştı. Temmuz 1990'da, 6.9 milyar dolarlık bir mali yenilenme paketi ilan etti. Böylece piyasadaki hurda tahvilleri geri alarak, nispeten külfetsiz borçlarını finanse edebildi. Bu masraflı manevra sonucunda RJR başaşağı düşmekten kurtuldu ama Kohlberg Kravis için bir kâr makinesi haline de gelmedi. Sonuç ne olursa olsun, orijinal anlaşmayı hazırlayan bankacı ve avukatlar hallerinden memnundu; onlara verilen ücret 250 milyon doları buldu.

Kravis için kesin başarının yıllar alacağı çok açıktı. Daha da kötüsü, RJR'nin savunmasızlığını sezen Philip Morris atağa geçerek bir dizi kilit piyasada şirkete üst üste darbeler indirdi. Satış gücünü pekiştirdi, fiyatlandırmada Reynolds'ın altına indi ve iki ucuz marka ile, RJR'nin güçlü ucuz markası Doral'a saldırdı. Analistler, RJR'nin 1989 satışlarının yüzde 7-8 oranında düşeceğini öngörüyorlardı; Philip Morris'in iş hacmi ise daha da arttı.

Kohlberg Kravis'den Cliff Robbins, Ekim 1989'da "Philip Morris bizim yemeğimizi yiyor," yorumunu yapıyordu. "Marlboro, durdurulamayan bir makina gibi. Daha yapacak çok işimiz var."

1990 yılı geldiğinde Wall Street'te parti sona ermiş, devasa yutmalar ve birleşmelere dair anılar giderek daha az tazelenir olmuştu. RJR Nabisco'nun açtığı yoldan sonra ele geçirme faaliyetleri keskin bir düşüş kaydetti. 1989 sonbaharında ne Kohlberg Kravis ne de Forstmann Little tek bir büyük şirketi bile yutamamıştı. RJR sürecinde ortaya atılan anti-birleşme yasa önergesi, pek çok anlaşmanın ertelenmesine yol açtı. "Ross Johnson" faktörü olarak bilinen şey, diğerlerini frenledi: Ne de olsa Johnson gibi kamuoyu önünde deşifre olmayı göze alacak pek az yönetici vardı.

Ama Wall Street'i durma noktasına getiren hurda tahvil piyasası oldu. 1989'un ilk sekiz ayında, 4 milyar dolarlık hurda tahvil ödemesi yapılamadı ve moratoryumlar ilan edildi. Bunlar arasında,

Kanadalı girişimci Robert Campeau'nun ABD'deki perakende imparatorluğu da vardı. Ekim ayında, United Havayolları'nın 6.79 milyar dolara satılacağı haberi duyulduğunda panik Wall Street'i sardı ve Dow Jones Sanayi Ortalaması 200 puan düşerek çöküş endişelerini güçlendirdi.

Ted Forstmann'ın ısrarla dikkat çektiği gibi hurda tahviller ancak doğru kullanıldıklarında faydalı bir araç olabiliyordu. Oysa suiistimal edilmiş ve aşırı kullanılmışlardı. İlerleyen aylarda hurda tahvil çukuru derinleşti ve Wall Street'in şirket yutma motoruna akan benzin kesildi. Bankaları, hurda tahvil çağını simgeleyen Drexel Burnham'ın boğazına çökünce, zaten Milken davası nedeniyle 650 milyon dolar tazminat ödemiş olan şirket iflas masasına başvurarak tasfiyesini istedi.

Drexel'in çöküşüne, mali devler Ivan Boesky ve Michael Milken'ın kapalı kapılar ardında iş çevirme skandallarında suçlu olduklarını kabul etmeleri de eklenince, kamuoyu, Wall Street'e ve seksenlerin dizginlenemeyen hırs oyunlarına sırtını döndü. Bu geri sıçrayışa mali temellerin giderek çürümesi de katıldığında, Wall Street'te daha önce benzeri görülmemiş şaşaa döneminin sonu gelmiş oldu.

Artık yeni bir rüzgar esiyordu. Yeni on yıl başlarken genç MBA'ler için en çekici uzmanlık dalı mali yeniden yapılanma, yani seksenlerin sakat birleşmelerini onarma oldu. Mali sistem, yıllarca sürmesi beklenen bir durgunluk dönemine girerken, binlerce Wall Street müdavimi –ki aralarında otuz yaşın altında birçok milyoner de vardı– işini kaybetti. Salomon Brothers'dan genç bir brokerın yazdığı Wall Street'in ölçüsüzlük yıllarını hicveden "Liar's Poker –Yalancının Pokeri" adlı kitap bir yıl boyunca çok satanlar listesinin zirvesindeki yerini korudu. Yatırım bankacıları ve onların birleşme tutkunu kardeşleri, her yerde saldırıya uğrayıp ikinci sınıf savaş suçlusu muamelesi gördüler. Bir kavram olarak şirket yutmalar ile açıkça alay edildi; alay edenler arasında servetlerini bu yutmalar üzerine kuranlar dahi vardı.

Grup üyeleri yıkıntıdan sağ salim çıkabildi. Tom Hill, Eylül 1990'da, Shearson Lehman'ın yatırım bankacılığı birimine başkan yardımcısı oldu. Eric Gleacher, Morgan Stanley'den ayrılıp Gleacher & Co adıyla kendi butik işini açtı ve kısa sürede turnayı gözünden vurdu. ConAgra'nın 1.34 milyar dolar verip Henry Kravis'den Beatrice'i satın almasında onun da payı vardı. Gleacher'ın ayrılmasından sonra Morgan'da ipleri eline alan iki yatırım bankacısından biri, Steve Waters idi. Bruce Wasserstein hayal kırıklığıyla sonuçlanan bir dizi anlaşmadaki rolü nedeniyle medya tarafından topa tutuldu.

Sonunu göremeyenler arasında, Ocak 1990'da baskılara dayanamayıp Shearson başkanlığından istifa eden Peter Cohen de vardı. Cohen ile Jim Robinson arasında RJR Nabisco savaşından sonra gerilen ilişkiler 1989'da, Shearson bir dizi başarısızlıkla boğuşurken daha da kötüye gitti. Başarısızlıklar arasında, başkan Jeff Lane'in istifasına neden olan ve kamuoyundan şiddetli eleştiriler alan yeniden yapılanma programı da vardı. Cohen, elinizdeki kitap basılırken, Linda Robinson'ın Henry Kravis ile görüşmelerde oynadığı gizli rolü henüz öğrenmiş ve çok şaşırmıştı. Bu ifşaat Cohen için hassas bir döneme denk geldi; otoritesinin altını oyduklarını düşündü ve Robinsonlar ile arasındaki son ipleri de kopardı. Daha sonra birçok kişiye, bu kitabın ona haksızlık ettiğini, Jim Robinson'ın Nabisco anlaşmasında aldığı her karara taraf olduğunu ve bunlar arasında Ross Johnson'ın personel paketinin de bulunduğunu söyledi.

Ted Forstmann, elbette ki, hurda tahvil döneminin çöküşüyle haklılığının kesin olarak kanıtlandığını görüyordu. Övgülerle dolu bir dizi haberin kahramanı oldu; hırsa karşı zafer kazanan karanlıktaki yalnız sesti o. Danışmanları Forstmann'a fazla havalanmamasını söylediler, o da bu tavsiyeye kısmen uydu. Ancak haklı çıkmanın çekiciliği dayanılmazdır ve Forstmann da, hak ettiği ilginin önüne atlayıverdi. Asıl ironi 1990 başlarında yaşandı; Henry Kravis, RJR Nabisco'yu ayakta tutmaya çabalarken, Forstmann yeniden şirket yutma anlaşmalarına daldı. Bunlar sayıca çok fazla değildi ama birleşme sektöründe en fazla iş hacmini o elde etti. Hurda tahvillerin modası geçmişti ve gün, Forstmann'ın "gerçek parasının" günüydü. Yıllar sonra ilk kez, Ted Frostmann esas oğlan olmuştu.

Atlanta'daki Johnson durgunluktan neredeyse sapıkça bir zevk alıyordu. Mayıs 1989'da, "Hepsini korkuttum, lağımlarına kaçıverdiler..." diyordu gülerek. "Şirketlerin yüzde 80-90'ında birleşme birimleri vardı. Şimdi insanlar bana gelip 'Tanrım, Ross, elimizdeki tüm dosyaları ateşe verdik' diyorlar."

Diğerlerinin aksine Johnson ne derin düşüncelere daldı ne de arkasına baktı. İşsizdi ve Galleria'da başka bir binaya taşındı. Bulunduğu katı folk müziği yayınlayan bir radyo istasyonu ile paylaşıyordu. John Martin ile kurduğu yeni girişiminin adı, RJM Associates oldu. İki dost, tüm baskılara rağmen RJM'nin ne iş yaptığını söylemediler. Yine de şirket, sembolik bir ücret karşılığında dostlara tavsiye veriyordu herhalde. (Martin 18.2 milyon dolarlık altın paraşütü ile, tıpkı Johnson gibi paraya ihtiyaç duymuyordu artık.)

Johnson, bazı eski dostlarıyla, Nabisco'nun Uzakdoğu operasyonlarını satın alan bir ortaklığa katıldı. Ama genelde hoş vakit geçiriyordu. Golf ve kayak tatilleri arasında, dahil olduğu yedi yönetim kurulunun toplantılarına uğruyordu. Laurie ile sinemaya gidiyor, komadan çıkan ama bir travma kliniğinde gözetim altında tutulan ve hâlâ konuşamayan oğlu Bruce'un başında beklemeye devam ediyordu. Oğlu artık yazarak iletişim kurmaya başlamıştı. "Cesaretimiz arttı," diyordu Johnson 1990 yazında.

Yarı-emekli yaşamından hoşnut olduğunu itiraf etse de dostları onun böyle devam edeceğinden şüpheli. Öncelikle, yolcu uçağıyla seyahat etmek doğasına aykırı. İtibarının yerine gelmesi için bir rehabilitasyon dönemi gerekebilir ama Ross Johnson'ın geri döneceği açık. Mezartaşına yazılabilecek nitelikteki sözleriyle, kuşkuları doğruluyor: "Ben değişime her zaman varım."

Bütün değişikliklere rağmen Winston-Salem sakinlerinin pek azı Kravis'i suçladı. Eleştiri okları hep Johnson'a yönelmeye devam ette. Sadece birkaçı olaya daha geniş bakabildi. RJR'nin eski emeklilik yöneticisi Gene Hoots, "Ross Johnson olmasaydı, Wall Street onu icat etmek zorunda kalacaktı," diyor.

Bu bir anlamda doğru. Johnson kendi döneminin ürünüydü, tıpkı R.J. Reynolds'ın kendi döneminin ürünü olması gibi. Kükreyen seksenler, yaldızlı yeni bir dönemdi ve bu dönemde her ne pahasına olursa olsun kazanmak yüceltiliyordu. Felix Rohatyn, bir seferinde "kumarhane toplumu" benzetmesi yapmıştı. Yatırım bankacıları yarı krupiye, yarı simyacıydı. Çılgın projeler üretiyor, onları gerekçelendirmek için yeni ve tuhaf bilgisayar rutinleri icat ediyor ve sonra tutkularını, yöneticilerin önünde yaptıkları "şeytan dansı" ile haykırıyorlardı. En azından Johnson'ın yaptığı buydu. Bakış açısına göre değişir ama Johnson'ın RJR'de başlattığı "dans" bir dönemin ya en yüksek ya da en alçak noktası olarak değerlendirilecek.

RJR Nabisco'nun böyle bir anı mümkün kılması tesadüf değildi. Reynolds son on yılında büyük bir şirket olmaktan çok büyük bir düş fabrikası gibiydi. Sigaradan akan para egoların coşmasına, hayallerin gerçek olmasına olanak tanıyordu. Paul Stitch krallarla birlikte yürüyüşe çıkabilirdi. Ed Horrigan krallar gibi yaşayabilirdi. Müdürler, kral muamelesi görebilirdi.

İhale ya da açık artırma ligine tırmanan şirket, onlarca Wall Street mensubu için zafere giden yolu açtı. Jim Maher, First Boston'ı yeniden büyük yapabilirdi. Ted Forstmann, son kutsal savaşına girebilirdi. Peter Cohen, bir ticaret bankasının prensi olabilirdi. Henry Kravis, bir imparatorluğun parıldayan tacına ulaşabilirdi. John Gutfreund, en görkemli kabrin sol yanında kendine bir yer ayarlayabilirdi.

Hem RJR hem de Nabisco'nun kurucuları ise olup bitenlerden hiçbir şey anlayamazdı herhalde. R.J. Reynolds ve Adolphus Green'in, bu birleşme ve ele geçirme savaşının kalıntıları arasında gezindiğini hayal etmek güç değil. Sık sık birbirlerine dönüp, hayretlerini ifade eden sorular soruyor olabilirler. Neden bu insanlar bilgisayarlarından çıkanlara bu kadar önem verip fabrikalarından çıkanlarla hiç ilgilenmediler? Neden yapmaktan çok yıkmaya hevesliydiler? Ve nihayet, bütün bunların ticaretle ne ilgisi vardı?

BARBARLAR KAPIDA
not

BARBARLAR KAPIDA
not

BARBARLAR KAPIDA
not

TÜRKİYE İSTANBUL
TURİST
KENT • YAŞAM • KÜLTÜR

Özel tanıtım sayısı çıktı bayilerde!

• Ahmet Kekeç • Ali Perşembe • Aydan Cankara • Beşir Ayvazoğlu • Dr. Aykut Gürçağlar • Ayşe Özek Karasu • Bahar Öcal Düzgören • Banu Bekenesir • Beşir Ayvazoğlu • Buket Öktülmüş • Bülent Yardımcı • Canan Feyyat • Cihan Zarakol • Davut Köse • Ergun Hiçyılmaz • Erol Aral • Ertan Aydın • Hakan Karahan • Hakan Demirler • Hatice Aynur • İlkin Sibel Uçuran • Dr. Kriton Dinçmen • Prof. Dr. Muhammet Nur Doğan • Mustafa Armağan • Nevzat Erkmen • Nihat Behram • Özer Yelçe • Özlem Ergun • Paola Bianchi • Rahmetullah Karakaya • Recep Genel • Saadettin Acar • Sadık Güleç • Sennur Sezer • Sunay Akın • Şaban Kızıldağ • Turgut Cansever • Yılmaz Odabaşı

Kolay abonelik için:
ABONET 0 212 222 72 06
Faks 0 212 222 27 10
www.abonet.net

internet satışı
www.ideefixe.com

SCALA YAYINCILIK
istiklal caddesi mis sokak tan apartmanı 6/7-8 80050 beyoğlu
telefon 0 212 251 51 26 · 245 43 89 · 251 22 42 · 251 22 79
faks: 0 212 245 28 43   scala@escortnet.com   www.scala.com.tr

Bir ömürlük İstanbul

SCALA YAYINCILIK

BORSA - YÖNETİM DİZİSİ

1. **BORSADA TEKNİK ANALİZ** Yusuf Sarı — Tükendi
2. **ALTIN** Dünya Borsalarında Vadeli Altın İşlemleri, Dr. M.Hakan Sağlam — 4.500.000. TL
3. **BORSADA TEK BAŞINA** Peter Lynch & John Rotchild Çev. Şehnaz Tahir — 8.300.000 TL
4. **BORSAYI YENMEK** Peter Lynch & John Rotchild Çev. Şehnaz Tahir — 9.600.000 TL
5. **BAŞARININ SIRRI** (300 Temel Kitabın Özeti) Çev. Şehnaz Tahir — Tükendi
6. **TOYOTA RUHU** Toyota Üretim Sisteminin Doğuşu ve Evrimi Taiichi Ohno, Çev. Canan Feyyat — 6.300.000 TL
7. **BİR BORSA SPEKÜLATÖRÜNÜN ANILARI** Edwin Lefèvre Çev. Şehnaz Tahir — 9.000.000 TL
8. **ORTAKLAŞA REKABET** Adam M. Brandenburger & Barry J. Nalebuff, Çev. Levent Cinemre — 9.000.000 TL
9. **BORSA SİHİRBAZLARI** Jack D. Schwager Çev. Ali Perşembe — 9.000.000 TL
10. **GÖRSEL YATIRIMCI** Borsada teknik analiz John J. Murphy Çev. Ali Perşembe — 9.500.000 TL
11. **KARŞIT YATIRIM** Anthony M. Gallea / Willam Patalon III Çev. Ali Perşembe — 9.000.000 TL
12. **BUFFETT: Bir Amerikan kapitalistinin yükselişi** Roger Lowenstein Çev. Levent Cinemre — 9.500.000 TL
13. **DUYGUSUZ YATIRIMCI** Robert Sheard Çev. Ali Perşembe - Neslihan Aydaş — 7.000.000 TL
14. **AKILLI YATIRIMCI** Güvenli yatırım metodolojisi Benjamin Graham Çev. Ali Perşembe — 7.500.000 TL
15. **BORSAYI ÇALMAK** Martin Mayer Çev. Şehnaz Tahir — 7.000.000 TL
16. **KAZANMAYI ÖĞREN** Yeni başlayanlar için işletme rehberi Peter Lynch & John Rotchild Çev. Hasan Ataol - Levent Cinemre — 7.500.000 TL

17. **BUFFETT TARZI** 9.250.000 TL
    Dünyanın en büyük yatırımcısından borsa stratejileri
    Robert G. Hagstrom, Jr. Çev. Ali Perşembe

18. **MARKA RUHU**
    Sosyal sorumluluk kampanyalarıyla marka yaratmak 11.000.000 TL
    Hamish Pringle & Marjorie Thopson
    Çev. Zeynep Yelçe - Canan Feyyat

19. **OLAĞANÜSTÜ KİTLESEL YANILGILAR ve** 7.500.000 TL
    KALABALIKLARIN ÇILGINLIĞI &
    KARIŞIKLIĞIN KARMAŞASI
    Joseph Penso de la Vega & Charles Mackay,
    Çev. Levent Cinemre-Ali Perşembe

20. **HAREKET YÖNETİMİ**
    Kurumsal dönüşüm için pratik stratejiler 8.000.000 TL
    Stephen Redwood, Charles Goldwasser & Simon Street
    Çev. Elvin Akbulut

21. **HONDA GÜCÜ** hazırlanıyor
    Global şirketlerde mükemmelliğin geliştirilmesi
    Dave Nelson, Rick Mayo & Patricia E. Moody Çev. Oğuz Ergun

22. **AMAZON COM** Robert Spector Çev. Zeynep Yelçe 9.750.000 TL

23. **21.YY'da PROFESYONEL PARA YÖNETİMİ**
    Yılmaz Erolgaç 7.500.000 TL

24. **BORSA'DA BÜYÜK OYUN-I-** Abdurrahman Yıldırım hazırlanıyor

25. **BORSA'DA BÜYÜK OYUN-II-** Abdurrahman Yıldırım hazırlanıyor

26. **CNBC 24/7** Barbara Rockefeller
    Çev. Zeynep Yelçe & Ali Perşembe 11.000.000 TL

27. **GLOBAL KÖY** Marshall Mc Luhan & Bruce R. Povers
    Çev. Bahar Öcal Düzgören hazırlanıyor

28. **BARBARLAR KAPIDA** Brayn Burrough & John Helyar
    Çev. Levent Cinemre

29. **F.I.A.S.C.O.** Frank Partnoy Çev. Murat Başboğa hazırlanıyor

30. **TEKNİK ANALİZ Mİ DEDİN?**
    HADİ CANIM SEN DE! 7.000.000 TL
    Ali Perşembe

SİPARİŞ FORMU

Adı Soyadı: _____

Adres: _____
_____

Telefon: _____ Fax: _____
E-Mail: _____
İstediğim Kitaplar: _____
_____
_____
_____

KREDİ KARTI İÇİN ÖDEME BİLGİLERİ

☐ Visa ☐ Mastercard ☐ Eurocard

Kart numarası: _____ Son. Kul. Tarihi: _____

Karttaki isminiz: _____ İmza: _____

Havale yoluyla; ödeme yapmak isterseniz, tutarı
Akbank Parmakkapı Şubesi, Scala Yayıncılık ve Tanıtım A.Ş. 13240/01-7 veya
Yapı Kredi Parmakkapı Şubesi, Scala Yayıncılık ve Tanıtım A.Ş. 1100778-0 nolu hesaba
yatırarak, dekontu ve sipariş formunu aşağıda belirtilen numaraya fakslayınız.
Siparişleriniz 3 gün içerisinde elinize ulaşacaktır. Kitap fiyatlarına kargo ücreti dahildir.

internet satışı www.ideefixe.com & www.estore.com.tr

Scala Yayıncılık ve Tanıtım A.Ş.
İstiklal Caddesi Mis Sok. Tan Apt. 6/7-8 Beyoğlu - 80050 İstanbul
Tel: (0212) 251 51 26 - 245 43 89 - 251 22 42 - 251 22 79 Faks: (0212) 245 28 43
E-Mail: scala@escortnet.com Web: www.scala.com.tr